Wiederholen

Jedes Kapitel beginnt mit einer Doppelseite **Wiederholung**. Dort übst du, was du für die folgenden Seiten brauchst. Die Lösungen findest du hinten im Buch.

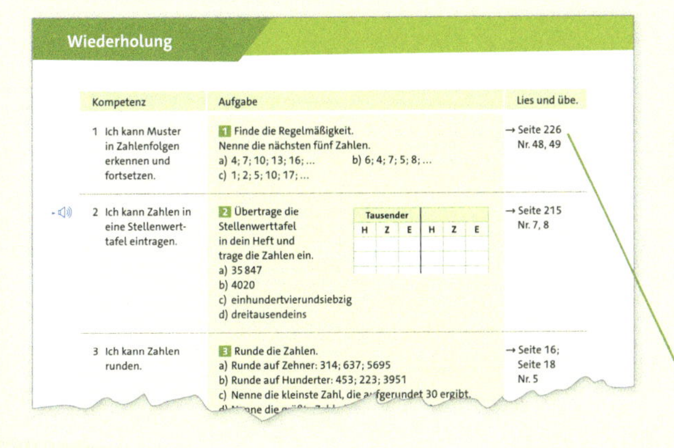
Wiederholung

Kompetenz	Aufgabe	Lies und übe.
1 Ich kann Muster in Zahlenfolgen erkennen und fortsetzen.	**1** Finde die Regelmäßigkeit. Nenne die nächsten fünf Zahlen. a) 4; 7; 10; 13; 16; … b) 6; 4; 7; 5; 8; … c) 1; 2; 5; 10; 17; …	→ Seite 226 Nr. 48, 49
2 Ich kann Zahlen in eine Stellenwerttafel eintragen.	**2** Übertrage die Stellenwerttafel in dein Heft und trage die Zahlen ein. a) 35 847 b) 4020 c) einhundertvierundsiebzig d) dreitausendeins (Tausender: H Z E; H Z E)	→ Seite 215 Nr. 7, 8
3 Ich kann Zahlen runden.	**3** Runde die Zahlen. a) Runde auf Zehner: 314; 637; 5695 b) Runde auf Hunderter: 453; 223; 3951 c) Nenne die kleinste Zahl, die aufgerundet 30 ergibt.	→ Seite 16; Seite 18 Nr. 5

Hast du noch Schwierigkeiten? An jeder Aufgabe steht, wo du im **Grundwissen** oder in den Kapiteln nachlesen und üben kannst.

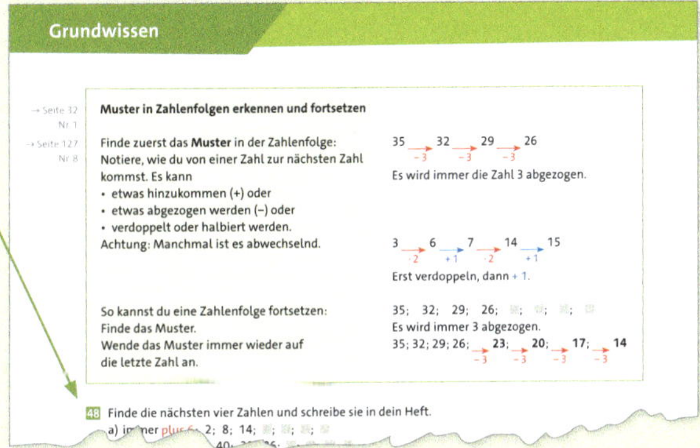
Grundwissen

Muster in Zahlenfolgen erkennen und fortsetzen

Finde zuerst das **Muster** in der Zahlenfolge: Notiere, wie du von einer Zahl zur nächsten Zahl kommst. Es kann
- etwas hinzukommen (+) oder
- etwas abgezogen werden (−) oder
- verdoppelt oder halbiert werden.

Achtung: Manchmal ist es abwechselnd.

35 → 32 → 29 → 26 (−3, −3, −3)
Es wird immer die Zahl 3 abgezogen.

3 → 6 → 7 → 14 → 15 (·2, +1, ·2, +1)
Erst verdoppeln, dann + 1.

So kannst du eine Zahlenfolge fortsetzen: Finde das Muster. Wende das Muster immer wieder auf die letzte Zahl an.

35; 32; 29; 26; ▢; ▢; ▢; ▢
Es wird immer 3 abgezogen.
35; 32; 29; 26; 23; 20; 17; 14

48 Finde die nächsten vier Zahlen und schreibe sie in dein Heft.
a) immer plus 6: 2; 8; 14; ▢; ▢; ▢; ▢

Testen

Nach den Übungsseiten findest du einen **Zwischentest**. Dort kannst du ausprobieren, ob du das Wesentliche verstanden hast. Die Aufgaben kannst du auch digital bearbeiten.

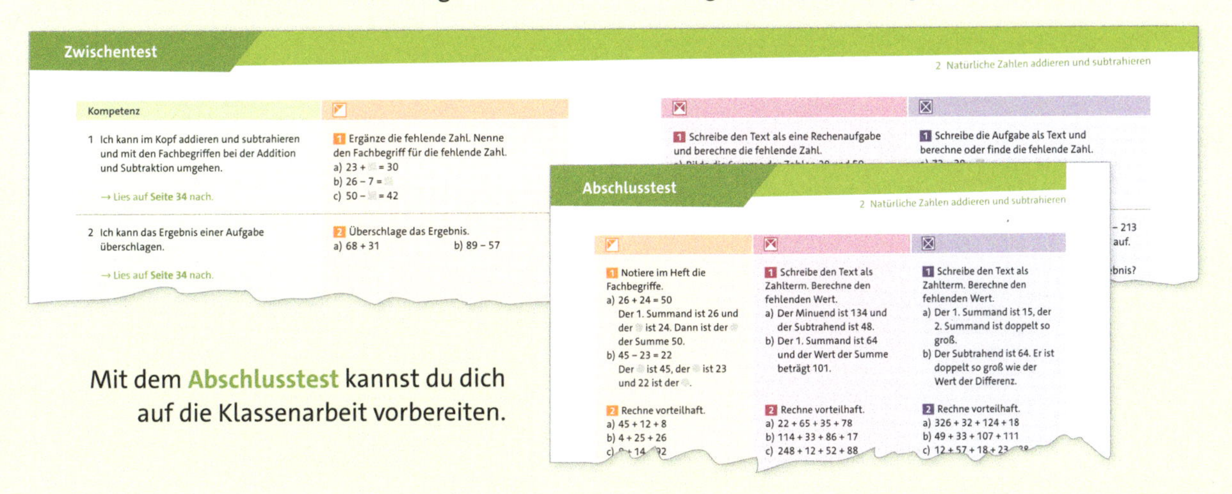
Zwischentest

2 Natürliche Zahlen addieren und subtrahieren

Kompetenz			
1 Ich kann im Kopf addieren und subtrahieren und mit den Fachbegriffen bei der Addition und Subtraktion umgehen. → Lies auf Seite 34 nach.	**1** Ergänze die fehlende Zahl. Nenne den Fachbegriff für die fehlende Zahl. a) 23 + ▢ = 30 b) 26 − 7 = ▢ c) 50 − ▢ = 42	**1** Schreibe den Text als eine Rechenaufgabe und berechne die fehlende Zahl.	**1** Schreibe die Aufgabe als Text und berechne oder finde die fehlende Zahl.
2 Ich kann das Ergebnis einer Aufgabe überschlagen. → Lies auf Seite 34 nach.	**2** Überschlage das Ergebnis. a) 68 + 31 b) 89 − 57		

Abschlusstest

2 Natürliche Zahlen addieren und subtrahieren

1 Notiere im Heft die Fachbegriffe. a) 26 + 24 = 50 Der 1. Summand ist 26 und der ▢ ist 24. Dann ist der ▢ der Summe 50. b) 45 − 23 = 22 Der ▢ ist 45, der ▢ ist 23 und 22 ist der ▢.	**1** Schreibe den Text als Zahlterm. Berechne den fehlenden Wert. a) Der Minuend ist 134 und der Subtrahend ist 48. b) Der 1. Summand ist 64 und der Wert der Summe beträgt 101.	**1** Schreibe den Text als Zahlterm. Berechne den fehlenden Wert. a) Der 1. Summand ist 15, der 2. Summand ist doppelt so groß. b) Der Subtrahend ist 64. Er ist doppelt so groß wie der Wert der Differenz.
2 Rechne vorteilhaft. a) 45 + 12 + 8 b) 4 + 25 + 26	**2** Rechne vorteilhaft. a) 22 + 65 + 35 + 78 b) 114 + 33 + 86 + 17 c) 248 + 12 + 52 + 88	**2** Rechne vorteilhaft. a) 326 + 32 + 124 + 18 b) 49 + 33 + 107 + 111

Mit dem **Abschlusstest** kannst du dich auf die Klassenarbeit vorbereiten.

Medien, Themen, Methoden und weiteres Üben

Auf einer **Medienseite** lernst du, wie du eigene Regelhefte, Bücher, Internetseiten, Apps und andere Medien in der Mathematik einsetzt.
Auf einer **Themenseite** kannst du die gelernten Inhalte des Kapitels einmal ganz anders anwenden.
Auf einer **Methodenseite** lernst du verschiedene Arbeitsweisen kennen.
In den **Vermischten Übungen** werden Aufgaben zu den Lerneinheiten des gesamten Kapitels gestellt.
Eine ganz besondere Seite heißt **Tieftauchen**. Hier kannst du selbst Aufgaben auswählen und bestimmen, wie tief du in die Mathematik „eintauchst". Sei dabei gerne auch mal etwas mutig!

Diese Zeichen stehen neben den Aufgaben.
Medienkompetenz — Partnerarbeit — Gruppenarbeit

Dreifach Mathe 5

Baden-Württemberg

Dein Schulbuch findest du auch in der **Cornelsen Lernen App**.

Siehst du eines dieser Symbole, findest du in der App:

- Erklärfilme
- Worterklärungen
- Hilfen und Lösungen zu den Aufgaben
- interaktive Übungen zum Üben und Wiederholen
- weitere Ergänzungen

Impressum

Herausgeber: Udo Wennekers
Erarbeitet von: Anja Buchmann, Ute Egan, Michèle Grebe, Klaus Heckner, Tim Kaste, Alexander Lauer, Annika Neugebauer, Jana Neumann, Carmen Otte, Ariane Simon, Godehard Stein, Sabrina vom Stein, Yvonne Stricker, Martina Verhoeven, Jacqueline Weecks, Udo Wennekers
Unter Beratung von: Peter Braun, Harry Nusser, Daniela Kasche, Hannes Klein, Alexander Lauer, Eva Mödinger, Isabel Polzin, Thilo Schmid

Redaktion: Matthias Felsch, Jakob Thomas Fischer, Dominik Fraßmann, Martin Karliczek, Heike Schulz, Christina Schwalm
Illustration: Tobias Dahmen, Utrecht/www.tobidahmen.de
Grafik: Christian Böhning
Umschlaggestaltung und Layoutkonzept: ROSENDAHL BERLIN – Agentur für Markendesign
Layout und technische Umsetzung: Jürgen Brinckmann, MeGA14; Straive; CMS – Cross Media Solutions Gmbh, Würzburg

Dieses Werk wurde anhand wissenschaftlicher Kriterien geprüft und für den sprachsensiblen Unterricht zertifiziert. Eine Übersicht der Kriterien haben wir für Sie unter www.cornelsen.de/mittlere-schulformen zusammengestellt.

Begleitmaterialien zum Lehrwerk

Schulbuch als E-Book mit Medien	1100033862
Lösungen zum Schulbuch	978-3-06-004439-9
Handreichungen	978-3-06-004440-5
Arbeitsheft	978-3-06-004438-2
Arbeitsheft für Lernende mit erhöhtem Förderbedarf für den inklusiven Unterricht	978-3-06-043606-4
Unterrichtsmanager Plus mit E-Book und Begleitmaterialien	1100033864
Arbeitsblätter zur Sprachförderung	978-3-464-54000-8
Arbeitsblätter zur Sprachförderung als Download	978-3-06-040969-3
Interaktive Übungen	1100035011
Diagnose und Fördern	

www.cornelsen.de

1. Auflage, 1. Druck 2024

Alle Drucke dieser Auflage sind inhaltlich unverändert und können im Unterricht nebeneinander verwendet werden.

Die ***Cornelsen Lernen App*** ist eine fakultative Ergänzung zu *Dreifach Mathe*, die die inhaltliche Arbeit begleitet und unterstützt.

Druck und Bindung: Livonia Print, Riga

ISBN 978-3-06-004436-8

PEFC
PEFC/12-31-006

PEFC zertifiziert
Dieses Produkt stammt aus nachhaltig bewirtschafteten Wäldern und kontrollierten Quellen.
www.pefc.de

Inhaltsverzeichnis

MK Medienkompetenz
⊕ zusätzlicher Inhalt
Für die Zuordnung der Inhalte zu den Niveaustufen des Bildungsplans: siehe Stoffverteilungsplan.

6 Brüche und Verhältnisse .. 157

7 Flächen und Flächeninhalte 181

Grundwissen 213

Lösungen 234

Zum Nachschlagen 259

Kopfübungen

In der Cornelsen Lernen App kannst du interaktive Aufgaben zum Wiederholen bearbeiten.

Kopfübungen Nr. 1
Kopfübungen Nr. 2
Kopfübungen Nr. 3
Kopfübungen Nr. 4
Kopfübungen Nr. 5
Kopfübungen Nr. 6
Kopfübungen Nr. 7

Zahlen und Daten

1

▶ Tim (11 Jahre) und Clara (5 Monate) sind mit ihrem Vater bei der Kinderärztin.
Die Kinderärztin misst bei beiden Kindern die Größe und das Gewicht.
Clara macht gut mit, als ihr Kopfumfang gemessen wird.

Wann warst du das letzte Mal bei einem Arzt?
Wurde dort etwas gemessen? Wenn ja, was wurde gemessen und warum?

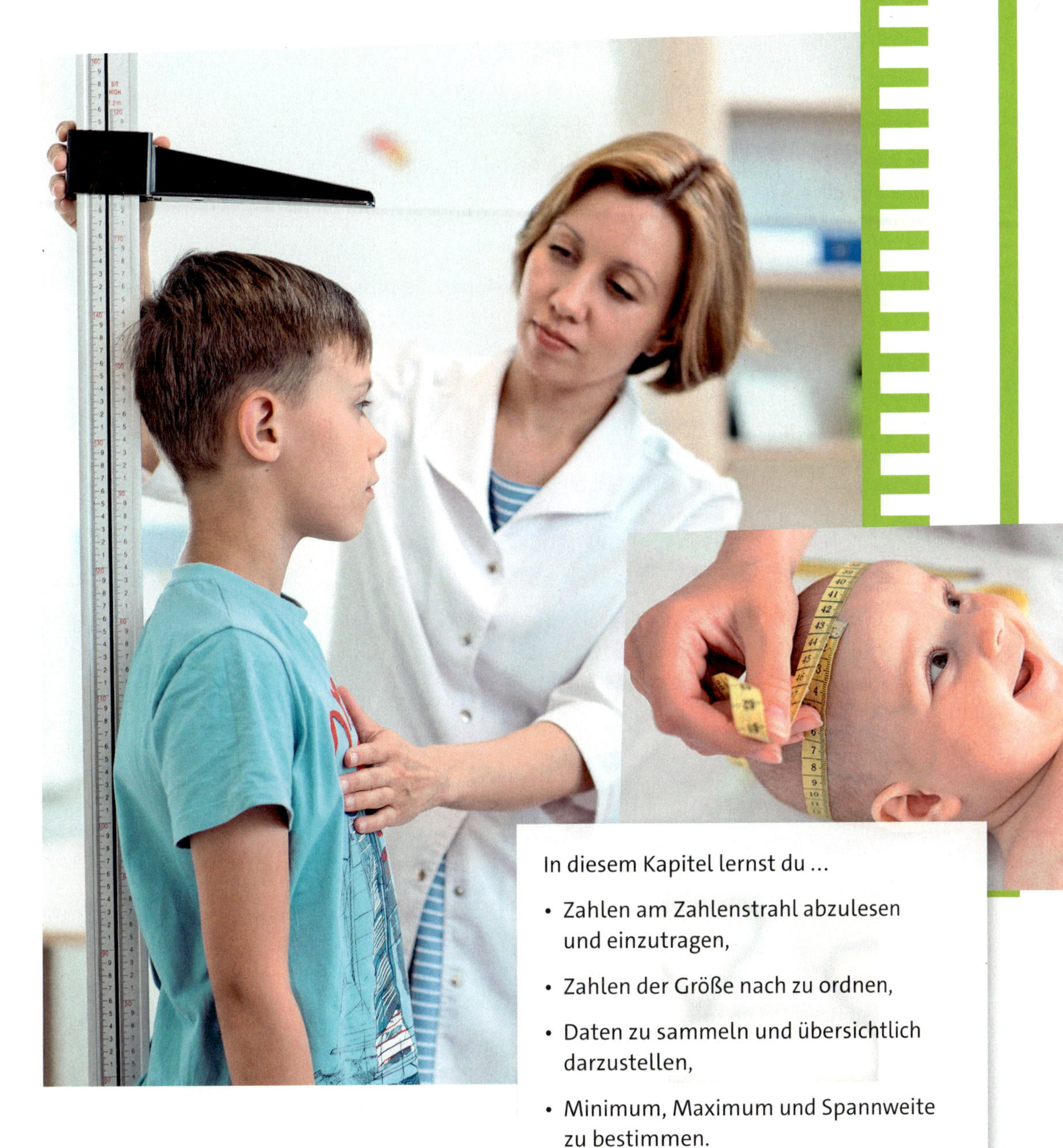

In diesem Kapitel lernst du …

- Zahlen am Zahlenstrahl abzulesen und einzutragen,
- Zahlen der Größe nach zu ordnen,
- Daten zu sammeln und übersichtlich darzustellen,
- Minimum, Maximum und Spannweite zu bestimmen.

Wiederholung

Kompetenz	Aufgabe	Lies und übe.

1 Ich kann zwischen geraden und ungeraden Zahlen unterscheiden.

1 Übertrage die Tabelle in dein Heft.

gerade	ungerade
2	3

Ordne die Zahlen in die Tabelle ein:
7; 14; 56; 165; 299; 3400; 45 604

→ Seite 213 Nr. 1, 2

---

2 Ich kann Vorgänger und Nachfolger bestimmen.

2 Notiere den Vorgänger und den Nachfolger.

Beispiel ___; 9; ___; Lösung **8**; 9; **10**

a) ___; 13; ___ b) ___; 37; ___ c) ___; 146; ___
d) ___; 99; ___ e) ___; 1000; ___

→ Seite 214 Nr. 3, 4

---

3 Ich kann Zahlen am Zahlenstrahl ablesen und eintragen.

3 Zeichne den Zahlenstrahl in dein Heft.

A B C
0 5 10 15 20

a) Notiere zu jedem Buchstaben die passende Zahl.
b) Trage am Zahlenstrahl ein: 4; 8; 12; 17

→ Seite 214 Nr. 5, 6

---

4 Ich kann Zahlen in eine Stellenwerttafel eintragen.

4 Zeichne die Stellenwerttafel in dein Heft.
Trage die Zahlen ein:
a) 639 b) 1503
c) 9091 d) 20 300

Tausender					
H	Z	E	H	Z	E

→ Seite 215 Nr. 7, 8

---

5 Ich kann Zahlen aus einer Stellenwerttafel ablesen und in Worten schreiben.

5 Lies die Zahlen aus der Stellenwerttafel ab. Schreibe sie als Wort.

Tausender					
H	Z	E	H	Z	E
			4	8	2
		5	1	3	7
	2	5	0	9	9

→ Seite 215 Nr. 9, 10, 11

---

6 Ich kann Zahlen bis zum nächsten Zehner ergänzen.

6 Ergänze bis zum nächsten Zehner.

Beispiel 524 + **6** = 530

a) 37 + ___ = 40 b) 82 + ___ = 90 c) 209 + ___ = 210
d) 278 e) 1355 f) 3591

→ Seite 219 Nr. 24, 25

---

7 Ich kann in Schritten zählen, z. B. in Zehner-Schritten, in Zwanziger-Schritten, …

7 Notiere die nächsten fünf Zahlen.

Beispiel in Zehner-Schritten: **5**; 15; 25; 35; 45; 55

a) in Zehner-Schritten: 7; …
b) in Zwanziger-Schritten: 15; …
c) in Hunderter-Schritten: 30; …

→ Seite 220 Nr. 28

Kompetenz	Aufgabe	Lies und übe.
8 Ich kann Zahlen miteinander vergleichen.	**8** Setze im Heft < (kleiner) oder > (größer) ein. a) 7 ● 5 b) 9 ● 19 c) 12 ● 21 d) 200 ● 400 e) 101 ● 100	→ Seite 216 Nr. 12, 13
9 Ich kann Zahlen der Größe nach ordnen.	**9** Die Klasse 5 b hat Weitsprung auf einem Bein geübt. Gruppe A: Junus 108 cm Marie 76 cm Jens 89 cm Eva 123 cm Maya 98 cm a) Sortiere die Ergebnisse von klein nach groß. b) Wer wurde Dritter?	→ Seite 216 Nr. 14, 15
10 Ich kann Zahlen verdoppeln und halbieren.	**10** Starte mit der angegebenen Zahl. a) Verdopple so lange, bis du über 1000 kommst. ① Startzahl 100 ② Startzahl 80 ③ Startzahl 8 b) Halbiere so lange, bis du unter 30 kommst. ① Startzahl 80 ② Startzahl 88 ③ Startzahl 200	→ Seite 221 Nr. 29, 30
11 Ich kann Rechtecke mit einer gegebenen Länge und Breite zeichnen.	**11** Du brauchst einen Bleistift und ein Lineal. a) Zeichne das Rechteck ab. Es ist 10 Kästchen lang und 4 Kästchen breit. Breite: 4 Kästchen Länge: 10 Kästchen b) Zeichne ein Rechteck, das 8 Kästchen lang und 3 Kästchen breit ist. c) Zeichne ein Rechteck, das 4 Kästchen lang und 6 Kästchen breit ist.	→ Seite 233 Nr. 68, 69
12 Ich kann Informationen aus einem Text entnehmen und die Sachaufgabe lösen.	**12** Beim Schulfest kann jede Klasse Punkte sammeln. Die Klasse mit der höchsten Punktzahl bekommt als Preis ein gemeinsames Frühstück. Außerdem bekommen alle Klassen eine Woche lang keine Hausaufgaben, die mehr als 70 Punkte haben. Die Punkte sind: Klasse 5 a: 65 Klasse 5 b: 70 Klasse 5 c: 78 Klasse 5 d: 83 Klasse 5 e: 63 a) Welche Klasse bekommt das Frühstück? b) Welche Klassen bekommen keine Hausaufgaben?	→ Seite 227 Nr. 51

→ Lösungen auf Seite 234

Natürliche Zahlen darstellen und ordnen

Die Kinder spielen Ringewerfen.
Jacob hat die 6 getroffen.
Er bekommt dafür 6 Punkte.
Sophia hat die 9 getroffen.
Sie bekommt dafür 9 Punkte.

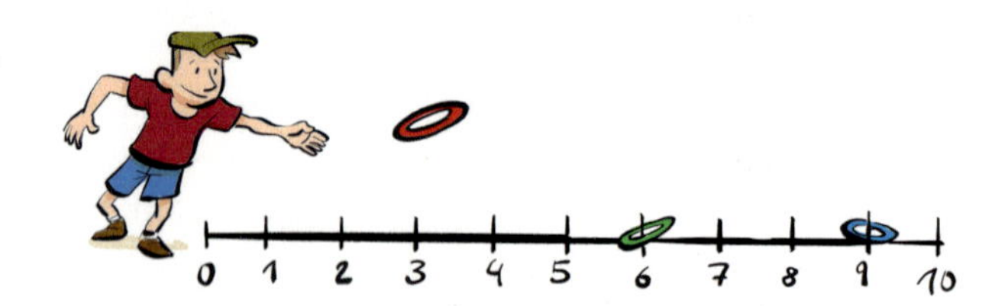

Am Zahlenstrahl ablesen

Auf dem Zahlenstrahl eintragen

W

Zum Zählen benutzt du die **natürlichen Zahlen** 0, 1, 2, 3, 4, ...

Auf dem **Zahlenstrahl** stehen die Zahlen der Größe nach geordnet.
Links am Anfang steht die Null (0).
Nach rechts werden die Zahlen größer.

Der Zahlenstrahl

0 1 2 3 4 5 6 7 8 9 10 11

Die Zahlen werden immer größer →.

9 steht rechts von 6.
9 ist größer als 6.

▶ Aufgabe Wie viele Punkte bekommen Tania und Max?

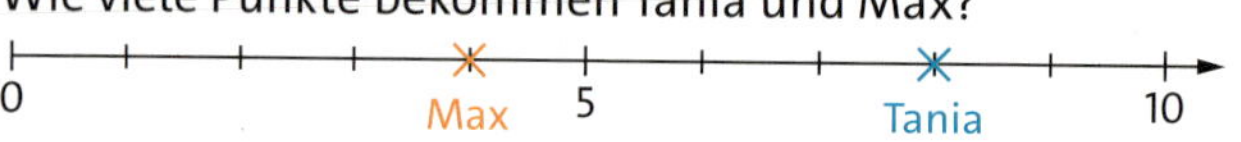

Die Stellen heißen Einer (E), Zehner (Z), Hunderter (H), ...
1Z = 10E
1H = 10Z
1T = 10H

Stellenwert-tafel

W

Zahlen bestehen aus Ziffern. Es gibt 10 Ziffern. Deshalb heißt unser Zahlensystem **das Zehnersystem**. Die Ziffern stehen an unterschiedlichen **Stellen**.
Die Stelle bestimmt den Wert der Ziffer.

Ziffern sind: 0, 1, 2, 3, 4, 5, 6, 7, 8, 9

Zahlen kannst du in **eine Stellenwerttafel** eintragen:

Billionen			Milliarden			Millionen			Tausender					
H	Z	E	H	Z	E	H	Z	E	H	Z	E	H	Z	E
								3	7	0	8	4	2	1
											2	3	0	9
					1	3	2	4	6	5	0	7	1	8

3 708 421 als Zahlwort: drei Millionen siebenhundertachttausendvierhunderteinundzwanzig

▶ Aufgabe Die Zahlen 2309 und 1 324 650 718 stehen oben in der Stellenwerttafel.
Lies sie laut vor und schreibe sie als Zahlwort. ▸5 ▸4 ▸4

Zahlen vergleichen

W

Zahlen vergleichst du mit den Zeichen
< (kleiner) und **> (größer)**.
Wenn eine Zahl mehr Ziffern hat als eine andere, dann ist sie größer.
Haben die Zahlen gleich viele Ziffern?
Dann vergleiche von links Stelle für Stelle.

11 < 27 — 11 **ist kleiner als** 27.
29 > 16 — 29 **ist größer als** 16.
2450 > 689 — 2450 hat mehr Ziffern.

gleich viele Ziffern
1641 ? 1639
Tausender-Stelle: beide 1
Hunderter-Stelle: beide 6
Zehner-Stelle: 4 > 3, also 1641 > 1639

▶ Aufgabe Setze im Heft > oder < ein. 77 ◯ 707 492 ◯ 489 ▸9 ▸7 ▸5

1 Legt in eurem Klassenzimmer oder im Flur einen langen Zahlenstrahl aus.
Ihr könnt den Zahlenstrahl aus vielen zusammengeklebten Blättern basteln.
Jeder von euch bekommt dann einen Zettel mit einer Zahl zwischen 0 und 30. Stellt euch an die richtige Stelle auf dem Zahlenstrahl.

2 Notiere zu jedem Buchstaben die Zahl.

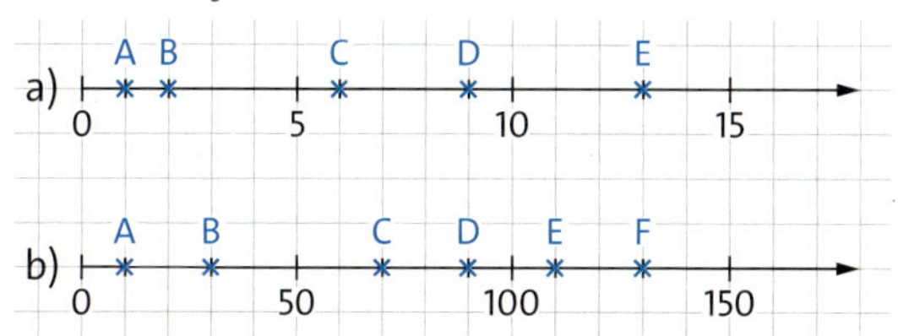

3 Übertrage den Zahlenstrahl in dein Heft.
Trage dann die Zahlen ein.

a) 1; 4; 7; 12; 17

0 5 10 15

b) 15; 45; 55; 75

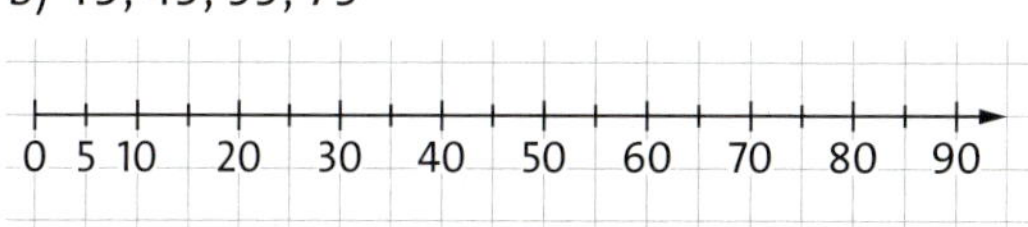

4 Welche Nummern haben die Schließfächer links und rechts daneben? Notiere.

a) 

b) 104

c) 

▸ 4

5 Zeichne im Heft einen Stellenwerttafel, die bis zu Millionen reicht.
Du brauchst fünf Zeilen zum Eintragen.

Millionen			Tausender					
H	Z	E	H	Z	E	H	Z	E

a) Trage die Zahlen ein: 345; 12 308; 154 006; 1 000 000; 256 008 551

b) Lies die Zahlen laut vor.

6 Wie viele Zehner hat die Zahl?

Beispiel 9027 hat 2 Zehner.

a) 475 b) 1012 c) 234 888 d) 609
e) 2 006 796 f) 8 150 699 827 510

7 Betrachte die Stellenwerttafel.

Millionen			Tausender					
H	Z	E	H	Z	E	H	Z	E
						1	0	7
				1	2	3	4	5
		1	8	9	5	0	0	0
					9	0	5	4
2	0	8	5	5	5	1	2	0
	6	0	0	9	8	7	0	6

a) Schreibe die Zahlen in dein Heft.
Färbe die Ziffern wie hier im Buch.

b) Lies die Zahlen laut vor.

c) Welche drei Zahlen sind größer als eine Million? Woran siehst du das?

d) Welche Zahlen sind kleiner als zehntausend?

8 Zeichne eine Stellenwerttafel in dein Heft.
Du brauchst vier Zeilen zum Eintragen.
Trage die Zahlen ein.

a) dreihundertfünfzehn

b) zweitausendsiebenhundert

c) sechsundsiebzigtausendvierhundertzehn

d) drei Millionen eins

e) fünf Billionen zweihundert Milliarden ▸ 7

9 Setze im Heft > (größer) oder < (kleiner) ein.

a) 15 ◯ 12 b) 37 ◯ 73
c) 101 ◯ 110 d) 11 105 ◯ 111

10 Ordne die Zahlen von klein nach groß.

a) 150; 45; 900; 1200; 10; 85

b) 2089; 957; 36; 1000; 298; 597

11 Direkt nach der Geburt wurden vier Babys gewogen. Ordne von leicht nach schwer.

Svea: 3500 g

Luca: 3460 Gramm

Uri: zweitausendneunhundertachtzig Gramm

Nina: 3290 g

Sprachhilfe zu **8**: Unterstreiche erst die Ziffernwörter ein(s), zwei, drei, ... neun.
Schaue dann, welche Wörter danach kommen.
Beispiel: fünfundvierzig**tausend**|acht**hundert**fünfundsechzig = 45 865

▸ Tipp zu 2, 4, 5, 7, 9, 11

1 Notiere zu jedem Buchstaben die passende Zahl.

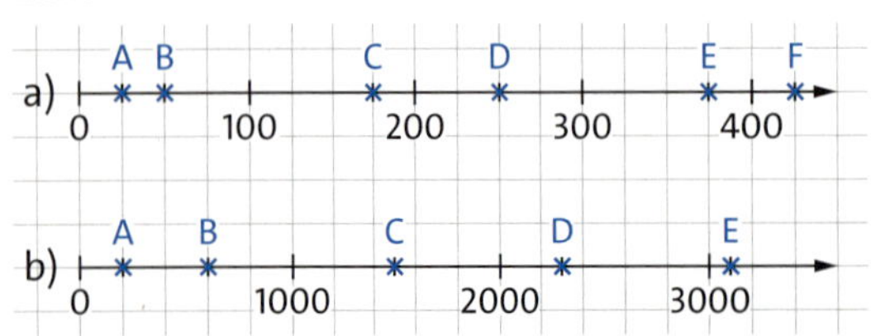

2 Übertrage den Zahlenstrahl in dein Heft. Trage die Zahlen ein.

a) 20; 35; 45; 60; 75; 85

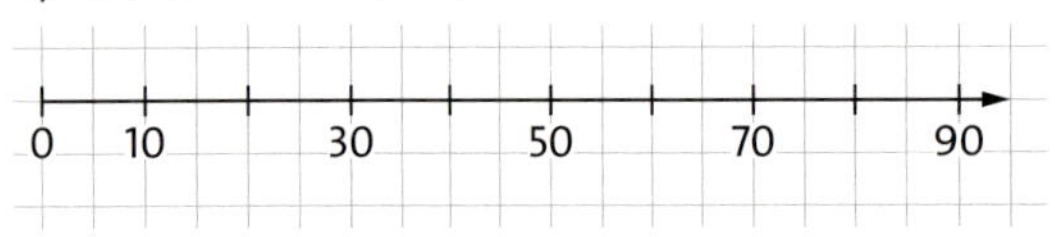

b) 50; 125; 150; 275; 425

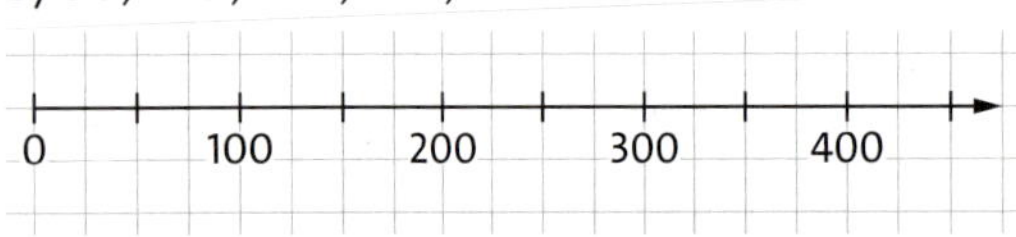

3 Stelle die Ergebnisse im Ein-Bein-Weitsprung dar. Übertrage dafür den Zahlenstrahl unten in dein Heft. Trage ein, wo die vier Ergebnisse ungefähr stehen.

Beispiel Fabian 67 cm;
67 liegt zwischen 60 und 70, aber näher an 70.

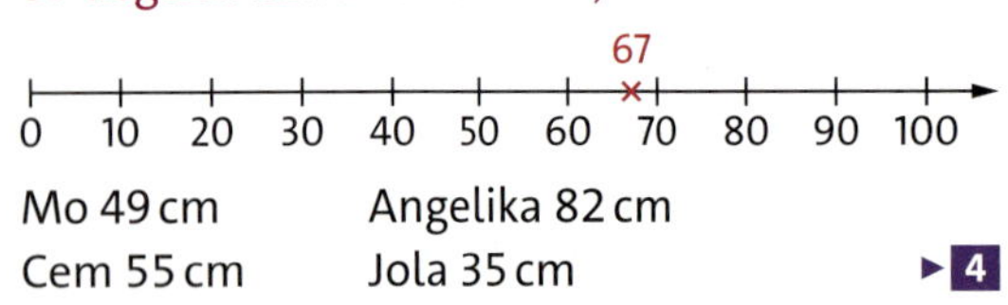

Mo 49 cm — Angelika 82 cm
Cem 55 cm — Jola 35 cm

▸ 4

4 Zeichne im Heft einen Stellenwerttafel, die bis zu Milliarden reicht. Trage die Zahlen ein und lies sie laut vor.

a) 889 b) 5409 c) 670 006
d) 1 001 001 e) 984 008 000 f) 23 701 716
g) 12 581 000 000 h) 965 100 002 999

5 Schreibe mit Ziffern in Dreierblöcken.

a) dreiunddreißigtausendfünfzehn
b) drei Millionen fünfundfünfzigtausend
c) dreihundert Millionen fünfhundertfünftausendzweihundertacht
d) fünfzehn Billionen dreihundert Milliarden

▸ 5

6 Fülle in deinem Heft die Lücken.
Am Zahlenstrahl gilt: Je weiter ● eine Zahl steht, desto ● ist die Zahl.

7 Setze im Heft das richtige Zeichen > oder < ein.

a) 134 ● 143 b) 307 ● 370
c) 1002 ● 1020 d) 8483 ● 4838
e) 9099 ● 10 000 f) 7663 ● 7659

8 Jeder schreibt eine dreistellige Zahl auf einen Zettel und faltet ihn. Mischt die Zettel und verteilt sie untereinander.

a) Bildet Gruppen mit fünf bis sechs Schülern. Jeder schaut, welche Zahl auf seinem Zettel steht. Ordnet euch in eurer Gruppe von klein nach groß. Gewonnen hat die Gruppe, die zuerst fertig ist.
b) Bildet nun eine große gemeinsame Gruppe. Ordnet euch von groß nach klein.

9 Ordne die Zahlen von klein nach groß.

a) 167; 1067; 617; 176; 1706; 7106
b) 10 001; 101; 110; 10 010; 1100; 1001
c) 2803; 3802; 823; 2308; 382; 3082
d) 8 720 000 000 000; 8 720 000; 8 720 000 000

10 Bilde dreistellige Zahlen.
Nutze jedes Kärtchen nur einmal.

3 | 7 | 8

a) Notiere alle sechs möglichen Zahlen.
b) Ordne die Zahlen von klein nach groß.

11 Schreibe die gesuchte Zahl auf.

a) die kleinste dreistellige Zahl
b) die größte dreistellige Zahl
c) die größte vierstellige Zahl, die aus lauter unterschiedlichen Ziffern besteht

Tipp zu **4**: So sieht eine Stellenwerttafel mit Milliarden aus:

Milliarden			Millionen			Tausender					
H	Z	E	H	Z	E	H	Z	E	H	Z	E

1 Notiere zu jedem Buchstaben die passende Zahl.

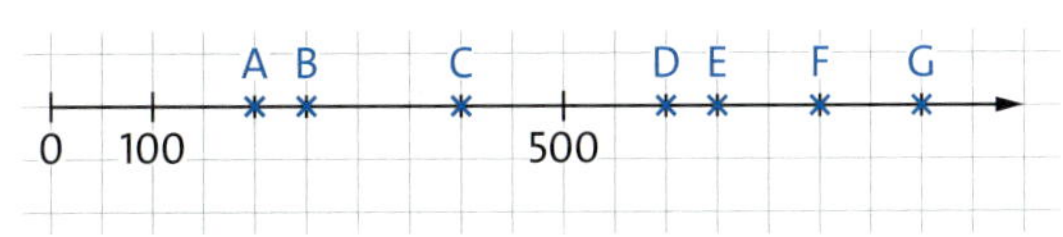

2 Übertrage den Zahlenstrahl in dein Heft.

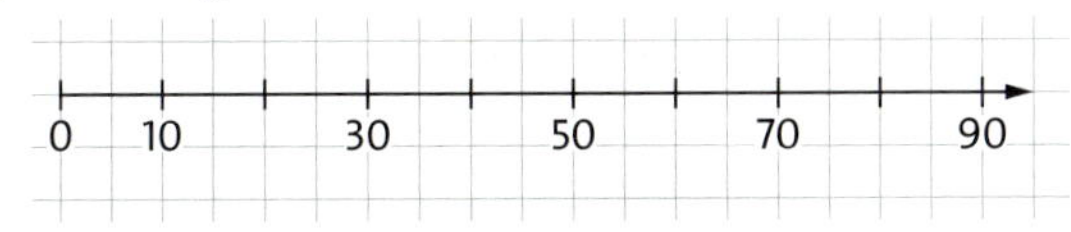

a) Trage die Zahlen ein: 15; 20; 35; 65; 80.
b) Trage auch 21; 46; 67 und 83 ein. Beschreibe dein Vorgehen.

3 Zeichne einen Zahlenstrahl auf ein weißes Blatt Papier. Trage die Zahlen ein:
6; 10; 12; 15; 19; 23; 29.
Überlege dir vorher:
Wie weit muss der Zahlenstrahl gehen?
Wie musst du den Zahlenstrahl einteilen?

4 Lege eine Stellenwerttafel an, die bis zu Billionen reicht.
Trage die Zahl ein. Schreibe die Zahl daneben einmal nur mit Ziffern.
a) sechsundvierzigtausendachthundertfünf
b) siebenhunderttausendvierundachtzig
c) zwei Milliarden siebenhundertdreiunddreißig Millionen fünfundzwanzig
d) acht Billionen sechsunddreißig Milliarden
e) zehn Billionen sechsunddreißig Millionen

5 Setze im Heft das richtige Zeichen > oder < ein.
a) 150 ○ 105
b) 37 777 ○ 7333
c) 100 010 ○ 1 000 001
d) 89 898 ○ 98 989
e) 99 999 ○ 10 000
f) 470 ○ 470,5

6 ▼ Alles nur mit den Ziffern 4, 5 und 7:

47 574	75 457	54 745	55 477	74 545

a) Ordne die Zahlen von klein nach groß.
b) Finde drei weitere Zahlen, die dazwischen liegen. Benutze nur die Ziffern 4, 5 und 7.

7 Jana hat drei Geschwister. Eva ist drei Jahre jünger als Jana. Max ist doppelt so alt wie Jana. Wiebke ist zwei Jahre älter als Max.

Jana

Eva

Max

Wiebke

Sortiere von jung nach alt, auch wenn du nicht weißt, wie alt Jana ist.

8 „Achtung, bitte sofort rauskommen!"

- kleinste fünfstellige Zahl mit verschiedenen Ziffern
- drittkleinste vierstellige Zahl
- fünftgrößte siebenstellige Zahl

9 Setze regelmäßig fort. Schreibe die fünf nächsten Zahlen auf. Lies sie laut.
a) 10 000; 30 000; 50 000; ...
b) 999 000; 889 000; 779 000; ...
c) 100 000; 200 000; 400 000; ...
d) 1 Milliarde; 950 Millionen; 900 Millionen; ...
e) 850 Milliarden; 900 Milliarden; 950 Milliarden ...

10 Wie viele gerade Zahlen liegen zwischen 1 293 001 und 1 293 013? Schreibe sie auf.

11 Vorsicht, Fehler!
Luisa hat Zahlwörter aufgeschrieben. Dabei sind ihr einige Fehler passiert. Finde die Fehler und korrigiere.
a) 340 018
dreihundertvierzigtausendachtzehn
b) 87 500
achtundsiebzigtausendfünfhundert
c) 190 600
neuzehntausendsechshundert
d) 11 490 000
elf Millionen neunundvierzig

Zusatz zu **6** Arbeitet zu zweit. Schreibt sechs verschiedene Ziffern auf Kärtchen. Jede Ziffer soll nur einmal vorkommen. Bildet mit den Ziffern die größte fünfstellige Zahl, die größte vierstellige Zahl und die größte dreistellige Zahl. Bildet mit den Ziffern auch die kleinste fünfstellige Zahl, die kleinste vierstellige Zahl und die kleinste dreistellige Zahl.

Daten erheben und auswerten

Samira macht in ihrer Klasse eine Umfrage zum Thema „Mediennutzung“.
Sie verwendet einen Fragebogen.

Fragebogen

- Wie alt bist du?
  ____ Jahre
- Wie lange sitzt du am Tag am Bildschirm?
  ____ min
- Schaust du gerne Serien?
  ❑ ja ❑ nein

Nach der Umfrage stellt Samira die Antworten in einer **Urliste** zusammen.

Alter (in Jahren)	11	10	10	12	11	10	10	11	10
Wie lange am Tag? (in min)	30	15	40	150	20	45	70	60	60
Schaust du gerne Serien?	ja	ja	nein	ja	nein	ja	ja	ja	nein

▸ Maximum, Minimum und Spannweite angeben

W In einer **Strichliste** fasst du die Antworten aus einer Urliste zusammen. Jeder fünfte Strich geht schräg durch vier andere: 卌. Das ist übersichtlicher und leichter zu zählen.

Schaust du gerne Serien?	Strichliste
ja	卌 I
nein	III

In eine **Häufigkeitstabelle** schreibst du, wie oft eine Antwort vorkommt.

Schaust du gerne Serien?	Häufigkeit
ja	6
nein	3

▶ Aufgabe Erstelle für das Alter eine Strichliste und eine Häufigkeitstabelle. Zähle damit die Antworten für 10 Jahre, 11 Jahre und 12 Jahre. ▸1 ▸1 ▸1a

W Die größte Zahl bei den Antworten heißt **Maximum**.
Die kleinste Zahl heißt **Minimum**.

Für die Zeiten am Bildschirm gilt:
Maximum 150 min
Minimum 15 min

Die **Spannweite** ist der Unterschied zwischen Maximum und Minimum.

15; 20; 30; 40; 45; 60; 60; 70; 150

Minimum — Spannweite — Maximum

Die Spannweite berechnest du so:
Maximum minus Minimum.

150 − 15 = 135
Die Spannweite beträgt 135 Minuten.

▶ Aufgabe Schau dir die Antworten zum Alter an. Wie groß ist das Maximum? Wie groß ist das Minimum? Berechne die Spannweite. ▸3 ▸2 ▸1b

1 Was ist dein Lieblingsfach? So antworteten die Mädchen aus der Klasse 5 b:

Kunst | Kunst | Sport | Mathe | Kunst
Sport | Englisch | Sport | Kunst

Übertrage die Tabelle ins Heft. Ergänze.

Lieblingsfach	Strichliste	Häufigkeit
Kunst	||||	
Sport		
Mathe		
Englisch		

2 Führt in eurer Klasse eine Umfrage durch. Stellt die Frage: „Was ist deine Lieblingsfarbe?" Notiert die Antworten in einer Strichliste. Tragt auch die Häufigkeit ein.

Lieblingsfarbe	Strichliste	Häufigkeit
blau		

▸ 2

3 Finde das Minimum und das Maximum.
a) 3; 18; 4; 29; 45; 7
b) 36; 10; 45; 39; 81; 22; 56
c) 119; 267; 1000; 309; 120; 389
d) 378; 245; 199; 28; 930; 748

4 Beim Seilspringen haben die Kinder so viele Sprünge geschafft:

Name	Tan	Nadja	Simon	Esra
Anzahl	75	110	5	40

a) Finde das Minimum und das Maximum.
b) Berechne die Spannweite.

5 So lange dauern die Schulwege:

a) Ordne die Zeiten von klein nach groß.
b) Wer ist am längsten unterwegs?
c) Wer ist am schnellsten an der Schule?

6 Das Maximum und Minimum der Temperatur sind wichtig bei der Wettervorhersage.

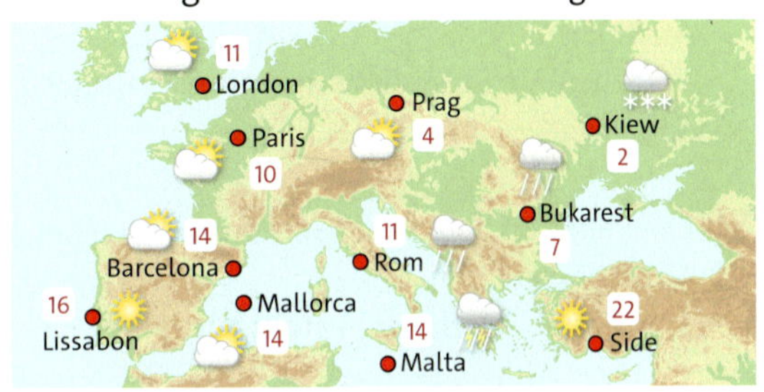

a) Finde Maximum und Minimum.
b) Wie groß ist die Spannweite?

7 a) Recherchiere im Internet eine aktuelle Wetterkarte von Europa (Suchwörter: Wetterkarte Europa).
b) Finde Maximum und Minimum.
c) Wie groß ist die Spannweite?
d) Vergleiche deine Ergebnisse mit den Ergebnissen aus Aufgabe 6.

8 Schülerinnen und Schüler einer 7. Klasse wurden gefragt: „Wie viele Minuten verbringt ihr täglich vor dem Bildschirm?"
30; 45; 10; 160; 30; 15; 120; 90; 90; 70; 90; 90; 100; 30; 20; 60; 80
a) Ordne die Werte der Größe nach. Beginne mit dem kleinsten Wert.
b) Bestimme die Spannweite.
c) Wie viele Werte sind kleiner als 100 min?
d) Wie viele Schülerinnen und Schüler gehen in diese Klasse?

9 Dies sind die Höchsttemperaturen auf Mallorca im Lauf eines Jahres (im Durchschnitt).

Monat	J	F	M	A	M	J
Temperatur (in °C)	15	15	17	19	23	28

Monat	J	A	S	O	N	D
Temperatur (in °C)	31	31	27	23	18	16

a) Was bedeuten die Buchstaben J, F, M, …?
b) Bestimme Maximum und Minimum.
c) Berechne die Spannweite.
d) Welche Monate waren wärmer als 20 °C?
e) Gab es Monate, die kälter als 10 °C waren?

Zusätzliche Sprachübung zu **5**: Welche Wörter passen zusammen? Bilde zwei Gruppen mit Wörtern:
der Schnellste – der Leichteste – der Schwerste – das Minimum – der Langsamste – das Maximum – der Kleinste – der Höchste – der größte Wert – der kleinste Wert

▸ Tipp zu 3, 4

1 So alt sind die Kinder (in Jahren) in einem kleinen Kindergarten: 5; 1; 2; 2; 5; 3; 1; 3; 1; 5; 5; 4; 4; 2; 3; 1; 5; 4
Erstelle eine Strichliste und eine Häufigkeitstabelle.

2 Die Tabellen zeigen die Schuhgrößen einer Sportgruppe.
M steht für Mädchen, J steht für Junge.

M oder J	J	M	J	M	M
Schuhgröße	36	35	40	32	39

M oder J	J	J	M	M	J
Schuhgröße	38	35	31	38	36

a) Erstelle eine Strichliste und eine Häufigkeitstabelle für die ganze Gruppe.
b) Bestimme das Minimum und das Maximum der Schuhgröße der ganzen Gruppe.
c) Berechne die Spannweite der ganzen Gruppe.
d) Ermittle das Minimum, das Maximum und die Spannweite erst nur für die Mädchen und dann nur für die Jungen. Vergleiche die beiden Spannweiten.

3 ▼ Führt in eurer Klasse eine Umfrage durch zum Thema: „Wie viele **Cousinen** und **Cousins** hast du?" Notiert die Antworten in einer Tabelle. Bestimmt das Minimum, das Maximum und die Spannweite.

4 So viel Taschengeld bekommen Paula und ihre Freundinnen im Monat:
10 €; 6 €; 8 €; 7 €; 7 €; 12 €; 9 €; 8 €
Berechne die Spannweite. ► 3

5 Für die Zahlen 6; 8; 4; 9; 10; 7; 8 soll Nino das Maximum bestimmen.
„Das ist die Zahl ganz rechts, also die 8."
a) Welchen Fehler hat Nino gemacht?
b) Bestimme das Maximum.

6 ▼ Ermittle die Spannweite.
a) 7; 4; 3; 10; 5; 6; 10
b) 46; 52; 618; 1; 63; 45; 78; 100; 32
c) 12; 89; 34; 27; 13; 67; 99; 36

7 Paul findet es ungerecht, dass er am Wochenende nur 30 min pro Tag an seinem Handy spielen darf. Seine Mutter fragt: „Wie lange dürfen denn deine Freunde spielen?"

Paul befragt seine Freunde:

Maria 60 min
Ali 50 min
Ole 200 min
Tim 180 min
Dominik 45 min
Steffen 90 min
Wiebke 200 min
Alina 45 min

a) Bestimme das Maximum, das Minimum und die Spannweite.
b) Wer darf weniger als 120 min spielen?
c) Mache einen Vorschlag, wie sich Paul und seine Mutter einigen können.

8 In der Urliste stehen Angaben von zehn Fünftklässlern.

M/J	Alter	Schuhgröße	Verkehrsmittel	Lieblingsfach
J	10	36	Bus	Kunst
M	9	35	zu Fuß	Kunst
J	10	40	Bus	Sport
M	10	32	Bahn	Mathe
M	11	39	Auto	Kunst
J	11	38	Bus	Sport
J	11	35	Fahrrad	Englisch
M	10	31	Fahrrad	Sport
M	12	38	Fahrrad	Kunst
J	11	36	Bus	Sport

Überprüfe die Aussagen. Korrigiere, wenn nötig.
a) Die meisten Schüler kommen mit dem Bus.
b) Die jüngste Schülerin fährt Fahrrad.
c) Mehr Jungen als Mädchen mögen Sport.
d) Der Junge mit den größten Füßen kommt mit der Bahn zur Schule.

Sprachhilfe für **3**: Das Kind von deiner Tante und deinem Onkel ist dein **Cousin** (wenn es ein Junge ist) oder deine **Cousine** (wenn es ein Mädchen ist).
Die Ergebnisse von **6** findest du unter diesen Zahlen: 7; 8; 80; 87; 88; 617; 619

 ► Tipp zu 1, 2, 4

1 So viele Minuten brauchen die Schülerinnen und Schüler der 5 e für ihren Schulweg:
5; 15; 20; 20; 5; 30; 10; 15; 10; 5; 15; 10; 10; 25; 20; 15; 15; 5; 10; 10; 15; 5; 25; 10; 15

a) Erstelle eine Strichliste mit Häufigkeitstabelle.
b) Gib das Minimum und das Maximum an. Wie groß ist die Spannweite?

2 Notiert gemeinsam alle Schuhgrößen in eurer Klasse. Fasst die Ergebnisse in einer Strichliste und in einer Häufigkeitstabelle zusammen. Bestimmt Minimum, Maximum und Spannweite.

3 Der Eiffelturm in Paris ist 324 m hoch. Der Kölner Dom misst 157 m. Das höchste Gebäude in Dubai ist der Burj Khalifa mit einer Höhe von 828 m. Der Willis Tower in Chicago ist nur 434 m hoch. Ermittle die Spannweite.

4 Die Mitglieder einer Jugendgruppe haben gemessen, wie groß sie sind. Es gab sehr viele unterschiedliche Größen. Deshalb war es schwierig, die Ergebnisse aufzuschreiben. So haben die Jugendlichen das gelöst:

Größe (in cm)	Strichliste	Häufigkeit
130 bis 139	|	1
140 bis 149	~~IIII~~ IIII	9
150 bis 159	~~IIII~~ ~~IIII~~ II	12
160 bis 169	III	3

a) Erkläre: Was ist in dieser Tabelle besonders? Was ist der Vorteil, die Größen so zu notieren?
b) So viele Minuten sitzen die Jugendlichen pro Tag an ihren Hausaufgaben:
5; 10; 60; 45; 20; 10; 5; 20; 60; 70; 30; 30; 25; 10; 5; 20; 60; 70; 60; 30; 40, 45; 20; 15; 10
Stelle die Ergebnisse in einer ähnlichen Tabelle wie oben dar.

5 Bestimme die Spannweite.
a) 15; 9; 6, 10; 12; 20; 15
b) 34; 78; 105; 119; 5; 8; 54; 137
c) 290; 170; 280; 310; 480; 100

6 Die Spannweite der Schuhgrößen in einer fünften Klasse wird mit 40 angegeben. Kann das sein?

7 Carla meint, dass der Notenspiegel einer Klassenarbeit eine Häufigkeitstabelle ist.

Note	1	2	3	4	5	6
Anzahl	3	8	9	6	3	1

a) Hat sie recht? Begründe.
b) Welche Note gab es am häufigsten?
c) Wie oft kam die Note 3 oder eine bessere Note vor?
d) Wie oft kam eine Note vor, die schlechter als 4 war?

8 Eine 5. Klasse hat eine Umfrage gemacht zum Thema: „Wie groß seid ihr?" (in cm)
Die Spannweite ist 33 cm. Das Maximum ist 164 cm.
Welchen Wert hat das Minimum?
Beschreibe, wie du das Minimum berechnen kannst.

9 Gib jeweils eine passende Zahlenreihe mit sechs Werten an.
a) Minimum 23 €; Spannweite 66 €
b) Maximum 103 min; Spannweite 63 min

10 Kevin hat für die Schülerzeitung eine Umfrage zum Thema „Taschengeld" gemacht.
- Er hat 10 Fünftklässler befragt.
- Alle erhielten unterschiedlich viel Taschengeld pro Monat. Es war immer ein glatter Betrag in Euro (ohne Cent).
- Ümüt bekam mit 15 € am meisten.
- Die Spannweite betrug 11 €.

a) Berechne die minimale Taschengeldhöhe.
b) Gib eine passende Datenreihe an.

Die drei Ergebnisse von **5** findest du unter diesen Zahlen:
14; 16; 122; 132; 180; 360; 380

Daten darstellen

Bei einem Computerspiel kannst du zwischen drei Figuren wählen: Max, Alex und Lucy. Ihre Eigenschaften werden mit Punkten angegeben.

W Werte kannst du übersichtlich in Diagrammen darstellen.

das Säulendiagramm

Geschwindigkeit
Punkte
4
2
0
Max Alex Lucy Name

Max: 4, Alex: 3

das Balkendiagramm

Stärke
Name
Max
Alex
Lucy
0 1 2 3 4 Punkte

Max: 4, Alex: 6

das Bilddiagramm (Piktogramm)

Ausdauer ♥ = 10 Punkte

Max ♥ ♥ ♥
Alex ♥ ♥
Lucy ♥ ♥ ♥ ♥

Max: 30, Alex: 20

▶ **Aufgabe** Lies die Werte von Lucy in den drei Diagrammen ab. ▸1 ▸1 ▸1

▸ Säulendiagramme zeichnen

W **Ein Säulendiagramm zeichnen**

① Lege fest: Was soll auf welche **Achse**? Die Anzahl steht oft auf der Hochachse.

② Finde den größten Wert auf der **Hochachse**. Überlege dir eine gleichmäßige Einteilung. Zeichne die Hochachse etwas höher als nötig. Beschrifte sie.

③ Plane die **Breite**. Beachte die Anzahl der Säulen, ihre Breite und den Platz dazwischen. Zeichne die Achse und beschrifte sie.

④ Zeichne die Säulen ein und beschrifte sie.

⑤ Gib deinem Diagramm eine Überschrift.

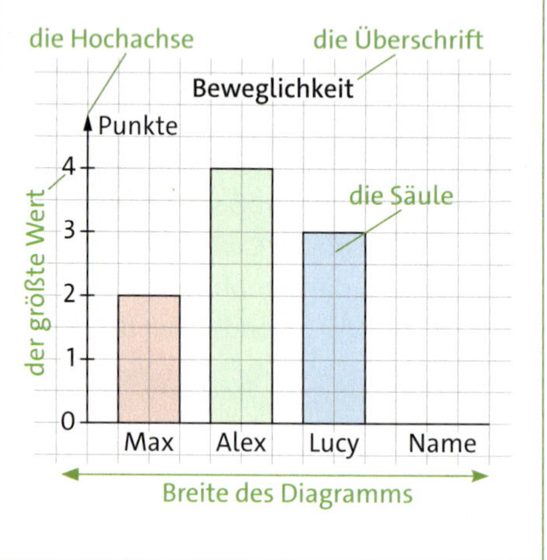

▶ **Aufgabe** Die Punkte für die Eigenschaft „Zauberkraft" sind: Max 8, Alex 6, Lucy 3. Zeichne ein Säulendiagramm. ▸3 ▸3 ▸2

Das Zeichen ≈ heißt „ungefähr gleich".

▸ Runden

W Manchmal kannst du Zahlen nicht genau darstellen. Dann musst du **runden**.

① Finde die Rundungsstelle. („Runde auf …")

② Betrachte die Ziffer rechts daneben:

- Bei 0, 1, 2, 3 und 4 musst du **abrunden**: Die Rundungsstelle bleibt gleich. Die Ziffern rechts davon werden alle zu 0.
- Bei 5, 6, 7, 8 und 9 musst du **aufrunden**: Die Rundungsstelle wird um 1 größer. Die Ziffern rechts davon werden alle zu 0.

Runde auf Hunderter: 4529 Punkte

4529 2 bedeutet abrunden.

4529 ≈ 4500

Es gibt rund 4500 Punkte.

Runde auf Tausender: 2875 Spieler

2875 8 bedeutet aufrunden.

2875 ≈ 3000

Es gibt rund 3000 Spieler.

▶ **Aufgabe** Runde auf Hunderter. a) 4527 b) 33 192 ▸6 ▸5 ▸5

1 Wie alt werden die Tiere? Schreibe auf.
Beispiel Hund: ▢ Jahre

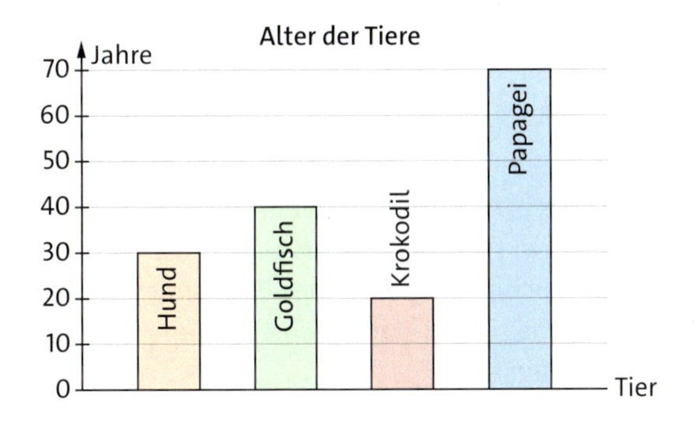

2 Die Klasse 5 c hat eine Umfrage gemacht: „Welches Haustier habt ihr?“

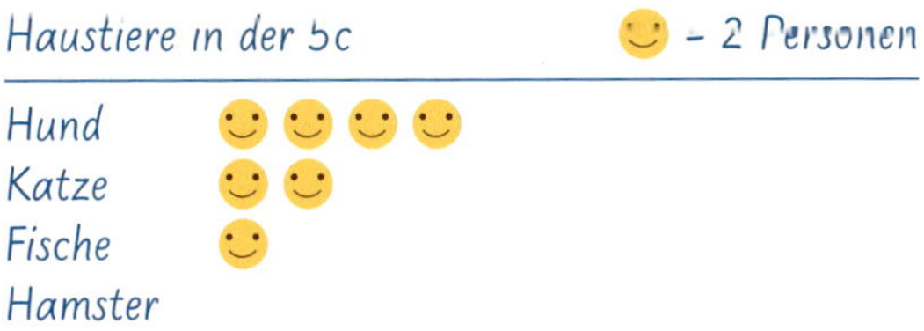

Haustiere in der 5c ☺ – *2 Personen*

Hund 
Katze 
Fische ☺
Hamster

a) Übertrage das Bilddiagramm in dein Heft. Schreibe die Zahlen daneben.
b) 6 Kinder haben einen Hamster. Zeichne die Smileys dafür ein. ▸ 3

3 Zeichne ein Säulendiagramm.

Name	Maxi	Leo	Mia	Cem
Anzahl der Geschwister	2	3	4	1

Beginne so:

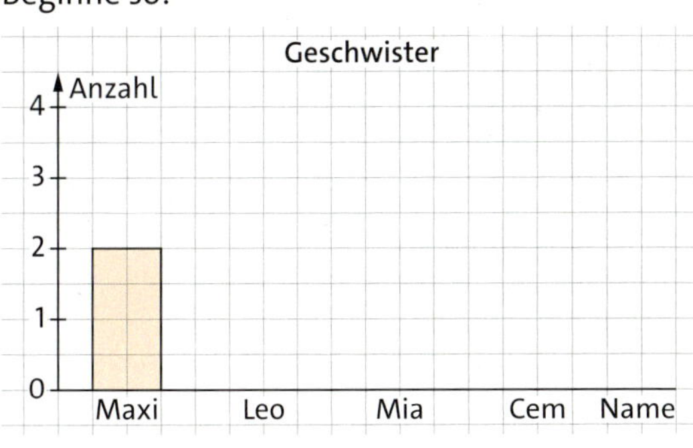

4 Die Kinder der Klasse 5 b antworteten auf die Frage: „Was ist dein Lieblingsgetränk?“

Getränk	Limo	Cola	Saft	Wasser
Anzahl	5	8	6	4

Zeichne ein Säulendiagramm. Beginne so:

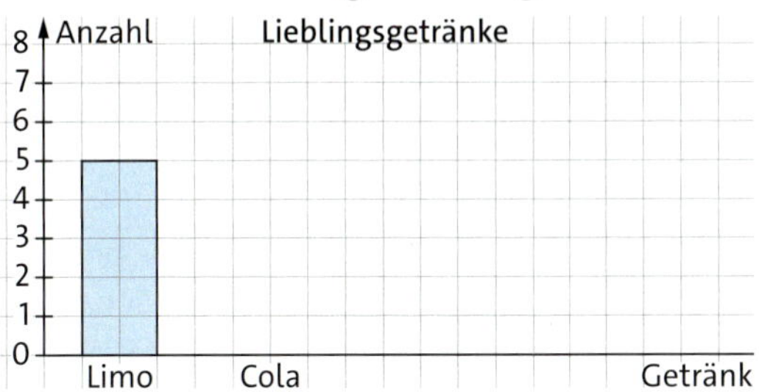

5 So kommen die Kinder der 5 d zur Schule:
6 mit dem Bus, 8 mit dem Rad,
10 zu Fuß, 4 mit dem Auto.

a) Zeichne ein Säulendiagramm. Überlege zuerst: Wie hoch sollen die Säulen werden? Wie breit sollen die Säulen sein?
b) Macht eine Umfrage in der Klasse: „Wie kommt ihr zur Schule?“ Erstellt eine Strichliste. Zeichnet ein Säulendiagramm. ▸ 5

6 Runde auf Hunderter.
Beispiel 4526 (abrunden), 4526 ≈ 4500
1391 (aufrunden), 1391 ≈ 1400

a) 832 b) 468 c) 309 d) 594
e) 5129 f) 6359 g) 9446 h) 8670

7 Runde auf Tausender.
Beispiel 15 462 (abrunden), 15 462 ≈ 15 000
72 805 (aufrunden), 72 805 ≈ 73 000

a) 17 165 b) 85 964 c) 43 906 d) 594
e) 5129 f) 6359 g) 9446 h) 8670

8 Herr Liebers verkauft auf dem Markt Gemüse.

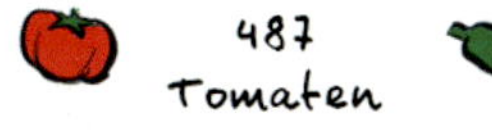
487 Tomaten

817 Gurken

246 Salatköpfe

583 Kohlrabis

a) Runde die Zahlen auf Hunderter.
b) Zeichne dann ein Säulendiagramm. Zeichne 1 cm für 100 Stück.

Sprachübung zu **2**: Formuliere drei kurze Sätze zum Diagramm: Das beliebteste Tier ist ●. Vier Kinder haben ●. Bei ● Kindern gibt es zu Hause Fische.

1 So viel hat Stella in den letzten vier Monaten ausgegeben:

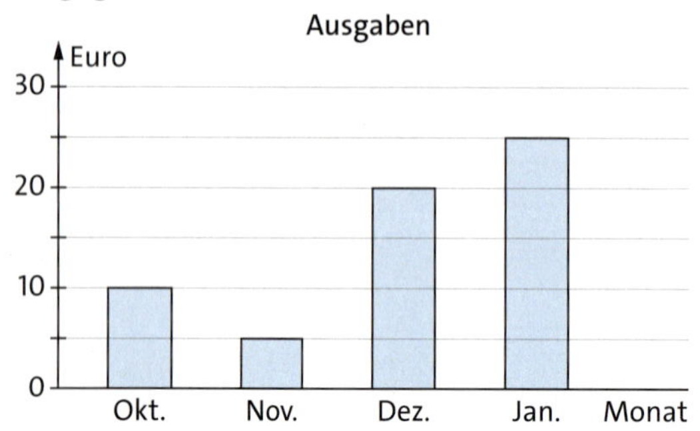

a) Wie viel Geld war es in jedem Monat?
b) Warum hat Stella im Dezember wohl mehr Geld als im November ausgegeben?

2 Die Klasse 5 a hat eine Umfrage gemacht: „Welche Eissorte magst du am liebsten?“
Die Antworten waren:

Zitrone: 4 Vanille: 7
Schoko: 11 Erdbeere: 6

Kai hat ein Bilddiagramm gezeichnet, leider mit Fehlern. Berichtige in deinem Heft.

Lieblingseis in der 5a ☺ *= 2 Personen*

Zitrone ☺☺☺☺
Vanille ☺☺☺◖
Schoko ☺☺☺☺☺
Erdbeere ☺☺☺

3 Vier Freunde spielen Dosenwerfen.

Name	Pia	Anh	Lara	Edin
getroffene Dosen	6	2	4	8

Zeichne ein Säulendiagramm. Beginne so:

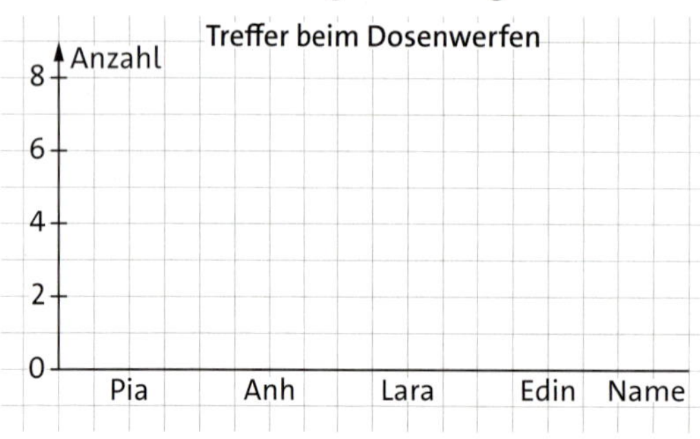

4 Ashkan hat Verwandte auf der ganzen Welt.

Land	Verwandte von Ashkan
Deutschland	30
Iran	50
Russland	15
USA	45

a) Zeichne ein Säulendiagramm. 1 cm steht für 10 Personen.
b) Zeichne ein passendes Balkendiagramm. Was sind die Unterschiede zum Säulendiagramm? ▸ 4

5 Runde die Zahlen …
a) auf Hunderter: 645; 852; 906; 1111; 6671
b) auf Tausender: 4915; 7293; 18 723; 72 096; 144 891
c) auf Zehntausender: 36 546; 50 711; 77 204; 245 031; 651 924

6 Runde die Zahl 19 876 auf …
a) Tausender. b) Hunderter. c) Zehner. ▸ 6

7 Runde auf eine sinnvolle Stelle.
Beispiel Das Auto kostet 19 800 €.
Das Auto kostet rund 20 000 €.
a) In die Goethe-Schule gehen 764 Schülerinnen und Schüler.
b) Im Stadion sind heute 61 364 Zuschauer.
c) Der Mount Everest ist 8848 m hoch.

8 Auf der Homepage der Schule gibt es verschiedene Bereiche. Im letzten Monat wurden die Bereiche so oft angeklickt.

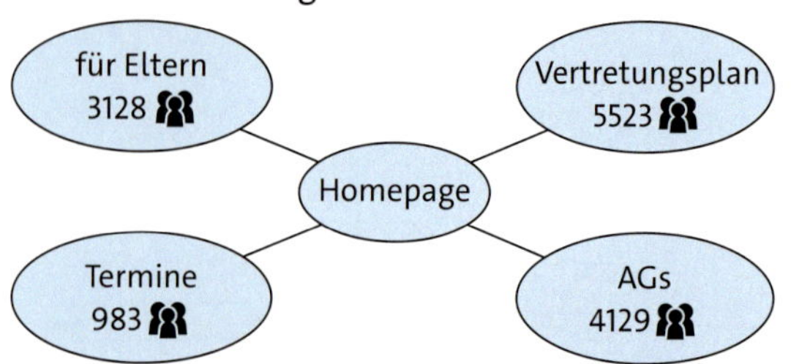

Runde die Anzahlen auf Tausender. Stelle die Anzahlen dann in einem Säulendiagramm dar. Zeichne 1 cm für 1000 Klicks.

Sprachübung zu **2**: Formuliere drei kurze Sätze zur Umfrage: Die beliebteste Eissorte ist ●.
Nur ● Kinder mögen am liebsten Zitrone. Die Sorte Erdbeere …

▸ Tipp zu 1, 2, 4, 6, 8

1 Die fünften Klassen haben heute gezählt, wie viele Schülerinnen und Schüler mit dem Fahrrad gekommen sind.

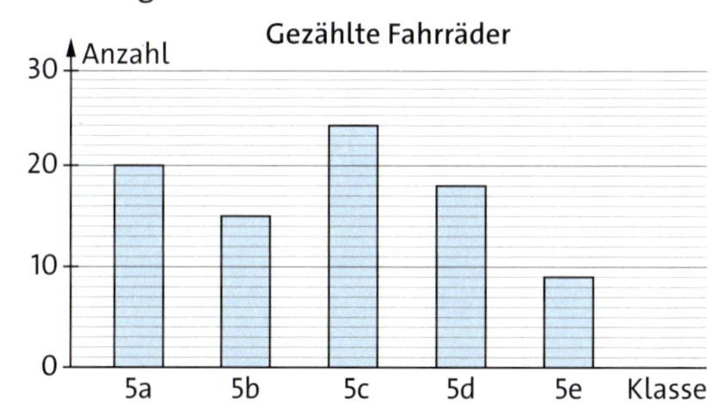

a) In welcher Klasse kamen die wenigsten Kinder mit dem Fahrrad? Beschreibe, wie du das schnell erkennen kannst.
b) Lies für jede Klasse ab, wie viele Kinder mit dem Fahrrad gekommen sind.
c) Nenne mögliche Gründe, warum sich die Zahlen so stark unterscheiden.

2 Betrachte das Diagramm.

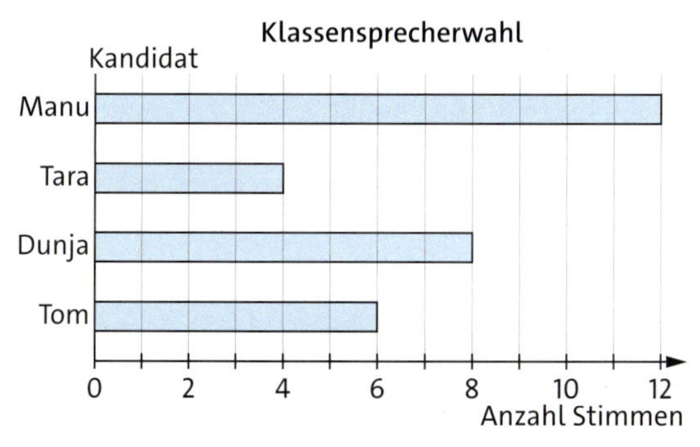

a) Was wird dargestellt? Lies die Werte ab.
b) Welche Art Diagramm ist es?
c) Erstelle ein Bilddiagramm zur Wahl. Überlege dir zuerst ein Symbol.
d) Zeichne ein passendes Säulendiagramm.
e) Welche Art Diagramm stellt die Werte am besten dar? Begründe deine Meinung.

3 In einer kleinen Stadt gibt es vier Ortsteile.

Ortsteil	Nord	Ost	Süd	West
Einwohnerzahl	5000	6500	4200	2800

Zeichne ein Balkendiagramm.
1 cm soll für 1000 Personen stehen.

4 Im Internet gibt es ein neues Portal zum Thema „Mobbing“.
Jedes Jahr melden sich neue Mitglieder an.

Start:	200 Mitglieder
nach einem Jahr:	280 Mitglieder
nach zwei Jahren:	350 Mitglieder
nach drei Jahren:	400 Mitglieder

a) Zeichne ein passendes Säulendiagramm.
b) Gibt es nach vier Jahren mehr als 500 Mitglieder? Begründe deine Meinung.

5 Runde die Zahlen …
a) auf Hunderter: 272; 916; 4806; 27 098
b) auf Tausender: 3943; 7805; 56 476; 65 097; 883 929
c) auf Zehntausender: 15 023; 64 871; 256 911; 466 175; 7 777 777

6 Die Lehrerin schreibt an die Tafel:

9876 ≈ 10 000

Uli sagt: „Sie hat auf Tausender gerundet“.
Jana meint: „Sie kann auch auf Hunderter gerundet haben.“
a) Wer hat recht? Begründe.
b) Auf welche Stelle kann die Lehrerin noch gerundet haben?

7 Finde die kleinste und die größte Zahl, die gerundet ergibt:
a) 30 b) 1400 c) 16 000

8 Marian hat diese Einwohnerzahlen gefunden:

Frankreich		64 979 548
Belgien		11 429 336
Niederlande		17 035 938
Dänemark		5 733 551
Tschechien		10 618 303
Österreich		8 823 054

a) Diskutiert zu zweit: Ist es sinnvoll, die Zahlen so genau anzugeben?
b) Erstelle ein Säulendiagramm. Runde dafür auf Millionen.

Zusatz: Führt in der Klasse eine Umfrage durch zum Thema „Was ist deine Lieblingsfarbe?" Erstellt gemeinsam eine Strichliste. Dann zeichnet jeder ein Säulendiagramm. Vergleicht eure Diagramme untereinander.

Tipp zu 1, 5

Wir präsentieren uns am Tag der offenen Tür

Viele Schulen machen einmal im Jahr einen „Tag der offenen Tür“. Kinder und ihre Eltern können sich die Schule anschauen. Dann können sie besser entscheiden, ob sie nach der Grundschule auf diese Schule gehen möchten.

Im Mathematikunterricht könnt ihr Plakate für diesen Tag vorbereiten.
Ihr könnt Informationen über eure Schule sammeln und in großen Diagrammen darstellen.

1 Überlegt gemeinsam: Welche Informationen über eure Schule sind interessant? Sind diese Informationen auch interessant für die Kinder und ihre Eltern?

2 Teilt Gruppen ein: Wer beschäftigt sich mit welchem Thema?

3 Informiert euch zum Beispiel im Sekretariat, macht Umfragen unter den Schülerinnen und Schülern, befragt Lehrerinnen und Lehrer …

Planung einer Umfrage

Legt fest: Welches Thema hat eure Umfrage? Welche Personen wollt ihr befragen und an welchem Ort?

Notiert alle Fragen, die ihr stellen wollt. Das solltet ihr beachten:
- Stellt nicht mehr als fünf bis sechs Fragen, sonst wird die Befragung zu lang.
- Jeder muss eure Fragen leicht verstehen können.
- Ihr müsst die Antworten gut auswerten können. Das geht leicht, wenn ihr Antworten zum Ankreuzen vorgebt.
- Eine offene Frage ist zum Beispiel: „Was gefällt dir an deinem Schulweg?“ Offene Fragen sind schwieriger auszuwerten, aber die Antworten sind oft interessanter.

Entscheidet euch: Wollt ihr Fragebögen verteilen oder die Antworten selbst aufschreiben? Wenn ihr die Antworten selbst notiert, dann reicht ein Blatt mit den Fragen. Dort könnt ihr auch gleich die Antworten aufschreiben, wenn ihr genug Platz lasst. Das geht gut mit Strichlisten.

Fragebogen zum Schulweg

1. Wie kommst du morgens zur Schule?
   ❑ mit dem Fahrrad ❑ zu Fuß
   ❑ mit dem Bus ❑ mit dem Auto
2. Wie lange brauchst du für den Weg?
   ______ min
3. Triffst du dich auf dem Weg mit Freunden?
   ❑ ja ❑ nein
4. Was gefällt dir an deinem Schulweg?
   ____
   ____
   ____

4 Erstellt Häufigkeitstabellen zu den gesammelten Daten. Zeichnet dann Diagramme.
Ihr könnt eure Diagramme auch mit dem Computer erstellen.
Dazu gibt es eine Anleitung auf Seite 24.

5 Übertragt die Diagramme auf große Papierbögen. Gestaltet eure Plakate ansprechend.

Für den Tag der offenen Tür hat die Klasse 5 e Informationen über ihre Schule gesammelt.
Die Schülerinnen und Schüler haben dazu große Diagramme gezeichnet.
Man kann sehen, wie die Schülerinnen und Schüler zur Schule kommen oder welche Brötchen in der Mensa am beliebtesten sind.
Am Tag der offenen Tür haben die Schülerinnen und Schüler ihre Plakate den Besuchern erklärt.

Zwischentest

Kompetenz	
1 Ich kann Zahlen auf dem Zahlenstrahl ablesen und eintragen. → Lies auf **Seite 8** nach.	**1** Notiere die passenden Zahlen: A = ..., B = ... 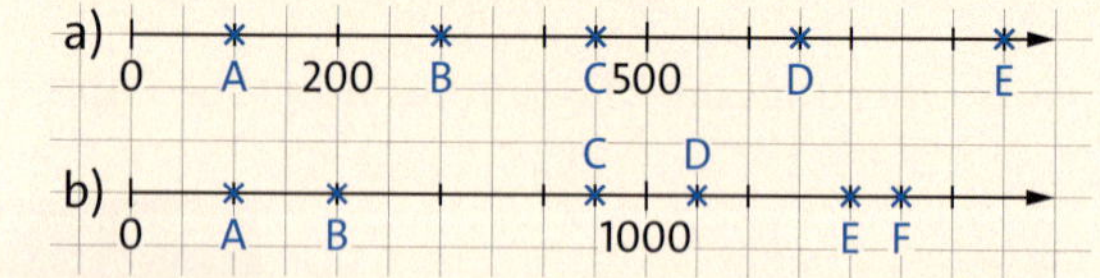
2 Ich kann Zahlen aus einer Stellenwerttafel ablesen und darin eintragen. → Lies auf **Seite 8** nach.	**2** Schreibe die beiden Zahlen auf. Färbe die Ziffern passend. Schreibe eine Zahl als Wort.
3 Ich kann Zahlen vergleichen und ordnen. → Lies auf **Seite 8** nach.	**3** Setze im Heft > oder < ein.
4 Ich kann Minimum und Maximum finden sowie die Spannweite berechnen. → Lies auf **Seite 12** nach.	**4** Hier fünf Ergebnisse vom Weitwurf:
5 Ich kann Zahlen aus einem Diagramm ablesen. → Lies auf **Seite 16** nach.	**5** Schreibe für jede Farbe auf: Wie viele Kinder haben diese Farbe gewählt?
6 Ich kann Daten in Diagrammen darstellen. → Lies auf **Seite 16** nach.	**6** Auf einem Bauernhof gibt es 5 Schweine, 8 Kühe, 6 Schafe und 1 Ziege. Zeichne ein Säulendiagramm.
7 Ich kann Zahlen runden. → Lies auf **Seite 16** nach.	**7** Runde auf Zehner: 48; 85; 123; 396 Schreibe so auf: 48 ≈ ...

Zu Aufgabe 1:

Zu Aufgabe 2:

Millionen			Tausender					
H	Z	E	H	Z	E	H	Z	E
				2	3	0	6	9
	8	9	0	0	0	5	4	0

Zu Aufgabe 3:

a) 350 ◯ 530 b) 444 ◯ 454
c) 1101 ◯ 1010 d) 2210 ◯ 2201

Zu Aufgabe 4:

Leo	Finn	Oli	Tim	Ali
13 m	9 m	6 m	15 m	12 m

a) Finde Minimum und Maximum.
b) Berechne die Spannweite.

Zu Aufgabe 5:

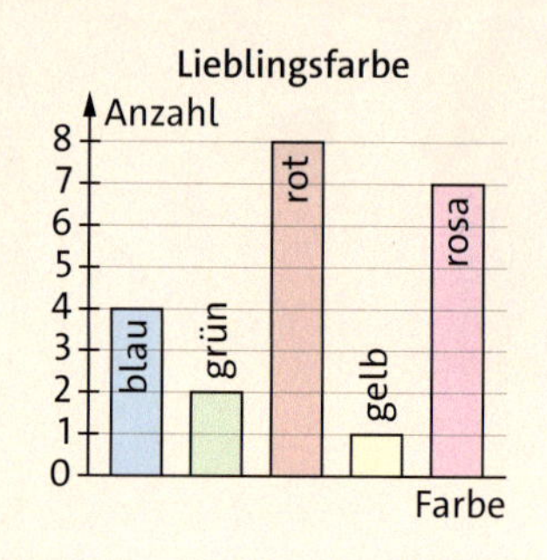

→ Lösungen auf Seite 234

1 Übertrage in dein Heft.
Trage ein: 50; 100; 250; 475; 625

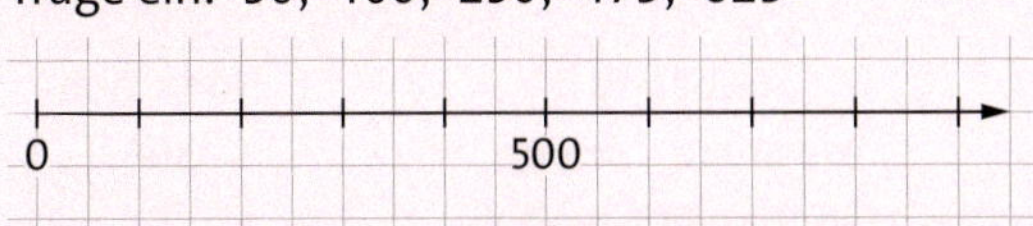

2 Übertrage die Stellenwerttafel in dein Heft.

Millionen			Tausender					
H	Z	E	H	Z	E	H	Z	E

a) Trage ein: 705 008; 67 309; 389 123 456
b) Schreibe 705 008 als Zahlwort.

3 Ordne die Zahlen von klein nach groß.
a) 585; 858; 850; 885; 558; 588
b) 1020; 120; 1002; 10 020; 201; 2010

4 Die Ergebnisse beim Hochsprung sind:

Max	Finn	Oli	Tim	Ali
104 cm	112 cm	96 cm	120 cm	108 cm

a) Gib Minimum und Maximum an.
b) Berechne die Spannweite.

5 Lies die fünf Werte ab.
Beschreibe die Entwicklung.

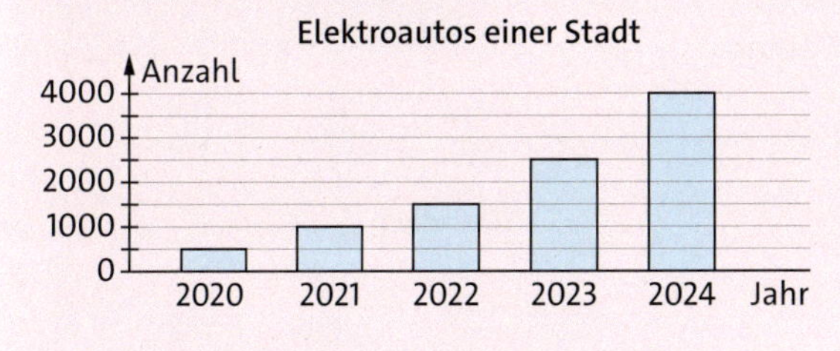

6 Zeichne ein Säulendiagramm zum Lebensalter der Tiere: Wildschwein 18 Jahre; Kaninchen 6 Jahre; Hirsch 15 Jahre; Igel 7 Jahre; Fuchs 3 Jahre.

7 Runde auf Tausender.
2345; 2987; 21 560; 39 811

1 Zeichne einen 12 cm langen Zahlenstrahl.
Trage an den Enden 0 und 600 ein.
a) Markiere jeden zweiten Hunderter.
b) Trage die Zahlen ein:
150; 275; 425; 550; 575

2 Zeichne eine Stellenwerttafel und trage die Zahlen dort ein.
a) 520 Milliarden 50 Millionen 5 Tausend
b) 500 Millionen 510 Tausend 100
c) 500 Milliarden 510 Millionen 100
d) Schreibe 6 070 900 103 als Zahlwort.
e) Schreibe 20 Billionen 790 Milliarden als Zahl.

3 Ordne die Zahlen nach der Größe.
a) 3045; 5043; 5340; 3504; 4035; 4503
b) 30 000; 30 300; 33 000; 30 030; 30 003

4 Die Ergebnisse beim Weitsprung sind:

Max	Leo	Finn	Oli	Tim	Ali
324 cm	288 cm	286 cm	312 cm	197 cm	245 cm

a) Gib Minimum und Maximum an.
b) Berechne die Spannweite.

5 Lies die gerundeten Werte ab.
Beschreibe die Entwicklung.

6 Erstelle ein Säulendiagramm zu den Einwohnerzahlen: Niedersachsen 8 Mio.; Nordrhein-Westfalen 18 Mio.; Hessen 6 Mio.; Bayern 13 Mio.; Rheinland-Pfalz 4 Mio.

7 Runde auf Millionen.
1 293 450; 3 678 201; 13 416 723; 89 879 035

→ Lösungen auf Seite 234 und 235

Säulendiagramme mit dem Computer erstellen

Du kannst Säulendiagramme auch mit einem **Tabellenkalkulationsprogramm** am Computer erstellen. Das Programm zeichnet für dich die Säulen.

Hier ist in vier Schritten erklärt, wie das geht:

1 Übertrage die Tabelle in eine Datei.

	A	B
1	Gebäude	Höhe in m
2	The Shard, London	306
3	Sapphire of Istanbul	261
4	Torre Caja, Madrid	250
5	Henninger Turm, Frankfurt	140

2 Markiere die Tabelle:
Klicke in das Feld oben links (A2) und ziehe mit gedrückter Maustaste die Maus bis zu deinem letzten Feld unten rechts.
Nun weiß das Programm, welche Angaben du darstellen möchtest.

	A	B
1	Gebäude	Höhe in m
2	The Shard, London	306
3	Sapphire of Istanbul	261
4	Torre Caja, Madrid	250
5	Henninger Turm, Frankfurt	140

3 Am oberen Bildschirmrand befindet sich die Menüleiste. Klicke auf „Einfügen".

Datei | Start | Einfügen | Zeichnen | Seitenlayout | Formeln | Daten | Überprüfen

Wähle den Bereich „Diagramme". Hier kannst du zwischen verschiedenen Diagrammarten wählen.
Wenn du ein Säulendiagramm zeichnen möchtest, dann klicke auf den Button oben links. Nun kannst du eines der Diagramme auswählen.

2D-Säule

3D-Säule

2D-Balken

3D-Balken

Weitere Säulendiagramme...

4 Zum Schluss kannst du dein Diagramm noch verbessern:
Füge statt „Diagrammtitel" eine passende Überschrift ein.
Verändere die Farbe der Säulen. Dafür musst du die Säulen anklicken.

Dein fertiges Diagramm könnte so aussehen:

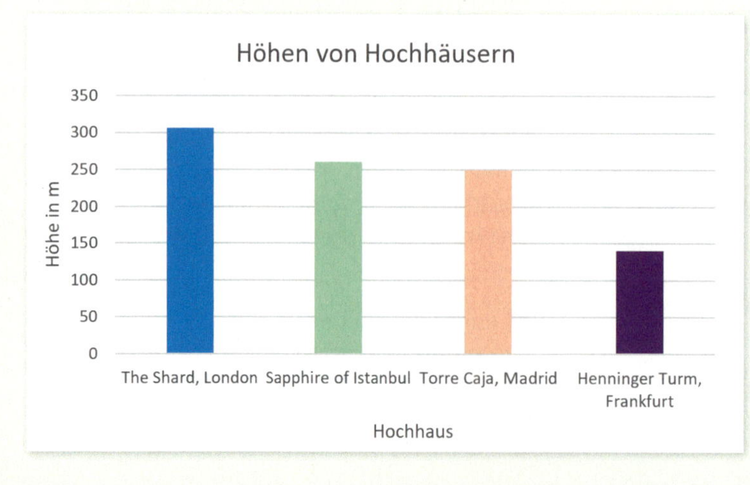

5 Probiere aus, wie deine Werte in anderen Diagrammen aussehen. Welches Diagramm gefällt dir am besten? Warum ist das so?

1 Diese Sportarten mögen die Kinder der Klasse 5c am liebsten: Fußball, Tanz, Turnen, Fußball, Handball, Judo, Tanz, Fußball, Turnen, Judo, Fußball, Handball, Turnen, Basketball, Turnen, Fußball, Tanz, Handball, Fußball, Turnen, Fußball, Fußball, Tanz, Judo.
Erstelle eine Strichliste mit Häufigkeiten.

2 Zeichne eine Stellenwerttafel mit vier Zeilen zum Eintragen. Trage die Zahlen ein.

Millionen			Tausender					
H	Z	E	H	Z	E	H	Z	E

a) zweitausendfünfhundert
b) vierzig Millionen fünfzigtausend
c) dreihundert Millionen achthundert
d) neunundneunzigtausendeinhundert-siebenundvierzig

3 So groß sind die Kinder einer 5. Klasse:

Maxim 138 cm	Kevin 151 cm	Nina 140 cm
Gordon 141 cm	Heike 136 cm	Benny 135 cm

a) Ordne von klein nach groß.
b) Finde das Minimum und das Maximum. Berechne die Spannweite.
c) Schreibe die richtigen Aussagen ins Heft:
- Gordon ist der größte Schüler.
- Vier Kinder sind größer als Maxim.
- Drei Kinder sind kleiner als 139 cm.

4 Bei den Bundesjugendspielen:

Lisa: 698 Punkte	Stefan: 780 Punkte
Leonie: 673 Punkte	Kevin: 804 Punkte
Mara: 762 Punkte	Robin: 596 Punkte
Alina: 817 Punkte	Sirwan: 789 Punkte
Sinela: 833 Punkte	Nico: 613 Punkte

So werden die Urkunden verteilt:

	Siegerurkunde	Ehrenurkunde
Mädchen	ab 625 Punkte	ab 825 Punkte
Jungen	ab 600 Punkte	ab 775 Punkte

a) Ordne die Punkte der Mädchen der Größe nach. Ordne dann die Punkte der Jungen.
b) Wer bekommt eine Urkunde? Welche?
c) Wo ist die Spannweite größer: bei den Mädchen oder bei den Jungen?

► 5

5 Gegeben sind die Zahlen:
618; 734; 694; 673; 748; 771
a) Runde auf Zehner.
b) Übertrage den Zahlenstrahl in dein Heft. Trage die gerundeten Werte ein.

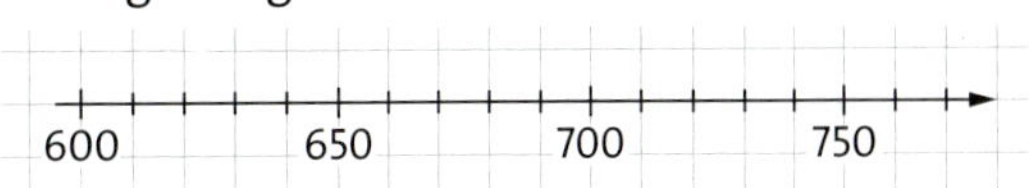

6 Überlege, ob man die Zahl runden sollte.
Beispiel Elif wohnt in der Ringstraße 98. Nicht runden, weil Elif nicht in der Ringstraße 100 wohnt.
a) Der Code für Maxis Handy ist 4699.
b) Von Berlin nach Paris sind es 1048 km.
c) Die Zusatzzahl beim Lotto ist die 5.

7 So viele Hunde waren im Tierheim:

a) Lies die Werte ab.
b) Ergänze die Sätze in deinem Heft:
Im Monat ▢ waren am meisten Hunde im Tierheim. Die wenigsten Hunde waren dort im ▢.

► 8

8 Bei einer Herde von Pferden kommen unterschiedliche Fellfarben vor.

Farbe	Rappe	Brauner	Fuchs	Schimmel
Anzahl	20	70	30	15

Erstelle ein Säulendiagramm.
Wähle 1 cm Höhe für 10 Pferde.

► Tipp zu 4, 5, 6

1 Zeichne einen Zahlenstrahl, auf dem diese Zahlen Platz finden. Trage die Zahlen ein.
a) 15; 35; 85; 120; 125; 150
b) 750; 1200; 300; 150; 950; 1450
c) 610; 750; 680; 720; 700; 650
Tipp: Beginne den Zahlenstrahl mit 600.
d) 10 500; 11 000; 10 900; 10 100; 11 500

2 Schreibe die Zahlen mit Ziffern.
a) dreizehntausendfünfhundertneunzehn
b) achthundertzwölftausendsechshundertdrei
c) eine Million siebzehntausendfünfzig
d) siebenunddreißig Milliarden einhundertfünf Millionen sechzigtausendneun
e) Arbeitet zu zweit. Diktiert euch abwechselnd vier Zahlen, die der andere mit Ziffern aufschreibt.

3 So viele Punkte haben die Schüler der 5 b beim Mathe-Test jeweils erreicht:
2; 5; 7; 3; 9; 12; 8; 9; 9; 7; 4; 4; 8; 10; 9; 9; 1; 5; 6; 6; 11
a) Finde das Minimum und das Maximum. Berechne die Spannweite.
b) Wie viele Kinder haben 9 Punkte? Wie viele Kinder haben mehr als 9 Punkte?
c) Fülle die Tabelle im Heft aus.

Punkte	1 bis 4	5 bis 8	9 bis 12
Häufigkeit			

d) Zeichne ein Diagramm mit den drei Säulen „1 bis 4 Punkte", „5 bis 8 Punkte" und „9 bis 12 Punkte".

4 Ordne den drei Begriffen die richtigen Sätze zu. Begründe deine Entscheidung.

Maximum | Spannweite | Minimum

a) Tina hat die kleinste Schuhgröße.
b) Der Größenunterschied zwischen dem größten und dem kleinsten Schüler in der Klasse beträgt 26 cm.
c) Tom ist der Älteste in der Klasse.
d) Julia ist die Größte in der Mannschaft.

5 Überlege dir fünf passende Zahlen. Das Maximum soll 15 sein und die Spannweite 6. Erkläre dein Vorgehen.

6 Joni und Wiebke kaufen für ihre Pyjama-Party ein. Dies haben sie im Einkaufskorb:

a) Joni überlegt, ob 5 € für den Einkauf reichen. Er überschlägt die Preise:
0,70 €; 0,90 €; 0,80 €; 1,50 € und 0,30 €.
Hat er richtig gerundet? Reicht das Geld?
b) Wiebke sagt: „Auf ganze Euro könnten wir gar nicht runden. Denn dann kosten die Salzstangen nichts." Was meinst du?

7 Die Länder der Welt haben sich auf gemeinsame Kinderrechte geeinigt.
100 Kinder wurden dazu befragt. Bei wie vielen wurden die Rechte nicht eingehalten?
Beschreibe das Diagramm mit deinen Worten.

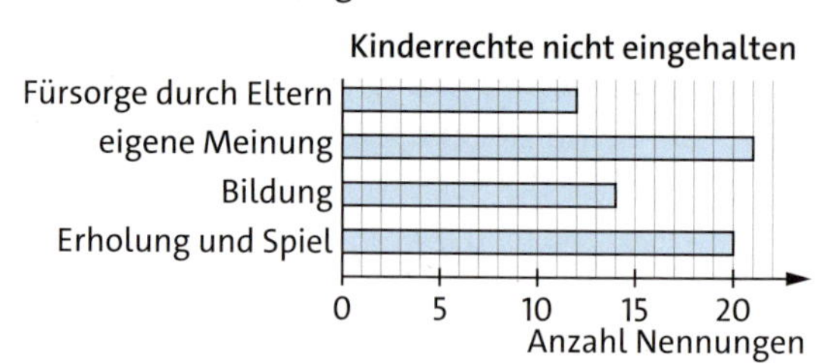

8 So viele Einwohner haben die Länder:

Land	Einwohnerzahl
Deutschland	83 190 000
Finnland	5 540 000
Frankreich	65 040 000
Italien	60 510 000
Schweiz	8 480 000
Spanien	46 600 000
Ungarn	9 830 000

a) Auf welche Stelle wurde gerundet?
b) Warum ist es nicht sinnvoll, ganz genaue Einwohnerzahlen anzugeben?
c) Ordne die Länder nach der Einwohnerzahl.
d) Zeichne ein Säulendiagramm. Runde dazu auf Millionen.

Vermischte Übungen ☒

1 Die Tabelle zeigt die Einnahmen eines Marktes.

Platz	Ware	Einnahmen
1	Lebensmittel	222 Mio. €
2	Getränke	160 Mio. €
3	Kleidung	145 Mio. €
4	Technik	112 Mio. €
5	Garten	105 Mio. €

a) Zeichne einen Zahlenstrahl, bei dem 1 cm für 20 Mio. steht. Trage die Summen ein.
b) Zeichne einen Zahlenstrahl, der mit 100 Mio. beginnt. 1 cm soll für 10 Mio. stehen. Trage die Summen ein. Vergleiche mit dem Zahlenstrahl aus a).
c) Berechne die Spannweite der Summen.
d) Schreibe alle Zahlen ausführlich mit Ziffern und mit Zahlwörtern.
e) Linus schlägt vor, die Einnahmen auf 100 Mio. genau zu runden. Ist das sinnvoll? Begründe.

2 Schreibe die gesuchten Zahlen auf.
a) die größte sechsstellige Zahl
b) die kleinste Zahl, die gerundet 500 ergibt
c) die größte Zahl, die gerundet 60 000 ergibt
d) alle Zahlen, die gerundet 20 ergeben
e) Arbeitet zu zweit. Stellt euch gegenseitig weitere Aufgaben wie in a) bis e). Kontrolliert euch gegenseitig.

3 Dies sind die Einwohnerzahlen von elf Städten: 98 654; 125 732; 10 634; 306 743; 193 450; 456 322; 133 456; 169 345; 543 129; 120 403; 1 962 134
a) Finde Minimum und Maximum.
b) Wie viele Städte haben mehr als 400 000 Einwohner?
c) Fülle die Tabelle im Heft aus.

Einwohnerzahl	bis 100 000	100 001 bis 200 000	mehr als 200 000
Anzahl			

d) Zeichne zur Tabelle ein Diagramm mit drei Säulen.

4 Erstelle eine Datenreihe mit sechs Werten. Das Maximum soll 120 sein, die Spannweite 46. Kannst du noch eine Zahl hinzuschreiben, ohne dass sich die Spannweite ändert?

5 Begründe: Ist die Aussage richtig? Verbessere falsche Aussagen.
a) Die Zahl 922 liegt genau in der Mitte zwischen 894 und 950.
b) 80 564 370 156 ist in Worten geschrieben achtzig Milliarden fünfhundertsechsundvierzig Millionen dreihundertsiebzigtausendeinhundertsechsundfünfzig.
c) Minimum und Maximum sind in einem Säulendiagramm schwer zu erkennen.
d) 368 164 ist auf Zehntausender gerundet 360 000.

6 Das Stadtmagazin veröffentlicht ein Diagramm zu Besucherzahlen bei Sportereignissen.

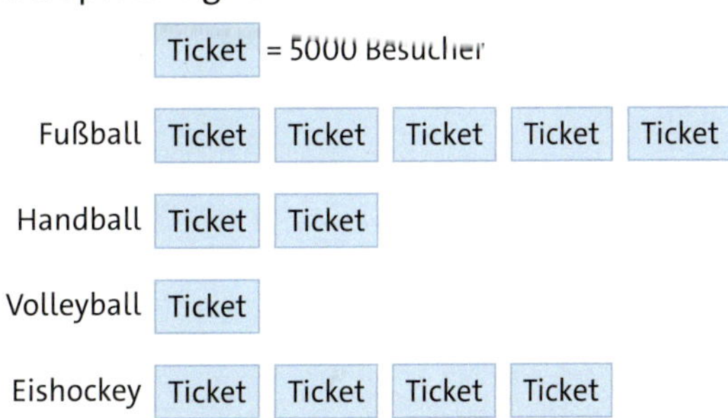

a) Beschreibe das Diagramm.
b) Zeichne ein passendes Säulendiagramm.
c) Vergleiche dein Säulendiagramm und das Bilddiagramm. In welchem Diagramm kannst du schneller erkennen, wie groß das Maximum ist? Begründe.
d) Beim nächsten Mal kommen beim Handball 2500 Besucher mehr und beim Eishockey 2500 Besucher weniger. Wie verändern sich die Diagramme?

7 Rahid hat dargestellt, wie weit Planeten von der Sonne entfernt sind. In welcher Darstellung erkennst du die Entfernungen am besten? Begründe.

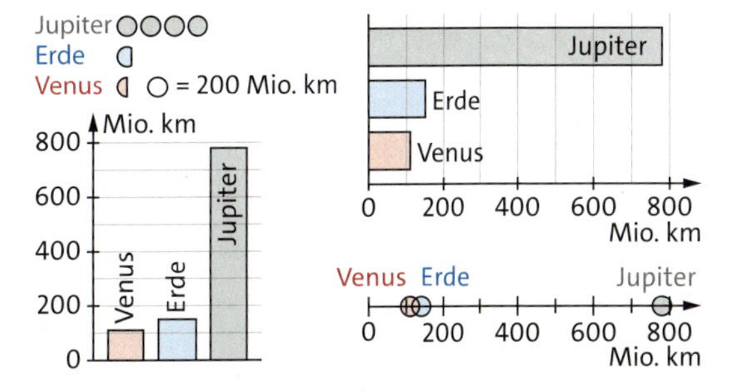

Vorsorgeuntersuchungen

Wenn ein Kind geboren wird, dann überprüfen Ärztin und Hebamme zuerst, ob das Kind gesund ist. Außerdem messen sie den Kopfumfang, die Größe und das Gewicht. Die Kinderärztin wiederholt diese Messungen in regelmäßigen Abständen. Die Ergebnisse trägt sie in ein Vorsorgeheft ein.

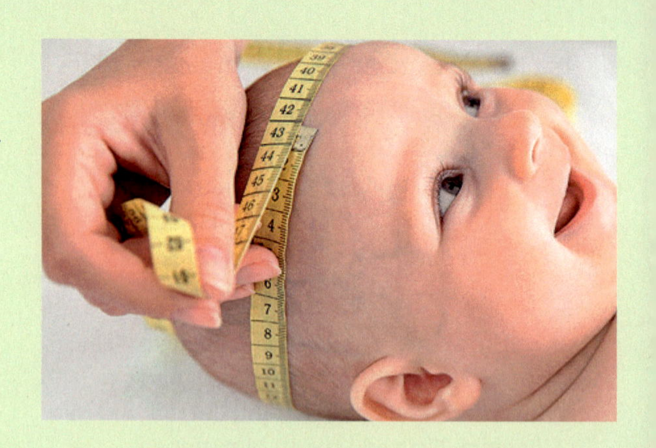

Hier sind die Werte verschiedener Kinder:

Name	Gewicht bei der Geburt
Lea	3067 g
Emma	3543 g
Jonas	4123 g
Finn	3870 g
Sofia	2954 g

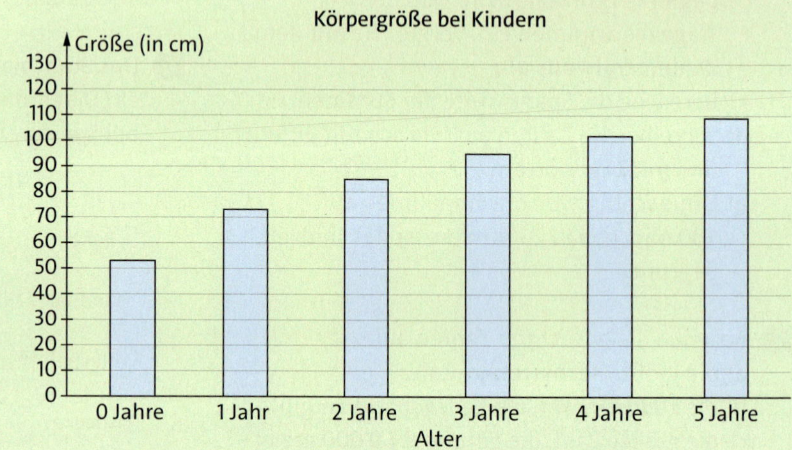

A Lies den Kopfumfang auf dem Foto ab.

B Diese Kinder kamen innerhalb einer Woche auf einer Geburtsstation zur Welt:
Lea, Emma, Jonas, Finn, Sofia, Marie, Ben, Noah, Felix, Emilia, Mia, Anna und Elias.
Erstelle eine Strichliste mit Häufigkeitstabelle für „Junge" oder „Mädchen".

C Betrachte die Tabelle oben.
Bestimme das Minimum und das Maximum.
Berechne die Spannweite.

D Welche Kinder waren zur Geburt leichter als 4000 g?

E Gib den Inhalt des Diagramms oben mit eigenen Worten wieder.
Beschreibe die Entwicklung.

F So viele Kinder wurden in einem Jahr in den verschiedenen Ländern geboren:

Deutschland	792 131
Frankreich	785 745
Polen	382 257
Portugal	87 126
Spanien	406 556
Tschechien	112 663

Runde die Werte auf Zehntausender und zeichne ein Säulendiagramm.

G Warum ist es nicht sinnvoll, im Diagramm oben Maximum und Minimum zu bestimmen?

1 Arbeite mit den Zahlen 695; 154; 361; 948.

a) Runde alle Zahlen auf Hunderter.

b) Zeichne den Zahlenstrahl ab. Trage die gerundeten Zahlen ein.

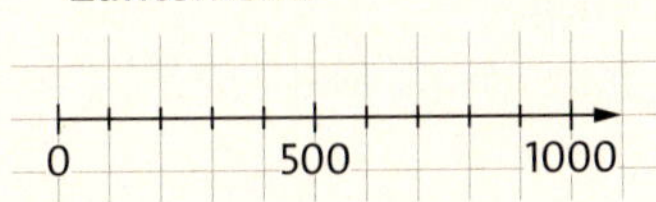

2 Bei einem Computerspiel hat Sandra 10 050 Punkte gesammelt.
Jan hat 10 505 Punkte gesammelt.
Wer war besser?

3 So viele Anrufe gab es im Sekretariat: Montag 45; Dienstag 19; Mittwoch 32; Donnerstag 24; Freitag 31
Bestimme Minimum, Maximum und Spannweite.

4 Jonas hat 17 Kinder nach ihrem Lieblingseis gefragt:

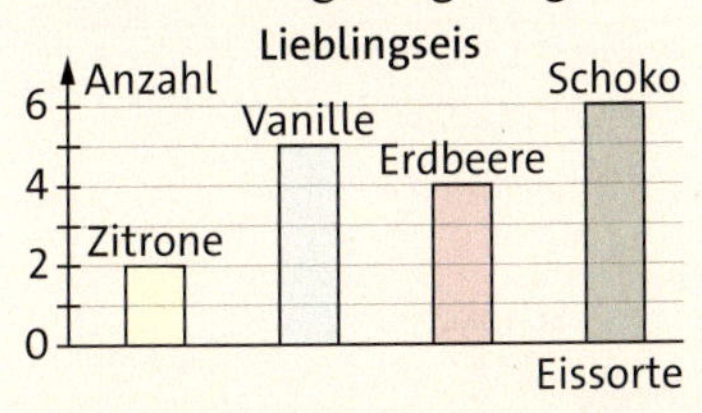

Ergänze im Heft:

a) Schoko mochten ▒ Kinder am liebsten.

b) Vanille war beliebter als ▒ und ▒.

5 Eine Umfrage zu Lieblingsfarben:

blau	rot	gelb	pink	grün
10	14	4	12	6

Zeichne ein Säulendiagramm.

1 Arbeite mit den Zahlen 2089; 1836; 2222; 1850.

a) Runde alle Zahlen auf Hunderter.

b) Zeichne den Zahlenstrahl in dein Heft. Trage die gerundeten Zahlen ein.

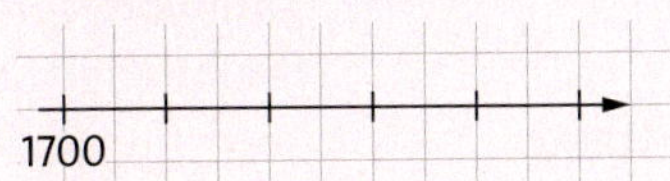

2 Vier Freunde spielen am Computer. Tom holt 4535 Punkte, Ina 4553 Punkte, Marek 4355 Punkte und Slina 5343 Punkte.
Wer belegt welchen Platz?

3 So viele Nachrichten hat Anna letzte Woche verschickt: Mo.: 14; Di.: 9; Mi.: 17; Do.: 21; Fr.: 17; Sa.: 36; So.: 12
Bestimme Minimum, Maximum und Spannweite.

4 Welche Frage wurde hier wohl gestellt?
Beschreibe das Diagramm mit eigenen Worten. Nutze die Begriffe: die meisten, insgesamt, Spannweite.

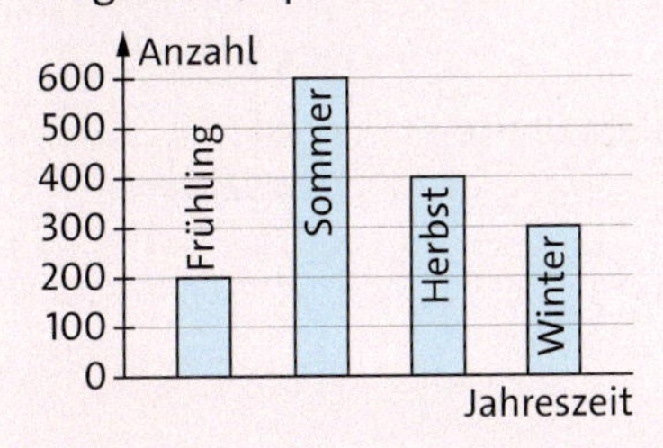

5 Den Film „Drachentanz" fanden 16 Kinder cool, 5 langweilig, 3 lustig, 8 spannend und 10 blöd.
Zeichne ein Säulendiagramm.

1 Arbeite mit den Zahlen 234 675; 99 580; 45 608; 365 888.

a) Schreibe 45 608 als Wort.

b) Runde alle Zahlen auf Zehntausender.

c) Zeichne einen passenden Zahlenstrahl.
Trage die gerundeten Zahlen ein.

2 Bei einem Computerspiel gab es diese Punkte:
Jana 102 040; Amir 120 050; Mara 105 729; Tim 102 070

a) Wer belegt welchen Platz?

b) Berechne die Spannweite.

3 So viele Reisen in den letzten sechs Tagen gebucht: 2436; 976; 1270; 787; 1070; 2149
Bestimme Minimum, Maximum und Spannweite.

4 Beschreibe, was das Diagramm darstellt.
Lies die Werte ab.
Wie ändern sich die Werte und warum wohl?

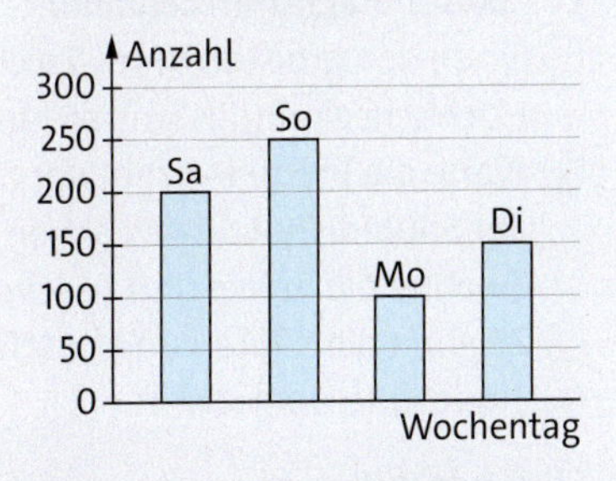

5 Zeichne ein Säulendiagramm zu den Längen der Flüsse: Wolga 3688 km; Rhein 1320 km; Nil 6671 km; Mississippi 4074 km; Amazonas 6437 km.

→ Lösungen auf Seite 235 und 236

Zusammenfassung

Natürliche Zahlen darstellen und ordnen → Seite 8

Zum Zählen benutzt du die **natürlichen Zahlen** 0, 1, 2, 3, …
Mit dem **Zahlenstrahl** kannst du Zahlen darstellen und vergleichen.
Links am Anfang steht die Null.
Nach rechts werden die Zahlen immer größer.

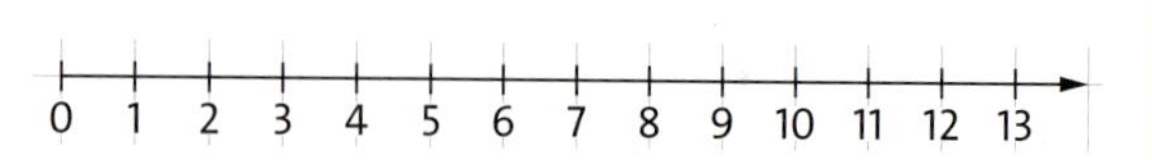

Zahlen bestehen aus den **Ziffern** 0, 1, 2, 3, 4, 5, 6, 7, 8 und 9.
Man kann Zahlen in einer **Stellenwerttafel** darstellen und mit Zahlwörtern schreiben.

Milliarden			Millionen			Tausender					
H	Z	E	H	Z	E	H	Z	E	H	Z	E
	1	2	3	2	4	6	5	0	7	1	8

Zahlwort: zwölf Milliarden
dreihundertundvierundzwanzig Millionen
sechshundertfünfzigtausend
siebenhundertachtzehn

Zahlen vergleichst du mit den Zeichen < (kleiner) und > (größer). Wenn eine Zahl mehr Ziffern hat als eine andere, dann ist sie größer.

$2450 > 689$

Sind es gleich viele Ziffern? Dann vergleiche von links Stelle für Stelle.

$1641 > 1639$

Daten erheben und auswerten → Seite 12

In einer **Strichliste** fasst du die Antworten zusammen. In einer **Häufigkeitstabelle** steht, wie oft eine Antwort vorkommt.

Magst du Fußball?	Strichliste	Häufigkeit
ja	~~IIII~~ I	6
nein	III	3

Die größte Zahl bei den Antworten heißt **Maximum**. Die kleinste Zahl heißt **Minimum**. Die **Spannweite** berechnest du so: Maximum minus Minimum.

Das älteste Kind ist 12 Jahre alt (Maximum).
Das jüngste Kind ist 9 Jahre alt (Minimum).
12 − 9 = 3
Die Spannweite beträgt 3 Jahre.

Daten darstellen → Seite 16

Ein Säulendiagramm zeichnen

① Finde den größten Wert. Zeichne die Hochachse mindestens so lang.
② Plane die Breite (Anzahl der Säulen, Breite der Säulen, Platz dazwischen). Zeichne die Achse und beschrifte sie.
③ Zeichne die Säulen und beschrifte sie.
④ Finde eine Überschrift.

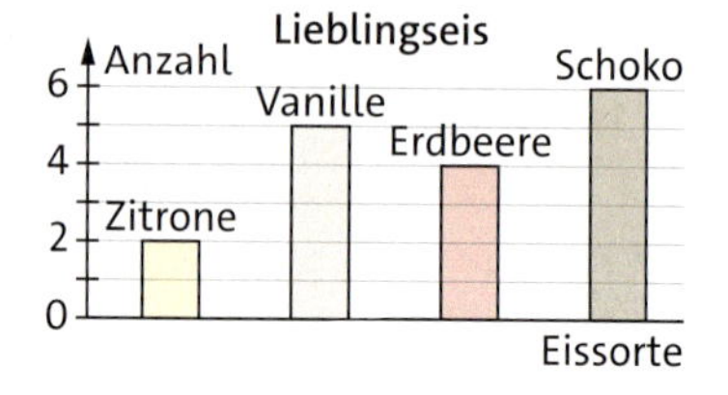

So **rundest** du:
① Bestimme die Rundungsstelle.
② Betrachte die Ziffer rechts daneben:
- Bei 0, 1, 2, 3 und 4 musst du **abrunden**: Die Rundungsstelle bleibt gleich. Die Ziffern rechts davon werden alle zu 0.
- Bei 5, 6, 7, 8 und 9 musst du **aufrunden**: Die Rundungsstelle wird um 1 größer. Die Ziffern rechts davon werden alle zu 0.

Runde 4529 auf Hunderter.
4529 2 bedeutet abrunden.
4529 ≈ 4500

Runde 12 875 auf Tausender.
12 875 8 bedeutet aufrunden.
12 875 ≈ 13 000

Natürliche Zahlen addieren und subtrahieren

2

▶ Die Tour de France ist das wohl bekannteste Radrennen der Welt. Die Fahrer legen innerhalb von gut 3 Wochen ungefähr 3500 km zurück, auch durchs Gebirge.
Bei der **Bergwertung** bekommen immer die Fahrer Punkte, die als Erste auf einem Berg ankommen.
Am Ende der Tour war der Franzose Warren Barguil mit 169 Punkten Erster in der Bergwertung.
Der Zweite hatte 89 Punkte weniger, der Dritte hatte 105 Punkte weniger.

2 1 3

In diesem Kapitel lernst du …

- die Fachbegriffe Addition und Subtraktion zu verwenden,
- die Klammerregeln zu beachten,
- Rechengesetze anzuwenden, um vorteilhaft zu addieren und zu subtrahieren,
- schriftlich zu addieren und schriftlich zu subtrahieren.

Kompetenz	Aufgabe	Lies und übe.
1 Ich kann Muster in Zahlenfolgen erkennen und fortsetzen.	**1** Finde die Regelmäßigkeit. Nenne die nächsten fünf Zahlen. a) 4; 7; 10; 13; 16; … b) 6; 4; 7; 5; 8; … c) 1; 2; 5; 10; 17; …	→ Seite 226 Nr. 48, 49
2 Ich kann Zahlen in eine Stellenwerttafel eintragen.	**2** Übertrage die Stellenwerttafel in dein Heft und trage die Zahlen ein. a) 35 847 b) 4020 c) einhundertvierundsiebzig d) dreitausendeins	→ Seite 215 Nr. 7, 8
3 Ich kann Zahlen runden.	**3** Runde die Zahlen. a) Runde auf Zehner: 314; 637; 5695 b) Runde auf Hunderter: 453; 223; 3951 c) Nenne die kleinste Zahl, die aufgerundet 30 ergibt. d) Nenne die größte Zahl, die abgerundet 200 ergibt.	→ Seite 16; Seite 18 Nr. 5
4 Ich kann bis zum nächsten Hunderter oder Tausender ergänzen.	**4** Ergänze im Heft die fehlende Zahl. a) 73 + ▢ = 100 b) 436 + ▢ = 500 c) 124 + ▢ = 1000	→ Seite 219 Nr. 24, 25
5 Ich kann erkennen, welche Zahlen zusammen volle Hunderter ergeben.	**5** Suche die passenden Zahlen so, dass sich ein voller Hunderter ergibt. Schreibe die Aufgaben in dein Heft und berechne. 137 1223 12 443 + 288 557 63 377 =	→ Seite 220 Nr. 26, 27
6 Ich kann mit Zahlenmauern rechnen.	**6** Fülle die Zahlenmauer in deinem Heft aus. a) oben: ▢; Mitte: 12, ▢; unten: 5, 7, 2 b) oben: 19; Mitte: ▢, 12; unten: ▢, ▢, 8	→ Seite 221 Nr. 31, 32

Stellenwerttafel zu Aufgabe 2:

Tausender					
H	Z	E	H	Z	E

Kompetenz	Aufgabe	Lies und übe.
7 Ich kann Rechendreiecke berechnen.	**7** Zeichne das Rechendreieck in dein Heft. Fülle es dort aus. a) 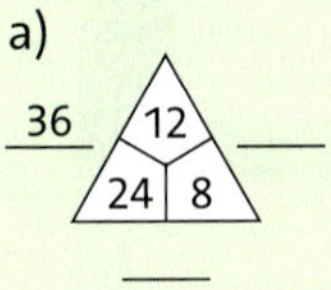 36; 12, 24, 8 b) 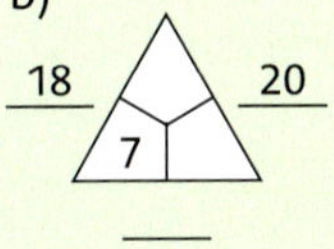 18, 20; 7	→ Seite 222 Nr. 33
8 Ich kann mit Rechenbäumen rechnen.	**8** Übertrage den Rechenbaum in dein Heft. Fülle ihn dort aus. a) 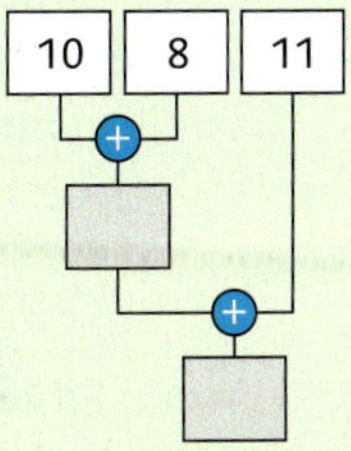 10 + 8, + 11 b) 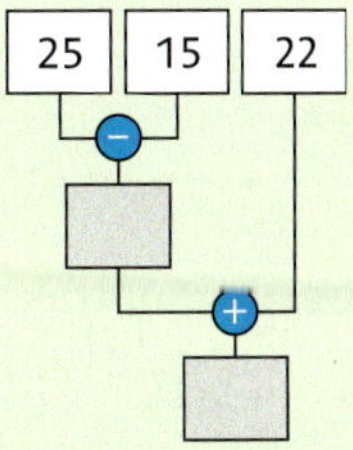 25 − 15, + 22	→ Seite 226 Nr. 50
9 Ich kann Plus-Aufgaben und Minus-Aufgaben zerlegen und schrittweise lösen.	**9** Zerlege und berechne schrittweise wie im Beispiel. 635 + 287 635 + 7 = 642 642 + 80 = 722 722 + 200 = 922 a) 254 + 386 b) 648 + 86 c) 638 − 257	→ Seite 222 Nr. 34, 35
10 Ich kann Sachaufgaben lösen.	**10** Tobi hat Geburtstag und er möchte Muffins in die Schule mitbringen. In seiner Klasse sind 27 Schülerinnen und Schüler. a) Tobi fällt ein, dass er an diesem Tag 4 verschiedene Lehrerinnen hat. Auch jede Lehrerin soll einen Muffin bekommen. Wie viele Muffins braucht Tobi?  b) Zum Schluss bleiben 6 Muffins übrig. Wie viele Muffins wurden gegessen?	→ Seite 227 Nr. 52, 53

→ Lösungen auf Seite 237

Addieren und subtrahieren

Jasmin kauft mit ihrem Vater einen Schulrucksack für 69 € und einen Turnbeutel für 12 €.
Ihr Vater gibt dem Verkäufer 100 €.

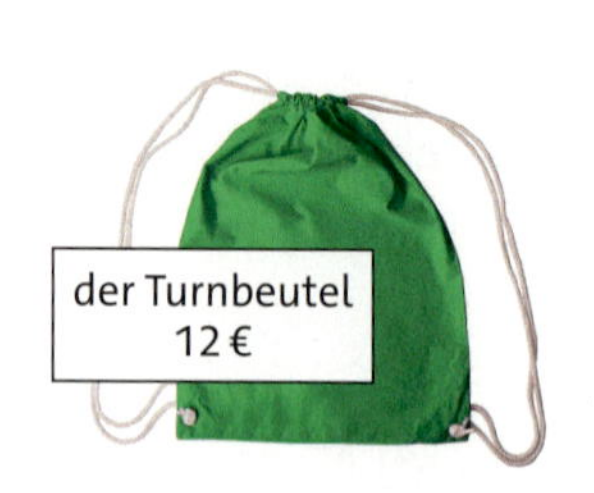

Im Kopf addieren

W

Fachbegriffe bei der Addition

12	+	69	=	81
1. Summand		2. Summand		Wert der Summe

Summe (12 + 69)

Wie viel bezahlt der Vater für Schulrucksack und Turnbeutel zusammen?

Jasmin bildet **die Summe** aus 12 und 69.
Der Wert der Summe ist 81.
Jasmins Vater muss 81 € bezahlen.

Im Kopf subtrahieren

Die Subtraktion ist die Umkehrung der Addition.

Fachbegriffe bei der Subtraktion

100	–	81	=	19
Minuend		Subtrahend		Wert der Differenz

Differenz (100 – 81)

Wie viel bekommt Jasmins Vater zurück?

Jasmin bildet **die Differenz** aus 100 und 81. **Der Wert der Differenz** ist 19.
Jasmins Vater bekommt 19 € zurück.

▶ Aufgabe Nenne die Fachbegriffe für die blauen Zahlen.
a) 142 + 54 = 196 b) 113 – 29 = 84

▶ 1 ▶ 1 ▶ 1

Das Zeichen ≈ bedeutet „ungefähr gleich".

W

Das Ergebnis überschlagen
Das Ergebnis einer Addition oder einer Subtraktion kannst du schnell abschätzen. Rechne mit gerundeten Werten. Das nennt man **„das Ergebnis überschlagen"**.

Jasmins Vater hat vorher überschlagen, wie viel er ungefähr zahlen muss:
69 ≈ 70 und 12 ≈ 10
Überschlagsrechnung (kurz: Überschlag):
70 + 10 = 80
Er muss ungefähr 80 € zahlen.

▶ Aufgabe Jasmins Vater kauft ein T-Shirt für 17 € und eine Hose für 14 €. Überschlage, wie viel er ungefähr bezahlen muss.

▶ 7 ▶ 4 ▶ 5

*Zu einer Rechenaufgabe kannst du auch Rechenausdruck, Rechenterm oder **Zahlterm** sagen.*
Beispiele:
12 + 69
100 – 81
60 · 3 + 1
45 : 9 – 4

W

Das Ergebnis überprüfen
Das Ergebnis einer Subtraktion kannst du mit einer **Probe** überprüfen.
Stelle dazu **die Umkehraufgabe** auf.

Jasmins Vater überprüft, ob der Verkäufer das Wechselgeld richtig berechnet hat.
100 – 81 = 19
Probe mit der **Umkehraufgabe**:
19 + 81 = 100 ✓
Das Wechselgeld stimmt.

▶ Aufgabe Jasmins Vater muss 14 € für eine Hose bezahlen. Er zahlt mit einem 50-€-Schein und bekommt 26 € Wechselgeld. Stimmt das? Prüfe mit einer Probe.

▶ 8 ▶ 5 ▶ 6

Üben

1 Schreibe die Rechnung in dein Heft. Ordne jeder Zahl einen Fachbegriff zu.

a) 19 + 11 = 30 b) 29 − 17 = 12

der Wert der Differenz · der 2. Summand · der Minuend · der Wert der Summe · der Subtrahend · der 1. Summand

2 Notiere drei Aufgaben mit den Fachbegriffen.

Beispiel Der Minuend ist 30, der Subtrahend ist 25. Was ist der Wert der Differenz?

3 Ergänze den Fachbegriff für die blaue Zahl.

a) 37 + 118 = 155 118 ist der 2. ▭.

b) 148 + 12 = 160 160 ist der Wert ▭.

c) 158 − 119 = 39 158 ist der ▭.

d) 147 − 119 = 28 119 ist der ▭.

4 Berechne im Kopf.

a) 13 + 6	13 + 7	13 + 8
b) 36 + 4	36 + 5	36 + 6
c) 44 + 9	44 + 8	44 + 7
d) 42 + 7	42 + 17	42 + 27

▸ 3

5 Bildet Dreiergruppen. Jeder schreibt vier Zettel mit einer Zahl unter 100. Faltet alle Zettel. Zwei von euch ziehen je einen Zettel und bilden aus den beiden Zahlen eine Plusaufgabe. Der andere löst die Aufgabe. Wechselt euch dann ab.

6 Berechne im Kopf.

a) 58 − 7	58 − 8	58 − 9
b) 66 − 6	66 − 7	66 − 8
c) 93 − 3	93 − 13	93 − 23
d) 100 − 8	100 − 18	100 − 28

7 Überschlage das Ergebnis und berechne dann genau.

Beispiel 32 + 89
Überschlag: 30 + 90 = 120
genau: 32 + 89 = 121

a) 19 + 58 b) 37 + 31 c) 92 + 53
d) 49 + 79 e) 89 + 43 f) 68 + 69

8 Prüfe, ob die Aufgabe richtig gelöst wurde. Rechne dafür die Umkehraufgabe.

Beispiel 64 − 29 = 45
Umkehraufgabe: 45 + 29 = 74
Das Ergebnis 45 ist falsch.

a) 95 − 28 = 67 b) 83 − 47 = 44
c) 72 − 58 = 24 d) 100 − 81 = 19
e) 86 − 39 = 53 f) 147 − 59 = 98

9 Überschlage zuerst das Ergebnis. Runde dazu auf Zehner. Berechne dann genau.

Beispiel 142 − 99
Überschlag: 140 − 100 = 40
genau: 142 − 99 = 43

a) 48 − 9 b) 72 − 13 c) 107 − 26
d) 121 − 32 e) 99 − 61 f) 132 − 99

▸ 6

10 Übertrage die Zahlenmauer in dein Heft und vervollständige sie.

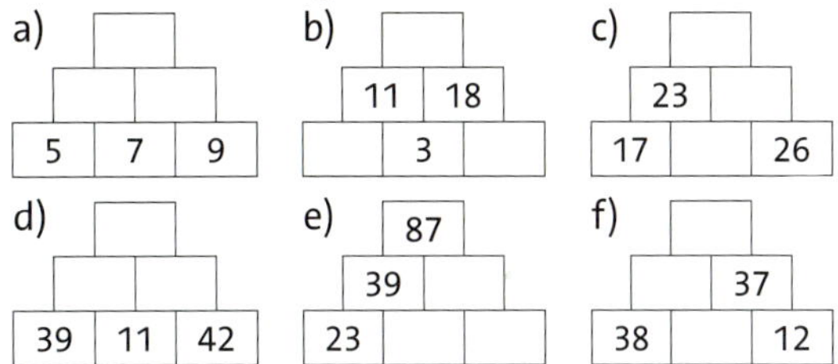

g) Wie verändert sich die Zahlenmauer aus a), wenn du alle drei Zahlen unten um 1 erhöhst?

▸ 8

11 Elion kauft einen Fußball und Fußballschuhe. Der Fußball kostet 23 €, die Schuhe 29 €.

23 €
29 €

a) Wie viel muss Elion bezahlen?

b) Elion bezahlt mit einem 50-€-Schein und einem 20-€-Schein. Wie viel Wechselgeld bekommt er?

12 Auf einer Feier sind bereits 128 Gäste. Kurz vor Beginn kommen weitere 15 Gäste, kurz nach Beginn noch 12 Gäste.

a) Wie viele Gäste waren pünktlich bei der Feier? Wie viele Gäste waren insgesamt da?

b) Es waren 170 Gäste eingeplant. Wie viele Gäste sind nicht gekommen?

Sprachhilfe zu **3**: Die Fachbegriffe sind Minuend, Subtrahend, Summand, Summe.

Tipp zu **11**: Wie du Sachaufgaben lösen kannst, findest du im Grundwissen auf Seite 227.

▸ Tipp zu **4**, **8**, **9**, **10**, **11**

1 Füge die Aufgaben und Begriffe sinnvoll in deinem Heft zusammen.

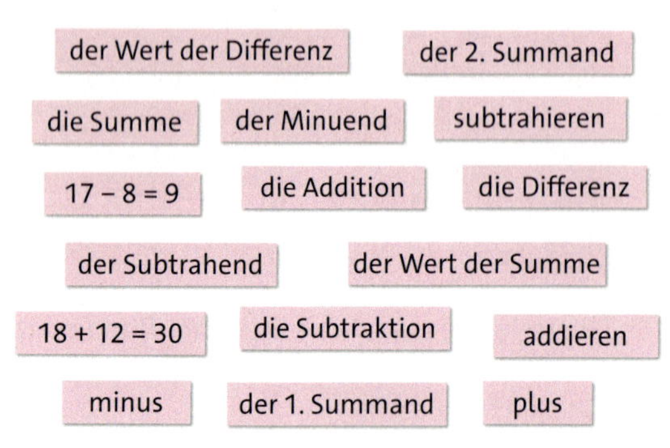

2 Berechne im Kopf.

a) 42 + 7 | 42 + 8 | 42 + 9
b) 67 + 3 | 77 + 13 | 87 + 23
c) 59 + 30 | 59 + 31 | 59 + 32
d) 24 + 36 | 25 + 37 | 26 + 38

3 Berechne im Kopf. Zerlege den Subtrahenden.

Beispiel 45 − 26 = 45 − 20 − 6
= 25 − 6 = 19

a) 53 − 12 | 53 − 13 | 53 − 14
b) 62 − 41 | 61 − 41 | 60 − 41
c) 87 − 7 | 87 − 8 | 87 − 18
d) 99 − 22 | 100 − 22 | 101 − 22

Denke dir eigene Minusaufgaben aus. ▸ 4

4 ▼ Überschlage das Ergebnis. Berechne dann genau.

Beispiel 32 + 189
Überschlag: 30 + 190 = 220
genau: 32 + 189 = 221

a) 37 + 18 | b) 102 + 83 | c) 108 + 71
d) 198 + 85 | e) 95 + 144 | f) 73 + 134

5 Berechne. Überprüfe mit einer Probe.

a) 58 − 27 | b) 92 − 53 | c) 108 − 62
d) 112 − 78 | e) 185 − 93 | f) 146 − 98

6 ▼ Setze die Zahlenreihe um fünf Zahlen fort und finde die Regel.

a) 4; 11; 18; … | b) 89; 83; 77; …
c) 13; 14; 16; 19; … | d) 100; 98; 94; 88; …
e) 1; 7; 5; 11; 9; … | f) 15; 8; 20; 13; 25; …

7 Übertrage die Zahlenmauern in dein Heft und vervollständige sie.

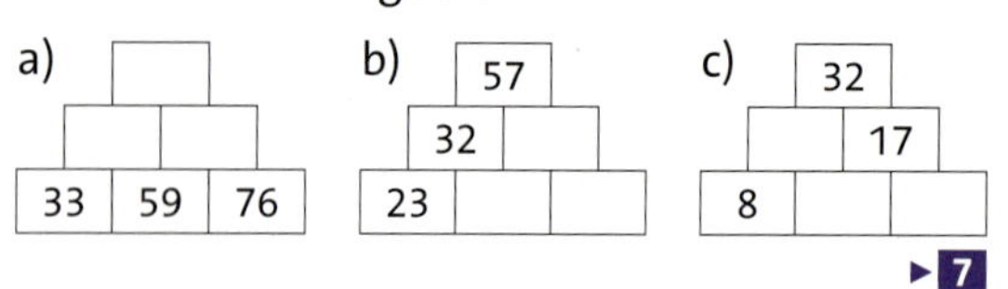

▸ 7

8 Die Schülerinnen und Schüler der 5 b sammeln Plastikdeckel. Für 500 Deckel kann ein Kind gegen Polio geimpft werden, zum Beispiel in Pakistan oder in Nigeria. Sonja hat 38 Deckel mitgebracht, Selim 25 und Timo 23.

a) Wie viele Deckel haben sie zusammen?
b) Wie viele Deckel fehlen noch, bis sie 500 Deckel haben?

9 Schreibe die passende Rechenaufgabe auf. Rechne die Aufgabe aus.

a) Berechne die Summe aus 48 und 53.
b) Der 1. Summand ist 19 und der Wert der Summe 88. Bestimme den 2. Summanden.
c) Der Minuend ist 73, der Wert der Differenz 51. Bestimme den Subtrahenden. ▸ 9

10 Übertrage die Rechendreiecke in dein Heft und vervollständige sie.

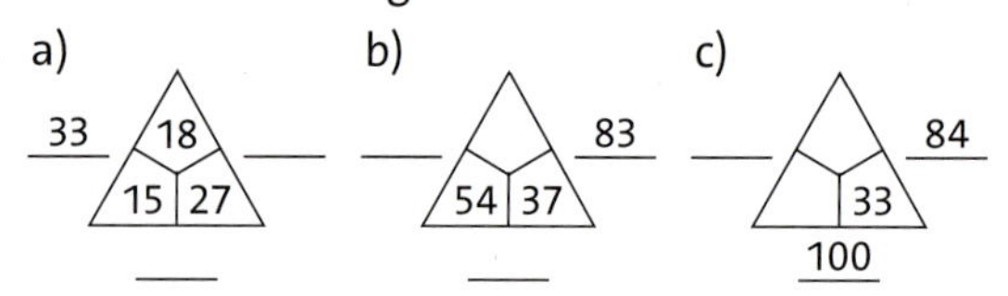

11 Überlegt zu zweit: Ist die Aussage richtig oder falsch? Gebt ein Beispiel an.

a) Wenn man zwei gerade Zahlen addiert, dann ist der Wert der Summe immer gerade.
b) Wenn man zwei ungerade Zahlen addiert, so ist der Wert der Summe immer ungerade.
c) Wenn man eine gerade und eine ungerade Zahl addiert, dann kann der Wert der Summe gerade oder ungerade sein.

Wenn du die Ergebnisse von **4** in die richtige Reihenfolge bringst, dann ergibt sich ein Lösungswort.
55 (Z); 179 (H); 185 (A); 207 (N); 239 (E); 283 (L)

Sprachhilfe zu **6**: Beginne die Regeln mit: Es wird immer …
Diese Wörter können helfen: addiert – subtrahiert – abwechselnd – immer ● mehr.

 ▸ Tipp zu 2, 4, 5, 7, 9

Üben ☒

1 Formuliere die Schüler-Aussagen um. Nutze die Fachbegriffe von Seite 34.

a) 58 + 22 = 80
① 58 ist die Zahl vor dem Plus.
② 80 ist das Ergebnis der Aufgabe.
③ 58 + 22 ist eine Plusaufgabe.

b) 83 − 51 = 32
① 51 ist das, was abgezogen wird.
② 83 ist die Zahl, von der man was abzieht.
③ 32 ist das, was rauskommt.

2 Lies und beschreibe die drei Rechenwege. Wie würdest du rechnen?

a) 95 + 98
① $95 \xrightarrow{+5} 100 \xrightarrow{+93} 193$
② $95 \xrightarrow{+8} 103 \xrightarrow{+90} 193$
③ $95 \xrightarrow{+100} 195 \xrightarrow{-2} 193$

b) 114 − 27
① $114 \xrightarrow{-14} 100 \xrightarrow{-13} 87$
② $114 \xrightarrow{-7} 107 \xrightarrow{-20} 87$
③ $114 \xrightarrow{-30} 84 \xrightarrow{+3} 87$

3 ▼ Berechne im Kopf.

a) 15 + 33 b) 47 + 13 c) 45 − 13
d) 58 − 38 e) 48 + 5 f) 37 + 25
g) 71 − 8 h) 90 − 53 i) 52 + 76
j) 87 + 37 k) 112 − 87 l) 111 − 66

4 ▼ Setze die Zahlenreihe um fünf Zahlen fort und finde die dazugehörige Regel.

a) 42; 55; 68; … b) 201; 189; 177; …
c) 25; 36; 58; 91; … d) 1; 2; 3; 5; 8; …

5 Für die Aufgabe 87 + 65 überschlägt Ben das Ergebnis mit der Rechnung 90 + 60 = 150. Konrad hat 90 + 70 = 160 gerechnet. Welcher Überschlag ist sinnvoller? Begründe.

6 Überprüfe mit der Probe oder mit einem Überschlag.

a) 93 − 27 = 74 b) 298 + 41 = 349
c) 201 − 82 = 119 d) 132 − 78 = 66
e) 159 − 73 = 86 f) 155 + 85 = 250

7 Familie Azouani macht eine viertägige Fahrradtour. Am ersten Tag fährt die Familie 47 km, am zweiten Tag 58 km, am dritten Tag 44 km.

a) Wie weit fährt Familie Azouani an den ersten drei Tagen insgesamt?
b) In den vier Tagen fahren sie insgesamt 191 km. Wie weit ist Familie Azouani am vierten Tag gefahren?

8 Schreibe als Rechenaufgabe und berechne.

a) Berechne die Differenz aus 102 und 77.
b) Der Wert der Summe ist 101, der 2. Summand 75. Berechne den 1. Summanden.
c) Der Subtrahend ist 78, der Wert der Differenz 54. Bestimme den Minuenden.

9 Schreibe die Aufgabe als Text. Benutze Fachbegriffe.

a) 47 + 19 = ▢ b) 52 − 18 = ▢
c) ▢ + 44 = 63 d) 75 − ▢ = 46

10 Fülle die Rechendreiecke im Heft aus.

a)
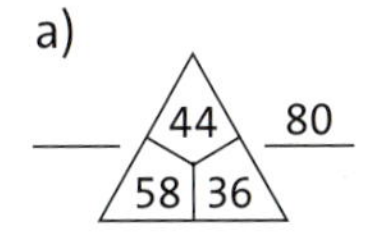

b)
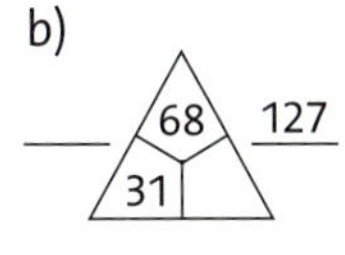

c)
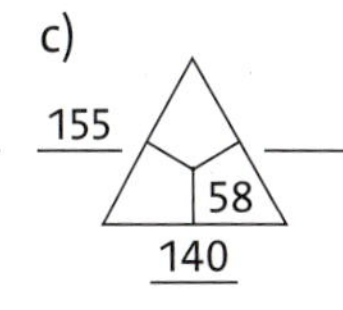

d) e)
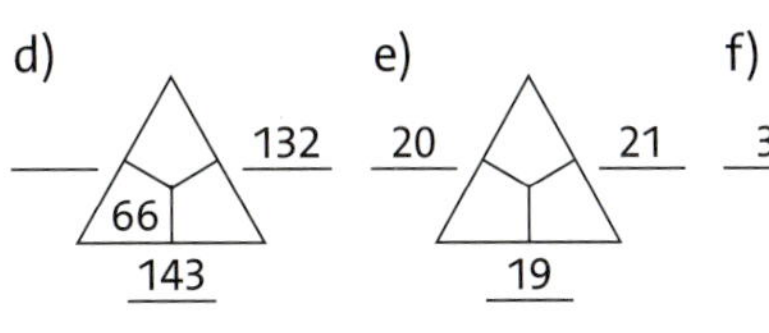

f) 3 5 7

11 Ist die Aussage richtig oder falsch? Begründe.

a) Der Wert der Summe von zwei Zahlen vergrößert sich um 5, wenn man beide Summanden um jeweils 5 vergrößert.
b) Der Wert der Differenz verkleinert sich um 2, wenn man den Subtrahenden um 2 vergrößert und den Minuenden nicht verändert.

Wenn du die Ergebnisse von **3** in die richtige Reihenfolge bringst, dann ergibt sich ein mathematischer Begriff.
20 (T); 25 (M); 32 (R); 37 (S); 45 (E); 48 (W); 53 (D); 60 (E); 62 (E); 63 (R); 124 (M); 128 (U)

Sprachhilfe zu **4**: Beispiel für eine Regel: Zu jeder Zahl wird immer ● addiert.

► Tipp zu **8**, **11**

Rechenvorteile und Rechengesetze

Louis spielt gerne „Schaffst du 70?"
Bei dem Spiel würfelst du mit sieben Würfeln.
Runde 1: Würfle und lege alle Einsen raus.
Würfle mit den übrigen Würfeln noch zweimal.
Lege immer alle Einsen raus.
Addiere die Einsen. Schreibe die Summe auf.
Dann ist das nächste Kind dran.
Runde 2: Sammle Zweien. So geht das Spiel weiter.
Mit 70 oder mehr Punkten hast du gewonnen.

	Louis	Karl	Mika
1er	5	3	2
2er	8	10	6
3er	15	12	18
4er			
5er			
6er			
Gesamt:			

W

Normalerweise rechnest du von links nach rechts, also genauso, wie du liest.

Wie viele Punkte fehlen Louis bis 70?

$70 - 5 - 8 - 15$
$= 65 - 8 - 15$
$= 57 - 15$
$= 42$

Die Klammerregel
Berechne immer zuerst, was in der Klammer steht.

Louis könnte auch erst die erreichten Punkte addieren und von 70 abziehen:

$= 70 - (5 + 8 + 15)$
$= 70 - 28$
$= 42$

Louis fehlen noch 42 Punkte.

▶ **Aufgabe** Karl hat 3, 10 und 12 Punkte gewürfelt. Wie viele Punkte fehlen ihm noch? Rechne einmal $70 - 3 - 10 - 12$ und einmal $70 - (3 + 10 + 12)$. ▶1 ▶1 ▶1

Um **vorteilhaft** zu **addieren**, darfst du die Summanden geschickt zusammenfassen. Dazu kannst du folgende Rechengesetze verwenden:

Vertauschen heißt:
$a + b = b + a$
$5 + 8 = 8 + 5$

Verbinden heißt:
$a + b + c = a + (b + c)$
$8 + 5 + 15 = 8 + (5 + 15)$

Die Buchstaben a, b und c sind Platzhalter für Zahlen. Werden Buchstaben als Platzhalter verwendet, dann nennt man diese Buchstaben ***Variablen****.*

W

Vertauschungsgesetz (Kommutativgesetz)
In einer Summe darfst du die Summanden vertauschen.
$a + b = b + a$

Verbindungsgesetz (Assoziativgesetz)
In einer Summe darfst du Summanden beliebig mit Klammern zusammenfassen.
$a + b + c = a + (b + c)$

Achtung! Das Vertauschungsgesetz und das Verbindungsgesetz gelten nicht für die Subtraktion.

Wie viele Punkte hat Louis bis jetzt erreicht?

$5 + 8 + 15$ — Vertauschungsgesetz
$= 8 + 5 + 15$ — Verbindungsgesetz
$= 8 + (5 + 15)$ — Klammerregel
$= 8 + 20$
$= 28$

Louis hat bis jetzt 28 Punkte erreicht.

▶ **Aufgabe** Mika hat 2, 6 und 18 Punkte gewürfelt.
Wie viele Punkte hat er erreicht? Vertausche die Zahlen zuerst, damit du geschickt zusammenfassen kannst. ▶5 ▶5 ▶1

1 Berechne zuerst, was in der Klammer steht.
a) 47 – (25 + 12) b) 55 – (17 – 9)
c) 73 + (19 + 21) d) 16 + 54 – (23 – 13)

2 Hier wird zweimal der Zahlterm 23 + 12 + 18 gelöst.

Ⓐ
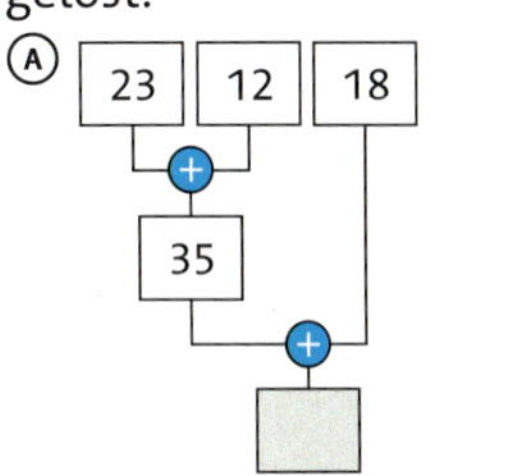

Ⓑ
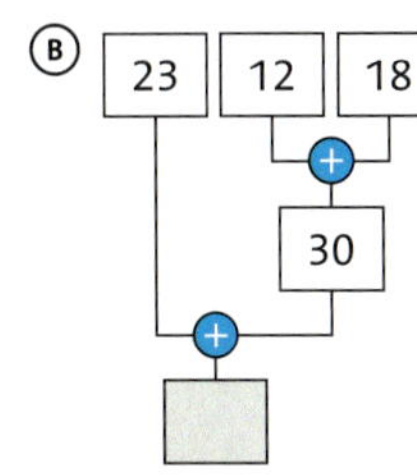

a) Vervollständige die Rechenbäume im Heft.
b) Ordne die Zahlterme den Bäumen zu.
① 23 + (12 + 18) ② (23 + 12) + 18
c) Bei welchem Rechenbaum war es leichter, das Ergebnis zu berechnen? Warum?

3 Vervollständige die Rechenbäume im Heft.

Ⓐ
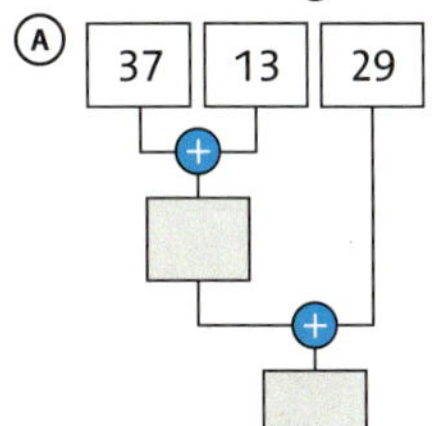

Ⓑ
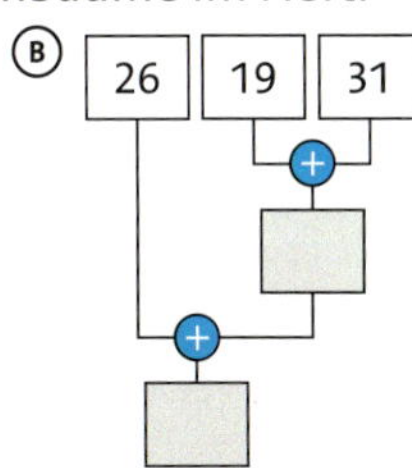

Bei Ⓐ wurden zuerst der 1. und 2. Summand addiert, bei Ⓑ zuerst der 2. und 3. Summand. Warum ist das jeweils vorteilhaft? ► 3

4 Löse vorteilhaft mithilfe eines Rechenbaums. Schreibe darunter den Zahlterm mit Klammern.
a) 25 + 35 + 39 b) 57 + 78 + 22

5 Löse schrittweise untereinander. Nenne die verwendeten Rechengesetze.

Beispiel 38 + 27 + 52
= 38 + 52 + 27 Vertauschungsgesetz
= (38 + 52) + 27 Verbindungsgesetz
= 90 + 27 Klammerregel
= 117

a) 29 + 33 + 27 b) 38 + 35 + 15
c) 39 + 21 + 27 d) 49 + 28 + 72
e) 45 + 47 + 55 f) 34 + 35 + 36

6 Ordne zu.

18 + 11 = 11 + 18

Vertauschungsgesetz

38 + 49 + 22 = 38 + 22 + 49

Klammerregel

25 – (9 + 8) = 25 – 17

Verbindungsgesetz

27 + (16 + 24) = 27 + 40

36 + 12 + 28 = 36 + (12 + 28)

7 Übertrage in dein Heft und ergänze die Lücken.
a) 13 + 19 + 17 = (● + ●) + 19 = ● + 19 = ●
b) 44 + 38 + 6 = (● + ●) + 38 = ● + 38 = ●
c) 29 + 16 + 21 = 16 + (● + ●) = 16 + ● = ● ► 6

8 Berechne im Kopf. Nutze Rechenvorteile.
a) 7 + 13 + 8 b) 6 + 17 + 14
c) 17 + 13 + 9 d) 11 + 17 + 19
e) 28 + 39 + 11 f) 67 + 37 + 33

9 Rechne zuerst von links nach rechts. Berechne dann noch einmal mit Vertauschen und Zusammenfassen. Was ist einfacher?
a) 39 + 27 + 21 b) 47 + 36 + 44 + 23

10 Rechne vorteilhaft.
a) 15 + 17 + 23 + 15 b) 21 + 32 + 39 + 108
c) 30 + 34 + 36 + 40 d) 77 + 88 + 33 + 22 ► 8

11 Familie Aziz-Meyer unternimmt eine Radtour von Köln nach Maastricht in den Niederlanden.

Am ersten Tag fahren sie 57 km, am zweiten Tag 56 km, am dritten Tag 64 km und am letzten Tag 53 km.
Wie weit sind sie insgesamt gefahren? Rechne vorteilhaft.

Sprachhilfe zu **2**: Diese Wörter können helfen: weil – ergeben – voller Zehner.
Sprachhilfe zu **3**: Es ist vorteilhaft, zuerst ● und ● zu addieren. Das ist so, weil ● und ● einen vollen Zehner ergeben und weil ich mit einem vollen Zehner leicht rechnen kann.

► Tipp zu 2, 7

1 Rechne. Beachte die Klammerregel.

a) $37 + (19 + 11)$　b) $42 - (55 - 26)$
c) $80 - (66 + 13)$　d) $74 + (12 + 88) + 25$
e) $101 - 15 + (27 + 33)$　f) $52 - (67 - 26) + 84$

2 Lara soll zeigen, wie sie $43 + 39 + 21$ vorteilhaft rechnet. Dazu zeichnet sie den Rechenbaum. Schreibe den Zahlterm zu Laras Rechenbaum auf.
Welche Rechenregeln hat Lara angewendet?

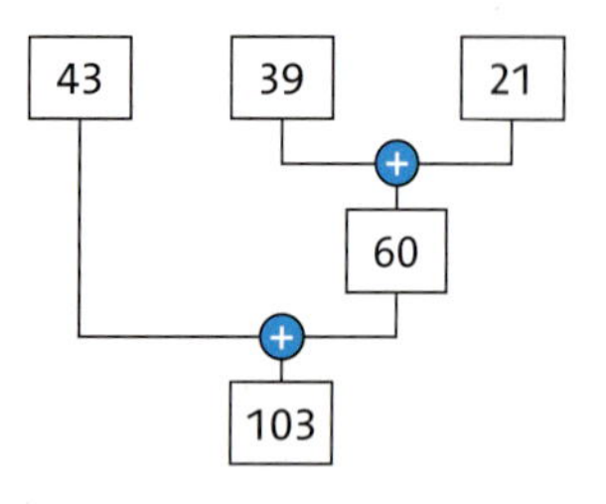

3 Rechne vorteilhaft. Nutze einen Rechenbaum.

a) $48 + 57 + 63$　b) $69 + 81 + 47$
c) $66 + 54 + 73 + 37$　d) $52 + 11 + 48 + 99$

4 ▼ Übertrage die Rechenbäume in dein Heft und vervollständige sie.

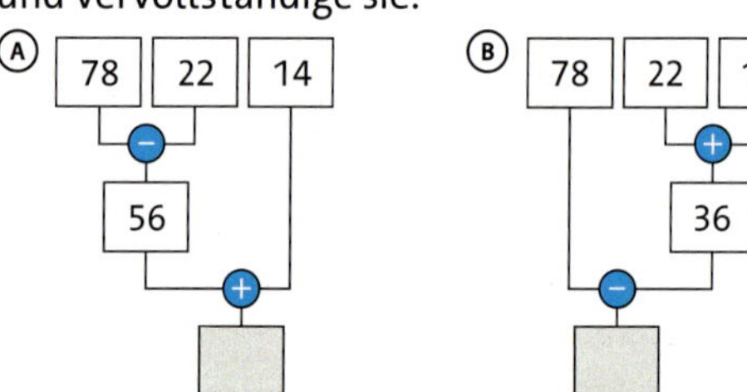

a) Welcher Zahlterm passt zu welchem Rechenbaum? Begründe.
① $78 - 22 + 14$　② $78 - (22 + 14)$
b) Stelle die Zahlterme mithilfe eines Rechenbaums dar und löse sie.
③ $78 - (22 - 14)$　④ $78 - 22 - 14$
c) Vergleiche die Ergebnisse der vier Rechenbäume. Was fällt dir auf?

5 Übertrage den Zahlterm in dein Heft. Schreibe in jeder Zeile, welches Gesetz angewendet wurde.

$35 + 47 + 65 + 53$
$= 35 + 65 + 47 + 53$　Vertauschungsgesetz
$= (35 + 65) + (47 + 53)$
$= 100 + 100$
$= 200$

▸ 5

6 ▼ Rechne vorteilhaft.

a) $53 + 22 + 47$　b) $35 + 36 + 44$
c) $48 + 72 + 55$　d) $75 + 85 + 115$
e) $123 + 37 + 40$　f) $156 + 38 + 104$
g) $136 + 164 + 77$　h) $269 + 155 + 231$

7 Vertausche geschickt und fasse zusammen. Zeige mit Klammern, wie du gerechnet hast.

Beispiel　$45 + 87 + 55 + 49 + 63$
$= (45 + 55) + (87 + 63) + 49$
$= 100 + 150 + 49$
$= 299$

a) $19 + 33 + 17 + 41$
b) $35 + 36 + 45 + 44$
c) $78 + 69 + 51 + 42$
d) $48 + 52 + 66 + 27 + 24$
e) $134 + 201 + 57 + 66 + 59$
f) $18 + 43 + 77 + 72 + 39 + 41$

▸ 7

8 Ahmed hat sein Geld in drei verschiedenen Sparschweinen. Wie viel Geld hat Ahmed insgesamt? Rechne vorteilhaft.

17,80 € + 14,60 € + 12,20 €

9 Übertrage in dein Heft. Vergleiche die Ergebnisse und setze das richtige Zeichen ein (<; >; =).

a) $37 - 19 + 11$ ● $37 - (19 + 11)$
b) $48 + 35 - 16$ ● $48 + (35 - 16)$
c) $52 - 26 - 19$ ● $52 - (26 - 19)$
d) $(54 - 18) + 26$ ● $54 - (18 + 26)$

▸ 10

10 Addiere alle Zahlen. Vertausche dabei geschickt.

5　42　34　58　66　81　19　27　73　95

Sprachhilfe zu **4c**: Diese Wörter können helfen: Ergebnis – gleich – verschieden – zuerst – dann – addiert – subtrahiert.
Wenn du die Ergebnisse von **6** in die richtige Reihenfolge bringst, dann ergibt sich ein Witz:
115 (Name); 122 (Mein); 175 (ist); 200 (auch.); 275 (Kurz. Meiner); 298 (ich); 377 (heiße); 655 (Lang.)

1 Berechne.

a) 57 − (19 + 22) b) 41 − (97 − 84)
c) 110 + (33 + 77) + 12 d) 51 − (113 − 67) + 48

2 ▼ Schreibe die Zahlterme ins Heft. Lasse dabei die überflüssigen Klammern weg. Berechne.

Beispiel 8 + (5 + 7) = 8 + 5 + 7 = 20

a) (17 + 13) + 15
b) 29 + (21 + 23)
c) (48 + 16) − (24 + 32)
d) (52 − 18) + (48 − 12)
e) (47 + 69) − (45 − 35)
f) (59 − 16) − (28 + 5)

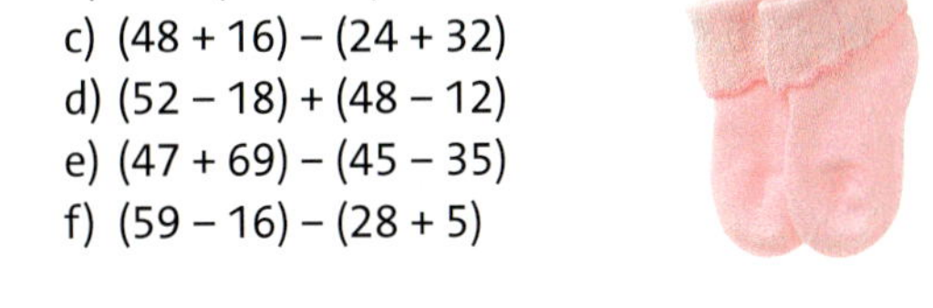

3 Sortiere von klein nach groß. Nutze die Zeichen $<$ und $=$.

Beispiel $5 - (3 + 1) < 5 - 3 + 1 = 5 - (3 - 1)$

a) 18 + (25 − 17); 18 + 25 − 17; 18 − (25 − 17)
b) 74 − (28 − 19); 74 − 28 − 19; 74 − (28 + 19)
c) 61 + 34 − 26; 61 − 34 + 26; 61 − (34 + 26); 61 + (34 − 26); 61 − (34 − 26); 61 − 34 − 26

4 Stimmt das Ergebnis? Setze ansonsten Klammern so, dass das Ergebnis stimmt.

a) 27 − 11 + 8 = 8
b) 27 − 11 + 8 = 24
c) 48 − 15 − 12 + 8 = 13
d) 48 − 15 − 12 + 8 = 53
e) 48 − 15 − 12 + 8 = 29
f) 48 − 15 − 12 + 8 = 37

5 ▼ Richtig oder falsch? Begründe mit den Rechenregeln und Rechengesetzen.

a) 58 + 36 + 12 = 58 + 12 + 36
b) 58 − 36 + 12 = 58 − 12 + 36
c) (83 − 45) − 15 = 83 − (45 − 15)
d) (83 + 45) + 15 = 83 + (45 + 15)
e) 97 − (47 + 29) = 50 + 29

6 ▼ Vertausche geschickt und berechne.

a) 44 + 21 + 36 + 59
b) 38 + 67 + 43 + 12
c) 590 + 340 + 410 + 260
d) 5200 + 4800 + 6200 + 3800
e) 2470 + 1390 + 610 + 720 + 530

7 Wie viel haben Karlas Geburtstagsgeschenke insgesamt gekostet? Rechne geschickt.

6,50 € + 25,30 € + 18,90 € + 23,70 € + 21,10 €

8 Schreibe den Zahlterm auf und löse ihn in deinem Heft. Beachte die Klammern.

a) Addiere zur Summe der Zahlen 43 und 29 die Differenz der Zahlen 37 und 19.
b) Subtrahiere von der Summe der Zahlen 58 und 39 die Summe der Zahlen 47 und 16.
c) Der Minuend ist die Differenz der Zahlen 80 und 37. Der Subtrahend ist die Summe der Zahlen 15 und 16.

9 Jeder formuliert eine Rechenaufgabe mit Fachbegriffen ähnlich zu Aufgabe 8. Tauscht eure Aufgaben. Findet den passenden Zahlterm.

10 Bilde Aufgaben. Alle Kärtchen müssen verwendet werden. Die 48 soll immer die erste Zahl sein. Finde möglichst viele Aufgaben mit unterschiedlichen Ergebnissen.

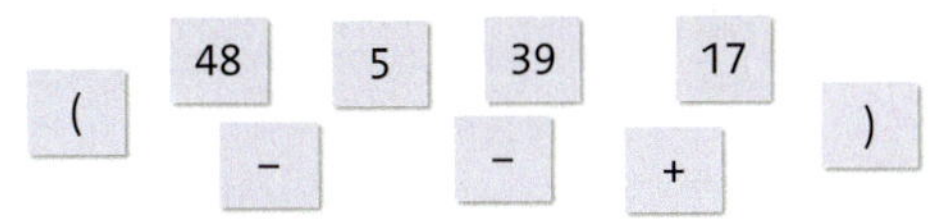

11 Vervollständige die Zahlenmauer im Heft. Vertausche dann die Zahlen in der unteren Reihe und berechne erneut.

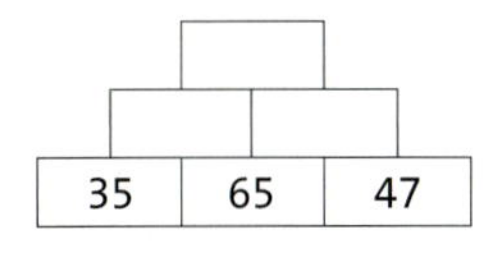

a) Was fällt dir auf?
b) Özlem behauptet: „An dieser Aufgabe kann man sehen, dass das Kommutativgesetz auch bei der Addition nicht immer gilt." Nimm Stellung zu Özlems Aussage.

Die Ergebnisse von **2** ergeben in der richtigen Reihenfolge eine Stadt: 8 (R); 10 (N); 45 (B); 70 (L); 73 (E); 106 (I)
Sprachhilfe zu **5**: a) ist richtig, weil nach dem Vertauschungsgesetz …
Tipp zu **6**: Beispiel siehe Seite 40, Aufgabe 7.

► Tipp zu **6**, **8**

Schriftlich addieren

Leyla ist auf Klassenfahrt und hat einen Schrittzähler mitgenommen. Am Anreisetag ist sie 958 Schritte gelaufen und am nächsten Tag 8137 Schritte.

Bei großen Zahlen oder mehreren Zahlen ist es oft schwierig, die Zahlen im Kopf zu addieren. Rechne dann schriftlich und teile die Aufgabe in kleine Schritte auf.

Schriftlich addieren

W

Zwei Summanden schriftlich addieren

① Schreibe Einer unter Einer, Zehner unter Zehner und so weiter. Schreibe jede Ziffer in ein Kästchen.

② Beginne von rechts. Addiere die Einer, dann die Zehner und so weiter.

③ Wenn die Summe der Ziffern 10 oder größer ist, dann schreibe den **Übertrag** in die nächste Spalte und addiere ihn dort.

④ Überprüfe dein Ergebnis mit einem Überschlag.

Wie viele Schritte ist Leyla an den ersten beiden Tagen gelaufen?

	T	H	Z	E
		9	5	8
+	8	1	3	7
	1		1	
	9	0	9	5

Überschlag:
1000 + 8000 = 9000

7 + 8 = 15, Übertrag 1
1 + 3 + 5 = 9, kein Übertrag
1 + 9 = 10, Übertrag 1
1 + 8 = 9, kein Übertrag

Leyla ist 9095 Schritte gelaufen.

▶ Aufgabe Nach zwei Tagen ist Leyla 9095 Schritte gelaufen. Am dritten Tag läuft sie 9216 Schritte. Wie viele Schritte ist sie an den drei Tagen insgesamt gelaufen? Addiere schriftlich.

▶ 1 ▶ 1a ▶ 1a

Schriftlich addieren – mehrere Zahlen

W

Mehrere Summanden schriftlich addieren

Du kannst auch mehrere Summanden schriftlich addieren.
Rechne wie oben.

Überprüfe dein Ergebnis mit einem Überschlag.

An drei Tagen läuft Tobi 885, 5712 und 4930 Schritte.
Wie viele Schritte läuft Tobi insgesamt?

	T	H	Z	E
		8	8	5
+	5	7	1	2
+	4	9	3	0
1	2	1		
1	1	5	2	7

Überschlag:
1000 + 6000 + 5000
= 12 000

0 + 2 + 5 = 7, kein Übertrag
3 + 1 + 8 = 12, Übertrag 1
1 + 9 + 7 + 8 = 25, Übertrag 2
2 + 4 + 5 = 11, Übertrag 1

Insgesamt läuft Tobi 11 527 Schritte.

▶ Aufgabe Bei einer Reise fährt Sina 365 km mit dem Zug, 238 km mit dem Bus und 45 km mit dem Auto. Wie lang ist Sinas Reise?

▶ 2c ▶ 1e ▶ 1d

1 Schreibe die Aufgabe in dein Heft und addiere schriftlich.

a)		H	Z	E			b)		H	Z	E	
			1	3					1	0	8	
	+	2	4	6				+		6	1	

2 Schreibe die Aufgabe in dein Heft und addiere schriftlich. Denke an den Übertrag.

a)		H	Z	E			b)		H	Z	E	
		2	7	3					8	4	6	
	+	6	0	7				+		3	5	

c)	T	H	Z	E			d)	T	H	Z	E	
		3	4	1				1	0	5	4	
+		4	1	6			+		6	2	3	
+		5	3	4			+	2	7	4	8	

▸ 2

3 Schreibe in dein Heft und addiere schriftlich. Kontrolliere, ob du die Stellen richtig untereinander geschrieben hast.

a) 432 + 67
b) 3496 + 1003
c) 806 + 327
d) 51 + 408 + 2802
e) 36 + 146 + 222
f) 33 + 222 + 3111

4 Schreibe die Zahlen untereinander in dein Heft. Schreibe Einer unter Einer, Zehner unter Zehner und so weiter. Addiere schriftlich.

a) 123 + 450
b) 104 + 213
c) 258 + 173
d) 3068 + 942
e) 8 + 88 + 888
f) 1009 + 109 + 19

▸ 3

5 Übertrage die Aufgabe in dein Heft und finde die fehlenden Ziffern.

a)							b)			5		6
	+	3	2	4	6			+	1		8	
		9	9	9	9				3	6	9	8

c)		2	0	7	6		d)		1	2	3	4
	+		9		1			+			2	
		3		7						8		7

6 Drei der vier Rechnungen sind falsch. Finde die Fehler. Korrigiere dann die falschen Rechnungen im Heft. Beschreibe die Fehler.

a)			5	1	7		b)			3	5	5
	+		8	9				+			7	2
			1									
		1	4	0	7					3	2	7

c)		1	0	4	4		d)			3	9	0
	+	6	5	0	1			+	4	9	0	7
		7	5	4	5				1	2	9	7

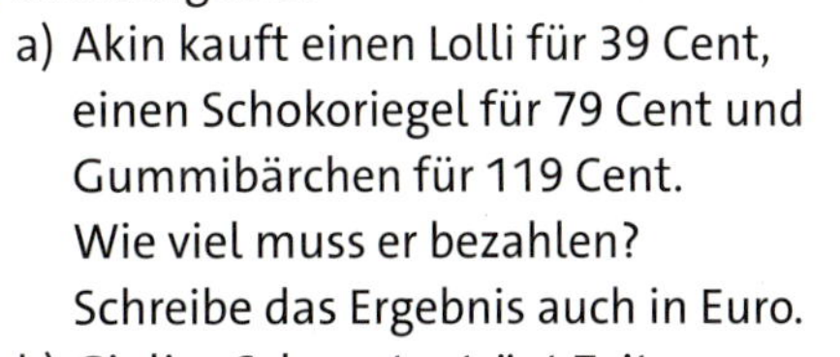

▸ 7

7 Sachaufgaben

a) Akin kauft einen Lolli für 39 Cent, einen Schokoriegel für 79 Cent und Gummibärchen für 119 Cent.
Wie viel muss er bezahlen?
Schreibe das Ergebnis auch in Euro.

b) Giulios Schwester trägt Zeitungen aus: in der Weiherstraße 135 Zeitungen, in der Hauptstraße 76 Zeitungen und im Mühlenweg 226 Zeitungen.
Überschlage zuerst, rechne dann genau: Wie viele Zeitungen trägt sie aus?

Sprachhilfe zu **6**: Wenn du die Fehler beschreibst, dann können dir die Fachbegriffe auf Seite 42 helfen.

Sprachhilfe zu **7**: a) Antwort: Akin muss ● Cent bezahlen. Das sind ● Euro.
b) Antwort: Giulios Schwester trägt ● Zeitungen aus.

▸ Tipp zu 1, 2, 3, 5, 6, 7

Üben ☒

1 Schreibe die Aufgabe in dein Heft. Überschlage zuerst das Ergebnis und addiere dann. Achte auf den Übertrag.

a)

	H	Z	E
	3	1	3
+	2	4	6

b)

	H	Z	E
	6	5	8
+		7	3

c)

	H	Z	E
	8	4	3
+	2	0	7

d)

	H	Z	E
	8	9	6
+	9	3	5

e)

	H	Z	E
	3	4	1
+	4	2	6
+	5	3	4

f)

	T	H	Z	E
	1	1	5	4
+		6	3	3
+	2	2	4	8

2 Schreibe in dein Heft und addiere schriftlich. Kontrolliere, ob du die Stellen richtig untereinander geschrieben hast.

a) 456 + 99
b) 2648 + 1851
c) 886 + 325

d) 190 + 207 + 2096
e) 436 + 65 + 222
f) 99 + 888 + 7777

g) 5807 + 10 204 + 9630
h) 654 + 39 074 + 60 216
i) 6890 + 33 427 + 99 999

► 1

3 Die 5 a hat beim **Sponsorenlauf** 642 € eingenommen, die 5 b erhielt 459 € und die 5 c sammelte 506 €. Wie viel haben alle drei Klassen zusammen eingenommen?

4 Zahlenwolken

a) Wähle eine Zahl aus der ersten Wolke und eine Zahl aus der zweiten Wolke. Schreibe die beiden Zahlen als Additionsaufgabe untereinander in dein Heft und addiere schriftlich. Wo erhältst du „besondere“ Ergebnisse?

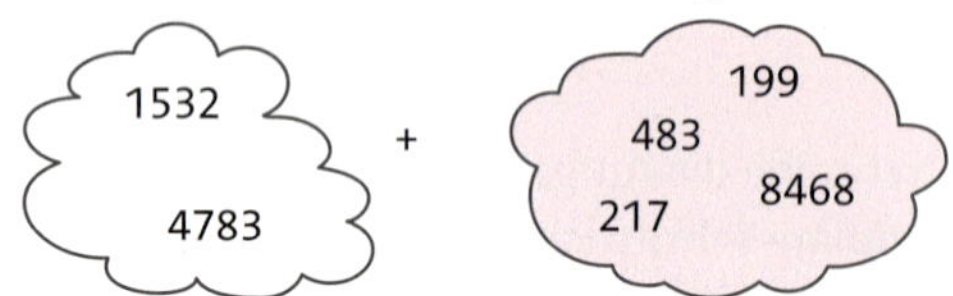

b) Berechne mit den Zahlen oben auch Aufgaben mit drei oder mehr Summanden.

► 4

5 Übertrage die Aufgabe in dein Heft und finde die fehlenden Ziffern.

a)

	■	■	■	■
+	3	2	4	6
	■		■	
	6	0	6	0

b)

	2	3	7	6
+	5	■	■	■
		■	■	
	■	5	7	5

6 Beschreibe die Fehler. Korrigiere im Heft.

a)

	2	2	3	4
+	6	4	4	7
			1	
	8	6	7	1

b)

	6	0	8	
+	3	2	4	6
		1		
	9	3	2	6

7 Bilde die Summe aus 888, ihrem Vorgänger und ihrem Nachfolger. Welche Zahl erhältst du?

► 7

8 Wer nach drei Sprüngen insgesamt am weitesten gesprungen ist, hat gewonnen. Jody ist 392 cm, 403 cm und 386 cm gesprungen, Esra ist 407 cm, 392 cm und 385 cm gesprungen.

Sprachhilfe zu **3**: Mit einem **Sponsorenlauf** sollen Spenden für einen guten Zweck gesammelt werden. Dafür suchen die Kinder Sponsoren (z. B. Eltern, Großeltern oder Nachbarn). Die Sponsoren geben für jede Runde, die ein Kind auf dem Sportplatz läuft, einen bestimmten Geldbetrag. Wer viele Runden läuft, kann also viel Geld einnehmen.

► Tipp zu 5, 7, 8

1 Schreibe die Zahlen untereinander ins Heft und addiere schriftlich. Überschlage zur Kontrolle.
a) 456 + 321
b) 496 + 505
c) 999 + 111
d) 123 + 4567 + 8910
e) 21 + 125 + 202 + 341
f) 99 + 888 + 7777 + 3003

2 Vervollständige das Rechendreieck zur Addition im Heft.

a)
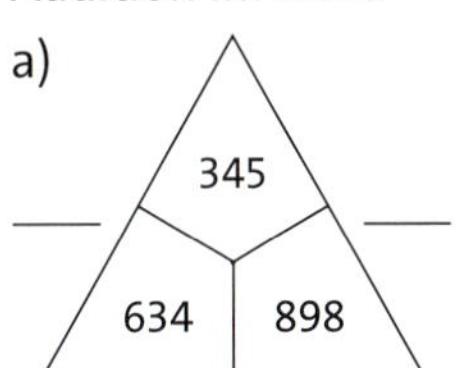

b)
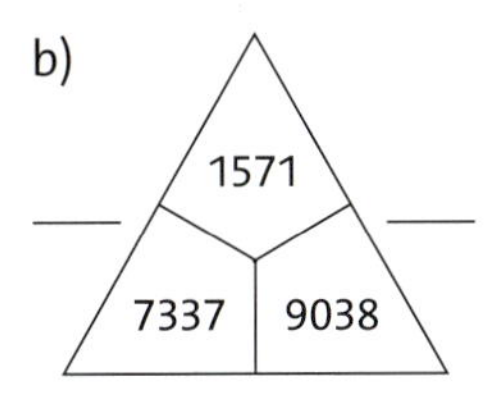

c)
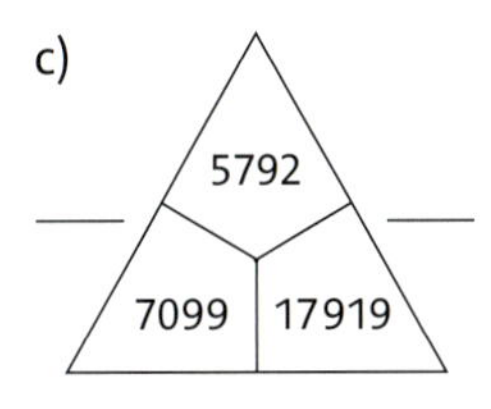

d)
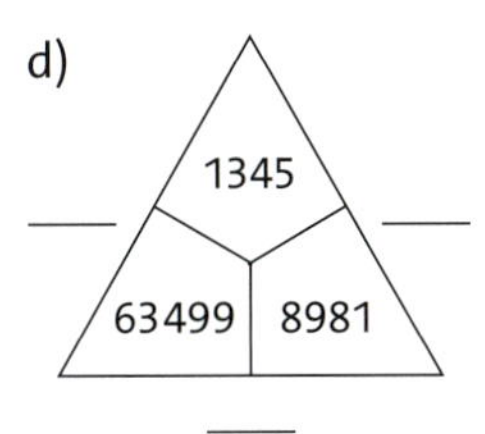

e) Arbeitet zu zweit: Jeder erstellt zwei eigene Rechendreiecke, ein leichtes und ein schwieriges. Danach wird getauscht und gerechnet. Besprecht, was ein Rechendreieck schwierig macht.

3 Bilde mit den Zahlen Additionsaufgaben.

a) Mit welchen Summanden erhältst du „besondere“ Ergebnisse?
b) Notiere auch Aufgaben mit drei oder mehr Summanden.
c) Addiere alle sechs Zahlen aus den Ballons.

4 Vervollständige die Rechenmauer im Heft. Rechne im Kopf oder schriftlich.

a)
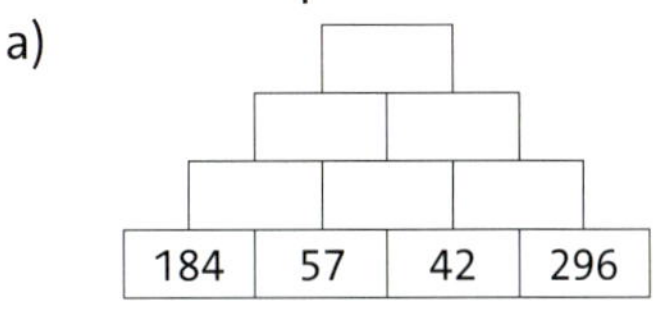

b)
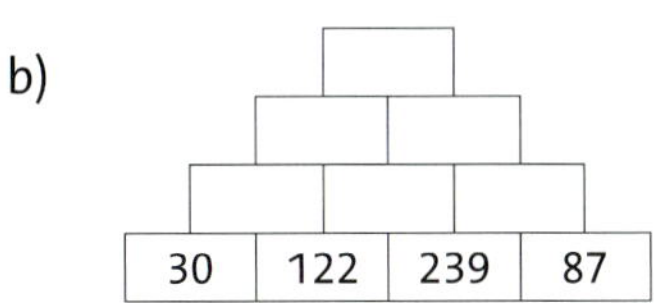

5 Übertrage die Aufgabe in dein Heft und finde die fehlenden Ziffern.

a)					
		2	8	3	4
	+	6		4	
			2		7

b)					
			5		6
	+	8		8	
		9	0		4

Hier gibt es mehrere Lösungen.

6 Überprüfe Leons Hausaufgaben. Beschreibe seine Fehler. Berichtige, wenn nötig.

a)					
		2	3	7	6
	+	5	5	5	5
		7	8	2	1

b)					
			5	1	6
	+	8	0	8	9
				1	
		8	5	0	5

7 Hilal sagt: „Addiere die größte dreistellige Zahl zum Doppelten von 508 und du erhältst das Jahr, in dem mein Bruder geboren wurde.“

8 ▼ Stell dir vor, du legst auf das erste Feld eines Schachbretts ein Reiskorn, auf das zweite Feld zwei, auf das dritte Feld vier Reiskörner. Verdopple die Anzahl auf jedem weiteren Feld.
a) Wie viele Reiskörner brauchst du für die ersten 8 Felder, wie viele für die ersten 16 Felder?
b) Hast du Lust auf große Zahlen? Rechne weiter.

Zusatz zu **8**: Einer Legende nach war dies die Bezahlung, die ein weiser Inder von seinem König für die Entwicklung des Schachspiels verlangte. Allerdings wollte er alle 64 Felder des Schachbretts gefüllt haben. Der König freute sich, dass der Mann so bescheiden war. Aber wie groß war die Bezahlung wirklich?

Tipp zu 5, 7

Schriftlich subtrahieren

Bei einem Sponsorenlauf hat Jans Klasse 468 € an Spenden gesammelt.
Die Klassenlehrerin schlägt vor, davon 295 € für das Tierheim zu spenden.

Jan fragt sich, wie viel Euro dann noch übrig bleiben.

Fachbegriffe beim Subtrahieren: Minuend – Subtrahend = Wert der Differenz

▸ Schriftlich subtrahieren

W

Zahlen schriftlich subtrahieren

① Schreibe Einer unter Einer, Zehner unter Zehner und so weiter.
② Beginne von rechts mit den Einern. Finde die fehlende Zahl, die du von unten nach oben ergänzen musst. Dann sind die Zehner dran …
③ Wenn ein Übertrag entsteht, notiere ihn in der nächsten Spalte.
④ Überprüfe das Ergebnis mit einem Überschlag. Rechne als **Probe** die Umkehraufgabe.

Jan berechnet, wie viel übrig bleibt.

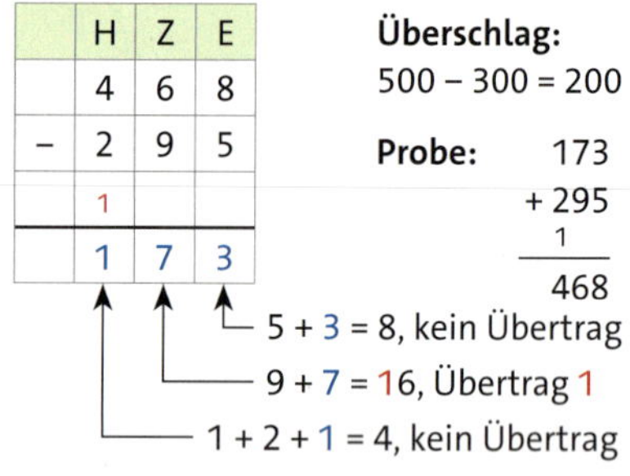

	H	Z	E
	4	6	8
–	2	9	5
	1		
	1	7	3

5 + 3 = 8, kein Übertrag
9 + 7 = 16, Übertrag 1
1 + 2 + 1 = 4, kein Übertrag

Überschlag:
500 – 300 = 200

Probe: 173
+ 295
1
468

Es bleiben 173 € übrig.

▶ Aufgabe David meint, dass von den 468 € sogar 340 € gespendet werden sollten.
Wie viel Euro bleiben dann übrig? ▸ 1 ▸ 1a ▸ 1a

Jans Klasse spendet nun 155 € für das Tierheim und 135 € für den Kindergarten.

▸ Schriftlich subtrahieren – mehrere Zahlen

W

Subtraktion von mehreren Subtrahenden

① Schreibe Einer unter Einer, Zehner unter Zehner und so weiter.
② Beginne von rechts. Addiere zuerst die Einer von unten nach oben, aber ohne den obersten Einer.
Ergänze, wie viel jetzt noch bis zur obersten Ziffer fehlt.
③ Wenn ein Übertrag entsteht, notiere ihn in der nächsten Spalte.
④ Überprüfe das Ergebnis mit einem Überschlag. Rechne als **Probe** die Umkehraufgabe.

Welcher Betrag bleibt übrig?

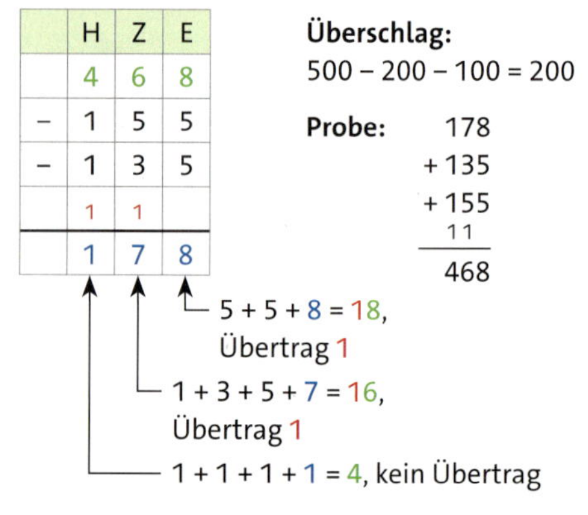

	H	Z	E
	4	6	8
–	1	5	5
–	1	3	5
	1	1	
	1	7	8

5 + 5 + 8 = 18, Übertrag 1
1 + 3 + 5 + 7 = 16, Übertrag 1
1 + 1 + 1 + 1 = 4, kein Übertrag

Überschlag:
500 – 200 – 100 = 200

Probe: 178
+ 135
+ 155
11
468

Es bleiben 178 € übrig.

▶ Aufgabe Alle drei fünften Klassen haben zusammen 986 € gesammelt.
468 € kommen von der 5 a und 267 € von der 5 b.
Wie viel Euro hat die 5 c gesammelt?

▸ 4 ▸ 1e ▸ 1e

1 Schreibe die Aufgabe in dein Heft und subtrahiere schriftlich.

a)			H	Z	E		b)			H	Z	E
			2	5	7					4	7	5
	–		1	3	4			–		2	7	1

2 Schreibe die Aufgabe in dein Heft und subtrahiere schriftlich. Denke an den Übertrag.

a)		T	H	Z	E		b)			H	Z	E
		1	5	4	2					7	5	8
	–		1	9	5			–		6	9	4
c)		T	H	Z	E		d)		T	H	Z	E
		2	5	7	4				5	4	7	3
	–		5	2	6			–	4	6	2	5

▸ 2

3 Überschlage zuerst das Ergebnis. Rechne im Heft. Schreibe Einer unter Einer, Zehner unter Zehner und so weiter.

a) 649 − 37

b) 7564 − 1533

c) 527 − 253

d) 4354 − 547

4 Rechne im Heft.

a) 847 − 214 − 32

b) 3578 − 1224 − 234

c) 5843 − 452 − 345

d) 6742 − 2384 − 2265

▸ 3

5 Schreibe die Zahlen untereinander in dein Heft. Subtrahiere schriftlich.

a) 574 − 254 b) 647 − 286
c) 843 − 26 d) 4127 − 32 − 353
e) 6904 − 59 − 435 f) 901 − 37 − 108

▸ 7

6 Übertrage die Aufgabe in dein Heft und finde die fehlenden Ziffern.

a)							b)		8	6	3	
	–	4	5	3				–		4		
		5	3	0					5		2	

7 Überlege, ob du die Aufgabe im Kopf rechnen kannst. Rechne sonst schriftlich.

a) 624 − 20 b) 624 − 120
c) 624 − 210 d) 624 − 217
e) 624 − 426 f) 624 − 623

8 Finde die Fehler. Beschreibe die Fehler. Korrigiere im Heft.

a)		4	9	3			b)		7	0	0	2
	–	2	9	4				–	6	9	9	1
		2	0	1					1	1	1	1

9 Luisa möchte 500 m schwimmen. Nach 275 m macht sie eine Pause. Danach schwimmt sie noch einmal 150 m. Wie viele Meter fehlen ihr?

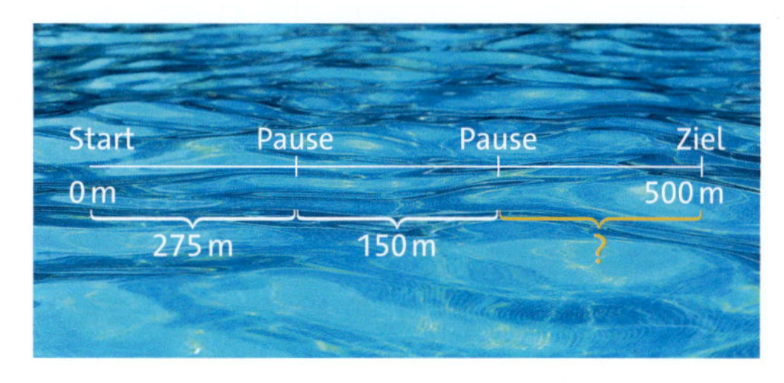

10 Aylins Familie reist mit dem Auto in die Türkei. Der Kilometerzähler zeigt am Ziel 5119 km an. Zu Beginn waren es 2654 km. Wie viele Kilometer sind sie gefahren? Zeichne eine Skizze.

Tipp zu **3**: Beim Überschlagen eines Ergebnisses rundest du an der größten Stelle der kleinsten Zahl. Also in a) auf Zehner, in b) auf Tausender, in c) und d) auf Hunderter.

▸ Tipp zu 1, 2, 6

1 Schreibe die Aufgabe ins Heft und subtrahiere schriftlich. Denke an den Übertrag.

a)

	H	Z	E
	4	5	7
−	1	4	3

b)

	T	H	Z	E
	6	3	7	2
−	3	3	0	1

c)

	T	H	Z	E
		5	0	8
−		1	3	6

d)

	T	H	Z	E
	7	3	0	5
−	3	1	0	6

e)

	T	H	Z	E
	8	2	7	0
−	1	3	2	2
−			3	4

f)

	T	H	Z	E
	3	0	0	0
−		2	6	3
−	1	4	8	5

2 Überschlage zuerst das Ergebnis. Rechne dann schriftlich im Heft.

a) 783 − 425

b) 823 − 58

c) 9043 − 245 − 3001

d) 6200 − 109 − 278

► 2

3 Schreibe die Zahlen untereinander ins Heft. Überschlage zuerst das Ergebnis und subtrahiere dann schriftlich.

a) 742 − 306 b) 3527 − 508

c) 385 − 206 − 93 d) 4013 − 755 − 1109

4 Verwende immer alle Ziffern. Bilde damit die größte und die kleinste Zahl. Subtrahiere.

a) 5 1 4 b) 7 2 0 8

c) 7 9 7 3 d) 2 4 0 8 1

5 Rechne im Kopf oder schriftlich.

a) 4325 − 300 b) 726 − 126

c) 6151 − 4001 d) 1999 − 1111

► 5

6 Jonas und Mara drehen die Glücksräder. Es entsteht eine Subtraktionsaufgabe. Das höhere Ergebnis gewinnt!

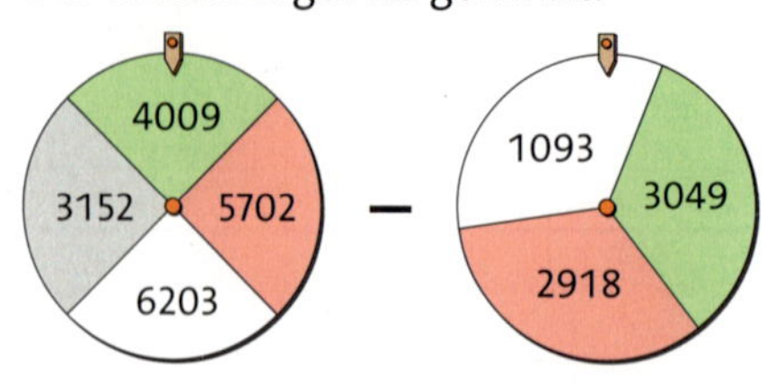

a) Jonas dreht grün – weiß. Berechne.

b) Mara dreht rot – rot. Berechne. Wer hat gewonnen?

c) Wie müssen die Pfeile für das größte Ergebnis stehen? Berechne das Ergebnis.

d) Wie müssen die Pfeile für das kleinste Ergebnis stehen? Berechne das Ergebnis.

7 Übertrage die Aufgabe in dein Heft und finde die fehlenden Ziffern.

a)

	7	□	□	6
−	□	7	3	5
	2	1	6	□

b)

	□	6	8	□
−	1	3	□	5
			▫	
	4	□	4	8

8 Finde die Fehler. Beschreibe die Fehler. Korrigiere im Heft.

a)

	5	0	4	2
−		3	0	1
−	2	4	7	3
	3	1	3	0

b)

	6	4	7	3
−	1	3	5	4
−	2	1	9	5
	3	0	3	4

► 7

9 Giannis Familie fährt nach Griechenland. Die Fahrt dauert zwei Tage. Am 1. Tag fahren sie 1108 km, am 2. Tag fahren sie 1089 km. Am Ziel zeigt der Kilometerzähler 34 687 km an. Was zeigte der Kilometerzähler zu Beginn der Fahrt an? Zeichne zuerst eine Skizze.

10 Am Ende der Spielrunde hat Anna 15 589 € Spielgeld, Ahmet hat 9856 €, Lea 9113 € und Elias 14 846 €.

a) Mit wie viel Euro Abstand zu jedem ihrer Mitspieler hat Anna gewonnen?

b) Haben die Mädchen insgesamt mehr Euro als die Jungen? Wenn ja, wie viel?

► Tipp zu 7, 9

1 Schreibe die Aufgabe ins Heft. Überschlage zuerst das Ergebnis und subtrahiere dann schriftlich.

a) 573 − 225

b) 2847 − 1395

c) 8403 − 7306

d) 7304 − 4095

e) 987 − 54 − 679

f) 2703 − 1498 − 887

2 Schreibe die Zahlen untereinander ins Heft. Überschlage zuerst das Ergebnis und subtrahiere dann schriftlich.
a) 8473 − 4591
b) 6747 − 4301 − 2013
c) 5457 − 86 − 957
d) 6467 − 2009 − 88
e) 984 − 75 − 306 − 449
f) 8403 − 1020 − 104
g) 9999 − 2345 − 1234

3 Arbeitet zu zweit.
Jeder bildet aus den Zahlen auf den Kugeln drei Aufgaben.
Beispiel 12 578 − 3067 = ▒

Rechnet die Aufgaben des anderen. Kontrolliert dann gegenseitig eure Ergebnisse mit der Probe.

4 Überlege zuerst, ob du die Aufgabe im Kopf rechnen kannst. Rechne sonst schriftlich.
a) 8377 − 250
b) 6556 − 5556
c) 548 − 99
d) 7249 − 2671
e) 2928 − 1928
f) 9999 − 8765
g) 18 928 − 5637
h) 92 887 − 10 101
i) 4279 − 444
j) 31 671 − 21 672

5 Ergänze im Heft die fehlenden Ziffern.

a)		5	6	8	
	−	2		2	3
	−	2	5		5
			0	6	1

b)		8		7	2
	−	1	2	3	
	−	4	0		2
			1	8	4

6 Berichtige die Fehler im Heft.

a)		8	7	2	0
	−		2	4	9
	−		5	7	6
		1	1	1	
		9	9	2	5

b)		5	3	3	2
	−	4	1	0	8
	−	1	1	7	0
		1		1	
		3	7	5	0

7 Überschlage zuerst das Ergebnis. Berechne dann.
a) Um wie viel ist 72 573 größer als 51 079?
b) Berechne die Differenz aus 14 582 und 5705.
c) Subtrahiere von 530 147 den Vorgänger von 84 110.

8 Schreibe die Zahlen untereinander. Berechne.
a) Subtrahiere die kleinste dreistellige Zahl von der größten vierstelligen Zahl.
b) Subtrahiere von der kleinsten vierstelligen Zahl die größte dreistellige Zahl.
c) Subtrahiere die größte zweistellige und die größte dreistellige Zahl von der kleinsten fünfstelligen Zahl.
d) Subtrahiere eintausendvierhundertfünfundzwanzig von zweitausendvierhundertdreiundfünfzig.

9 Zoes Eltern möchten ein neues Auto kaufen. Es kostet 8750 €. Für ihr altes Auto bekommen sie noch 2450 €. Aus einem Sparvertrag erhalten sie 2286 €. Wie viel Geld fehlt Zoes Eltern noch?

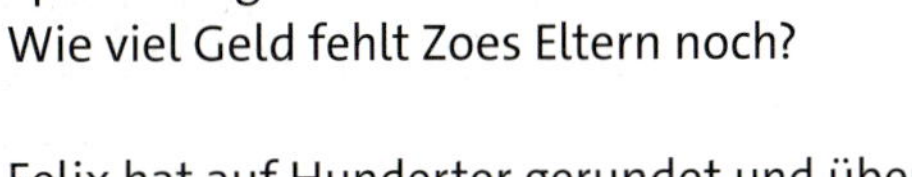

10 Felix hat auf Hunderter gerundet und überschlägt eine Aufgabe mit 3400 − 1200 = 2200.
a) Bestimme die größte und die kleinste Zahl, die gerundet 3400 ergeben.
b) Bestimme diese Zahlen auch für 1200.
c) Bilde vier Aufgaben mit diesen vier Zahlen und löse sie. Vergleiche.

Kompetenz	☒
1 Ich kann im Kopf addieren und subtrahieren und mit den Fachbegriffen bei der Addition und Subtraktion umgehen. → Lies auf **Seite 34** nach.	**1** Ergänze die fehlende Zahl. Nenne den Fachbegriff für die fehlende Zahl. a) 23 + ▒ = 30 b) 26 – 7 = ▒ c) 50 – ▒ = 42
2 Ich kann das Ergebnis einer Aufgabe überschlagen. → Lies auf **Seite 34** nach.	**2** Überschlage das Ergebnis. a) 68 + 31 b) 89 – 57
3 Ich kann die Lösung einer Aufgabe mit einer Probe (Umkehraufgabe) kontrollieren. → Lies auf **Seite 34** nach.	**3** Rechne die Probe mit der Umkehraufgabe. Überprüfe so, ob die Aufgabe richtig gelöst wurde. a) 48 – 17 = 31 b) 45 – 18 = 37
4 Ich kann vorteilhaft addieren. → Lies auf **Seite 38** nach.	**4** Rechne vorteilhaft. Benutze die Rechengesetze. a) 18 + 27 + 12 b) 17 + 25 + 5
5 Ich kann die Klammerregel anwenden. → Lies auf **Seite 38** nach.	**5** Berechne. Sind die beiden Ergebnisse gleich? a) 38 – 12 – 8 und 38 – (12 – 8) b) 47 + 23 – 16 und 47 + (23 – 16)
6 Ich kann schriftlich addieren. → Lies auf **Seite 42** nach.	**6** Addiere schriftlich. a) 263 + 313 b) 6308 + 731 c) 5605 + 2585
7 Ich kann schriftlich subtrahieren. → Lies auf **Seite 46** nach.	**7** Subtrahiere schriftlich. a) 675 – 414 b) 5418 – 2313 c) 2814 – 533

→ Lösungen auf Seite 237

☒

1 Schreibe den Text als eine Rechenaufgabe und berechne die fehlende Zahl.

a) Bilde die Summe der Zahlen 38 und 59.

b) Der Minuend ist 58. Der Wert der Differenz ist 37.

2 Überschlage das Ergebnis.

a) 43 + 288 b) 122 − 74

3 Rechne die Probe und überprüfe so, ob die Aufgabe richtig gelöst wurde.

a) 86 − 58 = 32 b) 184 − 78 = 106

4 Rechne vorteilhaft. Benutze die Rechengesetze.

a) 18 + 16 + 24 + 12 b) 27 + 55 + 53 + 45

5 Berechne. Ändert die Klammer das Ergebnis?

a) 54 − 18 + 26 − 10 und 54 − (18 + 26) − 10

b) 19 + 22 + 37 − 11 und 19 + 22 + (37 − 11)

6 Addiere schriftlich.

a)
```
  465
+ 773
-----
```
b)
```
  5928
+ 1703
+  524
------
```
c)
```
  8605
+  984
+ 1727
------
```

7 Subtrahiere schriftlich.

a)
```
  835
- 417
-----
```
b)
```
  5703
- 2222
------
```
c)
```
  1525
-  928
------
```

☒

1 Schreibe die Aufgabe als Text und berechne oder finde die fehlende Zahl.

a) 72 − 38 = ■

b) 19 + ■ = 201

c) ■ − 52 = 26

2 Die Klasse 5 c soll das Ergebnis von 685 − 213 überschlagen. Ilvi schreibt 690 − 210 = 480 auf. Cem hat 680 − 210 = 470 gerechnet. Welcher Überschlag passt besser zum Ergebnis? Begründe.

3 Rechne die Probe und überprüfe so, ob die Aufgabe richtig gelöst wurde.

a) 400 − 147 = 153 b) 322 − 156 = 166

4 Rechne vorteilhaft. Welche Rechengesetze hast du verwendet?

a) 130 + 910 + 270 + 90 b) 19 + 69 + 81 + 31

5 Berechne 100 − (36 + 17) + (45 − 12). Welche der beiden Klammern ist nicht notwendig?

6 Addiere schriftlich.

a) 5402 + 16 204 + 877

b) 2514 + 38 + 497 + 66

c) 15 895 + 6701 + 550 + 25 094

7 Subtrahiere schriftlich.

a) 2517 − 909

b) 2004 − 1957

c) 38 517 − 852 − 9064

→ Lösungen auf Seite 237 und 238

Aufgaben mit Platzhaltern

Rechenaufgaben können unbekannte Zahlen enthalten, zum Beispiel □ – 20 = 50.
Das Zeichen □ zeigt dir, wo die unbekannte Zahl steht. □ ist ein **Platzhalter**. Wenn du den Platzhalter durch eine passende Zahl ersetzt, dann entsteht eine richtig gelöste Rechenaufgabe:

Rechenaufgabe □ – 20 = 50
Ersetzt du darin □ durch 70, entsteht 70 – 20 = 50. Die passende Zahl ist 70.

Du kannst Rechenaufgaben mit Platzhaltern durch Probieren oder durch Rückwärtsrechnen lösen.

Beispiel 1: Finde die unbekannte Zahl in 240 + □ = 305 durch **Probieren** mit 55; 70 und 65.

Zahl	Einsetzen für □	Ergebnis prüfen	
55	240 + 55 = 295	$295 < 305$	295 ist zu klein. 55 ist deshalb nicht die passende Zahl.
70	240 + 70 = 310	$310 > 305$	310 ist zu groß. 70 ist deshalb nicht die passende Zahl.
65	240 + 65 = 305	Das Ergebnis ist 305. Deshalb ist 65 die passende Zahl.	

1 Finde die passende Zahl durch Probieren mit 175; 180; 185 und 190.
a) 30 + □ = 215 b) □ + 65 = 255 c) □ – 76 = 104
d) 301 – □ = 111 e) 15 + □ + 10 = 200 f) 156 = 356 – 20 – □

2 Finde die passende Zahl durch Probieren mit selbst gewählten Zahlen zwischen 5 und 30.
a) 119 – □ = 113 b) 83 + □ + 20 = 121 c) 180 – □ + 17 = 186

Beispiel 2: Finde die unbekannte Zahl in □ – 30 = 120 durch **Rückwärtsrechnen**.

① Die Aufgabe ist □ – 30 = 120. Von der unbekannten Zahl werden 30 subtrahiert. Das Ergebnis ist 120.	□ –30→ 120
② Also beginnst du bei 120 und addierst 30. Das ist die Umkehrrechnung.	□ –30→ 120 ←+30
③ Rechne 120 + 30 = 150. Die passende Zahl ist deshalb 150. Dies kannst du so kontrollieren: 150 – 30 = 120.	150 –30→ 120 ←+30

3 Finde die unbekannte Zahl durch Rückwärtsrechnen. Zeichne Pfeilbilder wie im Beispiel 2.
a) □ – 40 = 15 b) □ + 15 = 50 c) □ + 84 = 120 d) □ – 15 = 9

4 Finde die unbekannte Zahl mithilfe der Umkehraufgabe.
Beispiel 200 + □ = 510 Umkehraufgabe 510 – 200 = □. Also ist □ = 310.
a) 64 + □ = 90 b) 320 + □ = 490 c) □ – 165 = 335 d) □ – 138 = 512

5 Finde die unbekannte Zahl mithilfe der Umkehraufgabe. Rechne schriftlich.
a) 318 + □ = 591 b) □ + 641 = 928 c) □ – 126 = 556 d) □ – 264 = 379

6 Statt des Zeichens □ kann dir auch ein Buchstabe wie a, b oder x zeigen, wo die unbekannte Zahl steht. a, b und x heißen **Variable**. Finde die passende Zahl.
a) 16 + x = 220 b) x + 250 = 900 c) x – 129 = 132 d) x – 999 = 2
e) a + 827 = 1918 f) 67 + a = 821 g) b – 18 = 971 h) b – 516 = 688

Römische Zahlen

Die Römer benutzten früher nicht die Zahlzeichen 0, 1, 2 ..., sondern I, V, X, L, C, D und M. Jedes dieser Zahlzeichen hatte einen bestimmten Wert. Um mit I, V, X, L, C, D und M Zahlen darzustellen, gab es Regeln. Römische Zahlen kannst du heute noch an alten Gebäuden und Uhren finden.

Regel 1: Die Zeichen werden nach der Größe aufgeschrieben: das größte links, das kleinste rechts. Die Werte werden addiert.

Beispiel 1: MXII

M hat den Wert 1000.
X hat den Wert 10.
I hat den Wert 1 und kommt 2-mal vor.

MXII = 1000 + 10 + 1 + 1 = 1012

I = 1
V = 5
X = 10
L = 50
C = 100
D = 500
M = 1000

1 Welche Zahlen sind es? Rechne um wie im Beispiel 1.
a) XV b) VIII c) MDC d) LXII e) CCXII f) DCXXV

2 Schreibe die Zahlen mit römischen Zahlzeichen.
a) 6 b) 11 c) 60 d) 7 e) 56 f) 120

Regel 2: Steht ein Zeichen I, X oder C vor einem größeren Zeichen, dann wird subtrahiert.

Beispiel 2: a) **IV**
V hat den Wert 5.
I hat den Wert 1. **I steht vor V.**
IV = 5 − 1 = 4

b) **CMX**
M hat den Wert 1000.
C hat den Wert 100. **C steht vor M.**
X hat den Wert 10.
CMX = 1000 − 100 + 10 = 910

3 Welche Zahlen sind es? Rechne um wie im Beispiel 2.
a) IX b) XIX c) XC d) DXC e) MCM f) MCD

4 Schreibe die Zahlen mit römischen Zahlzeichen.
a) 29 b) 40 c) 905 d) 104 e) 240 f) 2402

5 Ordne die Kärtchen einander zu.

XX	1500	MD	20
XXXII	XC	32	MCCC
1300	MMDXC	90	2590

6 Für römische Zahlzeichen gibt es weitere Regeln. Finde solche Regeln. Suche im Internet oder in einem Buch. Erkläre diese Regeln an Beispielen.

7 Bilde mit den Zeichen V, X, L und C eine möglichst große Zahl und eine möglichst kleine Zahl. Verwende jedes Zeichen in jeder Zahl genau einmal. Begründe deine Lösungen durch Umrechnen. Beachte die zusätzlichen Regeln aus Aufgabe 6.

8 Schreibe die Zahl 8790 mit römischen Zahlzeichen. Wie viele Zeichen benötigst du dafür? Vergleiche mit der Anzahl Zeichen, die du im Zehnersystem benötigst.

9 Das Zehnersystem ist ein Stellenwertsystem. Jede der Ziffern 0, 1, 2, ..., 9 kann an jeder Stelle einer Zahl stehen. Kann bei römischen Zahlen jedes Zeichen an jeder Stelle der Zahl stehen? Begründe mit Beispielen.

Zauberquadrate

Ein „Zauberquadrat“ oder „magisches Quadrat“ ist eine quadratische Anordnung von Zahlen. Die Summe in jeder Spalte, in jeder Zeile und in den beiden Diagonalen ergibt die gleiche Zahl. Diese Zahl heißt „magische Zahl“.

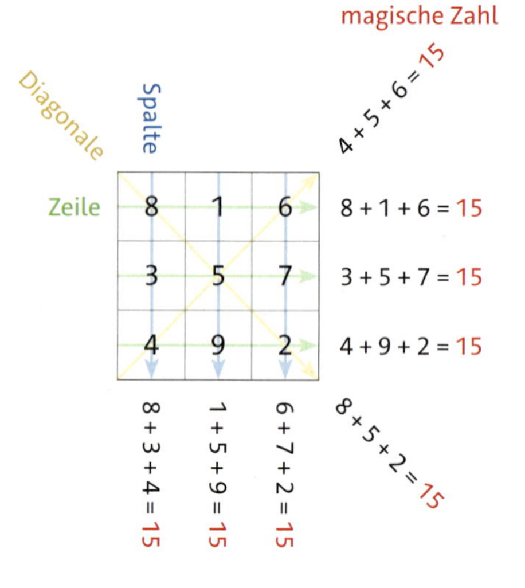

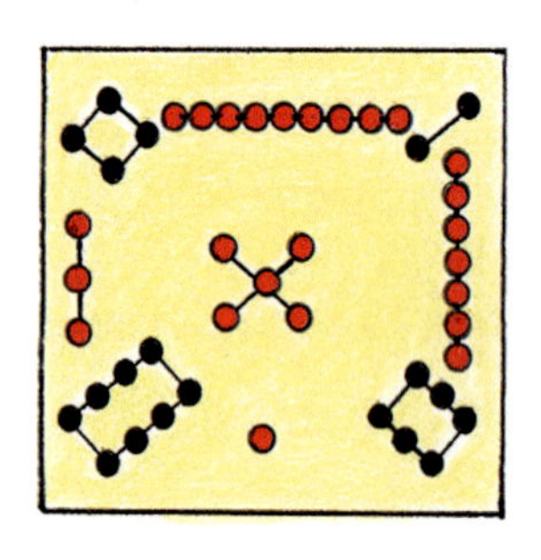

Solche Quadrate lassen sich bis etwa 400 vor Christus nach China zurückverfolgen. Oben links siehst du das Lo Shu, eines der ältesten Zauberquadrate. Kannst du es in unsere Schreibweise „übersetzen“?

1 Überprüfe, ob das Quadrat ein Zauberquadrat ist. Nenne die magische Zahl.

a)

3	8	1
4	5	6
9	2	8

b)

4	14	15	1
9	7	6	12
5	11	10	8
16	2	3	13

2 Bestimme die magische Zahl und ergänze das Quadrat im Heft so, dass es ein Zauberquadrat ist.

a)

		2
	5	9
8		

b)

13	15	5
3		

c)

17	7		
	14		9
		11	13
5		18	8

d)

1		7	
15		9	
10	5		3
8	11		

3 Vergleiche die beiden Zauberquadrate. Findest du einen Zusammenhang? Bestimme ein drittes Zauberquadrat.

7	8	3
2	6	10
9	4	5

?

9	10	5
4	8	12
11	6	7

4 Erstelle Zahlenkarten von 1 bis 16. Zeichne dafür auf Rechenkästchen ein Quadrat mit 8 cm Kantenlänge. Unterteile es in 16 gleich große Felder. Schreibe die Zahlen von 1 bis 16 in die Felder. Schneide alle Felder aus.
Versuche mit diesen Zahlenkarten ein magisches Quadrat zu legen.

1 Berechne im Kopf.

a) 28 + 1	28 + 2	28 + 3
b) 17 + 3	17 + 13	17 + 23
c) 34 − 3	34 − 4	34 − 5
d) 46 − 6	46 − 7	46 − 8
e) 28 + 4	28 + 15	28 + 26
f) 53 − 3	53 − 4	53 − 14

2 ▾ Übertrage in dein Heft und ergänze die fehlende Zahl. Nenne den Fachbegriff für die fehlende Zahl.

a) 13 + 9 = ☐ b) ☐ + 12 = 20
c) 47 − 35 = ☐ d) 20 − ☐ = 13 ▸ 2

3 Überschlage zuerst das Ergebnis und berechne den Zahlterm dann genau.

a) 19 + 32	b) 53 + 28	c) 41 + 52
d) 49 − 17	e) 57 − 39	f) 92 − 53
g) 98 + 44	h) 123 + 81	i) 129 + 110
j) 102 − 84	k) 150 − 61	l) 121 − 89

4 Fülle die Zahlenmauer im Heft aus.

a) 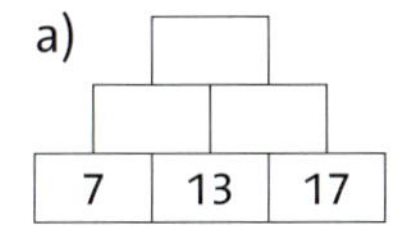

b) 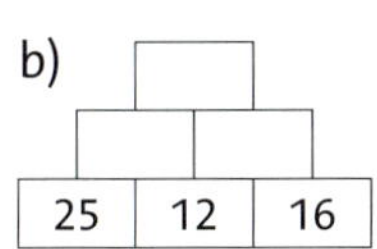

c) 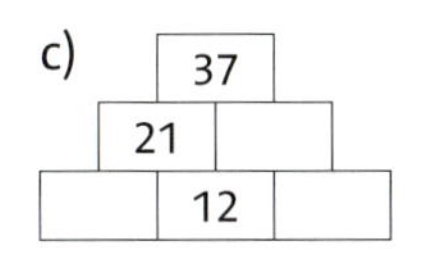

d) 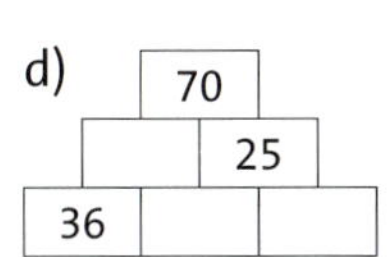

5 Rechne die Probe mit der Umkehraufgabe. Finde so die drei falschen Ergebnisse.

a) 34 − 12 = 22 b) 52 − 34 = 15
c) 72 − 27 = 55 d) 90 − 19 = 89
e) 72 − 49 = 23 f) 147 − 55 = 92

6 Rechne vorteilhaft.

a) 26 + 9 + 4 b) 15 + 17 + 13
c) 18 + 22 + 9 d) 31 + 26 + 14
e) 62 + 26 + 18 f) 44 + 15 + 35

7 Übertrage in dein Heft und ergänze die fehlende Zahl. Nutze die Strategie Rückwärtsrechnen (Seite 52).

a) ☐ + 53 = 65 b) 30 + ☐ = 71
c) ☐ − 34 = 49 d) ☐ − 14 = 40
e) ☐ + 84 = 100 f) ☐ − 35 = 10

8 Übertrage die Aufgabe in dein Heft und rechne schriftlich.

a)		7	3	5			b)		3	4	1	9
	+	1	2	4				+		3	6	3

c)		7	3	5			d)		3	4	1	9
	−	1	2	4				−		3	6	3

▸ 5

9 Überschlage zuerst das Ergebnis. Addiere dann schriftlich. Schreibe Einer unter Einer, Zehner unter Zehner und so weiter.

a) 304 + 191 b) 124 + 964
c) 4259 + 715 d) 6017 + 1892

10 Subtrahiere schriftlich. Schreibe Einer unter Einer, Zehner unter Zehner und so weiter. Prüfe dein Ergebnis mit der Probe.

a) 965 − 342 b) 8183 − 2011
c) 1083 − 771 d) 5192 − 2178

11 Berechne die fehlenden Zahlen mit der Umkehraufgabe.

Beispiel 215 + ☐ = 539
Die Umkehraufgabe ist 539 − 215 = ☐

a) 318 + ☐ = 595 b) 248 + ☐ = 782
c) ☐ + 179 = 515 d) ☐ + 408 = 802

12 Ein Flugzeug kann 189 Passagiere transportieren. 98 Plätze wurden bereits gebucht. Wie viele Plätze sind noch frei? ▸🔊

13 Die Klasse 5c macht einen Ausflug zum Erlebnis-Bauernhof. Der Eintritt für die Klasse kostet 126 €. Für den Bus zahlen sie 129 €. ▸🔊

a) „Das sind zusammen ja mehr als 250 €!", meint Jan. Wie viel Euro sind es genau?
b) Der Klassenlehrer bezahlt an der Kasse des Erlebnis-Bauernhofs 150 €. Wie viel Wechselgeld bekommt der Lehrer?

Sprachhilfe zu 2: Nutze: 1. Summand, 2. Summand, Wert der Summe, Minuend, Subtrahend, Wert der Differenz.

▸ Tipp zu 2, 5, 6, 13

1 Übertrage in dein Heft und ergänze die fehlende Zahl. Nenne den Fachbegriff für die fehlende Zahl.
a) 24 + 17 = ☐ b) ☐ + 25 = 60
c) 63 − 35 = ☐ d) 57 + ☐ = 200
e) ☐ − 19 = 15 f) 60 − ☐ = 33

2 Schreibe den Text als Aufgabe und berechne die fehlende Zahl.
a) Berechne die Summe aus 45 und 18.
b) Der 2. Summand ist 26 und der Wert der Summe 78. Bestimme den 1. Summanden.
c) Der Subtrahend ist 19 und der Wert der Differenz 28. Bestimme den Minuenden.

3 Übertrage das Rechendreieck in dein Heft und vervollständige es.

a)
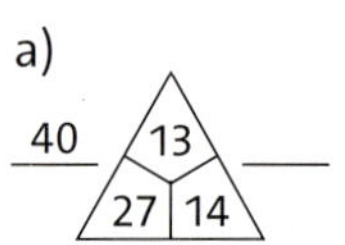

b)
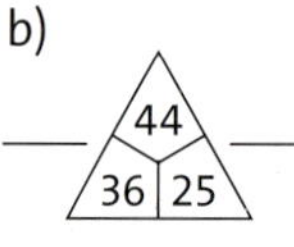

c)
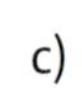
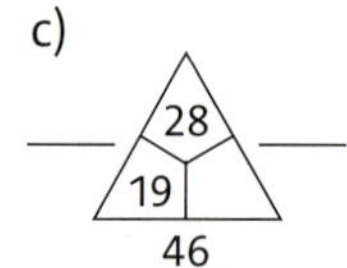

d)
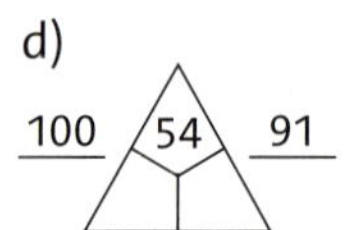
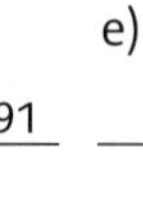

e)
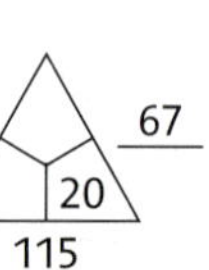

f)
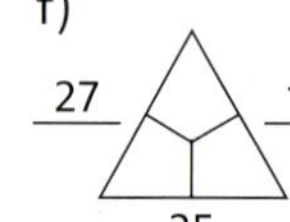

▸ 4

4 Rechne vorteilhaft.
a) 24 + 39 + 21 b) 18 + 27 + 32
c) 26 + 74 + 29 d) 57 + 44 + 33
e) 83 + 22 + 28 + 7 f) 69 + 55 + 31 + 75
g) 56 + 45 + 24 + 5 h) 32 + 103 + 88 ▸ 5

5 ▾ Überschlage zuerst das Ergebnis. Schreibe dann die Zahlen untereinander ins Heft und addiere schriftlich.
a) 3117 + 1708 b) 5124 + 6793
c) 9054 + 887 d) 6817 + 795 + 1620
e) 6317 + 4983 f) 209 + 1625 + 1166

6 Schreibe die Zahlen untereinander ins Heft und subtrahiere schriftlich. Rechne die Probe.
a) 1028 − 315 b) 2702 − 950
c) 3000 − 1224 d) 6604 − 896
e) 7081 − 309 − 526 f) 3899 − 511 − 970

7 Erstelle Karten mit den Ziffern 1 bis 6 wie auf dem Foto. Lege mit den Karten die beiden dreistelligen Zahlen nach.

a) Addiere beide Zahlen.
b) Wie musst du die Ziffern anordnen, um das kleinste Ergebnis zu erhalten? Schreibe auf.
c) Wie musst du die Ziffern anordnen, um das größte Ergebnis zu erhalten? Schreibe auf.
d) Wie musst du die Ziffern anordnen, um das Ergebnis 966 zu erhalten? Findest du mehrere Möglichkeiten? ▸ 8

8 Bilde die Umkehraufgabe und berechne damit die fehlende Zahl.
a) ☐ + 394 = 425 b) 776 + ☐ = 8282
c) ☐ + 3456 = 5555 d) ☐ + 4908 = 8032

9 In einer Kleinstadt leben 13 845 Menschen. 4183 von ihnen sind Kinder. Wie viele Erwachsene leben in der Kleinstadt?

10 ▾ Die Zählung in einem Zoo hat ergeben, dass dort 1059 Säugetiere, 1946 Vögel, 770 Lurche, 6891 Fische und 8454 **Wirbellose** leben. Wie viele Tiere leben insgesamt im Zoo?

11 Wähle einen Zahlterm aus. Erfinde dazu eine Sachaufgabe. Löse sie und schreibe einen Antwortsatz.

Ⓐ 24 308 + 16 556 Ⓑ 5765 + 2117 + 907
Ⓒ 17 615 − 8592 Ⓓ 1187 − 346 − 278

Die Ergebnisse zu **5** ergeben ein Lösungswort: 3000 (R); 4825 (Z); 9232 (F); 9941 (F); 11 300 (E); 11 917 (I)
Sprachhilfe zu **10**: **Wirbellose** sind Tiere ohne Wirbelsäule, wie zum Beispiel Würmer und Insekten.

Vermischte Übungen ☒

1 Schreibe den Text als Aufgabe und berechne die fehlende Zahl.
a) Berechne die Differenz aus 61 und 37.
b) Addiere zur Summe der Zahlen 46 und 33 die Differenz der Zahlen 46 und 33.
c) Der 1. Summand ist 36 und doppelt so groß wie der 2. Summand.
d) Der Minuend ist 16, der Wert der Differenz ist halb so groß.

2 Überprüfe mithilfe der Probe oder mit einer Überschlagsrechnung, ob die Aufgabe richtig gelöst wurde.
a) 73 – 28 = 65
b) 149 + 248 = 397
c) 92 – 57 = 35
d) 602 – 397 = 405
e) 265 + 95 = 560
f) 245 – 152 = 93

3 Übertrage die Zahlenmauer ins Heft und vervollständige sie.

a)
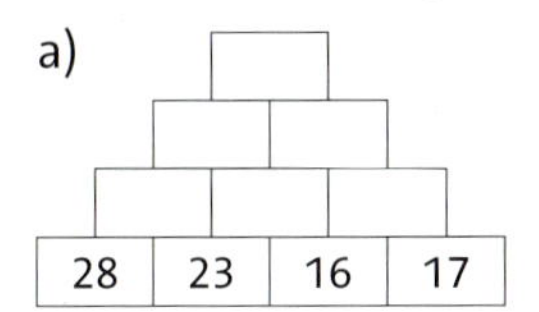

b)
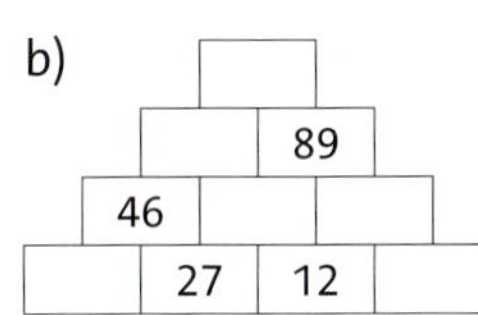

4 Rechne vorteilhaft.
a) 57 + 26 + 54 + 33
b) 55 + 48 + 50 + 95 + 52
c) 33 + 52 + 27 + 51 + 19 + 28
d) 39 + 111 + 36 + 66 + 34 + 64
e) 117 + 344 + 111 + 56 + 83 + 189
f) 25 + 35 + 45 + 55 + 65 + 75

5 Addiere schriftlich.
a) 9317 + 6549
b) 5415 + 3797
c) 16 807 + 965 + 4817
d) 502 + 12 554 + 8809 + 376
e) 24 318 + 78 + 2904 + 477 + 3017

6 Bestimme die fehlende Zahl.
a) ▢ + 741 = 837
b) 1606 + ▢ = 2083
c) ▢ + 2043 + 2162 = 5734
d) 4849 + ▢ + 1354 = 7040
e) 6370 + ▢ + 675 = 9015

7 Erstelle Karten mit den Ziffern 1 bis 8 wie auf dem Foto. Lege die beiden vierstelligen Zahlen nach.

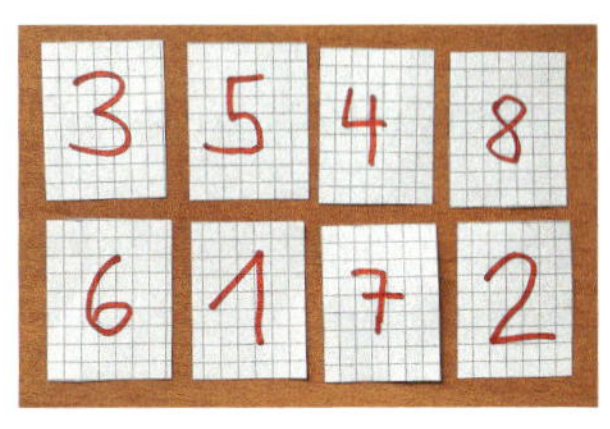

a) Addiere beide Zahlen.
b) Wie musst du die Zahlen anordnen, um das Ergebnis 9000 zu erhalten? Schreibe auf.
c) Wie musst du die Zahlen anordnen, um das Ergebnis 8622 zu erhalten? Schreibe auf.

8 Subtrahiere schriftlich. Kontrolliere, indem du die Probe rechnest.
a) 7265 – 2817
b) 29 024 – 8709
c) 45 370 – 28 568
d) 26 431 – 17 865
e) 34 972 – 918 – 5201 – 11 064

9 Theos Onkel macht eine sechstägige Radtour durch Spanien. Die Strecke ist insgesamt 453 km lang. An den ersten fünf Tagen fährt er 76 km, 83 km, 65 km, 91 km und 75 km. Wie weit fährt er am letzten Tag?

10 Im Zirkus „Piridelli" sind die Sitze in Kreisen um die **Manege** angeordnet. Der Kreis direkt an der Manege hat 47 Sitze. Jeder folgende Kreis hat 6 Sitze mehr als der vorherige:
Der zweite Kreis besteht also aus 53 Sitzen, der dritte aus 59 usw. Insgesamt gibt es zehn Kreise mit Sitzen.
a) Wie viele Sitze hat der siebte Kreis?
b) Wie viele Zuschauer finden insgesamt Platz?
c) Wie viele Sitze bleiben frei, wenn 528 Plätze besetzt sind?

11 Wähle einen Zahlterm aus. Erfinde eine passende Sachaufgabe und löse sie.

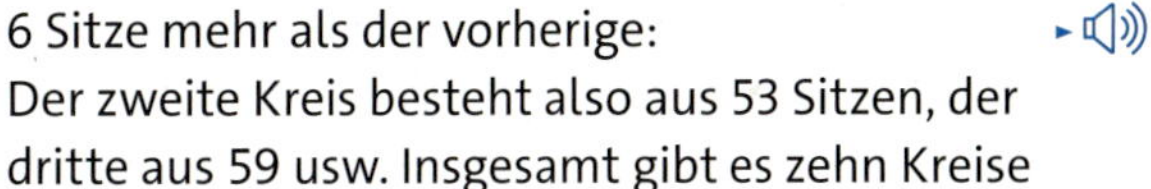

Ⓐ 34 518 – 18 095

Ⓑ 105 631 – 25 417 – 6815

Ⓒ 28 317 + 45 527 + 9066 – 38 904

Sprachhilfe zu **10**: Eine **Manege** ist die runde Fläche für eine Aufführung in der Mitte eines Zirkuszelts.

Tipp zu **1**, **4**, **7**

Tour de France

Vor einiger Zeit startete in Düsseldorf die Tour de France. Die Tour de France ist das bedeutendste Radrennen der Welt. Die gesamte Strecke war 3540 km lang. Die ersten vier Etappen (Tagesstrecken) fanden außerhalb von Frankreich statt. Die Etappen im Gebirge sind entscheidend für den Toursieg. Im Gebirge müssen die Fahrer steile Berge mit großen Höhenunterschieden hinauf und wieder herunter fahren.
Unten siehst du **das Höhenprofil** der **17. Etappe**:

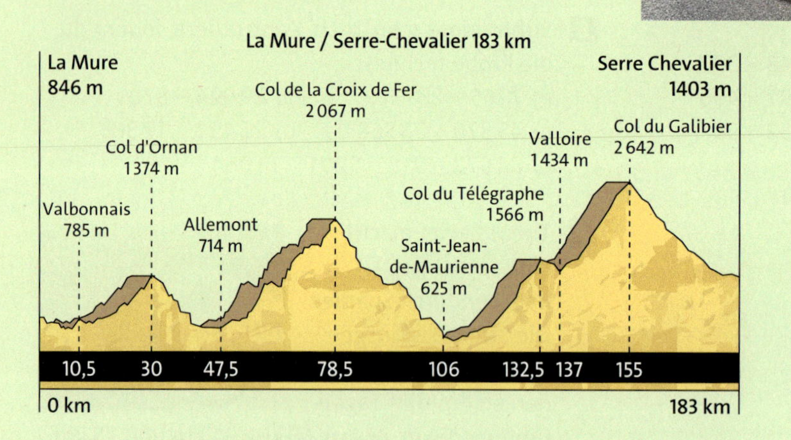

1. Etappe – Samstag, 1. Juli: Einzelzeitfahren in Düsseldorf (14 km)
2. Etappe – Sonntag, 2. Juli: Düsseldorf – Lüttich (204 km)
3. Etappe – Montag, 3. Juli: Verviers – Longwy (213 km)
4. Etappe – Dienstag, 4. Juli: Bad Mondorf – Vittel (208 km)
5. Etappe – Mittwoch, 5. Juli: Vittel – La Planche des Belle Filles (161 km)
6. Etappe – Donnerstag, 6. Juli: Vesoul – Troyes (216 km)
7. …

A Berechne, wie viele Kilometer die Fahrer auf den ersten vier Etappen gefahren sind.

B Nach wie vielen Etappen sind die Fahrer mehr als 1000 km gefahren? Überschlage zuerst das Ergebnis und rechne dann genau.

C Nach der 15. Etappe sind die Fahrer insgesamt 2664 km gefahren.
Das Einzelzeitfahren (20. Etappe) in Marseille startet bei Kilometer 3415.
Wie viele Kilometer mussten die Fahrer dazwischen fahren?

D Der erste Anstieg der 17. Etappe ging von Valbonnais hoch zum Col d'Ornon. Lies die beiden Höhen aus dem Diagramm ab. Berechne, wie viele Höhenmeter der Anstieg beträgt.

E Wie viele Meter mussten die Fahrer bei der 17. Etappe bergauf fahren? Betrachte die vier großen Anstiege, die im Diagramm ablesbar sind.

F Mit einer Fahrtzeit von 86 Stunden 20 Minuten und 55 Sekunden wurde Chris Froome Gesamtsieger. Der Zweite, Rigoberto Uran, kam nur 54 Sekunden nach ihm ins Ziel.
Romain Bardet wurde Dritter und brauchte 2 Minuten und 20 Sekunden länger als Froome.
Berechne die Fahrtzeiten von Uran und Bardet.

Abschlusstest

1 Notiere im Heft die Fachbegriffe.

a) 26 + 24 = 50
Der 1. Summand ist 26 und der ● ist 24. Dann ist der ● der Summe 50.

b) 45 − 23 = 22
Der ● ist 45, der ● ist 23 und 22 ist der ●.

2 Rechne vorteilhaft.

a) 45 + 12 + 8
b) 4 + 25 + 26
c) 8 + 14 + 92

3 Beachte die Klammerregel und berechne.

a) 86 − (36 + 14)
b) 67 + 13 − (28 − 18)
c) 100 − (100 − 82) + 18

4 Überschlage zuerst das Ergebnis. Addiere dann schriftlich.

a) 1186 + 533
b) 2543 + 238 + 257

5 Subtrahiere schriftlich. Rechne die Probe mit der Umkehraufgabe.

a) 1587 − 376
b) 506 − 458

6 Familie Fritsche fährt mit dem Auto in den Urlaub nach Istrien. Die Hinfahrt dauert zwei Tage. Am ersten Tag fahren sie 736 km und am zweiten Tag 558 km.
Wie weit ist das Urlaubsziel entfernt?
Zeichne eine Skizze und beantworte die Frage.

---

1 Schreibe den Text als Zahlterm. Berechne den fehlenden Wert.

a) Der Minuend ist 134 und der Subtrahend ist 48.
b) Der 1. Summand ist 64 und der Wert der Summe beträgt 101.

2 Rechne vorteilhaft.

a) 22 + 65 + 35 + 78
b) 114 + 33 + 86 + 17
c) 248 + 12 + 52 + 88

3 Berechne. Markiere im Heft die Klammern, die du weglassen kannst, ohne das Ergebnis zu verändern.

a) 86 − (28 − 12)
b) 59 + (22 − 12) − 17
c) (158 − 28) − (58 − 28)

4 Überschlage zuerst das Ergebnis. Addiere dann schriftlich.

a) 3543 + 86 + 502
b) 580 + 5609 + 4393

5 Subtrahiere schriftlich. Rechne die Probe mit der Umkehraufgabe.

a) 1738 − 345
b) 3252 − 96 − 659

6 Das Urlaubsziel Griechenland ist 2755 km entfernt. Am ersten Tag fährt Familie Stein 856 km, am zweiten 798 km.
Wie weit ist es noch?
Können sie den Rest an einem Tag schaffen?
Zeichne eine Skizze und beantworte die Fragen.

---

1 Schreibe den Text als Zahlterm. Berechne den fehlenden Wert.

a) Der 1. Summand ist 15, der 2. Summand ist doppelt so groß.
b) Der Subtrahend ist 64. Er ist doppelt so groß wie der Wert der Differenz.

2 Rechne vorteilhaft.

a) 326 + 32 + 124 + 18
b) 49 + 33 + 107 + 111
c) 12 + 57 + 18 + 23 + 88

3 Setze im Heft Klammern so, dass das Ergebnis stimmt.

a) 75 − 38 − 23 + 4 = 64
b) 12 + 14 − 12 + 11 = 25
c) 88 − 42 + 13 − 7 = 40

4 Überschlage zuerst das Ergebnis. Addiere dann schriftlich.

a) 2566 + 212 + 1286
b) 42 053 + 698 + 2084

5 Subtrahiere schriftlich. Rechne die Probe mit der Umkehraufgabe.

a) 5804 − 942 − 2174
b) 42 103 − 745 − 1568

6 Im Zug sitzen 238 Fahrgäste. An der ersten Station steigen 125 aus und 173 ein. An der zweiten Station steigen 78 ein und 120 aus.
Wie viele Fahrgäste sind jetzt im Zug?
Zeichne eine Skizze und beantworte die Frage.

→ Lösungen auf Seite 238 und 239

Zusammenfassung

Addieren und subtrahieren → Seite 34

Fachbegriffe bei der Addition

215	+	44	=	259
1. Summand		2. Summand		Wert der Summe

(1. Summand + 2. Summand: Summe)

Du bildest **die Summe** aus 215 und 44.
Der Wert der Summe ist 259.

Überschlag: 220 + 40 = 260

Fachbegriffe bei der Subtraktion

356	–	143	=	213
Minuend		Subtrahend		Wert der Differenz

(Minuend – Subtrahend: Differenz)

Der Wert der Differenz aus 356 und 143 ist 213.

Probe: 213 + 143 = 356 ✓

Rechenvorteile und Rechengesetze → Seite 38

Die Klammerregel
Berechne immer zuerst, was in der Klammer steht.

246 – (63 + 22)
= 246 – 85

Das Vertauschungsgesetz (Kommutativgesetz)
In einer Summe darfst du die Summanden vertauschen: a + b = b + a

$\underbrace{37 + 51}_{88} = \underbrace{51 + 37}_{88}$

Das Verbindungsgesetz (Assoziativgesetz)
In einer Summe darfst du die Summanden beliebig mit Klammern zusammenfassen:
a + b + c = a + (b + c)

(68 + 156) + 44 = 68 + (156 + 44)
224 + 44 = 68 + 200
268 = 268

Schriftlich addieren → Seite 42

① Schreibe Einer unter Einer, Zehner unter Zehner und so weiter.
② Beginne von rechts. Addiere die Ziffern stellenweise.
③ Wenn ein Übertrag entsteht, schreibe ihn in die nächste Spalte und addiere ihn dort.
④ Überprüfe dein Ergebnis mit einem Überschlag.

	T	H	Z	E
	1	3	5	3
+		8	3	4
+		9	7	2
	2	1		
	3	1	5	9

E: 2 + 4 + 3 = 9
Z: 7 + 3 + 5 = 15, Übertrag 1
H: 1 + 9 + 8 + 3 = 21, Übertrag 2
T: 2 + 1 = 3

Überschlag: 1400 + 800 + 1000 = 3200

Schriftlich subtrahieren → Seite 46

① Schreibe Einer unter Einer, Zehner unter Zehner und so weiter.
② Beginne rechts: Addiere die Ziffern von unten nach oben, aber ohne die oberste Ziffer. Berechne, wie viel noch bis zur obersten Ziffer fehlt.
③ Notiere den Übertrag in der nächsten Spalte.
④ Überprüfe dein Ergebnis mit einem Überschlag. Rechne zur Kontrolle die Probe.

	T	H	Z	E
	1	7	5	8
–		4	6	4
–		2	1	3
		1		
	1	0	8	1

E: 3 + 4 + 1 = 8
Z: 1 + 6 + 8 = 15, Übertrag 1
H: 1 + 2 + 4 + 0 = 7
T: 0 + 1 = 1

Probe: 1081 + 213 + 464 = 1758

Mit Größen rechnen

3

▶ Mit dem Flugzeug kannst du an weit entfernte Orte reisen.
Du musst pünktlich am Schalter sein, sonst verpasst du den Flug.
Wenn dein Koffer zu schwer ist, dann musst du mehr Geld bezahlen.
Bei der Sicherheitskontrolle wird geprüft, ob du Gegenstände aus Metall bei dir hast.

Wohin bist du schon mal verreist? Wie bist du dorthin gekommen?
Wie weit ist das weg?

In diesem Kapitel lernst du …

- mit Euro und Cent zu rechnen.
- Gewichte mit passenden Einheiten anzugeben und umzurechnen.
- Längen zu vergleichen und umzurechnen.
- Zeitspannen zu bestimmen und umzurechnen.

Kompetenz	Aufgabe	Lies und übe.
1 Ich kenne alle Euro-Scheine.	**1** Welche Scheine gibt es wirklich? Welche nicht? Zeichne die „echten“ Scheine in dein Heft.	→ Seite 217 Nr. 16, 17
2 Ich kenne alle Cent-Münzen und Euro-Münzen.	**2** Zeichne alle Cent-Münzen und Euro-Münzen in dein Heft. Tipp: Es sind insgesamt 8 Münzen. usw.	→ Seite 217 Nr. 16, 17
3 Ich kann Preise schätzen und vergleichen.	**3** Was ist teurer? Schätze. a) Fußball oder Fußballschuhe b) Füller oder Radiergummi c) Schulranzen oder Sportbeutel	→ Seite 217 Nr. 18, 19
4 Ich kann Gegenstände nach ihrem Gewicht sortieren.	**4** Sortiere von leicht nach schwer.	→ Seite 218 Nr. 20
5 Ich kann Längen in Zentimeter (cm) auf dem Lineal ablesen.	**5** Wie lang sind die Gegenstände? Lies ab und schreibe in dein Heft.	→ Seite 229 Nr. 57

Kompetenz	Aufgabe	Lies und übe.

6 Ich kann Zahlen aus einer Stellenwerttafel ablesen und eintragen.

6 Übertrage die Stellenwerttafel in dein Heft.
a) Lies die zwei eingetragenen Zahlen laut vor. Schreibe die Zahlen in Worten auf.
b) Trage die Zahlen in die Stellenwerttafel ein: 6083615 und 99099

Millionen			Tausender					
H	Z	E	H	Z	E	H	Z	E
				3	1	6	5	0
			1	9	0	8	0	4

→ Seite 215 Nr. 7, 8, 9

---

7 Ich kann Zahlen in Worten aufschreiben

7 Schreibe die Zahl in Worten auf.
a) 64089 b) 7501322

→ Seite 215 Nr. 10, 11

---

8 Ich kann mit Stufenzahlen multiplizieren.

8 Multipliziere.
a) $6 \cdot 10$ b) $6 \cdot 100$ c) $6 \cdot 1000$
Schreibe eine Regel für die Multiplikation mit Stufenzahlen (Zehnerzahlen) auf.

→ Seite 225 Nr. 43, 44

---

9 Ich kann durch Stufenzahlen dividieren.

9 Dividiere.
a) $25000 : 10$ b) $25000 : 100$ c) $25000 : 1000$
Schreibe eine Regel für die Division durch Stufenzahlen (Zehnerzahlen) auf.

→ Seite 225 Nr. 45, 46, 47

---

10 Ich kann Uhrzeiten ablesen.

10 Lies die Uhrzeiten ab und notiere sie.
a) b) c) d)

→ Seite 218 Nr. 21

---

11 Ich kann Uhrzeiten an einer Uhr mit Zeigern darstellen.

11 Skizziere eine runde Uhr und zeichne die Zeiger ein:
a) 7:00 b) 20:00 c) 15:30

→ Seite 218 Nr. 22

---

12 Ich kann angeben, wie viel Zeit vergangen ist.

12 Wie viele Stunden sind vergangen?
a) von 8:00 Uhr bis 12:00 Uhr
b) von 9:00 Uhr bis 14:30 Uhr
c) von 22:30 Uhr bis 6:00 Uhr

→ Seite 219 Nr. 23

→ Lösungen auf Seite 240

Das Geld

In Deutschland und vielen anderen europäischen Ländern bezahlt man mit Euro (€) und Cent (ct).

W

Ein Preis ist eine **Größe**.
Jede Größe besteht aus einer **Maßzahl** und einer **Einheit**.

1 € (1 = die Maßzahl, € = die Einheit)

80 ct (80 = die Maßzahl, ct = die Einheit)

Du kannst verschiedene Schreibweisen nutzen:
in Euro (€), Cent (ct) oder mit gemischten Einheiten.

in Euro: 1,80 €
in Cent: 180 ct
mit gemischten Einheiten: 1 € 80 ct

Es gilt:
1 € = 1,00 € = 100 ct
0,10 € = 10 ct
0,01 € = 1 ct

Du kannst eine **Einheitentabelle** verwenden.

€			ct		
H	Z	E	Z	E	
		2	0	0	2 € = 200 ct
		0	8	0	0,80 € = 80 ct
		4	9	0	4,90 € = 4 € 90 ct = 490 ct
1	2	4	9	5	124,95 € = 124 € 95 ct = 12 495 ct

▶ **Aufgabe** Der Comic kostet 3,70 €. Die Luftballons kosten 2 € 65 ct.
Rechne beides in Cent um.

Murat kauft im Laden Luftballons für 2 € 65 ct. Er bezahlt mit einem 10-€-Schein.
Wie viel Geld bekommt Murat zurück?

W

Rechnen mit Geld
Um mit Geldbeträgen zu rechnen, musst du zuerst in die gleiche Einheit umrechnen.

Murat rechnet zuerst in Cent um:
Geldschein: 10 € = 1000 ct
Preis für Luftballons: 2 € 65 ct = 265 ct

Rechnung: 1000 ct − 265 ct = 735 ct
Lösung: 735 ct = 7,35 €
Murat bekommt 7,35 € zurück.

▶ **Aufgabe** Felix kauft im Laden Sticker für 80 ct. Er bezahlt mit einem 5-€-Schein.
Wie viel Geld bekommt er zurück?

▶ 11 ▶ 9 ▶ 6

1 Gib den Geldbetrag in Euro (€) an.

a) 

b)

2 Wie viel Geld liegt hier? Schreibe einmal mit gemischten Einheiten und einmal in Euro.

Beispiel gemischt: 2 € 50 ct
in Euro: 2,50 €

a) b) c) d)

3 Bezahle passend. Zeichne die Münzen auf.
Wähle aus diesen sieben Münzen:

Beispiel 1,35 €    

a) 1,65 € b) 0,80 € c) 2,15 €

4 Mit welchen Münzen kannst du passend bezahlen? Finde immer zwei Möglichkeiten.
Beispiel 1,10 €
1 € und 10 ct oder 50 ct, 50 ct und 10 ct

a) 1,20 € b) 3,50 € c) 2,75 €
d) 0,25 € e) 2,41 € f) 1,07 € ▸ 3

5 Ist die Einheit Euro (€) oder Cent (ct)?

Kugel Eis	Flasche Limo	Stift
90 ○	1,30 ○	12 ○

6 Rechne in Cent um.
Beispiel 4,83 € = 483 ct

a) 7,00 € b) 3,50 € c) 13,90 €
d) 6,24 € e) 50,50 € f) 10,81 €

7 Rechne in Euro (€) um.
Beispiel 839 ct = 8,39 €

a) 170 ct b) 820 ct c) 402 ct
d) 731 ct e) 1496 ct f) 2052 ct ▸ 5

8 Schreibe den Betrag in Euro (€).
Beispiel 7 € 40 ct = 7,40 €

a) 3 € 25 ct b) 10 € 65 ct c) 12 € 20 ct
d) 49 ct e) 66 ct f) 23 € 8 ct

9 Leon hat Geldbeträge falsch umgerechnet. Berichtige im Heft.

a) *3,02 € = 320 ct* b) *10,41 € = 141 ct*
c) *73 ct = 7,30 €* d) *2840 ct = 2,84 €*

10 Vergleiche die Geldbeträge.
Setze dazu im Heft <, > oder = ein.

a) 271 ct ○ 0,27 € b) 405 ct ○ 4,05 €
c) 10,40 € ○ 1400 ct d) 10,03 € ○ 103 ct

11 Mira bezahlt mit einem 10-€-Schein.
Berechne das Wechselgeld.

a) 8,00 € b) 5,40 € c) 9,10 €
d) 2,35 € e) 4,85 € f) 0,70 € ▸ 9

12 Arbeitet zu zweit. Einer kauft drei Dinge mit einem 50-€-Schein. Der Andere berechnet das Wechselgeld. Prüft gemeinsam. Wechselt euch ab.

13 Ahmed, Ben und Cem haben Spielekonsolen. Jeder will ein neues Spiel für 40 € kaufen.
Ahmed hat schon 13 € gespart,
Ben hat 25,50 € und
Cem hat 30,10 €.
Wie viel muss jeder noch sparen?

Wenn du die Ergebnisse von 11 in die richtige Reihenfolge bringst, dann ergibt sich ein Lösungswort.
0,90 € (H); 2,00 € (S); 4,60 € (C); 5,15 € (I); 7,65 € (E); 9,30 € (N)

Sprachhilfe zu 13: Antwort: Ahmed muss noch ○ € sparen, Ben muss noch …

Tipp zu 1, 4, 6, 8, 9, 10, 12

1 Wie viel Geld liegt hier?

a) 

b) 

c) 

d) 

e) 

f) 

g) 

2 Mit welchen Scheinen und Münzen kannst du passend bezahlen?
Finde immer zwei Möglichkeiten.

Beispiel 30,10 €
20 €, 10 € und 10 ct oder
20 €, 5 €, 5 €, 5 ct und 5 ct

a) 8,80 € b) 12,45 € c) 15,21 €
d) 30,63 € e) 62,08 € f) 85,29 € ▸ 3

3 Wie teuer ist …
a) ein Brötchen? b) ein Radiergummi?
c) eine Kinokarte? d) ein Auto?
Wähle immer eine Maßzahl und eine Einheit.

Maßzahl:	Einheit:
40 20 000 99 9	€ ct ct €

4 Schreibe mit gemischten Einheiten.
Rechne dann in Cent (ct) um.

Beispiel 2,75 € = 2 € 75 ct = 275 ct

a) 8,20 € b) 3,03 € c) 43,75 €
d) 10,24 € e) 100,81 € f) 50,05 €

5 Rechne in Euro (€) um. Schreibe dann auch in gemischten Einheiten.
a) 290 ct b) 626 ct c) 875 ct
d) 45 ct e) 509 ct f) 2004 ct

6 Gib in Euro (€) und dann in Cent (ct) an.
a) 6 € 75 ct b) 99 ct c) 32 € 80 ct
d) 7 € 2 ct e) 14 € 9 ct f) 101 € 1 ct ▸ 5

7 Tom hat Geldbeträge falsch umgerechnet.
Berichtige im Heft. Beschreibe den Fehler.
a) *1,84 € = 1 € 84 ct = 1084 ct*
b) *285 ct = 28 € 5 ct = 28,05 €*
c) *5008 ct = 50 € 8 ct = 50,80 €*

8 Vier Jugendliche treffen sich und vergleichen, wie viel Geld sie mitgebracht haben.

a) Ordne die Geldbeträge der Größe nach.
b) Wer hat zusammen mehr Geld:
die Mädchen oder die Jungen?

9 Arbeitet zu zweit. Ein Kind wählt drei Dinge aus und bezahlt mit dem nächstgrößeren Geldschein. Das andere Kind berechnet das Wechselgeld. Prüft gemeinsam.

10 Schätze zuerst die Preise für einen Rucksack, ein Badetuch, eine Paar Badelatschen und eine Sonnenbrille. Stelle dann zusammen, was du davon kaufen kannst für …
a) 25 € b) 8,50 € c) 42 €

11 Drei Freunde wollen jeder ein neues Spiel für 39,99 € kaufen. Ana hat schon 18 € gespart, Kim hat 25,50 € und Boris hat 30,20 €.
Berechne, wie viel jeder noch sparen muss.

Wenn du die Ergebnisse von Aufgabe 1 in die richtige Reihenfolge bringst, dann ergibt sich ein Lösungswort.
1,17 € (E); 8,00 € (E); 12,80 € (N); 20,67 € (H); 73,00 € (I); 102,01 € (I); 106,05 € (T)

▸ Tipp zu 2, 4, 5, 9

1 Wie viel Geld liegt hier? Schreibe in Euro (€) und mit gemischten Einheiten.
Beispiel 6,40 € = 6 € 40 ct

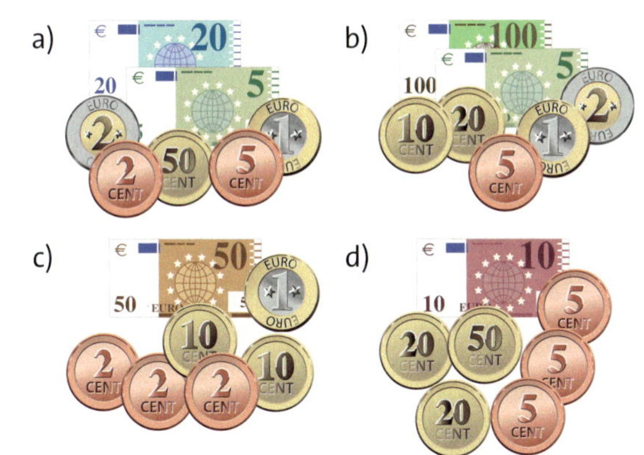

2 Mario soll genau passend mit Scheinen und Münzen bezahlen. Finde verschiedene Möglichkeiten.
a) 17,53 € b) 33,87 € c) 98,31 €
Vergleicht untereinander:
Wer hat am wenigsten und wer hat am meisten Scheine und Münzen gebraucht?

3 Hier sind Einheiten durcheinander geraten:

Rob und Ria bekommen von ihrer Mutter zum Einkaufen 1200 €. Sie kaufen Milch für 0,80 ct, Saft für 150 €, ein Paket Nudeln für 0,90 €, eine Packung Eis für 240 € und Wurst. An der Kasse erhalten sie 5,20 € zurück.

a) Schreibe den Text mit den richtigen Einheiten in dein Heft.
b) Berechne den Preis für die Wurst.

4 Schreibe auf drei Arten: mit gemischten Einheiten, in Euro und in Cent.
a) 8,54 €; 9,09 €; 20,24 €; 100,81 €
b) 427 ct; 31 ct; 4052 ct; 3003 ct
c) 10 € 80 ct; 12 € 6 ct; 100 € 8 ct
d) 123,40 €; 123 € 4 ct; 1234 ct

5 Silvia hat Geldbeträge falsch umgewandelt. Berichtige im Heft. Erkläre den Fehler.
a) *202 ct = 20,20 €* b) *5,99 € = 5099 ct*
c) *19 € 4 ct = 19,40 €* d) *22 € 7 ct = 227 ct*

6 Tina muss 40,15 € bezahlen. Welche Scheine oder Münzen bekommt sie zurück?
Sie bezahlt mit …
a) 50 € b) 50,50 € c) 51 €
d) In welchem der drei Fälle hat die Kassiererin den kleinsten Aufwand?

7 Aylin und Onur sollen einkaufen.

Aylin:
- 3 Brötchen
- Butter
- Marmelade
- Käse

Onur:
- Brot
- 2 x Käse
- Butter
- 2 Gurken

a) Überschlage, wie viel die beiden ungefähr bezahlen müssen.
b) Berechne, wie viel jeder bezahlen muss.
c) Beide zahlen mit einem 20-€-Schein. Berechne jeweils das Wechselgeld.
d) Wie können die beiden bezahlen, damit die Kassiererin es mit dem Wechselgeld möglichst einfach hat?

8 Justus möchte seine Schlittschuhe tauschen.
a) Timo bietet ihm zwei Tischtennisschläger an. Schätze: Sind beide Dinge gleichwertig?
b) Was würdest du Justus anbieten?

9 Fabio bekommt 8 € für einmal Rasenmähen und 22 € für einmal Zeitungsaustragen.
a) In den Sommerferien geht er jede Woche einmal Rasenmähen und Zeitungsaustragen. Kann er sich davon eine Konsole für 230 € leisten? Begründe.
b) Fabio möchte sich ein Fahrrad für 460 € kaufen. Berechne, wie oft er dafür Rasen mähen und Zeitungen austragen muss.

Zusatz zu **5**: Arbeitet zu zweit. Stellt euch gegenseitig weitere Aufgaben mit Fehlern beim Umrechnen.

Tipp zu 2, 4

Das Gewicht

Im Supermarkt steht auf den Verpackungen, wie viel etwas wiegt.

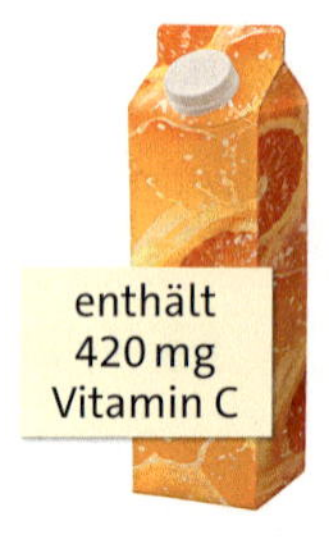

Auch hier wird unterschieden in Maßzahl 10 kg und Einheit.

W

Die **Einheiten für Gewichte** sind:

Tonne (**t**) Kilogramm (**kg**) Gramm (**g**) Milligramm (**mg**)

1 t = 1000 kg = 1 000 000 g
1 kg = 1000 g = 1 000 000 mg
1 g = 1000 mg

In den Naturwissenschaften sagt man zu Gewicht auch Masse.
Umgangssprachlich sagt man oft Gewicht.

So rechnest du in die **nächstkleinere** Einheit um: Multipliziere mit 1000.

Rechne 5 kg in g um.
g ist die **nächstkleinere** Einheit (von kg).
5 kg = 5 · 1000 g = 5000 g

So rechnest du in die **nächstgrößere** Einheit um: Dividiere durch 1000.

Rechne 3000 g in kg um.
kg ist die **nächstgrößere** Einheit (von g).
3000 g = 3 kg, denn 3000 : 1000 = 3

▸ Gewichte umrechnen – Umrechnungszahl

▶ **Aufgabe** Rechne um.
a) 7 kg in g b) 9000 g in kg c) 65 kg in g d) 20 000 g in kg

▸ 1 ▸ 1 ▸ 1

▸ Gewichte umrechnen – Einheitentabelle

W

Eine **Einheitentabelle** hilft dir beim Umrechnen. Dort siehst du auch, wo das **Komma** hingehört. Für alle nicht belegten Felder kannst du dir eine Null denken.

t			kg			g			mg			
H	Z	E	H	Z	E	H	Z	E	H	Z	E	
				2	5	0	0	0	0	0	0	25 kg = 25 000 g = 25 000 000 mg
		2	3	4	0							2,34 t = 2 t 340 kg = 2340 kg
								1	5	0	0	1,5 g = 1 g 500 mg = 1500 mg
					0	5	6	7				567 g = 0,567 kg

▸ Gewichte mit Komma umrechnen

▶ **Aufgabe** Rechne um.
a) 4 t in g b) 7 kg 500 g in g c) 45 000 mg in g d) 1500 g in kg

▸ 9 ▸ 7 ▸ 7

1 Ergänze im Heft die Einheit Tonne (t), Kilogramm (kg), Gramm (g) oder Milligramm (mg).
a) der Lkw 30 ◯ b) die Tomate 110 ◯
c) die Ameise 8 ◯ d) das Fahrrad 15 ◯

2 Ordne das Gewicht im Heft richtig zu.

die Fliege | der Elefant | das Kaninchen | die Kuh
3 kg | 2 g | 5 t | 750 kg

3 Schätzt zu zweit: Wie viel wiegt das Tier? **Recherchiert** dann das richtige Gewicht.
a) Schäferhund b) Mücke c) Nashorn

▸ 3

4 Ergänze im Heft die fehlende Einheit. Nutze t, kg, kg, g, g, mg.
a) 3 kg = 3000 ◯ b) 800 t = 800 000 ◯
c) 60 g = 60 000 ◯ d) 5000 g = 5 ◯
e) 25 000 kg = 25 ◯ f) 10 000 mg = 10 ◯

5 Rechne in die nächstkleinere Einheit um.
Beispiel 6 kg = 6 · 1000 g = 6000 g
a) Rechne in g um: 3 kg; 8 kg; 28 kg
b) Rechne in kg um: 7 t; 9 t; 22 t
c) Rechne in mg um: 4 g; 5 g; 10 g

6 Rechne in die nächstgrößere Einheit um.
Beispiel 19 000 g = 19 kg,
denn 19 000 : 1000 = 19
a) Rechne in kg um: 2000 g; 5000 g; 30 000 g
b) Rechne in t um: 4000 kg; 7000 kg; 20 000 kg
c) Rechne in g um: 3000 mg; 8000 mg; 10 000 mg

▸ 6

7 Immer zwei Kärtchen gehören zusammen.

5000 g | 5000 kg | 50 000 g | 5000 mg | 50 000 mg
50 kg | 5 t | 50 g | 5 g | 5 kg

8 Vergleiche. Setze im Heft <, > oder = ein.
a) 400 g ◯ 4 kg b) 27 t ◯ 270 kg
c) 50 g ◯ 5000 mg d) 9 kg ◯ 90 000 g
e) 120 000 g ◯ 12 kg f) 15 kg ◯ 15 000 g

9 Übertrage die Einheitentabelle ins Heft. Ergänze unten sechs leere Zeilen.

t			kg			g			mg		
H	Z	E	H	Z	E	H	Z	E	H	Z	E
	4	5									
								9			
									7	2	0
					3	1	8	5			

a) Lies die vier Einträge laut vor.
b) Trage in die Einheitentabelle ein:
① 222 g ② 17 t 450 kg
③ 3 kg 860 g ④ 1364 kg
⑤ 8,2 g ⑥ 35,14 t

▸ 8

10 Schreibe in einer Einheit. Du kannst die Einheitentabelle nutzen.
Beispiel 3 kg 125 g = 3125 g
a) 3 kg 570 g = ◯ g b) 7 g 120 mg = ◯ mg
c) 24 t 789 kg = ◯ kg d) 6 t 50 kg = ◯ kg
e) 18 kg 47 g = ◯ g f) 5 g 2 mg = ◯ mg

11 Eine Katze wiegt 5 kg. Ihr Junges wiegt 100 g. Wie viel wiegt die Katze zusammen mit dem Jungen im Maul? Schreibe zuerst in Gramm (g) und dann in Kilogramm (kg).

12 Schreibe mit Komma.
Beispiel 8 t 255 kg = 8,255 t
a) 5 t 105 kg = ◯ t b) 4 kg 125 g = ◯ kg
c) 7500 g = ◯ kg d) 2 g 900 mg = ◯ g
e) 157 mg = ◯ g f) 85 kg = ◯ t

13 Die Waage soll genau 2 kg anzeigen. Welche zwei Hamster müssen noch mit auf die Waage?

Sprachhilfe zu **3**: **Recherchieren** bedeutet herausfinden oder nachforschen. Du kannst dazu das Internet nutzen (siehe Seite 86) und als Suchbegriffe „Schäferhund Gewicht“ eingeben oder in Büchern nachlesen.

1 Ergänze die passende Einheit in deinem Heft.
a) Schraube 10 ◯ b) Stecknadel 100 ◯
c) Bagger 15 ◯ d) Bohrmaschine 2,5 ◯

2 Schätzt, wie viel der Gegenstand wiegt. **Recherchiert** zu zweit das richtige Gewicht.
a) USB-Stick b) Laptop
c) erster Computer (Z1 von Zuse) ▸ 3

3 Ergänze die fehlende Einheit im Heft.
a) 2 t = 2000 ◯ b) 30 g = 30 000 ◯
c) 9000 kg = 9 ◯ d) 45 000 mg = 45 ◯
e) 5 000 000 mg = 5 ◯ f) 7 000 000 ◯ = 7 t

4 Rechne um.
Beispiel 12 kg = 12 · 1000 g = 12 000 g
a) 4 t = ◯ kg b) 14 g = ◯ mg
c) 10 kg = ◯ g d) 25 t = ◯ kg
e) 3 kg = ◯ mg f) 70 t = ◯ g

5 Rechne um.
Beispiel 8000 g = 8 kg, denn 8000 : 1000 = 8
a) 9000 kg = ◯ t b) 12 000 g = ◯ kg
c) 30 000 mg = ◯ g d) 80 000 kg = ◯ t
e) 2 000 000 g = ◯ t f) 7 000 000 mg = ◯ kg
▸ 6

6 Ordne immer zwei Gewichte einander zu.

7,5 kg | 7 g | 7 kg | 750 kg | 75 g

7500 g | 7000 g | 0,75 t | 75 000 mg | 7000 mg

7 Übertrage die Einheitentabelle ins Heft. Ergänze unten sechs leere Zeilen.

t			kg			g			mg		
H	Z	E	H	Z	E	H	Z	E	H	Z	E
									7	2	9
					3	5	0	2			
	2	0	8	0	0						

a) Lies die drei Einträge laut vor.
b) Trage in die Einheitentabelle ein:
1363 g 5 t 380 kg
17 g 10 mg 64 kg 2 g
43,05 kg 7,003 g

8 Fynns Schulrucksack wiegt 5 kg. Er packt noch eine Flasche ein, die 550 g wiegt. Wie viel wiegt der Rucksack mit der Flasche? Schreibe in Kilogramm.

9 Rechne in die nächstkleinere Einheit um.
Beispiel 2,575 g = 2575 mg
a) 9,456 t b) 17,889 g c) 2,6 kg
d) 10,07 g e) 0,3 t f) 0,41 kg

10 Rechne in die nächstgrößere Einheit um.
Beispiel 1255 g = 1,255 kg
a) 4725 g b) 3013 g c) 10 010 mg
d) 5500 kg e) 986 mg f) 660 kg ▸ 8

11 Rechne um.
a) 18 t (in g) b) 480 kg (in mg)
c) 9 500 000 g (in t) d) 300 000 mg (in kg)
e) 12,05 t (in g) f) 1800 mg (in kg)

12 Klara feiert mit 10 Freundinnen im Garten ihren 11. Geburtstag. Sie wollen alle zusammen auf das Trampolin, das höchstens 300 kg aushält. Hältst du das für eine gute Idee?

13 Lea und Tom kaufen ein. Beide haben eine große Papiertüte dabei, auf der steht: max. 5 kg.

	Lea	Tom
Eistee 2 kg	2 ×	–
Salzstangen 250 g	2 ×	3 ×
Schorle 0,75 kg	–	3 ×
Schokoküsse 200 g	3 ×	4 ×
Weingummi 150 g	2 ×	3 ×

a) Halten die Tüten oder reißen sie?
b) Stellt jeder einen Einkauf zusammen, der genau 5 kg wiegt. Vergleicht untereinander.

Sprachhilfe zu **2**: **Recherchieren** bedeutet herausfinden oder nachforschen. Du kannst dazu das Internet nutzen (siehe Seite 86) und als Suchbegriff „USB-Stick Gewicht" eingeben oder in Büchern nachlesen.

▸ Tipp zu 3, 10, 12

1 In welcher Einheit gibt man das Gewicht am besten an?
a) Omnibus b) Apfel
c) Getränkekiste d) Fliege
e) Büroklammer f) Brot

2 Arbeitet zu zweit. Jeder schätzt das Gewicht. Recherchiert dann den richtigen Wert.
a) Eiffelturm in Paris b) Wassermelone
c) kleinster Vogel der Welt

3 Rechne in die nächstkleinere Einheit um.
a) 5 t (in kg) b) 17 g (in mg) c) 20 kg
d) 0,009 g e) 0,06 kg f) 0,2 t

4 Rechne in die nächstgrößere Einheit um.
a) 4000 kg b) 12 000 g c) 30 000 mg
d) 800 g e) 30 mg f) 5 kg

5 Ergänze die Einheiten im Heft.
a) 7 kg = 7000 ● = 7 000 000 ●
b) 93 ● = 93 000 kg = 93 000 000 ●
c) 8 000 000 ● = 8 t
d) 2 500 000 mg = 2,5 ● = 2 ■ 500 ●
e) 450 000 ● = 450 g = 0,45 ●
f) 3,12 t = 3 ● 120 ● = 3120 ● = 3 120 000 ●

6 Ordne die Gewichte nach der Größe.

95 mg | 9 kg 50 g | 950 g | 9,5 t | 9500 kg | 0,95 kg | 9 g 50 mg | 95 000 g | 950 kg | 9,5 kg

7 Schreibe mit und ohne Komma. Du kannst eine Einheitentabelle nutzen.
Beispiel 2 kg 125 g = 2,125 kg = 2125 g
a) 7 t 133 kg b) 17 g 177 mg
c) 0 kg 363 g d) 8 g 10 mg
e) 25 kg 33 g f) 106 t 4 kg

8 Rechne in die angegebene Einheit um.
a) 24 kg (in mg) b) 17 500 000 g (in t)
c) 0,44 kg (in mg) d) 850 000 g (in t)
e) 5500 g (in t) f) 0,03 kg (in mg)

9 Einen Computerfehler nennt man auch Bug. Bug ist englisch und heißt Käfer. Ein sehr alter Computer wog 500 kg. Ein 2 g schwerer Käfer krabbelte hinein und machte ihn kaputt. Wie viel wog der Computer zusammen mit dem Käfer? Schreibe in Gramm, in Kilogramm und in Tonnen.

10 Für einen Erdbeer-Bananen-Smoothie verwendet Raja 400 g Erdbeeren, zwei Bananen (jeweils etwa 150 g), 0,25 kg Orangensaft und 80 g Eiswürfel.
a) Wie viel wiegt der Smoothie insgesamt?
b) Raja hat drei Gläser mit dem Smoothie gefüllt. Wie viel Gramm sind ungefähr in einem Glas?

11 Ein Fahrstuhl ist zugelassen für 1 t. Darin sind: ein Esel (300 kg), ein Hund (30 kg), eine Katze (5 kg), ein Hahn (2 kg). Wie viele 75 kg schwere Personen dürfen noch in den Fahrstuhl? Begründe.

12 Im Zoo: Die Tabelle zeigt, was die Tiere im Zoo täglich an Futter brauchen.

Tier	Anzahl	Futter für ein Tier
Gorilla	8	15 kg Obst und Gemüse
Panda	15	3 kg Obst
Elefant	6	100 kg Heu, 3 kg Hafer, 7 kg Möhren
Nashorn	4	50 kg Heu, 5 kg Hafer, 3 kg Möhren, 2 kg Äpfel

a) Wie schwer ist das Futter für alle diese Tiere für einen Tag?
b) Ein kleiner Lkw darf 3 t transportieren. Muss der Lkw jeden Tag, alle zwei Tage oder alle drei Tage Futter bringen? Begründe.

Sprachhilfe zu **2**: **Recherchieren** bedeutet herausfinden oder nachforschen. Du kannst dazu das Internet nutzen (siehe Seite 86) und als Suchbegriff „Eiffelturm Gewicht“ eingeben oder in Büchern nachlesen.

Tipp zu 3, 7, 11

Die Länge

Lisa und Tom messen zusammen die Länge des Schulhofs.
Toms Rollstuhl hat ein Display, das zeigt, wie weit er gefahren ist.
Damit misst er 16 m.
Lisa macht 30 Schritte.
Ein Schritt ist etwa 50 cm lang.
Kommt sie auf dieselbe Länge wie Tom?

Auch hier wird unterschieden in Maßzahl 10 km und Einheit.

W

Die **Einheiten für Längen** sind:

Kilometer (**km**) | Meter (**m**) | Dezimeter (**dm**) | Zentimeter (**cm**) | Millimeter (**mm**)

10 × 10 Fußballfelder | 2 × 2 Schritte | Handbreite | USB-Stick | Spitze vom Stift

1 km = 1000 m
1 m = 10 dm = 100 cm = 1000 mm
1 dm = 10 cm = 100 mm
1 cm = 10 mm

▸ Längen umrechnen – Umrechnungszahl

So rechnest du in die **nächstkleinere** Einheit um: Multipliziere mit 10.
Von km in m: Multipliziere mit 1000.

Rechne 16 m in dm um.
dm ist die **nächstkleinere** Einheit von m.
16 m = 16 · 10 dm = 160 dm

So rechnest du in die **nächstgrößere** Einheit um: Dividiere durch 10.
Von m in km: Dividiere durch 1000.

Rechne 50 cm in dm um:
dm ist die **nächstgrößere** Einheit von cm.
50 cm = 5 dm, denn 50 : 10 = 5

▶ **Aufgabe** Lisa misst 30 · 5 dm = 150 dm. Rechne in Meter (m) um.
Vergleiche mit Toms Ergebnis (16 m).

W

Eine **Einheitentabelle** hilft dir beim Umrechnen. Dort siehst du auch, wo das **Komma** hingehört. Für alle nicht belegten Felder kannst du dir eine Null denken.

▸ Längen umrechnen – Einheitentabelle

▸ Längen mit Komma umrechnen

km			m			dm	cm	mm	
H	Z	E	H	Z	E	E	E	E	
		6	0	0	0	0	0		6 km = 6000 m = 60 000 dm = 600 000 cm
				5	0	3			50 m 3 dm = 50,3 m = 503 dm
					7	0	0	8	7 m 8 mm = 7,008 m = 70,08 dm = 700,8 cm = 7008 mm

▶ **Aufgabe** Schreibe in Zentimeter (cm). Benutze die Einheitentabelle.
a) 4 m b) 1 km c) 50 dm d) 300 mm e) 15 mm

▸5 ▸6 ▸3

1 Miss vom Boden aus an deinen Beinen entlang. Wo endet …
a) 1 cm?
b) 1 dm?
c) 1 m?
d) 1 km?

2 Ordne im Heft die richtige Länge zu.

Fingernagel	478 km
Weitwurf	12 mm
Hamster	3 dm
Entfernung Köln – Berlin	2,5 km
Lineal	27 m
Schulweg	12 cm

3 Rechne in die nächstkleinere Einheit um.
Beispiel 60 m = 60 · 10 dm = 600 dm
a) 40 m = ● dm b) 8 cm = ● mm
c) 5 dm = ● cm d) 17 km = ● m
e) 200 m = ● dm f) 35 m = ● dm
g) 442 cm = ● mm h) 78 km = ● m

4 Rechne in die nächstgrößere Einheit um.
Beispiel 80 cm = 8 dm, denn 80 : 10 = 8
a) 30 cm = ● dm b) 90 dm = ● m
c) 50 mm = ● cm d) 2000 m = ● km
e) 400 dm = ● m f) 500 mm = ● cm
g) 130 000 m = ● km h) 300 cm = ● dm

▸ 6

5 Schreibe in der kleineren Einheit.
Beispiel 5 km 400 m = 5400 m

km			m			dm	cm	mm
H	Z	E	H	Z	E	E	E	E
		5	4	0	0			

a) 7 km 300 m b) 5 m 8 dm
c) 4 dm 9 cm d) 4 cm 3 mm
e) 18 km 500 m f) 17 m 1 dm 4 cm
g) 19 km 80 m h) 53 m 7 cm

6 Mihal hat beim Umrechnen Fehler gemacht. Berichtige im Heft.
a) *5 km = 50 m* b) *400 dm = 40 cm*
c) *70 mm = 7 dm* d) *6 km = 60 000 cm*
e) *5 km 2 m = 52 m* f) *2 m 3 cm = 23 cm*

7 Arbeitet zu zweit. Messt euren Schultisch. Nutzt ein Maßband oder mehrere Lineale. Schreibt in Meter (m), Dezimeter (dm) und Zentimeter (cm).

▸ 8

8 Die Klasse 5 a übt Dauerlauf auf dem Sportplatz. Eine Runde ist 400 m lang.

Matilda läuft 6 Runden, Esma 8 Runden und Finn 10 Runden.
Wie weit sind sie jeweils gelaufen?
Schreibe in Meter (m) und in Kilometer (km).

9 Rechne in die kleinere Einheit um. Berechne dann.
Beispiel 5 km + 300 m = ?
5 km = 5000 m
5000 m + 300 m = 5300 m
a) 4 m + 4 dm b) 5 cm + 70 mm
c) 80 km + 9000 m d) 16 m + 8 cm
e) 9 m − 5 dm f) 88 dm − 9 cm

▸ 10

10 Finde die passenden Kärtchen. Du erhältst ein Lösungswort.
4000 m = ●
900 m = ●
9000 mm = ●
90 cm = ●
40 dm = ●
400 dm = ●

0,9 km **E** | 4 m **E** | 900 cm **R** | 9 dm **I** | 4 km **F** | 40 m **N**

11 Beim Weitsprung springt Ava 3 m 50 cm weit, Bine 4,05 m, Chrissi 3,55 m, Dani 3,05 m, Emma 3 m 15 cm und Franzi 3,51 m.
Ordne die Weiten von klein nach groß.

Sprachhilfe zu **2**: Die Länge eines Fingernagels beträgt ●.

▸ Tipp zu 3, 4, 8, 9, 11

1 Untersuche Längen an deinem Körper.
a) Wie lang ist dein Zeigefinger?
b) Ist dein Ohr länger als 1 dm? Begründe.
c) Von wo nach wo ist es ungefähr 1 m?

2 Ergänze die Einheit im Heft.
Ordne dann nach der Größe.
a) Weitsprung 4,20 ● b) Schulweg 3,5 ●
c) Marathon 42 195 ● d) Lineal 15 ●
e) Entfernung Hamburg – München 613 ●

3 Schreibe in der nächstkleineren Einheit.
Beispiel 15 cm; nächstkleinere Einheit: mm;
15 cm = 15 · 10 mm = 150 mm
a) 18 cm b) 8 dm c) 9 km
d) 30 cm e) 90 dm f) 7,9 km
g) 8,9 m h) 9,5 dm i) 34,6 m

4 Schreibe in der nächstgrößeren Einheit.
Beispiel 70 cm; nächstgrößere Einheit: dm;
70 cm = 7 dm, denn 70 : 10 = 7
a) 80 dm b) 30 mm c) 5000 m
d) 800 cm e) 9000 dm f) 130 cm
g) 770 dm h) 95 mm i) 9500 m ▸ 5

5 Arbeitet zu zweit. Eine Hand ist etwa 1 dm breit. Messt damit Längen im Klassenraum (Tisch, Fenster, Stuhl …).
Gebt das Ergebnis in Meter (m), in Dezimeter (dm) und in Zentimeter (cm) an.

6 Schreibe in der Einheit in Klammern.
Du kannst die Einheitentabelle nutzen.
Beispiel 7 km 400 m = 7000 m + 400 m
= 7400 m
a) 7 km 300 m (m) b) 5 m 8 dm (dm)
c) 18 km 50 m (m) d) 14 dm 5 cm (cm)
e) 5 dm 30 mm (cm) f) 17 m 4 cm (cm)

7 Was ist hier falsch? Korrigiere im Heft.
a) *4 km = 400 m* b) *700 cm = 7 dm*
c) *3 mm = 30 cm* d) *1,3 dm = 13 m*
e) *0,5 km = 50 m* f) *900 mm = 9 m*

8 Ein Schwimmbad hat 50 m lange Bahnen.
Wie viele Bahnen muss man schwimmen für
a) 500 m? b) 1 km? c) 2 km 300 m?
d) Wie viele Bahnen sind es jeweils, wenn das Schwimmbad nur 25-m-Bahnen hat? ▸ 6

9 Schreibe mit Komma.
Du kannst die Einheitentabelle nutzen.
Beispiel 700 m = 0,7 km
a) 900 m (in km) b) 7 dm (in m)
c) 8 cm (in dm) d) 9 mm (in cm)
e) 8 m (in km) f) 17 cm (in dm)
g) 861 cm (in m) h) 920 mm (in m)

10 Ein Giraffen-Männchen wird bis zu 6 m groß, ein Weibchen 4,50 m. Ein Neugeborenes ist etwa 1 m 80 cm groß. Berechne die Unterschiede: Ein Männchen ist … größer als ein Weibchen.
Ein Weibchen ist …

11 Vergleiche. Setze im Heft <, > oder = ein.
a) 8 cm ● 8 dm b) 9,4 mm ● 9,3 mm
c) 10 mm ● 1 cm d) 3,8 km ● 380 m
e) 22 dm ● 23 cm f) 0,7 cm ● 7 mm
g) 3888 m ● 3,9 km h) 17 mm ● 1,6 cm

12 Untersuche verschiedene Schulwege:
a) Ordne der Länge nach.

3 km 500 m | 150 m | 2,5 km | 4,7 km | 350 m | 5 km 500 m

b) Schätze die Länge deines Schulwegs. Sortiere diese Länge ein in Teilaufgabe a).
c) Recherchiere die genaue Länge deines Schulwegs. Gibt es mehrere Möglichkeiten (Luftlinie, zu Fuß, mit dem Bus …)?
Beispiel

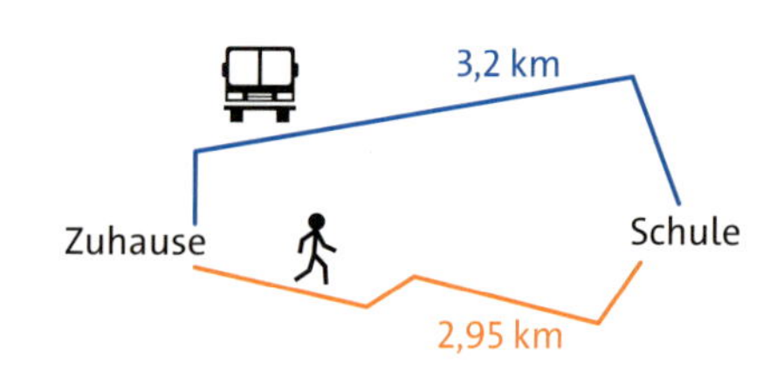

1 Untersuche Längen an deinem Körper:
a) Wie lang ist dein kürzester Finger?
b) Vergleiche den Abstand deiner Schultern mit der Länge vom Knie zum Boden.
c) Miss den Umfang deines Arms. Lege dazu eine Schnur um deinen Arm.

2 Ordne die richtige Maßzahl und die richtige Einheit zu.

Lineal	0,4	km
Schuhe	5	cm
Klassenraum	30	mm
Laufbahn	6	cm
Katze	12	dm
Ameise	24	m

3 Rechne um.
a) 18 km (in m) b) 8 cm (in mm)
c) 79 m (in dm) d) 7,9 km (in m)
e) 90 dm (in mm) f) 8,07 m (in dm)
g) 0,05 m (in cm) h) 9,03 km (in cm)

4 Schreibe in der angegebenen Einheit.
a) 30 cm (in dm) b) 450 mm (in cm)
c) 76 000 m (in km) d) 15,8 dm (in m)
e) 7,7 dm (in m) f) 650 mm (in dm)
g) 82,9 cm (in m) h) 1,3 m (in km)

5 Arbeitet zu zweit. Messt die Länge eines Schritts, eures Unterarms und eurer Hand.

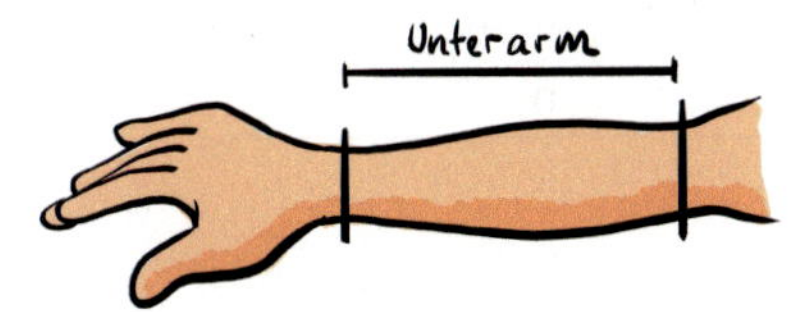

Bestimmt damit Länge und Breite eurer Tafel und eures Klassenraums. Schreibt in Zentimeter (cm) und in Meter (m).
Beispiel Ein Tisch ist 4 Unterarme und 3 Hände lang, das sind
$4 \cdot 25\,cm + 3 \cdot 9\,cm = 127\,cm = 1{,}27\,m$.

6 Schreibe auf zwei verschiedene Arten.
Beispiel 8 km 500 m = 8500 m = 8,5 km
a) 9 km 300 m b) 8 m 7 dm
c) 143 cm 4 mm d) 4 km 45 m
e) 2 km 2 m f) 6 dm 2 mm
g) 5 m 5 mm h) 13 km 13 mm

7 Immer zwei Längen gehören zusammen:

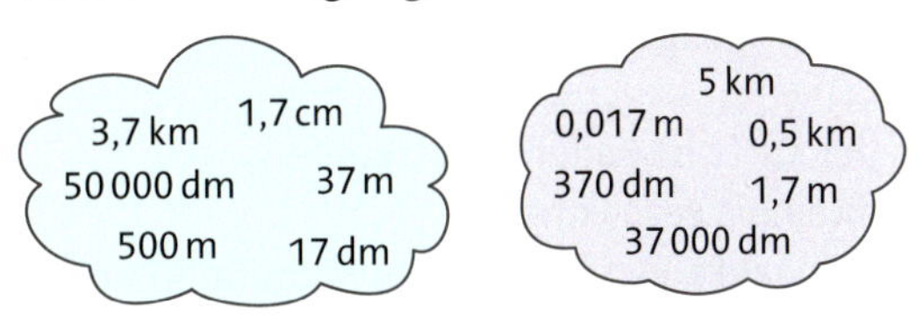

Zusatz: Zeichne eine dritte Wolke mit umgerechneten Werten, die zu den Werten oben passen.

8 Zu Familie Öztürk gehören:

Emre 1,16 m	Aishe 77 cm
Vater 1,89 m	Mutter 1 m 65 cm

a) Ordne von klein nach groß.
b) Berechne immer den Unterschied zwischen zwei benachbarten Größen.

9 Dreisprung

a) Der letzte Weltrekord für Männer stammt aus dem Jahr 1995. Die drei einzelnen Sprünge waren: 6,05 m; 5 m 22 cm und 7,02 m. Wie weit ist das insgesamt?
b) Eine Springerin springt insgesamt 14,91 m. Wie weit können die drei einzelnen Sprünge gewesen sein? Gib verschiedene Möglichkeiten an. Die Längen sollen sich höchstens um 1,50 m unterscheiden.

10 Schulwege
a) Lia fährt jeden Morgen 4,4 km mit dem Rad zur Schule. Wie weit fährt sie insgesamt in einer Woche?
b) Seit Montag nutzt Tom einen Fahrradcomputer auf dem Weg zur Schule. Am Mittwochabend werden 23,4 km angezeigt. Wie lang ist Toms Schulweg?
c) Sean geht zu Fuß. Sein Schrittzähler zeigt nach einem Weg zur Schule 2550 Schritte an. In der Woche geht er insgesamt 17,85 km. Wie lang ist einer seiner Schritte?

Tipp zu 3, 6, 10

Den Maßstab nutzen

Verkleinerungen

In der Karte ist Baden-Württemberg **verkleinert** gezeichnet.
Am Lineal kannst du ablesen: Mannheim und Stuttgart sind in der Karte 3 cm voneinander entfernt.

1 cm in der Karte entspricht 30 km in Wirklichkeit.
Dies ist der Maßstab. Er steht in der Karte oben links.

Mannheim und Stuttgart sind in Wirklichkeit
3 · 30 km = 90 km voneinander entfernt (Luftlinie).

Weil 30 km = 30 000 m = 3 000 000 cm sind, wird der Maßstab der Karte auch so geschrieben:
1 : 3 000 000.
Das heißt: 1 cm entspricht 3 000 000 cm.

Ein **Maßstab** gibt an, um wie viel etwas verkleinert wird.
Der Maßstab 1 : 1000 bedeutet:
1 cm in der Zeichnung sind 1000 cm in Wirklichkeit. Es ist eine Verkleinerung.

1 Schreibe auf, was der Maßstab bedeutet. Vervollständige dafür im Heft den Satz:
● in der Zeichnung sind ● in Wirklichkeit.
a) 1 : 100 b) 1 : 5000 c) 1 : 200 000 d) 1 : 5 000 000

2 Welcher Maßstab aus Aufgabe 1 passt zu einer Landkarte von ganz Deutschland? Begründe.

3 Bestimme die Entfernung. Nutze die Landkarte von Baden-Württemberg oben.
a) Heidelberg – Heilbronn b) Freiburg – Konstanz c) Basel – Offenburg

4 Rechts siehst du die Zeichnung einer Wohnung. Der Maßstab ist 1 : 100.
a) Ermittle, wie lang das Schlafzimmer in Wirklichkeit ist.
Miss die Länge mit dem Lineal in der Zeichnung. Rechne dann mit dem Maßstab.
b) Luisa sagt: „Das Wohnzimmer ist 5,90 m lang.“ Hat Luisa recht?
Begründe deine Entscheidung.
c) Welcher Raum hat die Länge 2,25 m und die Breite 1,40 m? Begründe mit Rechnungen.
d) Stellt euch zur Wohnung gegenseitig Aufgaben. Löst sie. Kontrolliert gemeinsam.

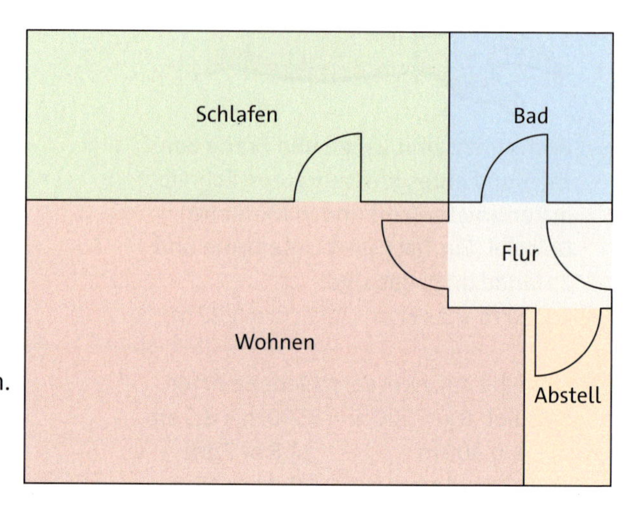

5 Auf einem Stadtplan liest Julian ab: Maßstab 1 : 5000; Entfernung Schule – Bahnhof 8 cm.
Berechne die Entfernung Schule – Bahnhof in Wirklichkeit.

Vergrößerungen

Die Bilder zeigen einen Falter. Links ist er so groß wie in Wirklichkeit.

Rechts ist er **vergrößert** abgebildet.
2 cm im Bild rechts entsprechen
1 cm in Wirklichkeit.

Der Maßstab ist deshalb 2 : 1.

in Wirklichkeit

vergrößert (doppelt so groß)

Ein **Maßstab** kann auch angeben, um wie viel etwas vergrößert wird. Der Maßstab 10 : 1 bedeutet:
10 cm in der Zeichnung sind 1 cm in Wirklichkeit. Es ist eine **Vergrößerung**.

6 Zeichne die Figur in dein Heft. Zeichne sie daneben vergrößert im Maßstab 3 : 1.

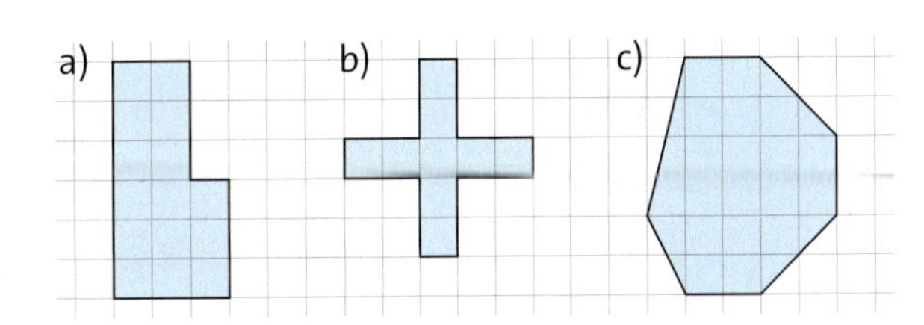

7 Suche im Internet drei Bilder von Lebewesen oder Gegenständen, die vergrößert dargestellt sind. Klebe sie in dein Heft und schreibe darunter, was auf den Bildern zu sehen ist. Du kannst auch versuchen, den Maßstab herauszufinden.

8 In einer Ausstellung über Tiere findet Maria das Modell eines Hirschkäfers. Berechne, wie lang das Modell des Käfers ist.

Länge in Wirklichkeit: 6 cm
Maßstab 5 : 1

Verkleinerungen und Vergrößerungen

9 Gib an, ob es sich um eine Verkleinerung oder um eine Vergrößerung handelt. Schreibe auf, was der Maßstab bedeutet. Vervollständige dafür im Heft den Satz:
● in der Zeichnung sind ● in Wirklichkeit.
a) 5 : 1 b) 250 : 1 c) 1 : 250 d) 10 : 1 e) 1 : 1000

10 Ergänze die Tabelle im Heft.

a)

Zeichnung	Wirklichkeit	Maßstab
4 cm	●	1 : 10 000
4 cm	●	2 : 1
5 cm	●	10 : 1

b)

Zeichnung	Wirklichkeit	Maßstab
●	12 m	1 : 20
●	12 m	1 : 60
●	3 cm	500 : 1

11 Bienen sind ungefähr 12 mm lang. In einer Ausstellung soll ein Modell einer Biene gezeigt werden. Finde einen passenden Maßstab. Gib auch an, wie lang das Modell ist.

12 Ein Auto ist 4 m lang. Ein verkleinertes Modell des Autos ist 8 cm lang. Berechne den Maßstab des Modells.

13 Frau Schmidt ist von Mannheim nach Stuttgart gefahren. Die Strecke war deutlich länger als 90 km (siehe Seite 76 oben). Erkläre, warum das so ist.

Die Zeit

Mario möchte am 14. Februar um 7:50 Uhr in der Schule sein.
Mario geht um 7:30 Uhr los, weil er für den Schulweg 20 Minuten benötigt.

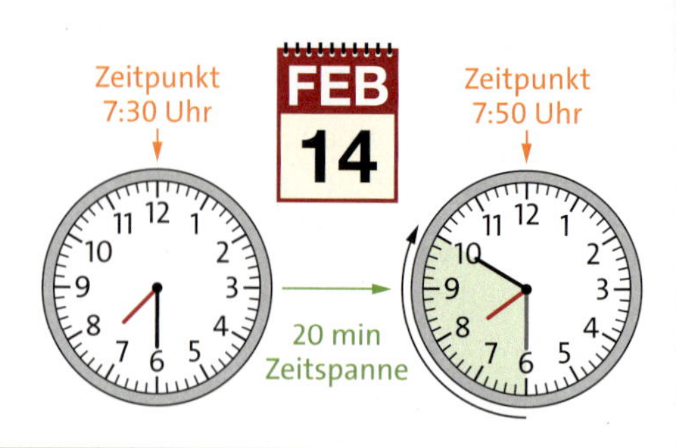

W

Ein Datum ist ein **Zeitpunkt**. Auch eine Uhr zeigt einen Zeitpunkt an.
Du kannst fragen: Wann?

Die Zeit, die zwischen zwei Zeitpunkten vergeht, heißt **Zeitspanne**.
Du kannst fragen: Wie lange?

Der Zeitpunkt ist der 14. Februar.
Der Zeitpunkt auf der linken Uhr ist 7:30 Uhr.

Der Schulweg dauert 20 Minuten.
Mario hat bald zwei Wochen Ferien.

▶ Aufgabe Was ist der Zeitpunkt und was die Zeitspanne?
Lena geht um 8:20 Uhr los und läuft 15 Minuten zur Schule. ▶1 ▶1 ▶1

Englisch:
*Tag = **day***
*Stunde = **hour***

▶ Zeiten umrechnen

W

Die **Einheiten für die Zeit** sind:
Jahr Tage (**d**) Stunden (**h**) Minuten (**min**) Sekunden (**s**)

1 Jahr = **365** d (Ein Schaltjahr hat 366 Tage.)
1 d = **24** h
1 h = **60** min
1 min = **60** s

Diese Einheiten gibt es noch:
- *Monate*
- *Wochen*

Beispiele:
1 Jahr hat 12 Monate.
1 Monat hat 28, 29, 30 oder 31 Tage.
1 Woche hat 7 Tage.

So rechnest du in die **nächstkleinere** Einheit um: Multipliziere mit der Umrechnungszahl.

4 d = 4 · 24 h = 96 h
5 h = 5 · 60 min = 300 min
6 min = 6 · 60 s = 360 s

So rechnest du in die **nächstgrößere** Einheit um: Beachte die Umrechnungszahl und zerlege.

100 h = 4 · 24 h + 4 h = 4 d 4 h
80 min = 1 · 60 min + 20 min = 1 h 20 min
160 s = 2 · 60 s + 40 s = 2 min 40 s

▶ Aufgabe a) Rechne 300 Minuten in Sekunden um.
b) Rechne 70 Stunden in Tage um. ▶3 ▶3 ▶3

W

Rechnen mit Zeitpunkt und Zeitspanne
Leon steht um 6:45 Uhr auf und ist um 7:50 Uhr in der Schule.
Wie lange dauert das? Von 6:45 Uhr bis 7:00 Uhr vergehen **15 Minuten**.
Von 7:00 Uhr bis 7:50 Uhr vergehen **50 Minuten**.
15 min + 50 min = 65 min = 60 min + 5 min = 1 h 5 min.
Die Zeitspanne vom Aufstehen bis zum Eintreffen in der Schule beträgt 1 h 5 min.

▶ Aufgabe Wie lange dauert es von 6:30 Uhr bis 7:55 Uhr? ▶7 ▶6 ▶5

1 Entscheide: Ist es ein Zeitpunkt oder eine Zeitspanne? Frage „Wann?“ oder „Wie lange?“
a) 20:15 Uhr b) 20 Minuten
c) Viertel nach drei d) 1. April 2050
e) ein Jahr f) drei Wochen

2 Stoppuhr, Kirchturmuhr, Sanduhr
a) Welche Uhren siehst du hier? Ordne zu.

Ⓐ  Ⓒ

b) Pia läuft 50 m. Sie will wissen, wie lange sie braucht. Welche Uhr ist dafür geeignet?
c) Welche anderen Uhren kennst du? ▸ 3

3 Schreibe die Sätze vollständig in dein Heft.
a) Eine Minute hat ◯ Sekunden.
b) Eine Stunde hat ◯ Minuten.
c) Ein Tag hat ◯ Stunden.
d) Eine Woche hat ◯ Tage.
e) Ein Monat hat ◯ Tage.

4 Tonja hat einen „Zeitroboter“ gebaut. Aber der arme Kerl hat alles durcheinandergeworfen und ein Ergebnis ist leider falsch. Berichtige im Heft.

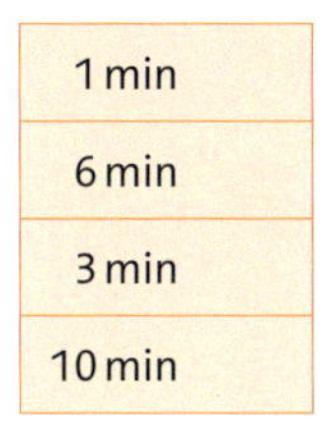

1 min
6 min
3 min
10 min

180 s
60 s
600 s
100 s

5 Rechne in Minuten um.
Beispiel 2 h 10 min
2 h = 2 · 60 min = 120 min
120 min + 10 min = 130 min
a) 3 h 10 min b) 10 h 12 min
c) 5 h 3 min d) 1 h 55 min

6 Rechne um.
Beispiel 240 s (in min)
240 s = 4 min, denn 240 : 60 = 4
a) 60 s = ◯ min b) 300 s = ◯ min
c) 240 min = ◯ h d) 420 min = ◯ h ▸ 7

7 In dieser Woche hat Mika viel vor.

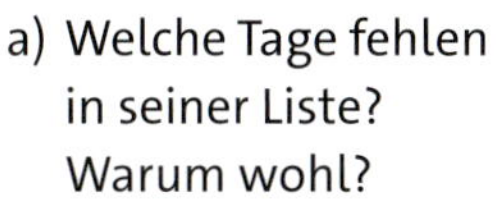

a) Welche Tage fehlen in seiner Liste? Warum wohl?
b) Was macht Mika 3 Tage nach dem Schwimmen?
c) Am Dienstag ist der 12. Juni. Bestimme die Daten der anderen Tage.

Montag: Schwimmen
Dienstag 12. Juni: Max
___
Donnerstag: Chor
Freitag: Kino
Samstag: Radtour
___

8 Wie lange dauert das? Berechne die Zeitspanne.
a) Die große Pause beginnt um 9:45 Uhr und endet um 10:10 Uhr.
b) Der Film läuft von 18:30 Uhr bis 20:15 Uhr.

9 Jovanna war heute Abend beim Training. Erzähle, was wann passiert ist.

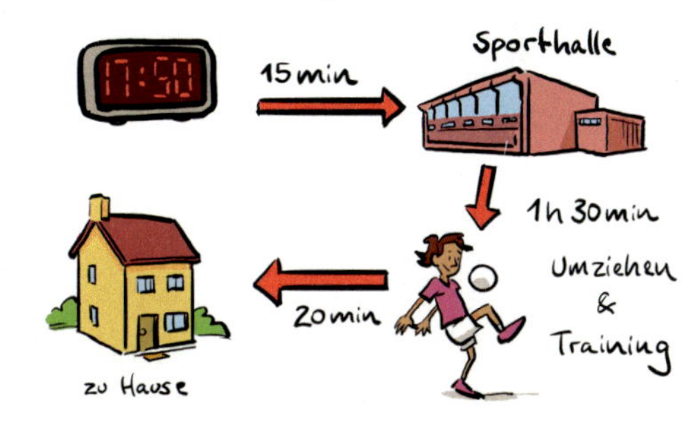

10 Finde die passenden Kärtchen und das Lösungswort.
14 Tage = ◯
48 Stunden = ◯
10 Tage = ◯
5 Tage = ◯
1 Tag 12 Stunden = ◯
50 Stunden = ◯
1 Jahr = ◯

120 Stunden **D**
36 Stunden **U**
12 Monate **R**
2 Wochen **S**
2 Tage 2 Stunden **H**
240 Stunden **N**
2 Tage **A**

Die beiden richtigen Ergebnisse von **8** findest du unter diesen Zeitspannen:
25 min; 35 min; 45 min; 1 h 25 min; 1 h 35 min; 1 h 45 min; 2 h 25 min; 2 h 35 min; 2 h 45 min
Sprachhilfe zu **9**: Beginne mit: Um 17:50 Uhr geht Jovanna …

▸ Tipp zu 3, 4, 7, 8

1 Ist es ein Zeitpunkt oder eine Zeitspanne? Frage dazu „Wann?" oder „Wie lange?"
a) 140 Minuten b) halb vier
c) 2 Wochen d) Silvester
e) die erste Halbzeit des Spiels
f) Schreibe selbst zwei Zeitpunkte und zwei Zeitspannen auf.

2 Was sind das für Uhren?
a) Leon soll um 18:15 Uhr zu Hause sein. Welche Uhr nutzt er am besten? Warum?
b) Welche anderen Uhren kennst du?

► 3

3 Rechne die Zeitspannen um.
Beispiel 4 min = 4 · 60 s = 240 s
a) in s: 2 min; 11 min; 20 min; 120 min
b) in min: 60 s; 240 s; 2 h; 3 h
c) in h: 2 Tage; 3 Tage; 360 min; 480 min
d) in Tage: 48 h; 96 h; 240 h; 2400 h

4 Schreibe mit gemischten Einheiten.
Beispiel 124 min = 2 · 60 min + 4 min
= 2 h 4 min
a) in min und s: 340 s; 67 s; 258 s; 139 s
b) in h und min: 202 min; 256 min; 108 min
c) in Tagen und h: 25 h; 53 h; 72 h; 39 h

5 Jans großer Bruder behauptet, dass er blitzschnell Zeiten umrechnen kann. Aber hat er auch richtig gerechnet?

1 Stunde =
1 Tag =
1 Woche =

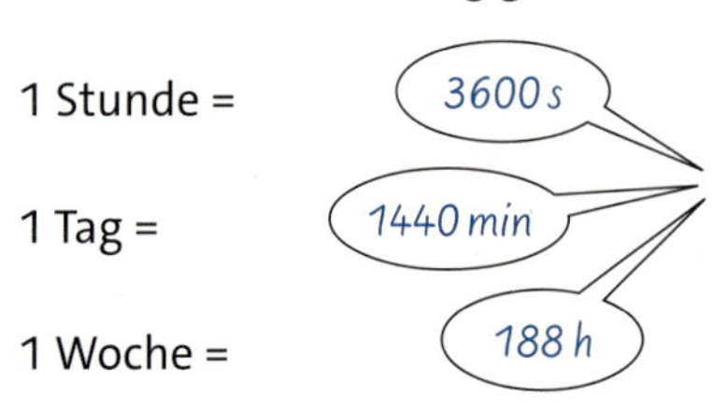

► 6

6 Wie viele Minuten fehlen bis zur nächsten vollen Stunde?
a) Es ist 9:45 Uhr.
b) Es ist 11:03 Uhr.
c) Es ist zwanzig nach eins.
d) Es ist dreizehn Uhr siebenundzwanzig.

7 Tina hat am Montag notiert:

7:55 Uhr bis 13:15 Uhr: Schule
14:25 Uhr bis 15:02 Uhr: Hausaufgaben
15:15 Uhr bis 15:40 Uhr: Gitarre üben
15:53 Uhr bis 18:22 Uhr: zu Pauline

a) Gib jeweils die Zeitspanne in Minuten an.
b) Wie sieht dein Tag aus? Vergleiche.
c) Erstelle einen Plan mit den Zeitspannen: 1 h 15 min; 45 min; 3 h 10 min; 5 h 30 min und 1 h 40 min.

► 8

8 Hier siehst du ein Kinoprogramm. Bevor der Film beginnt, kommen immer 15 min Werbung.

Du – einfach unverwechselbar 3 (90 min):
15:00; 18:30
Die Strümpfe (96 min):
14:45; 19:00
Die wilden Hummeln (100 min):
16:15; 20:25

a) Wann enden die Vorstellungen?
b) Welche Vorstellungen kannst du besuchen, wenn der Film vor 21 Uhr zu Ende sein soll?

9 Mit der Bahn unterwegs

Bonn Hbf	6:08	6:53	7:08
Brühl	6:22	7:07	7:22
Köln West	6:43	7:18	7:43
Köln Hbf	6:52	7:25	7:52
Leverkusen	7:06	7:39	8:06
Solingen Hbf	7:20	7:52	8:20
Wuppertal Hbf	7:37	8:10	8:37

a) Um 6:43 Uhr fährt eine Bahn in Köln West los. Wie lange fährt sie bis Wuppertal?
b) Herr Maier wohnt in Brühl und arbeitet in Solingen. Vom Bahnhof aus geht er 20 min zum Büro. Er muss um 8:30 Uhr im Büro sein. Welche Bahn sollte er in Brühl nehmen?

Die vier richtigen Ergebnisse von Aufgabe **6** findest du unter diesen Zeitspannen:
3 min; 15 min; 23 min; 25 min; 30 min; 33 min; 35 min; 37 min; 40 min; 47 min; 50 min; 57 min

► Tipp zu 7, 8, 9

1 Ist ein Zeitpunkt oder eine Zeitspanne gemeint? Begründe.
a) 17 Stunden
b) fünf nach zwölf
c) morgen
d) der ganze Morgen
e) Finde selbst je zwei Beispiele für Zeitpunkte und Zeitspannen.

2 Hier siehst du eine Wasseruhr. Solche Uhren wurden in der Antike verwendet.

a) Beschreibe, wie diese Uhren funktionieren. Recherchiere, wenn nötig.
b) Was kannst du mit dieser Uhr besser messen: zehn Sekunden oder eine Stunde?

3 Rechne die Zeitspannen um.
a) in s: 4 min; 13 min; 25 min; 125 min
b) in min: 180 s; 660 s; 18 000 s; 4 h; 7 h
c) in h: 6 Tage; 12 Tage; 720 min; 900 min
d) in Tage: 120 h; 144 h; 264 h; 1200 h

4 Ordne immer zwei passende Kärtchen zu.

1 min 40 s | 3 min 40 s | 100 s | 83 min | 8 h 30 min | 5 d 10 h | 1 h 23 min | 510 min | 130 h | 220 s

5 Miro rechnet 2 Tage in Minuten um.

$$2 \text{ Tage} \xrightarrow{\cdot 24} 48 \text{ Stunden} \xrightarrow{\cdot 60} 2880 \text{ min}$$

a) Erkläre Miros Vorgehen.
b) Rechne 4 Tage in Minuten um.
c) Rechne 8640 min in Tage um. Erkläre, wie du vorgehst.
d) Rechne um. Beschreibe dein Vorgehen.
① 2 h (in s) ② 10 800 s (in h)

6 Der Sand braucht 300 Sekunden, um einmal durchzulaufen.
Beschreibe:
Wie kann man mit der Sanduhr 1 h 5 min messen?

7 Der Akku des Laptops soll laut Hersteller mindestens drei Stunden halten.
Der Laptop ist eingeschaltet von 13:34 Uhr bis 14:21 Uhr, von 16:39 Uhr bis 18:03 Uhr und ab 18:57 Uhr. Um 20:16 Uhr muss der Akku wieder geladen werden.
Stimmt die Angabe des Herstellers?

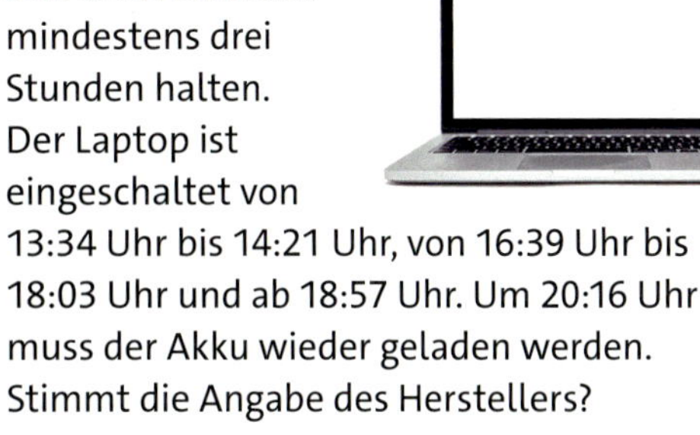

8 Fahrzeiten mit Routenplanern
a) Julies Vater startet um 17:29 Uhr. Wann kommt er zu Hause an?

berechnete Fahrzeit: 1 h 53 min

b) Bei der Ankunft um 15:31 Uhr sagt Rike: „Wir haben eine Pause von 45 min gemacht und standen fast 20 min im Stau."
Oma fragt: „Ach, wann seid ihr denn dann losgefahren?"

berechnete Fahrzeit: 2 h 46 min

9 Aus dem Abfahrtsplan am Bahnhof Düsseldorf:

Zeit	Zug	Richtung	Gleis
8:52	ICE 621	D-Flughafen 8:58 – Duisburg Hbf 9:08 – Essen Hbf 9:21 – Dortmund Hbf 9:46 – Hamm (W) 10:07 – Hannover Hbf 11:28 – **Berlin Gesundbrunnen 13:19**	**18**
8:52	IC 1119 IC 119	**BODENSEE** Köln Hbf 9:15 – Bonn Hbf 9:36 – Koblenz Hbf 10:15 – Mainz Hbf 11:10 – Mannheim Hbf 11:52 – **Stuttgart Hbf 12:46**	**15**
8:52	S 6 S 30638	D-Oberbilk 8:56 – D-Benrath 9:04 – Langenfeld (R) 9:14 – Lev-Mitte 9:23 – Köln Messe/Deutz 9:40 – Köln Hbf 9:43 – **Köln-Nippes 9.48**	**11**
8:54	RE 6 RE 10611 RE 81761	**Rhein-Weser-Express** D-Flughafen 9:01 – Duisburg 9:12 – Essen 9:27 – Dortmund 9:53 – Hamm (W) 10:13 – **Minden (W) 11:30**	**7**

a) Welche Züge fahren nach Köln Hbf? Berechne jeweils die Fahrtdauer. Warum ist die Dauer unterschiedlich?
b) Um 9:55 Uhr fährt dein Anschlusszug in Dortmund ab. Welche Bahn nimmst du nach Dortmund?

Zusatz zu **4**: Arbeitet zu zweit. Stelle zehn Karten mit passenden Paaren von Zeitspannen her. Mische die Karten. Tauscht die Karten untereinander aus und ordnet zu.

Tipp zu 1, 4, 7, 8, 9

Kompetenz	☒
1 Ich kann Euro und Cent umrechnen. → Lies auf **Seite 64** nach.	**1** Hier geht es um Geld. Rechne um. a) 300 ct = ● € b) 950 ct = ● € c) 8,00 € = ● ct d) 6,30 € = ● ct
2 Ich kann mit Geld rechnen. → Lies auf **Seite 64** nach.	**2** Kann man mit 20 € alles zusammen kaufen?
3 Ich kann Gewichte in andere Einheiten umrechnen. → Lies auf **Seite 68** nach.	**3** Rechne um. a) 4 kg = ● g b) 8 t = ● kg c) 6000 g = ● kg d) 13 000 kg = ● t
4 Ich kann mit Gewichten rechnen. → Lies auf **Seite 68** nach.	**4** Wie viel Gramm fehlen noch bis zu 7 kg? a) 6 kg 500 g b) 6 kg 40 g c) 6 kg 1 g
5 Ich kann Längen in andere Einheiten umrechnen. → Lies auf **Seite 72** nach.	**5** Rechne um. a) 3 km = ● m b) 2 cm = ● mm c) 40 cm = ● dm d) 5 m 4 dm = ● m
6 Ich kann mit Längen rechnen. → Lies auf **Seite 72** nach.	**6** Rechne in Zentimeter (cm) um. Berechne dann. 3 m + 8 dm + 20 cm = ●
7 Ich kann Zeiten in andere Einheiten umrechnen. → Lies auf **Seite 78** nach.	**7** Rechne um. a) 300 s = ● min b) 180 min = ● h c) 4 min = ● in s d) 4 h = ● min e) 1 Jahr = ● Monate f) 21 Tage = ● Wochen
8 Ich kann mit Zeiten rechnen. → Lies auf **Seite 78** nach.	**8** Berechne die Zeitspanne … a) von 13:26 Uhr bis 13:50 Uhr. b) von 12:15 Uhr bis 15:30 Uhr.

→ Lösungen auf Seite 240

☒

1 Rechne um.

a) 350 ct = ● € b) 1160 ct = ● €

c) 6,89 € = ● ct d) 1,03 € = ● ct

e) 10 € 23 ct = ● € = ● ct

2 Tim hat 50 € und kauft ein.
Wie viel Geld hat er danach noch?

3 Rechne um.

a) 5600 g (in kg) b) 2700 kg (in t)

c) 3 t (in kg) d) 5,6 kg (in g)

e) 4 t (in g)

4 Rechne zuerst in die gleiche Einheit um.
Berechne dann.

a) 2 kg + 5,3 kg + 4 g (Rechne in g.)

b) 1 t + 600 kg + 3000 g (Rechne in kg.)

5 Ordne die Längen von klein nach groß.

1,3 cm | 90 mm | 88 cm | 3 dm | 0,25 m | 25 dm | 1,3 m

6 Rechne in Meter (m) um und addiere dann.

7 km + 450 dm + 900 cm + 5400 m = ?

7 Rechne um.

a) 72 h (in Tage) b) 420 s (in min)

c) 8 min (in s) d) 4 Tage (in h)

e) 2 h 30 min (in min) f) 4 min 15 s (in s)

8 Finde die fehlende Angabe.

a) 7:31 Uhr $\xrightarrow{+1\text{ h }11\text{ min}}$ ● Uhr

b) 15:28 Uhr $\xrightarrow{+ ●\text{ h } ●\text{ min}}$ 17:33 Uhr

☒

1 Schreibe auf drei Arten: in Euro (€), in Cent (ct) und mit gemischten Einheiten.

a) 1110 ct b) 14 € 3 ct

c) 99 ct d) 13 € 144 ct

2 Mit welchen zwei Scheinen kannst du möglichst passend bezahlen?
Wie viel bekommst du dann zurück?

3 Rechne um.

a) 8,3 kg (in g) b) 2,007 t (in kg)

c) 5,090 kg (in g) d) 400 g (in kg)

e) 5,85 t (in g) f) 950 g (in t)

4 Berechne.

a) 250 g + 1,5 kg + 0,008 t

b) 4 kg 750 g + 0,35 kg + 0,0028 t

5 Ordne die Längen von klein nach groß.

1,031 km | 310 m | 31 dm 3 cm | 3,1 m | 31 mm | 3130 m | 0,313 km

6 Addiere alle Streckenlängen.

500 m + 3 dm + 600 cm + 12 000 mm + 0,06 km = ?

7 Rechne um.

a) 6 Tage (in h) b) 540 min (in h)

c) 12 min (in s) d) 4800 s (in min)

e) 10 h 30 min (in min) f) 2 h (in s)

8 Finde die fehlende Angabe.

a) 23:48 Uhr $\xrightarrow{+4\text{ h }12\text{ min}}$ ● Uhr

b) ● Uhr $\xrightarrow{+1\text{ h }41\text{ min}}$ 16:04 Uhr

→ Lösungen auf Seite 240 und 241

Ein Merkheft selber erstellen

Ein Merkheft kann dir beim Lernen helfen. Das unterstützt dich beim Lernen, denn:
- Du liest Informationstexte noch einmal genau.
- Du entscheidest selbst, was du wichtig findest.
- Du notierst wichtige Infos so, wie du sie verstehen kannst.
- Du notierst Fachbegriffe.

So geht's: Du brauchst ein kleines Heft oder Buch, am besten im DIN-A4-Format.

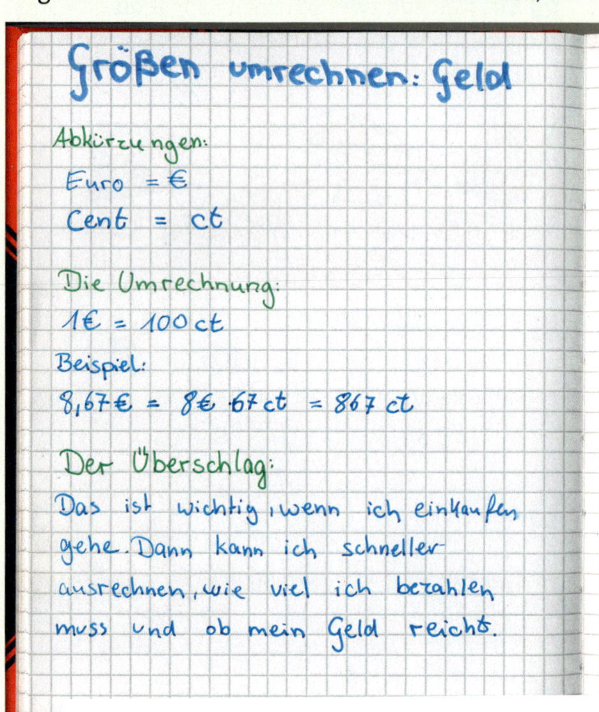

- Notiere das Thema: „Größen umrechnen: Geld".
- Fülle eine Seite pro Thema.
- Verwende eigene Worte.
- Schreibe wichtige Infos auf. Benutze z. B. die Merktexte auf Seite 92.
- Schreibe nichts auf, was du nicht verstehst. Frage nach. Oder notiere deine Fragen und die Antworten.
- Finde Beispiele.

- Markiere wichtige Infos farbig.
- Gestalte dein Merkheft bunt.
- Findest du passende Bilder? Schneide sie aus und klebe sie ein.

dein Mathebuch

Schere, Klebstoff, farbige Stifte

Systematisch schätzen – die Fermi-Methode

Wie viele Nadeln hat ein Tannenbaum? Wie viele Sandkörner sind in einem Sandkasten?
Das sind Fragen, die man nicht genau beantworten kann.
Der Physiker Enrico Fermi hat solche Aufgaben seinen Studentinnen und Studenten gestellt.

Oft helfen diese Schritte weiter, um die Antworten abzuschätzen:

Schritt ①: Was weißt du?
Kann ich das Problem in kleine Schritte einteilen? Habe ich etwas zum Vergleichen?

Schritt ②: Abschätzen und rechnen

Schritt ③: Überprüfen
Kann das Ergebnis richtig sein? Wo könnten Fehler entstanden sein?

Beispiel 1: Wie hoch ist der kleine Leuchtturm in Westkapelle (Niederlande)?
Schritt ①: Der Leuchtturm hat unten eine Tür. Eine normal hohe Tür (ohne den Bogen oben) ist etwa 2 m hoch. Das nutze ich zum Vergleichen.
Schritt ②: Ich messe auf dem Bild die Höhe der Tür und die Höhe des Leuchtturms.
Dann vergleiche ich: Die Tür passt etwa 8-mal übereinander in den Leuchtturm: $8 \cdot 2\,m = 16\,m$
Der Leuchtturm ist etwa 16 m hoch.
Schritt ③: Der Leuchtturm ist etwas höher als ein 10-m-Turm im Schwimmbad.
Das stimmt ungefähr.

Beispiel 2: Wie viel Gramm Nudeln isst du im Jahr?
Schritt ①: Ich esse etwa zweimal in der Woche Nudeln.
Ich esse bei einem Essen etwa 100 g Nudeln.
Schritt ②: Also esse ich $2 \cdot 100\,g = 200\,g$ Nudeln in der Woche.
Ein Jahr hat 52 Wochen und $52 \cdot 200\,g = 10\,400\,g$.
Ich esse etwa 10 400 g Nudeln im Jahr. Das sind etwas mehr als 10 kg.
Schritt ③: Ein Statistik-Portal im Internet gibt an: Jeder Deutsche isst im Durchschnitt etwa 8 kg Nudeln pro Jahr. Das passt zu meiner Abschätzung aus Schritt ②.

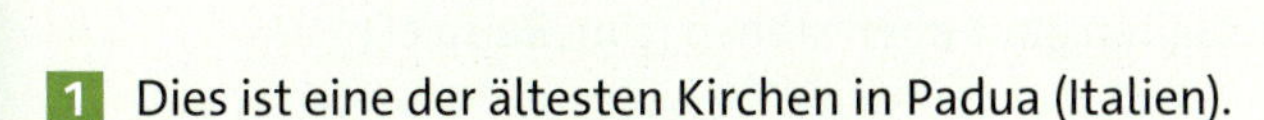

1 Dies ist eine der ältesten Kirchen in Padua (Italien).
a) Wie hoch ist die Kirche ungefähr?
b) Wie breit ist die Kirche ungefähr?

2 Arbeitet zu zweit. Schreibt auf, wie ihr vorgeht.
a) Wie alt sind alle Schüler eurer Schule zusammen?
b) Wie viele Autos gibt es in eurer Stadt?
c) Wie viele Kaugummis werden an einem Tag in eurer Schule gekaut?
d) Wie oft geht ihr in eurer Schulzeit euren Schulweg?
e) Wie viele Briefe wiegen zusammen so viel wie der Postbote?

3 Bei einer Menschenkette fassen sich die Menschen an den Händen. Wie viele Menschen braucht man für eine 600 km lange Menschenkette von Hamburg nach München?

Daten recherchieren

Aischa und Dimitri wollen wissen, welche Städte in Deutschland mehr als eine Million Einwohner haben. Solche Städte heißen Millionenstädte.

Die Städte recherchieren sie im Internet. Recherchieren bedeutet: nach Informationen suchen.

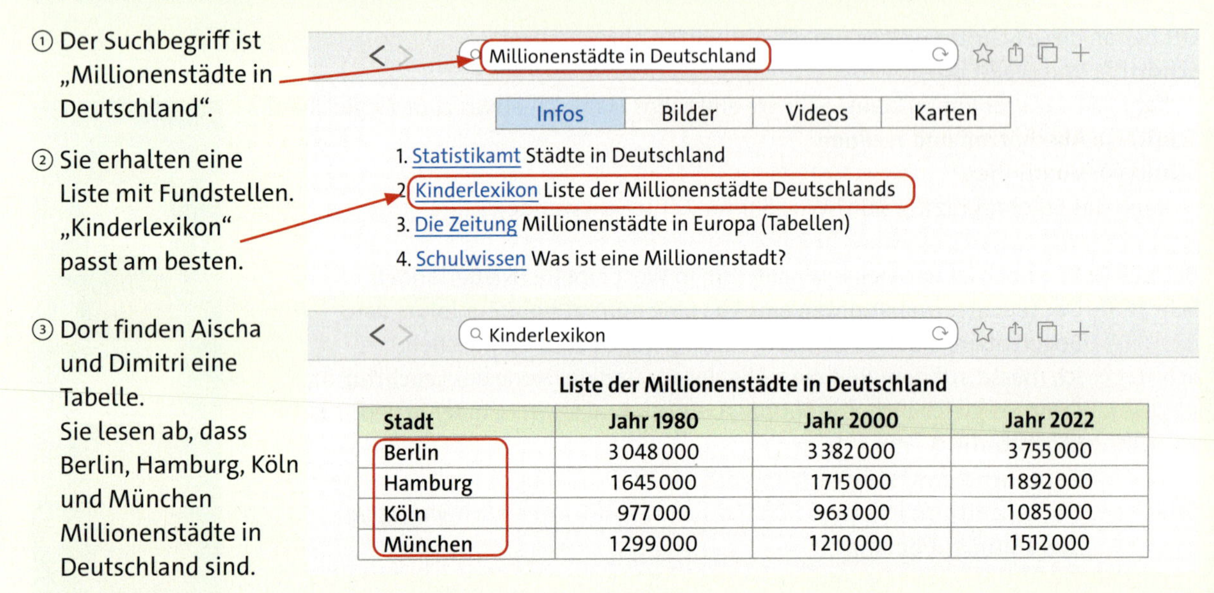

① Der Suchbegriff ist „Millionenstädte in Deutschland“.

② Sie erhalten eine Liste mit Fundstellen. „Kinderlexikon“ passt am besten.

③ Dort finden Aischa und Dimitri eine Tabelle. Sie lesen ab, dass Berlin, Hamburg, Köln und München Millionenstädte in Deutschland sind.

Liste der Millionenstädte in Deutschland

Stadt	Jahr 1980	Jahr 2000	Jahr 2022
Berlin	3 048 000	3 382 000	3 755 000
Hamburg	1 645 000	1 715 000	1 892 000
Köln	977 000	963 000	1 085 000
München	1 299 000	1 210 000	1 512 000

1 Verwende die Tabelle zu den Millionenstädten.
a) In welcher Spalte kannst du die aktuellsten Werte ablesen?
b) Sind die Städte der Größe nach geordnet? Begründe.
c) Welche Stadt war im Jahr 1980 noch keine Millionenstadt?
d) In welcher Stadt sind von 1980 bis 2022 die meisten Einwohner hinzugekommen?

2 a) Verwende die Liste mit Internetseiten oben. Erkläre, warum die Seiten Statistikamt, Die Zeitung und Schulwissen nicht so gut zur Recherche von Aischa und Dimitri passen wie die Seite vom Kinderlexikon.
b) Was bedeuten die Zeichen, die auf den Internetseiten ganz oben stehen (zum Beispiel ⎙)?

3 Recherchiere im Internet. Notiere deine Ergebnisse.
a) Welche Städte in Baden-Württemberg haben mehr als 100 000 Einwohner? Solche Städte heißen auch Großstädte.
b) Wie heißen die vier längsten Flüsse in Deutschland? Beachte nur die Länge in Deutschland, nicht die Länge in anderen Ländern.

4 Samira und ihre Freundinnen haben recherchiert, wie viele Einwohner Baden-Württemberg im Jahr 2022 hatte. Ihre Ergebnisse sind:
11 280 300; *11 280 000;* *elf Millionen;* *11,3 Millionen*
Erkläre, warum die Ergebnisse unterschiedlich sind.

5 Vorsicht, Fehler! Marian und Lucy haben Daten zum Bodensee recherchiert und ihre Ergebnisse aufgeschrieben.
Welche beiden Größen können nicht stimmen? Erkläre.

größte Tiefe	*251 km*
Länge	*63 km*
Breite	*14 m*
Länge einer Umrundung	*271 km*

1 Ergänze eine sinnvolle Einheit im Heft.
a) Rico (6 Jahre) bekommt 100 ● Taschengeld pro Woche.
b) Ein Spatz wiegt 30 ●.
c) Eine Meeresschildkröte kann 120 ● alt werden.
d) Die Schule ist 2 ● entfernt.
e) In 3 ● gibt es endlich Ferien.

2 Schätze. Prüfe nach, wenn möglich.
a) Wie hoch ist dein Stuhl?
b) Wie viel wiegt deine volle Schultasche?
c) Wie viel kostet ein Einkauf für eine Woche?
d) Wie lang ist eine Ameise?
e) Wie lange dauert ein Werbespot?

3 Ordne jedem Gegenstand ein Kärtchen mit dem Gewicht und ein Kärtchen mit der Länge zu.

2 kg | 750 g | 10 g | 12 kg | 1 t | 100 g

4 m | 26 cm | 12 cm | 7 dm | 297 mm | 1,65 m

4 Wie teuer ist der Einkauf? Stimmt das Wechselgeld?

a)

Stifte	1,50 €
T-Shirt	8,50 €
Kaugummis	2,50 €
Summe:	**???**
Gegeben:	13,00 €
Wechselgeld:	0,50 €

b)

PC-Spiel	29,90 €
Karte Handy-Guthaben:	15,00 €
Summe:	**???**
Gegeben:	50,00 €
Wechselgeld:	6,10 €

▸ 3

5 Übertrage die Tabelle ins Heft. Ergänze fehlende Einheiten. Füge vier Zeilen an. Trage die Größen ein und rechne um.
Beispiel 2 t 5 kg = 2005 kg

a)

						g		
H	Z	E	H	Z	E	H	Z	E

13 kg 130 g (in g); 20 t 375 kg (in kg); 3,5 kg (in g); 7 kg 500 g (in g)

b)

km							cm	
H	Z	E	H	Z	E	E	E	E

3 km 814 m (in m); 5000 mm (in m); 204 m 3 dm (in cm); 6 000 000 mm (in km)

▸ 5

6 Welche Uhrzeit ist gesucht?

a)

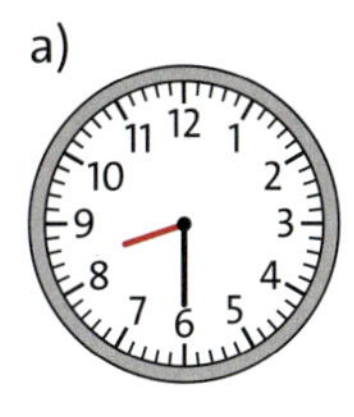

in 45 min

b)

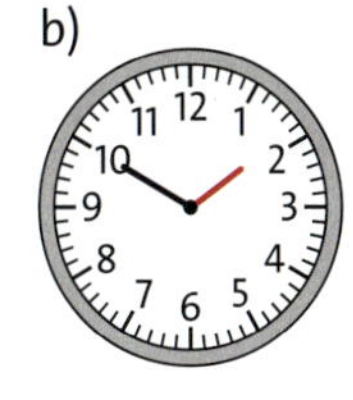

vor 31 min

c)

in 2 h 53 min

7 Mara möchte einen Hund haben. Sie schätzt, wie viel Zeit sie für den Hund braucht.

rausgehen: morgens 20 min,
nachmittags 1 h, abends 15 min
füttern: zweimal 5 min
spielen: 30 min
kuscheln: 15 min

a) Wie viel Zeit am Tag ist das insgesamt? Kann Mara das alleine schaffen?
b) Anziehen, Frühstück und Schulweg dauern 55 min. Um 7:55 Uhr beginnt die Schule. Vorher muss Mara mit dem Hund rausgehen. Wann muss sie aufstehen?
c) Wie teuer ist das Futter für einen Tag?

1,60 €

1,60 €

80 ct

d) Welche weiteren Kosten gibt es?

Sprachhilfe zu **3**: Ein Auto wiegt ● und ist ● lang.

1 Schätze. Vergleicht dann zu zweit.
a) Wie groß ist eine erwachsene Frau?
b) Wie schwer ist eine Katze?
c) Wie lange kocht man ein Ei?
d) Wie weit rennst du in einer Minute?

2 Zeichne die Dominosteine richtig hintereinander gelegt in dein Heft.

Start	56 kg	0,56 g	5,6 t
50,6 cm	5,6 g	5600 mg	0,6 t
0,6 m	560 mg	0,056 t	56 m
560 dm	506 mm	600 kg	6 dm
5600 kg	Ende		

3 Berechne.
a) 8,2 g + 120 g
b) 10 € + 0,90 €
c) 35,50 € – 2,70 €
d) 3,5 kg + 500 g
e) 8 g – 500 mg
f) 30 cm – 300 mm
g) 100 € – 30 € – 2,50 €

▶ 4

4 Lucy möchte sich Inlineskates für 85 € kaufen. Sie hat 57 € gespart und bekommt jede Woche 3 € Taschengeld.
a) Wie lange muss sie noch sparen, damit sie sich die Inlineskates kaufen kann?
b) Endlich hat Lucy die Inlineskates gekauft. Am 1. Tag fährt sie 1,3 km, am 2. Tag 2 km 100 m und am 3. Tag 3450 m. Wie weit ist Lucy insgesamt gefahren?

5 Ein Haar wächst am Tag **ca.** 0,3 mm.
a) Wie viel wächst ein Haar pro Monat?
b) Wie viel wächst ein Haar ungefähr in einem Jahr?
c) Ein Mann hat 6,20 m lange Haare. Wie lange hat er sich die Haare mindestens nicht geschnitten?

6 Schätze sinnvoll ab: An wie vielen Tagen im Jahr gehst du zur Schule?
Beachte die Wochenenden und die Ferien.
Überlege, wie viele Tage im Jahr du krank bist.
Denke auch an eine Klassenfahrt.

7 Zum Knobeln:
a) Uli kauft ein Heft für 11 € und ein Buch. Das Buch kostet 10 € mehr als das Heft. Wie viel kostet beides zusammen?
b) Diana ist 10 cm größer als ihr Bruder. Zusammen sind sie 3 m groß. Wie groß ist Diana? Wie groß ist ihr Bruder?

▶ 6

8 Beim Elefantenbaby Kim wurde von Geburt an Gewicht und Schulterhöhe gemessen.
– 13. Februar: 159 kg; 98 cm
– 1. März: 175 kg; 101 cm
– 20. März: 194 kg; 105 cm

a) Täglich nimmt Kim um etwa 1 kg zu. Wie schwer wird sie am 20. April sein?
b) In vier Tagen wächst Kim 1 cm. Wann wird sie 120 cm groß sein?
c) Janek meint, dass Kim nach 6 Jahren über 6 m groß ist. Kann das stimmen? Begründe.

9 Jens backt einen Kuchen für seine Mutter. Er braucht 500 g Mehl, 250 g Zucker, 4 Eier, 300 g Butter, 300 ml Milch, 4 g Backpulver.

a) Wie viel wiegt der Kuchen? (1 Ei **ca.** 55 g, 100 ml Milch **ca.** 100 g)
b) Für den Teig braucht Jens 25 min. Der Kuchen ist von 10:52 Uhr bis 11:37 Uhr im Ofen. Wie lange dauert das Backen insgesamt?

Wenn du die Ergebnisse von **3** (ohne Einheiten) in die richtige Reihenfolge bringst, dann ergibt sich ein Lösungswort.
0 (H); 4 (I); 7,5 (C); 10,9 (E); 32,8 (W); 67,5 (T); 128,2 (G)

Sprachhilfe zu **5** und **9**: Die Abkürzung **ca.** steht für **circa**. Das heißt ungefähr.

1 Schätze und finde selbst Beispiele. Vergleicht zu zweit.
a) Was dauert 100 min?
b) Was wiegt 8 000 000 mg?
c) Was kostet 10 000 ct?
d) Was ist 0,000 28 km lang?

2 Zeichne die Dominosteine richtig hintereinander gelegt in dein Heft. Ein Stein fehlt.

Start	140 min
140 ct	749 kg
0,749 kg	Ende
70,49 dm	749 g
7490 g	7 m 49 mm
749 cm	7,49 kg
6000 s	74 dm 9 cm
0,749 t	1 h 40 min
2 h 20 min	7 t 49 kg
?	?

3 Berechne.
a) 9 kg + 280 g
b) 9,50 € + 460 ct
c) 35 € − 99 ct
d) 2,5 dm − 9 cm
e) 1 h 15 min − 55 min
f) 2,5 kg − 800 g
g) 90 km − 90 m − 90 cm

4 Im Schülercafé kostet ein belegtes Brötchen 1,10 €. Täglich werden etwa 25 belegte Brötchen verkauft.
a) Wie viel Geld nimmt das Café mit den Brötchen an einem Tag ein?
b) Für 25 belegte Brötchen braucht man:

Brötchen: insgesamt 5,50 €
Margarine: 2 × 0,80 € Wurst: 3 × 1,30 €
Käse: 3 × 2,00 € Frischkäse: 1,20 €

Wie teuer ist das insgesamt?
c) Wie viel verdient das Café an einem Tag mit den Brötchen? Nutze Teilaufgabe a) und b).
d) Schätze die Anzahl der Schulwochen im Jahr. Berechne, wie viel Geld das Café im Schuljahr mit den Brötchen verdient.

5 Ein Fahrradkurier fährt an jedem Arbeitstag ungefähr 70 km und verdient 55 €.
a) Wie viel verdient er etwa im Monat? Beachte Wochenenden und freie Tage.
b) Wie viele Kilometer fährt er im Jahr?

6 Vergleiche Maus und Elefant.

	Hausmaus	Elefant
max. Alter	1,5 Jahre	60 Jahre
Gewicht	20 g	5 t
Herzschläge pro min	ca. 450 Schläge	ca. 25 Schläge
Merkmal	9 cm langer Schwanz	2 m langer Rüssel

a) Wie viele Mäuse sind so schwer wie ein Elefant?
b) Wie oft schlägt das Herz eines Elefanten in einer Stunde (an einem Tag, in seinem gesamten Leben)?
c) Stelle eigene Aufgaben und löse sie.

7 Umweltschutz-Organisationen berichten: Etwa 150 Millionen Tonnen Plastikmüll schwimmen in den Weltmeeren.

a) Ein Schiff zum Säubern kann pro Fahrt 2500 kg Plastik einsammeln. Wie viele Fahrten wären für das Säubern nötig?
b) Ein Lkw ist 4 m lang und kann 3 t Müll laden. Wie lang wäre die Strecke der Lkw hintereinander, die den gesamten Plastikmüll wegfahren?

Wenn du die Ergebnisse von **3** (ohne Einheiten) in die richtige Reihenfolge bringst, dann ergibt sich ein Lösungswort.
1,6 (U); 1,7 (D); 9,28 (S); 14,1 (E); 20 (N); 34,01 (K); 89,9091 (E)

Sprachhilfe zu **6**: Die Abkürzung **ca.** steht für **circa**. Das bedeutet ungefähr.

Tipp zu 1, 3, 4, 7

Urlaub

Familie Maas aus Amsterdam plant ihren Sommerurlaub. Die Kinder Rob und Janne möchten gerne nach Mallorca fliegen. Sie suchen im Internet nach Flügen von Amsterdam nach Palma de Mallorca:

Tag	Abflug	Ankunft	Preis für eine Person
Samstag	16:40 Uhr	19:05 Uhr	305 €
Sonntag	11:45 Uhr	14:10 Uhr	275 €
Montag	5:30 Uhr	7:55 Uhr	245 €

A Wie lange dauert der Flug am Montag?

B Man muss 1 Stunde und 30 Minuten vor Abflug am Flughafen sein. Gib an, wann man am Samstag, Sonntag und Montag jeweils am Flughafen sein muss.
Welchen Flug würdest du nehmen? Begründe.

C Familie Maas (4 Personen) bezahlt 1100 € für die Flüge nach Mallorca.
An welchem Tag sind sie geflogen?

D Vor der Reise packen alle ihre Koffer. Die Koffer wiegen: 14 kg 200 g; 15 kg; 16 kg 500 g; 14,1 kg.
Wie schwer sind alle Koffer insgesamt?

E Der Koffer von Frau Maas wiegt 16 kg 500 g. Im Flugpreis enthalten ist aber nur ein Koffer mit 15 kg. Frau Maas möchte auf 15 kg kommen. Welche der folgenden Dinge könnte sie auspacken? Finde mehrere Möglichkeiten.
Buch 600 g; Pullover 260 g; Föhn 750 g; Rätselheft 80 g; Wanderschuhe 1,3 kg; Kleid 175 g

F Auf Mallorca macht Familie Maas eine Wanderung am Meer entlang. Im Reiseführer steht, dass die Strecke insgesamt 7,5 km lang ist. Rob hat einen Schrittzähler dabei. Er macht etwa 13 000 Schritte. Ein Schritt ist etwa 60 cm lang. Können die Angaben ungefähr stimmen?

G Wie oft schafft es ein Flugzeug, an einem Tag zwischen Amsterdam und Mallorca hin und her zu fliegen?
Entnimm die Flugdauer für eine Strecke aus der Tabelle.
Schätze auch, wie viel Zeit zwischen Landung und neuem Start vergeht.

Abschlusstest

1 Rechne um.
a) 250 ct = ● €
b) 6000 mg = ● g
c) 8 t = ● kg
d) 6 km = ● m
e) 40 cm = ● mm
f) 3 h = ● min

2 Addiere.
a) 5 € + 80 ct
b) 45 t + 1800 kg
c) 500 mm + 6 cm
d) 60 min + 5 h

3 Vergleiche. Setze im Heft >, < oder = ein.
a) 3 kg ● 2 kg 990 g
b) 3 kg 150 g ● 3200 g
c) 3,05 kg ● 3005 g

4 Lisa kauft ein Heft für 1 €, einen Stift für 2,50 € und ein Buch für 14,00 €. Wie viel muss sie insgesamt bezahlen?

5 Eine Schulstunde dauert 45 min. Lea hat 6 Schulstunden. Wie lange hat Lea Unterricht? Schreibe in Stunden und Minuten.

6 Nina und Pedro wandern. Sie laufen erst 4 km zum Leuchtturm, dann 3500 m zur Eisdiele und dann 4 km 200 m zurück. Wie viele Meter (m) sind sie insgesamt gewandert?

---

1 Rechne um.
a) 16,06 € = ● ct
b) 50 kg = ● g
c) 7,5 t = ● kg
d) 9,05 km = ● m
e) 48 cm = ● m
f) 4 h 20 min = ● min

2 Addiere.
a) 8,6 kg + 400 g
b) 8 h 48 min + 42 min
c) 9 km + 500 m + 50 dm
d) 80,05 € + 1590 ct

3 Ordne von leicht nach schwer.
0,5 t; 50,5 kg; 55 000 g; 50 kg 50 g; 5000 mg

4 Wie viel kostet das Kaninchen?

Kaninchen	● €
Käfig	89,50 €
Zubehör	13,50 €
Gesamt	130,00 €

5 Eine Schulstunde dauert 45 min. In einer Woche gibt es 32 Schulstunden. Gib die Unterrichtszeit in Stunden an.

6 Emre und Lea wandern. Sie laufen 3 km zum Leuchtturm, dann 4200 m zur Eisdiele, nach einer Pause 1,2 km bis zur Burg und zum Schluss 6,5 km zurück. Gib die gesamte Strecke in Kilometern und Metern an.

---

1 Rechne um.
a) 9,5 t (in kg)
b) 0,8 cm (in dm)
c) 3 ct (in €)
d) 240 min (in h)
e) 350 mg (in g)
f) 33 mm (in m)

2 Berechne.
a) 0,5 t + 500 kg
b) 35 dm − 50 cm
c) 150 € − 60,50 € − 250 ct
d) 0,05 g − 50 mg

3 Ordne der Größe nach.
0,4 t; 450,5 kg; 440 000 g; 40 kg 4 g; 45 000 000 mg; 450 kg 55 g

4 In einem Monat (30 Tage) frisst ein Kater Futter im Wert von 22,50 €. Wie viel kostet das Futter für einen Tag?

5 Emre hat in einer Woche 22 h und 30 min Unterricht. Wie viele Schulstunden (45 min) sind das?

6 Lia und Jo wandern in der ersten Stunde 5,5 km. In der zweiten und der dritten Stunde schaffen sie je 4 km 500 m. In der vierten Stunde laufen sie 4300 m. Sie laufen dann noch 1,3 km zurück. Gib die Gesamtstrecke in Kilometern und Metern an.

→ Lösungen auf Seite 241 und 242

Zusammenfassung

Größen → Seite 64, 68, 72, 78

Größen sind Geld, Gewicht (Masse), Länge und Zeit.
Größen bestehen aus **Maßzahl** und **Einheit**.

die Maßzahl: 1; die Einheit: € (1 €)
die Maßzahl: 80; die Einheit: g (80 g)

Um mit Größen zu rechnen, musst du zuerst in die gleiche Einheit umrechnen.

3 kg + 400 g = 3000 g + 400 g = 3400 g
2 min + 12 s = 120 s + 12 s = 132 s

Geld → Seite 64

Du kannst **Geldbeträge** in Euro (€), in Cent (ct) oder mit gemischten Einheiten schreiben.

in Euro: 1,25 € in Cent: 125 ct
mit gemischten Einheiten: 1 € 25 ct

Du rechnest so um: 1 € = 100 ct

3,00 € = 300 ct 3,45 € = 345 ct
400 ct = 4,00 € 250 ct = 2,50 €

Gewicht → Seite 68

Die **Einheiten für Gewichte** sind:
Tonne (t); Kilogramm (kg); Gramm (g); Milligramm (mg)

Du rechnest so um:
1 t = 1000 kg; 1 kg = 1000 g; 1 g = 1000 mg

Umrechnung in die **nächstkleinere** Einheit:
12 t = 12 · 1000 kg = 12 000 kg

Umrechnung in die **nächstgrößere** Einheit:
3000 mg = 3 g, denn 3000 : 1000 = 3

Länge → Seite 72

Die **Einheiten für Längen** sind:
Kilometer (km); Meter (m); Dezimeter (dm); Zentimeter (cm); Millimeter (mm)

Du rechnest so um:
1 km = 1000 m;
1 m = 10 dm; 1 dm = 10 cm; 1 cm = 10 mm

Umrechnung in die **nächstkleinere** Einheit:
15 km = 15 · 1000 m = 15 000 m
8 m = 8 · 10 dm = 80 dm

Umrechnung in die **nächstgrößere** Einheit:
40 mm = 4 cm, denn 40 : 10 = 4

Zeit → Seite 78

Eine Uhr zeigt einen **Zeitpunkt** an. (Wann?)
Die Zeit, die zwischen zwei Zeitpunkten vergeht, heißt **Zeitspanne**. (Wie lange?)

Die **Einheiten für die Zeit** sind:
Jahre; Tage (d); Stunden (h); Minuten (min); Sekunden (s)
Du rechnest so um:
1 Jahr = 365 Tage
1 Tag = 24 Stunden
1 Stunde = 60 Minuten
1 Minute = 60 Sekunden

Zeitpunkte: 19:30 Uhr und 19:50 Uhr
Zeitspanne: Es sind 20 Minuten vergangen.

2 Tage = 2 · 24 h = 48 h
3 h = 3 · 60 min = 180 min
600 s = 10 min, denn 600 : 60 = 10
160 s = 2 · 60 s + 40 s = 2 min 40 s

Geometrische Figuren zeichnen

4

▶ In der Natur könnt ihr regelmäßige Formen und Muster entdecken. Darin steckt ganz viel Mathematik. Das hilft euch beim Zeichnen.

Erkennst du ein regelmäßiges Muster im Seestern und beim Fisch?

Überlege dir andere Beispiele. Zeichne oder beschreibe die Beispiele.

In diesem Kapitel lernst du …

- die Fachbegriffe Gerade, Strecke, Strahl, parallel und senkrecht zu benutzen,
- mit dem Geodreieck umzugehen,
- Punkte in ein Koordinatensystem einzuzeichnen,
- achsensymmetrische Figuren zu erkennen und zu zeichnen,
- punktsymmetrische Figuren zu erkennen und zu zeichnen,
- Figuren mit einer dynamischen Geometrie-Software zu zeichnen.

Kompetenz	Aufgabe	Lies und übe.
1 Ich kann mit dem Geodreieck gerade Linien zeichnen.	**1** Zeichne vier Punkte in dein Heft. Nutze dein Geodreieck und verbinde die Punkte mit geraden Linien zu einem Viereck.	→ Seite 230 Nr. 62, 63
2 Ich kann mit dem Geodreieck Längen messen.	**2** Nutze dein Geodreieck und miss die Länge. a) b)	→ Seite 229 Nr. 58, 59
3 Ich kann eine Strecke mit einer bestimmten Länge zeichnen.	**3** Zeichne mit dem Geodreieck in dein Heft: a) eine 3 cm lange Strecke b) eine 4,5 cm lange Strecke	→ Seite 232 Nr. 67
4 Ich kann einen rechten Winkel erkennen.	**4** Zähle die rechten Winkel.	→ Seite 228 Nr. 55, 56

Kompetenz	Aufgabe	Lies und übe.
5 Ich kann mit dem Geodreieck Muster zeichnen.	**5** Zeichne das Muster mit dem Geodreieck in dein Heft. Setze das Muster fort. 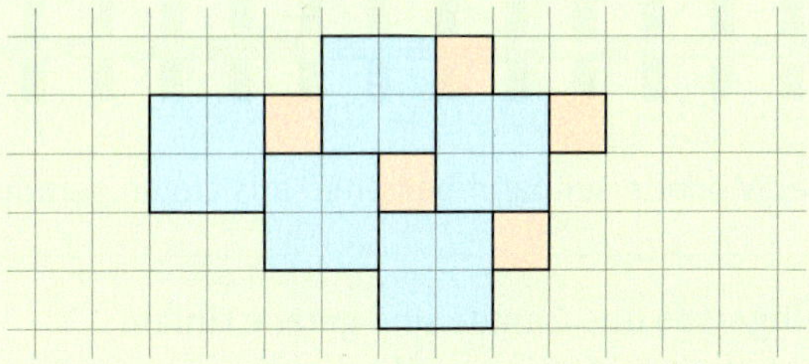	→ Seite 232 Nr. 66
6 Ich kann erkennen, wo Linien sich schneiden.	**6** Wie oft schneiden sich die Linien? 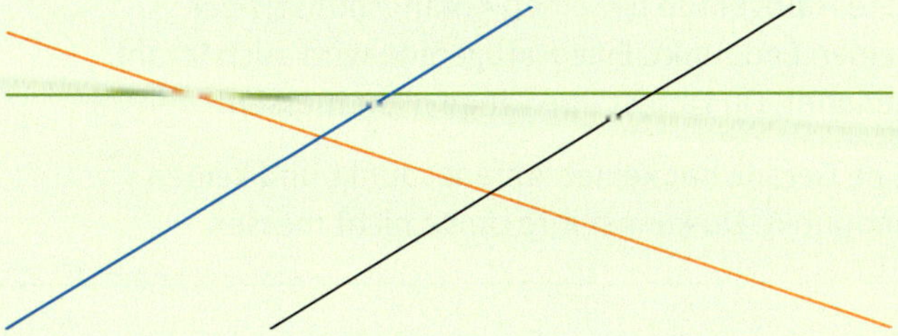	
7 Ich kann Figuren auf kariertem Papier abzeichnen.	**7** Zeichne die Figur in dein Heft und male sie mit Buntstiften aus. Male nicht über den Rand. 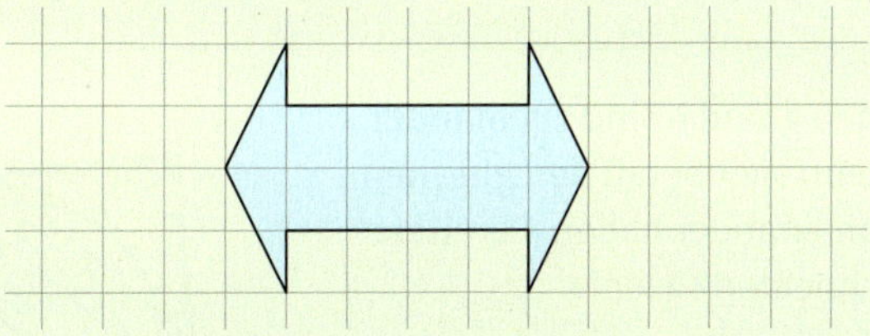	→ Seite 231 Nr. 65
8 Ich kann die Lage von Feldern in einem Raster angeben.	**8** Das blaue Feld liegt bei B1. Gib die Lage der roten Felder an. 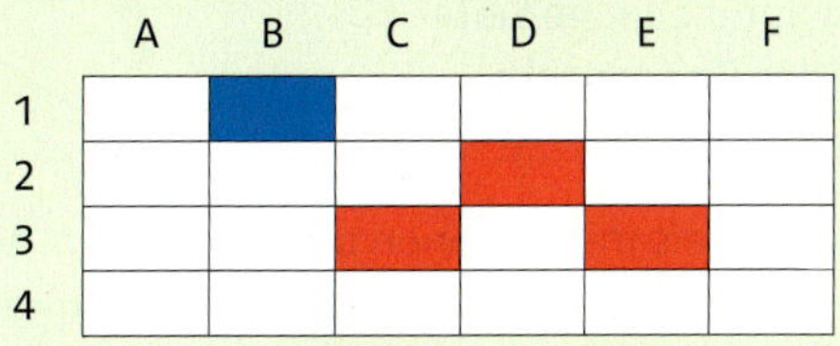	→ Seite 230 Nr. 60, 61

	A	B	C	D	E	F
1						
2						
3						
4						

→ Lösungen auf Seite 242

Gerade, Parallele, Senkrechte

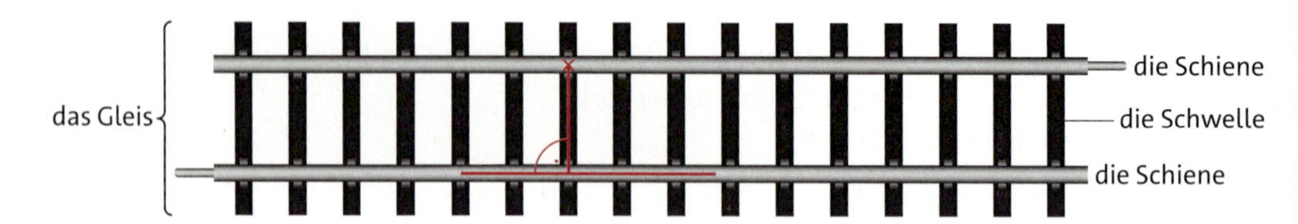

Die Gleise einer Modelleisenbahn bestehen aus vielen geraden Linien.

W

Strecke, Halbgerade und Gerade sind **gerade Linien**. Eine **Strecke** hat einen Anfangspunkt und einen Endpunkt. Du kannst ihre Länge messen.

Eine **Halbgerade** hat einen Anfangspunkt, aber keinen Endpunkt. Eine Halbgerade wird auch **Strahl** genannt. Du kannst ihre Länge nicht messen.

Eine **Gerade** hat keinen Anfangspunkt und keinen Endpunkt. Du kannst ihre Länge nicht messen.

Du schreibst:

A a B — die Strecke $\overline{AB}$ oder a

A m — der Strahl m

g — die Gerade g

▶ **Aufgabe** Zeichne eine 5 cm lange Strecke. Markiere A und B. ▸1 ▸1 ▸1

Ein Gleis besteht immer aus zwei Schienen, die zueinander parallel sind. Die Schwellen liegen senkrecht zu den Schienen.

▸ Parallele und Geodreieck

▸ Senkrechte und Geodreieck

W

Zwei Geraden g und h sind **zueinander parallel**, wenn sie überall den gleichen Abstand voneinander haben. Parallele Geraden schneiden sich nie.

Zwei Geraden g und h liegen **senkrecht zueinander**, wenn sie einen **rechten Winkel** ⦜ bilden. Die beiden Geraden passen dann genau auf die lange Seite und die Mittellinie des Geodreiecks.

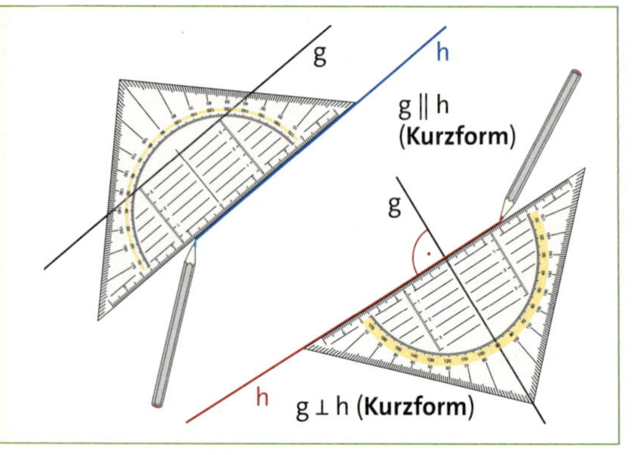

▶ **Aufgabe** Zeichne ein Gleis mit Schienen und Schwellen. Markiere mit Blau zwei zueinander parallele Linien und mit Rot einen rechten Winkel. ▸5 ▸5 ▸4

Ein anderes Wort für senkrecht ist orthogonal. Eine Senkrechte nennt man auch Orthogonale.

W

Die kürzeste Entfernung von einem Punkt P zu einer Geraden g heißt **Abstand**. Zwischen P und g gibt es eine Strecke, die senkrecht zu g ist. Die Länge dieser Strecke ist der Abstand.

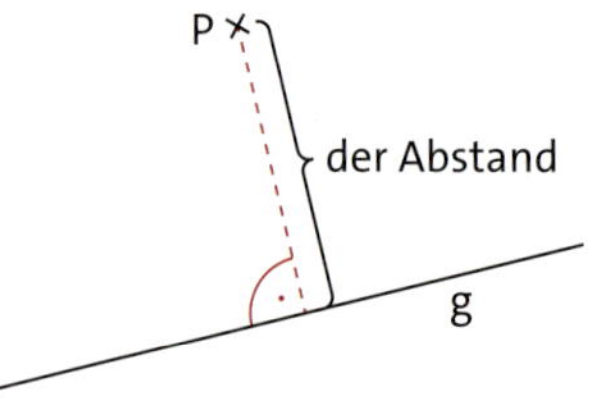

Bei echten Bahnschienen beträgt der Abstand etwa 1,4 m.

▶ **Aufgabe** Nutze ein Geodreieck und miss den Abstand der beiden Schienen auf dem Bild ganz oben. ▸9 ▸7 ▸7

1 Schreibe jeweils die passenden Buchstaben auf: Welche Linien sind
a) Strecken? b) Halbgeraden? c) Geraden?

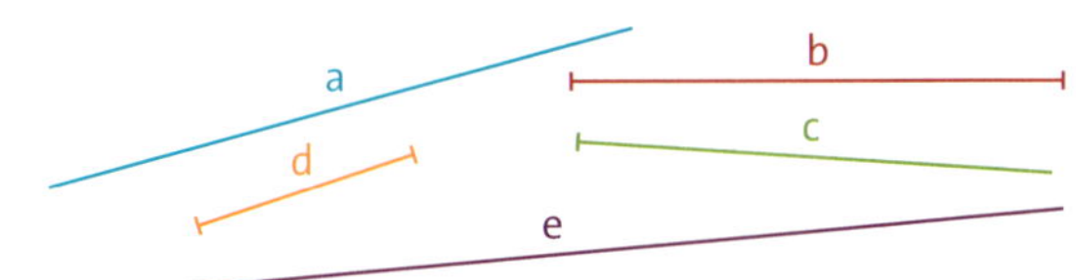

2 Schreibe in dein Heft, wie viele
a) Strecken b) Halbgeraden c) Geraden
auf dem Bild zu finden sind.
Vergleicht zu zweit eure Ergebnisse.

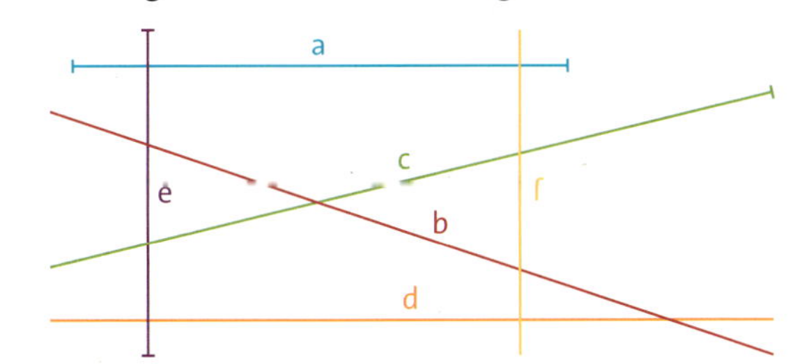

3 Übertrage die vier Punkte in dein Heft. Zähle dazu die Kästchen ab.

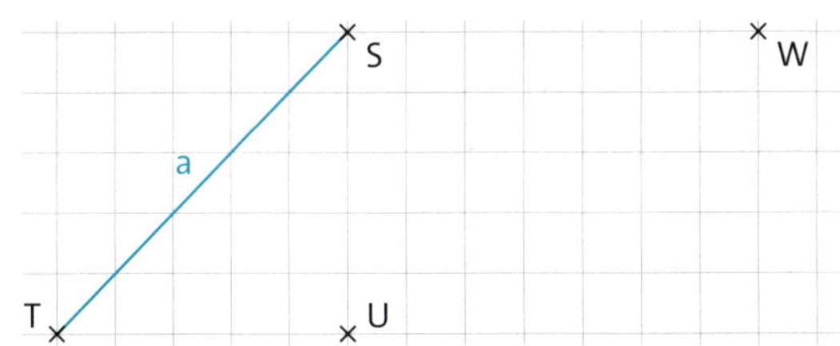

a) Zeichne alle weiteren Strecken zwischen zwei Punkten ein und benenne sie mit a, b, c, … Wie viele Strecken gibt es?
b) Die Strecke a ist etwa 3,5 cm lang. Miss die anderen Längen.

▸ 4

4 Nimm ein Blatt quer und erstelle eine Tabelle im Heft.

Gegen-stand	Schätzung	Messung	Strecke
Radierer	3 cm	2,8 cm	├──┤ 2,8 cm
Buntstift			

Schätze die Länge von fünf Dingen aus deinem Federmäppchen und miss dann nach.
In der letzten Spalte zeichnest du eine Strecke mit der passenden Linie.

5 Prüfe mit deinem Geodreieck.
a) Welche Geraden sind zueinander senkrecht? Schreibe in Kurzform auf, also $a \perp d$, …
b) Welche Geraden sind zueinander parallel? Schreibe in Kurzform.

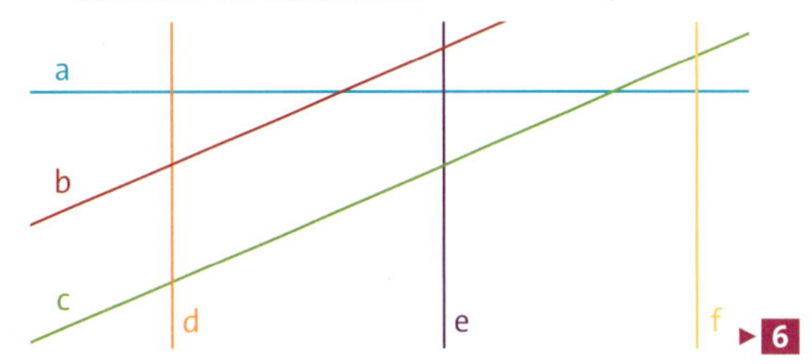

▸ 6

6 Zeichne eine 10 cm lange Strecke a auf kariertes Papier. Zeichne danach zwei Senkrechten zu a ein.

7 Zeichne fünf zueinander parallele Geraden auf weißes Papier.

8 Zeichne eine Strecke b auf weißes Papier. Zeichne mit dem Geodreieck eine senkrechte Strecke zu b.
Prüft eure Zeichnungen zu zweit.

9 Mit welcher Strecke wird der Abstand des Punkts P von der Geraden g gemessen? Begründe. Miss dann den Abstand.

▸ 9

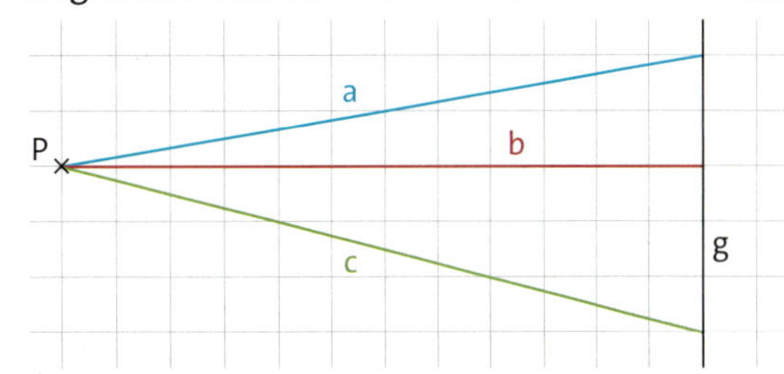

10 Zeichne eine Gerade auf den Karolinien im Heft. Markiere einen Punkt P mit 3 cm Abstand.

11 Till möchte schnell an den Rand schwimmen. Welches ist die kürzeste Strecke? Begründe.

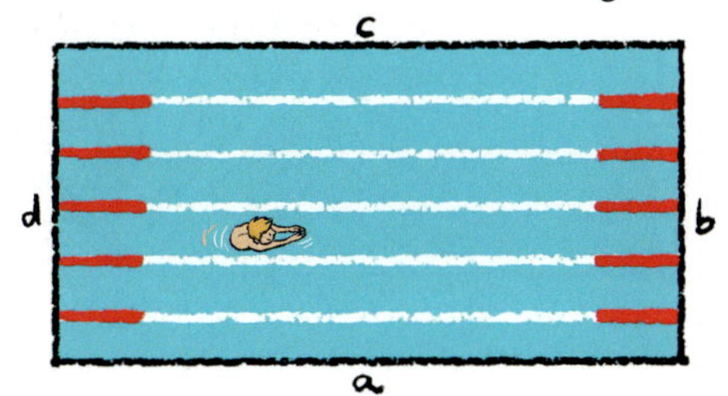

1 Schreibe auf, welche Linien Strecken, Halbgeraden und Geraden sind. Begründe mithilfe der Begriffe Anfangspunkt und Endpunkt.

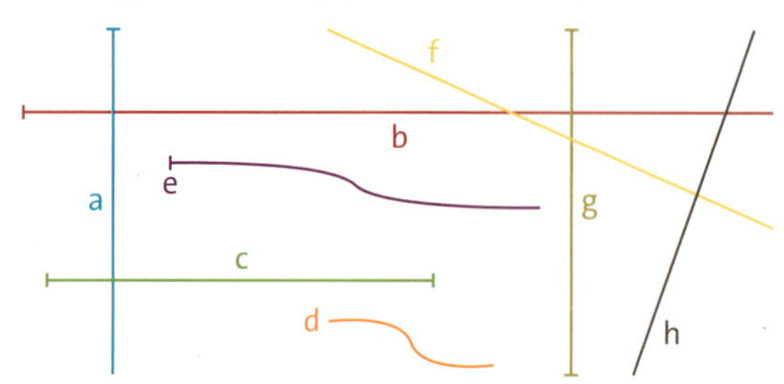

2 Übertrage die Punkte in dein Heft. Zeichne alle möglichen Strecken zwischen den Punkten. Benenne sie und miss ihre Längen.

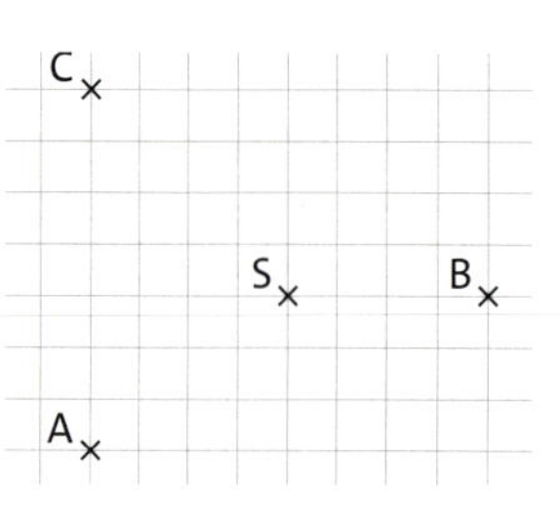

3 Übertrage die Punkte in dein Heft.

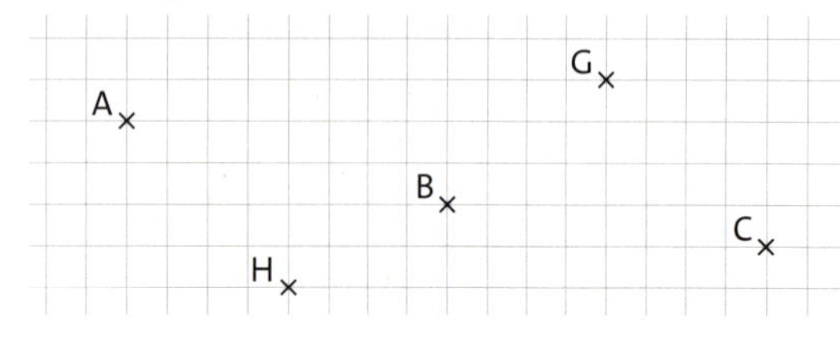

a) Zeichne eine Halbgerade mit dem Anfangspunkt H, auf der der Punkt A liegt.
b) Zeichne eine Gerade, auf der G und B liegen, und eine Gerade, auf der G und C liegen.

4 Jan möchte auf dem kürzesten Weg zum Basketballtraining. Welcher Weg ist das? Schätze zunächst und miss dann genau nach.

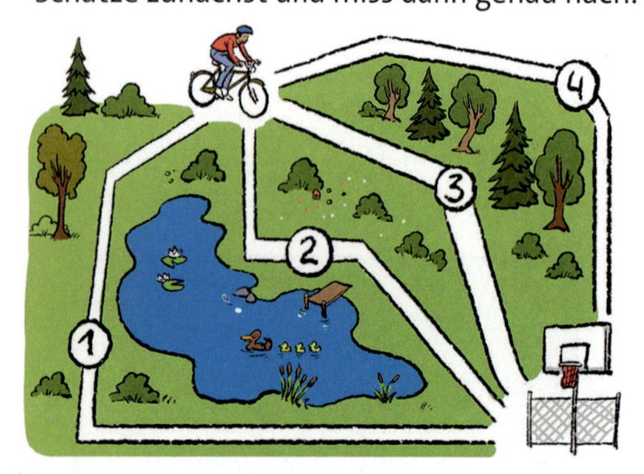

5 Prüfe mit dem Geodreieck, welche Linien in Aufgabe 1 zueinander parallel sind (||) und welche zueinander senkrecht sind (⊥). Schreibe in der Kurzform.
Prüfe zuerst, ob a || b oder a ⊥ b.

6 Zeichne ein Dreieck auf kariertes Papier. Zeichne dann zu jeder Seite eine Parallele.

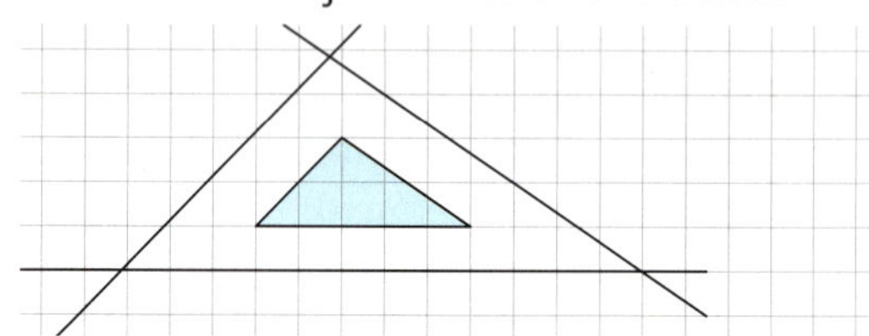

7 Nimm ein weißes Blatt Papier. Zeichne eine 12,5 cm lange Strecke a und einen Punkt P, der nicht auf der Strecke liegt.
a) Zeichne in Blau eine Parallele b zur Strecke a durch den Punkt P.
b) Zeichne in Rot eine Senkrechte c zur Strecke a durch den Punkt P. Miss dann den Abstand von Punkt P zur Strecke a. ▸7

8 Miss die Längen der Strecken a, b, c und d. Welche Strecke gibt den Abstand vom Punkt P zur Gerade g an? Begründe.

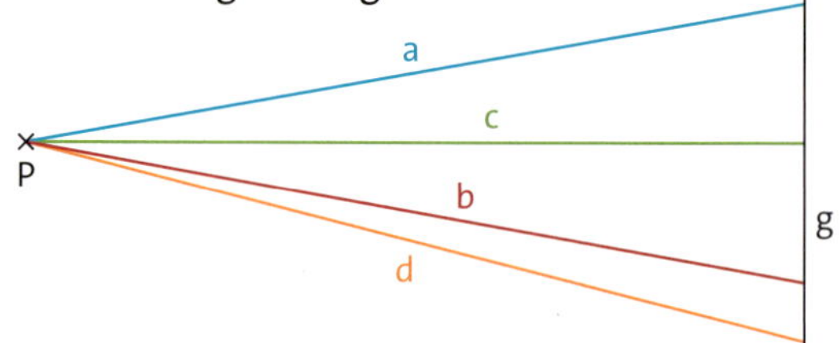

9 Miss die Abstände der Punkte A, B und C zu der Geraden g. Lege dazu das Geodreieck senkrecht zu g durch den jeweiligen Punkt.

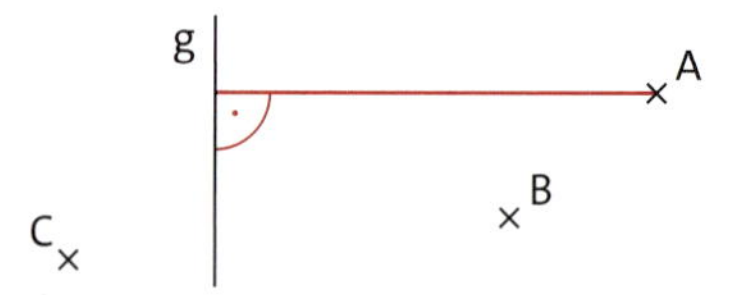

10 Zeichne eine Gerade g auf weißes Papier. Zeichne eine parallele Gerade, die zu g folgenden Abstand hat:
a) 3 cm b) 1,5 cm c) 4,5 cm

Tipp zu **7**: Lege das Geodreieck an wie im Wissenskasten auf Seite 96.

1 Ordne den Linien a bis g die Begriffe Gerade, Halbgerade und Strecke zu. Begründe.

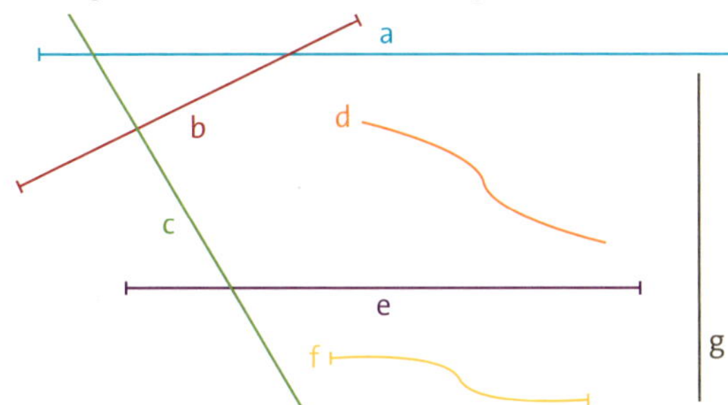

2 Übertrage die Punkte in dein Heft.

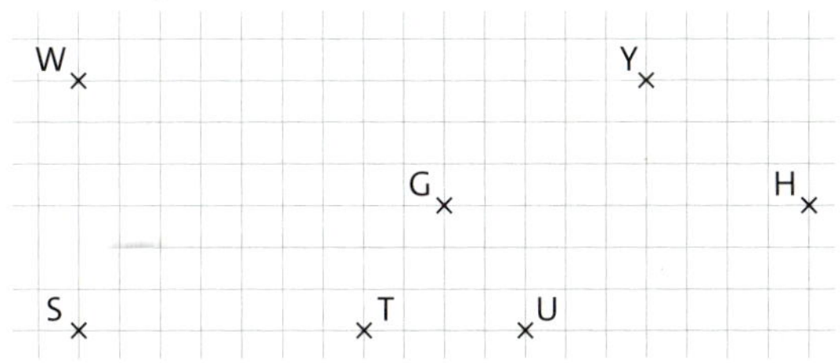

a) Trage die Strecken $\overline{SU}$, $\overline{SW}$, $\overline{SY}$ grün ein.
b) Zeichne mit Blau drei Halbgeraden ein, die vom Anfangspunkt H ausgehen und auf denen der Punkt G, W oder U liegt.
c) Zeichne die Gerade durch die Punkte T und W und die Gerade durch U und G rot ein.

3 Benenne alle zehn Strecken in der Form $\overline{RT}$ und miss ihre Länge. Notiere die Ergebnisse in einer Tabelle.

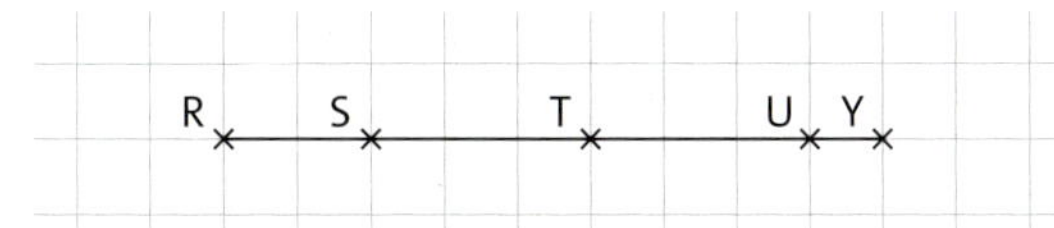

4 Prüfe, welche Geraden zueinander parallel sind und welche zueinander senkrecht sind. Schreibe in der Kurzform, also mit || und ⊥.

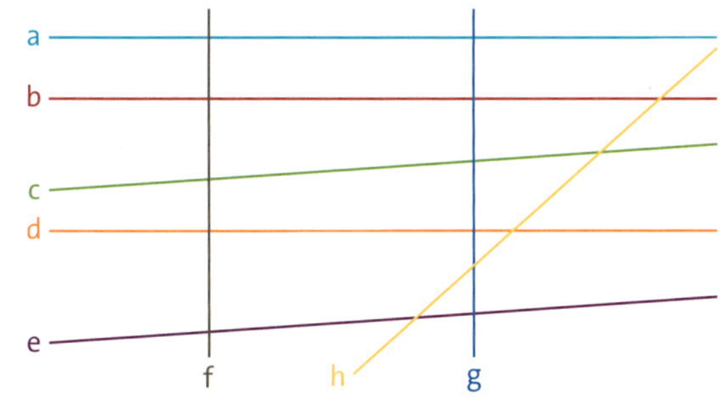

5 Übertrage in dein Heft.
a) Zeichne durch die Punkte A und B je eine senkrechte Gerade zu der Geraden g.
b) Zeichne durch die Punkte C und D je eine Parallele zur Geraden g.

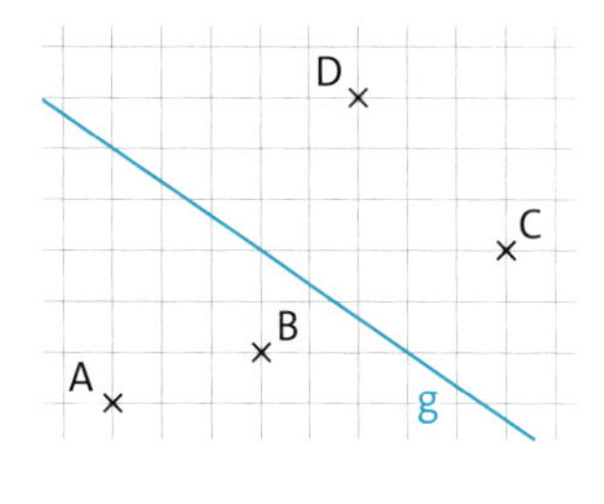

6 Zeichne eine Gerade g auf weißes Papier und markiere darauf zwei Punkte P und Q.
a) Zeichne eine Senkrechte zu g durch P und eine Senkrechte zu g durch Q.
b) Zeichne Parallelen zu g im Abstand von 5,4 cm; 6,1 cm und 7,8 cm.

7 Nimm ein rechteckiges Blatt weißes Papier. Zeichne zu jedem Rand eine Parallele. Gib für jede Parallele den Abstand zum Rand an.

8 Paul hat beim Messen der Abstände zur Geraden g Fehler gemacht. Korrigiere die Zeichnung in deinem Heft und miss die richtigen Abstände.

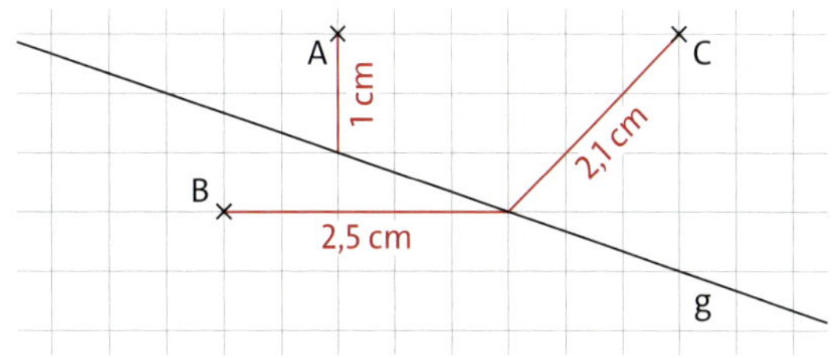

9 Übertrage die Gerade g und die drei Punkte auf weißes Papier. Miss dazu die Abstände der Punkte zu der Geraden g.
Zeichne dann eine Parallele zur Geraden g durch den Punkt S (durch den Punkt T; durch den Punkt Q).

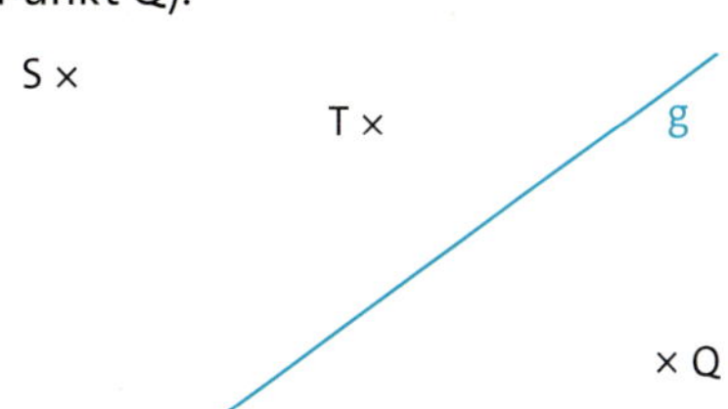

Hier findest du die Streckenlängen zu **3**: 0,5 cm; 1 cm; 1,5 cm; 1,5 cm; 2 cm; 2,5 cm; 3 cm; 3,5 cm; 4 cm; 4,5 cm

Tipp zu **1**, **5**, **9**

Das Koordinatensystem

Emily hat zum Geburtstag ihrer kleinen Schwester ein Spiel vorbereitet. Sie versteckt vier Geschenke im hohen Gras. Ihre Schwester soll die Geschenke schnell finden. Emily will eine Schatzkarte zeichnen. Wo soll sie die Geschenke einzeichnen?

In einem Quadratgitternetz kann man die Lage eines Punkts darstellen.

▸ Im Koordinatensystem Punkte ablesen

W

Ein **Koordinatensystem** besteht aus zwei Zahlenstrahlen. Sie heißen x-Achse und y-Achse. Beide Achsen beginnen im Ursprung und liegen senkrecht zueinander.

Jeder Punkt im Koordinatensystem ist durch zwei Zahlen festgelegt. Diese zwei Zahlen nennt man **Koordinaten**. Bei jedem Punkt P(x|y) wird zuerst die x-Koordinate und dann die y-Koordinate angegeben.

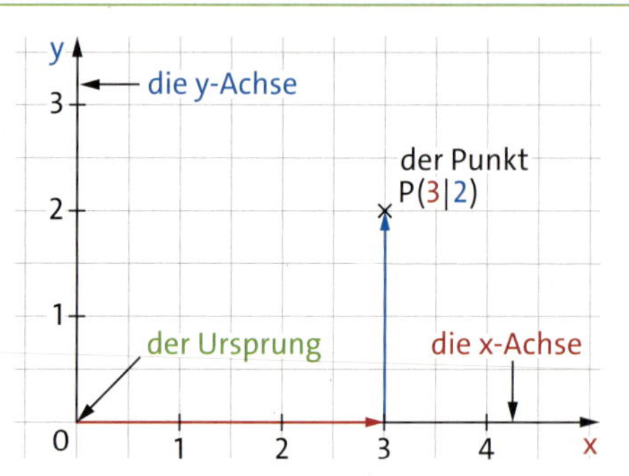

Der Punkt P hat die Koordinaten P(3|2). Das bedeutet: Gehe von (0|0) zuerst 3 Einheiten nach rechts und danach 2 Einheiten nach oben.

▶ **Aufgabe** Emily hat den Teddy bei (3|2) eingetragen. Es gibt noch eine Schatztruhe, einen Ball und eine Krone. Nenne die Koordinaten dieser Geschenke.

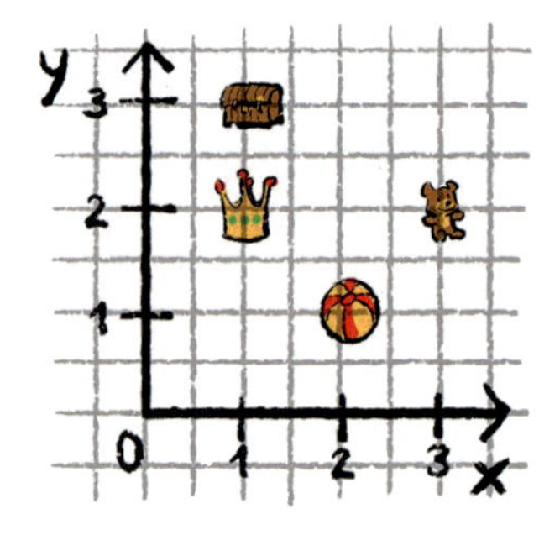

▸ Im Koordinatensystem Punkte eintragen

W

Vor dem Zeichnen eines Koordinatensystems musst du überlegen, wie lang du die x-Achse und die y-Achse zeichnest. Finde dazu die größte x-Koordinate und die größte y-Koordinate. Wähle als Achsenlänge jeweils eine Einheit mehr. Zeichne eine Einheit 1 cm lang. Das sind 2 Kästchen im Heft.

Emily will eine zweite Schatzkarte erstellen und die Schätze bei A(0|3), B(3|5) und C(6|4) verstecken.

Wie lang müssen die Achsen sein? Größte x-Koordinate bei C(6|4); x-Achse: 6 + 1 = 7 Einheiten lang

größte y-Koordinate bei B(3|5); y-Achse: 5 + 1 = 6 Einheiten lang

▶ **Aufgabe** Zeichne ein Koordinatensystem. Trage die Punkte A(4|1) und B(3|6) ein. Überlege vorher, wie lang die Achsen sein sollen. ▸ 6 ▸ 6 ▸ 6

1 Ordne den Punkten A bis F in der Zeichnung die folgenden Koordinaten zu:
(0|2), (1|1), (1|3), (4|2), (5|0), (5|4)
Beispiel A(1|1)

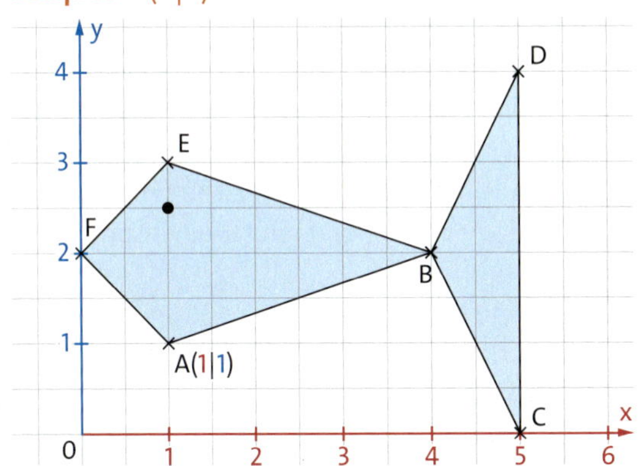

2 Notiere die Koordinaten der Punkte im Heft. Schreibe die x-Koordinaten rot und die y-Koordinaten blau.

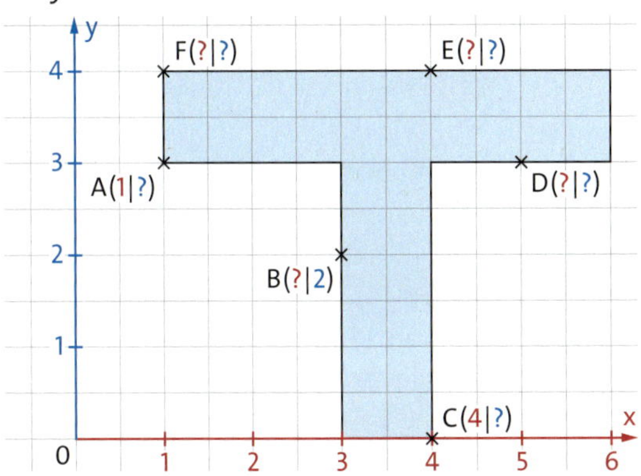

3 Übertrage das Koordinatensystem und die Figur in dein Heft. Vervollständige die Koordinaten.

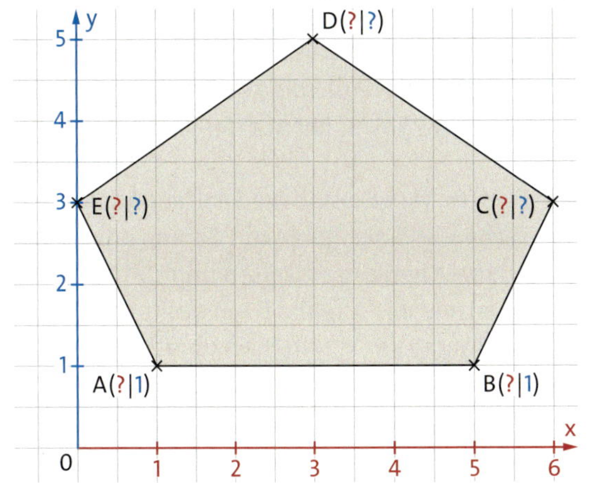

4 Übertrage das Koordinatensystem und die Punkte in dein Heft. Verbinde A mit B, B mit C, C mit D, … Welche Figur entsteht?

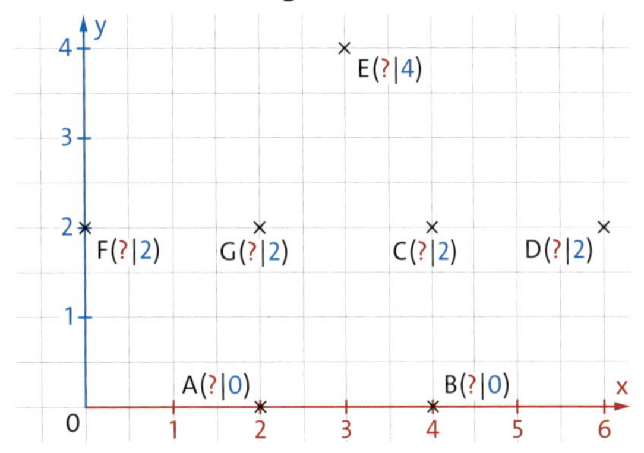

5 Finde die Fehler. Beschreibe sie in einem Satz.

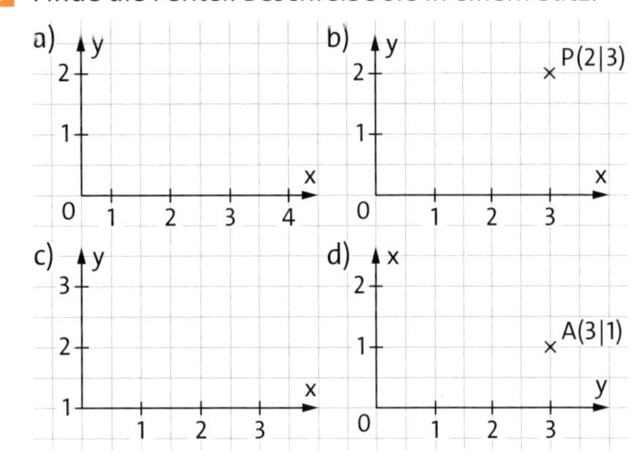

6 Zeichne ein Koordinatensystem in dein Heft. Beide Achsen sollen von 0 bis 8 gehen. Trage die Punkte S(4|6) und U(6|4) ein. Erkläre, wie du dabei vorgegangen bist. ▸ 6

7 Zeichne ein Koordinatensystem in dein Heft. Überlege vorher, wie lang die Achsen sein müssen.
a) Trage die Punkte ein: A(2|6), B(4|3), C(5|2), D(6|3), E(5|5) und F(4|8).
b) Verbinde A mit B, verbinde B mit C, … Welches Sternzeichen entsteht?

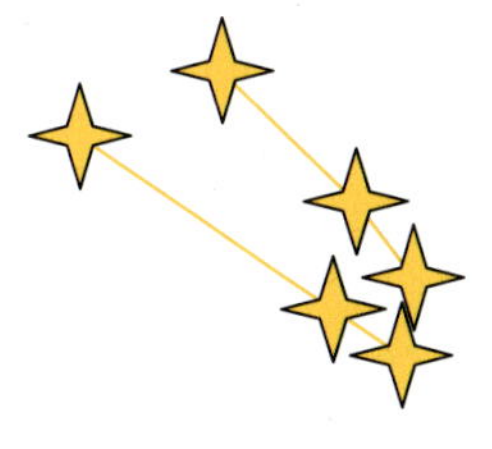
Stier

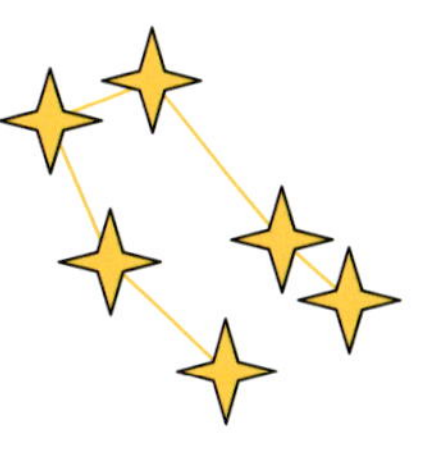
Zwillinge

1 Schreibe die Koordinaten der sechs Punkte vollständig in dein Heft.
Beispiel A(6|1)

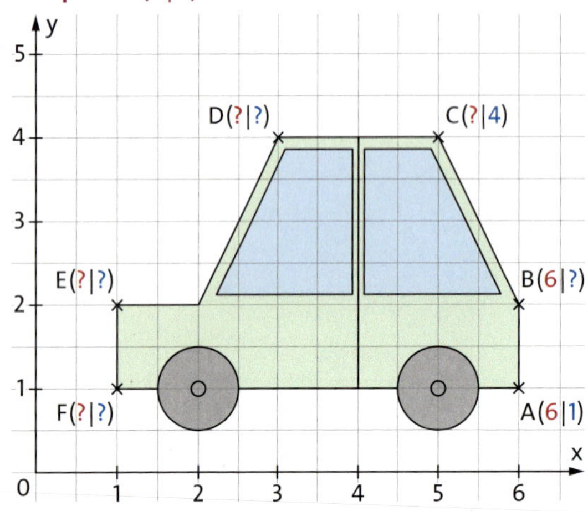

2 Übertrage in dein Heft.
Notiere die Koordinaten. Verbinde A mit B, verbinde B mit C, … Welche Figur entsteht?

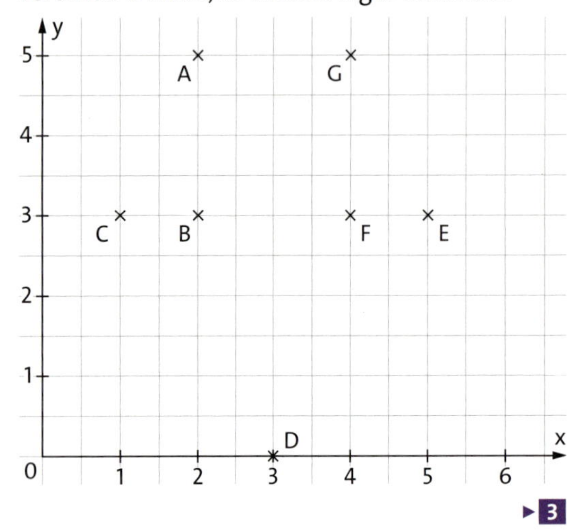

▸ 3

3 Übertrage in dein Heft.
Gib die Koordinaten der Eckpunkte an.

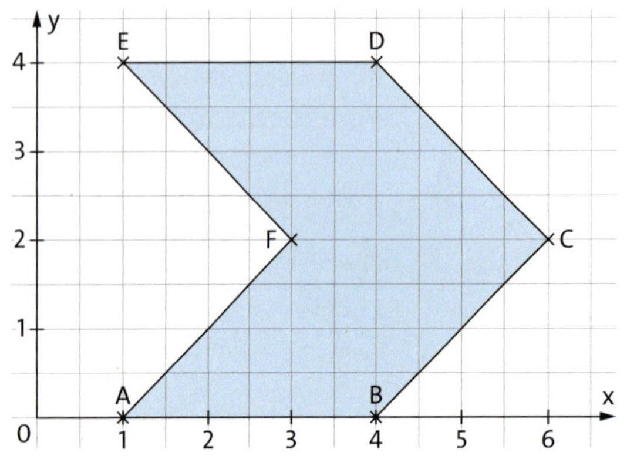

4 Zeichne ein Koordinatensystem in dein Heft. Beide Achsen sollen von 0 bis 9 gehen.
a) Trage die Punkte ein:
A(2|2), B(6|2), C(6|5), D(2|5), E(4|8).
b) Verbinde A mit B, B mit C, C mit D und D mit A. Welche zwei Strecken würdest du noch einzeichnen, damit die Figur fertig ist?

5 Zeichne ein Koordinatensystem in dein Heft. Überlege vorher, wie lang die Achsen sein müssen.
a) Trage die Punkte ein:
A(3|2), B(3|4), C(1|2), D(7|2), E(7|4), F(5|5), G(5|6), H(7|7), I(8|6).
b) Verbinde die Punkte nach dem Alphabet. Welches Sternzeichen ist entstanden?

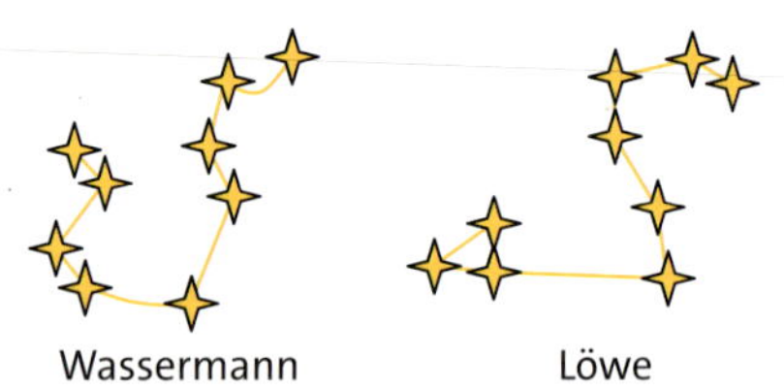

▸ 6

6 Zeichne ein Koordinatensystem in dein Heft, in dem beide Achsen mindestens 10 cm lang sind.
a) Trage die Punkte ein:
A(5|0), B(4|4), C(0|5), D(4|6), E(5|10).
b) Verbinde die Punkte nach dem Alphabet. Ergänze die rechte Hälfte des Sterns.

7 Zeichne ein Koordinatensystem in dein Heft, in dem beide Achsen mindestens 7 cm lang sind.
a) Trage die Punkte ein:
A(2|3), B(4|6) und C(5|3).
b) Zeichne eine Gerade durch A und B.
c) Zeichne eine Parallele zu $\overline{AB}$ durch den Punkt C. Nenne die Koordinaten eines weiteren Punkts, der auf der Parallelen liegt.

8 In einer Tabelle sind die Spalten mit Buchstaben und die Zeilen mit Zahlen angegeben. Erkläre Gemeinsamkeiten und Unterschiede zwischen der Angabe B1 in der Tabelle und der Angabe P(2|1) im Koordinatensystem.

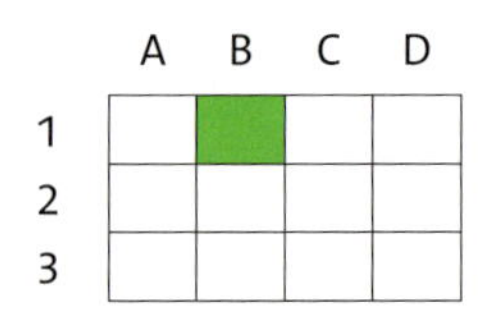

	A	B	C	D
1				
2				
3				

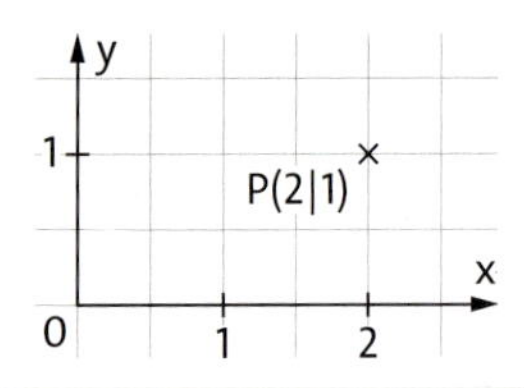

▸ Tipp zu 1, 2, 4, 7

1 Schreibe die Koordinaten der sieben Punkte vollständig in dein Heft.

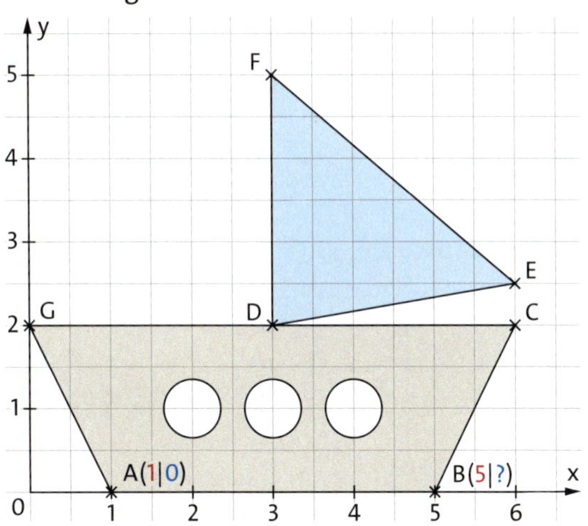

2 Übertrage das Koordinatensystem und die Punkte in dein Heft. Notiere die Koordinaten und verbinde A mit B, B mit C, C mit D usw.

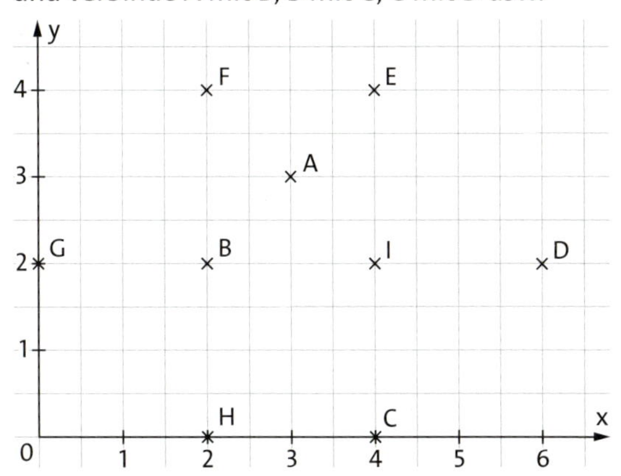

3 Übertrage die Zeichnung in dein Heft.
a) Gib die Koordinaten aller Eckpunkte an.
b) Welche Punkte haben gleiche x-Koordinaten? Woran erkennt man das im Bild?

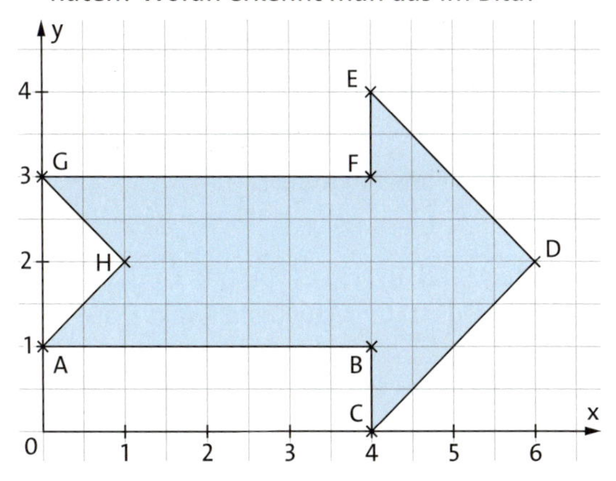

4 Zeichne ein Koordinatensystem in dein Heft und trage ein: A(3|3), B(3|2), C(3|1), D(2|2), E(1|3), F(0|4), G(1|5), H(2|6), I(3|7), K(3|8), L(3|9), M(2|9), N(4|9).
Verbinde A mit B, B mit C usw.
Welches Sternzeichen entsteht?

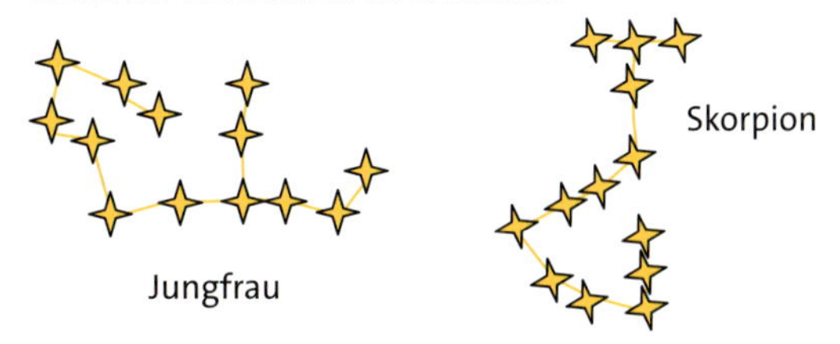

5 Arbeitet zu zweit. Jeder denkt sich eine Figur aus und zeichnet sie in ein Koordinatensystem. Diktiert euch gegenseitig eure Koordinaten. Vergleicht eure Figuren.

6 Zeichne ein Koordinatensystem in dein Heft. Überlege vorher, wie lang die Achsen sein müssen.
a) Trage die Punkte A(2|5) und B(4|2) ein.
b) Zeichne eine Senkrechte zur x-Achse durch den Punkt A. Nenne die Senkrechte a. Zeichne dann eine Senkrechte zur y-Achse durch den Punkt B und nenne sie b. Wie liegen a und b zueinander?

7 Zeichne ein Koordinatensystem in dein Heft, in dem beide Achsen mindestens 8 cm lang sind.
a) Trage die Punkte A(4|7), B(7|3), C(5|1) und D(5|3) ein.
b) Zeichne die Strecke $\overline{AB}$.
c) Zeichne eine Parallele zur Strecke $\overline{AB}$, die durch den Punkt C verläuft.
d) Zeichne durch den Punkt D eine Senkrechte zur Strecke $\overline{AB}$.

8 Zeichne ein passendes Koordinatensystem in dein Heft. Zeichne die Figur in dein Koordinatensystem. Dabei soll A bei (1|1) liegen. Miss die fehlenden Längen in der Zeichnung. Notiere die Koordinaten der anderen Punkte.

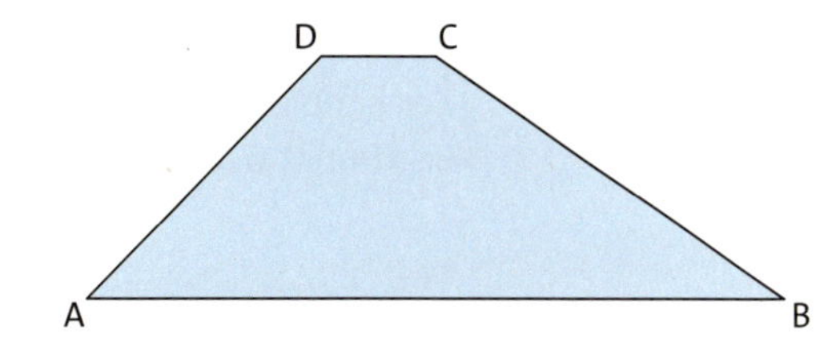

Tipp zu 1, 4, 7

Zeichnen mit einer dynamischen Geometrie-Software (DGS)

Mit einer dynamischen Geometrie-Software (DGS) kannst du zum Beispiel Figuren zeichnen und verändern.
So sieht das Fenster aus, in dem du arbeitest:

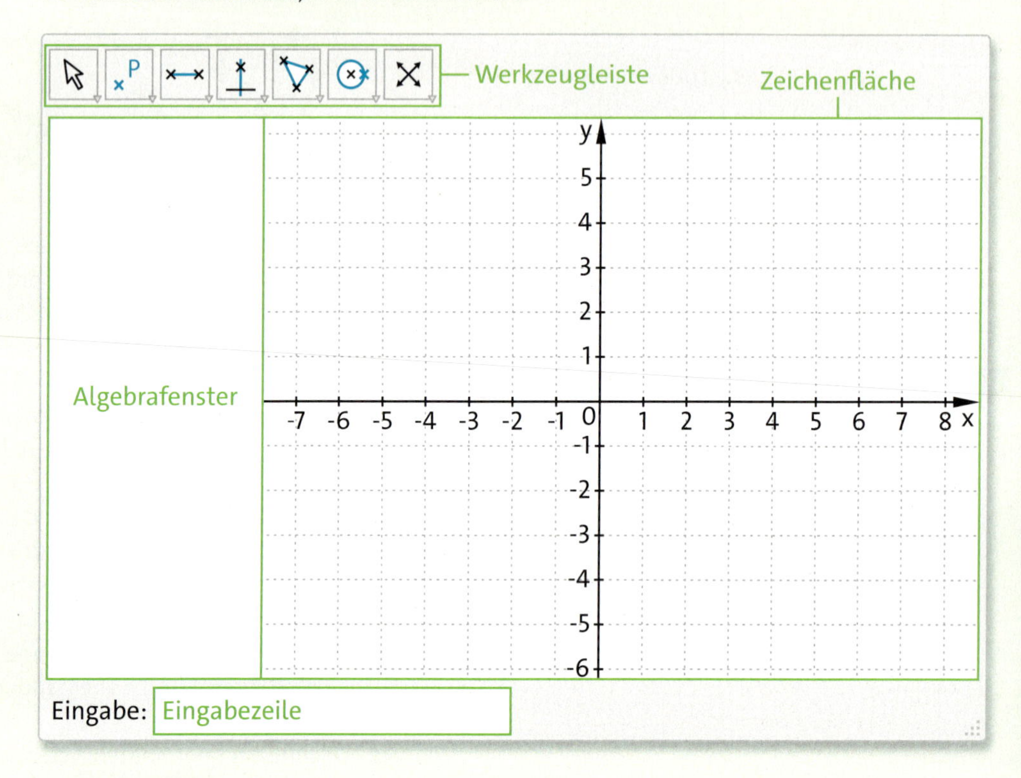

Wichtige Aktionen sind:

- **neues Zeichenblatt öffnen:** Gehe oben in der Menüleiste auf „Datei" und dann auf „Neu".
- **Zeichenblatt verschieben:** Klicke in der Werkzeugleiste auf ⤧ und bewege das Zeichenblatt mit gedrückter Maustaste.
- **einen Punkt zeichnen:** Klicke auf ×P und markiere einen Punkt im Zeichenblatt.
- **Punkte verschieben:** Klicke auf ↖ und bewege die Punkte.
- **Objekte löschen:** Klicke das Objekt an und drücke auf der Tastatur ENTF.
- **Bild kleiner oder größer machen:** Drehe das Rädchen der Maus.

1 Klicke auf ×P und markiere die Punkte A(2|2), B(1|3), C(4|4) und D(5|2) in deinem Zeichenblatt. Klicke auf ↖ und ziehe mit gedrückter Maustaste Punkt B auf (2|4) und Punkt C auf (5|4).

2 Zeichne schrittweise ein Rechteck und verändere es:

① Markiere mit die Punkte A(1|1), B(6|1), C(6|5) und D(1|5).

② Klicke in der Werkzeugleiste auf . Verbinde die Punkte, indem du nacheinander A, B, C, D und wieder A anklickst.

③ Klicke auf . Bewege die Punkte A und D so, dass aus dem Rechteck ein Quadrat wird.

④ Klicke auf das kleine Dreieck von . Es öffnet sich ein Untermenü. Dort wählst du . Klicke erst auf A und C und dann auf B und D.

3 Zeichne ein Haus. Setze dazu Punkte und verbinde sie mit oder als Vielecke mit .

Ein Tipp zum Verschönern:
Gehe in der Menüleiste auf „Bearbeiten“ und dann auf „Eigenschaften“.
Unter „Farbe“ kannst du die Strecken und Flächen färben.
Ziehe den Regler für Deckkraft auf 100.

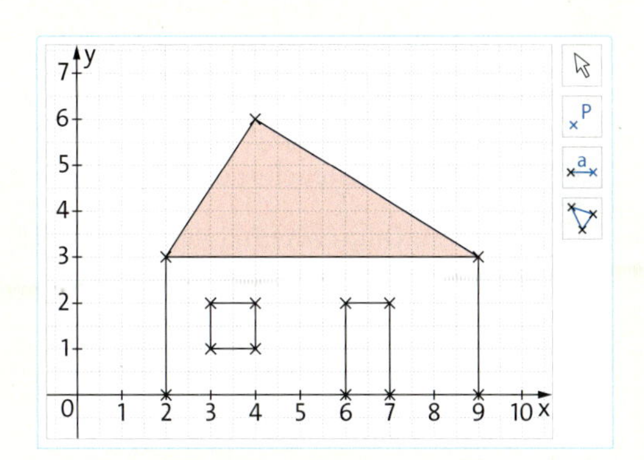

4 Zeichne die deutsche und die tschechische Flagge.

Zeichne die farbigen Abschnitte mit als Vierecke oder Dreiecke.
Verwende den Tipp aus Aufgabe 3.

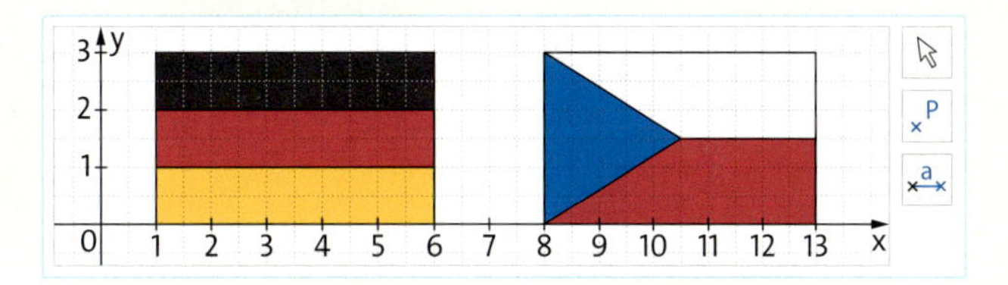

5 Zeichne mit verschiedene Kreise.
Beschreibe, wie mit der DGS die Kreise entstehen.

6 Mit der DGS kannst du zueinander senkrechte und zueinander parallele Geraden zeichnen:

① Verwende und zeichne eine Gerade.

② Klicke auf das kleine Dreieck von und wähle „Senkrechte Gerade“.
Klicke auf das Zeichenblatt (lege so einen Punkt fest) und dann auf die Gerade.
Beschreibe, was die DGS zeichnet.

③ Klicke wieder auf das kleine Dreieck von und wähle „Parallele Gerade“ aus.
Beschreibe, wie du eine parallele Gerade zeichnen kannst.

7 Zeichne ein „Bauwerk“ aus Würfeln. Gehe so vor:

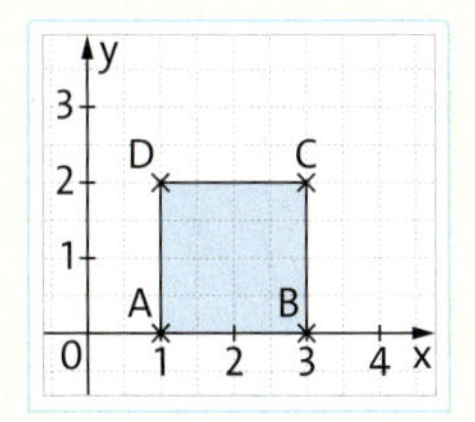

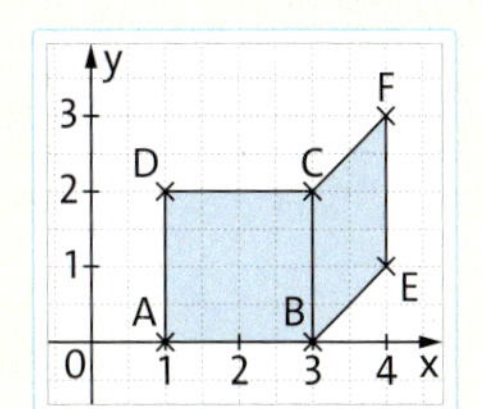

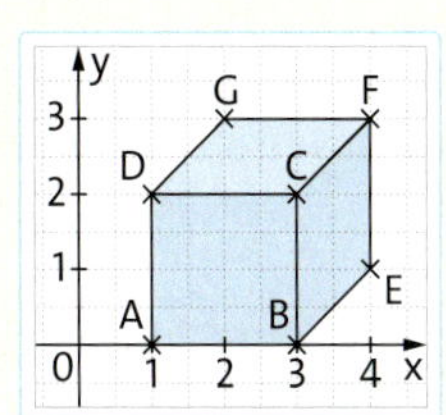

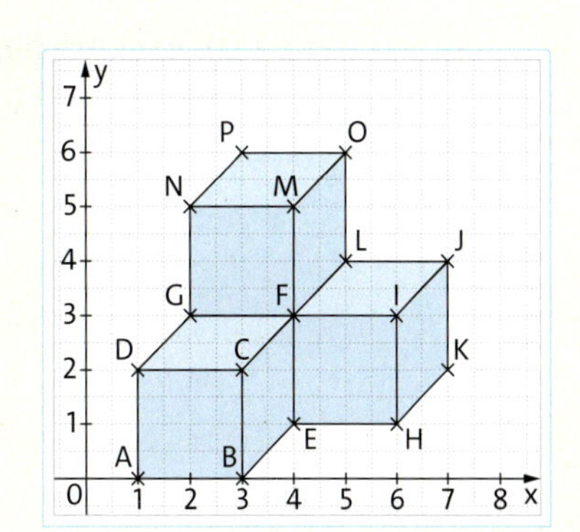

Achsensymmetrie

Anne liebt Schmetterlinge. Sie versucht einen Schmetterling zu zeichnen. Aber ihre Zeichnung sieht nicht so gleichmäßig aus, wie sie es gerne möchte.

W Eine **achsensymmetrische Figur** kannst du so falten, dass beide Hälften genau aufeinanderpassen. Die Hälften der Figur sind dann **deckungsgleich**. Die Faltkante heißt **Symmetrieachse** oder **Spiegelachse**.

Zu jedem **Originalpunkt** gehört ein **Bildpunkt**. Originalpunkt und Bildpunkt haben den gleichen Abstand zur Symmetrieachse.

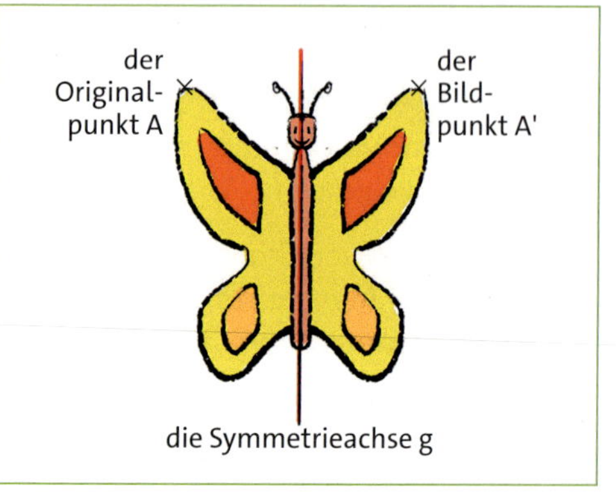

▶ Aufgabe Erkläre, warum der Schmetterling im Bild rechts nicht achsensymmetrisch ist. Benutze Fachbegriffe.

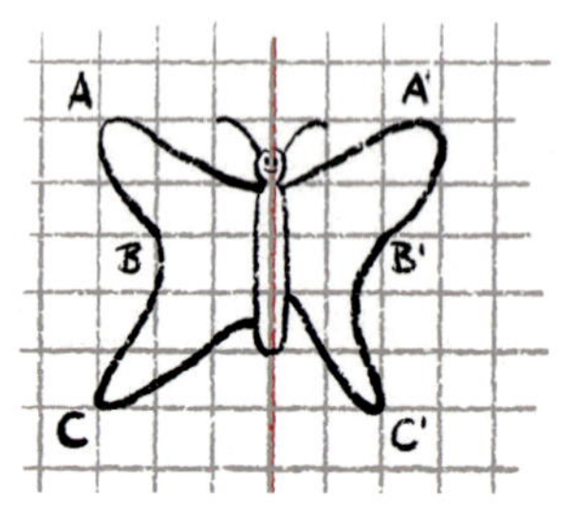

▶ An einer Geraden spiegeln

W **Die Achsenspiegelung:**

① Miss den Abstand eines Punkts zur Symmetrieachse g.

② Zeichne auf der Gegenseite der Symmetrieachse den **Bildpunkt** im gleichen Abstand ein.

③ Verbinde zum Schluss alle Bildpunkte zu einer Figur.

Bei einer Achsenspiegelung entsteht eine achsensymmetrische Figur.

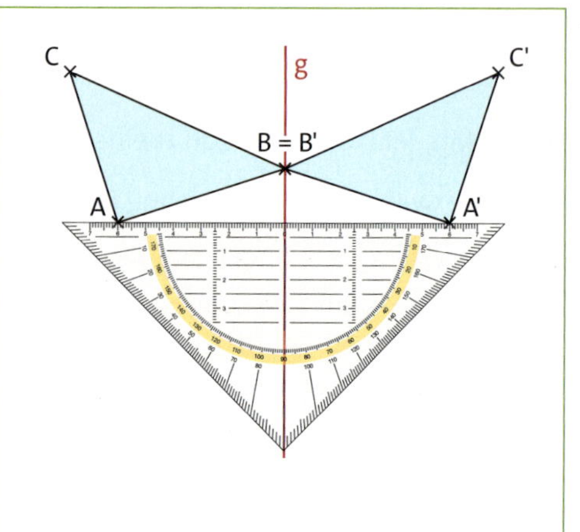

▶ Aufgabe Übertrage die Zeichnung in dein Heft. Vervollständige sie zu einer achsensymmetrischen Figur. ▶ 7 ▶ 4 ▶ 3

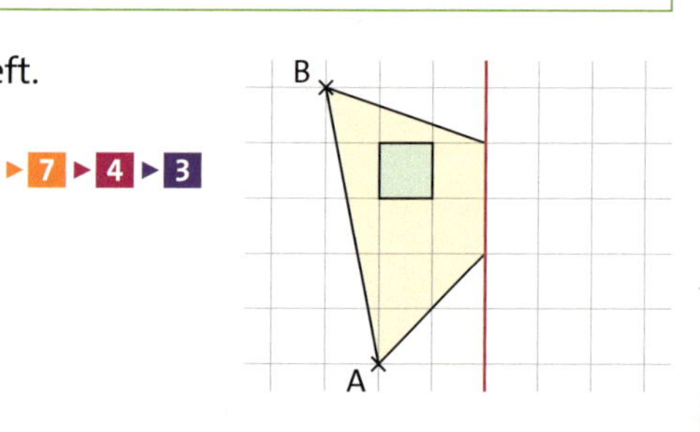

1 Übertrage die Figur auf ein Blatt kariertes Papier. Schneide sie aus. Falte die Figur so, dass ihre Hälften genau aufeinanderliegen.

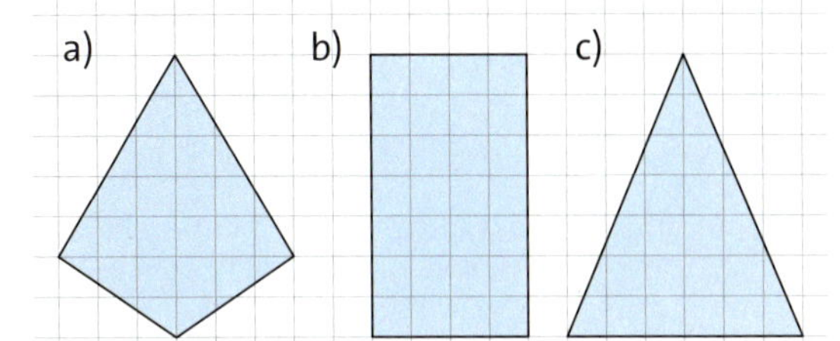

2 Finde die drei achsensymmetrischen Schmetterlinge.

a) b) c) d) e)

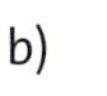

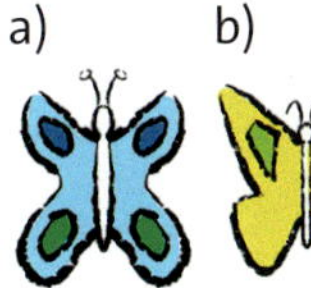

3 Welche Smileys sind achsensymmetrisch? Beschreibe: Wie hast du das erkannt?

a) b) c) d)

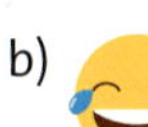

e) f) g) h)

i) Zeichne einen eigenen achsensymmetrischen Smiley in dein Heft. ▸ 3

4 Nenne die achsensymmetrischen Werkzeuge.

a) b) c) d)

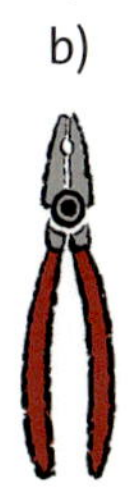

Hammer Zange Ringschlüssel Ringmaulschlüssel

5 Schreibe deinen Namen in Großbuchstaben. Findest du eine oder mehrere Symmetrieachsen für jeden Buchstaben? Zeichne sie ein.

6 Welche der roten Symmetrieachsen sind richtig gezeichnet? Finde die fehlenden Symmetrieachsen.

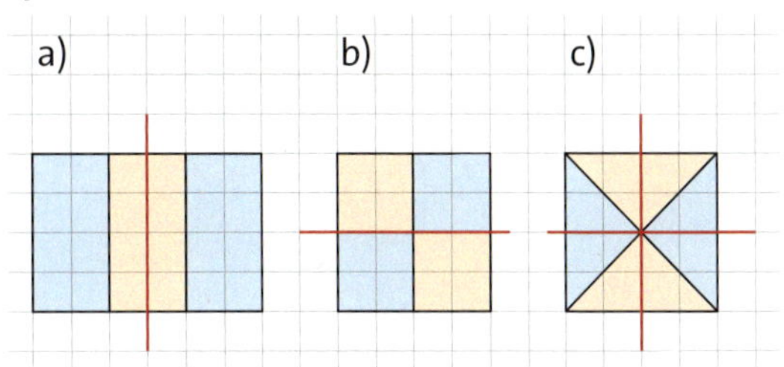

7 Zeichne das Muster farbig in dein Heft. Ergänze zu einem achsensymmetrischen Bild.

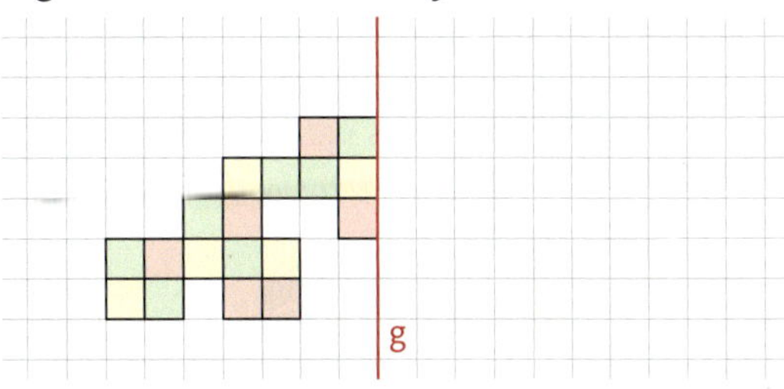

▸ 5

8 Übertrage die Figur in dein Heft. Ergänze sie zu einer achsensymmetrischen Figur.

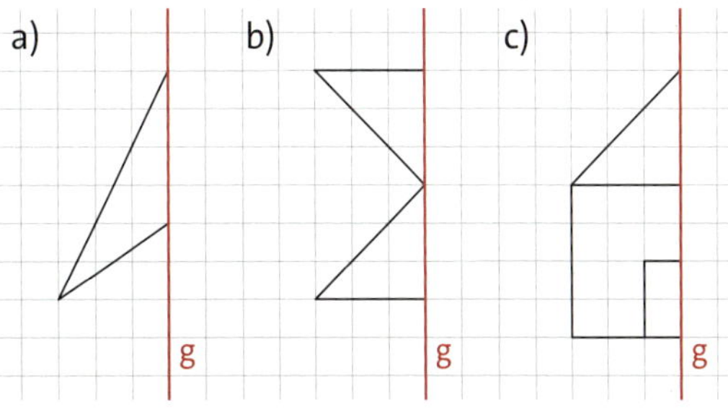

9 Übertrage die Figur in dein Heft. Spiegle die Figur an der Spiegelachse g. Beschreibe dein Vorgehen.

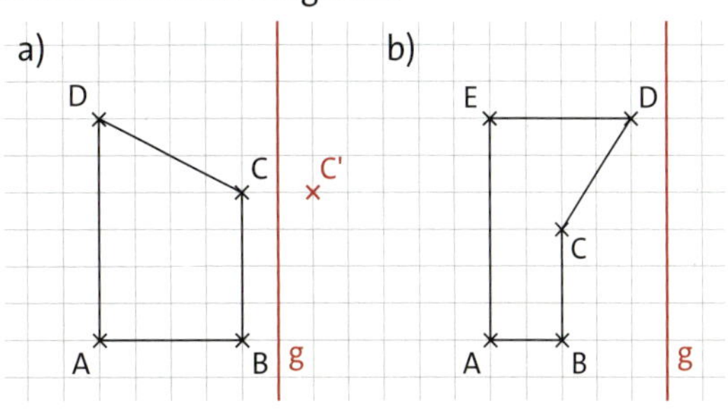

Tipp zu **2** bis **4**: Halte einen Spiegel an deine Symmetrieachse. So kannst du prüfen, ob eine Figur achsensymmetrisch ist.
Sprachhilfe zu **9**: Diese Wörter können helfen: der Abstand – gleich – zählen – messen – der Bildpunkt.

▸ Tipp zu 3, 5, 6, 8

1 Übertrage die Figur auf ein Blatt Papier. Finde alle Symmetrieachsen. Schneide die Figur aus. Überprüfe jede Symmetrieachse, indem du die Figur an der Achse faltest.

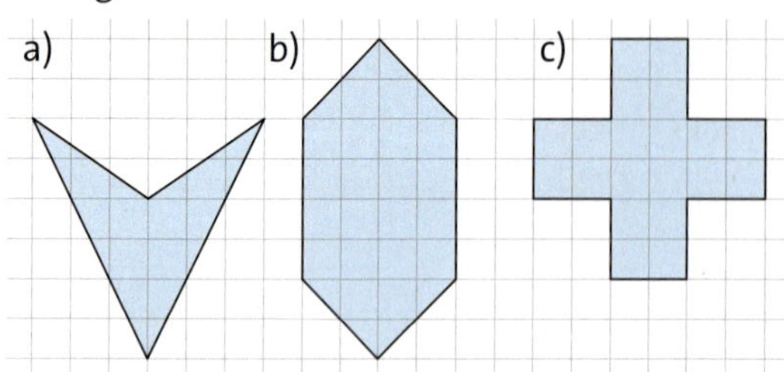

2 Sind die Verkehrszeichen achsensymmetrisch? Wenn ja, **skizziere** das Zeichen im Heft und trage alle Symmetrieachsen ein. Finde heraus, was das Verkehrszeichen bedeutet.

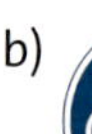

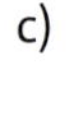

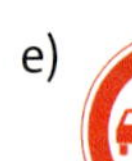
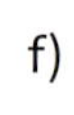

3 Sind die roten Symmetrieachsen richtig gezeichnet? Fehlen noch Symmetrieachsen? Übertrage die Figur ins Heft. Zeichne alle richtigen Symmetrieachsen ein.

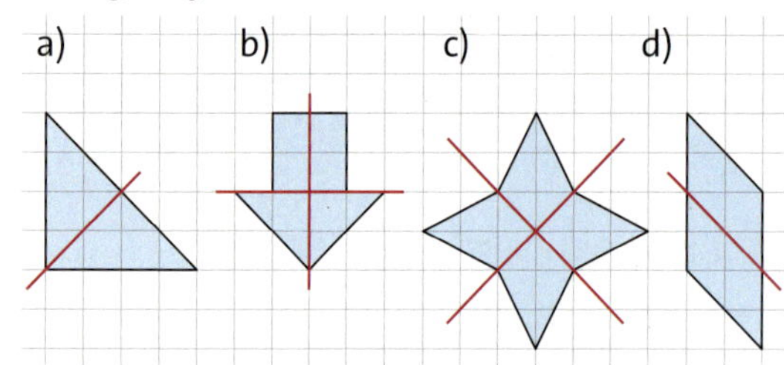

4 Übertrage die Würfelflächen und die Symmetrieachse g in dein Heft. Spiegle jede Würfelfläche an der Symmetrieachse.

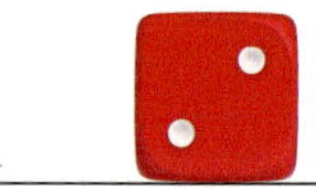

g

► 3

5 Übertrage die Figur in dein Heft und spiegle sie an der Symmetrieachse g.

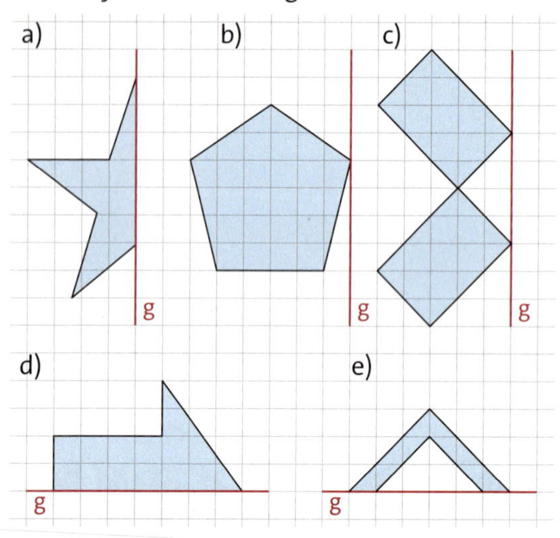

6 Auch Wörter aus Großbuchstaben können achsensymmetrisch sein, z. B. OTTO oder ODE. Arbeitet zu zweit und findet mehr Wörter mit Symmetrieachsen.

7 Übertrage in dein Heft. Spiegle dann den Punkt A an g. Beschreibe dein Vorgehen. ► 5

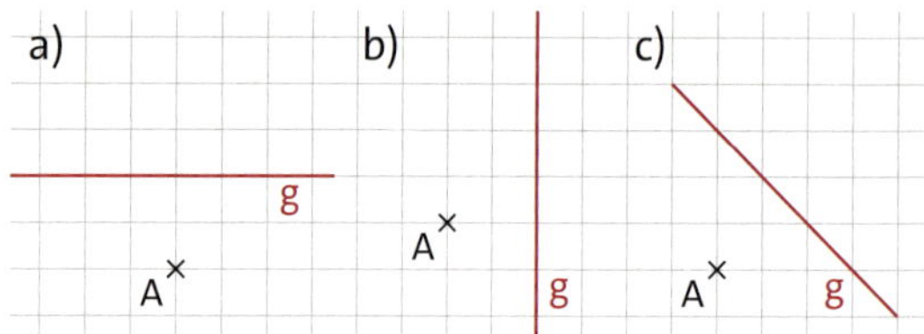

8 Übertrage in dein Heft. Spiegle die Figur an der Achse g.

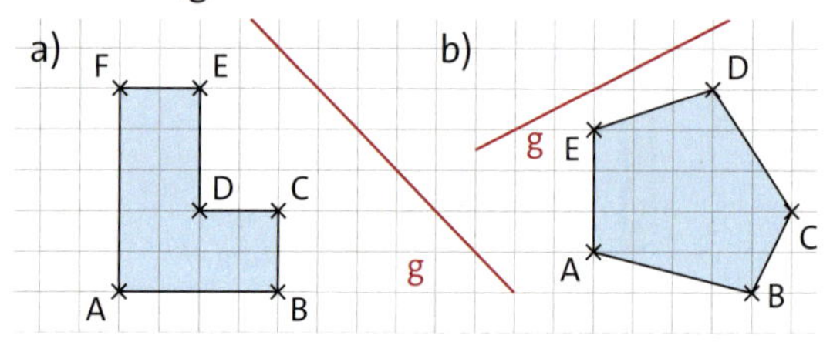

9 Zeichne ein beliebiges Dreieck auf ein weißes Blatt Papier. Trage neben dem Dreieck eine Gerade g ein, die das Dreieck nicht berührt. Spiegle das Dreieck an der Geraden g.

Sprachhilfe zu **2**: **Skizzieren** bedeutet: ungefähr nachzeichnen, ohne Lineal oder Zirkel.
Sprachhilfe zu **7**: Diese Wörter können helfen: der Abstand – zählen – messen – gleich – der Bildpunkt.

► Tipp zu 2, 5, 6, 7

1 Ist die Figur achsensymmetrisch? Wenn ja, dann übertrage die Figur auf ein Blatt Papier und zeichne die Symmetrieachse(n) ein. Schneide die Figur aus und prüfe deine Achse(n) durch Falten.

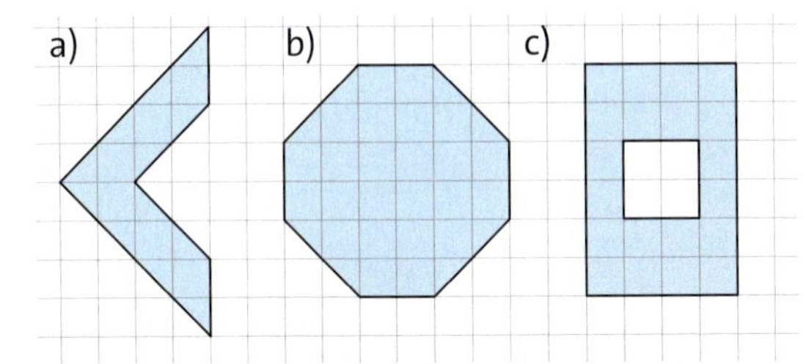

2 Wie viele Symmetrieachsen gibt es? Beschreibe, wie sie verlaufen.

a) 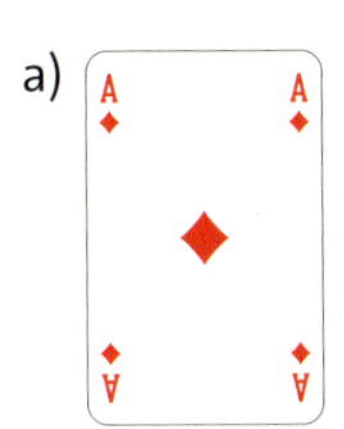
b) 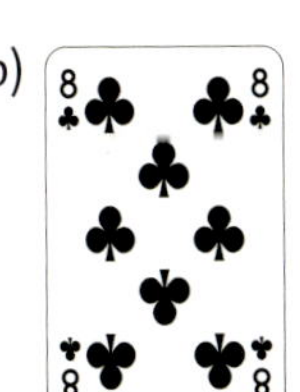
c) 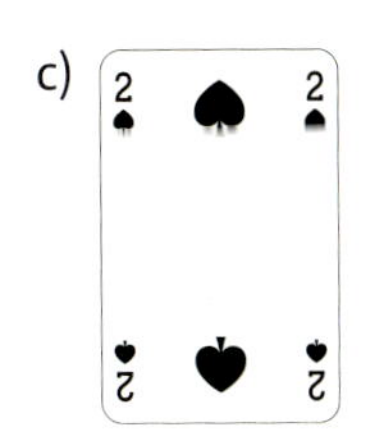

3 Übertrage die Figur in dein Heft. Spiegle die Figur an der Geraden g.

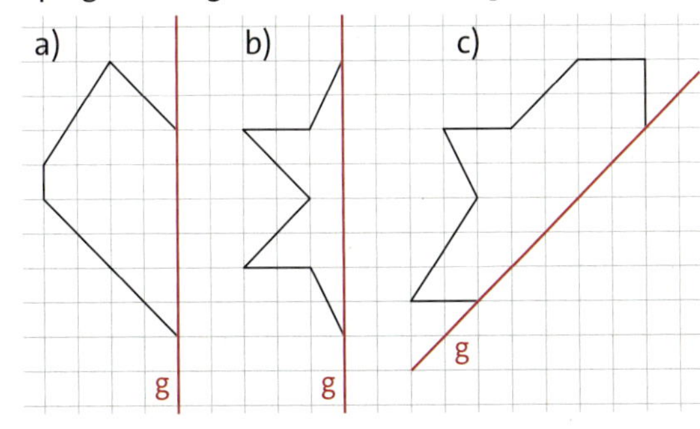

4 Übertrage die Figur nach Augenmaß und in geeigneter Größe auf weißes Papier und spiegle sie an der Geraden g. Beschreibe dein Vorgehen.

a) 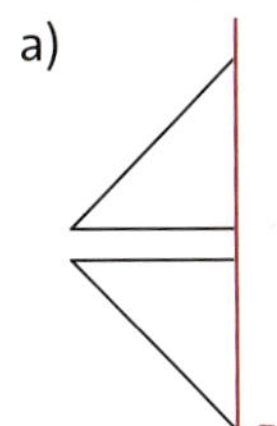

b) 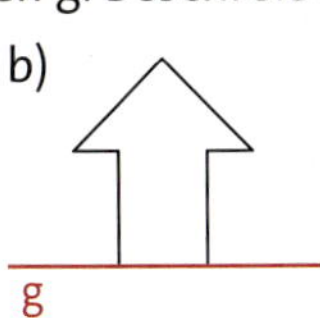

c) 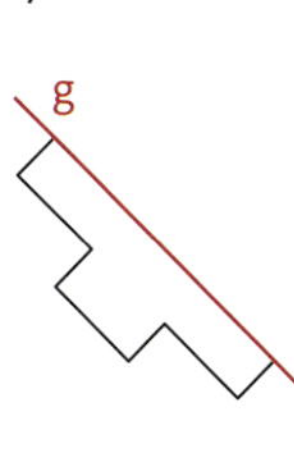

5 Übertrage die grüne Figur und die Spiegelachsen g und h in dein Heft. Spiegle die Figur der Reihe nach an der Achse g, an der Achse h und noch einmal an der Achse g.

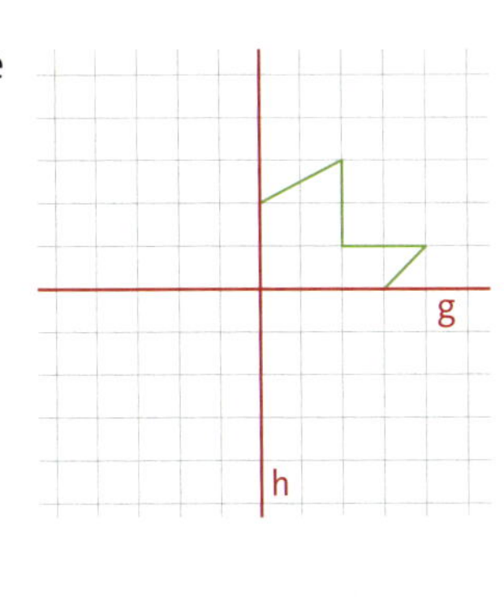

6 Trage die Punkte A(4|8), B(2|5) und C(8|2) in ein Koordinatensystem ein.
Zeichne die Gerade g durch A und C.
Spiegle die Punkte A, B, C an der Geraden g.
Verbinde die Punkte A, B und C sowie A', B' und C' miteinander. Welche Figur entsteht?

7 Arda hat einen Fehler bei der Achsenspiegelung gemacht. Beschreibe erst den Fehler.
Zeichne dann einen Punkt A und eine Gerade g auf ein weißes Blatt und spiegle A an g.

a) 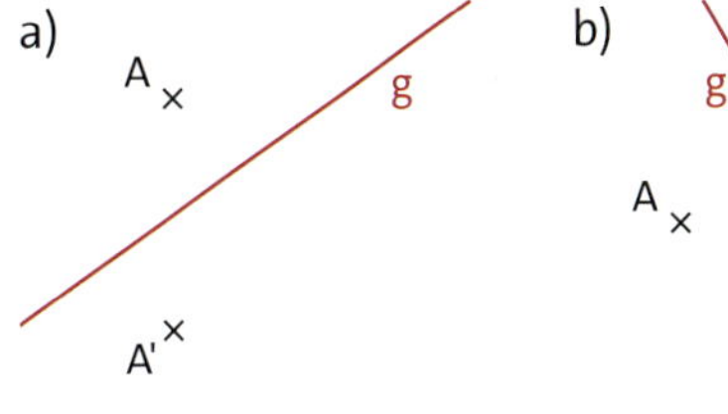

b) 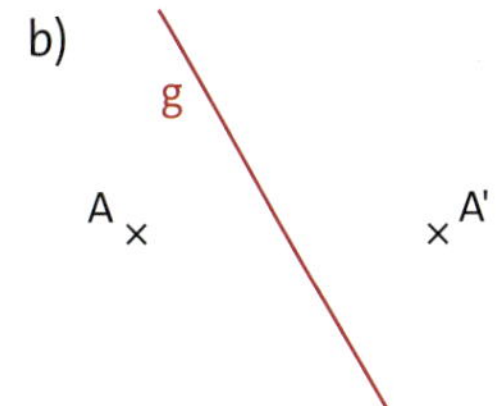

8 Zeichne ein beliebiges Viereck auf ein weißes Blatt Papier. Trage eine Gerade g ein, die das Viereck nicht berührt.
Spiegle das Viereck an der Geraden g.
Beschreibe: Wie kannst du prüfen, ob die Spiegelung richtig ist?

9 Körper können auch symmetrisch sein. Sie besitzen dann mindestens eine Symmetrieebene.
a) Beschreibe mithilfe der Zeichnung den Begriff Symmetrieebene.
b) Findest du noch mehr Symmetrieebenen?

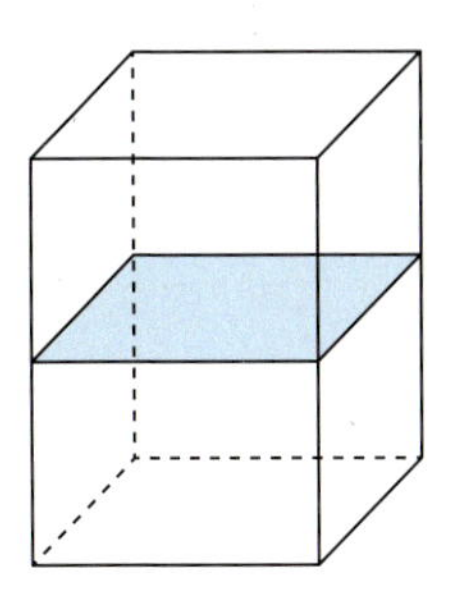

Tipp: Mit einem Spiegel kannst du prüfen, ob eine Figur achsensymmetrisch ist.
Sprachhilfe zu **4**: Diese Wörter können helfen: das Geodreieck – der Abstand – die Gegenseite – verbinden – messen.

Tipp zu **3**, **6**, **7**

Punktsymmetrie

Anna stellt die Buchstaben ihres Namens auf den Kopf.
Ihr fällt auf, dass ein Teil ihres Namens noch genauso aussieht wie vorher.

Statt Symmetriepunkt sagt man auch Symmetriezentrum.

W Eine Figur ist **punktsymmetrisch**, wenn sie nach einer halben Drehung genauso aussieht wie vorher. Der Punkt S, um den du dabei drehst, heißt **Symmetriepunkt**.

Ein Originalpunkt A und sein Bildpunkt A' sind vom Symmetriepunkt S gleich weit entfernt.

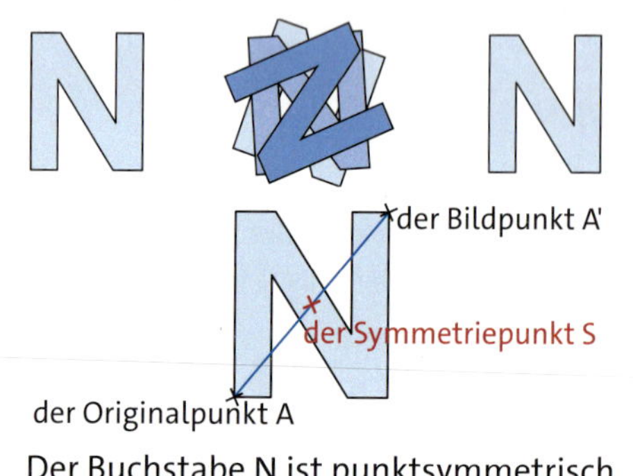

Der Buchstabe N ist punktsymmetrisch.

▶ **Aufgabe** ROSI schreibt ihren Namen mit Großbuchstaben und stellt ihn auf den Kopf. Sehen die Buchstaben genauso aus wie vorher? Welche Buchstaben sind punktsymmetrisch? ▶1 ▶1 ▶1

W **Die Punktspiegelung**

① Lege den Nullpunkt des Geodreiecks auf den Symmetriepunkt S. Miss den Abstand des **Symmetriepunkts S** zum Eckpunkt A.

② Übertrage den gleichen Abstand auf die andere Seite des Symmetriepunkts. So erhältst du den **Bildpunkt A'**.

③ Spiegle die anderen Eckpunkte genauso.

④ Verbinde die Bildpunkte in der richtigen Reihenfolge.

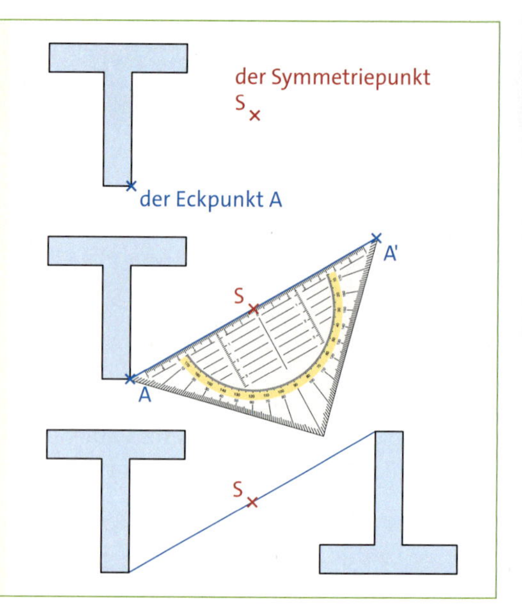

▶ **Aufgabe** Übertrage die Figur in dein Heft. Spiegle die Figur am Symmetriepunkt S. ▶8 ▶7 ▶6

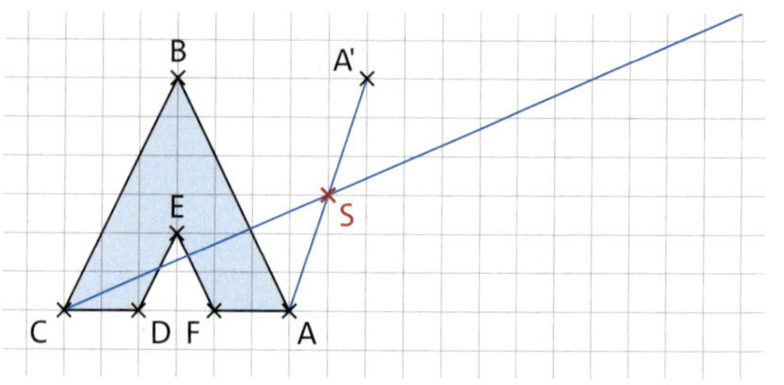

1 Sieht der Buchstabe nach einer halben Drehung wieder gleich aus? Drehe dein Buch auf den Kopf.

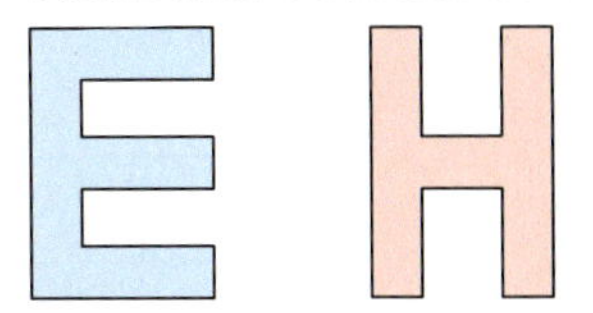

2 Welches Schild ist nicht punktsymmetrisch? Begründe.

a) 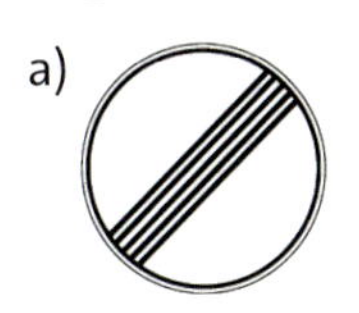
b) 
c) 

3 Punktsymmetrisch oder nicht?
a) der Knopf b) der Seestern c) die Felge

4 Prüft zu zweit, ob das Muster punktsymmetrisch ist. Dazu überträgt jeder das Muster auf ein Blatt Papier. Einer von euch schneidet sein Muster aus, dreht es und legt es neben das andere Muster. Vergleicht.

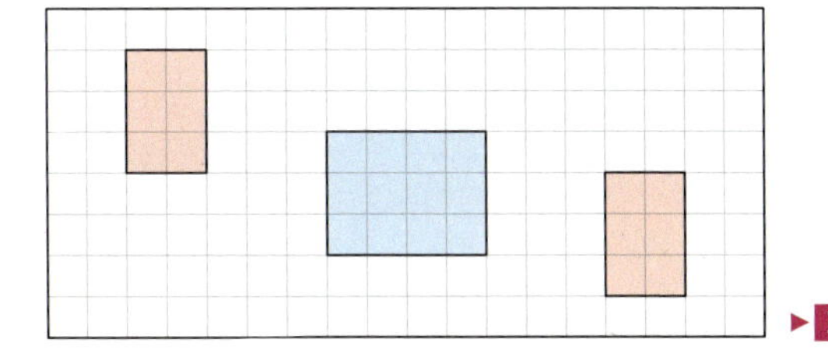

► 3

5 Zeichne ab. Male die Figur mit zwei verschiedenen Farben aus. Sie soll punktsymmetrisch bleiben. Trage den Symmetriepunkt S ein.

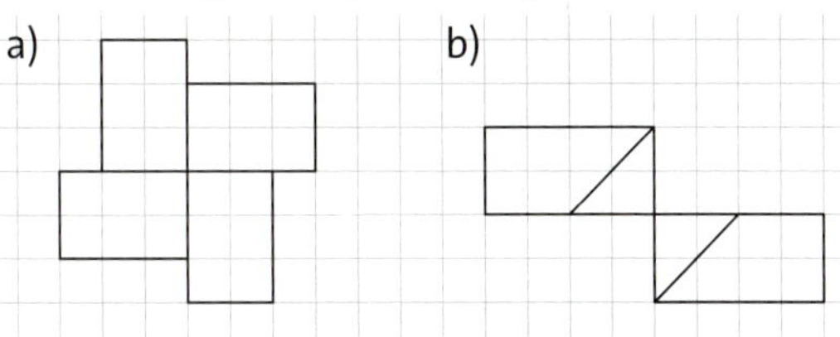

6 Übertrage in dein Heft. Male die Figur fertig aus. Es soll eine Punktspiegelung sein.

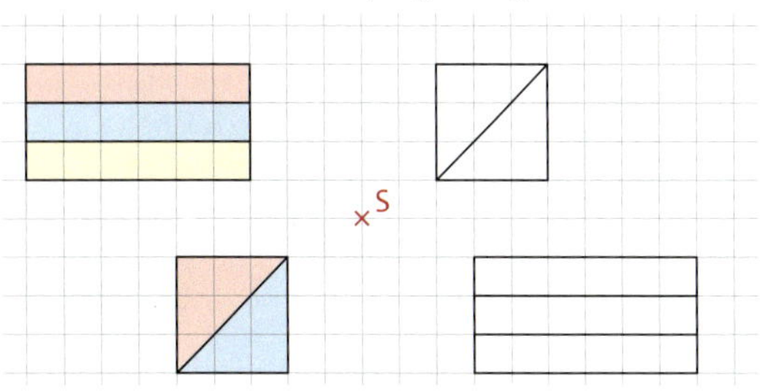

7 Die Figur ① wurde am Symmetriepunkt S gespiegelt. Übertrage in dein Heft. Ergänze die passenden Namen der Punkte und Bildpunkte.

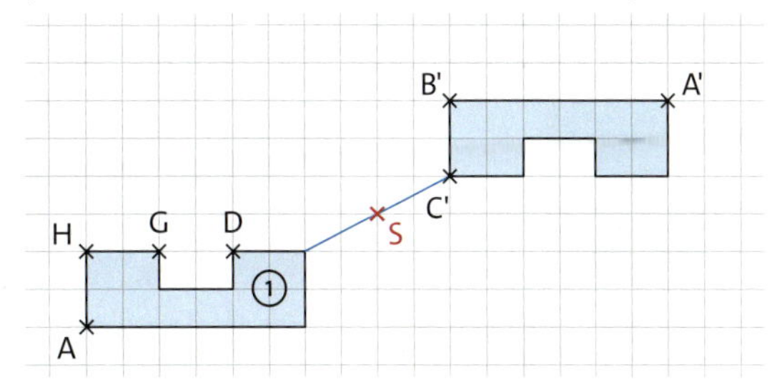

8 Hanna hat angefangen, ein Viereck am Symmetriepunkt S zu spiegeln. Zeichne ab. Vervollständige die Punktspiegelung.

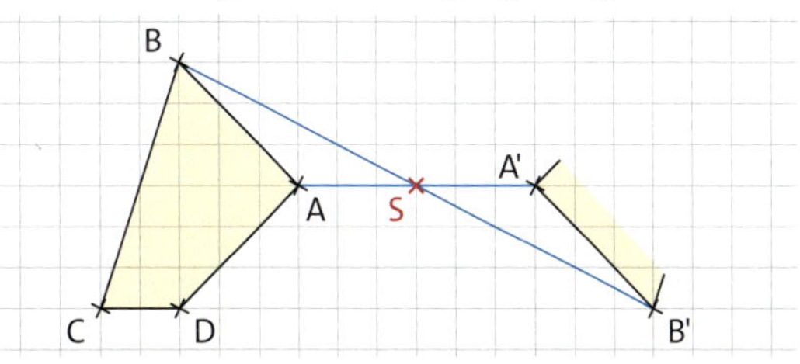

9 Zeichne die Figur in dein Heft. Spiegle die Punkte A, B, C, D, E und F am Symmetriepunkt S. Benenne die Bildpunkte A', B', C', D', E', F'. Verbinde die Bildpunkte in der richtigen Reihenfolge.

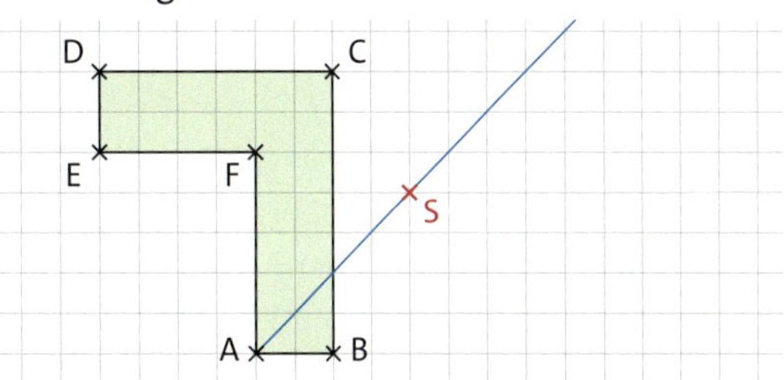

Info zu **2**: Die Schilder bedeuten: a) Ende aller Streckenverbote, b) Vorfahrtsstraße, c) Vorfahrt gewähren

► Tipp zu 2, 5, 7, 8

1 Prüfe die Bilder auf Punktsymmetrie. Sehen sie nach einer halben Drehung wieder gleich aus?

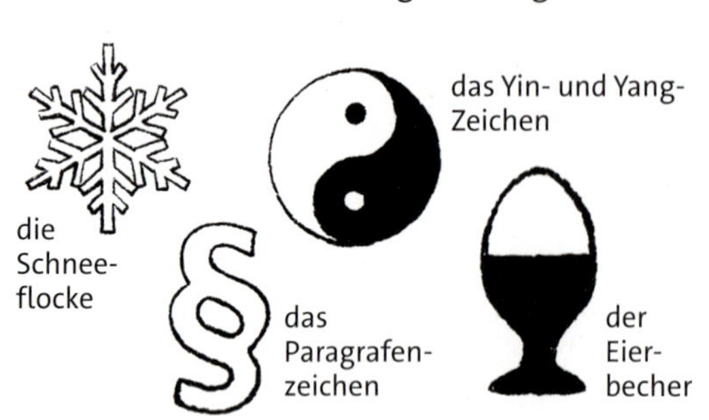

2 Welche Flaggen sind punktsymmetrisch? Übertrage die punktsymmetrischen Flaggen in dein Heft. Trage den Symmetriepunkt S ein.

3 Übertrage die Figuren auf ein Blatt Papier.

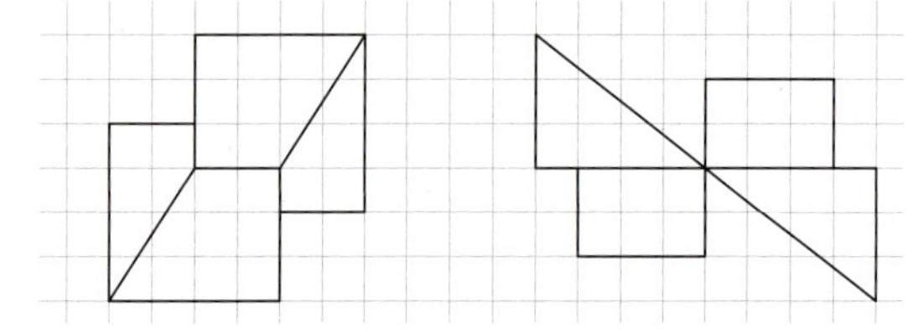

a) Male die Figuren mit zwei Farben aus. Sie sollen punktsymmetrisch bleiben. Trage den Symmetriepunkt S ein.
b) Überprüfe: Schneide eine Figur aus, setze deine Bleistiftspitze auf den Symmetriepunkt S und drehe die Figur auf den Kopf. Sieht die Figur aus wie vorher?

4 Schreibe deinen Namen in Großbuchstaben. Findest du einen oder mehrere punktsymmetrische Buchstaben? Zeichne die Symmetriepunkte ein. Vergleicht untereinander. ▸ 5

5 Aleyna wollte das linke Rechteck am Punkt S spiegeln. Dabei hat sie Fehler gemacht. Finde die Fehler.

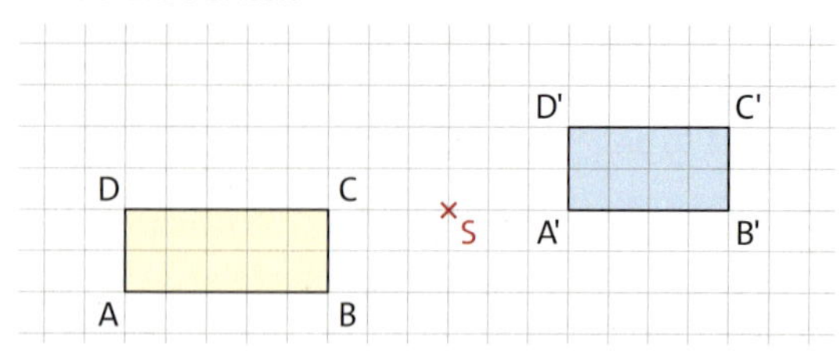

6 Die Figur ① wurde an einem Punkt gespiegelt.
a) Welcher ist der passende Symmetriepunkt?
b) Ordne Punkte und Bildpunkte einander zu.
Beispiel Punkt A gehört zu Bildpunkt I.

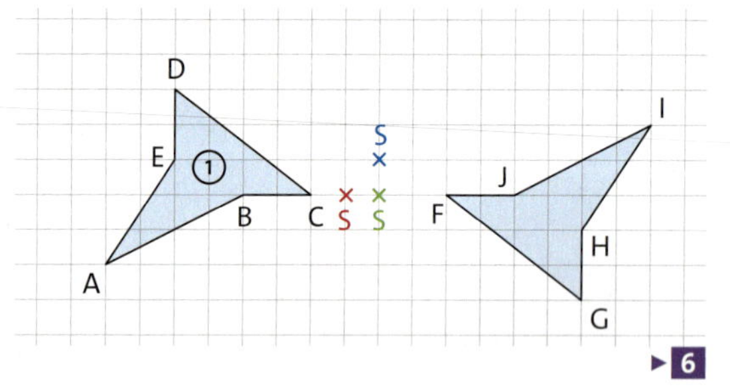

▸ 6

7 Die Figur soll am Symmetriepunkt S gespiegelt werden. Übertrage die Zeichnung in dein Heft. Vervollständige die Punktspiegelung.

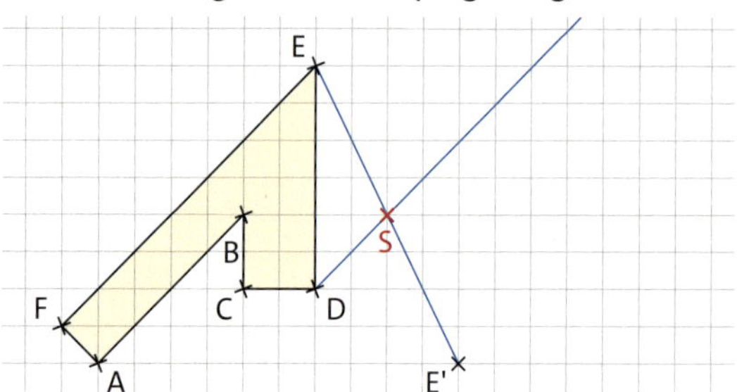

8 Zeichne ab. Spiegle die Figur am Symmetriepunkt S. Gib die Koordinaten der Bildpunkte an.

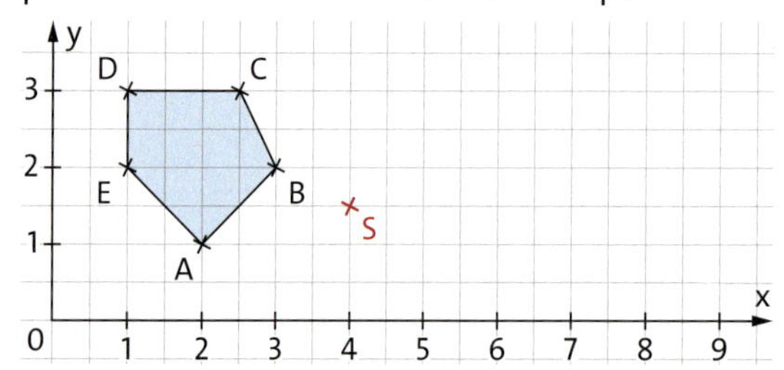

Tipp zu 2, 5, 7, 8

1 Finde die punktsymmetrischen Bilder. Begründe.

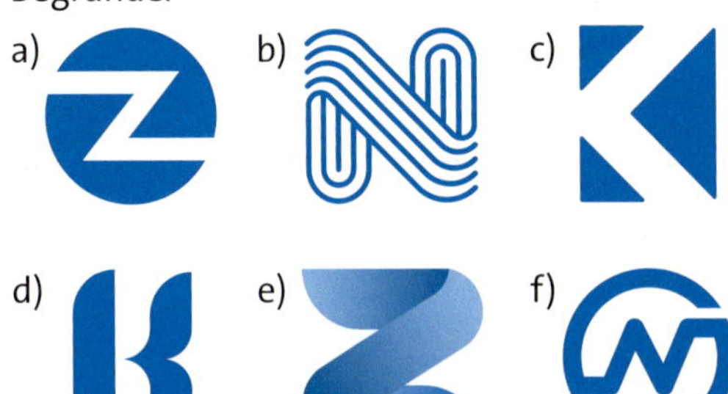

2 Finde punktsymmetrische Figuren in deiner Umwelt und zeichne sie ab. Markiere den Symmetriepunkt S.
Beispiel Schild „Bahnübergang in 300 m“

3 Wenn man Ziffern digital schreibt, liegen sie oft auf einem Raster aus zwei Quadraten.
Schreibe alle Ziffern digital auf.
Welche Ziffern sind **nicht** punktsymmetrisch?

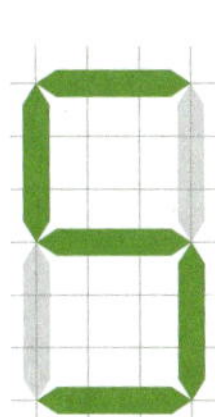

4 Male die Figur im Heft so mit zwei Farben aus, dass sie punktsymmetrisch bleibt.
Trage den Symmetriepunkt S ein.
Wie heißt der Bildpunkt zu Punkt B?

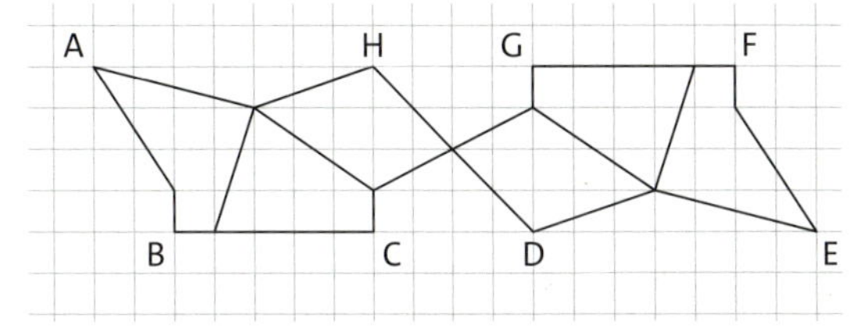

5 Bei dieser Punktspiegelung wurden einige Fehler gemacht. Finde die Fehler und beschreibe sie.

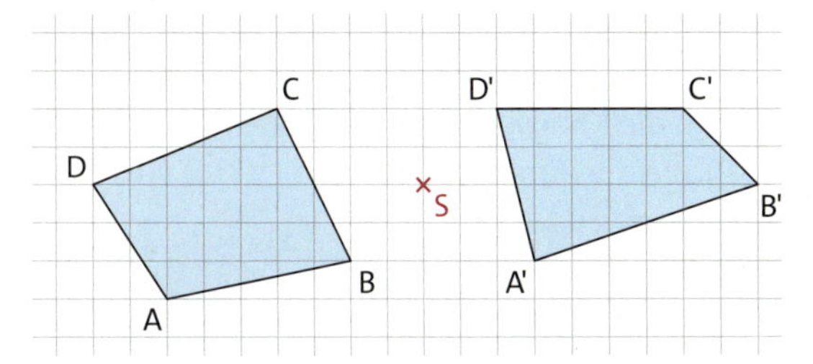

6 Übertrage die angefangene Punktspiegelung in dein Heft und führe sie zu Ende.

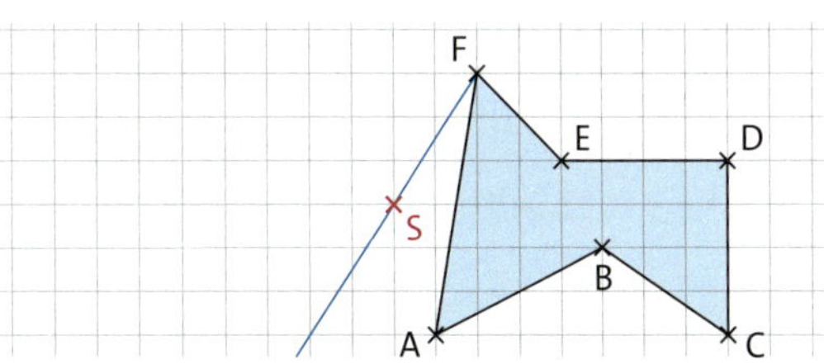

7 Übertrage in dein Heft. Zeichne die y-Achse bis 7.

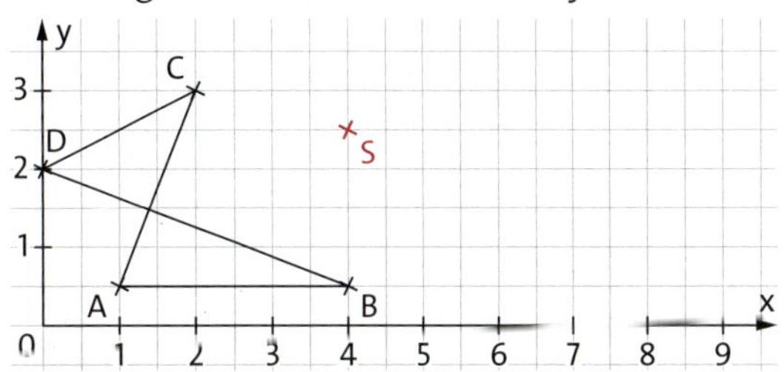

a) Spiegle die Figur am Punkt S.
b) Gib die Koordinaten der Punkte und ihrer Bildpunkte an.

8 Übertrage die Figur auf ein weißes Blatt und spiegle sie am Symmetriepunkt S.
Beschreibe dein Vorgehen.

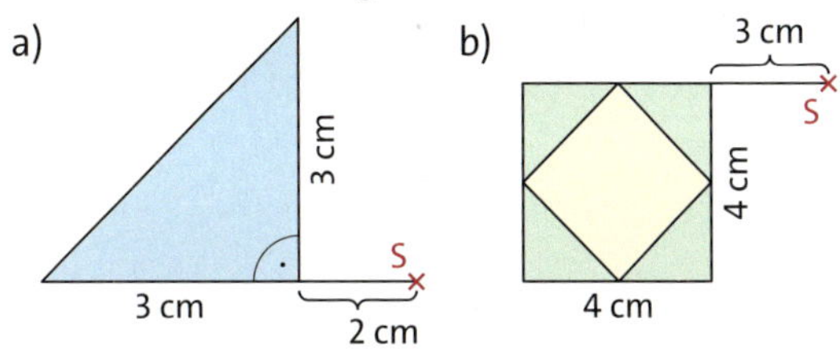

9 Arbeitet zu zweit. Jeder entwirft eine punktsymmetrische Figur mit Fehlern.
Tauscht die Zeichnungen und findet die Fehler.

10 Zeichne die punktsymmetrische Figur ab.
Finde den Symmetriepunkt S. Verbinde dazu jeweils einen Punkt mit seinem Bildpunkt usw.
Spiegle dann auch den Punkt E an S.

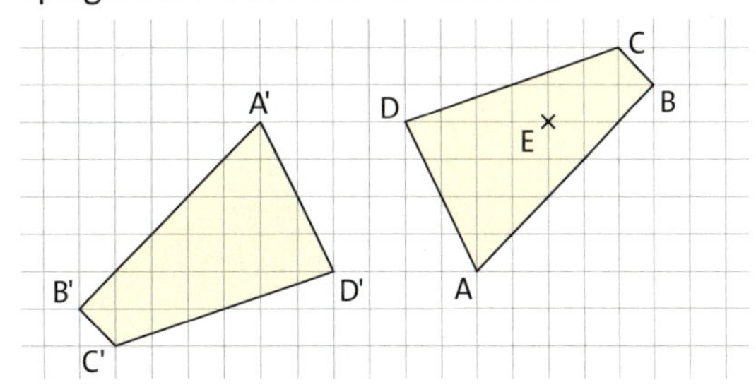

Kompetenz	

1 Ich kann Strecken mit vorgegebener Länge, Halbgeraden und Geraden zeichnen.

→ Lies auf **Seite 96** nach.

1 Zeichne in dein Heft:
a) eine 4 cm lange Strecke
b) eine Halbgerade
c) eine Gerade

---

2 Ich kann zueinander parallele und zueinander senkrechte Linien erkennen und zeichnen.

→ Lies auf **Seite 96** nach.

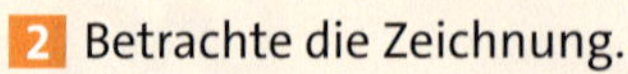

2 Betrachte die Zeichnung.

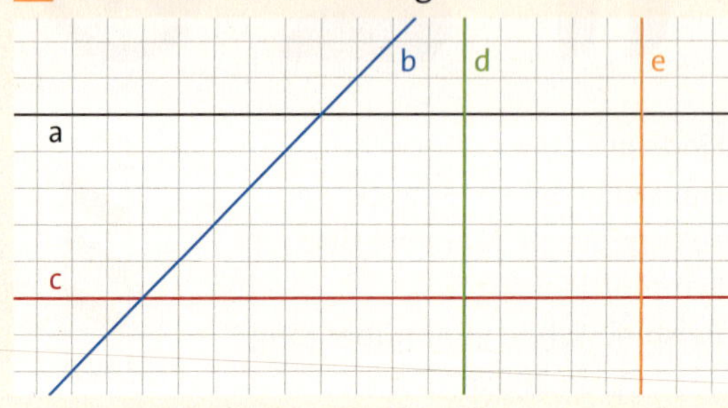

a) Nenne zwei zueinander parallele Geraden.
b) Nenne zwei zueinander senkrechte Geraden.
c) Übertrage die Zeichnung in dein Heft.

---

3 Ich kann den Abstand eines Punkts zu einer Geraden messen.

→ Lies auf **Seite 96** nach.

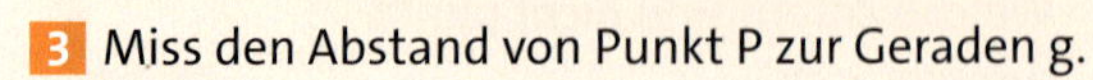

3 Miss den Abstand von Punkt P zur Geraden g.

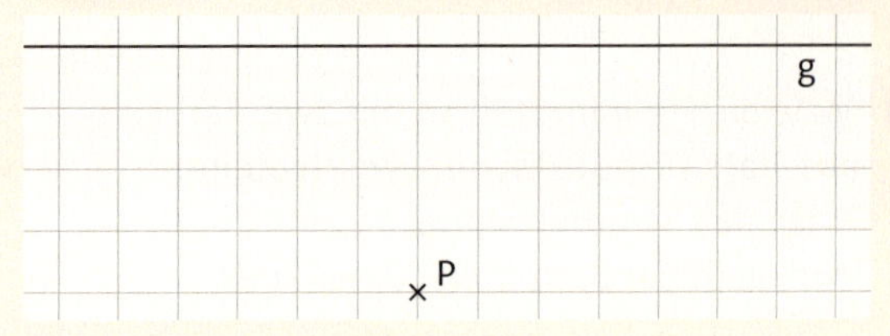

---

4 Ich kann die Koordinaten von Punkten im Koordinatensystem ablesen und Punkte mit vorgegebenen Koordinaten einzeichnen.

→ Lies auf **Seite 100** nach.

4 Übertrage in dein Heft.

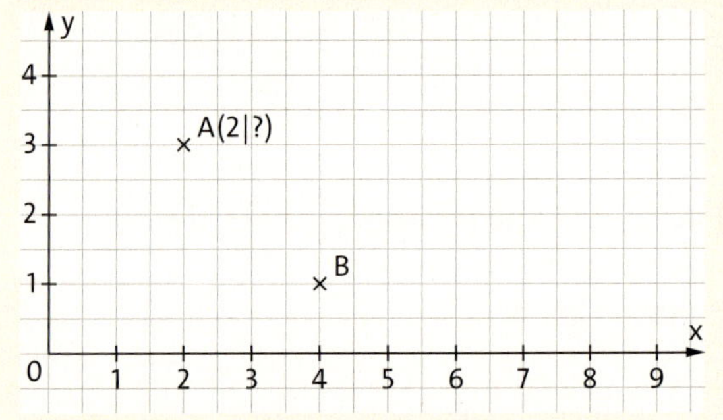

a) Gib die Koordinaten der Punkte A und B an.
b) Trage die Punkte C(5|2) und D(3|4) ein.

→ weiter auf Seite 116

1 Zeichne eine 4,5 cm lange Strecke $\overline{AB}$.
Verwende den Punkt A und zeichne eine Halbgerade mit Anfangspunkt A.
Zeichne außerdem eine Gerade und markiere darauf zwei Punkte C und D.

2 Betrachte die Zeichnung.
a) Finde zueinander parallele und zueinander senkrechte Geraden. Notiere sie mit ∥ bzw. ⊥.

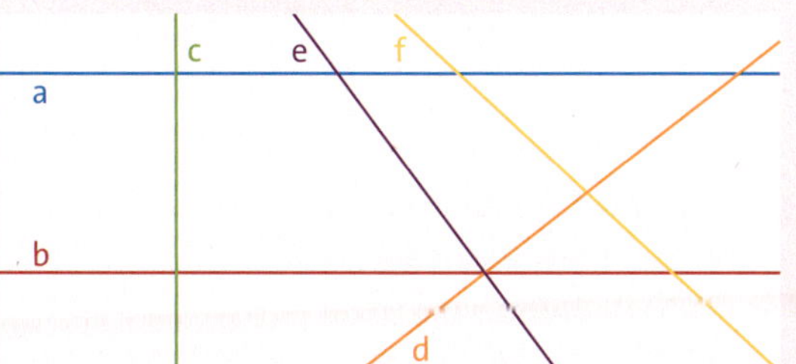

b) Zeichne zwei zueinander parallele Geraden in dein Heft.
Zeichne eine dazu senkrechte Gerade.

3 Miss den Abstand vom Punkt P zur Geraden g.

g

× P

4 Übertrage in dein Heft.

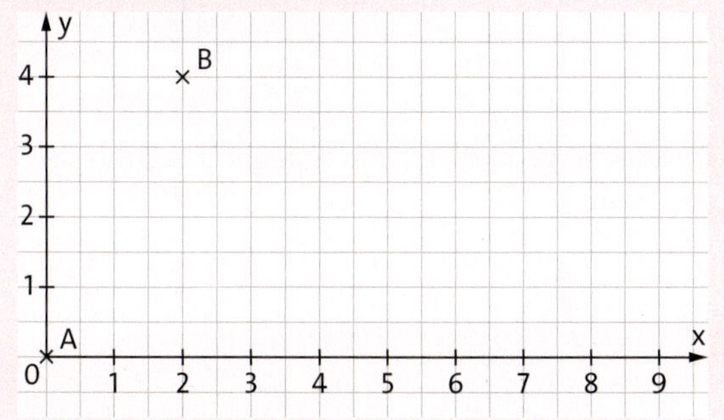

a) Gib die Koordinaten der Punkte A und B an.
b) Trage die Punkte C(4|3) und D(11|1) ein.
Verlängere dazu die x-Achse passend.
Verbinde die Punkte zu einem Viereck.

1 Zeichne eine 3,7 cm lange Strecke $\overline{AB}$.
Zeichne dann eine Halbgerade mit Anfangspunkt A und eine Gerade, die durch B geht.

2 Notiere zueinander parallele und zueinander senkrechte Geraden in der Kurzform.

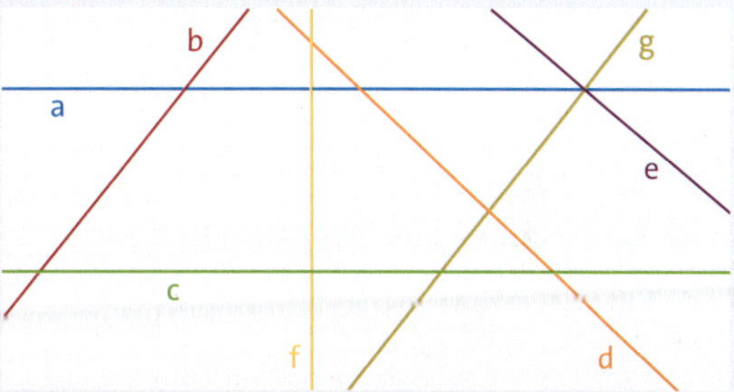

Zeichne zwei zueinander parallele Geraden g und h mit dem Abstand 2,2 cm.
Zeichne eine zu g senkrechte Gerade f.

3 Miss den Abstand vom Punkt P zur Geraden g.

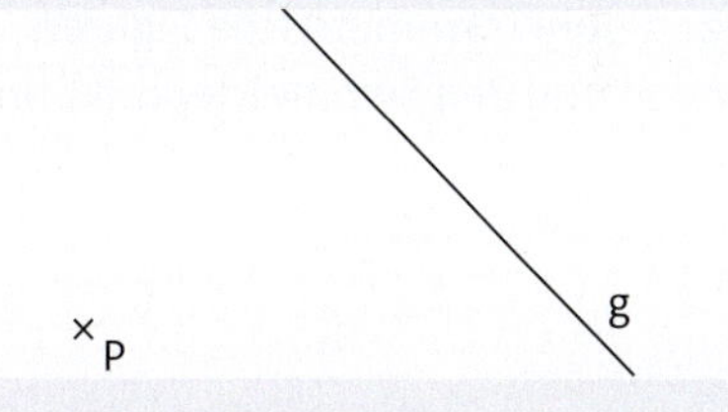

4 Übertrage in dein Heft.

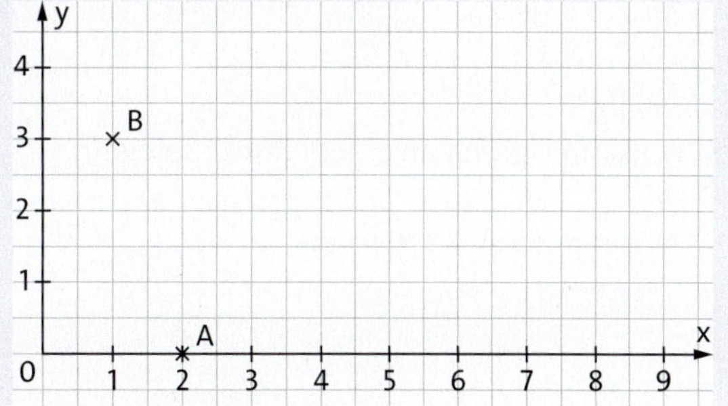

a) Gib die Koordinaten der Punkte A und B an.
b) Trage die Punkte C(8|6) und D(12|7) ein.
Vergrößere dazu das Koordinatensystem passend. Verbinde die Punkte.

→ weiter auf Seite 117

Kompetenz	
5 Ich kann achsensymmetrische Figuren erkennen und die Symmetrieachse finden. → Lies auf **Seite 106** nach.	**5** Welche der beiden Figuren ist achsensymmetrisch? Übertrage die achsensymmetrische Figur ins Heft und zeichne die Symmetrieachse ein. 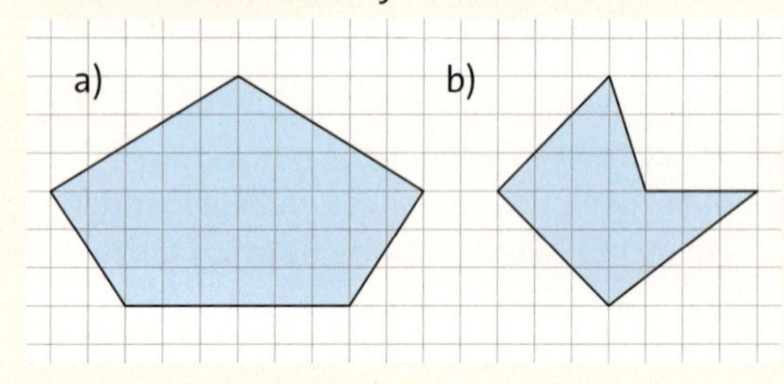
6 Ich kann Figuren an einer Achse spiegeln. → Lies auf **Seite 106** nach.	**6** Übertrage in dein Heft. Spiegle die Figur an der Symmetrieachse g. 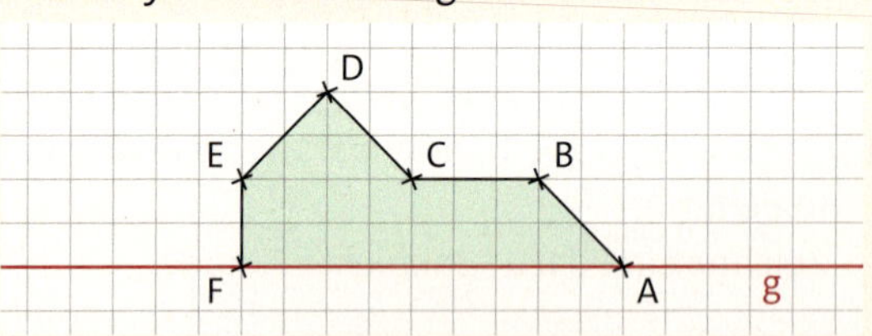
7 Ich kann punktsymmetrische Figuren erkennen und den Symmetriepunkt finden. → Lies auf **Seite 110** nach.	**7** Welche der beiden Figuren ist punktsymmetrisch? Übertrage die punktsymmetrische Figur ins Heft und zeichne den Symmetriepunkt S ein. 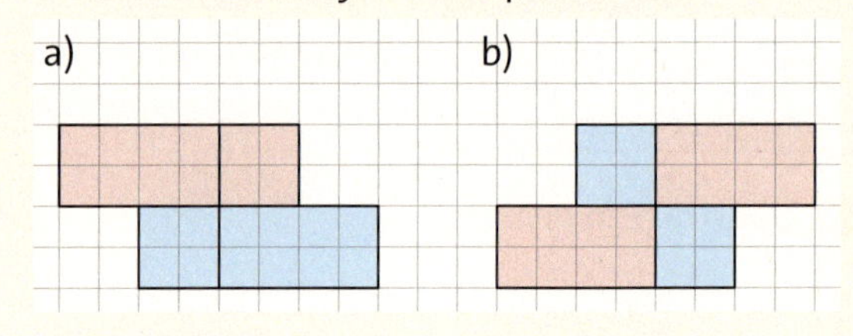
8 Ich kann Figuren an einem Punkt spiegeln. → Lies auf **Seite 110** nach.	**8** Übertrage in dein Heft. Spiegle das Dreieck am Punkt S. 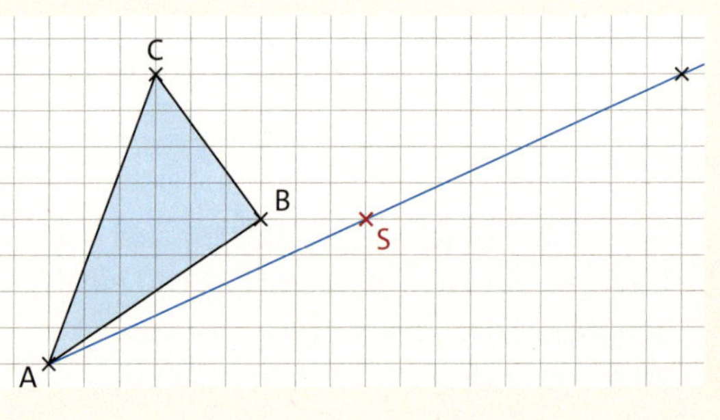

→ Lösungen auf Seite 243

☒

5 Welche der beiden Figuren ist achsensymmetrisch?
Übertrage die achsensymmetrische Figur ins Heft und zeichne alle Symmetrieachsen ein.

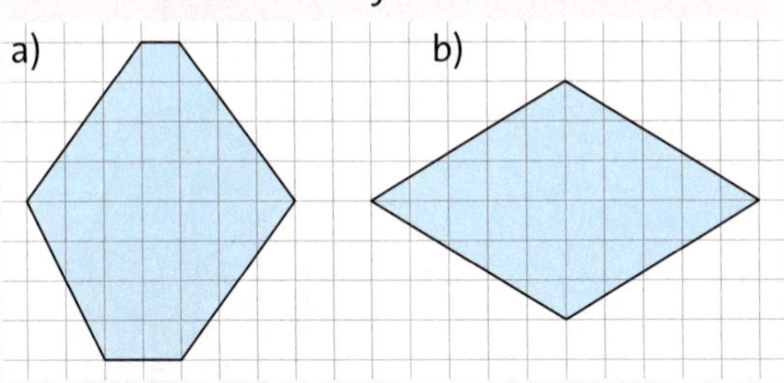

6 Übertrage in dein Heft. Spiegle die Figur an der Symmetrieachse g.

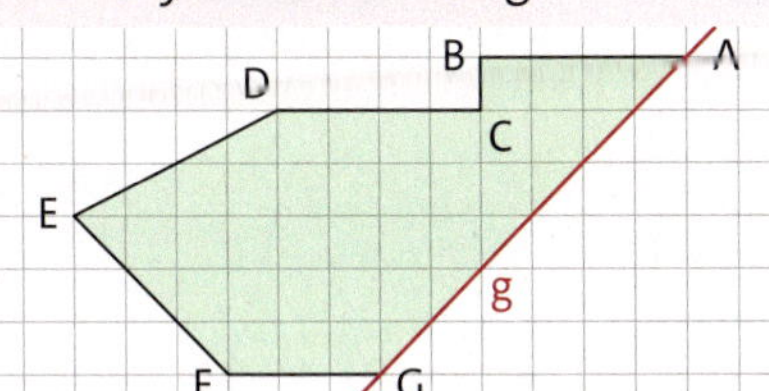

7 Welche der beiden Figuren ist punktsymmetrisch?
Übertrage die punktsymmetrische Figur ins Heft und zeichne den Symmetriepunkt S ein.

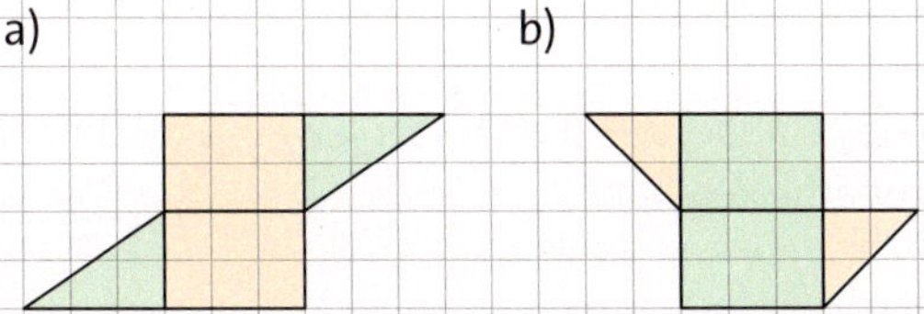

8 Übertrage in dein Heft. Spiegle die Figur am Punkt S.

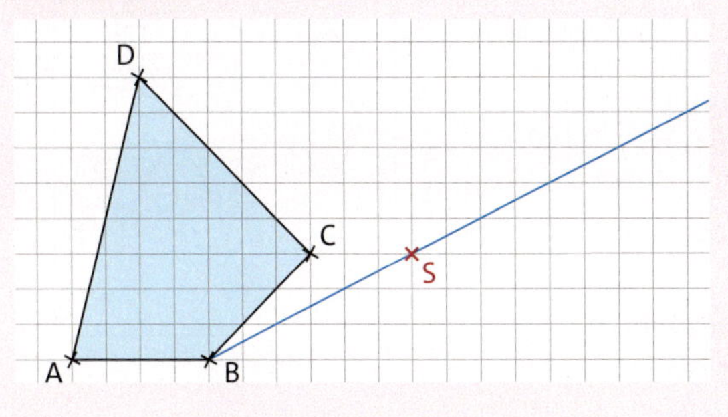

☒

5 Welche der beiden Figuren ist achsensymmetrisch?
Übertrage die achsensymmetrische Figur ins Heft und zeichne alle Symmetrieachsen ein.

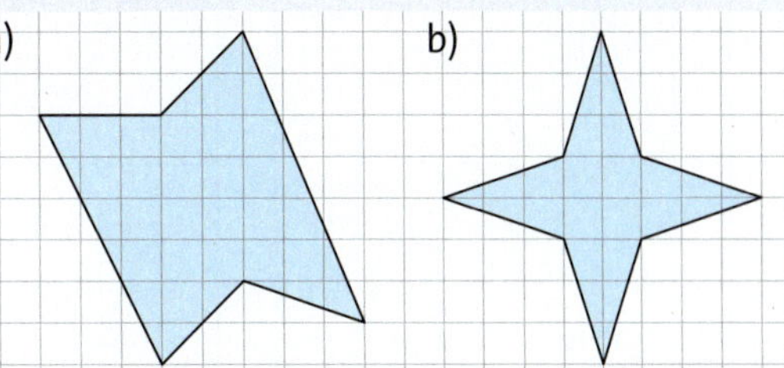

6 Übertrage in dein Heft. Spiegle die Figur an der Symmetrieachse g.

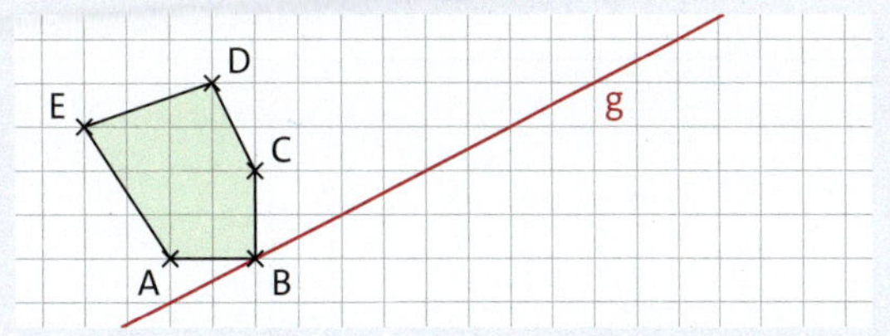

7 Welche der beiden Figuren ist punktsymmetrisch?
Übertrage die punktsymmetrische Figur ins Heft und zeichne den Symmetriepunkt S ein.

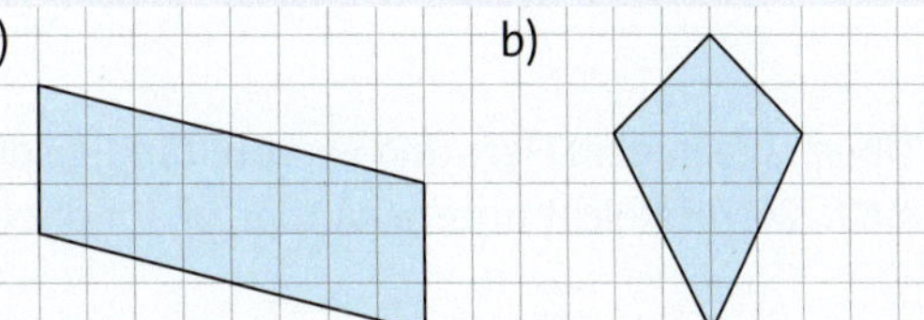

8 Übertrage in dein Heft. Spiegle die Figur am Punkt S.

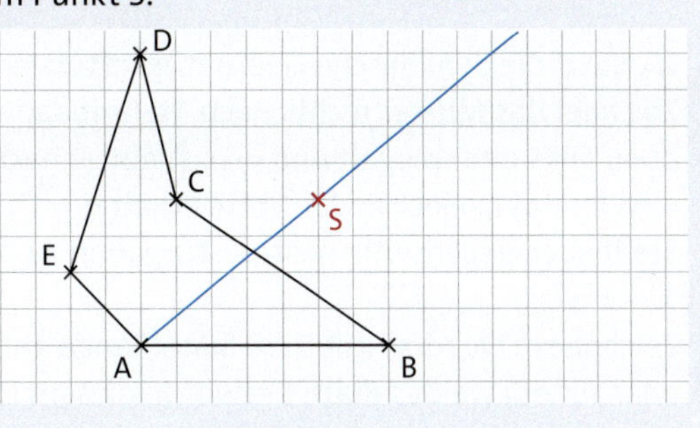

→ Lösungen auf Seite 243, 244 und 245

Muster zeichnen

In der Schule findet ein Wettbewerb statt. Jede Klasse zeichnet verschiedene Muster.
Das beste Muster wird dann auf T-Shirts gedruckt.
Fünf Schülerinnen und Schüler haben schon mit ihren Mustern begonnen.
Sie haben die Muster immer in ein Quadrat mit 5 cm Seitenlänge gezeichnet.

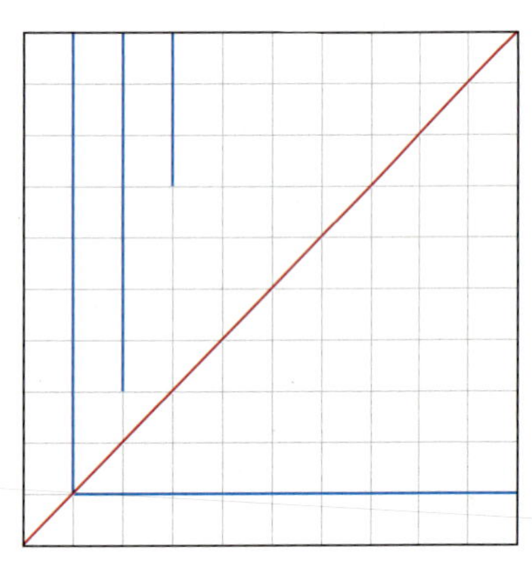
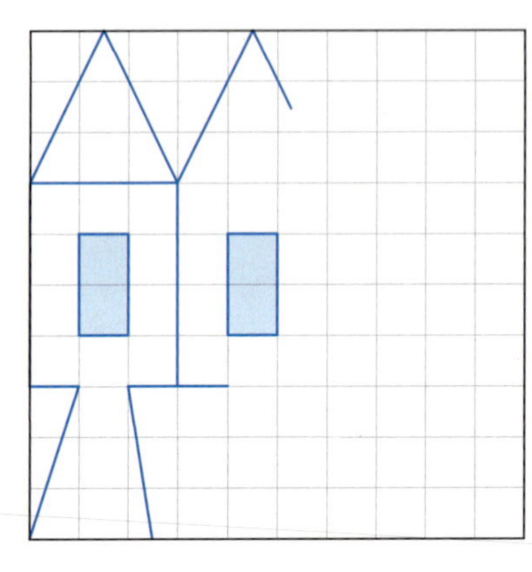
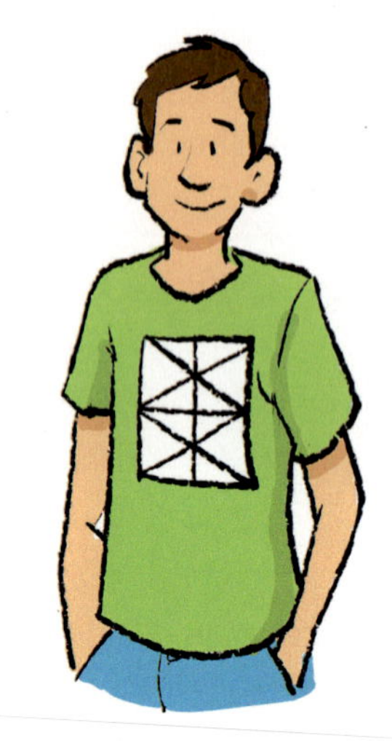
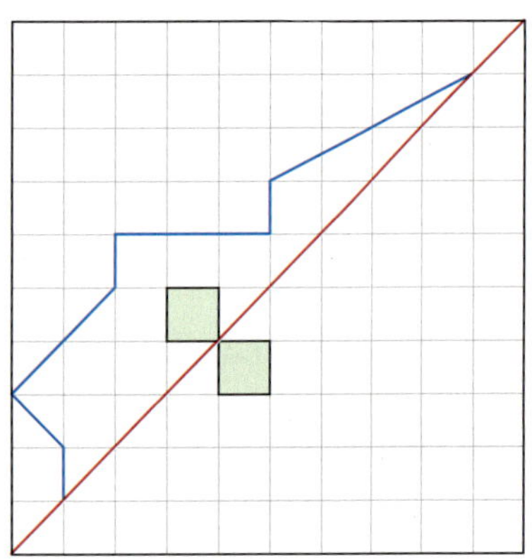
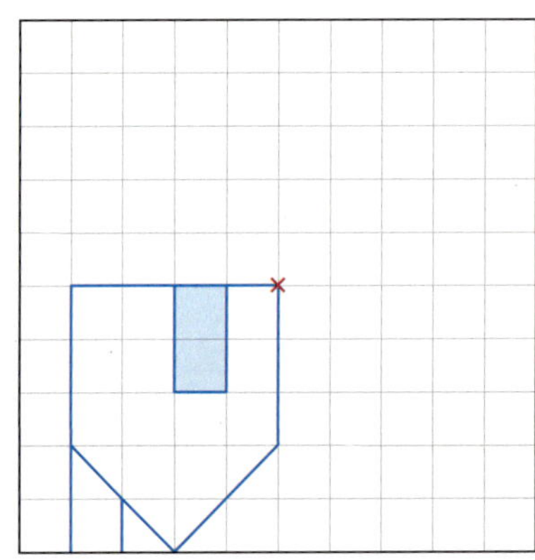
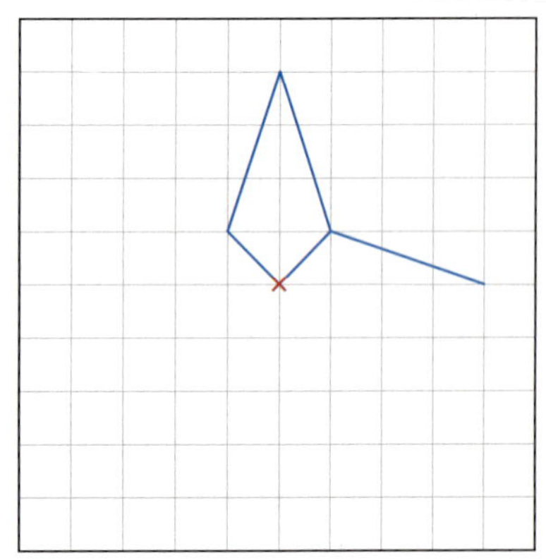

1 Übertrage in dein Heft und vervollständige die Muster. Beschreibe, wie die Muster jeweils entstanden sind. Vergleicht untereinander, ob ihr dasselbe Muster erhalten habt.

2 Welches Muster hat deiner Meinung nach gewonnen? Begründe deine Meinung.

3 Das Muster rechts ist nicht ganz regelmäßig.
Finde die Fehler und beschreibe sie.

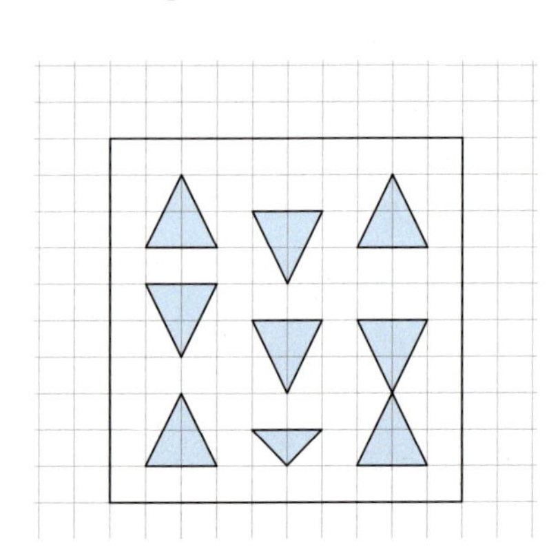

4 Nutzt die dynamische Geometriesoftware (DGS).
Zeichnet das Muster rechts nach. Nehmt dann das Dreieck oben links und spiegelt und verschiebt es nacheinander so, dass ihr das Dreieck in der Mitte erhaltet.
Stellt euch gegenseitig weitere Aufgaben zu diesem Muster.

5 Zeichne ein Quadrat mit 5 cm Seitenlänge auf kariertes Papier oder auf ein weißes Blatt. Entwirf in diesem Quadrat ein eigenes farbiges Muster. Beschreibe die Regelmäßigkeit.
Du kannst auch ein T-Shirt zeichnen und dein Muster dort einzeichnen.

1 Übertrage das Muster in dein Heft.

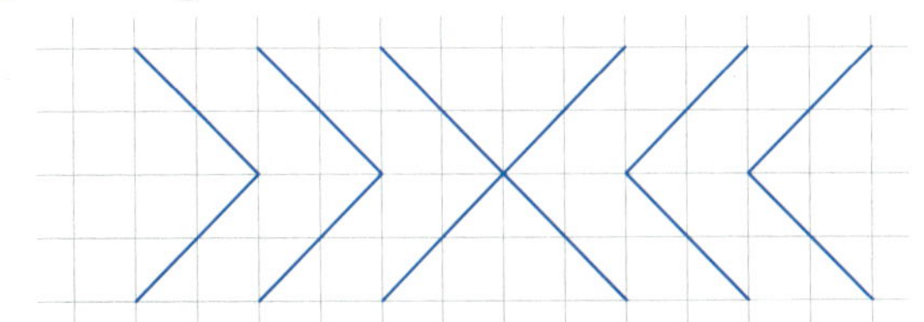

a) Zeichne eine Symmetrieachse ein.
b) Trage den Symmetriepunkt S ein.
c) Zeichne in das Muster weitere parallele Linien ein.

2 Manu wollte zweimal den gleichen Kaktus zeichnen: einmal richtig herum und einmal auf den Kopf gedreht. Hat Manu richtig gezeichnet?

3 Übertrage in dein Heft.

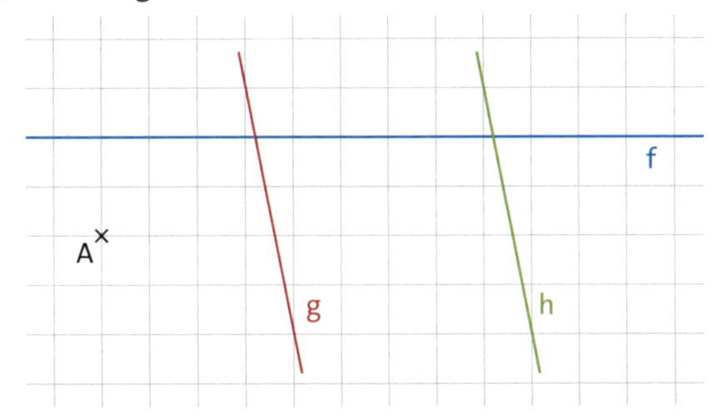

a) Was gilt: $g \parallel h$ oder $g \perp h$?
b) Prüfe, ob gilt: $f \perp g$.
c) Zeichne und miss den Abstand von A zu g.
d) Zeichne einen Punkt B ein, der zu f einen Abstand von 4 cm hat. ▸ 3

4 Übertrage in dein Heft.
Spiegle die Figur an der Symmetrieachse g.

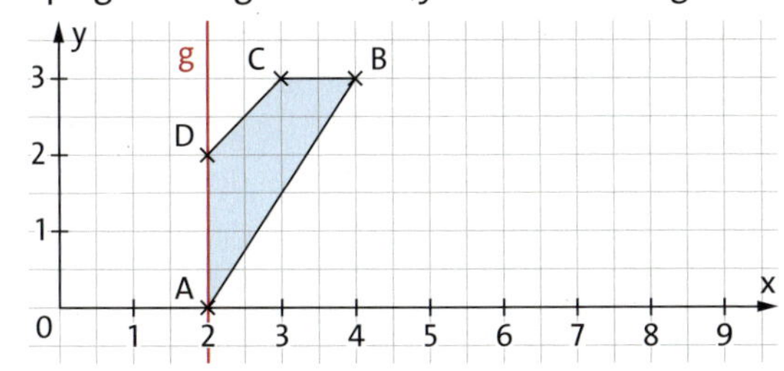

5 Übertrage in dein Heft.

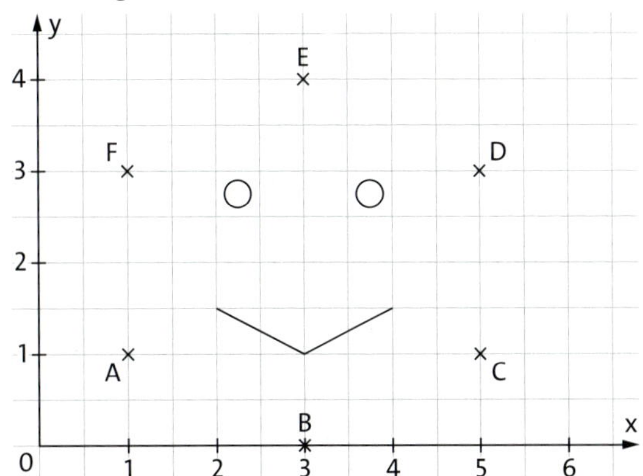

a) Gib die Koordinaten der sechs Punkte an. Verbinde die Punkte zu einem Sechseck.
b) Trage die Symmetrieachse ein.
c) Zeichne das Koordinatensystem noch einmal. Trage folgende Punkte ein: M(3|2), N(5|2), O(6|3), P(5|4), Q(3|4), R(2|3). Verbinde die Punkte zu einem Sechseck. Zeichne dann ein Gesicht ein. ▸ 5

6 Übertrage das Koordinatensystem mit der Figur in dein Heft. Spiegle die Figur am Punkt S.

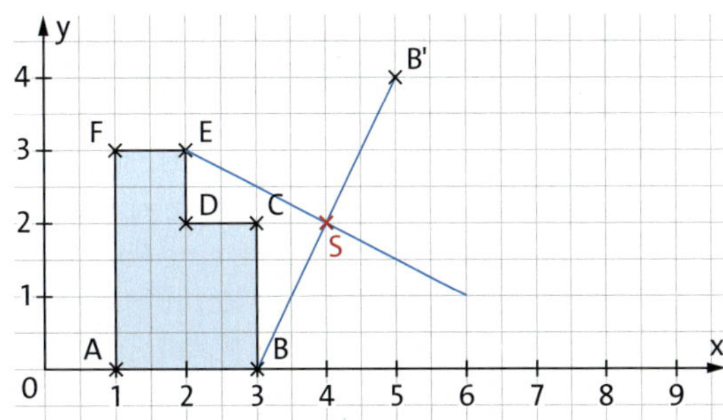

7 Zeichne ein Koordinatensystem mit Achsen von 0 bis 9. Trage die Punkte ein: A(1|2), B(3|3), C(2|5).
a) Verbinde die Punkte zu einem Dreieck.
b) Zeichne eine Parallele zur y-Achse durch den Punkt E(5|1). Bezeichne sie mit g.
c) Spiegle das Dreieck ABC an g. Gib die Koordinaten der Bildpunkte A', B' und C' an.

8 Arbeitet zu zweit. Jeder zeichnet eine „achsensymmetrische Figur" mit Fehlern. Tauscht die Zeichnungen. Findet die Fehler.

Sprachhilfe zu **2**: Diese Wörter können helfen: der linke „Arm" – der rechte „Arm" – oben – unten.

▸ Tipp zu 3, 4, 5, 6, 7

Vermischte Übungen ☒

1 Tim hat beim Zeichnen mit Wasser gekleckst.

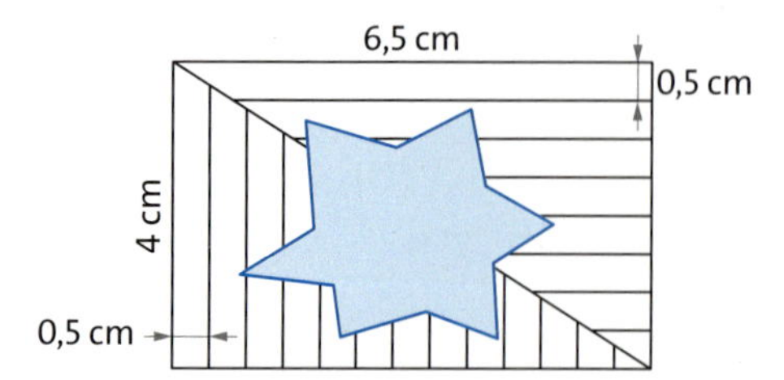

a) Übertrage seine Zeichnung auf ein weißes Blatt und vervollständige sie.
b) Ist das Muster punktsymmetrisch? Ist es achsensymmetrisch? Begründe.
c) Zeichne ein neues Muster mit zueinander parallelen Linien auf ein weißes Blatt.

2 Übertrage in dein Heft.

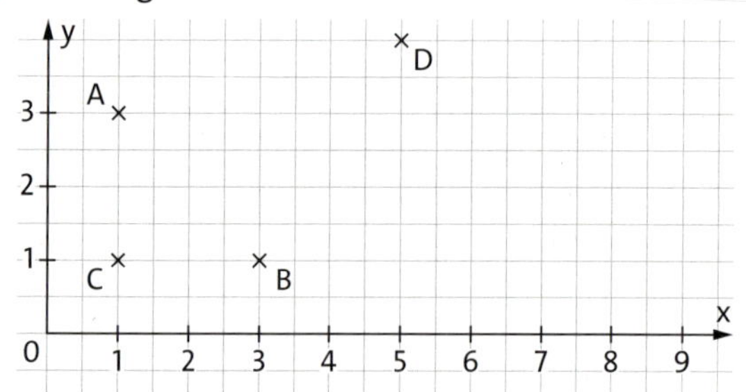

a) Trage zusätzlich den Punkt E(4|2) und die Strecke $\overline{AB}$ ein.
b) Zeichne zwei Senkrechte zur Strecke $\overline{AB}$: eine durch den Punkt C und eine durch D.
c) Zeichne durch den Punkt E eine Parallele zur Strecke $\overline{AB}$. Nenne die Koordinaten von zwei Punkten, die auf der Parallelen liegen.

3 Übertrage das Dreieck in dein Heft.

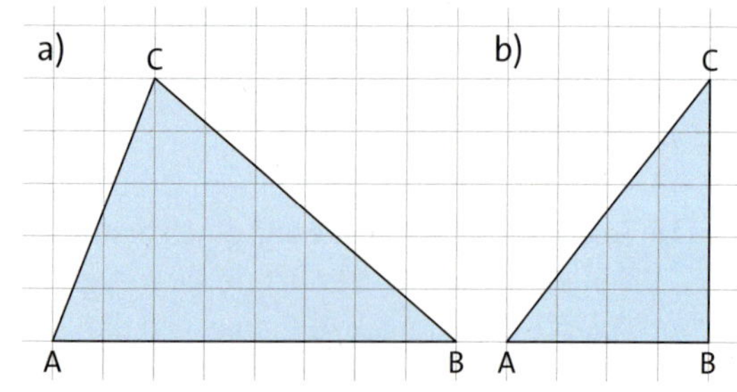

Bestimme die Abstände der drei Eckpunkte zu den gegenüberliegenden Seiten, also den Abstand von A zu $\overline{BC}$, von B zu $\overline{AC}$ usw. Spiegle das Dreieck an $\overline{AB}$.

▸ 3

4 Untersuche Uhrzeiten.

a) Uhr mit Zeigern: Zu welcher vollen Stunde (1 Uhr, 2 Uhr, 3 Uhr, ...) stehen die beiden Zeiger senkrecht aufeinander?
b) Uhr mit Digitalanzeige: Nenne drei achsensymmetrische Uhrzeiten. Begründe.

Beispiel 20:05

c) Uhr mit Digitalanzeige: Nenne drei punktsymmetrische Uhrzeiten.

▸ 5

5 Übertrage in dein Heft.

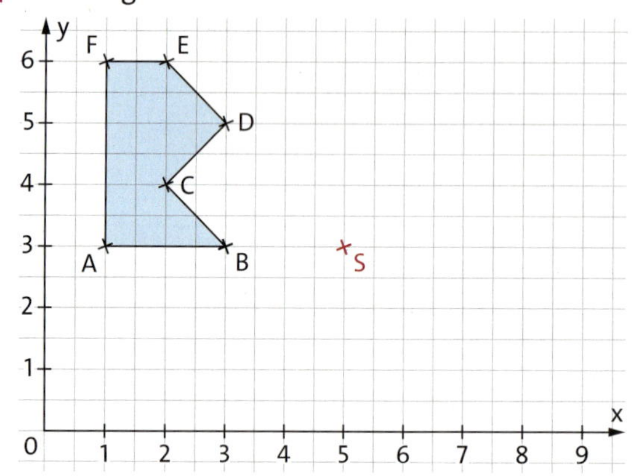

a) Gib die Koordinaten der Eckpunkte an.
b) Spiegle die Figur am Punkt S. Beschrifte die Bildpunkte passend.

6 Zeichne ein Koordinatensystem in dein Heft. Bestimme zuerst die Länge der Achsen. Trage ein: A(4|6), B(8|6), C(8|8), D(5|8).
a) Verbinde die Punkte zu einem Viereck.
b) A'(4|4) soll der Bildpunkt von A bei einer Achsenspiegelung sein. Zeichne die passende Symmetrieachse g ein. g verläuft parallel zu einer der beiden Koordinatenachsen.
c) Spiegle das Viereck an g und gib die Koordinaten der Bildpunkte B', C' und D' an.

Sprachhilfe zu 1b: Diese Wörter können helfen: falten – aufeinanderpassen – auf den Kopf stellen.

▸ Tipp zu 3, 4, 5, 6

1 Zeichne das Muster auf ein weißes Blatt:
Die Länge der Strecke $\overline{AB}$ beträgt 8 cm.
Teile $\overline{AB}$ in vier gleich lange Abschnitte.
Die Strecke $\overline{BC}$ ist 4 cm lang und steht senkrecht auf $\overline{AB}$.
Vervollständige das Zickzack-Muster.

2 Seesterne haben verschieden viele Beine.

Luisa will einen Seestern zeichnen, der punktsymmetrisch und achsensymmetrisch ist. Wie viele Beine kann Luisas Seestern haben? Zeichne selbst einen solchen Seestern.

3 Bei einem Rennen in Sydney fährt ein Segelboot 300 m vom Start zur Boje 1. Danach geht es senkrecht dazu weiter zu Boje 2 und von da zurück zum Start.

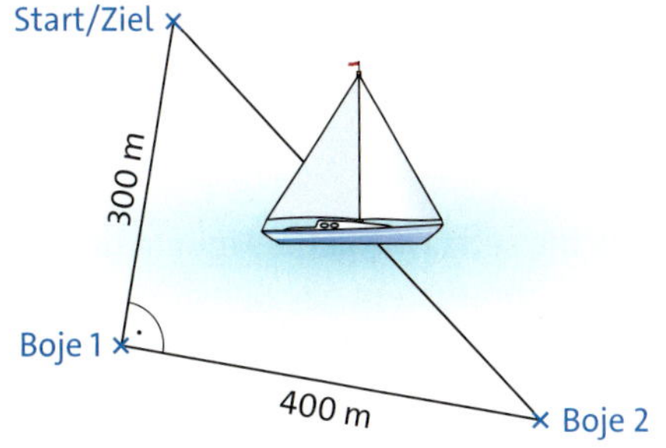

a) Zeichne die Strecken. Wähle 1 cm für 50 m.
b) Wie lang ist die Strecke von Boje 2 bis zum Ziel in der Zeichnung und in Wirklichkeit?

4 Zeichne einen Punkt P und drei Geraden f, g und h auf ein weißes Blatt.
Es soll gelten:
- 2 cm Abstand von P zu f
- 3 cm Abstand von P zu g
- 4 cm Abstand P zu h
- f, g und h schließen ein Dreieck ein.

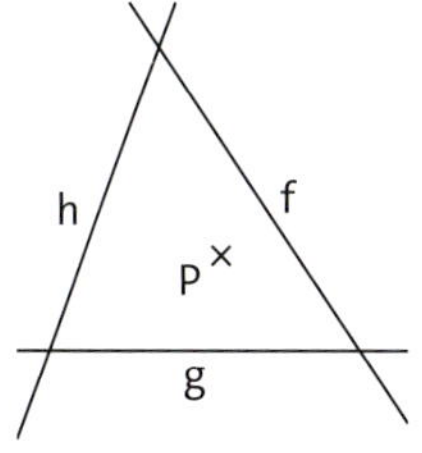

Beschreibe dein Vorgehen.
Prüfe: Ist das Dreieck achsensymmetrisch? Ist es punktsymmetrisch?

5 Übertrage in dein Heft.

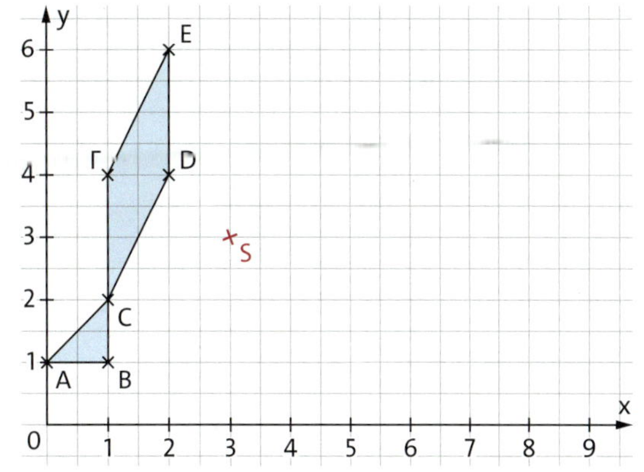

a) Gib die Koordinaten der Eckpunkte an.
b) Spiegle die Figur am Punkt S. Beschrifte die Bildpunkte passend.
c) Ergänze Linien in der Figur und der Bildfigur. Die Zeichnung soll punktsymmetrisch bleiben.

6 Zeichne die Punkte A(3|7), B(5|8), C(7|2) und den Bildpunkt D'(6|1) in ein Koordinatensystem ein.
a) Zeichne die Spiegelachse g ein: Sie verläuft durch den Punkt B senkrecht zur x-Achse.
b) D soll der Originalpunkt von D' sein, der durch die Spiegelung an g entsteht. Gib die Koordinaten von D an.
c) Spiegle das Viereck ABCD an der Achse g. Gib die Koordinaten der Bildpunkte A', B' und C' an.
d) Miss für alle Punkte den Abstand zu g.
e) Spiegle das Viereck ABCD am Punkt S(8|4). Erweitere dazu das Koordinatensystem passend.

Tipp zu 4, 5

Schatzsuche unter Wasser

Philip macht mit bei einer Schatzsuche für Taucher.
Er muss bestimmte Dinge im Wasser finden.

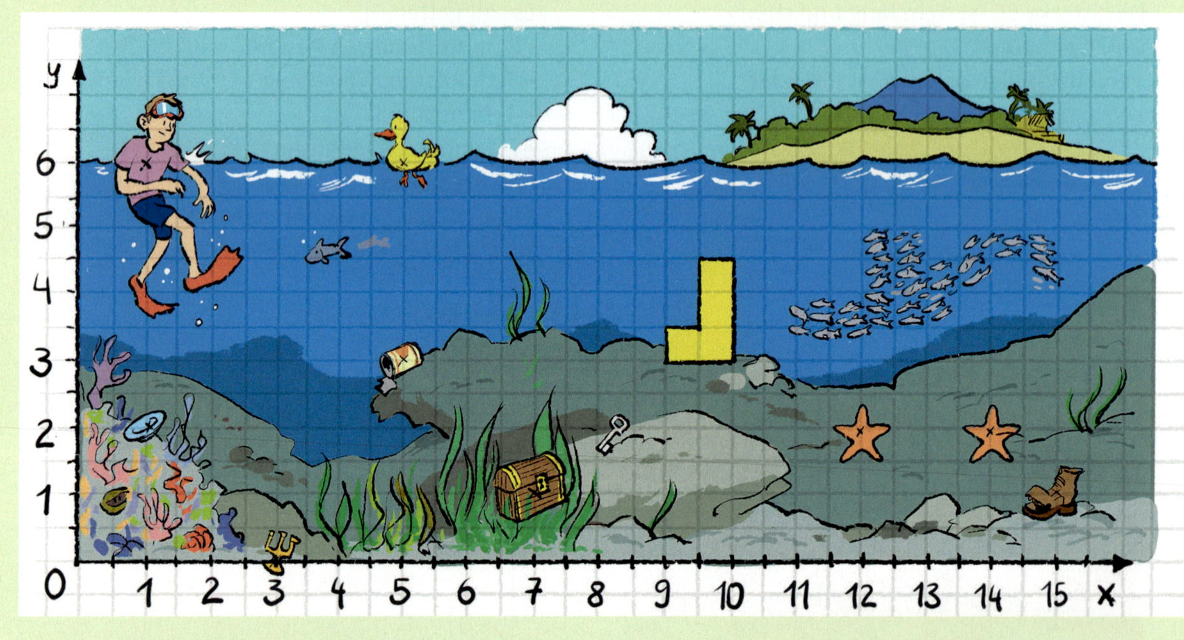

Zeichne zuerst das Koordinatensystem in dein Heft.

A Was befindet sich beim Punkt (12|2)?

B Trage den Punkt H für den Schuh und den Punkt K für den Kerzenhalter ein. Nenne zwei Punkte im Fischschwarm.

C Beginne im Punkt A(1|6). Philip schwimmt bis hinunter zum Teller. Verbinde die beiden Punkte und nenne die Strecke s. Zeichne eine Parallele zu s durch den Punkt (5|6) mit der Ente. Die Ente taucht an dieser Parallele nach unten. Welchen Gegenstand findet sie?

D Suche die Schatztruhe und miss den Abstand zur Wasseroberfläche. Eine Einheit entspricht 60 cm in Wirklichkeit. Wie weit ist die Schatztruhe in Wirklichkeit von der Wasseroberfläche entfernt?

E Die zwei Seesterne liegen so, dass man fast denken könnte, sie wären gespiegelt. Nenne zwei Punkte, durch die die Spiegelachse geht.

F Trage die seltsame gelbe Figur in dein Koordinatensystem ein. Spiegle die Figur am Punkt S(9|3). Welcher Gegenstand befindet sich im Bild der Figur?

G Welche Gegenstände im Wasser sind punktsymmetrisch und welche sind achsensymmetrisch?

1 Übertrage in dein Heft.

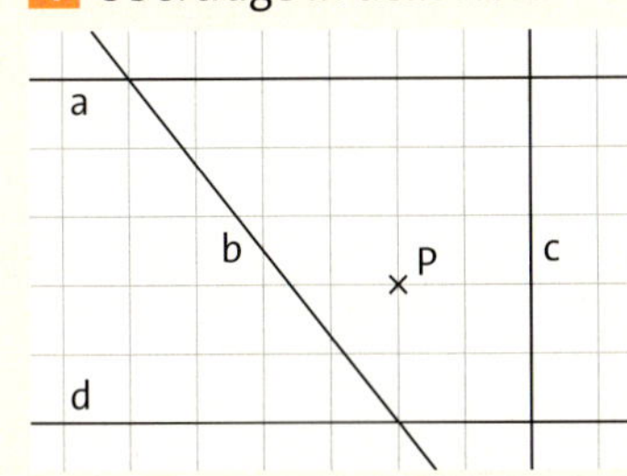

a) Welche Geraden sind senkrecht zueinander? Welche sind zueinander parallel? Schreibe auf.
b) Miss den Abstand von Punkt P zur Geraden a.
c) Übertrage c und d in dein Heft. Zeichne eine Parallele zu d und eine Senkrechte zu c.

2 Zeichne ein Koordinatensystem in dein Heft. Beide Achsen sollen 4 cm lang sein. Trage die Punkte ein: A(1|2), B(2|3) und C(3|2). Verbinde die Punkte.

3 Übertrage in dein Heft. Spiegle die Figur an der Symmetrieachse.

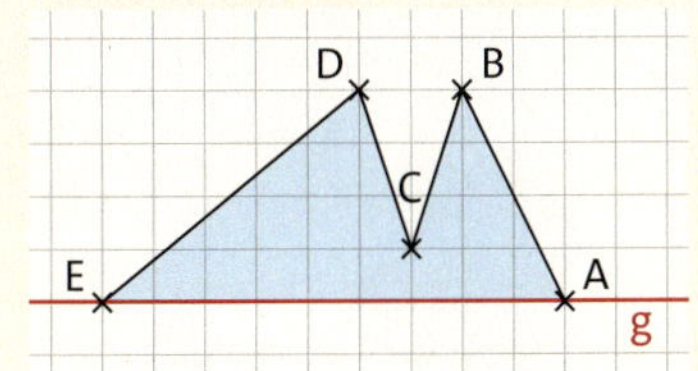

4 Übertrage in dein Heft. Spiegle die Figur am Punkt S.

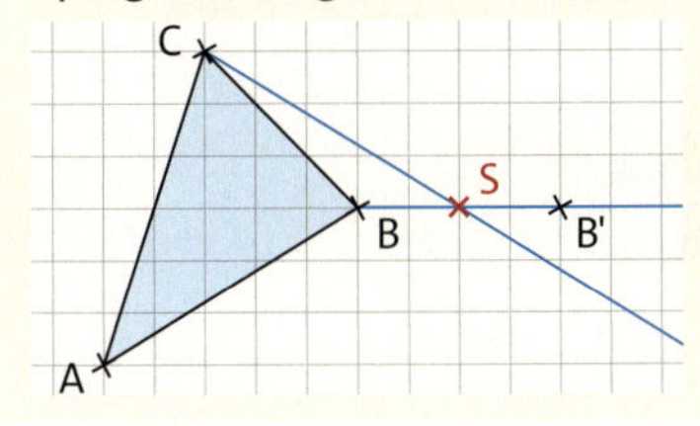

1 Betrachte die Zeichnung.

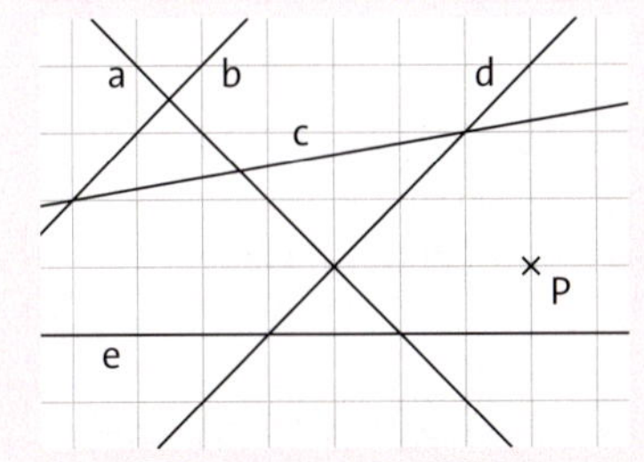

a) Welche Geraden sind senkrecht zueinander? Welche sind zueinander parallel? Notiere in der Kurzform.
b) Miss den Abstand von Punkt P zur Geraden d.
c) Zeichne auf Karopapier zwei zueinander parallele Geraden g und h und eine Senkrechte zu g.

2 Zeichne ein Koordinatensystem in dein Heft. Die x-Achse soll 4 cm lang sein. Trage ein: A(0|2), B(2|1), C(3|2) und D(1|3). Verbinde die Punkte zu einem Viereck.

3 Übertrage in dein Heft. Spiegle die Figur an der Symmetrieachse.

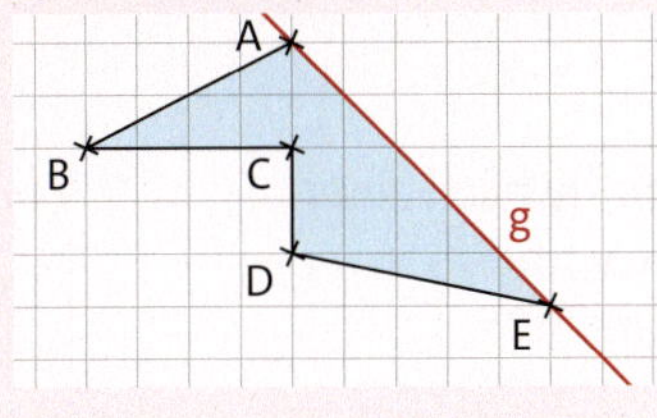

4 Übertrage in dein Heft. Spiegle die Figur am Punkt S.

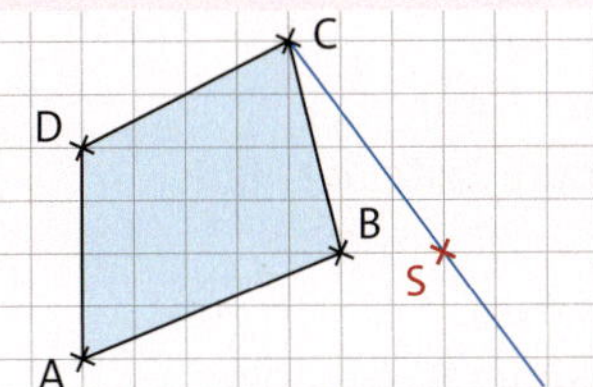

1 Betrachte die Zeichnung.

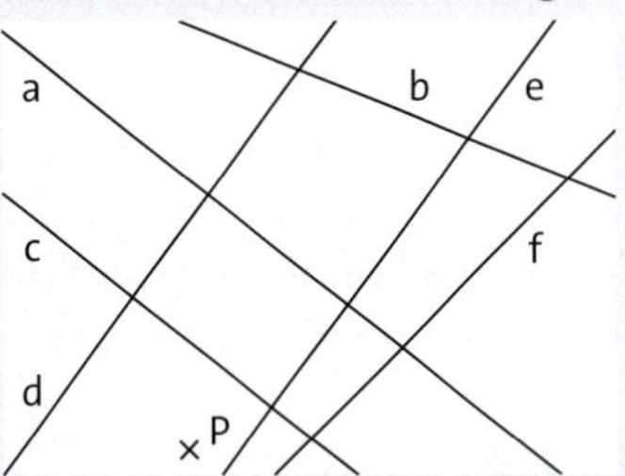

a) Welche Geraden sind senkrecht zueinander? Welche sind zueinander parallel? Notiere in der Kurzform.
b) Miss den Abstand von Punkt P zur Geraden b.
c) Zeichne auf Karopapier zwei zueinander parallele Geraden im Abstand von 1,2 cm und eine Senkrechte dazu.

2 Zeichne ein Koordinatensystem in dein Heft und trage ein: A(0|1), B(2|0), C(5|1) und D(1|4). Verbinde die Punkte zu einem Viereck.

3 Übertrage in dein Heft. Spiegle die Figur an der Symmetrieachse.

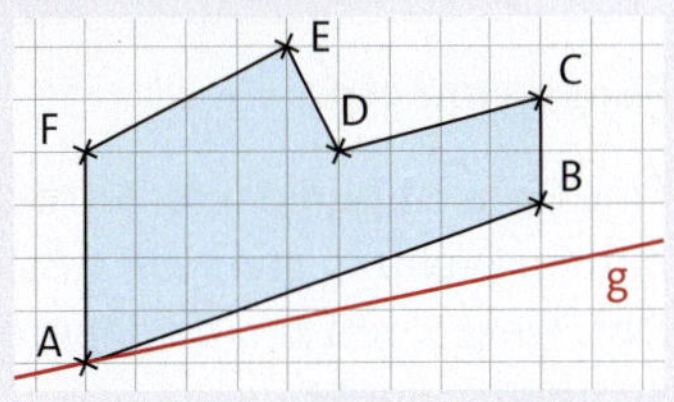

4 Übertrage in dein Heft. Spiegle die Figur am Punkt S.

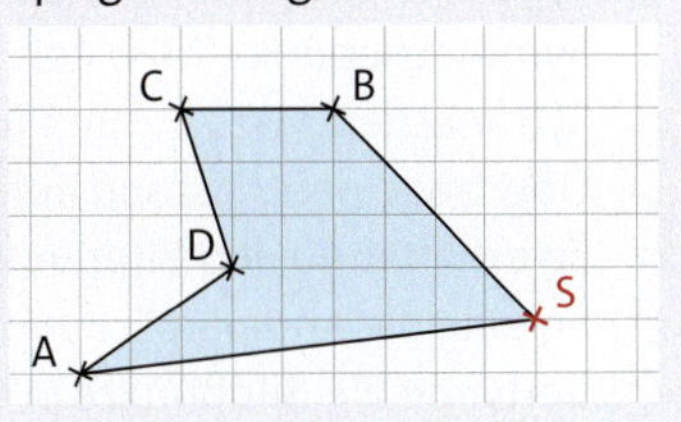

→ Lösungen auf Seite 245 und 246

Zusammenfassung

Gerade, Parallele, Senkrechte → Seite 96

die Strecke:

A B

die Halbgerade (der Strahl):

A

die Gerade:

g

Gerade Linien, die überall den gleichen **Abstand** voneinander haben, sind **zueinander parallel**. Schreibe: a || b
Wenn zwei Linien einen **rechten Winkel** bilden, dann sind sie **senkrecht zueinander**. Schreibe: d ⊥ b

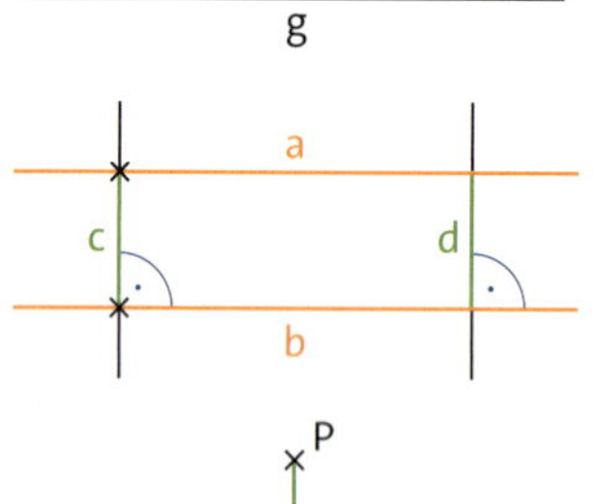

Den **Abstand** eines Punkts P zu einer Geraden g bestimmst du so:
Zeichne die Senkrechte zur Geraden g, die durch den Punkt P geht.
Miss dann die Länge der Strecke zwischen Punkt P und Gerade g.

P
g

Das Koordinatensystem → Seite 100

In einem Koordinatensystem lässt sich die Lage eines Punkts genau angeben.
Bei jedem Punkt P(x|y) wird zuerst die x-Koordinate und dann die y-Koordinate angegeben.

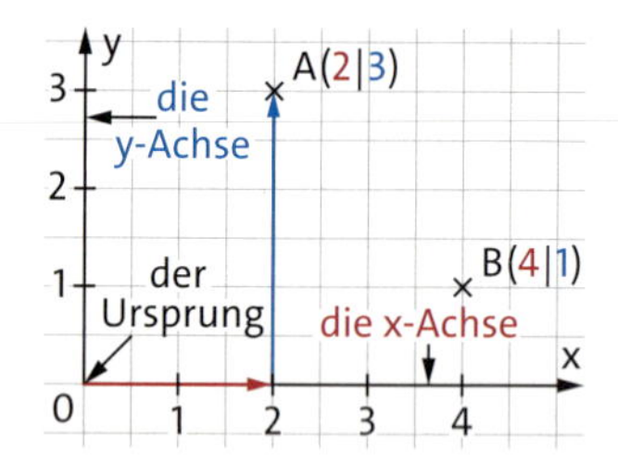

Achsensymmetrie → Seite 106

Eine **achsensymmetrische Figur** kann man so falten, dass beide Hälften genau aufeinanderpassen.
Die Faltkante heißt **Symmetrieachse** oder **Spiegelachse**.

Die Achsenspiegelung an einer Achse g:
① Miss den Abstand eines Punkts zur Symmetrieachse.
② Zeichne auf der anderen Seite der Symmetrieachse den Bildpunkt im gleichen Abstand ein.
③ Verbinde zum Schluss alle Bildpunkte zu einer Figur.

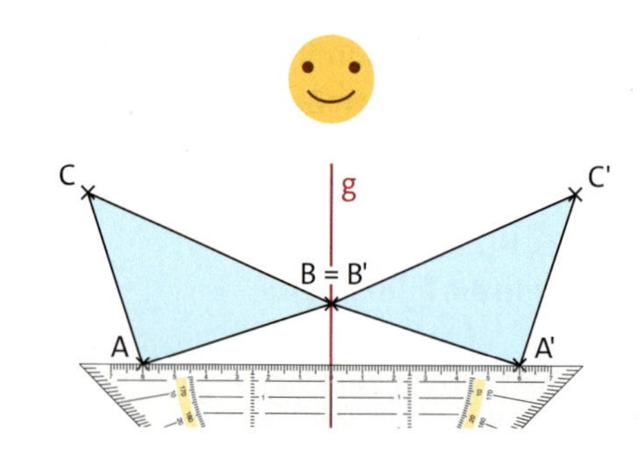

Punktsymmetrie → Seite 110

Eine Figur ist **punktsymmetrisch**, wenn sie nach einer halben Drehung genauso aussieht wie vorher.
Der Punkt S, um den du dabei drehst, heißt **Symmetriepunkt**.

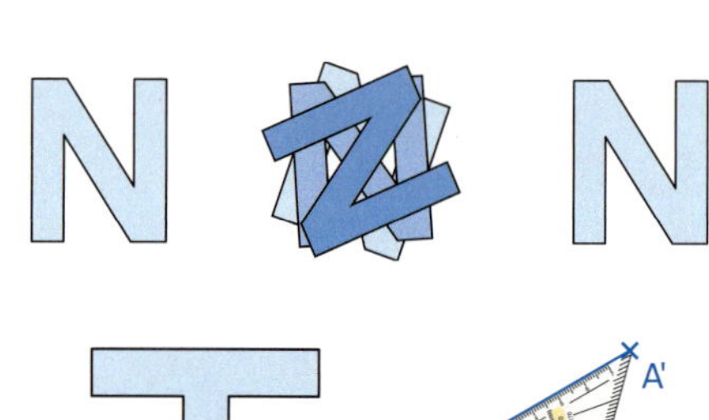

Die Punktspiegelung an einem Punkt S:
① Lege den Nullpunkt des Geodreiecks auf den Symmetriepunkt. Miss den Abstand des Symmetriepunkts S zum Punkt A der Figur.
② Übertrage den Abstand auf die andere Seite der Figur. So erhältst du den Bildpunkt A'.
③ Spiegle die anderen Eckpunkte genauso.
④ Verbinde die Bildpunkte in der richtigen Reihenfolge zu einer Figur.

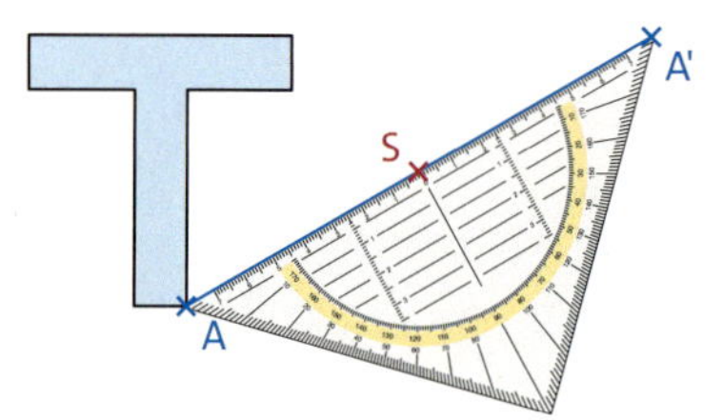

Natürliche Zahlen multiplizieren und dividieren

5

▶ Die Klasse 5 b fährt auf Klassenfahrt an die Nordsee.
Die Kosten betragen 250 € pro Person.
Die Schülerinnen und Schüler wollen einige Ausflüge machen, zum Beispiel ins Schifffahrtsmuseum, auf einen Leuchtturm und eine Führung durchs Watt.
Nun gibt es viel zu planen und zu berechnen.

Welcher Ausflug würde dir am besten gefallen?
Was musst du für den Ausflug organisieren?

In diesem Kapitel lernst du …

- mit den Fachbegriffen der Multiplikation und Division umzugehen,
- Vorrangregeln zu beachten,
- vorteilhaft zu rechnen,
- schriftlich zu multiplizieren und zu dividieren,
- Sachaufgaben zu lösen,
- Potenzen zu berechnen.

Wiederholung

Kompetenz	Aufgabe	Lies und übe.
1 Ich kann im Kopf addieren und subtrahieren.	**1** Rechne im Kopf. a) 16 + 7 b) 53 + 9 c) 9 + 6 + 14 d) 25 – 13 e) 46 – 32 f) 63 – 56	→ Seite 34; Seite 35 Nr. 4 und 6

2 Ich kann schriftlich addieren.	**2** Übertrage ins Heft und berechne.
	a)
	    8 0 6
	+ 3 0 8 7
	b)
	  1 7 1 9
	+ 4 5 0 0
	+ 1 8 4 6
		→ Seite 42; Seite 43 Nr. 2

3 Ich kann schriftlich subtrahieren.	**3** Übertrage ins Heft und berechne. 4 5 0 2 – 1 8 7 9	→ Seite 46; Seite 48 Nr. 1
4 Ich kann die Fachbegriffe der Addition und Subtraktion verwenden.	**4** Ordne die Fachbegriffe zu. ① (128 + 57) = 185: 128 ②, 57 ③, 185 ④ ⑤ (565 – 244) = 321: 565 ⑥, 244 ⑦, 321 ⑧ Ⓐ der Subtrahend Ⓑ der Wert der Summe Ⓒ die Differenz Ⓓ der 2. Summand Ⓔ der Minuend Ⓕ der Wert der Differenz Ⓖ die Summe Ⓗ der 1. Summand	→ Seite 34; Seite 35 Nr. 1, 2
5 Ich kann mit Klammern rechnen.	**5** Übertrage ins Heft und berechne. a) 80 – (25 + 33) b) 354 – (52 + 29)	→ Seite 38; Seite 40 Nr. 1
6 Ich kann vorteilhaft rechnen und vertauschen sowie verbinden.	**6** Übertrage ins Heft und berechne. Vertauschen bringt Vorteile. a) 16 + 48 + 34 b) 55 + 17 + 45 + 24 + 11 + 36	→ Seite 38; Seite 39 Nr. 10
7 Ich kann Ergebnisse überschlagen.	**7** Runde die Summanden. Überschlage so das Ergebnis. a) Runde auf Zehner: 87 + 517 b) Runde auf Hunderter: 347 + 286 c) Runde auf Zehner: 409 – 66 d) Runde auf Hunderter: 791 – 654	→ Seite 34; Seite 35 Nr. 7

Kompetenz	Aufgabe	Lies und übe.
8 Ich kann Zahlenfolgen fortsetzen.	**8** Finde die nächsten drei Zahlen. a) 11, 22, 33, 44, ■, ■, ■ b) 2, 4, 8, 16, ■, ■, ■	→ Seite 226 Nr. 48, 49
9 Ich kann die Einmaleins-Reihen.	**9** Setze die Einmaleins-Reihe fort. a) 3, 6, 9, ■, ■, ■, ■, ■, ■, ■ b) 5, 10, 15, ■, ■, ■, ■, ■, ■, ■ c) 4, 8, 12, ■, ■, ■, ■, ■, ■, ■ d) 7, 14, 21, ■, ■, ■, ■, ■, ■, ■ e) 6, 12, ■, ■, ■, ■, ■, ■, ■, ■ f) 8, 16, ■, ■, ■, ■, ■, ■, ■, ■	→ Seite 223 Nr. 36
10 Ich kann das kleine Einmaleins.	**10** Berechne. a) $2 \cdot 7$ b) $3 \cdot 5$ c) $5 \cdot 8$ d) $4 \cdot 6$	→ Seite 223 Nr. 36
11 Ich kann im Kopf teilen.	**11** Berechne. a) 16 : 2 b) 21 : 3 c) 12 : 4 d) 30 : 5	→ Seite 223 Nr. 37, 38
12 Ich kann mit Zahlenmauern rechnen (Multiplikation).	**12** Fülle die Zahlenmauer in deinem Heft aus. Nimm mal und teile. a) oben: ■; Mitte: 6, ■; unten: 2, 3, 5 b) oben: 160; Mitte: 20, ■; unten: 5, ■, ■	→ Seite 224 Nr. 41, 42
13 Ich kann Sachaufgaben lösen.	**13** Fünf Freunde fahren an die Ostsee. Das Ferienhaus kostet für eine Nacht 120 €. Sie bleiben zwei Nächte. Wie viel muss jeder bezahlen?	→ Seite 227 Nr. 52, 53

→ Lösungen auf Seite 246 und 247

Multiplizieren und dividieren

Ein Parkplatz hat 3 Reihen.
In jeder Reihe gibt es 16 Plätze.
Lena möchte wissen, wie viele Autos auf den Parkplatz passen.

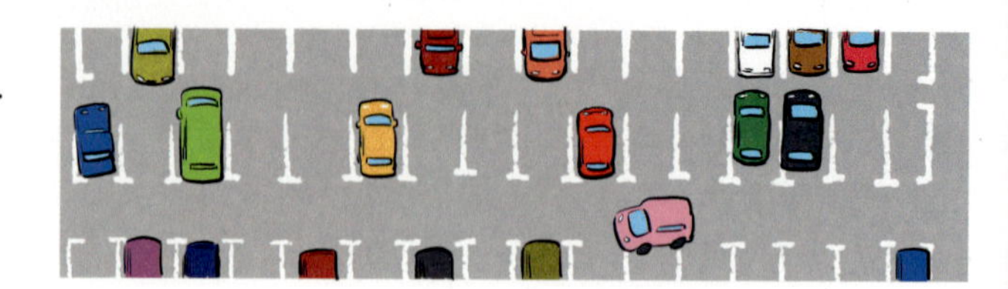

▸ Im Kopf multiplizieren

W

Die Addition gleicher Summanden kann als **Multiplikation** geschrieben werden.

3	·	16	=	48
1. Faktor	mal	**2. Faktor**	gleich	**Wert des Produkts**

(1. Faktor mal 2. Faktor: Produkt)

gegeben: 3 mal 16 Plätze
gesucht: Anzahl der Plätze
16 + 16 + 16 = 3 · 16 = 48
3-mal, also 3 mal 16
Es passen 48 Autos auf den Parkplatz.

▶ **Aufgabe** Max zählt auf einem Parkplatz 4 Reihen. In jeder Reihe sind 13 Plätze. Schreibe als Plus-Aufgabe und als Mal-Aufgabe. Berechne. ▸1 ▸1 ▸1

Ein anderer Parkplatz ist voll belegt. Dort stehen 51 Autos. Lena zählt 3 Reihen. Sie fragt ihren Bruder: „Wie viele Autos parken in einer Reihe?“

▸ Im Kopf dividieren

Durch 0 darf nicht geteilt werden.
Beispiel:

7 : 0 geht nicht
0 : 0 geht nicht

W

Die **Division** ist die Umkehrung der Multiplikation.

51	:	3	=	17
Dividend	geteilt durch	**Divisor**	gleich	**Wert des Quotienten**

(Dividend geteilt durch Divisor: Quotient)

Überprüfe das Ergebnis mit einer **Probe**.

gegeben: 51 Autos in 3 Reihen
gesucht: Anzahl der Autos pro Reihe
51 : 3 = 17
Es stehen 17 Autos in einer Reihe.

Probe durch die Umkehraufgabe:
17 · 3 = 51, stimmt

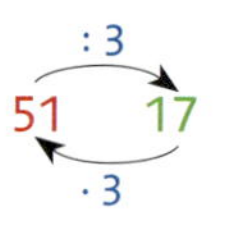

▶ **Aufgabe** 72 Autos sind auf 6 Reihen verteilt. Wie viele Autos stehen in einer Reihe? Schreibe als Geteilt-Aufgabe, also als Division. ▸4 ▸2 ▸1

*Wenn du dividierst, dann darfst du **nicht** vertauschen oder verbinden.*

W

Tipps zum Rechnen
Zerlege die Rechnung in Teilaufgaben.

3 · 16 =	51 : 3 =
3 · 10 = 30	30 : 3 = 10
3 · 6 = 18	21 : 3 = 7
48	17

Vertauschungsgesetz (Kommutativgesetz)
Wenn du multiplizierst, dann darfst du die Reihenfolge der Faktoren vertauschen.
$a \cdot b = b \cdot a$

Wie viele Autos gibt es?
$3 \cdot 16 = 16 \cdot 3 = 48$

Verbindungsgesetz (Assoziativgesetz)
Wenn du multiplizierst, dann darfst du Faktoren beliebig durch Klammern verbinden.
$(a \cdot b) \cdot c = a \cdot (b \cdot c)$

Wie viele Autoräder sind es?
$(3 \cdot 16) \cdot 4 = 3 \cdot (16 \cdot 4)$
$48 \cdot 4 = 3 \cdot 64$
$192 = 192$

▶ **Aufgabe** Es gibt 5 Reihen. In jeder Reihe stehen 25 Autos. Wie viele Autoräder haben alle Autos zusammen? ▸11 ▸6 ▸6

1 Schreibe als Mal-Aufgabe und berechne.
Beispiel $3 + 3 + 3 + 3 = 4 \cdot 3$; $4 \cdot 3 = 12$
a) $5 + 5 + 5$
b) $4 + 4 + 4 + 4 + 4 + 4$
c) $7 + 7 + 7 + 7 + 7 + 7 + 7$
d) $6 + 6 + 6 + 6 + 6 + 6 + 6 + 6$

2 Wie viele Punkte sind es? Schreibe als Mal-Aufgabe und berechne.
a) b) c)

3 Stelle die Mal-Aufgabe als Punktefeld dar und berechne.
Beispiel $3 \cdot 5$ $3 \cdot 5 = 15$
a) $6 \cdot 3$ b) $7 \cdot 8$ c) $4 \cdot 9$

4 Schreibe die zwei Rechnungen ins Heft.
$9 \cdot 6 = 54$ $72 : 8 = 9$
Ordne den Zahlen die Begriffe zu.

der Wert des Produkts | der 1. Faktor | der 2. Faktor | der Divisor | der Dividend | der Wert des Quotienten

▸ 3

5 Übertrage in dein Heft. Nenne den Fachbegriff für die blau gedruckte Zahl.
a) $5 \cdot 8 = 40$ 40 ist ◯.
b) $8 \cdot 9 = 72$ 9 ist ◯.
c) $63 : 9 = 7$ 63 ist ◯.
d) $42 : 6 = 7$ 6 ist ◯.

6 Übertrage die Zahlenmauer in dein Heft. Multipliziere immer zwei Zahlen, die nebeneinanderstehen.
a)
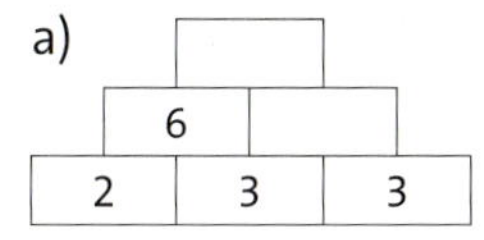

b)
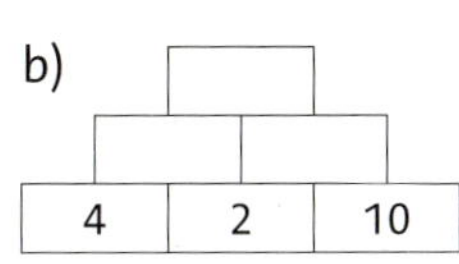

c) Zeichne eine Zahlenmauer in dein Heft. Denke dir die Zahlen selbst aus.

7 Berechne. Überprüfe mit der Probe.
Beispiel $18 : 3 = 6$; Probe $6 \cdot 3 = 18$
a) $32 : 8$ b) $32 : 4$ c) $18 : 2$
d) $21 : 7$ e) $30 : 5$ f) $35 : 5$

8 Berechne.

$4 \cdot 6$	$16 : 4$	$18 : 9$	$5 \cdot 7$	$48 : 6$
$3 \cdot 6$	$9 \cdot 9$	$6 \cdot 6$	$8 \cdot 3$	$45 : 5$
$21 : 7$	$28 : 4$	$56 : 7$	$54 : 6$	$63 : 7$

▸ 6

9 Übertrage das Haus in dein Heft. Fülle es aus.
a)
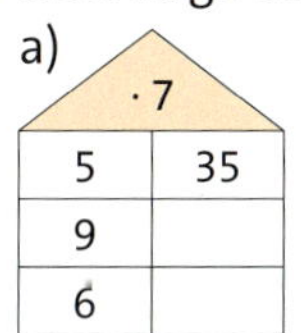

b)
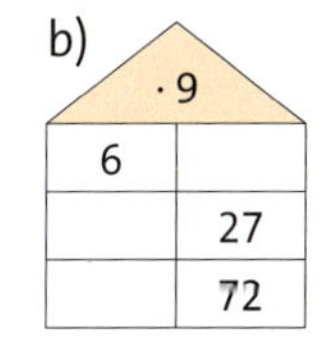

c)
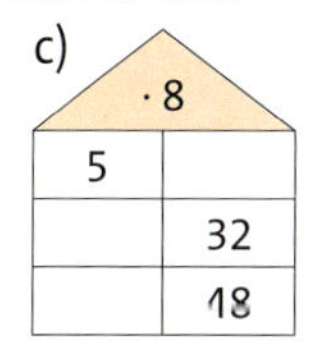

10 Schreibe als Aufgabe und rechne dann.
a) Es sind 8 Kinder. Jedes erhält 3 Schokoriegel. Wie viele Schokoriegel sind das?
b) Benni verteilt 32 Karten gleichmäßig auf 4 Kinder. Wie viele Karten hat jedes Kind?
c) In einer Packung sind immer 4 Tennisbälle. 240 Bälle sollen verpackt werden. Wie viele Packungen braucht man?

▸ 10

11 Die Rechnung wurde in Teilaufgaben zerlegt. Berechne so das Ergebnis.
a) $43 \cdot 5 =$
$40 \cdot 5 =$
$3 \cdot 5 =$
b) $125 : 5 =$
$100 : 5 =$
$25 : 5 =$
c) $64 \cdot 4$
d) $116 : 4$

12 Rechne vorteilhaft. Nutze das Vertauschungsgesetz.
Beispiel $5 \cdot 7 \cdot 2 = 5 \cdot 2 \cdot 7$
$= 10 \cdot 7 = 70$
a) $2 \cdot 9 \cdot 5$ b) $5 \cdot 11 \cdot 20$ c) $25 \cdot 3 \cdot 4$

13 Setze Klammern. Dann kannst du leicht im Kopf rechnen.
Beispiel $3 \cdot 2 \cdot 15 = 3 \cdot (2 \cdot 15) = \ldots$
a) $7 \cdot 5 \cdot 2$ b) $9 \cdot 20 \cdot 5$
c) $50 \cdot 2 \cdot 6$ d) $8 \cdot 25 \cdot 4$

Sprachhilfe zu **5**: Die Fachbegriffe lauten: der Dividend, der Divisor, der 2. Faktor, der Wert des Produkts.
Die Ergebnisse von **7** ergeben in der richtigen Reihenfolge ein Lösungswort: 3 (T); 4 (F); 6 (O); 7 (R); 8 (A); 9 (K)

▸ Tipp zu 1, 2, 6, 9, 10, 13

1 Schreibe als Mal-Aufgabe und berechne.
a) $11 + 11 + 11$ b) $9 + 9 + 9 + 9 + 9 + 9$

2 Schreibe die beiden Rechnungen ins Heft.
$9 \cdot 5 = 45$ $42 : 6 = 7$
Ordne den Zahlen die Begriffe zu.

der Quotient	der Wert des Produkts	der 1. Faktor
das Produkt		der Dividend
der Divisor	der Wert des Quotienten	der 2. Faktor

3 Rechne erst. Überprüfe mit der Probe.
Beispiel $48 : 6 = 8$; Probe $8 \cdot 6 = 48$
a) $63 : 7$ b) $56 : 8$ c) $35 : 7$
d) $88 : 4$ e) $72 : 9$ f) $96 : 6$

4 Trainiere Kopfrechnen. Übertrage die Tabelle in dein Heft und fülle sie aus.

·	4		7	8	
5		45			30
	32			64	
9					54
20					

▸ 4

5 Erstellt zu zweit eine Übungskartei.
① Ihr braucht 20 Kärtchen. Schreibt auf die Vorderseite eine Multiplikationsaufgabe oder eine Divisionsaufgabe.
Schreibt auf die Rückseite das Ergebnis.
② Jetzt kann´s losgehen. Jeder bekommt 10 Karten. Fragt euch gegenseitig ab.

6 Zerlege in Teilaufgaben und berechne.
a) $43 \cdot 6 =$
$40 \cdot 6 =$
$3 \cdot 6 =$
b) $147 : 7 =$
$140 : 7 =$
$7 : 7 =$
c) $23 \cdot 8$ d) $264 : 4$
e) $32 \cdot 9$ f) $432 : 8$

7 Lena backt für zwölf Personen Pizza-Brötchen.
In dem Rezept steht:
„Für 4 Personen (320 g Teig) …"
Wie viel Gramm Teig braucht Lena?

8 Übertrage ins Heft und berechne die fehlenden Zahlen. Zwei Zahlen, die nebeneinander stehen, ergeben multipliziert immer die Zahl im Stein darüber. Manchmal gibt es mehrere Lösungen.

a)
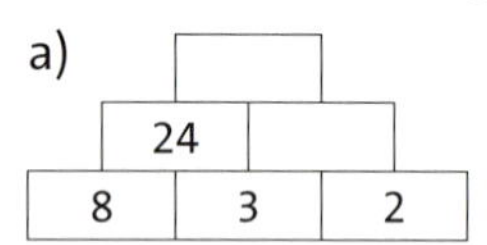

b)
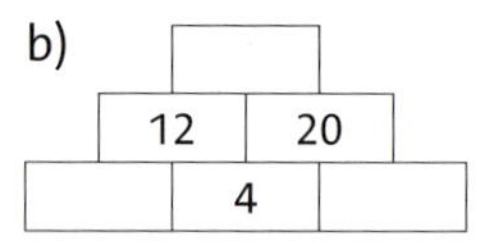

c)
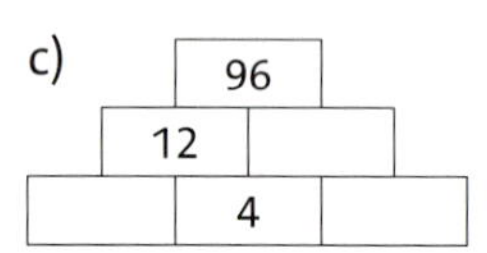

d)
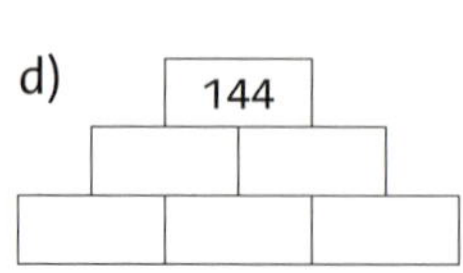

9 Ein Rechenrätsel: Denke dir eine Startzahl. Multipliziere die Startzahl mit 4. Verdopple das Ergebnis. Teile am Ende durch 8.
a) Max denkt sich die Startzahl 3.
Schreibe Max' Aufgabe auf und berechne.
b) Denke dir drei eigene Startzahlen aus und berechne jeweils das Ergebnis. Was fällt dir auf? Finde eine Begründung.

▸ 9

10 Alja verbringt eine Woche am Strand auf Mallorca. Sie leiht sich für insgesamt 14 Stunden ein Surfbrett und kauft 8 Kugeln Eis. Zu fünft machen sie eine Bootstour.
Der Preis wird natürlich geteilt.
Wie viel hat Alja insgesamt ausgegeben?

11 Multipliziere und vergleiche. Welche Rechnung ist für dich einfacher? Begründe.
a) $(8 \cdot 5) \cdot 2$ und $8 \cdot (5 \cdot 2)$
b) $50 \cdot (4 \cdot 2)$ und $(50 \cdot 4) \cdot 2$
c) $(20 \cdot 6) \cdot 5$ und $20 \cdot (6 \cdot 5)$

12 Rechne vorteilhaft. Nutze die Rechengesetze.
Beispiel $5 \cdot 8 \cdot 2 \cdot 12$
$= (5 \cdot 2) \cdot (8 \cdot 12) = 10 \cdot 96 = 960$
a) $2 \cdot 6 \cdot 5 \cdot 11$ b) $20 \cdot 8 \cdot 5 \cdot 9$
c) $4 \cdot 7 \cdot 5 \cdot 3$ d) $12 \cdot 4 \cdot 25 \cdot 5$

Die Lösungen von **3** ergeben in der richtigen Reihenfolge ein Lösungswort:
5 (V); 7 (I); 8 (S); 9 (D); 16 (O); 22 (I) Den letzten Buchstaben musst du selbst finden.
Sprachhilfe zu **9b**: Nutze für deine Begründung: Wenn man … und dann … – hebt sich auf.

1 Schreibe die beiden Rechnungen ins Heft.
91 : 13 = 7   8 · 9 = 72
Ordne den Zahlen die Begriffe zu.
Zwei Begriffe fehlen noch. Ergänze sie.

das Produkt | der Wert des Produkts | der Quotient | der Divisor | der 1. Faktor | der Dividend

2 Micha kennt die Fachbegriffe noch nicht.
Schreibe seine Sätze mit Fachbegriffen auf.
a) 6 · 7 ist eine Mal-Aufgabe.
b) 5 ist die Zahl vor dem Mal.
c) 85 ist die Zahl, durch die man teilt.
d) 81 : 9 ist eine Geteilt-Aufgabe.

3 Rechne erst. Überprüfe mit der Probe.
a) 77 : 7   b) 72 : 8   c) 39 : 3
d) 42 : 6   e) 81 : 3   f) 108 : 9

4 ▼ Zerlege in Teilaufgaben und berechne.
a) 95 · 2   b) 73 · 6   c) 87 · 5
d) 535 : 5   e) 357 : 17   f) 819 : 9

5 Trainiere Kopfrechnen. Übertrage die Tabelle ins Heft und fülle sie aus.

·	8		7	12	
5		55			65
	48			72	
13					169
50					

6 Übertrage ins Heft und berechne die fehlenden Zahlen. Zwei Zahlen, die nebeneinander stehen, ergeben multipliziert immer die Zahl im Stein darüber. Manchmal gibt es mehrere Lösungen.

a)
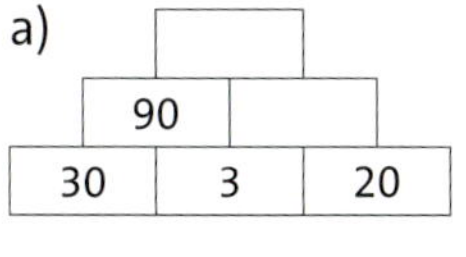

b)
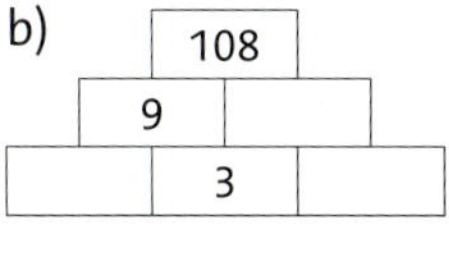

c)
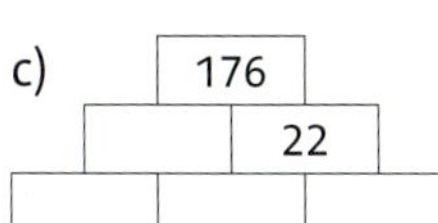

d)
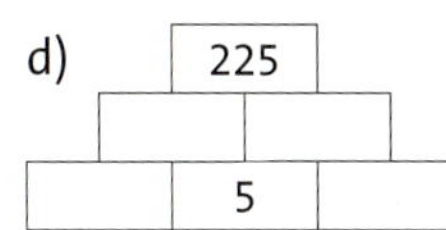

7 Denke dir eine passende Sachaufgabe aus.
Die Zahl im Kästchen soll die Lösung sein.
a) 4 · 5 = ▢   b) 6 · ▢ = 42   c) 132 : 11 = ▢

8 ▼ Rechentrick: Starte mit einer beliebigen Zahl. Multipliziere mit 2. Addiere 8. Dividiere durch 2. Subtrahiere die Anfangszahl.
a) Starte mit drei verschiedenen Zahlen. Welche Zahl kommt am Ende heraus?
b) Warum ergibt sich immer die gleiche Zahl?

9 Drei Familien haben für dieselbe Strecke unterschiedliche Verkehrsmittel genutzt.

Flugzeug	**Bus**	**Zug**
4 Personen für 264 €	5 Personen für 230 €	6 Personen für 426 €

a) Welches Verkehrsmittel war pro Person am günstigsten?
b) Wie viel hätten die Familien insgesamt bezahlt, wenn alle mit dem günstigsten Verkehrsmittel gereist wären?

10 Rechne vorteilhaft. Nutze die Rechengesetze.
Beispiel 7 · 5 · 13 · 2
= (5 · 2) · (7 · 13)
= 10 · 91 = 910
a) 25 · 7 · 4 · 7   b) 17 · 5 · 3 · 2
c) 125 · 3 · 4 · 8   d) 5 · 11 · 20 · 8

11 Bilde Produkte mit vier Faktoren.
Setze Klammern vorteilhaft und berechne.

7 | 5 | 25 | 125 | 20
8 | 4 | 6 | 13 | 19

12 Beantworte die Fragen immer erst für 12 · 3.
Probiere dann auch andere Produkte aus.
a) Wie ändert sich der Wert des Produkts, wenn man den 1. Faktor halbiert?
b) Wie ändert sich der Wert des Produkts, wenn man den 2. Faktor verdoppelt?
c) Was muss man verändern, damit der Wert des Produkts sich vervierfacht? Finde mehrere Möglichkeiten.

Die Lösungen von **4** ergeben in der richtigen Reihenfolge ein Lösungswort:
21 (I); 91 (E); 107 (T); 190 (Q); 435 (O); 438 (U)   Die letzten zwei Buchstaben musst du selbst finden.
Sprachhilfe zu **8b**: Nutze für deine Begründung: Wenn man … und dann … – hebt sich auf.

Rechenvorteile und Rechengesetze

Die Theater-AG führt im „Kleinen Saal“ ihr neues Stück auf.
Die Stühle in den drei Reihen vorne sind rot, die fünf Reihen hinten sind blau.
Wie viele Plätze gibt es insgesamt?
Mehmet und Clara berechnen die Anzahl der Plätze.

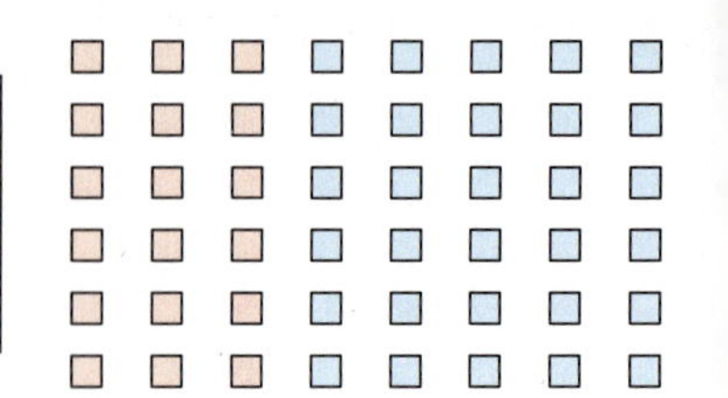

▸ Vorrangregeln

W **Die Vorrangregeln:**

Klammern zuerst
Berechne immer zuerst, was in den Klammern steht.

Mehmet rechnet so:
Anzahl der Reihen:
$3 + 5 = 8$
Bei 6 Plätzen pro Reihe:
$(3 + 5) \cdot 6$
$= 8 \cdot 6 = 48$

Punktrechnung vor Strichrechnung
Wenn keine Klammer steht, dann wird zuerst multipliziert oder dividiert.

Clara rechnet so:
vordere rote Plätze: $3 \cdot 6$
hintere blaue Plätze: $5 \cdot 6$
insgesamt:
$3 \cdot 6 + 5 \cdot 6$
$= 18 + 30 = 48$

▶ Aufgabe Berechne. Beachte die Vorrangregeln: $(9 - 4) \cdot 7$ und $9 \cdot 7 - 4 \cdot 7$ ▸1 ▸1 ▸1

*Die Buchstaben a, b und c sind Platzhalter für Zahlen. Werden Buchstaben als Platzhalter verwendet, dann nennt man diese Buchstaben **Variablen**.*

W **Das Verteilungsgesetz (Distributivgesetz):**

Ausklammern
$a \cdot c + b \cdot c = (a + b) \cdot c$
$a \cdot c - b \cdot c = (a - b) \cdot c$

Mehmet sagt zu Clara:
„Ich finde meine Rechnung einfacher als deine. Mir hilft das **Ausklammern**.“
$3 \cdot 6 + 5 \cdot 6 = (3 + 5) \cdot 6$
$= 8 \cdot 6 = 48$

Ausmultiplizieren
$(a + b) \cdot c = a \cdot c + b \cdot c$
$(a - b) \cdot c = a \cdot c - b \cdot c$

Clara meint: „Aber stell dir vor, wir wären im „Großen Saal“ aufgetreten. Dort gibt es 8 rote und 10 blaue Reihen. Dann hilft uns das **Ausmultiplizieren**.“
$(8 + 10) \cdot 6 = 8 \cdot 6 + 10 \cdot 6$
$= 48 + 60 = 108$

▶ Aufgabe Klammere aus und berechne: $8 \cdot 9 - 3 \cdot 9$
Multipliziere aus und berechne: $(30 - 7) \cdot 6$

Durch Null darf man nicht teilen!

W Das Verteilungsgesetz gilt auch für die **Division**, wenn der Teiler c nicht 0 ist:
$(a + b) : c = a : c + b : c$
$(a - b) : c = a : c - b : c$

$(56 + 40) : 8 = 56 : 8 + 40 : 8$
$= 7 + 5 = 12$
$(56 - 40) : 8 = 56 : 8 - 40 : 8$
$= 7 - 5 = 2$

▶ Aufgabe Klammere aus und berechne: $135 : 9 - 108 : 9$
Berechne vorteilhaft: $(56 + 77) : 7$ ▸10 ▸6 ▸5

1 Beginne immer mit der Klammer.

Beispiel $5 \cdot (2 + 4) = 5 \cdot 6 = 30$

a) $(4 \cdot 3) + 5$ und $4 \cdot (3 + 5)$
b) $(2 + 4) \cdot 3$ und $2 + (4 \cdot 3)$
c) $(3 \cdot 6) + 7$ und $3 \cdot (6 + 7)$

2 Beachte die Vorrangregel „Punkt vor Strich".

Beispiel $3 + \underbrace{4 \cdot 6} = ?$
erst „Punkt": 24
dann „Strich": $3 + 24 = 27$
Schreibe so auf: $3 + 4 \cdot 6 = 3 + 24 = 27$

a) $7 + 3 \cdot 5$ und $7 \cdot 3 + 5$
b) $8 \cdot 2 + 4$ und $8 + 2 \cdot 4$
c) $2 + 3 \cdot 4 + 5$ und $2 \cdot 3 + 4 \cdot 5$

3 Beachte die Vorrangregeln „Klammern zuerst" und „Punkt vor Strich".
Vergleiche die beiden Ergebnisse.

a) $7 \cdot 3 + 5$ und $7 \cdot (3 + 5)$
b) $(4 \cdot 5) + 7$ und $4 \cdot 5 + 7$
c) $5 + 4 \cdot 6 + 2$ und $(5 + 4) \cdot (6 + 2)$ ▸ 4

4 Welche Rechnung passt zur Geschichte?

a) Yusuf hat 3 €. Pro Woche bekommt er 2 € dazu und das 4 Wochen lang.

$3 + 4 \cdot 2$ | $(3 + 2) \cdot 4$

b) Jana kauft zwei Packungen Kekse. In jeder Packung sind 5 Schokokekse und 4 Vanillekekse.

$2 \cdot 5 + 4$ | $2 \cdot (5 + 4)$

5 „Punkt vor Strich" und „Klammern zuerst" gelten auch bei minus und geteilt. Berechne.

a) $36 + 4 : 2$ und $(36 + 4) : 2$
b) $10 - 2 \cdot 5$ und $(10 - 2) \cdot 5$
c) $2 \cdot 7 - 5$ und $2 \cdot (7 - 5)$
d) $60 : 10 - 5$ und $60 : (10 - 5)$

6 Mia hat falsch gerechnet. Berichtige in deinem Heft.

a) $35 + 14 : 7 = 49 : 7 = 7$
b) $54 - 24 : 6 = 30 : 6 = 5$
c) $14 + 2 \cdot 3 = 16 \cdot 3 = 48$ ▸ 6

7 ▼ Rechne vorteilhaft. Nutze das Ausmultiplizieren.

Beispiel $(30 + 4) \cdot 6 = 30 \cdot 6 + 4 \cdot 6$
$= 180 + 24 = 204$

a) $(40 + 9) \cdot 5$
b) $(20 + 7) \cdot 4$
c) $(4 + 80) \cdot 2$
d) $(25 + 70) \cdot 4$
e) $(50 - 4) \cdot 3$
f) $(60 - 6) \cdot 8$

8 Rechne vorteilhaft. Nutze das Ausklammern.
Unterstreiche im Heft die Zahl, die **hinter** die Klammer gehört.

Beispiel $14 \cdot \underline{7} + 16 \cdot \underline{7} = (14 + 16) \cdot \underline{7}$
$= 30 \cdot 7 = 210$

a) $24 \cdot 5 + 6 \cdot 5$
b) $41 \cdot 9 + 9 \cdot 9$
c) $42 \cdot 4 + 58 \cdot 4$
d) $27 \cdot 8 + 33 \cdot 8$
e) $99 \cdot 6 - 19 \cdot 6$
f) $34 \cdot 7 - 24 \cdot 7$

9 Rechne vorteilhaft. Nutze das Ausklammern.
Unterstreiche im Heft die Zahl, die **vor** die Klammer gehört.

Beispiel $\underline{5} \cdot 13 + \underline{5} \cdot 7 = \underline{5} \cdot (13 + 7)$
$= 5 \cdot 20 = 100$

a) $5 \cdot 7 + 5 \cdot 23$
b) $9 \cdot 12 + 9 \cdot 18$
c) $7 \cdot 55 + 7 \cdot 15$
d) $6 \cdot 31 + 6 \cdot 19$
e) $4 \cdot 36 - 4 \cdot 16$
f) $8 \cdot 22 - 8 \cdot 17$

10 Auch bei Divisionsaufgaben darfst du ausklammern. Unterstreiche im Heft die Zahl, die **hinter** die Klammer gehört.

Beispiel $84 : \underline{7} + 56 : \underline{7} = (84 + 56) : \underline{7}$
$= 140 : 7 = 20$

a) $69 : 3 + 21 : 3$
b) $108 : 6 + 132 : 6$
c) $95 : 5 - 75 : 5$
d) $68 : 4 - 28 : 4$ ▸ 10

11 Die Klasse 5 c hat ein gemeinsames Frühstück geplant. Juri kauft morgens beim Bäcker 14 Brötchen. Lena soll 16 Brötchen kaufen. In der Klassenkasse sind noch 5 €. Reicht das Geld für alle Brötchen?

12 ▼ In einer Jugendherberge gibt es 15 kleine Zimmer mit je 6 Betten und 15 große Zimmer mit je 14 Betten.
Wie viele Personen können übernachten?

Die Lösungen von **7** ergeben in der richtigen Reihenfolge ein Lösungswort:
108 (E); 138 (E); 168 (I); 245 (T); 380 (L); 432 (N)

Sprachhilfe zu **12**: Antwort: Es können ◯ Personen übernachten.

▸ Tipp zu 2, 4, 5, 11, 12

Üben ☒

1 Beachte „Klammern zuerst" und „Punkt vor Strich". Vergleiche die zwei Ergebnisse.

Beispiel $5 \cdot (11 + 14) = 5 \cdot 25 = 125$
und
$\underline{5 \cdot 11} + 14 = 55 + 14 = 69$

Die Ergebnisse sind verschieden, weil einmal zuerst 11 + 14 und einmal zuerst 5 · 11 gerechnet wird.

a) $3 \cdot (12 + 19)$ und $3 \cdot 12 + 19$
b) $(17 \cdot 3) + 4$ und $17 \cdot 3 + 4$
c) $(15 + 2) \cdot 3$ und $15 + 2 \cdot 3$
d) $6 + (20 \cdot 4)$ und $6 + 20 \cdot 4$

2 Übertrage die Rechnung in dein Heft. Manchmal fehlen noch Klammern. Setze sie.

Beispiel $18 - 3 \cdot 4 = 60$ ist falsch, aber $(18 - 3) \cdot 4 = 60$ ist richtig.

a) $22 - 2 \cdot 3 = 60$
b) $45 - 5 \cdot 4 = 25$
c) $65 - 15 \cdot 4 = 200$
d) $85 : 5 + 10 = 27$
e) $99 : 11 - 2 = 11$
f) $48 - 16 : 8 = 46$

3 Übertrage in dein Heft. Lasse Platz für die Rechenzeichen. Setze · und + ein, sodass das Ergebnis stimmt. Beachte „Punkt vor Strich".

Beispiel 32 ● 3 ● 6 = 50
$32 \cdot 3 + 6 = 96 + 6$
$= 102 \neq 50$ passt nicht
$32 + \underline{3 \cdot 6} = 32 + 18$
$= 50$ passt

a) 12 ● 7 ● 3 = 33
b) 16 ● 4 ● 6 = 70
c) 5 ● 9 ● 7 = 52
d) 19 ● 2 ● 17 = 53

4 Welche Rechnung passt zur Geschichte?

a) Nora hat 25 € gespart. Noras Oma gibt ihr 20 €, die sie mit ihrem Bruder teilen soll.

$(25 + 20) : 2$ | $25 + 20 : 2$ | $25 - 20 : 2$

b) In einer Packung sind 20 Nüsse. Davon legt Sina jeweils 6 Nüsse auf 3 Teller.

$20 + 6 \cdot 3$ | $(20 - 6) \cdot 3$ | $20 - 6 \cdot 3$

► 4

5 Todor hat falsch gerechnet. Beschreibe den Fehler und berichtige.

a) $56 + 14 : 7 = 70 : 7 = 10$
b) $12 - 3 \cdot 3 + 9 = 9 \cdot 3 + 9 = 27 + 9 = 36$

6 ▼ Rechne vorteilhaft. Nutze das Ausklammern. Unterstreiche im Heft die Zahl, die hinter die Klammer gehört.

Beispiel $22 \cdot \underline{6} + 8 \cdot \underline{6} = (22 + 8) \cdot \underline{6} = \ldots$

a) $77 \cdot 4 + 23 \cdot 4$
b) $14 \cdot 23 + 6 \cdot 23$
c) $27 \cdot 5 - 15 \cdot 5$
d) $18 \cdot 7 - 13 \cdot 7$
e) $42 : 5 + 28 : 5$
f) $116 : 4 + 84 : 4$
g) $117 : 3 - 57 : 3$
h) $333 : 9 - 63 : 9$

7 Bei Multiplikations-Aufgaben kannst du auch den ersten Faktor ausklammern.

Beispiel $\underline{8} \cdot 13 + \underline{8} \cdot 7 = \underline{8} \cdot (13 + 7) = \ldots$

a) $9 \cdot 12 + 9 \cdot 38$
b) $7 \cdot 41 + 7 \cdot 19$
c) $11 \cdot 54 - 11 \cdot 14$
d) $6 \cdot 52 - 6 \cdot 27$

8 Das Verteilungsgesetz hilft dir, leichter zu rechnen. Zerlege den ersten Faktor vorteilhaft. Multipliziere dann aus.

Beispiele
$47 \cdot 5 = (40 + 7) \cdot 5$
$= 40 \cdot 5 + 7 \cdot 5 = 200 + 35 = 235$
$18 \cdot 30 = (20 - 2) \cdot 30$
$= 20 \cdot 30 - 2 \cdot 30 = 600 - 60 = 540$

a) $43 \cdot 5 = (40 + 3) \cdot 5 = \ldots$
b) $51 \cdot 8$
c) $32 \cdot 9$
d) $64 \cdot 15$
e) $38 \cdot 5 = (40 - 2) \cdot 5 = \ldots$
f) $99 \cdot 7$
g) $47 \cdot 6$
h) $56 \cdot 14$

► 9

9 ▼ Die Klasse 5 c fährt mit 25 Personen in ein Gästehaus in Österreich. Wie teuer ist eine Übernachtung mit Frühstück für alle zusammen?

Preise pro Person:
Übernachtung 22 €
Frühstück 8 €

10 Jan und sein Bruder Henri bekommen jeden Monat Taschengeld: Jan 12 € und Henri 8 €.

a) Wie viel Taschengeld zahlen die Eltern in einem Jahr an ihre beiden Söhne?
b) Wie viel Euro bekommt Jan mehr als Henri in einem Jahr?

11 Tino, Nele und Lukas kaufen Geburtstagsgeschenke für ihren Vater: ein Kochbuch für 10 € und einen Mixer für 26 €. Wie viel Geld muss jeder bezahlen?

Die Lösungen von **6** ergeben in der richtigen Reihenfolge ein Lösungswort:
14 (D); 20 (N); 30 (D); 35 (I); 50 (E); 60 (V); 400 (D); 460 (I)

 ► Tipp zu 1, 4, 9, 10, 11

Üben ☒

1 Vergleiche die beiden Ergebnisse. Wann kommt das Gleiche heraus und wann nicht?
a) $4 \cdot (11 + 20)$ und $4 \cdot 11 + 20$
b) $(19 \cdot 3) + 11$ und $19 \cdot 3 + 11$
c) $(46 + 4) \cdot 6$ und $46 + 4 \cdot 6$
d) $(36 \cdot 2) + 15$ und $36 \cdot 2 + 15$

2 Stelle die Rechnung auf. Achte auf Klammern und rechne aus.
Beispiel Bilde die Summe aus 17 und 3. Dividiere dann durch 5.
Rechnung: $(17 + 3) : 5 = 20 : 5 = 4$
a) Multipliziere erst 18 mit 5. Subtrahiere dann 12.
b) Dividiere 27 durch 3. Addiere dann 17.
c) Addiere 83 und 117. Multipliziere dann mit 5.
d) Bilde die Differenz aus 112 und 62. Multipliziere dann mit 6.

3 Übertrage in dein Heft. Setze – und : ein, sodass das Ergebnis stimmt.
Beispiel 60 ● 15 ● 3 = 55
$60 - 15 : 3 = 60 - 5 = 55$
a) 16 ● 4 ● 2 = 2
b) 50 ● 10 ● 5 = 48
c) 36 ● 12 ● 3 = 32
d) 385 ● 35 ● 7 = 4

4 Tim hat Tintenflecke auf seine Hausaufgaben gemacht. Finde die fehlenden Zahlen.
a) $7 \cdot (✱ + 13) = 140$
b) $14 \cdot (✱ - 13) = 70$
c) $(38 + 62) \cdot ✱ = 900$
d) $(18 + ✱) : 5 = 7$

5 ▼ Rechne vorteilhaft. Nutze das Ausklammern. Überlege zunächst, welche Zahl hinter die Klammer gehört.
a) $98 \cdot 5 + 12 \cdot 5$
b) $8 \cdot 16 + 12 \cdot 16$
c) $24 \cdot 6 - 9 \cdot 6$
d) $34 \cdot 9 - 22 \cdot 9$
e) $50 : 8 + 46 : 8$
f) $118 : 4 + 122 : 4$
g) $106 : 3 - 25 : 3$
h) $277 : 12 - 37 : 12$

6 An der Tafel steht:

$36 : (3 + 6) = 36 : 3 + 36 : 6$

Wurde das Distributivgesetz richtig angewendet? Begründe.

7 Klammere aus, wenn möglich. Berechne.
a) $8 \cdot 33 + 8 \cdot 67$
b) $7 \cdot 16 + 7 \cdot 64$
c) $24 : 4 + 24 : 6$
d) $9 \cdot 85 - 9 \cdot 25$

8 Das Distributivgesetz hilft dir, leichter zu rechnen. Schreibe einen Faktor als Summe oder Differenz. Multipliziere dann aus.
Beispiele
$29 \cdot 12 = 29 \cdot (10 + 2)$
$= 29 \cdot 10 + 29 \cdot 2 = 290 + 58 = 348$
oder
$29 \cdot 12 = (30 - 1) \cdot 12$
$= 30 \cdot 12 - 1 \cdot 12 = 360 - 12 = 348$
a) $31 \cdot 7$
b) $19 \cdot 12$
c) $49 \cdot 11$
d) $18 \cdot 15$
e) $22 \cdot 16$
f) $29 \cdot 29$

9 An seinem Geburtstag geht Sven mit 6 Freunden ins Kino. Der Eintritt kostet 38,50 €. Danach gibt es für jeden eine kleine Pizza und ein Getränk für insgesamt 52,50 €. Wie teuer war der Geburtstag pro Person?

10 Eine Fußballmannschaft fährt für zwei Tage mit 28 Personen in ein Hotel im Schwarzwald. Wie teuer sind Übernachtung und Frühstück für alle zusammen?

Preise pro Person:	
Übernachtung	32 €
Frühstück	18 €

11 Streiche im Heft eine Ziffer, damit das Ergebnis stimmt.
a) $15 \cdot (16 + 24) = 200$
b) $(143 - 93) \cdot 20 = 2800$

12 Welche Aufgaben haben das gleiche Ergebnis? Finde die passenden Kärtchen. Du erhältst ein Lösungswort.

① $20 \cdot 13$	Ⓛ $5 + (7 \cdot 3)$
② $5 + 7 \cdot 3$	Ⓜ $20 \cdot (5 + 7)$
③ $39 \cdot 5 - 29 \cdot 5$	Ⓚ $6 \cdot 13 + 14 \cdot 13$
④ $20 \cdot 12$	Ⓐ $10 \cdot 5$
⑤ $100 : 4 + 28 : 4$	Ⓡ $121 : 11 - 44 : 11$
⑥ $87 : 3 - 27 : 3$	Ⓜ $128 : 4$
⑦ $77 : 11$	Ⓔ $60 : 3$

Die Lösungen von **5** ergeben in der richtigen Reihenfolge ein Lösungswort:
12 (S); 20 (N); 27 (O); 60 (I); 90 (V); 108 (I); 320 (I); 550 (D)

Tipp zu 1, 7, 10

Schriftlich multiplizieren

Lena ist auf Klassenfahrt an der Nordsee. Auf dem Programm stehen ein Zoobesuch und eine Fahrt zu den Seehundbänken.
Der Zoobesuch kostet pro Person 7 €.
Insgesamt kommen 126 Schülerinnen und Schüler mit.
Wie viel kostet der Zoobesuch für alle?

Schriftlich multiplizieren

W

Zweiter Faktor einstellig
Beginne mit einer **Überschlagsrechnung**, um das Ergebnis abzuschätzen.

Multipliziere den zweiten Faktor nach und nach mit dem ersten Faktor, erst Einer, dann Zehner, dann Hunderter und so weiter.
Wenn ein Übertrag entsteht, dann addierst du ihn zum nächsten Ergebnis.

Aufgabe: 126 · 7
Überschlag: 100 · 7 = 700

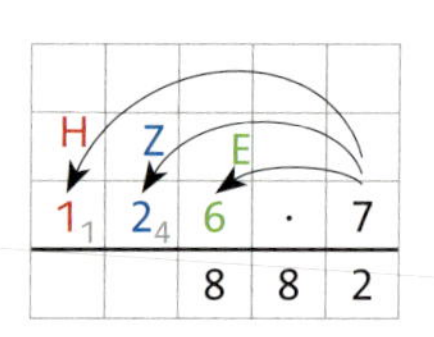

E: 7 · 6 = 4**2**
Schreibe **2**, Übertrag 4.
Z: 7 · 2 + 4 = 1**8**
Schreibe **8**, Übertrag 1.
H: 7 · 1 + 1 = **8**
Schreibe **8**.

Der Zoobesuch kostet 882 € für alle.

▶ **Aufgabe** Die Fahrt zu den Seehundbänken kostet 6 € pro Person. Wie viel kostet es für alle 126 Schülerinnen und Schüler zusammen? ▶1 ▶1 ▶1

Die Kosten für Ausflüge betragen 37 € pro Person. Wie viel kostet es für alle zusammen?

Eigentlich rechnet man:
126 · 37 =
126 · 30 = 3780
126 · 7 = 882
4662

W

Zweiter Faktor mehrstellig
Beginne mit einer **Überschlagsrechnung**, um das Ergebnis abzuschätzen.

Multipliziere jede Stelle des zweiten Faktors mit dem ersten Faktor.
① Beginne mit der höchsten Stelle.
② Multipliziere die nächste Stelle. Schreibe das Ergebnis eine Stelle weiter nach rechts.
③ Addiere alle Ergebnisse.

Aufgabe: 126 · 37
Überschlag: 100 · 40 = 4000

1	2	6	·	3	7
		3	7_1	8	
			8_1	8_4	2
		1	1		
		4	6	6	2

① Rechne 3 · 126.
② Rechne 7 · 126.
③ Addiere die beiden Ergebnisse.

Die Ausflüge kosten insgesamt 4662 €.

Achte auf die Stellen.

	4	5	·	4	2
		1	8_2	0	
				9_1	0
		1	8	9	0

Achte auf die Null.

3	1	7	·	2	0
		6	3_1	4	
			0	0	0
		6	3	4	0

Lasse Platz für Überträge.

1	7	·	1	9
		1	7	
		1	5_6	3
		1		
		3	2	3

▶ **Aufgabe** Jeder der 126 Schülerinnen und Schüler erhält für die Fahrt 25 € Taschengeld. Wie viel ist das insgesamt? ▶3 ▶2 ▶2

Üben

1 Schreibe ins Heft. Multipliziere schriftlich.

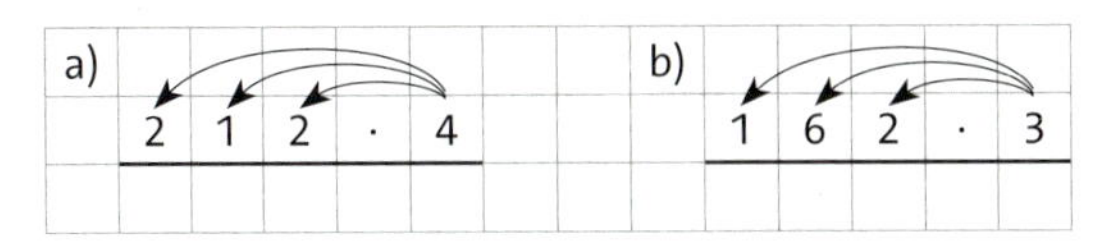

2 Schreibe ins Heft. Multipliziere schriftlich.
a) 321 · 3 b) 182 · 4 c) 314 · 5

3 Schreibe ins Heft. Multipliziere schriftlich.
Die letzten Ziffern sind schon eingetragen.

a)

2	1	2	·	3	4
				6	
					8

b)

2	4	1	·	2	6
				2	
					6

4 Multipliziere schriftlich.
a) 278 · 13 b) 165 · 24 c) 349 · 35

5 Kann das Ergebnis stimmen?
Prüfe mit einer Überschlagsrechnung.
Beispiel 43 · 19 = 8017
Überschlag: 40 · 20 = 800
Du siehst: Das Ergebnis kann nicht stimmen.
Rechne noch einmal nach.
a) *311 · 7 = 21077* b) *482 · 8 = 3856*
c) *208 · 19 = 3952* d) *489 · 15 = 735*

6 Multipliziere schriftlich. Prüfe dein Ergebnis mit einer Überschlagsrechnung.
a) 341 · 7 b) 382 · 8 c) 15 · 23
d) 48 · 72 e) 63 · 34 f) 295 · 35

7 Schreibe ins Heft. Multipliziere schriftlich.
Achte auf die Null.
Die letzten Ziffern sind schon eingetragen.

a)

1	3	0	·	4	2
				0	
					0

b)

5	7	·	3	0
			1	
				0

c) 605 · 8 d) 650 · 18
e) 64 · 30 f) 204 · 71

► 4

8 Arbeitet zu zweit. Bastelt Ziffernkarten:

1 2 3 4 5 6 7 8 9

a) Zieht vier Ziffern. Bildet zwei zweistellige Zahlen. Schreibt ins Heft und rechnet.
Beispiel 7 2 · 1 6
b) Wer bekommt das kleinste Ergebnis?

Anton	Benno	Cem
12 · 34	13 · 24	14 · 23

9 Was hat Imane falsch gemacht?
Ich habe erst 5 · 2 = 10 gerechnet. Die 10 habe ich hingeschrieben.
Dann habe ich 5 mal 3 gerechnet.
Aber beim Überschlag bekomme ich nur 30 · 5 = 150 heraus.

3	2	·	5
1	5	1	0

10 Finde den Fehler. Rechne richtig.

a)

2	3	·	4	3
		9	2	
		6	9	
	1	1		
	1	6	1	

b)

2	1	6	·	3	5
			6	4	8
		1	0	8	0
			1		
		1	7	2	8

► 8

11 Ein Tag hat 24 Stunden.
Wie viele Stunden sind …
a) fünf Tage? b) eine Woche?
c) ein Monat mit 31 Tagen?
d) ein Jahr mit 365 Tagen?

12 Am Strand in Athen stehen Liegen. Es gibt 16 Reihen. In jeder Reihe stehen 24 Liegen.

a) Wie viele Liegen sind das?
b) Eine Liege wird für 8 € pro Tag vermietet. Wie hoch sind die Einnahmen, wenn alle Liegen vermietet werden?

1 Schreibe ins Heft. Multipliziere schriftlich.

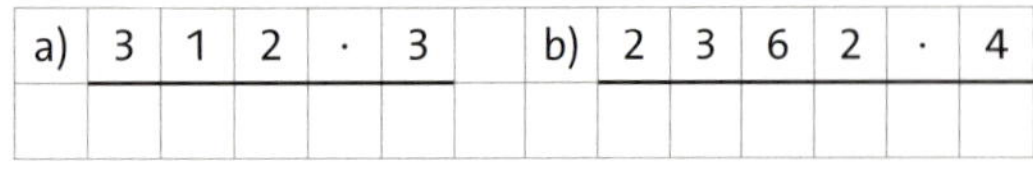

a)	3	1	2	·	3		b)	2	3	6	2	·	4

c) 134 · 6 d) 632 · 4 e) 1264 · 5

2 Multipliziere schriftlich im Heft. Die letzten Ziffern sind schon eingetragen.

a)

2	1	6	·	3	8
				8	
					8

b)

5	0	4	2	·	1	7
					2	
						4

c)

6	1	0	·	4	5
				0	
					0

d)

2	5	6	9	·	4	3
					6	
						7

e)

3	1	0	·	7	0
				0	
					0

f)

8	2	4	·	1	5	3
				4		
					0	
						2

► 3

3 Multipliziere schriftlich. Prüfe dein Ergebnis mit einer Überschlagsrechnung.

Beispiel 832 · 21 = 1747
Überschlag: 800 · 20 = 16 000
Du siehst: Das Ergebnis kann nicht stimmen.
Rechne noch einmal nach.

a) 291 · 19 b) 120 · 34 c) 1406 · 38
d) 4756 · 70 e) 204 · 799 f) 448 · 759

4 Übertrage die Zahlenmauer ins Heft und multipliziere.

a)

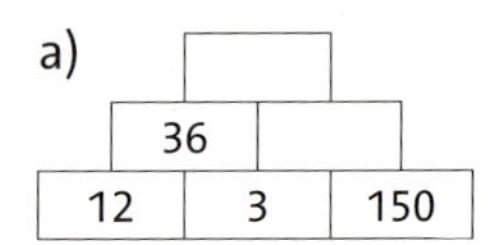

b)

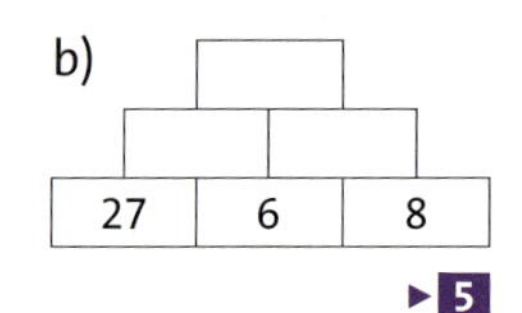

► 5

5 Arbeitet zu zweit. Bastelt Ziffernkarten.

0 1 2 3 4 5 6 7 8 9

a) Zieht sechs Ziffern. Bildet zwei dreistellige Zahlen. Schreibt sie auf und rechnet.

Beispiel 7 4 2 · 1 6 5

b) Wer erhält das kleinste Ergebnis?

Suheda	Lissi	Charly
123 · 456	135 · 246	146 · 235

6 Claudia erklärt, wie sie 254 · 60 berechnet:

Ich rechne 254 mal 6. Dann setze ich eine Null dahinter. Das Ergebnis ist 15 240.

2	5	4	·	6
	1	5	2	4

a) Begründe: Hat Claudia richtig gerechnet?
b) Berechne 254 · 6000.

7 Finde und beschreibe die Fehler.
Korrigiere im Heft.

a)

1	4	6	·	7	9
7	2	8	4	2	
	9	3	6	6	3
1	1	1			
8	2	2	0	8	3

b)

4	0	7	·	7	0	8
	2	8	4	9		
		2	3	5	6	
	2	0	7	4	6	

► 8

8 Wie viele Minuten sind das?

a) 16 Stunden b) ein Tag
c) eine Woche d) der Monat Juli

9 Im Kino waren heute 276 Besucher bis 14 Jahre und 485 Besucher, die voll bezahlt haben. Berechne die Einnahmen.

Eintritt:	12 €
bis 14 Jahre:	7 €

1 Multipliziere schriftlich in deinem Heft.

a)	3	2	8	·	6		b)	5	3	1	2	·	8

c) 249 · 7 d) 7352 · 4 e) 6162 · 5

2 Multipliziere schriftlich im Heft. Die letzten Ziffern sind teilweise schon eingetragen.

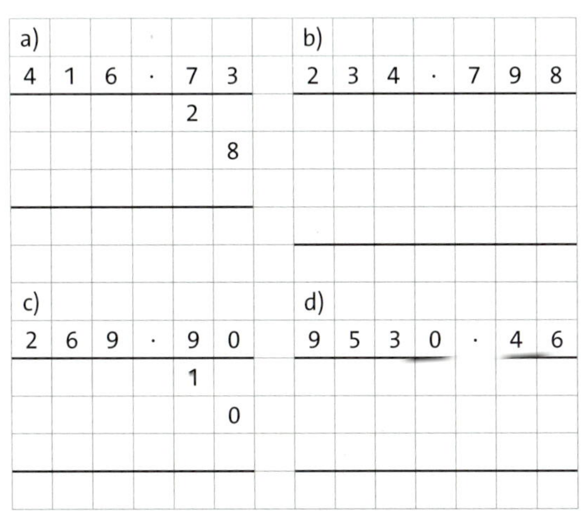

a)							b)						
4	1	6	·	7	3		2	3	4	·	7	9	8
				2									
					8								

c)							d)						
2	6	9	·	9	0		9	5	3	0	·	4	6
				1									
					0								

e) 99 · 77 f) 2319 · 67

3 Multipliziere schriftlich.
Prüfe dein Ergebnis mit einem Überschlag.
Beispiel 246 · 29 = 734
Überschlag: 250 · 30 = 7500
Du siehst: Das Ergebnis kann nicht stimmen.
a) 487 · 49 b) 1350 · 43 c) 584 · 60
d) 5682 · 19 e) 341 · 289 f) 953 · 604

4 Übertrage die Zahlenmauer ins Heft und multipliziere.

a)
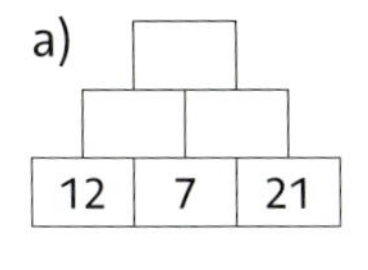

b)
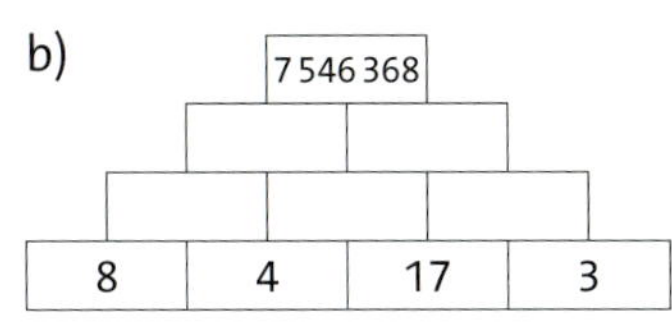

5 Diana meint: „436 · 57 = 24825 ist falsch. Die letzte Ziffer im Ergebnis muss 2 sein, denn 6 · 7 = **42**.“
a) Stimmt das? Begründe.
b) Passt die letzte Ziffer?
① 4356 · 19 = 82766
② 145 · 78 = 11310
③ 256 · 67 = 17158

6 Bilde dreistellige Faktoren aus den Ziffern. Du darfst jede Ziffer nur einmal nehmen.

erster Faktor:	zweiter Faktor:
9 2 5 3 7 6	2 4 5 0 8 1

Beispiel 735 · 150
Multipliziere deine beiden Faktoren.
① Wann ist der Wert des Produkts am größten?
② Wann ist der Wert des Produkts am kleinsten?
Du musst die Produkte dazu nicht unbedingt berechnen. Vergleicht untereinander.

7 Finde und korrigiere im Heft die Fehler.

a)							b)						
4	3	7		5	6		6	3	·	8	0	4	6
	2	1	8	5				5	0	4			
		2	6	2	2				2	5	2		
										3	7	8	
	2	3	4	7	2				1				
								5	3	2	9	8	

Schreibe einen kurzen Merktext, wie man die Fehler vermeiden kann.

8 Berechne: ① 100 · 100 ② 99 · 101
③ 98 · 102 ④ 97 · 103
Was ergibt wohl 96 · 104?
Begründe erst und rechne dann nach.

9 Pro Minute macht ein Jugendlicher etwa 18 Atemzüge, ein Erwachsener 13 Atemzüge.
Wie viele Atemzüge macht …
a) ein Jugendlicher an einem Tag?
b) ein Erwachsener in einem Jahr?

10 Im Stadion sind 9300 Besucher bis 16 Jahre. 42200 Besucher haben voll bezahlt. Berechne die Einnahmen.

Eintritt:	34 €
bis 16 Jahre:	29 €

Systematisch zählen – die Rastermethode

Manchmal kannst du Gegenstände nicht genau zählen. Es sind einfach zu viele.
Dann musst du gut schätzen. Es hilft dir, wenn du sicher multiplizieren kannst.

Gehe nach der Rastermethode vor:

① Teile das Bild in gleich große Kästchen ein. Wenn du in viele Kästchen einteilst, dann wird deine Schätzung ungenauer, aber du musst weniger zählen. Wenn du in wenige Kästchen einteilst, dann wird deine Schätzung genauer, aber du musst mehr zählen. Das musst du bedenken und entscheiden.
Hier sind es 9 Kästchen.

② Zähle die Gegenstände in einem Kästchen. Zwei halb abgebildete Gegenstände zählst du als einen ganzen.
Im Kästchen unten rechts sind ungefähr 7 Marshmallows.

③ Multipliziere das Ergebnis aus ② mit der Anzahl der Kästchen.
$9 \cdot 7 = 63$
Auf dem Foto sind etwa 63 Marshmallows.

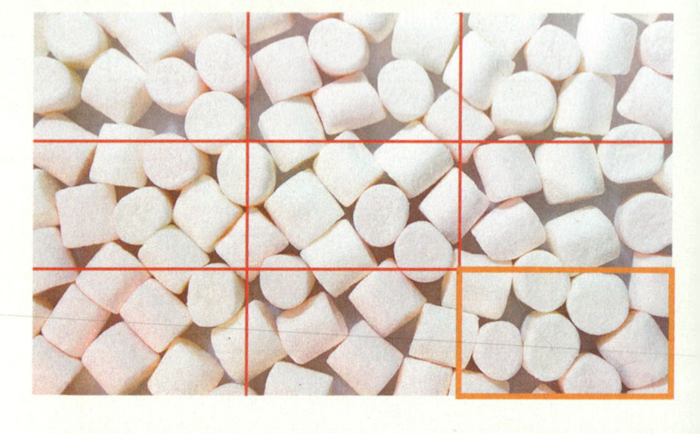

1 Rechts sind viele Muttern von Schrauben zu sehen.
a) Schätze die Anzahl nach der Rastermethode.
b) Vergleicht in der Klasse euer Ergebnis.

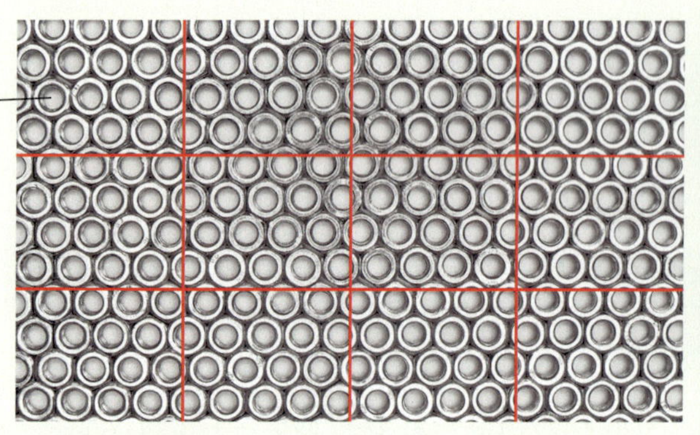

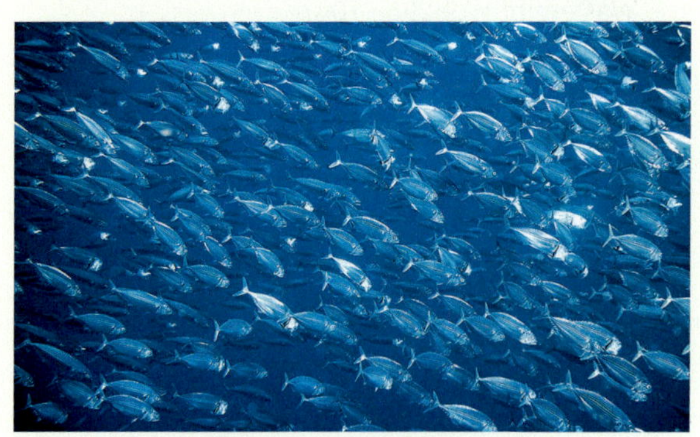

2 Wie viele Fische sind das wohl?
a) Nimm eine Klarsichtfolie. Lege sie auf das Bild und zeichne Kästchen ein. Schätze dann die Anzahl der Fische.
b) Wie zählt ein Zoo seine Tiere? Wie schätzt ein Aquarium die Anzahl seiner Fische? Recherchiere.

3 Auf dem Foto sind viele Menschen zu sehen.
a) Schätze mit der Rastermethode die Anzahl. Verwende einmal das Kästchen oben links und einmal das Kästchen unten rechts. Was fällt dir auf?
b) Wie kannst du die Anzahl der Menschen trotzdem gut schätzen? Beschreibe.

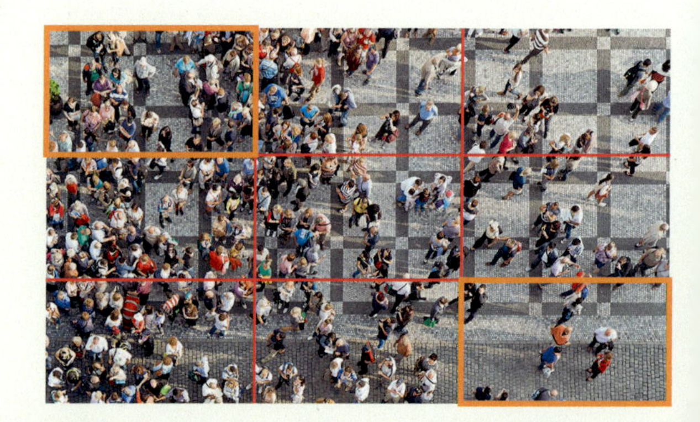

Zahlenfolgen und ihre Terme

Maja legt Zahlenfolgen mit Streichhölzern. Sie startet mit einem Dreieck. Dann legt Maja in jedem Schritt zwei weitere Streichhölzer an.

Start  *1. Schritt* 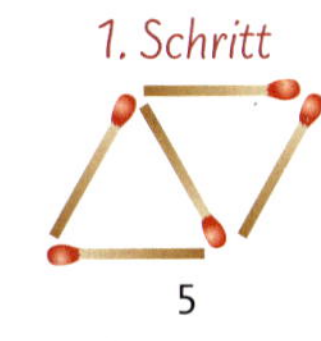 *2. Schritt* 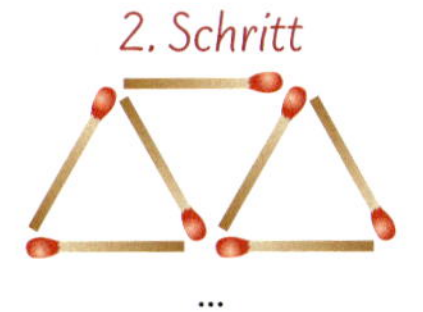 *3. Schritt* 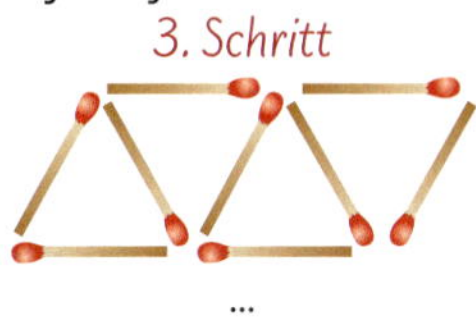

Anzahl der Streichhölzer: 3 5 ... ...

1 Legt die Dreiecke nach. Ihr könnt auch Stifte nehmen oder die Dreiecke ins Heft zeichnen.

a) Übertragt die Tabelle in eure Hefte, verlängert sie bis zum 5. Schritt und füllt sie aus.

Schritt	Muster der Zahlenfolge	Anzahl der Streichhölzer		
		Berechnung	Zahlenfolge	Veränderung
Start	△		3	
1	△▽	$3 + 2 =$	5	+ 2
2	△△	$3 + 2 + 2 =$	7	+ 2
...	...	...	...	

b) Beschreibt mit Worten, wie ihr von einer Zahl zur nächsten kommt.

c) Notiert die Zahlenfolge für die Anzahl der Streichhölzer und setzt sie fort: 3; 5; ▒; ▒; ▒; ▒; ...

d) Wie viele Streichhölzer sind es im 10. Schritt?

Du kannst die Anzahl der Streichhölzer für jeden beliebigen Schritt berechnen. Dazu benötigst du einen Zahlterm, in den du die Zahl des Schrittes einsetzen kannst.

Beim Start sind es	3	Streichhölzer.	
Beim 1. Schritt sind es	$3 + 2$	Streichhölzer, also:	$3 + 1 \cdot 2$
Beim 2. Schritt sind es	$3 + 2 + 2$	Streichhölzer, also:	$3 + 2 \cdot 2$
Beim 3. Schritt sind es	$3 + 2 + 2 + 2$	Streichhölzer, also:	$3 + 3 \cdot 2$
...			
Beim ▒. Schritt sind es	$3 + 2 + ...$	Streichhölzer, kurz:	$3 + ▒ \cdot 2$
Beim x. Schritt sind es	$3 + 2 + ...$	Streichhölzer, kurz:	$3 + x \cdot 2$

Platzhalter ▒ für einen beliebigen Schritt

Statt des Platzhalters ▒ kann man auch ein x für die unbekannte Zahl schreiben. x nennt man eine **Variable**.

Den Rechenausdruck nennt man **Term**.

2 Hier wurde eine Zahlenfolge mit Quadraten gelegt.

Start  *1. Schritt*  *2. Schritt* 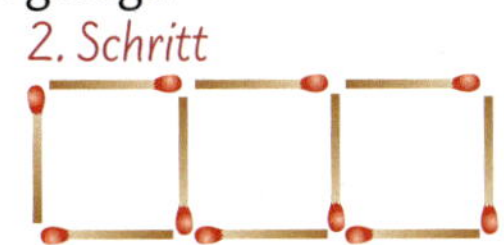 *3. Schritt* 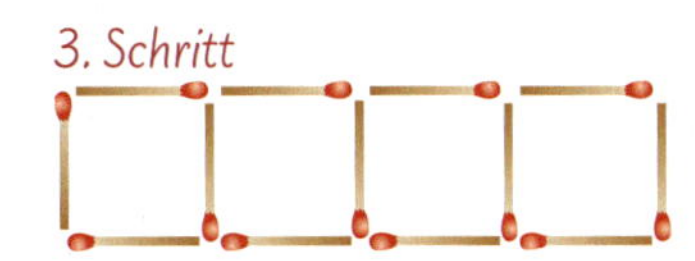

a) Zeichne den 4. und 5. Schritt und gib die Zahlenfolge bis zum 5. Schritt an.

b) Gib den Term an, mit dem du die Anzahl der Streichhölzer beim x. Schritt berechnest. Berechne mit deinem Term die Anzahl der Streichhölzer beim 50. und beim 100. Schritt.

3 Ordne jedem Muster eine Zahlenfolge, eine Beschreibung und einen Term zu.

Muster	Zahlenfolge	Beschreibung	Term
① 	Ⓐ 1; 2; 3; 4; 5 ...	ⓐ Es werden immer 4 addiert.	ⓘ $4 + x \cdot 4$
② ○ ◎ ◎	Ⓑ 4; 8; 12; 16 ...	ⓑ Es werden immer 3 addiert.	ⓘⓘ $1 + x$
③ □ □□ □□□	Ⓒ 3; 6; 9; 12 ...	ⓒ Es wird immer 1 addiert.	ⓘⓘⓘ $3 + x \cdot 3$

Schriftlich dividieren

Die 5. Klassen sind mit 114 Kindern nach Wangerooge gefahren.
In der Jugendherberge gibt es Zimmer mit 6 Betten.
Ceren überlegt, wie viele Zimmer sie brauchen.

▸ Schriftlich dividieren

▸ Schriftlich dividieren mit Nullen

W

Divisor einstellig
Beginne mit einer **Überschlagsrechnung**, um das Ergebnis abzuschätzen. Nimm Zahlen, die du gut teilen kannst.

① Betrachte schrittweise die Stellen von links nach rechts.
② Teile die erste Zahl. Notiere das Ergebnis und das Vielfache.
③ Schreibe den Rest auf.
④ Hole von oben die nächste Ziffer.
⑤ Rechne, bis alles aufgeteilt ist.
⑥ Rechne die **Probe**.

Aufgabe: 114 : 6
Überschlag: 120 : 6 = 20

```
 114 : 6 = 19
– 6  ← ·6
  54
 –54 ← ·6
   0
```

- 1 kannst du nicht durch 6 teilen. Beginne mit 11.
- 6 passt 1-mal in 11.
- Es bleiben 5 übrig.
- Hole 4 von oben.
- 6 passt 9-mal in die 54.
- kein Rest, also 0

Es werden 19 Zimmer gebraucht.

Probe: 19 · 6 = 114 ✔

▶ Aufgabe In den 6. Klassen sind 138 Kinder. In jedem Zimmer stehen 6 Betten. Wie viele Zimmer brauchen sie? ▸1 ▸1 ▸1

Zur Begrüßung möchten Mia und Ceren kleine Schokokugeln auf die 19 Zimmer verteilen. Sie haben 250 Schokokugeln.

Dividend : Divisor = Wert des Quotienten

W

Divisor zweistellig

Schreibe als Hilfe die Einmaleins-Reihe des Divisors auf.

Gehe genauso vor wie oben.

Es kann ein **Rest** bleiben.

Aufgabe: 250 : 19
Überschlag: 240 : 20 = 12
19er Reihe: 19, 38, 57, 76, 95, 114, …

```
 250 : 19 = 13 Rest 3
–19 ← ·19
  60
 –57 ← ·19
   3
```

- 2 kannst du nicht durch 19 teilen. Beginne mit 25.
- 19 passt 1-mal in 25.
- Es bleiben 6 übrig.
- Hole 0 von oben.
- 19 passt 3-mal in 60.
- Rest 3

Jedes Zimmer bekommt 13 Schokokugeln.
Es bleiben 3 Schokokugeln übrig.
Probe: 19 · 13 = 247 und 247 + 3 = 250 ✔

▶ Aufgabe Mika hat auf der Fahrt Geburtstag. Er will 120 Lollis an 28 Kinder verteilen. Wie viele Lollis bekommt jeder? Wie viele Lollis bleiben übrig? ▸6 ▸5 ▸3

1 Übertrage die Aufgabe in dein Heft.
Ergänze die Ziffern in den grauen Kästchen.

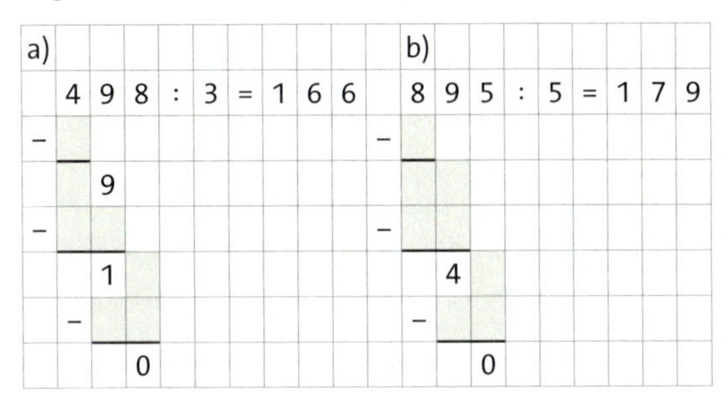

2 Übertrage ins Heft. Ergänze die Ziffern in den grauen Kästchen.

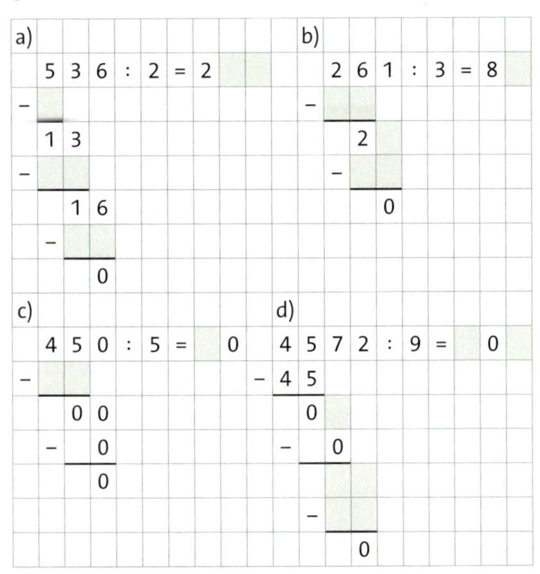

3 Dividiere schriftlich. Es gibt keinen Rest.
a) 536 : 4 b) 343 : 7 c) 780 : 6
d) 5853 : 3 e) 2165 : 5 f) 3248 : 8

4 Dividiere schriftlich. Hier bleibt immer ein Rest.
Alle Reste zusammen ergeben 16.
a) 514 : 4 b) 789 : 6 c) 888 : 5
d) 1615 : 3 e) 1532 : 7 f) 1009 : 9 ▸ 4

5 Wenn beim Dividend und beim Divisor am Ende Nullen stehen, dann kannst du bei beiden Zahlen gleich viele Nullen weglassen.
Das macht das Rechnen leichter.
Beispiel Aufgabe: 150~~0~~ : 3~~0~~
Rechnung: 150 : 3 = 50
a) 1800 : 300 b) 56 500 : 500
c) 78 600 : 30 d) 966 000 : 600

6 Übertrage ins Heft und dividiere schriftlich.
Ergänze die fehlenden Ziffern im Heft.
Hilfe: 14, 28, 42, 56, 70, 84, 98, 112, 126, 140

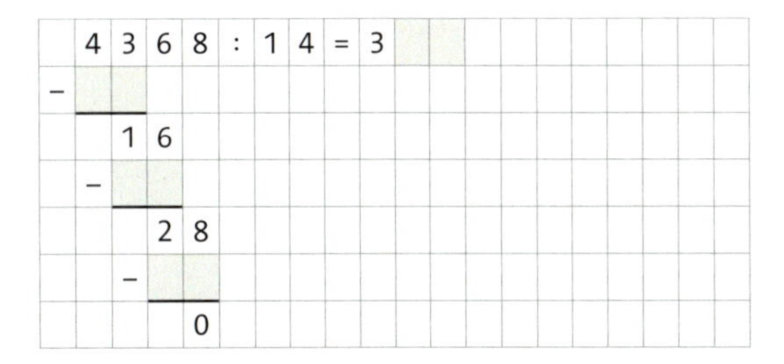

7 Dividiere schriftlich. Es gibt keinen Rest.
Prüfe dein Ergebnis mit der Probe.
Beispiel 1246 : 14 = 86?
Probe: 86 · 14 = 1204
Das Ergebnis war falsch. Finde den Fehler.
a) 518 : 14 b) 645 : 15 c) 944 : 16
d) 5863 : 13 e) 8883 : 21 f) 3654 : 18
▸ 7

8 Ordne den Rechnungen die richtigen Ergebnisse zu.

4400 : 11 | 440 000 : 11 | 440 : 11

40 000 | 400 | 40

9 Drei Rechnungen sind falsch. Finde sie mit dem Überschlag. Rechne dann richtig.
Beispiel 2587 : 13 = 19?
Überschlag: 2600 : 13 = 200 Ergebnis falsch
a) 5844 : 12 = 48 b) 1666 : 17 = 98
c) 4655 : 19 = 2415 d) 4488 : 22 = 204
e) 1989 : 39 = 51 f) 12 118 : 41 = 2983
▸ 9

10 Am Flughafen in Sofia werden 216 Koffer auf 6 Gepäckwagen verteilt.
Wie viele Koffer kommen auf jeden Gepäckwagen?

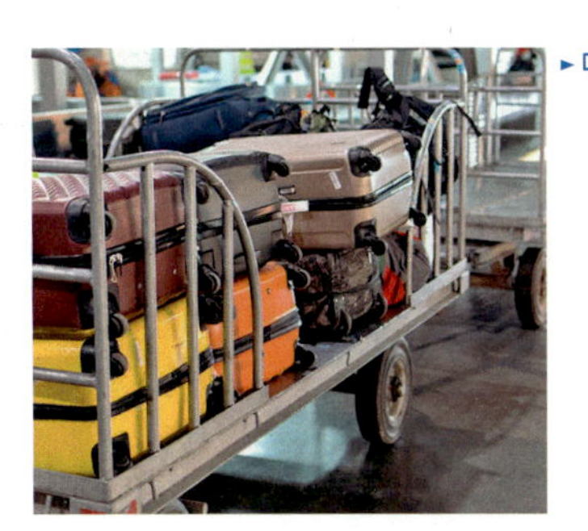

11 Eine Fußballmannschaft kauft neue Trikots, Hosen und Schuhe für insgesamt 2232 €. Wie viel zahlt jeder der 18 Spieler?

1 Übertrage in dein Heft.
Ergänze die Ziffern in den grauen Kästchen.

a)
```
 4 6 8 : 6 = 7 ■
-■ ■
   4 8
 - ■ ■
     0
```

b)
```
 3 0 4 5 : 7 = ■ ■ 5
-■ ■
   2 ■
 - ■ ■
     ■ ■
   - ■ ■
       0
```

c)
```
 7 2 0 : 8 = ■ ■
-■ ■
   ■ 0
 - ■ 0
     0
```

d)
```
 6 3 8 1 : 9 = ■ 0 ■
-■ ■
   0 ■
 - ■ 0
     ■ ■
   - ■ ■
       0
```

2 Dividiere schriftlich. Es gibt keinen Rest.
a) 485 : 5 b) 768 : 2 c) 1337 : 7
d) 3996 : 6 e) 40 680 : 9 f) 59 448 : 8

3 Dividiere schriftlich. Hier bleibt immer ein Rest.
a) 844 : 3 b) 921 : 6 c) 1277 : 8
d) 4208 : 5 e) 30 990 : 7 f) 32 323 : 2

4 Ergänze im Heft. Achte auf die Nullen.
Formuliere Rechenregeln für die Nullen.
a) 240 : 8 = 30; 2400 : 8 = 300;
24 000 : 8 = ■; 240 000 : 8 = ■
b) 49 000 : 7 = 7000; 49 000 : 70 = 700;
49 000 : 700 = ■; 49 000 : 7000 = ■
c) 36 000 : 9 = 4000; 36 000 : 90 = ■;
3600 : 90 = ■; 36 000 : 900 = ■

5 Ergänze die fehlenden Ziffern im Heft. ► **3**

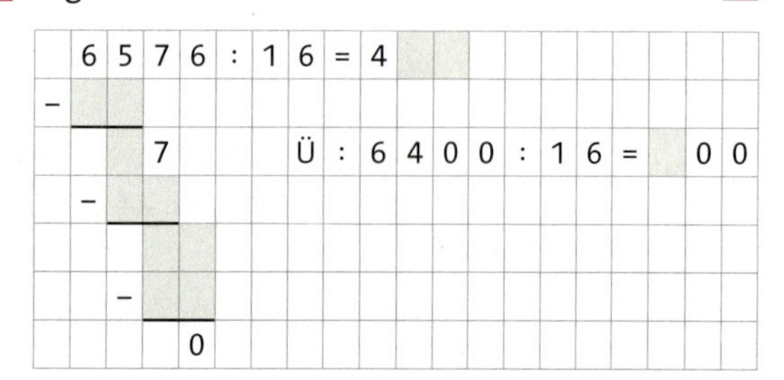

6 Dividiere schriftlich. Prüfe dann mit der Probe.
Beispiel 876 : 12
876 : 12 = 73; Probe: 73 · 12 = 876 ✔
a) 391 : 17 b) 324 : 18 c) 448 : 16
d) 1455 : 15 e) 1188 : 12 f) 120 977 : 14

7 Finde die drei falschen Ergebnisse.
Berichtige in deinem Heft. Erkläre die Fehler.

a) 871 : 13 = 77
b) 896 : 14 = 64
c) 938 : 14 = 67
d) 30 008 : 11 = 4728
e) 795 : 15 = 503
f) 43 536 : 12 = 3628

► **8**

8 Übertrage ins Heft. Hier musst du dividieren.

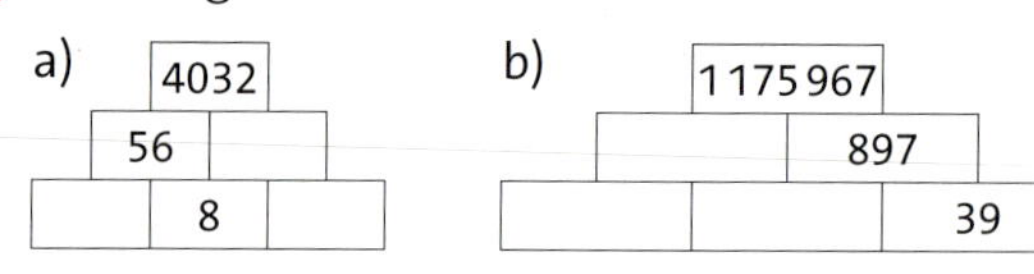

9 Formuliere eine passende Frage.
Löse dann die Aufgabe.
a) An einem Apfelbaum hängen 896 Äpfel. Aus 8 Äpfeln kann man 1 Liter Saft pressen.
b) 4 Freunde gewinnen 16 728 € im Lotto.
c) Sinas neues Fahrrad kostet 948 €. Darauf wollen ihre Eltern 12 Monate lang sparen.
d) Auf den zwei Waggons eines Autozugs stehen 16 gleiche Fahrzeuge. Die Ladung wiegt insgesamt 21 200 kg.

10 Nach einer Sturmflut muss der Strand der Insel Wangerooge neu befestigt werden. Dazu schafft man 11 700 t Steine heran. Der einzige Lkw auf der Insel kann maximal 18 t laden.

a) Wie oft muss der Lkw fahren?
b) Jeden Tag kann der Lkw 13 Fahrten machen. Wie lange dauert der gesamte Transport?

Die Reste aus **3** ergeben zusammen 14.

1 Dividiere schriftlich. Es gibt keinen Rest.
a) 3876 : 4 b) 4167 : 9 c) 8827 : 7
d) 19 290 : 5 e) 11 176 : 8 f) 23 970 : 6

2 Finde die Fehler. Berichtige sie im Heft.

a)
8 1 0 : 9 = 9
− 8 1
0 0

b)
2 9 4 : 7 = 3 1 2
− 2 1
8 4
− 8 4
0

c)
5 1 1 1 : 7 = 7 3
− 4 9
2 1
− 2 1
0

d)
5 4 1 8 : 6 = 9 3
− 5 4
0 1 8
− 1 8
0

3 Überschlage zuerst. Berechne dann.
a) 21 972 : 12 b) 16 525 : 25 c) 27 195 : 35

4 Dividiere schriftlich. Es bleibt immer ein Rest. Prüfe mit der Probe.
Beispiel 3051 : 12 = 254 Rest 3
Probe: 254 · 12 = 3048 und 3048 + 3 = 3051
a) 1234 : 11 b) 9907 : 16 c) 5485 : 18
d) 17 448 : 22 e) 14 171 : 24 f) 22 138 : 62

5 Begründe, warum du so vorgehen kannst wie im Beispiel.
Beispiel 212 800 : 1400 = ?
Ich streiche gleich viele Nullen am Ende von beiden Zahlen und rechne 2128 : 14 = 152
Probe: 1400 · 152 = 212 800
a) 56 500 : 500 b) 32 760 : 140
c) 21 300 : 60 d) 1 745 000 : 5000
e) 208 150 : 230 f) 630 000 : 4200

6 Setze im Heft auf der linken Seite ein Geteilt-Zeichen so zwischen die Ziffern, dass die Rechnung stimmt.
a) 722223 = 314
b) 81639 = 907
c) 295414 = 211
d) 243768 = 3047

7 Drei Ergebnisse sind falsch. Überprüfe die Ergebnisse mit dem Überschlag und berichtige sie in deinem Heft.
a) 36 024 : 12 = 302 b) 23 361 : 39 = 599
c) 1679 : 23 = 73 d) 14 336 : 512 = 28
e) 3599 : 61 = 519 f) 43 992 : 78 = 5644

8 Eine Tippgemeinschaft aus 6 Spielern hat den Lotto-Jackpot in Höhe von 3 294 738 € geknackt. Wie viel Geld bekommt jeder?

9 Im Computerspiel „Evacuaty“ sollst du 106 052 Einwohner möglichst schnell aus ihrer Stadt ausfliegen, denn ein Erdbeben steht kurz bevor. Ein Flugzeug kann höchstens 853 Passagiere mitnehmen. Wie viele solcher Flugzeuge musst du anfordern?

10 Ein Jahr hat 365 Tage.
Ein Schaltjahr hat 366 Tage.
a) Warum können die 12 Monate nicht alle gleich viele Tage haben?
b) Ein Jahr hat 52 Wochen. Stimmt das wirklich genau?

11 Der Mond braucht 28 Tage, um einmal um die Erde zu kreisen. Dabei legt er etwa 2 407 104 km zurück.

a) Wie viele Kilometer legt der Mond an einem Tag zurück?
b) Lina meint: „Der Mond schafft pro Sekunde etwa 1000 km.“ Was sagst du dazu?

12 Sören sagt: „Ich denke mir eine Zahl und multipliziere sie mit 12. Dann addiere ich 31 und teile das Ergebnis durch 6. Wetten, dass der Rest 1 beträgt?“ Stimmt das immer? Begründe.

Die Lösungen von **1** ergeben in der richtigen Reihenfolge ein Lösungswort:
463 (R); 969 (P); 1261 (O); 1397 (U); 3858 (D); 3995 (K) Den letzten Buchstaben musst du selbst finden.

Tipp zu 6, 10

Kompetenz	
1 Ich kann im Kopf multiplizieren und dividieren. Ich kann mit den Fachbegriffen der Multiplikation und Division umgehen. → Lies auf **Seite 128** nach.	**1** Übertrage ins Heft. Finde die fehlende Zahl. a) $9 \cdot 9 = \square$ b) $27 : 9 = \square$ c) $6 \cdot \square = 42$ d) $\square : 3 = 8$ Unterstreiche farbig: Faktor = rot, Dividend = blau, Divisor = grün.
2 Ich kann das Vertauschungsgesetz (Kommutativgesetz) und das Verbindungsgesetz (Assoziativgesetz) bei der Multiplikation anwenden. → Lies auf **Seite 128** nach.	**2** Rechne vorteilhaft. Nutze die Rechengesetze. Vertausche die Zahlen so, dass du einfach rechnen kannst. a) $2 \cdot 9 \cdot 5$ b) $20 \cdot 7 \cdot 5$ c) $8 \cdot 4 \cdot 25$
3 Ich kann beim Rechnen die Vorrangregeln „Klammern zuerst“ und „Punkt vor Strich“ beachten. → Lies auf **Seite 132** nach.	**3** Rechne vorteilhaft. Beachte die Vorrangregeln. a) $3 + (8 - 6)$ b) $4 \cdot 2 + 3$ c) $2 + 81 : 9$ d) $(4 + 32) : 6$
4 Ich kann das Verteilungsgesetz (Distributivgesetz) zum Ausklammern und zum Ausmultiplizieren nutzen. → Lies auf **Seite 132** nach.	**4** Rechne vorteilhaft. a) Klammere zuerst aus: $83 \cdot 5 + 17 \cdot 5 = (83 + \square) \cdot \square = \ldots$ b) Multipliziere aus: $(8 + 10) \cdot 9 = 8 \cdot 9 + \ldots$
5 Ich kann schriftlich multiplizieren. → Lies auf **Seite 136** nach.	**5** Übertrage ins Heft. Multipliziere schriftlich. 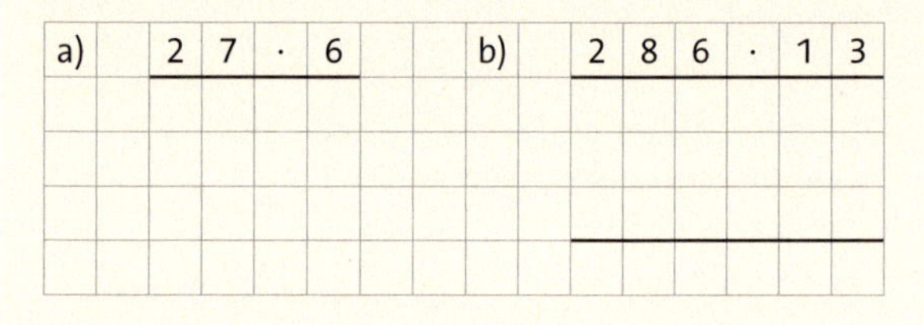
6 Ich kann schriftlich dividieren. → Lies auf **Seite 142** nach.	**6** Übertrage ins Heft. Dividiere schriftlich.

a)							b)								
7	8	4	:	7	=		5	0	8	2	:	1	1	=	

→ Lösungen auf Seite 247

1 Finde die fehlende Zahl. Gib den Fachbegriff für den fehlenden Wert an. Nutze:
Faktor, Dividend, Wert des Produkts, Wert des Quotienten

a) 11 · 7 = ▢ b) 108 : 12 = ▢
c) ▢ : 8 = 9 d) ▢ · 18 = 90

2 Rechne vorteilhaft. Nutze die Rechengesetze.
a) 200 · 17 · 5
b) 18 · 4 · 5
c) Schreibe selbst eine ähnliche Aufgabe auf, bei der Vertauschen und Verbinden Rechenvorteile bringt.

3 Rechne im Kopf.
a) 3 · 5 + 6 · 2
b) 2 · (9 – 2) + 6
c) (40 + 8) : 6 – 2

4 Rechne vorteilhaft. Nutze dazu das Ausklammern oder das Ausmultiplizieren.
a) 225 · 8 + 775 · 8
b) (65 + 91) : 13
c) 165 : 40 – 45 : 40

5 Multipliziere schriftlich im Heft.

a)		7	6	·	5	2		b)		1	0	8	·	8	0

6 Dividiere schriftlich im Heft.

a)								b)							
5	6	3	2	:	8			8	0	6	4	:	1	2	

1 Übersetze den Text in eine Rechnung und finde die fehlende Zahl.
a) Der 2. Faktor ist 34. Der Wert des Produkts beträgt 238.
b) Der Dividend ist 126, der Divisor ist 14.

2 Rechne im Kopf. Nutze die Rechengesetze.
a) 250 · 11 · 4 · 3
b) 20 · 16 · 6 · 5
c) Schreibe selbst eine ähnliche Aufgabe auf, bei der du **nicht** beliebig verbinden darfst.

3 Rechne im Kopf.
a) 4 + 50 : 2 – 11
b) 98 + (60 – 48) : 3
c) 8 · (26 – 15) – 19

4 Rechne vorteilhaft. Nutze dazu das Ausklammern oder das Ausmultiplizieren.
a) 106 : 25 – 31 : 25
b) 115 · 17 + 44 · 17 – 59 · 17
c) 59 · 16

5 Multipliziere schriftlich.
a) 179 · 53
b) 564 · 54
c) 48 · 590

6 Dividiere schriftlich.
a) 2669 : 17
b) 60 059 : 19
c) 124 124 : 124

→ Lösungen auf Seite 247 und 248

Potenzen

Rico und Svenja suchen Muscheln am Strand. Sie haben sich ein Spiel ausgedacht.
Jedes Mal, wenn sie vom Strandkorb aus loslaufen, müssen sie doppelt so viele Muscheln holen wie davor.

Runde 1: Sie beginnen mit 2 Muscheln.
Runde 2: $2 \cdot 2 = 4$ Muscheln
Runde 3: $2 \cdot 4 = 8$ oder $2 \cdot 2 \cdot 2 = 8$ Muscheln
Runde 4: $2 \cdot 2 \cdot 2 \cdot 2 = 16$ Muscheln

„Oje“, seufzt Rico, „das werden ja ganz schön schnell ganz schön viele Muscheln …“
„Und ganz schön viele Zweien“, ergänzt Svenja.

Für die vielen Zweien gibt es eine einfache Schreibweise. Wenn bei einer Multiplikation alle Faktoren gleich sind, dann kann man sie als **Potenz** schreiben.
Eine Potenz besteht aus der Basis und dem Exponenten.
Die Basis (die Grundzahl) ist der Faktor.
Der Exponent (die Hochzahl) gibt die Anzahl der Faktoren an.

der Exponent (die Hochzahl)

die Potenz $\{ 2^5 = 32$

die Basis (die Grundzahl) — der Wert der Potenz

Sprich: zwei hoch fünf ist gleich zweiunddreißig

In Runde 5 sind es
$2 \cdot 2 \cdot 2 \cdot 2 \cdot 2 = 2^5 = 32$ Muscheln.

1 Rico und Svenja haben für ihr Spiel eine Tabelle begonnen. Ergänze die Tabelle im Heft. Setze sie bis Runde 10 fort.

	Muscheln		
Runde	als Multiplikation	als Potenz	Anzahl
1	2	2^1 (= 2)	2
2	$2 \cdot 2$	2^2	4
3	$2 \cdot 2 \cdot 2$		8
4	$2 \cdot 2 \cdot 2 \cdot 2$		16
5	$2 \cdot 2 \cdot 2 \cdot 2 \cdot 2$		

2 Schreibe als Potenz.
a) $6 \cdot 6 \cdot 6$ b) $3 \cdot 3 \cdot 3 \cdot 3 \cdot 3$ c) $7 \cdot 7 \cdot 7 \cdot 7$ d) $9 \cdot 9 \cdot 9 \cdot 9 \cdot 9 \cdot 9$

3 Lies die Potenz vor. Schreibe dann als Multiplikation und berechne.
Beispiel 2^4; „2 hoch 4“; $2^4 = 2 \cdot 2 \cdot 2 \cdot 2 = 16$
a) 3^4 b) 5^3 c) 4^4 d) 6^2 e) 1^5 f) 5^1

4 Quadratzahlen
a) Schreibe die Potenzen 1^2; 2^2; 3^2; …; 15^2 als Multiplikationen und berechne.
b) Die Ergebnisse aus a) heißen **Quadratzahlen**. Lerne sie auswendig.
c) Schreibe auch 16^2; 17^2; 18^2; 19^2 und 20^2 als Multiplikationen und berechne. Lerne sie auswendig.

5 Potenzen wie 10^1; 10^2; 10^3 und 10^4 heißen **Zehnerpotenzen**, weil sie alle die Basis 10 haben.
a) Berechne die Zehnerpotenzen 10^1; 10^2; 10^3; …; 10^7. Schreibe das passende Zahlwort dazu.
b) Linus hat die Zahl 8257 mit Zehnerpotenzen aufgeschrieben. Schreibe die Zahlen 6243; 91 722 und 7 532 100 wie Linus.

$8257 = 8000 + 200 + 50 + 7$
$= 8 \cdot 1000 + 2 \cdot 100 + 5 \cdot 10 + 7 \cdot 1$
$= 8 \cdot 10^3 + 2 \cdot 10^2 + 5 \cdot 10^1 + 7 \cdot 1$

Zahlen im Zweiersystem

Du hast Zahlen bisher immer mit den Ziffern 0 bis 9 geschrieben. Dieses Zahlensystem heißt **Zehnersystem**, weil es zehn Ziffern sind und in der Stellenwerttafel die Werte ..., 10 000, 1000, 100, 10, 1 stehen (siehe Seite 9).

Es gibt aber auch andere Zahlensysteme.
In der Tabelle werden Zahlen als Summe von 32, 16, 8, 4, 2 und 1 dargestellt.
Ein grüner Punkt bedeutet: 32, 16, 8, 4, 2 oder 1 kommt einmal als Summand vor.
Ein grauer Punkt bedeutet: 32, 16, 8, 4, 2 oder 1 kommt nicht als Summand vor.

...	32	16	8	4	2	1		Summe	Zahl im Zehnersystem
	● (grau)	● (grau)	● (grün)	● (grau)	● (grau)	● (grün)		8 + 1	9
	● (grau)	● (grau)	● (grün)	● (grün)	● (grau)	● (grün)		8 + 4 + 1	13
	● (grün)	● (grau)	● (grau)	● (grau)	● (grün)	● (grau)		32 + 2	34

Ersetzt du in dieser Tabelle die grünen Punkte durch die Ziffer 1 und die grauen Punkte durch die Ziffer 0, dann erhältst du Darstellungen der Zahlen im **Zweiersystem**.

Im Zweiersystem gibt es also nur die Ziffern 1 und 0. Die kleine 2 am Ende zeigt dir, dass es eine Zahl im Zweiersystem ist.

...	32	16	8	4	2	1		Zahl im Zweiersystem	Zahl im Zehnersystem
			1	0	0	1		1001_2	9
			1	1	0	1		1101_2	13
	1	0	0	0	1	0		100010_2	34

Du kannst jede natürliche Zahl nicht nur im Zehnersystem, sondern auch im Zweiersystem schreiben.
Jeder Summand ..., 32, 16, 8, 4, 2, 1 kommt dabei nur einmal vor.
Die Summanden ..., 32, 16, 8, 4, 2 sind **Potenzen mit der Basis 2**:

$32 = 2 \cdot 2 \cdot 2 \cdot 2 \cdot 2 = 2^5$
$16 = 2 \cdot 2 \cdot 2 \cdot 2 = 2^4$
$8 = 2 \cdot 2 \cdot 2 = 2^3$
$4 = 2 \cdot 2 = 2^2$
$2 = 2 = 2^1$

Die Basis 2 der Potenzen gibt dem Zweiersystem seinen Namen.

1 Schreibe im Heft auf, welche Zahlen hier dargestellt sind.

	...	32	16	8	4	2	1		Zahl im Zweiersystem	Summe	Zahl im Zehnersystem
a)		● (grau)	● (grau)	● (grau)	● (grün)	● (grau)	● (grün)		101_2	4 + 1	
b)		● (grau)	● (grün)	● (grau)	● (grün)	● (grün)	● (grau)				
c)		● (grün)	● (grau)	● (grün)	● (grau)	● (grün)	● (grün)				
d)		● (grün)	● (grün)	● (grün)	● (grün)	● (grün)	● (grün)				

2 Schreibe die Zahlen im Zehnersystem. Du kannst eine Tabelle wie in Aufgabe 1 nutzen.
Beispiel 1100^2
$8 + 4 + 0 + 0 = 12$

a) 110_2 b) 1010_2 c) 111001_2 d) 101010_2 e) 111110_2 f) 100000_2

3 Schreibe die Zahlen im Zehnersystem. Was fällt dir auf?
a) 0_2; 10_2; 100_2 ; 1000_2; $10\,000_2$ b) 1_2; 11_2; 111_2; 1111_2; $11\,111_2$

4 Zeichne die Stellenwerttabelle mit sechs Zeilen in dein Heft. Schreibe die folgenden Zahlen in die Tabelle.

	Zweiersystem							Zahl im Zehnersystem
	32	16	8	4	2	1		
a)								

a) 111_2 b) 1011_2 c) $111\,101_2$ d) $101\,111_2$ e) $111\,100_2$ f) $100\,001_2$

5 Lydia beschreibt eine Methode, um Zahlen aus dem Zehnersystem in das Zweiersystem umzuwandeln. Vervollständige Lydias Text im Heft.

	Beispiel 50
① Aus 32, 16, 8, 4, 2, 1 die nächstkleinere Zahl suchen:	**32**
② Die ● beider Zahlen berechnen:	50 − 32 = ●
③ Zum Ergebnis wie in Schritt ① die ● Zahl suchen:	●
④ Die ● beider Zahlen berechnen:	●
Weiter wie in ③ und ④ rechnen.	
Ist das Ergebnis 32, 16, 8, 4, 2 oder 1, dann bin ich fertig.	●
Kommt 32, 16, 8, 4, 2, 1 vor, schreibe ● an die Stelle.	*Es kommen vor: 32, ●, ●*
Sonst schreibe ● an die Stelle.	$50 = 110\,010_2$

6 Daniel sagt: „Die Zahl 65 kann ich **nicht** im Zweiersystem darstellen, wenn ich nur die Stellenwerte 32, 16, 8, 4, 2, 1 habe.
a) Begründe, dass Daniel recht hat.
b) Wie kann Daniel die Stellenwerttabelle aus Aufgabe 1 (Seite 149) erweitern, damit er die Zahl 65 darstellen kann? Finde die passende Zweierpotenz.
c) Kann Daniel mit der erweiterten Stellenwerttafel die Zahl 128 darstellen? Begründe.

Zahlensysteme vergleichen

7 Wähle eine Zahl, die kleiner als 64 ist. Schreibe sie als Strichliste, im Zehnersystem, im Zweiersystem und als römische Zahl. Welche Zahldarstellung ist am kürzesten?

8 Zoe hat dieselbe Zahl auf unterschiedliche Weise geschrieben:
MMMDCCCXCIX = 111100111011_2 = 3899
Gib jeweils das Zahlensystem an. Welche Zahldarstellung ist am kürzesten?

9 Prüfe, ob die Aussagen richtig sind. Begründe. Korrigiere falsche Aussagen.
a) Im Zweiersystem verdoppeln sich die Stellenwerte von links nach rechts.
b) Im Zehnersystem werden die Stellenwerte von links nach rechts immer mit 10 multipliziert.
c) Beim Zehnersystem kann die Ziffer 5 an jeder Stelle stehen. Was die Ziffer 5 bedeutet, hängt von der Stelle ab, an der sie steht. Sie kann für den Wert 5, 50, 500, 5000 ... stehen.
d) Bei römischen Zahlen werden die Werte der Zahlzeichen immer addiert.
e) Was das römische Zahlzeichen V bedeutet, hängt davon ab, an welcher Stelle es steht.

10 Rezan sagt: „Wenn ich mit Zweierpotenzen Zahlen im Zweiersystem darstellen kann und mit Zehnerpotenzen im Zehnersystem, dann kann ich doch mit Dreierpotenzen Zahlen im Dreiersystem darstellen."
Was meinst du dazu? Probiere es aus.

Vermischte Übungen

1 Schreibe als Produkt. Berechne im Kopf.
Beispiel $6 + 6 + 6 + 6 + 6 = 5 \cdot 6 = 30$
a) $7 + 7 + 7 + 7$
b) $9 + 9 + 9 + 9 + 9 + 9 + 9 + 9$
c) $5 + 5 + 5 + 5 + 5$
d) $12 + 12 + 12 + 12 + 12 + 12$

2 Ergänze die fehlenden Zahlen im Heft. Ordne den acht Zahlen links vom Gleichheitszeichen die Fachbegriffe zu: Faktor, Dividend, Divisor
a) $5 \cdot 7 = \square$ b) $\square \cdot 11 = 77$
c) $120 : 12 = \square$ d) $27 : \square = 3$

3 Max sagt: Die Probe ist eine tolle Sache. Damit kann ich ganz leicht meine Ergebnisse kontrollieren. Ich nehme immer nur die „Gegenrechenart“ und rechne dann rückwärts. Guck, so:

$40 : 5 = 8$
Gegenrechenart: Multiplikation
$8 \cdot 5 = 40$ ✔

Rechne wie Max:
a) $63 : 7$ b) $72 : 6$ c) $60 : 12$
d) $56 : 8$ e) $84 : 4$ f) $108 : 9$

4 Rechne vorteilhaft.
Beispiel $5 \cdot 11 \cdot 4 = 5 \cdot 4 \cdot 11$
$= 20 \cdot 11 = 220$
a) $2 \cdot 9 \cdot 50$ b) $4 \cdot 12 \cdot 25$
c) $5 \cdot 9 \cdot 12$ d) $400 \cdot 19 \cdot 5$ ▸ 4

5 Vergleiche. Beachte die Vorrangregeln.
a) $12 \cdot 2 + 8$ und $12 \cdot (2 + 8)$
b) $27 - 3 \cdot 6$ und $27 - (3 \cdot 6)$
c) $56 : 7 - 3$ und $56 : (7 - 3)$
d) $18 \cdot 7 - 100 : 5$ und $18 \cdot 7 - (100 : 5)$

6 Rechne vorteilhaft. Multipliziere aus.
Beispiel $(8 + 20) \cdot 7 = 8 \cdot 7 + 20 \cdot 7$
$= 56 + 140 = 196$
a) $(9 + 25) \cdot 4$ b) $(70 + 8) \cdot 3$
c) $(60 - 5) \cdot 9$ d) $(20 - 7) \cdot 5$

7 ▾ Es geht leichter, wenn du ausklammerst. Unterstreiche zuerst im Heft die Zahl, die **hinter** die Klammer gehört.
Beispiel
$27 \cdot \underline{6} + 13 \cdot \underline{6} = (27 + 13) \cdot \underline{6}$
$= 40 \cdot 6 = 240$
a) $14 \cdot 5 + 36 \cdot 5$ b) $51 : 4 - 23 : 4$
c) $77 \cdot 8 - 71 \cdot 8$ d) $22 \cdot 9 + 8 \cdot 9$
e) $65 : 3 + 16 : 3$ f) $41 : 6 - 17 : 6$ ▸ 7

8 Überschlage zuerst. Multipliziere dann schriftlich im Heft.

a)		4	3	·	9			b)		3	2	1	·	1	7

9 Überschlage. Multipliziere dann schriftlich.
a) $91 \cdot 4$ b) $25 \cdot 12$ c) $139 \cdot 5$
d) $181 \cdot 21$ e) $101 \cdot 6$ f) $409 \cdot 30$

10 Überschlage zuerst. Wähle Zahlen, die sich gut teilen lassen. Rechne schriftlich.
a) $126 : 7$ b) $144 : 12$ c) $228 : 6$
d) $693 : 11$ e) $1470 : 5$ f) $1560 : 20$
▸ 10

11 Die Klasse 5 c verkauft auf dem Schulfest Lose für die Tombola. Am Ende haben sie 627 € eingenommen. Ein Los kostet 3 €. Wie viele Lose haben sie verkauft?

12 In einem Lager sind 45 Stapel mit Kisten. In jedem Stapel stehen 8 Kisten übereinander. Wie viele Kisten sind das?

13 ▾ Jeden Montag kauft sich Kim auf dem Weg von der Schule nach Hause ein Schoko-Brötchen für 95 ct. Wie viel gibt Kim in einem Jahr für Schoko-Brötchen aus?

Die Lösungen von **7** ergeben in der richtigen Reihenfolge ein Lösungswort:
4 (R); 7 (I); 27 (E); 48 (F); 250 (Z); 270 (F)
Tipp für **13**: Ein Jahr hat 39 Schulwochen.

▸ Tipp zu 5, 6, 9, 10, 11, 12

1 Übersetze den Text in eine Aufgabe und berechne.
a) Multipliziere 12 und 8.
b) Dividiere 720 durch 90.
c) Der Dividend ist 225, der Divisor ist 25.
d) Der erste Faktor ist 13, der zweite Faktor ist doppelt so groß.
e) Schreibe selbst zwei Texte. Lass deine Texte von einer Mitschülerin oder einem Mitschüler „übersetzen“ und berechnen.

2 Löse die Zahlenmauer im Heft.

a)
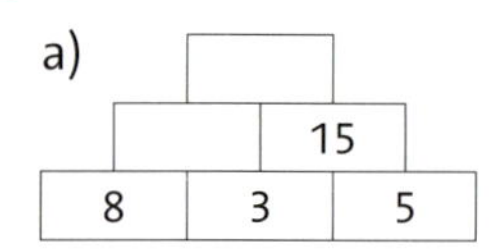

b)
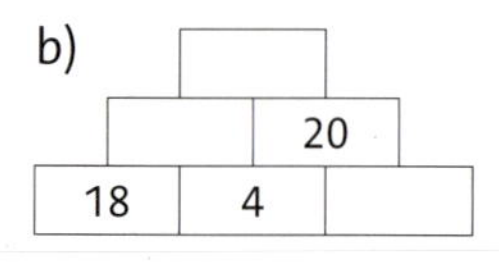

c)
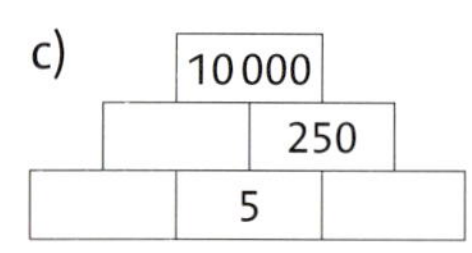

d)
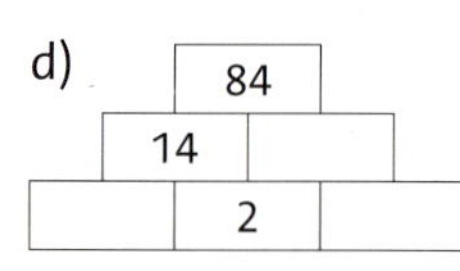

3 Rechne vorteilhaft. Vertausche sinnvoll.
a) $5 \cdot 17 \cdot 20$ b) $25 \cdot 15 \cdot 4$
c) $73 \cdot 20 \cdot 500$ d) $125 \cdot 63 \cdot 8$

4 Übertrage in dein Heft. Setze so Klammern, dass das Ergebnis stimmt.
a) $5 \cdot 2 + 4 = 30$
b) $63 - 13 : 5 = 10$
c) $3 + 8 + 12 \cdot 5 = 103$
d) $24 - 20 \cdot 72 - 68 = 16$
e) $5 + 16 : 99 - 92 = 3$

► 5

5 Rechne vorteilhaft. Zerlege dazu den ersten Faktor und multipliziere aus.

Beispiel $74 \cdot 6 = (70 + 4) \cdot 6$
$= 70 \cdot 6 + 4 \cdot 6$
$= 420 + 24 = 444$

a) $62 \cdot 7$ b) $29 \cdot 5$ c) $46 \cdot 25$
d) $53 \cdot 9$ e) $38 \cdot 11$ f) $41 \cdot 15$

6 Klammere vorteilhaft aus.

Beispiel $54 \cdot \underline{8} + 16 \cdot \underline{8} = (54 + 16) \cdot \underline{8}$
$= 70 \cdot 8 = 560$

a) $3 \cdot 12 + 17 \cdot 12$ b) $37 \cdot 8 + 63 \cdot 8$
c) $18 \cdot 9 - 8 \cdot 9$ d) $96 \cdot 3 - 76 \cdot 3$

7 Überschlage. Berechne dann schriftlich.
a) $99 \cdot 11$ b) $102 \cdot 12$ c) $642 \cdot 9$
d) $6420 \cdot 9$ e) $309 \cdot 410$ f) $2791 \cdot 52$

8 Bastle die fünf Ziffernkarten.
Bilde mit ihnen eine zweistellige Zahl und eine dreistellige Zahl.

1	3	5	8	9

a) Multipliziere deine beiden Zahlen.
b) Welche beiden Zahlen musst du multiplizieren, um das größte Ergebnis zu erhalten? Wie lautet das Ergebnis?

9 Rechne schriftlich. Überprüfe dein Ergebnis mit der Probe.
Achtung: Bei zwei Aufgaben bleibt ein Rest.
a) $1020 : 12$ b) $738 : 18$ c) $231 : 6$
d) $6009 : 5$ e) $25\,113 : 11$ f) $80\,740 : 20$

► 8

10 In diesem Kunstwerk wurden 276 Paletten aus Holz verbaut. Jeder Stapel besteht aus 23 Paletten. Aus wie vielen solchen Stapeln besteht das Kunstwerk?

11 In einem Karton sind 12 Packungen Orangensaft. 60 Kartons passen auf eine Palette.
a) Ein Supermarkt bekommt 5 Paletten geliefert. Wie viel Packungen Saft sind das?
b) Ein anderer Supermarkt bestellt 350 Kartons mit Saft. Wie viele Paletten ergibt das?

12 Leona liest in einer Zeitschrift:
„Im Flugzeug OK 90 finden 180 Fluggäste Platz. Es gibt 30 Sitzreihen.“
Wie viele Sitze hat das Flugzeug in einer Reihe?

Die Lösungen von **5** ergeben in der richtigen Reihenfolge ein Lösungswort:
145 (Ö); 418 (N); 434 (L); 477 (U); 615 (G); 1150 (S)

1 Spielt zu zweit „Mathe-Tabu“:
Einer sucht sich einen der Begriffe aus und erklärt ihn dem anderen. Der Begriff selbst darf natürlich nicht genannt werden.
Hier die Begriffe:
Multiplikation, Faktor, Wert des Produkts, Division, Dividend, Divisor, Überschlag, Probe, Verbindungsgesetz (Assoziativgesetz), Vertauschungsgesetz (Kommutativgesetz), Verteilungsgesetz (Distributivgesetz)

2 Übertrage die Zahlenmauer ins Heft und berechne.

a)

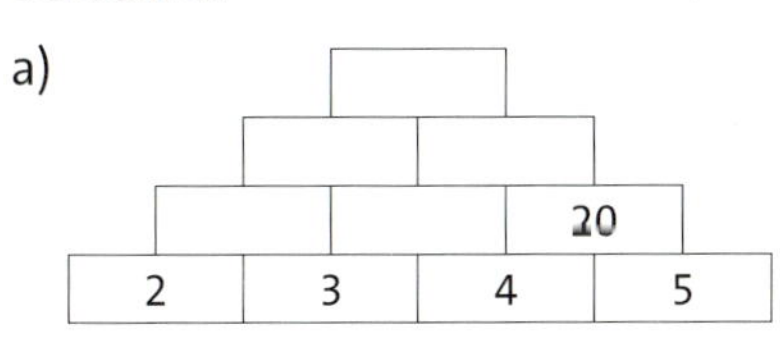

b)

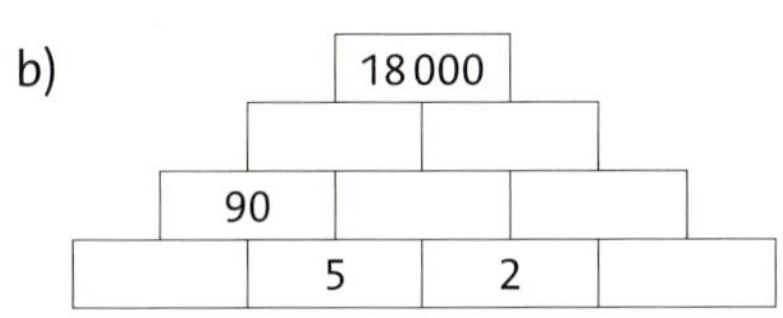

c) Erfinde eine Zahlenmauer, bei der als Zielzahl oben eine sechsstellige Zahl steht.

3 Berechne.
a) $(225 : 5 + 5 \cdot 11) : 10$
b) $1 + 2 \cdot 3 + 4 \cdot 5 + 6 \cdot 7 + 8$
c) $9 \cdot 8 - 7 \cdot 6 - 5 \cdot 4 - 3 \cdot 2$
d) $(17 + 129 : 3) \cdot 10$
e) $(11 \cdot 4 + 12 \cdot 3) : 8$

4 Rechne vorteilhaft im Kopf.
a) $50 \cdot 89 \cdot 20$ b) $385 \cdot 250 \cdot 4$
c) $37 \cdot 125 \cdot 8$ d) $4 \cdot 425 \cdot 2500 \cdot 20$

5 Simon sagt: „Ich hab einen Trick entdeckt! Ich rechne jetzt immer so:“
$79 \cdot 3 = (80 - 1) \cdot 3$
$= 80 \cdot 3 - 1 \cdot 3$
$= 240 - 3 = 237$
Welches Rechengesetz steckt hinter Simons Trick? Erkläre. Rechne dann wie Simon.
a) $48 \cdot 9$ b) $77 \cdot 6$ c) $7 \cdot 29$
d) $8 \cdot 57$ e) $96 \cdot 7$

6 Rechne schriftlich und überprüfe mit dem Überschlag oder der Probe.
a) $1017 : 9$ b) $27\,344 : 8$
c) $35\,893 : 11$ d) $825 \cdot 27$
e) $1009 \cdot 31$ f) $4259 \cdot 120$

7 Bastle die sieben Ziffernkarten.
Bilde mit ihnen eine dreistellige Zahl und eine vierstellige Zahl.

0	1	3	5	6	8	9

a) Multipliziere deine beiden Zahlen.
b) Welche beiden Zahlen musst du multiplizieren, um das größte Ergebnis zu erhalten?
Der Wert des Produkts soll 722 700 sein.
Welche Ziffern musst du einsetzen?
●●8 · ●6●●

8 In einem Karton sind 9 „süße Tierchen“.
48 Kartons passen in eine große Kiste. In einer Konditorei werden 3456 „Tierchen“ verpackt. Wie viele große Kisten sind das?

9 Die Klasse 5 c hat Werbung für den Tierpark gemacht und in der Stadt Plakate aufgehängt.

Kinder	3 €
Erwachsene	7 €

Am Wochenende kamen dann 258 Erwachsene und doppelt so viele Kinder in den Tierpark.
Wie viel Geld wurde eingenommen?

10 Fabian zählt sein Geld. Er hat:
4 Ein-Cent-Münzen,
9 Zwei-Cent-Münzen,
12 Fünf-Cent-Münzen,
13 Zehn-Cent-Münzen,
12 Zwanzig-Cent-Münzen,
12 Fünfzig-Cent-Münzen,
14 Ein-Euro-Münzen und
15 Zwei-Euro-Münzen. Die Hälfte des Geldes zahlt er auf sein Konto ein.
Wie viel ist das?

Die Lösungen von **5** ergeben in der richtigen Reihenfolge ein Lösungswort:
203 (O); 432 (P); 456 (B); 462 (R); 672 (E)

Tipp zu 3

Am Strand

Die Klasse 5 a fährt nach Italien und verbringt einen Nachmittag am Strand in Sorrent.

A Die Klasse möchte eine Fahrt mit dem Glasboden-Boot machen. Eine Fahrt kostet 5 € pro Person. In die 5 a gehen 30 Schülerinnen und Schüler.
Wie viel muss die Klasse bezahlen?

B Max hat keine Lust zu baden. Er steht neben einer tropfenden Dusche und zählt die Tropfen. Nach 15 Minuten hat er 240 Tropfen gezählt. Wie viele Tropfen fallen in einer Minute?

C Eine Kugel Eis kostet 2 €. Heute wurden 1678 Kugeln verkauft. Wie viel Geld hat der Eisverkäufer eingenommen?

D Gerade sind 216 Personen im Wasser. Es gibt am Strand 6 Rettungsschwimmer. Auf wie viele Personen muss jeder Rettungsschwimmer aufpassen?

E Man kann einen Strandkorb für 18 € pro Tag mieten. Der Vermieter hat heute 702 € eingenommen. Wie viele Strandkörbe hat er vermietet?

F Die Klasse hat 5 Kühlboxen dabei. In jeder Kühlbox sind 6 Flaschen. Mit jeder Flasche kann man 5 Becher füllen. Wie viele Becher sind das insgesamt?

G Am Strand waren heute 720 Menschen. Jeder Dritte hat leider seinen Müll liegen lassen. Angenommen, jeder davon hat eine Plastikflasche liegen lassen. Wie viele Flaschen waren das heute? Wie viele Flaschen wären das in einem Monat (30 Tage)?

Niveau 1

1 Ordne den blauen Zahlen diese Fachbegriffe zu: Divisor, Faktor, Dividend
a) $7 \cdot 5 = 35$
b) $24 : 8 = 3$

2 Rechne vorteilhaft.
a) $7 \cdot 5 \cdot 4$
b) $5 \cdot 9 \cdot 20$

3 Berechne. Beachte „Punkt vor Strich" und „Klammern zuerst".
a) $5 + 4 \cdot 3$ b) $2 \cdot (9 + 11)$

4 Multipliziere aus. Fülle die Lücken im Heft. Berechne.
a) $4 \cdot (3 + 20)$
$= 4 \cdot ▒ + 4 \cdot ▒ = \ldots$
b) $(70 - 2) \cdot 6$
$= 70 \cdot ▒ - 2 \cdot ▒ = \ldots$

5 Klammere aus. Berechne.
$18 \cdot 4 + 12 \cdot 4$
$= (18 + ▒) \cdot ▒ = \ldots$

6 Überschlage zuerst. Multipliziere dann schriftlich.
a) $295 \cdot 7$ b) $412 \cdot 11$

7 Dividiere schriftlich. Rechne die Probe.
a) $348 : 4$
b) $425 : 17$

8 Die Klasse 5 b macht eine Hafenrundfahrt. Eine Fahrt kostet 4 €. Die Lehrerin kauft 27 Tickets. Wie viel kosten die Tickets insgesamt?

Niveau 2

1 Übersetze den Text in eine Aufgabe. Berechne den fehlenden Wert.
a) Der Dividend ist 48 und der Divisor ist 3.
b) Der 1. Faktor ist 13 und der Wert des Produkts beträgt 52.

2 Rechne vorteilhaft.
a) $7 \cdot 15 \cdot 4$
b) $125 \cdot 6 \cdot 4$

3 Berechne. Beachte die Vorrangregeln.
a) $16 : 4 + 3 \cdot 5$
b) $(8 + 12) \cdot 9 - 5$

4 Multipliziere aus und berechne.
a) $4 \cdot (5 + 22)$
b) $(81 + 72) : 9$

5 Klammere aus. Berechne.
a) $16 \cdot 23 - 16 \cdot 18$
b) $25 : 4 + 15 : 4$

6 Überschlage zuerst. Multipliziere dann schriftlich.
a) $613 \cdot 27$ b) $509 \cdot 78$

7 Dividiere schriftlich. Rechne die Probe.
a) $4581 : 9$
b) $8424 : 27$

8 Ein Containerschiff hat 12 Etagen. Auf jeder Etage sind 65 Container untergebracht. Wie viele Container passen auf das Schiff?

Niveau 3

1 Übersetze den Text in eine Aufgabe. Berechne den fehlenden Wert.
a) Der 1. Faktor ist 4, der 2. Faktor ist dreimal so groß.
b) Der Dividend ist 14. Er ist doppelt so groß wie der Wert des Quotienten.

2 Rechne vorteilhaft.
a) $11 \cdot 125 \cdot 8$
b) $20 \cdot 25 \cdot 5 \cdot 4$

3 Setze die Klammern so, dass das Ergebnis stimmt.
a) $6 + 4 \cdot 8 - 5 = 18$
b) $22 : 2 + 3 \cdot 3 = 2$

4 Wende das Distributivgesetz an und berechne dann.
a) $6 \cdot (5 + 11)$
b) $(56 + 77) : 7 + 9$

5 Klammere aus. Berechne.
a) $11 \cdot 17 - 11 \cdot 8$
b) $13 : 6 + 23 : 6$

6 Überschlage zuerst. Multipliziere dann schriftlich.
a) $2537 \cdot 89$ b) $4068 \cdot 124$

7 Dividiere schriftlich. Rechne die Probe.
a) $9960 : 24$
b) $31\,312 : 103$

8 Bei einer Kreuzfahrt werden pro Tag 7 t Essen und 9 t Getränke verbraucht. Der Laderaum fasst 200 t. Für wie viele Tage kann man Verpflegung mitnehmen?

→ Lösungen auf Seite 248 und 249

Zusammenfassung

Multiplizieren und dividieren → Seite 128

Fachbegriffe bei der Multiplikation

7	·	19	=	133
1. Faktor	mal	2. Faktor	gleich	Wert des Produkts

Produkt (1. Faktor mal 2. Faktor)

Bei der Multiplikation bildest du das Produkt aus 7 und 19.
Der Wert des Produkts ist 133.
Überschlag: $7 \cdot 20 = 140$

Fachbegriffe bei der Division

224	:	16	=	14
Dividend	geteilt durch	Divisor	gleich	Wert des Quotienten

Quotient (Dividend geteilt durch Divisor)

Bei der Division bildest du den Quotient aus 224 und 16.
Der Wert des Quotienten beträgt 14.
Überschlag: $240 : 20 = 12$
Probe: $14 \cdot 16 = 224$

Rechenvorteile und Rechengesetze → Seite 128, 132

Vorrangregeln:
- **Klammern zuerst** — $(4 + 3) \cdot 2 = 7 \cdot 2 = 14$
- **Punktrechnung vor Strichrechnung** — $4 + 3 \cdot 2 = 4 + 6 = 10$

Vertauschungsgesetz (Kommutativgesetz):
Wenn du multiplizierst, dann darfst du die Reihenfolge der Faktoren vertauschen.

$3 \cdot 5 = 5 \cdot 3$
$a \cdot b = b \cdot a$

Verbindungsgesetz (Assoziativgesetz):
Wenn du multiplizierst, dann darfst du Faktoren beliebig durch Klammern verbinden.

$(14 \cdot 4) \cdot 25 = 14 \cdot (4 \cdot 25) = 1400$
$(a \cdot b) \cdot c = a \cdot (b \cdot c)$

Verteilungsgesetz (Distributivgesetz)
Wenn du multiplizierst, dann darfst du einen gleichen Faktor ausklammern.
Umgekehrt kannst du ausmultiplizieren.
Das gilt auch für die Division.

$19 \cdot 4 - 11 \cdot 4 = (19 - 11) \cdot 4$ Ausklammern
$(60 + 3) \cdot 7 = 60 \cdot 7 + 3 \cdot 7$ Ausmultiplizieren
$(a + b) \cdot c = a \cdot c + b \cdot c$
$(18 + 27) : 3 = 18 : 3 + 27 : 3$
$(a + b) : c = a : c + b : c$

Schriftlich multiplizieren → Seite 136

① Multipliziere die höchste Stelle des zweiten Faktors (hier 3) mit dem ersten Faktor.
② Multipliziere die nächste Stelle (hier 7) mit dem ersten Faktor. Schreibe das Ergebnis eine Stelle weiter nach rechts.
③ Addiere alle Ergebnisse.

1	2	6	·	3	7
		3	7_1	8	
			8_1	8_4	2
		1	1		
		4	6	6	2

Ü: $120 \cdot 40 = 4800$

Rechne $3 \cdot 126$.
Rechne $7 \cdot 126$.

Addiere die Ergebnisse.

Schriftlich dividieren → Seite 142

① Betrachte schrittweise die Stellen von links nach rechts.
② Teile die erste passende Zahl.
③ Schreibe den Rest auf.
④ Hole von oben die nächste Ziffer.
⑤ Rechne weiter, bis alles aufgeteilt ist.
⑥ Rechne die Probe.

114 : 6 = 19
– 6 (← ·6)
54
–54 (← ·6)
0

Probe: $19 \cdot 6 = 114$

Ü: $120 : 6 = 20$

6 passt 1-mal in 11.
5 bleibt übrig.
Hole von oben 4.
6 passt 9-mal in 54.

Brüche und Verhältnisse

6

▶ Deine Klasse plant eine Party. Es soll Kuchen und selbst gemischte Säfte geben.
Im Rezept für den Kuchen steht
$\frac{1}{4}$ l Milch und
$\frac{1}{2}$ Päckchen Butter.
Was bedeutet das?

Der Saft soll aus 3 Teilen Kirschsaft und 2 Teilen Bananensaft bestehen.
Wie geht das?

In diesem Kapitel lernst du …

- Brüche zu erkennen und zu beschreiben,
- Bruchteile zu bestimmen und herzustellen,
- Bruchteile von Größen zu berechnen,
- mit Mischungsverhältnissen umzugehen,
- mit Maßstäben zu rechnen und zu zeichnen.

Wiederholung

Kompetenz	Aufgabe	Lies und übe.
1 Ich kann im Kopf multiplizieren.	**1** Multipliziere im Kopf. Schreibe das Ergebnis auf. a) 5 · 7 b) 8 · 9 c) 6 · 8 d) 30 · 6 e) 40 · 50 f) 20 · 15	→ Seite 128; Seite 130 Nr. 4
2 Ich kann im Kopf dividieren.	**2** Dividiere im Kopf. a) 36 : 6 und 360 : 6 b) 56 : 8 und 560 : 80 c) 63 : 7 und 6300 : 700 d) 154 : 14 und 1540 : 14	→ Seite 128; Seite 130 Nr. 3, 4
3 Ich kann Divisionsaufgaben mit Rest lösen.	**3** Dividiere im Kopf. Es bleibt ein Rest. Ordne jeder Aufgabe ein Bild zu. **Beispiel** 16 : 5 = 3 Rest 1 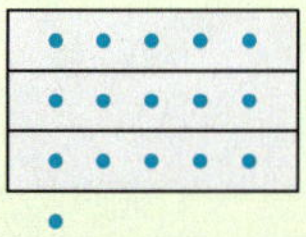 a) 9 : 2 b) 30 : 7 c) 52 : 8 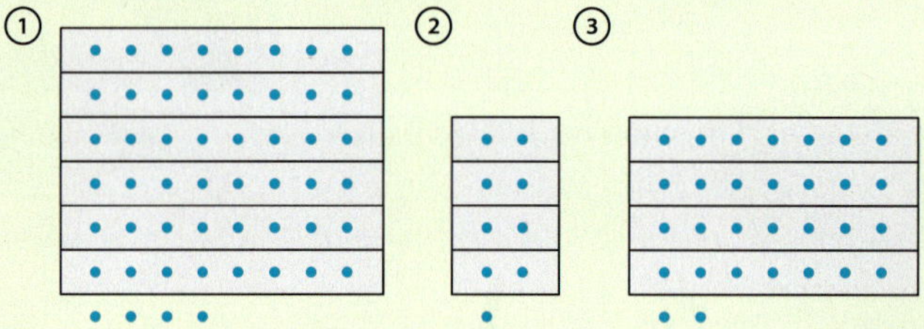 ① ② ③	→ Seite 224 Nr. 39, 40
4 Ich kann schriftlich multiplizieren.	**4** Multipliziere schriftlich. a) 234 · 5 b) 538 · 6 c) 743 · 12	→ Seite 136; Seite 137 Nr. 2, 4
5 Ich kann schriftlich dividieren.	**5** Dividiere schriftlich. Einmal bleibt ein Rest. a) 392 : 7 b) 8534 : 9 c) 4576 : 11	→ Seite 142; Seite 143 Nr. 3, 4
6 Ich kann Einheiten umrechnen.	**6** Rechne in die Einheit in Klammern um. a) 19 cm (in mm) b) 200 m (in km) c) 3 t (in kg) d) 7400 g (in kg) e) 3800 ct (in €) f) 54,21 € (in ct) g) 2 h (in min) h) 1 h 10 min (in min; in s)	→ Seite 64, 68, 72, 78; Seite 87 Nr. 5 Seite 88 Nr. 2

Kompetenz	Aufgabe	Lies und übe.
7 Ich kann die Kästchen in einer Figur zählen.	**7** Figuren aus Kästchen a) Aus wie vielen Kästchen besteht die Figur? 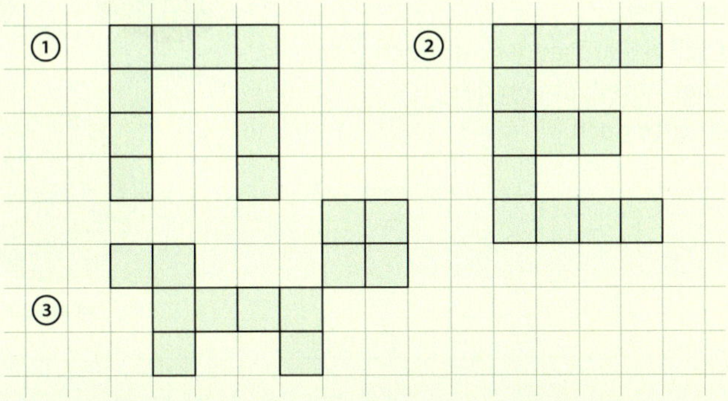 ① ② ③ b) Zeichne eine Figur aus 9 Kästchen in dein Heft.	→ Seite 228 Nr. 54
8 Ich kann Strecken mit einer bestimmten Länge zeichnen.	**8** Zeichne die Strecke und beschrifte sie mit dem Buchstaben. a) Strecke a: 6 cm lang b) Strecke c: 12 cm lang c) Strecke d: 9,5 cm lang	→ Seite 232 Nr. 67
9 Ich kann Rechtecke und Quadrate mit gegebenen Seitenlängen zeichnen.	**9** Zeichne die Fläche in dein Heft. a) Rechteck mit a = 6 cm und b = 4 cm b) Quadrat mit a = 4,5 cm	→ Seite 233 Nr. 68, 69, 70
10 Ich kann Flächen in zwei gleich große Hälften teilen.	**10** Übertrage die Figur in dein Heft. Teile die Figur in zwei gleich große Hälften. 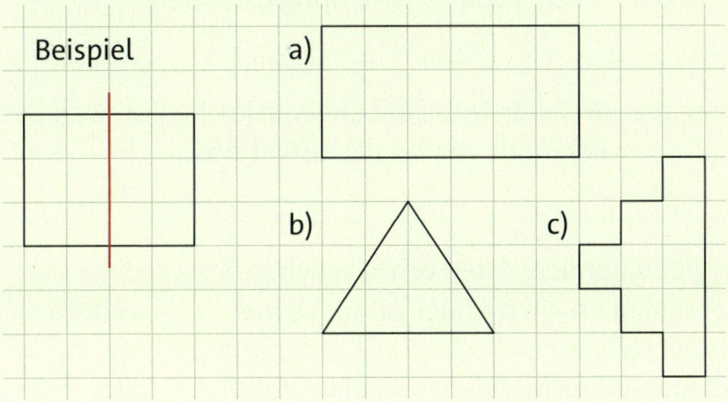 Beispiel a) b) c)	→ Seite 231 Nr. 64

→ Lösungen auf Seite 250

Brüche als Teile von Ganzen

Die Klasse 5 a hat in der ersten Pause Kuchen verkauft.
In der zweiten Pause soll der Verkauf weitergehen.
Vom Schokokuchen ist nur noch $\frac{1}{4}$ da.
Welcher Anteil ist von der Kirschtorte noch übrig?

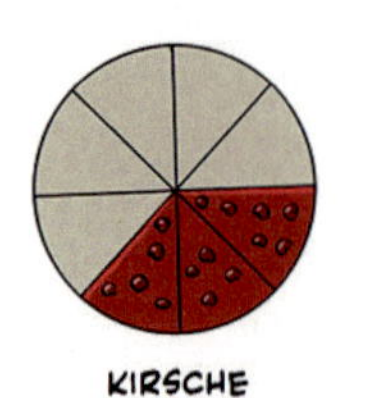
KIRSCHE

ERDBEERE

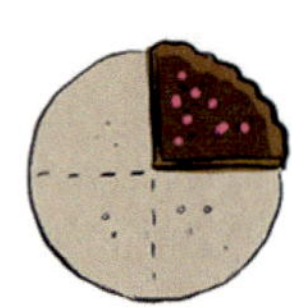
SCHOKO

PFIRSICH

BROWNIES

Bruchteile einfärben und ablesen

W

3 ← der Zähler
— ← der Bruchstrich
8 ← der Nenner

Sprich: „drei Achtel"

Brüche stellen Teile von Ganzen dar:
Der **Nenner** gibt an, in wie viele gleich große Teile das Ganze aufgeteilt wurde.
Der **Zähler** gibt an, wie viele Teile des Ganzen genommen werden.

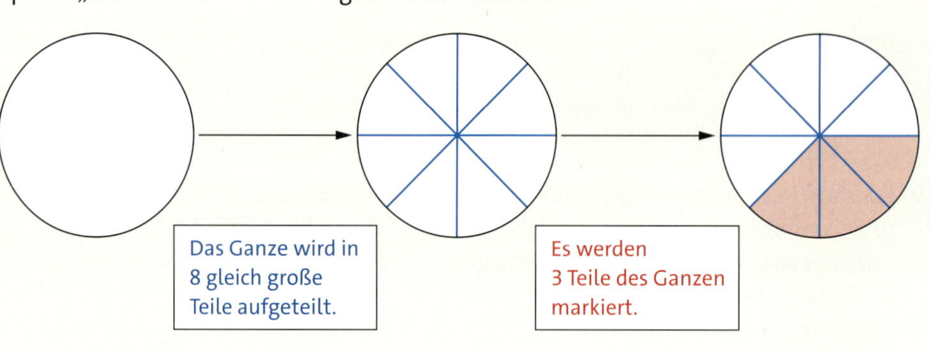
Das Ganze wird in 8 gleich große Teile aufgeteilt.
Es werden 3 Teile des Ganzen markiert.

Von der Kirschtorte sind noch $\frac{3}{8}$ übrig, denn:
Die Torte wurde in 8 gleich große Stücke aufgeteilt (Nenner 8).
Es sind nur noch 3 Stücke Torte übrig (Zähler 3).

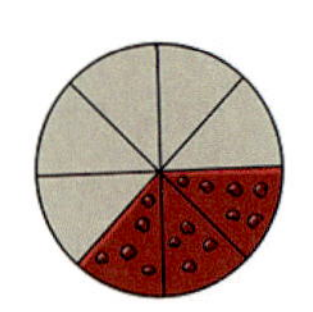

So heißen die Brüche:

$\frac{1}{2}$ *ein Halb(es)*
$\frac{1}{3}$ *ein Drittel*
$\frac{1}{4}$ *ein Viertel*
$\frac{1}{5}$ *ein Fünftel*
$\frac{1}{6}$ *ein Sechstel*
$\frac{1}{7}$ *ein Siebtel*
$\frac{1}{8}$ *ein Achtel*
$\frac{1}{9}$ *ein Neuntel*
$\frac{1}{10}$ *ein Zehntel*
$\frac{1}{11}$ *ein Elftel*
…
$\frac{1}{20}$ *ein Zwanzigstel*

▶ **Aufgabe** Welcher Anteil der anderen Kuchen ist noch übrig? Begründe wie für die Kirschtorte.

▶ 1 ▶ 1 ▶ 1

Es gibt besondere Arten von Brüchen:
Bei **echten Brüchen** ist der Zähler kleiner als der Nenner.
Bei **Stammbrüchen** steht im Zähler eine 1.
Jeder Stammbruch ist ein echter Bruch.

echte Brüche: $\frac{1}{2}, \frac{5}{6}, \frac{3}{8}, \frac{7}{12}$

Stammbrüche: $\frac{1}{2}, \frac{1}{3}, \frac{1}{4}, \frac{1}{5}$

▶ **Aufgabe** Gib drei weitere Beispiele für echte Brüche und drei weitere Beispiele für Stammbrüche an.

4
4
3

1 Finde zu jedem Bild zwei passende Kärtchen.

a) 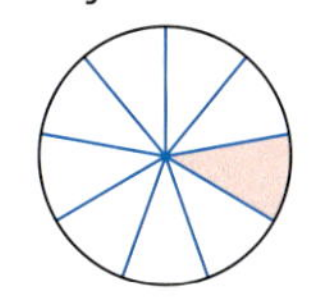

b) 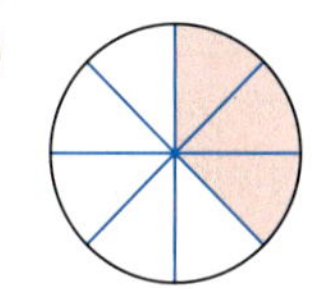

c)

d) 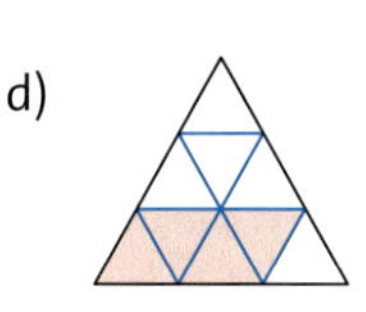

acht Zwölftel | ein Neuntel | vier Neuntel | drei Achtel

$\frac{1}{9}$ | $\frac{8}{12}$ | $\frac{4}{9}$ | $\frac{3}{8}$

2 Welcher Teil des Ganzen ist blau?
Gib als Bruch an.
Beschreibe, wie du den Bruch gefunden hast.

a) 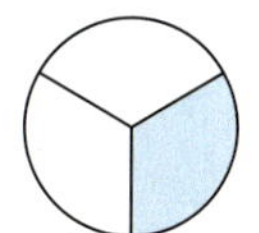

b) 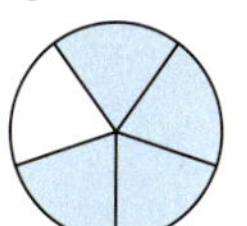

c) 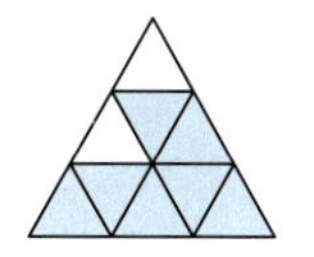

d) 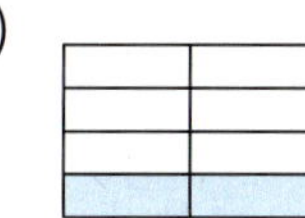

e) 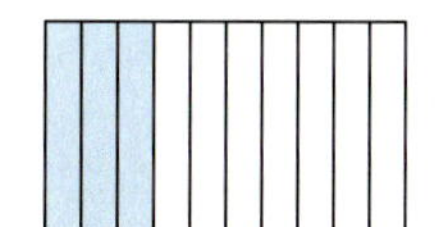

f) 

3 Lena hat den Kuchen in vier Stücke geschnitten. „Also ist ein Stück $\frac{1}{4}$ vom Kuchen." Stimmt das? Begründe.

4 Finde die zwei Stammbrüche.

$\frac{2}{5}$ | $\frac{4}{5}$ | $\frac{1}{8}$ | $\frac{9}{12}$ | $\frac{2}{3}$ | $\frac{1}{11}$

5 Tim hat $\frac{5}{5}$ dargestellt. Warum ist $\frac{5}{5} = 1$?

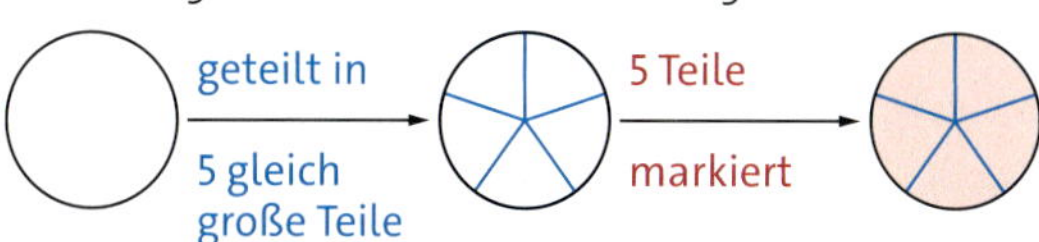

▸ 5

6 Gib als Bruch an.

Beispiel
Tim hat 3 der 4 Tortenstücke gegessen.
Schreibe auf: Er hat $\frac{3}{4}$ der Torte gegessen.

a) 5 von 12 Stücken sind noch übrig.
b) 4 der 8 Stücke sind mit Sahne.
c) 7 der 9 Kuchen sind noch nicht angeschnitten.
d) Von 10 Torten sind 3 mit Obst.

7 Zeichne die Figur in dein Heft.
Markiere den Bruchteil.

▸ 8

a) 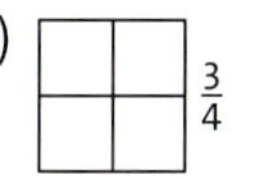 $\frac{3}{4}$

b) 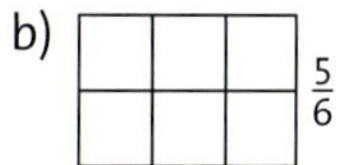 $\frac{5}{6}$

c) 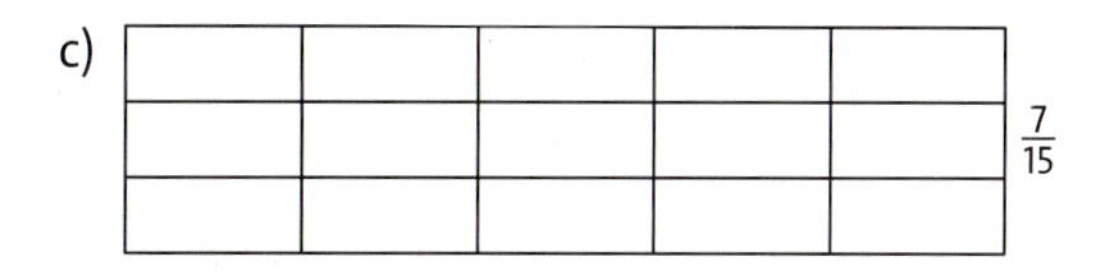 $\frac{7}{15}$

8 Zeichne für jede Teilaufgabe einmal dieses Rechteck.
Markiere den Bruchteil.

a) $\frac{1}{20}$ b) $\frac{17}{20}$ c) $\frac{2}{5}$
d) $\frac{3}{4}$ e) $\frac{4}{4}$ f) $\frac{6}{10}$

9 Ein Bruch, unterschiedliche Ganze

a) Zeichne ein Rechteck wie in Aufgabe 8 und markiere darin $\frac{1}{5}$.
b) Zeichne darunter zwei solche Rechtecke direkt nebeneinander. Markiere darin $\frac{1}{5}$ der beiden Rechtecke zusammen.
c) Zeichne darunter drei solche Rechtecke nebeneinander. Markiere darin $\frac{1}{5}$ der drei Rechtecke zusammen.
d) Vergleiche, wie viele Kästchen es in a) bis c) sind.

Sprachhilfe: Immer nur ein „tel" anhängen – stimmt das? Zweitel, Dreitel, Viertel, Fünftel, Sechstel, Siebentel, Achttel, Neuntel, Zehntel. Welche Begriffe sind falsch? Wie heißen sie richtig?

Sprachhilfe zu **2**: Das Ganze wurde in ● gleich große Teile aufgeteilt. Also ist der Nenner ●. Es sind ● Teile des Ganzen markiert. Der Zähler ist ●. Der Bruch ist ●.

▸ Tipp zu 2, 3, 4, 6, 7

1 Welcher Teil des Ganzen ist blau? Gib als Bruch an.

a) 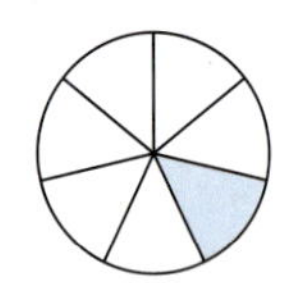

b) 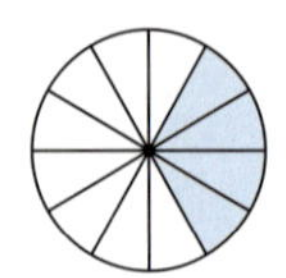

c) d)

e) 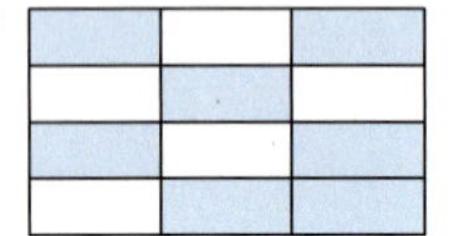

f) 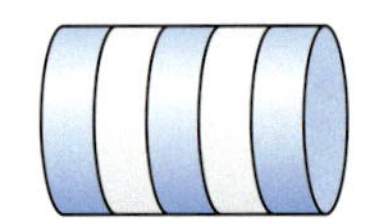

g) 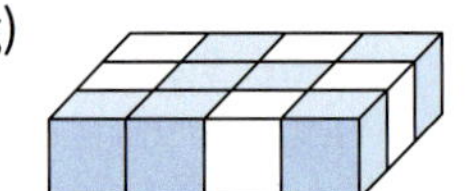

2 Sabrina meint: „Hier ist $\frac{1}{2}$ der Fläche blau." Hat sie recht? Begründe.

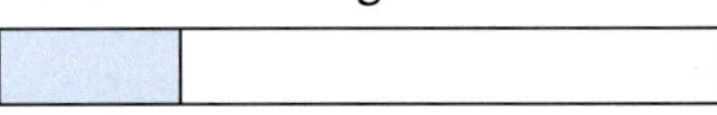

3 Kati meint: „$\frac{4}{4} = 1$, denn wenn ich einen Kreis in vier gleich große Stücke teile und vier davon markiere, dann ..." Skizziere einen Kreis und zeichne selbst. Setze den Satz fort. ► 3

4 Finde den Bruch.

a) Gib den Stammbruch mit dem Nenner 12 an.
b) Gib einen echten Bruch mit dem Zähler 4 an.

5 Schreibe einen passenden Satz auf.

Beispiel $\frac{2}{5}$ Beim Klassenfest sind zwei von fünf Kuchen mit Obst belegt.

a) $\frac{3}{4}$ b) $\frac{23}{30}$ c) $\frac{3}{10}$ d) $\frac{7}{8}$

6 Einer schreibt einen Satz zu einem Bruchteil. Der Andere findet den Bruch. Wechselt dreimal.

Beispiel Rico hat acht Kekse mitgebracht. Sechs hat er schon gegessen. Bruch: $\frac{6}{8}$ ► 5

7 Übertrage ins Heft. Markiere den Bruchteil.

a) 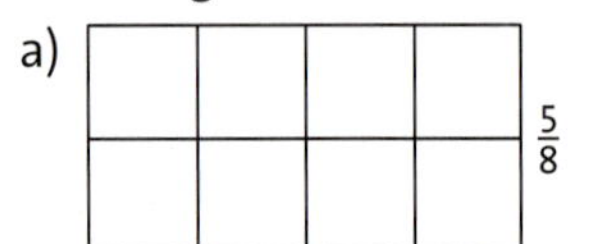 $\frac{5}{8}$

b) 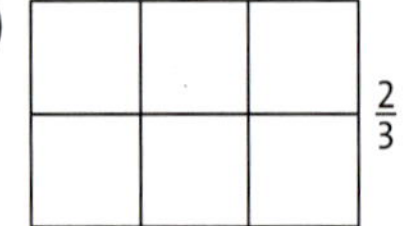 $\frac{2}{3}$

8 Zeichne die Figur zweimal in dein Heft.

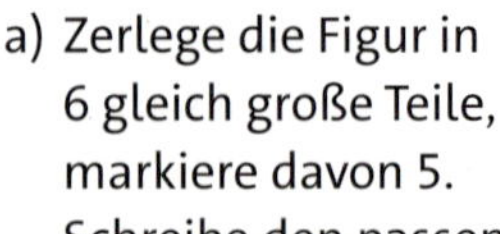

a) Zerlege die Figur in 6 gleich große Teile, markiere davon 5. Schreibe den passenden Bruch dazu.
b) Zerlege die Figur in 8 gleich große Teile, markiere davon 3. Schreibe den passenden Bruch dazu.

9 Zeichne für jede Teilaufgabe eine solche Figur. Markiere den Bruchteil.

a) $\frac{13}{40}$ b) $\frac{4}{5}$ c) $\frac{3}{8}$

10 Erkläre: Was ist hier falsch? Schreibe den richtigen Bruch ins Heft. ► 8

a) 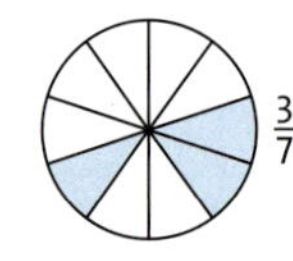 $\frac{3}{7}$

b) 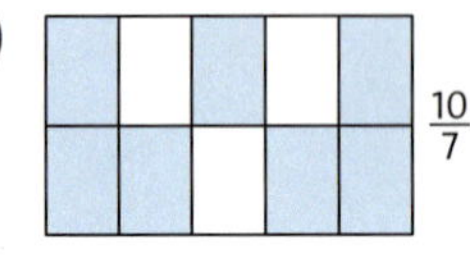 $\frac{10}{7}$

c) 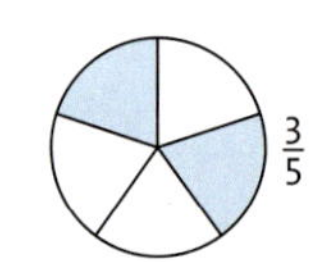 $\frac{3}{5}$

d) 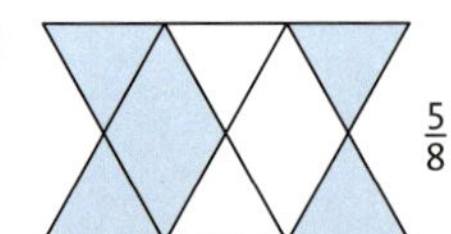 $\frac{5}{8}$

11 Vervollständige die Figur im Heft zum Ganzen.

Beispiel $\frac{1}{3}$

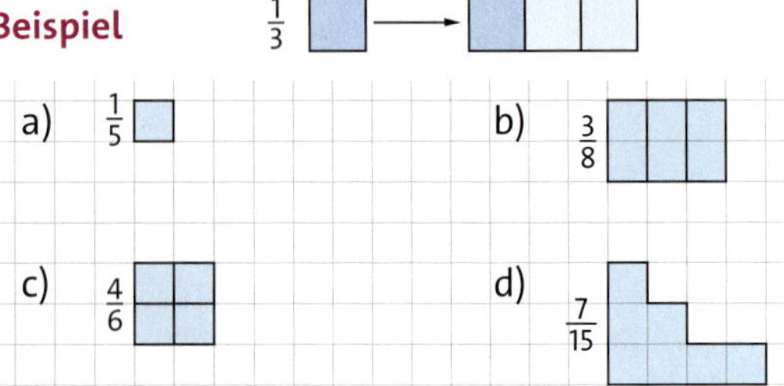

a) $\frac{1}{5}$ b) $\frac{3}{8}$ c) $\frac{4}{6}$ d) $\frac{7}{15}$

12 Ein Bruch, unterschiedliche Ganze

a) Zeichne ein Rechteck wie in Aufgabe 8 und markiere $\frac{3}{4}$.
b) Cem sagt: „Ich kann auch zwei solche Rechtecke zusammen als Ganzes nehmen und $\frac{3}{4}$ markieren." Probiere es aus.
c) Wie viele Kästchen musst du markieren, wenn drei solche Rechtecke das Ganze sind?

Sprachhilfe: Immer nur ein „tel" anhängen – stimmt das? Zweitel, Dreitel, Viertel, Fünftel, Sechstel, Siebentel, Achttel, Neuntel, Zehntel. Welche Begriffe sind falsch? Wie heißen sie richtig?

 ► Tipp zu 1, 4, 7

1 Welcher Teil des Ganzen ist blau markiert? Welcher Teil des Ganzen ist weiß? Gib beides als Bruch an.

a) 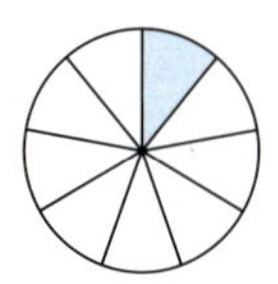

b) 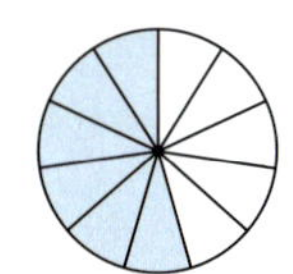

c) 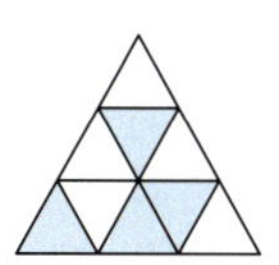

d) 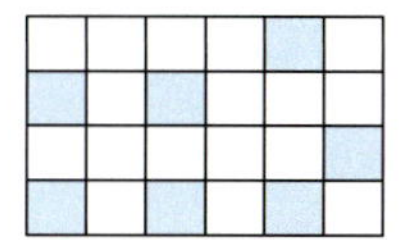

e) 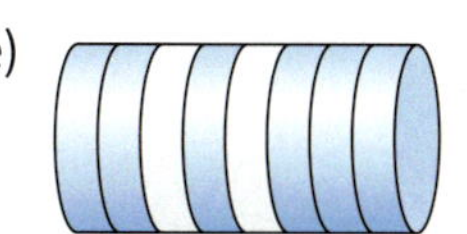

f) 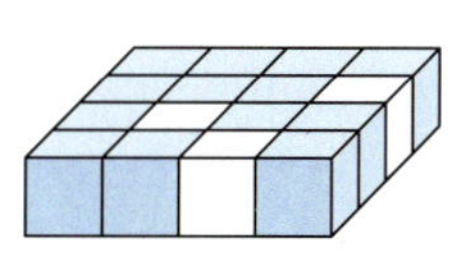

g) 

h)

2 Warum ist es wichtig, dass das Ganze in gleich große Teile zerlegt ist?
Erkläre es an diesen Beispielen für den Bruch $\frac{1}{3}$:

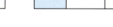

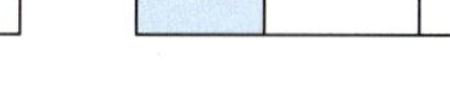

3 Besondere Brüche

a) Welche Stammbrüche haben den Nenner 7? Welche echten Brüche haben den Nenner 7? Schreibe sie auf.

b) Findest du einen Bruch mit dem Nenner 7, der kein echter Bruch ist?

4 Schreibe immer zwei passende Sätze auf.

Beispiel $\frac{4}{5}$ Von 5 Autos sind 4 rot.
4 von 5 Kuchen sind mit Obst.

a) $\frac{6}{9}$ b) $\frac{112}{300}$ c) $\frac{1}{13}$

5 Zeichne für jede Teilaufgabe die Figur ins Heft. Markiere den Bruchteil.

a) $\frac{7}{48}$ b) $\frac{5}{6}$

c) $\frac{1}{3}$ d) $\frac{3}{4}$

e) $\frac{11}{24}$ f) $\frac{7}{8}$

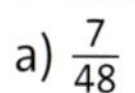

6 Ein Bruch, unterschiedliche Ganze

a) Zeichne eine 3 cm lange Strecke, eine 6 cm lange Strecke und eine 9 cm lange Strecke. Markiere jeweils $\frac{2}{3}$ davon.

b) Marlen sagt: „Wenn die Strecke länger wird, dann …" Vervollständige ihren Satz im Heft.

7 Lena hat zum **Pessach-Fest** eine Torte gebacken. Sie hat die Torte erst mal in vier Teile geschnitten.
Ein Stück soll $\frac{1}{12}$ der Torte sein.
Erkläre, wie Lena nun weiter schneidet.

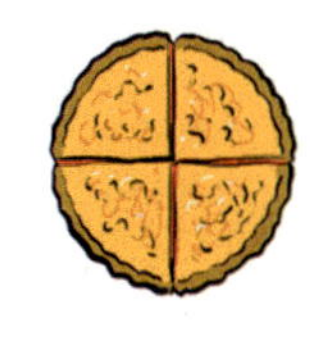

8 Vervollständige die Figur im Heft zum Ganzen.

Beispiel $\frac{1}{3}$

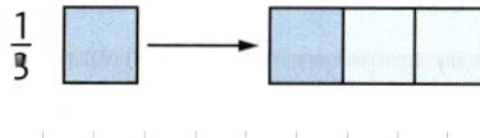

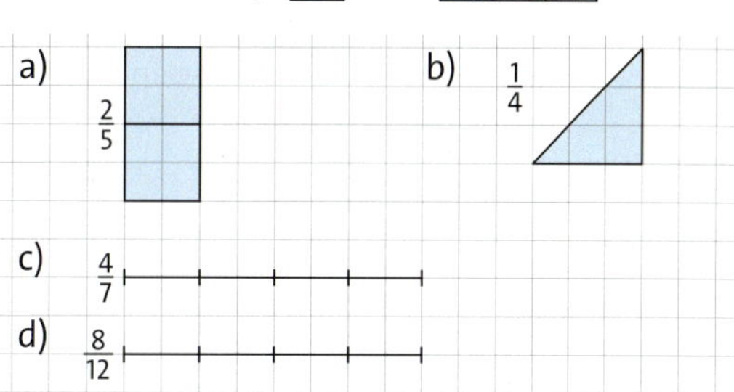

9 Stelle die Brüche $\frac{4}{4}$, $\frac{8}{4}$ und $\frac{12}{4}$ dar.
Welche natürlichen Zahlen entsprechen diesen Brüchen? Begründe.

10 Im Turnverein TuS Klingenhofen sind 16 Mädchen und 8 Jungen.

a) Gib einen Bruch für die Anzahl der Mädchen und einen Bruch für die Jungen an.
Stelle die Brüche mit einer Zeichnung dar.

b) Das sind die Lösungen von Haydar und Olga zu Aufgabe a). Sind beide Zeichnungen richtig? Begründe. Erkläre den Unterschied.

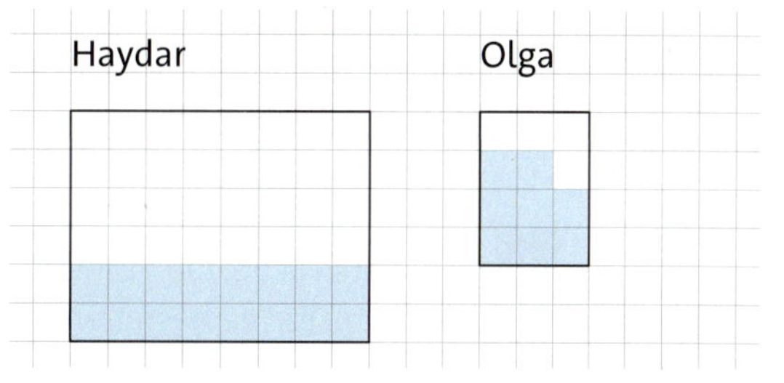

Die Ergebnisse von **1** findest du unter diesen Brüchen: $\frac{1}{5}$, $\frac{4}{5}$, $\frac{2}{8}$, $\frac{3}{8}$, $\frac{5}{8}$, $\frac{6}{8}$, $\frac{1}{9}$, $\frac{4}{9}$, $\frac{5}{9}$, $\frac{8}{9}$, $\frac{5}{11}$, $\frac{6}{11}$, $\frac{3}{16}$, $\frac{13}{16}$, $\frac{7}{24}$, $\frac{17}{24}$.
Sprachhilfe zu **7**: Das Pessach-Fest ist ein jüdisches Fest zum Auszug aus Ägypten.

Tipp zu 1, 3, 9

Bruchteile von Größen

Auf einem Trödelmarkt bieten Finn und Lara ihr altes Spielzeug an.
Lara verkauft alle ihre Murmeln in einer $\frac{3}{4}$ Stunde. Nach $1\frac{3}{4}$ Stunden hat Finn $\frac{2}{3}$ seiner 24 Autos verkauft.

W

Bruchteile von Größen kannst du mit Brüchen angeben.
Berechnung von Bruchteilen von Größen:
① Teile die Ausgangsgröße durch den Nenner.
② Multipliziere das Ergebnis mit dem Zähler.

Finn hat $\frac{2}{3}$ von 24 Autos verkauft. Wie viele Autos sind das?

Ausgangsgröße: 24 Autos   Bruch: $\frac{2}{3}$ Zähler: 2   Nenner: 3

Teile die Ausgangsgröße 24 in 3 gleich große Teile.
Nimm 2 von diesen Teilen.
Als Rechnung:
$24 : 3 = 8$ und $8 \cdot 2 = 16$

$24 \xrightarrow{:3} 8 \xrightarrow{\cdot 2} 16$

Finn hat 16 Autos verkauft.

▶ Aufgabe Finn hatte auch 36 Tierfiguren dabei. $\frac{5}{9}$ davon hat er verkauft.
Wie viele Tierfiguren waren das?

▸ Bruchteile von Größen berechnen

W

Die Ausgangsgröße umrechnen
Manchmal kannst du die Ausgangsgröße nicht durch den Nenner des Bruchs teilen.
Rechne dann die Ausgangsgröße in eine kleinere Einheit um.

Die Murmeln sind in einer $\frac{3}{4}$ Stunde verkauft. Was bedeutet das?

Eine $\frac{3}{4}$ Stunde ist $\frac{3}{4}$ von 1 Stunde. Umrechnung: 1 Stunde = 60 min

$\frac{3}{4}$ von 60 min kannst du wie oben berechnen:

60 min : 4 = 15 min und 15 min · 3 = 45 min

Lara verkauft die Murmeln in 45 min.

▶ Aufgabe Lara hat 12 € verdient. Sie muss $\frac{3}{10}$ davon Finn geben, dem auch Murmeln gehörten. Wie viel bekommt Finn? Rechne zuerst in Cent um. ▸7 ▸6 ▸7

W

Es gibt Brüche, die größer sind als ein Ganzes. Sie bestehen aus einer natürlichen Zahl und einem echten Bruch. Man nennt sie **gemischte Zahlen**.

Am Waffelstand isst Lara $2\frac{1}{5}$ Waffeln.
$2\frac{1}{5}$ Waffeln sind 2 ganze Waffeln und 1 Fünftel. Das sind zusammen 11 Fünftel.

$2\frac{1}{5} = \frac{11}{5}$

▶ Aufgabe Finn isst $1\frac{4}{5}$ Waffeln. Wie viele Fünftel sind das? ▸8 ▸8 ▸8

1 Welcher Satz passt zu welchem Bild?

a) 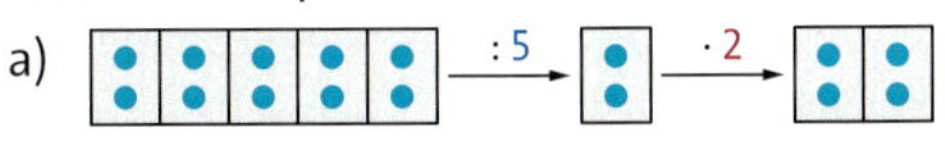

b)

c)

d)

Ⓐ $\frac{2}{3}$ von 9 Bonbons sind 6 Bonbons.

Ⓑ $\frac{3}{4}$ von 8 Bonbons sind 6 Bonbons.

Ⓒ $\frac{2}{5}$ von 10 Bonbons sind 4 Bonbons.

Ⓓ $\frac{1}{4}$ von 12 Bonbons sind 3 Bonbons.

2 Schreibe eine passende Frage auf.

Beispiel 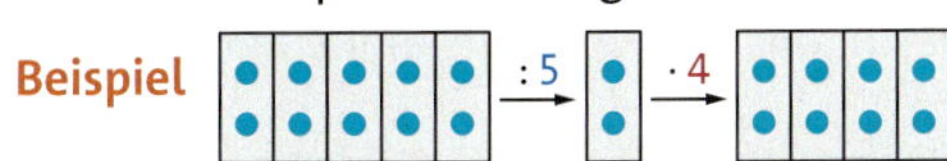

Frage: Wie viel sind $\frac{4}{5}$ von 10 Murmeln?

a) 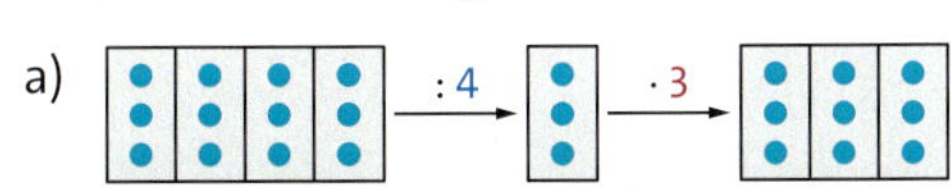

b) 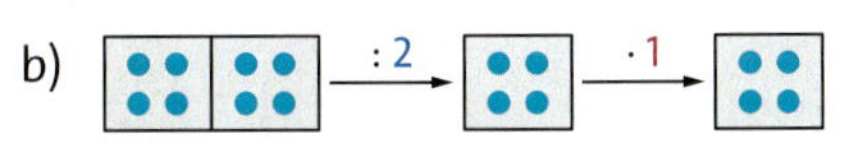

c)

▸ 3

3 Zeichne und gib die beiden Bruchteile an.

Beispiel $\frac{1}{6}$ von 12 Bonbons und $\frac{5}{6}$ von 12 Bonbons

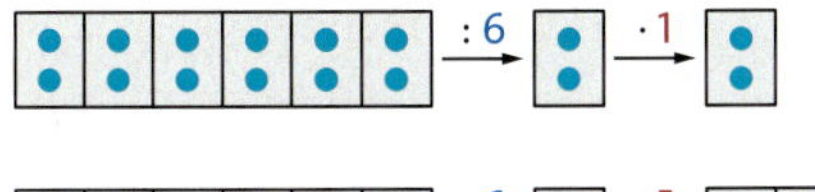

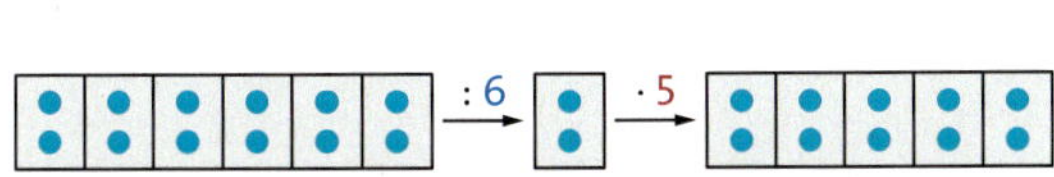

Das sind 2 Bonbons und 10 Bonbons.

a) $\frac{1}{4}$ von 20 Murmeln und $\frac{3}{4}$ von 20 Murmeln

b) $\frac{1}{3}$ von 12 Bechern und $\frac{2}{3}$ von 12 Bechern

c) $\frac{1}{5}$ von 15 Trauben und $\frac{4}{5}$ von 15 Trauben

4 Tilo hat eine Tüte mit 24 Fruchtgummis. Fülle im Heft aus:

a) $\frac{1}{3}$ sind mit Kirsche, das sind ◯ Stück.

b) $\frac{1}{6}$ sind mit Orange, das sind ◯ Stück.

c) $\frac{1}{2}$ sind mit Zitrone, das sind ◯ Stück.

5 Immer zwei Kärtchen gehören zusammen.

Beispiel $\frac{3}{5}$ von 15 € sind 9 €, denn

15 € —:5→ 3 € —·3→ 9 €

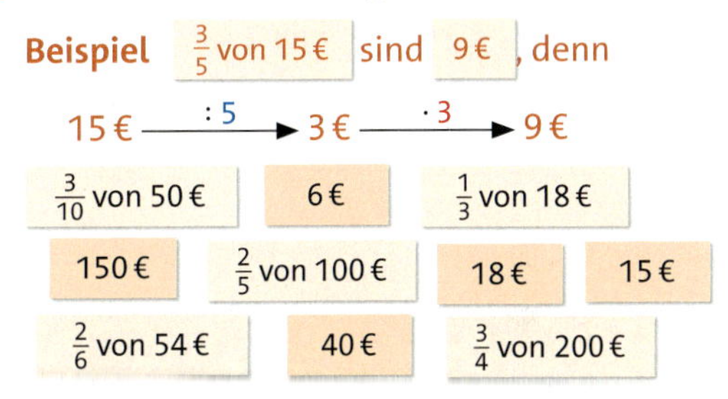

$\frac{3}{10}$ von 50 € | 6 € | $\frac{1}{3}$ von 18 € | 150 € | $\frac{2}{5}$ von 100 € | 18 € | 15 € | $\frac{2}{6}$ von 54 € | 40 € | $\frac{3}{4}$ von 200 €

6 Berechne.

a) $\frac{3}{7}$ von 28 €
b) $\frac{2}{5}$ von 45 m
c) $\frac{1}{6}$ von 36 cm
d) $\frac{3}{4}$ von 44 kg
e) $\frac{5}{12}$ von 60 min
f) $\frac{3}{8}$ von 24 h

▸ 6

7 Rechne zuerst in die kleinere Einheit um. Bestimme den Bruchteil.

Beispiel $\frac{2}{3}$ von 1 h (in min)
Umrechnen: 1 h = 60 min
60 min —:3→ 20 min —·2→ 40 min

a) $\frac{1}{6}$ von 1 h (in min)
b) $\frac{5}{6}$ von 2 min (in s)
c) $\frac{1}{5}$ von 4 m (in dm)
d) $\frac{3}{10}$ von 1 km (in m)

▸ 7

8 Schreibe wie im Beispiel.

Beispiel $2\frac{1}{4}$ h sind 2 h und $\frac{1}{4}$ h.
Umrechnung: 2 h = 120 min, $\frac{1}{4}$ h = 15 min
120 min + 15 min = 135 min

a) $3\frac{1}{2}$ h (in min)
b) $2\frac{4}{5}$ kg (in g)
c) $1\frac{3}{4}$ m (in cm)
d) $2\frac{3}{10}$ cm (in mm)

9 Cenk hat zwei Pizzas geschnitten.

a) Cenk und sein Bruder essen zusammen $1\frac{1}{6}$ Pizzas. Wie viele Sechstel sind das?

b) Welche gemischte Zahl passt zu 11 Sechsteln Pizza?

1 Schreibe einen passenden Satz auf.

Beispiel

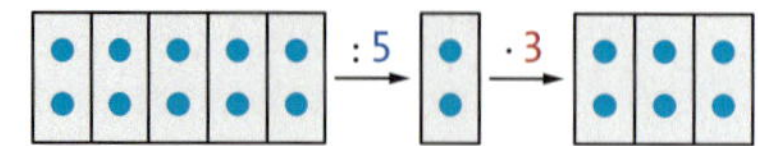

Aufgabe: $\frac{3}{5}$ von 10 Kugeln sind 6 Kugeln.

a)

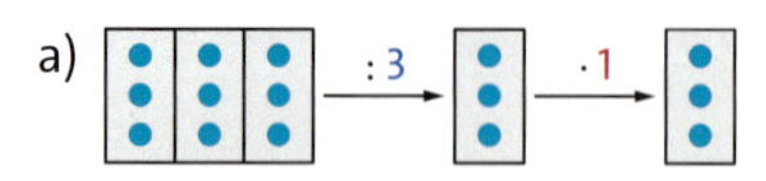

b)

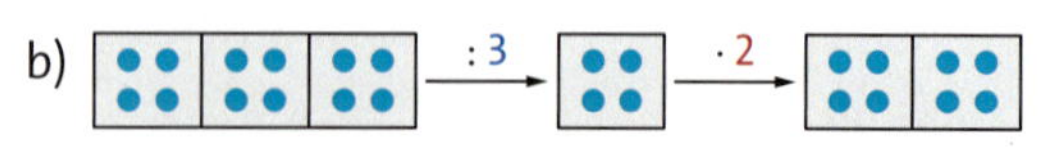

c) : 7 · 4

2 Ein Kartenspiel besteht aus 32 Karten.

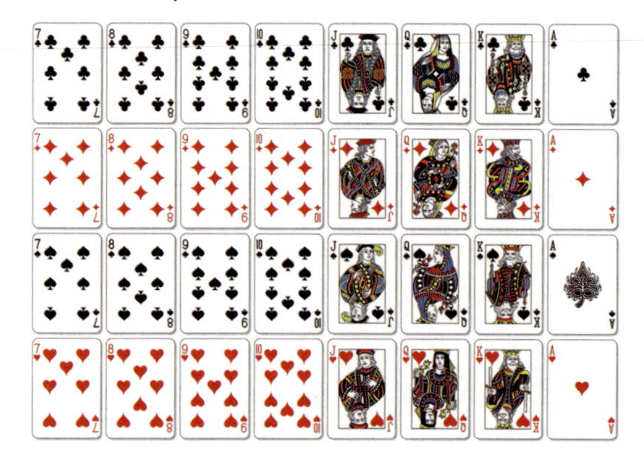

Gib zuerst den Anteil als Bruch an.
Bestimme dann: Wie viele Karten sind …
a) die Hälfte, also $\frac{1}{2}$? b) ein Viertel?
c) ein Achtel? d) drei Achtel?

3 Ermittle den Bruchteil. Zeichne Punktbilder oder benutze Pfeile zum Rechnen.
a) $\frac{4}{7}$ von 14 Murmeln b) $\frac{3}{4}$ von 16 Schülern
c) $\frac{2}{5}$ von 25 Lehrerinnen d) $\frac{4}{6}$ von 18 Flaschen
e) $\frac{3}{3}$ von 9 Brötchen f) $\frac{4}{6}$ von 24 Flaschen

4 Berechne. Denke an die Einheit.
a) $\frac{2}{3}$ von 90 € b) $\frac{5}{11}$ von 22 m
c) $\frac{3}{5}$ von 55 kg d) $\frac{1}{3}$ von 120 min
e) $\frac{5}{6}$ von 54 cm f) $\frac{1}{7}$ von 84 t
g) $\frac{4}{12}$ von 192 kg h) $\frac{2}{15}$ von 285 cm ► 4

5 Erik spart für ein neues Fahrrad. Es kostet 720 €. Zu Weihnachten schenkte seine Familie ihm $\frac{2}{5}$ des Geldes. $\frac{1}{3}$ verdiente er sich selbst und $\frac{1}{15}$ bekam er zum Geburtstag. Wie viel fehlt noch?

6 ▼ Rechne zuerst in die kleinere Einheit um.
Beispiel $\frac{4}{5}$ von 2 t (in kg)
Umrechnung: 2 t = 2000 kg
2000 kg —: 5→ 400 kg —· 4→ 1600 kg
a) $\frac{5}{6}$ von 1 Tag (in h) b) $\frac{3}{4}$ von 1 km (in m)
c) $\frac{3}{5}$ von 4 m (in dm) d) $\frac{3}{10}$ von 24 € (in ct)
e) $\frac{7}{15}$ von 2 h (in min) f) $\frac{7}{8}$ von 4 kg (in g)

7 Kathi will einen Marmorkuchen backen.
Sie benötigt unter anderem:
300 g Mehl, 200 g Zucker, 150 g Butter
In der Küche findet sie:
1 Tüte Mehl (1 kg), noch zu $\frac{2}{5}$ voll
1 Tüte Zucker (1 kg), noch zu $\frac{1}{4}$ voll
ein Stück Butter (250 g), noch zur Hälfte da
Reicht das oder muss sie einkaufen gehen? ► 8

8 Rechne um.
a) $2\frac{7}{10}$ km in m b) $3\frac{1}{4}$ h in min
c) $6\frac{2}{5}$ m in dm d) $5\frac{3}{4}$ t in kg

9 Zwei Pizzas wurden in 6 Stücke geteilt. Wie viele Stücke sind …

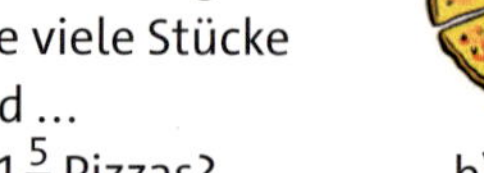

a) $1\frac{5}{6}$ Pizzas? b) $1\frac{1}{2}$ Pizzas?

10 Ermittle die Ausgangsgröße.
Beispiel $\frac{3}{4}$ sind 60 €. Was ist das Ganze?
? (das Ganze) —: 4→ ? —· 3→ 60 € (der Bruchteil)
Hier musst du rückwärts rechnen:
? ←· 4— ? ←: 3— 60 €
60 € : 3 = 20 €; 20 € · 4 = 80 €
Probe: $\frac{3}{4}$ von 80 € sind 60 €; stimmt
a) $\frac{2}{5}$ sind 20 € b) $\frac{3}{4}$ sind 12 m
c) $\frac{3}{5}$ sind 15 min d) $\frac{7}{8}$ sind 21 kg

Wenn du die Ergebnisse von Aufgabe 6 (ohne Einheiten) in die richtige Reihenfolge bringst, dann ergibt sich ein Lösungswort: 20 (A); 24 (T); 56 (I); 720 (E); 750 (N); 3500 (L)

 ► Tipp zu 1, 3, 7

1 Berechne den Bruchteil. Zeichne Punktbilder oder benutze Pfeile zum Rechnen.
a) $\frac{2}{3}$ von 18 Tagen
b) $\frac{2}{7}$ von 28 Luftballons
c) drei Fünftel von 15 Murmeln
d) sieben Neuntel von 27 Mitgliedern

2 Schreibe vier richtige Sätze auf. Probiere möglichst im Kopf, was passen könnte.

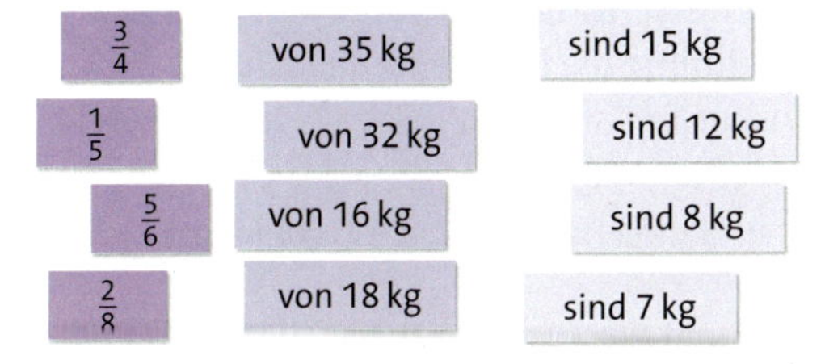

3 Berechne. Denke an die Einheit.
a) $\frac{3}{7}$ von 84 cm
b) $\frac{5}{6}$ von 72 mg
c) $\frac{2}{5}$ von 80 €
d) $\frac{5}{12}$ von 132 km
e) $\frac{3}{4}$ von 92 m
f) $\frac{7}{15}$ von 120 min

4 Familie Çiçek gestaltet den Garten neu. Emirhan soll einen Teil für ein Gemüsebeet bekommen. Aber nur, wenn er herausfindet, wie viel Fläche dafür übrig bleibt.
Die gesamte Fläche beträgt $210\,m^2$.
$\frac{1}{10}$ der Fläche soll Terrasse werden.
Zwei Drittel sollen Wiese bleiben und $\frac{1}{5}$ sollen Blumenbeete werden.

5 Begründe ohne zu rechnen:
Welcher Bruchteil ist größer?
a) $\frac{1}{4}$ von 2496 m oder $\frac{1}{4}$ von 2872 m
b) $\frac{2}{7}$ von 51 660 g oder $\frac{3}{7}$ von 51 660 g
c) $\frac{7}{9}$ von 32 832 € oder $\frac{7}{8}$ von 32 832 €

6 Ein Mikado-Spiel hat 48 Stäbchen.
Ergänze die Sätze im Heft.
a) Drei Sechzehntel der Stäbe sind ● Stäbe.
b) ● Achtel sind 30 Stäbe.
c) Drei ● sind zwölf Stäbe.

7 Rechne zuerst in die kleinere Einheit um. Bestimme dann den Bruchteil.
a) $\frac{5}{8}$ von 4 kg
b) $\frac{2}{5}$ von 6 cm
c) $\frac{3}{8}$ von 2 t
d) $\frac{4}{5}$ von 36 €
e) $\frac{3}{10}$ von 2 h
f) $\frac{3}{4}$ von 9 min
g) $\frac{2}{9}$ von 3,6 km
h) $\frac{3}{5}$ von 2 h 15 min

8 Rechne um.
a) $4\frac{3}{5}$ km in m
b) $6\frac{3}{4}$ h in min
c) $10\frac{7}{20}$ m in cm
d) $8\frac{3}{5}$ m in mm
e) $2\frac{3}{10}$ t in g
f) $1\frac{1}{7}$ Wochen in h

9 Frau Winter will einen Kuchen backen. Sie hat zwar Mehl, Zucker und Butter da, aber leider nicht genug. Es fehlt:

die Hälfte von $1\frac{1}{2}$ kg Mehl,
$\frac{1}{7}$ von $2\frac{1}{10}$ kg Zucker, $\frac{1}{9}$ von $1\frac{1}{8}$ kg Butter.
Wie viel Gramm sind das jeweils?

10 Die Kanne ist voll mit Kakao. Das sind 6 Tassen.

Wie viel Tassen kann man füllen mit …
a) $1\frac{1}{2}$ Kannen
b) $2\frac{5}{6}$ Kannen

11 Ermittle die Ausgangsgröße.
Beispiel $\frac{3}{5}$ sind 120 kg. Was ist das Ganze?
? $\xrightarrow{:5}$? $\xrightarrow{\cdot 3}$ 120 kg
Hier musst du rückwärts rechnen:
200 kg $\xleftarrow{\cdot 5}$ 40 kg $\xleftarrow{:3}$ 120 kg
Probe: $\frac{3}{5}$ von 200 kg sind 120 kg; stimmt
a) $\frac{2}{3}$ sind 50 €
b) $\frac{3}{4}$ sind 213 km
c) $\frac{5}{9}$ sind 105 kg
d) $\frac{3}{5}$ sind 27 min
e) $\frac{6}{8}$ sind 1 Tag
f) $\frac{3}{7}$ sind 8,1 m

Wenn du die Ergebnisse von **7** (ohne Einheiten) in die richtige Reihenfolge bringst, dann ergibt sich ein Lösungswort: 24 (E); 36 (S); 81 (L); 405 (T); 750 (C); 800 (E); 2500 (S); 2880 (H)

Tipp zu 1, 6, 10

Brüche als Verhältnisse

Jakob feiert das jüdische Lichterfest Chanukka. Für seine Familie möchte er einen Fruchtcocktail **mischen**. Ein Rezept hat er schon gefunden.
Es sollen 10 Liter werden.

Mische 2 Teile Kirschsaft
mit 3 Teilen Bananensaft.

W

Das Mischungsverhältnis kannst du mit Brüchen darstellen. Nenner: Addiere alle Teile. Zähler für eine Zutat: Nimm die Anzahl der Teile dieser Zutat.	2 Teile Kirschsaft, 3 Teile Bananensaft, das heißt: Mische **im Verhältnis** 2 zu 3. Bestimme die Brüche für jede Zutat. Insgesamt sind es: 2 Teile + 3 Teile = 5 Teile, also Nenner 5. $\frac{2}{5}$ sind Kirschsaft, $\frac{3}{5}$ sind Bananensaft.
Mithilfe der Brüche kannst du bestimmen, wie viel du von jeder Zutat brauchst.	Wie viel Kirschsaft und wie viel Bananensaft braucht Jakob? $\frac{2}{5}$ von 10 Litern sind 4 Liter. $\frac{3}{5}$ von 10 Litern sind 6 Liter. Jakob braucht 4 Liter Kirschsaft und 6 Liter Bananensaft.

▶ **Aufgabe** In einem anderen Rezept steht:
„Mische 2 Teile Apfelsaft und 1 Teil Orangensaft."
Gib den Bruch an: a) für den Apfelsaft b) für den Orangensaft

▶ 1 ▶ 1 ▶ 1

Jakobs Familie will ihm ein Fahrrad schenken. Das echte Fahrrad ist 160 cm lang.
Seine Schwester Hanna bastelt eine Karte mit einem Bild des Fahrrads im Maßstab 1 : 4.

W

Der Maßstab wird als Verhältnis angegeben, zum Beispiel: 1 : 4 (sprich 1 zu 4). Das bedeutet: 1 cm in einem Bild sind 4 cm in Wirklichkeit. Jede Länge in einem Bild ist $\frac{1}{4}$-mal so lang wie in Wirklichkeit.	Maßstab 1 : 4 Rechnung: $\frac{1}{4}$ von 160 cm sind 40 cm. $160\text{ cm} \xrightarrow{:4} 40\text{ cm} \xrightarrow{\cdot 1} 40\text{ cm}$ Das Bild ist 40 cm lang. Bild Wirklichkeit

40 cm
160 cm

▶ **Aufgabe** Das Bild passt nicht auf Hannas Karte. Sie verwendet nun ein Bild des Fahrrads im Maßstab 1 : 8. Wie lang ist das Bild nun?

▶ 8 ▶ 7 ▶ 6

1 Jona mischt Kirschsaft ● und Bananensaft ●.
Gib das Mischungsverhältnis an.
Bestimme dann die beiden Brüche.
Beispiel ●●●
Mischungsverhältnis 1 zu 2; Nenner 1 + 2 = 3
Kirschsaft $\frac{1}{3}$, Bananensaft $\frac{2}{3}$

a) ●●●●
b) ●●●●●
c) ●●●●●●
d) ●●●●●●

2 Arbeite mit den Farben Blau und Rot.
Stelle das Mischungsverhältnis dar.
Bestimme den Bruch für Blau und für Rot.
Beispiel 1 zu 4

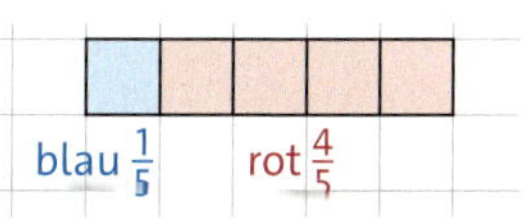

a) 1 zu 2 b) 2 zu 3 c) 3 zu 5 d) 5 zu 6

3 Herr Max hat aus den Farben Gelb und Blau drei verschiedene Farbtöne gemischt.
Bestimme das Mischungsverhältnis.

a) Gelb $\frac{1}{3}$, Blau $\frac{2}{3}$
b) Gelb $\frac{1}{6}$, Blau $\frac{5}{6}$
c) Gelb $\frac{3}{8}$, Blau $\frac{5}{8}$

► 4

4 Wähle immer zwei Kärtchen.

3 Liter Apfelsaft	5 Liter Orangensaft
6 Liter Wasser	4 Liter Tee
2 Liter Kirschsaft	3 Liter Bananensaft

Mische drei Getränke. Gib das Mischungsverhältnis und die Brüche an.

5 Zeichne einen großen Eisbecher.
Das Verhältnis von Vanillekugeln zu Schokokugeln soll 3 zu 5 sein.

6 Bei der Verlosung ist das Verhältnis von Gewinnen zu Nieten 1 zu 7.

a) Bestimme den Bruch für die Gewinne und für die Nieten.
b) Es gibt 40 Lose. Wie viele Lose enthalten Gewinne, wie viele enthalten Nieten?

► 6

7 Auch Strecken kannst du in einem bestimmten Verhältnis teilen.
Beispiel Der Punkt P teilt die Strecke im Verhältnis 2 zu 3.

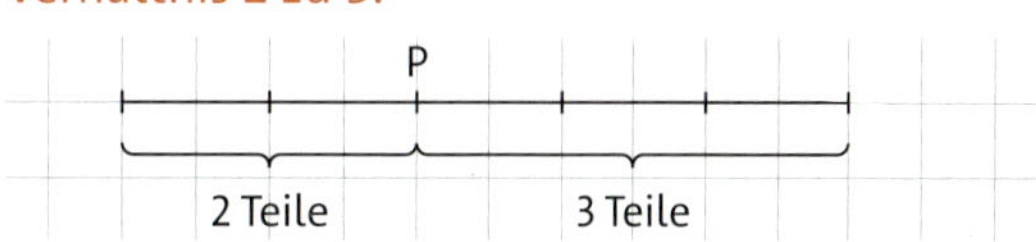

In welchem Verhältnis teilt P die Strecke?

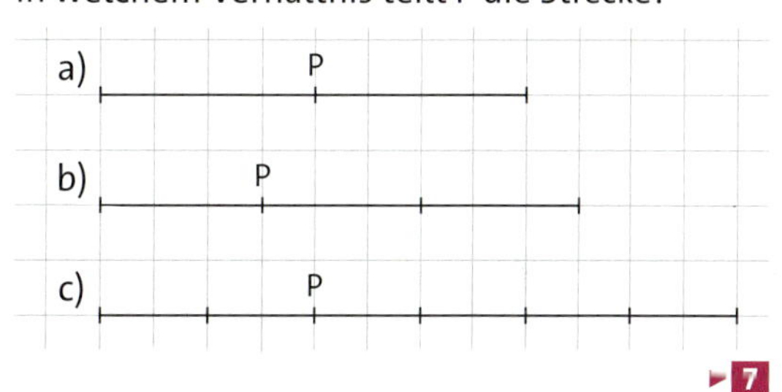

► 7

8 Prüfe, ob der Maßstab stimmt: Berechne erst die Länge für das Bild und miss dann nach.
a) Maßstab 1 : 5; wirkliche Länge: 30 cm

b) Maßstab 1 : 4; wirkliche Länge: 12 cm

c) Maßstab 1 : 100; wirkliche Länge: 4 m

9 Übertrage die Tabelle ins Heft. Gib zuerst den Bruch an. Berechne dann die fehlende Länge.

	Maßstab	Bruch	wirkliche Länge	Länge in der Zeichnung
	1 : 2	$\frac{1}{2}$	6 cm	$\frac{1}{2}$ von 6 cm sind 3 cm.
a)	1 : 2		8 cm	
b)	1 : 5		15 cm	
c)	1 : 25		100 cm	
d)	1 : 10		650 cm	

Sprachhilfe zu 6b: Antwort: ● Lose sind Gewinne. ● Lose sind Nieten.

1 Thea mischt Apfelsaftschorle aus Apfelsaft 🟡 und Mineralwasser 🔵. Bestimme das Mischungsverhältnis und die Brüche.

Beispiel 🟡🔵
Mischungsverhältnis 1 zu 1; Nenner 1 + 1 = 2
Apfelsaft $\frac{1}{2}$, Mineralwasser $\frac{1}{2}$

a) 🟡🟡🔵
b) 🟡🟡🔵🔵
c) 🟡🔵🔵🟡🔵🟡🔵🔵
d) 🟡🟡🔵🔵🟡🔵🟡🔵🟡🟡🔵

2 Cem und Emil haben das Mischungsverhältnis 2 zu 3 dargestellt:

Cem: $\frac{2}{5}$ $\frac{3}{5}$ Emil: $\frac{2}{5}$ $\frac{3}{5}$

a) Beschreibe den Unterschied.
b) Stelle das Mischungsverhältnis auf zwei verschiedene Arten dar. Gib die Brüche an.
① 3 zu 4 ② 4 zu 7 ③ 5 zu 5 ④ 4 zu 2

3 Frau Color mischt Farbtöne aus Rot und Blau. Bestimme das Mischungsverhältnis.

a) Rot $\frac{1}{4}$, Blau $\frac{3}{4}$
b) Rot $\frac{3}{10}$, Blau $\frac{7}{10}$
c) Rot $\frac{9}{20}$, Blau $\frac{11}{20}$
d) Rot $\frac{3}{4}$, Blau $\frac{1}{4}$
e) Begründe die Unterschiede der Farbtöne.

▸ 3

4 Wähle aus dem Gefäß Kugeln aus, die das Mischungsverhältnis darstellen.
a) 2 zu 5
b) 4 zu 5

5 Beim Schulfest gibt es drei Kisten mit Losen. In jeder Kiste sind 120 Lose.
Das Verhältnis von Gewinnen zu Nieten ist
a) 2 zu 4 b) 4 zu 6 c) 3 zu 5
Bestimme jeweils die Anzahl der Gewinne.

▸ 4

6 Übertrage die Strecke in dein Heft. In welchem Verhältnis wird die Strecke von Punkt P geteilt?

Beispiel

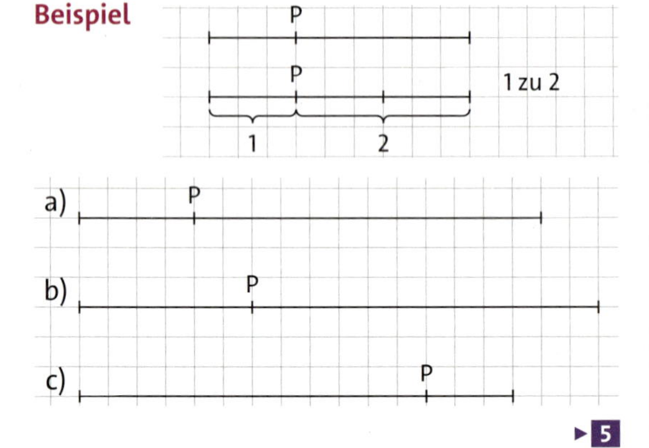

▸ 5

7 Auf der Karte ist der Maßstab 1 : 10 000.
1 cm auf der Karte sind also in Wirklichkeit 10 000 cm = 1000 dm = 100 m.
Miss die Strecke auf der Karte. Ermittle dann die Länge in Wirklichkeit.

a) B bis C b) A bis C c) A bis B

8 Das Meerschweinchen ist in Wirklichkeit 12 cm lang. Miss die Länge im Bild. Bestimme den Maßstab.

9 Übertrage die Tabelle in dein Heft. Gib zuerst den Bruch an. Berechne dann die fehlende Länge.

	Maßstab	Bruch	wirkliche Länge	Länge in der Zeichnung
	1 : 5	$\frac{1}{5}$	20 cm	4 cm, denn $\frac{1}{5}$ von 20 cm sind 4 cm.
a)	1 : 4		24 dm	
b)	1 : 25		625 cm	
c)	1 : 10			15 cm
d)	1 : 20			30 cm

Sprachhilfe zu 3e: Begründung: Wenn der Anteil Blau groß ist und der Anteil Rot klein, dann ist die Farbe ... Wenn die Anteile Blau und Rot etwa gleich groß sind, dann ist die Farbe ... Wenn der Anteil Blau klein ist ...

▸ Tipp zu 3, 4, 5, 6, 7, 8

Üben ☒

1 Tobi isst morgens Haferflocken (H) mit Rosinen (R). Er mag am liebsten viele Rosinen. Sein Vater mag mehr Haferflocken.
Gib das Mischungsverhältnis an und bestimme dann die beiden Brüche.
Beispiel H H R
Mischungsverhältnis: 2 zu 1
Haferflocken $\frac{2}{3}$, Rosinen $\frac{1}{3}$

a) H R H R H R R H R
b) H H R R H R H R H H
c) H H R R H R R H R H H R
d) Welche Mischung mag Tobi wohl am liebsten und welche sein Vater?

2 Arbeitet zu zweit. Einer stellt ein Mischungsverhältnis zeichnerisch dar. Der andere findet das Mischungsverhältnis und die zwei Brüche. Wechselt dreimal ab.
Beispiel

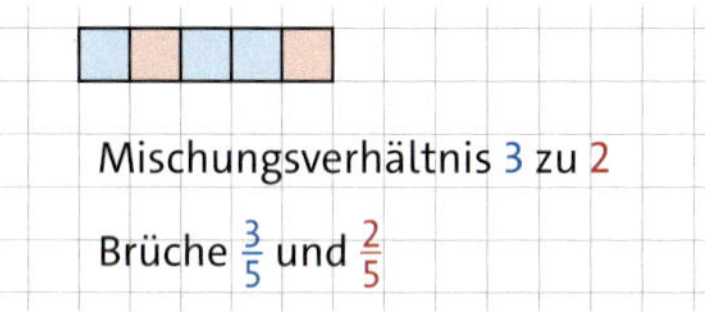

Wie kannst du die Aufgaben schwieriger machen?

3 Milas Bruder sagt, er kann schmecken, in welcher Apfelschorle mehr Mineralwasser ist. Mila will das testen und gießt abwechselnd Apfelsaft und Mineralwasser in Gläser.

① 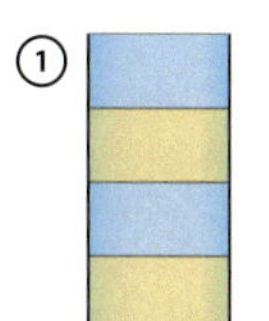 ② 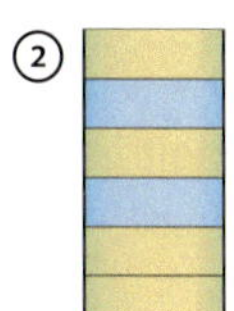 ③ 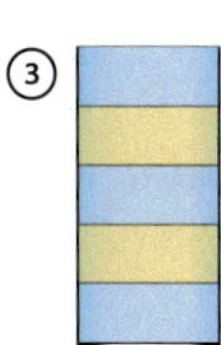 ④ 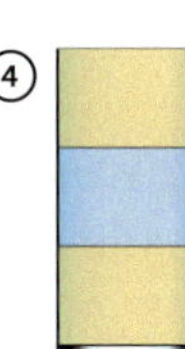

a) Bestimme die Brüche und das Mischungsverhältnis in jedem Glas.
b) Milas Bruder meint, dass zwei Gläser gleich schmecken. Welche Gläser sind das? Begründe.
c) Sortiere die Gläser nach dem Bruchteil an Mineralwasser.
d) Zeichne ein Glas, sodass die Brüche $\frac{3}{8}$ und $\frac{5}{8}$ sind.

4 In welchem Verhältnis wird die Strecke von Punkt P geteilt? Miss. Bestimme die Brüche.
Beispiel
1 zu 3

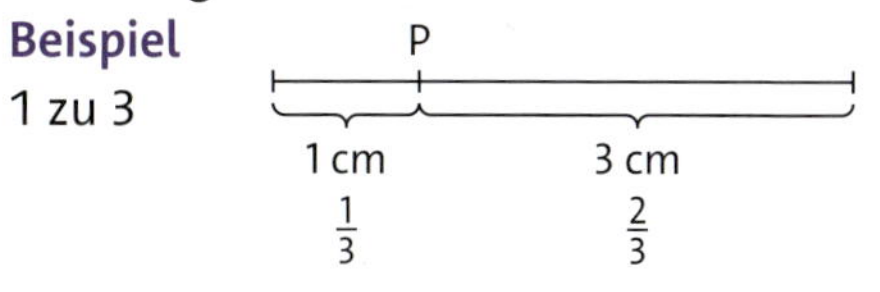

a)
b)
c)

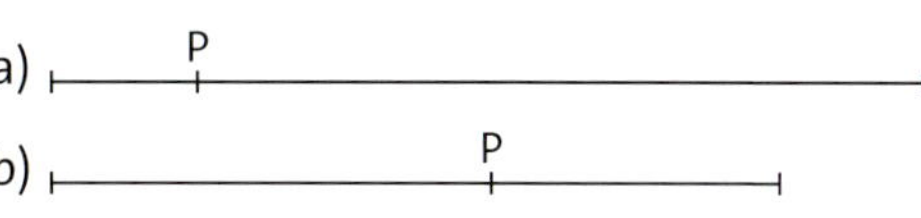

5 ▼ Zeichne die Strecke. Trage den Punkt P passend ein. Beschreibe dein Vorgehen.
a) Strecke 8 cm; geteilt im Verhältnis 3 zu 5
b) Strecke 12 cm; geteilt im Verhältnis 1 zu 5
c) Strecke 16 cm; geteilt im Verhältnis 1 zu 3
d) Strecke 10 cm; geteilt im Verhältnis 3 zu 2

6 Berechne die fehlenden Längen im Heft.

	Maßstab	Länge in Wirklichkeit	Länge in der Zeichnung
a)	1 : 5	15 dm	
b)	1 : 18	90 cm	
c)	1 : 3		4 cm
d)	1 : 50		8 cm
e)		84 dm	7 dm

7 Die Lokomotive ist in Wirklichkeit 8 m lang. Bestimme den Maßstab.

8 Miss und zeichne Folgendes aus deinem Klassenraum:
a) Tür
b) Fenster
c) Tisch
d) ganzer Raum
Gib immer die Längen und den Maßstab an.
Beispiel Tafel im Maßstab 1 : 20

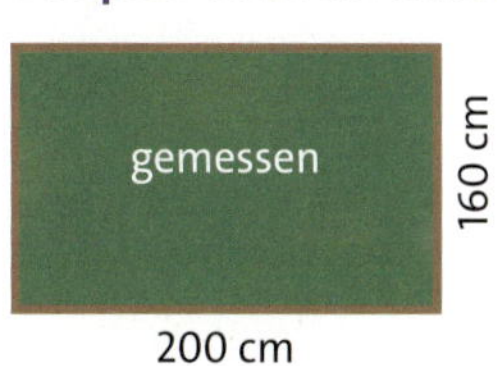

Wenn du die Längen von **5** in die richtige Reihenfolge bringst, dann ergibt sich ein Lösungswort. Achtung: eine Länge kommt zweimal vor: 2 cm (S); 3 cm (M); 4 cm (H); 4 cm (G); 5 cm (I); 6 cm (N); 10 cm (C); 12 cm (U)

Tipp zu 3, 7

Zwischentest

Kompetenz	
1 Ich kann einen Bruch ablesen, der in einer Zeichnung dargestellt ist. → Lies auf **Seite 160** nach.	**1** Welcher Bruch wird hier dargestellt? a) 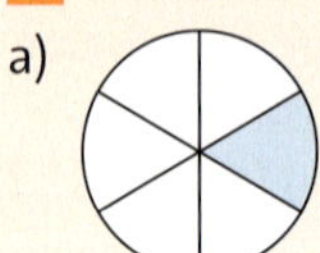 b) 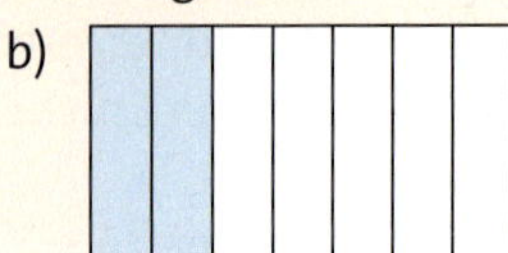
2 Ich kann unterscheiden zwischen – Stammbruch, – echtem Bruch und – gemischter Zahl. → Lies auf **Seite 160 und 164** nach.	**2** Übertrage die Tabelle in dein Heft und kreuze an. Tipp: Stammbrüche sind auch echte Brüche.
3 Ich kann Brüche als Flächen (oder Längen) darstellen. → Lies auf **Seite 160** nach.	**3** Übertrage die Rechtecke in dein Heft. 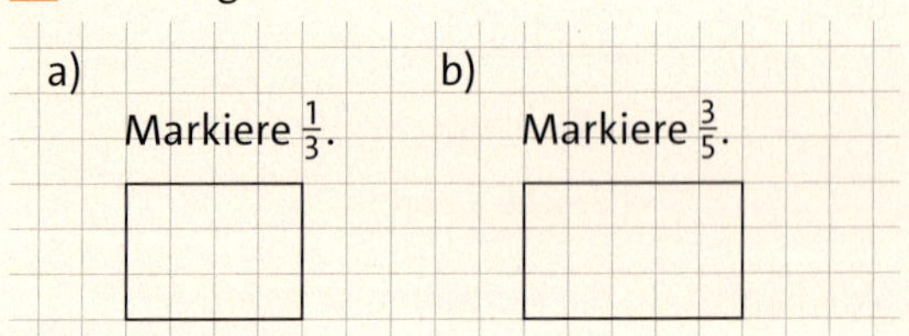
4 Ich kann Bruchteile von Größen berechnen. → Lies auf **Seite 164** nach.	**4** Bestimme den Bruchteil. a) $\frac{2}{5}$ von 25 m b) $\frac{3}{7}$ von 70 kg
5 Ich kann Bruchteile von Größen durch Umrechnen in die kleinere Einheit berechnen. → Lies auf **Seite 164** nach.	**5** Wandle erst in die Einheit in Klammern um. Bestimme dann den Bruchteil. a) $\frac{5}{6}$ von 1 h (min) b) $\frac{3}{10}$ von 2 € (ct)
6 Ich kann Mischungsverhältnisse ablesen und die passenden Brüche angeben. → Lies auf **Seite 168** nach.	**6** Gib das Mischungsverhältnis und die Brüche für Rot und für Gelb an. a) 🔴🔴🟡🟡🟡 b) 🔴🔴🔴🟡🟡🟡🟡🟡
7 Ich kann mit Maßstäben rechnen. → Lies auf **Seite 168** nach.	**7** Paul zeichnet ein Auto im Maßstab 1 : 30. Das Auto ist in Wirklichkeit 300 cm lang. Wie lang zeichnet Paul das Auto?

Tabelle zu Aufgabe 2:

	$\frac{1}{5}$	$1\frac{4}{5}$	$\frac{3}{5}$	$2\frac{2}{5}$
Stammbruch				
echter Bruch				
gemischte Zahl				

→ Lösungen auf Seite 251

☒

1 Welcher Bruch wird hier dargestellt?

a)

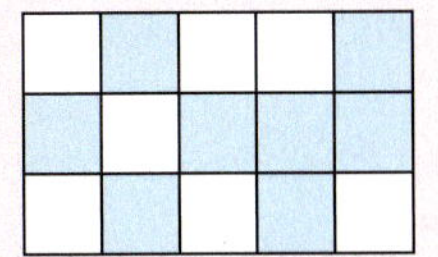

b)

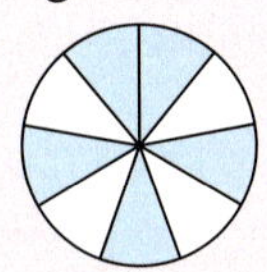

2 Übertrage die Tabelle in dein Heft.
Ordne die Zahlen richtig zu:
$\frac{2}{9}$; $1\frac{1}{6}$; $\frac{9}{8}$; $\frac{1}{17}$; $2\frac{3}{5}$; $\frac{6}{5}$ Zwei Brüche bleiben übrig.

Stammbruch	echter Bruch	gemischte Zahl

3 Übertrage in dein Heft.

a) Markiere $\frac{3}{8}$ blau. und $\frac{5}{24}$ rot.

b) Markiere $\frac{1}{3}$.

4 Was ist größer? Berechne die Bruchteile und vergleiche.

a) $\frac{4}{9}$ von 900 m oder $\frac{2}{3}$ von 660 m

b) $\frac{5}{12}$ von 240 kg oder $\frac{3}{8}$ von 320 kg

5 Rechne erst in eine kleinere Einheit um. Bestimme dann den Bruchteil.

a) $\frac{7}{12}$ von 2 h

b) $\frac{11}{15}$ von 3 €

6 Gib das Mischungsverhältnis und die Brüche für Rot und für Gelb an.

a) ●●●●●●●●● (rot, rot, gelb, gelb, rot, rot, gelb, gelb, gelb)

b) ●●●●●●●●●●● (rot, gelb, gelb, rot, gelb, gelb, rot, gelb, rot, gelb, gelb)

7 In einer Ausstellung wird ein Modell einer Fußball-Arena im Maßstab 1 : 40 gezeigt. Die große Arena ist 240 m lang und 200 m breit. Berechne die Maße des Modells.

☒

1 Welcher Bruch wird hier dargestellt?

a)

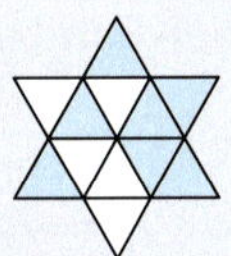

b)

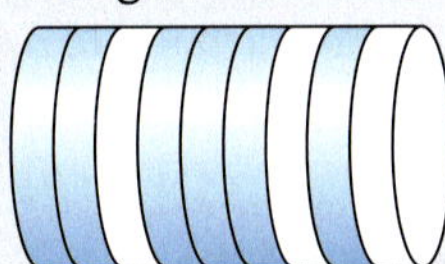

2 Finde die Brüche.

a) den Stammbruch mit Nenner 11

b) zwei echte Brüche mit Nenner 8

c) zwei echte Brüche mit Zähler 3

d) eine gemischte Zahl zwischen 1 und 2

3 Zeichne in dein Heft und markiere.

a) ein Rechteck, $\frac{3}{4}$ davon rot

b) ein Rechteck, $\frac{2}{5}$ davon blau

c) eine Strecke, $\frac{3}{8}$ davon blau

4 Was ist größer? Berechne die Bruchteile und vergleiche.

a) $\frac{5}{12}$ von 144 m oder $\frac{5}{13}$ von 143 m

b) $\frac{8}{15}$ von 270 kg oder $\frac{11}{14}$ von 182 kg

5 Bestimme den Bruchteil.

a) $\frac{2}{5}$ von 4 m

b) $\frac{3}{4}$ von 2 kg

c) $\frac{6}{8}$ von 20 kg

d) $\frac{7}{15}$ von $2\frac{1}{2}$ h

6 Gib das Mischungsverhältnis und die Brüche an.

a) ●●●●●● (rot, gelb, gelb, rot, rot, gelb)

b) 5 Liter Saft und 2 Liter Mineralwasser

7 Der Maßstab einer Karte ist 1 : 1000. Ergänze die Sätze im Heft.

a) 3 cm auf der Karte sind ◯ m in Wirklichkeit.

b) 50 m in Wirklichkeit sind ◯ cm auf der Karte.

→ Lösungen auf Seite 251 und 252

Brüche auf dem Geobrett

Mit einem Geobrett kannst du Brüche darstellen. Nimm ein rotes und ein grünes Gummiband.
Eine Fläche wird mit dem roten Band umspannt. Diese Fläche stellt das Ganze dar.
Die zweite Fläche wird mit dem grünen Band umspannt. Diese Fläche ist dann der Bruchteil.

Beispiel

Zeichnung

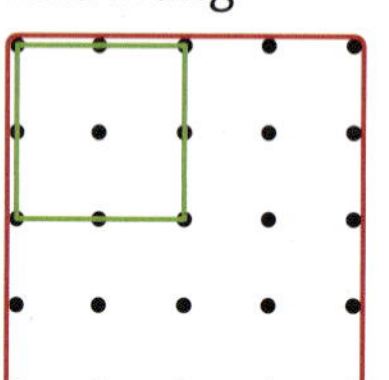

1 von 4 Teilen ist grün umspannt.

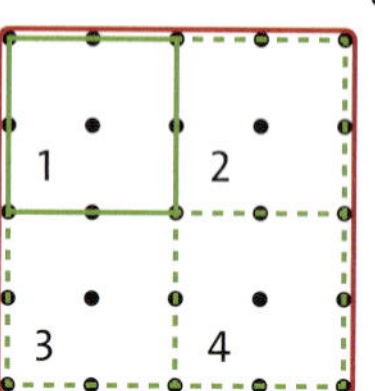

Es wird $\frac{1}{4}$ dargestellt.

1 Hier sind Stammbrüche dargestellt. Welche Brüche sind es?

a) 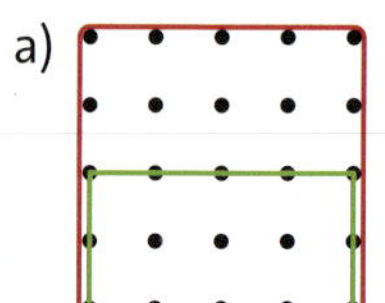
b) 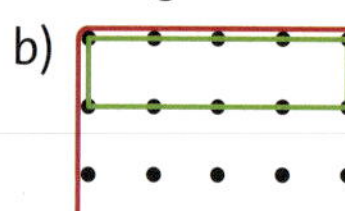
c) 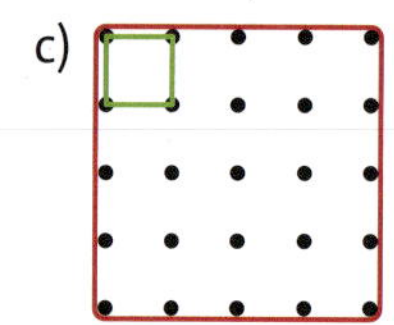
d) 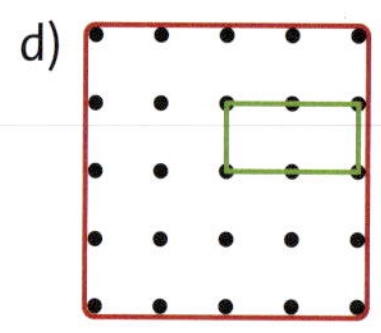
e) 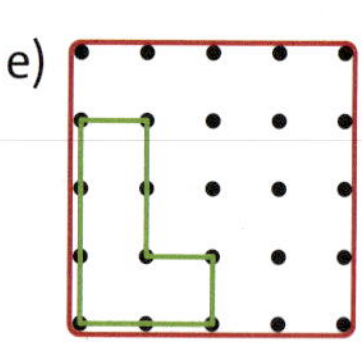

2 Stelle die Brüche auf dem Geobrett dar. Die Stammbrüche aus Aufgabe 1 helfen dir.

a) $\frac{3}{4}$ b) $\frac{7}{8}$ c) $\frac{5}{16}$ d) $\frac{15}{32}$

3 Man kann auch schräge Flächen umspannen. Welche Brüche sind hier dargestellt?

a) 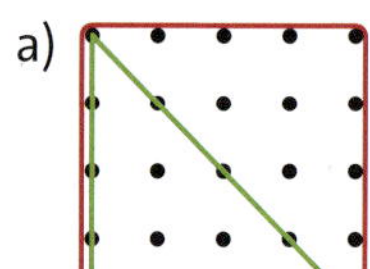
b) 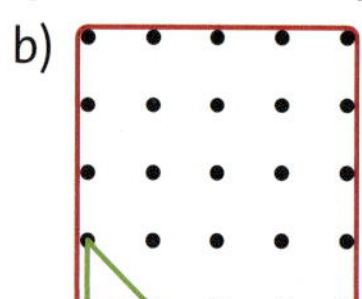
c) 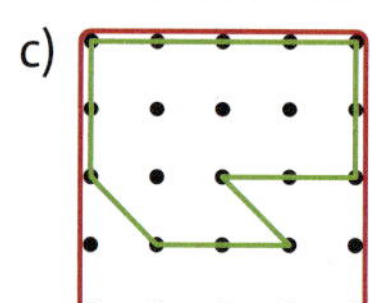
d) 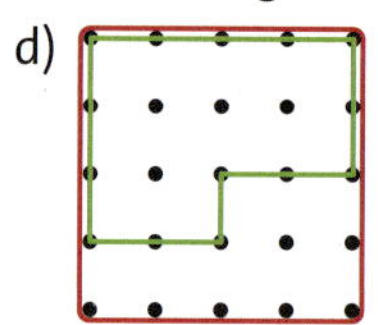
e) 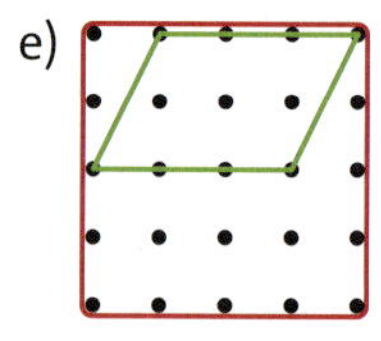

4 Stelle den Bruch $\frac{1}{8}$ auf möglichst viele verschiedene Arten dar.

5 Welche Brüche sind gleich? Begründe.

a) 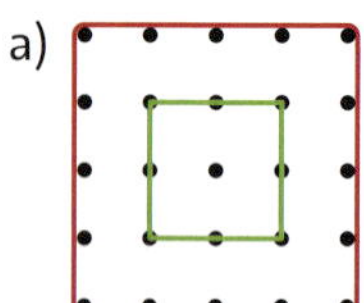
b) 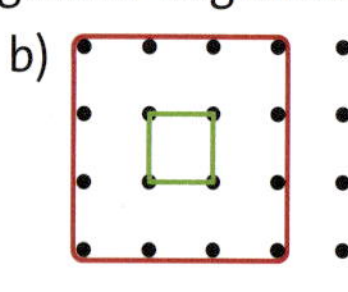
c) 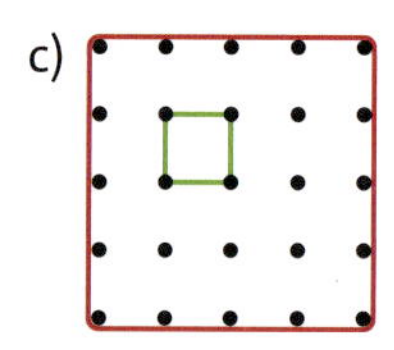
d) 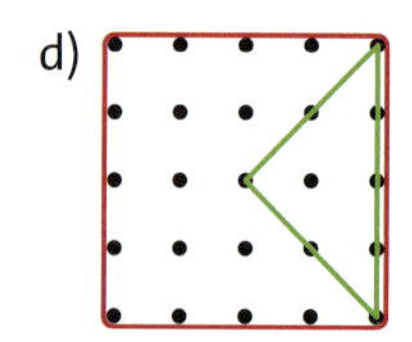
e) 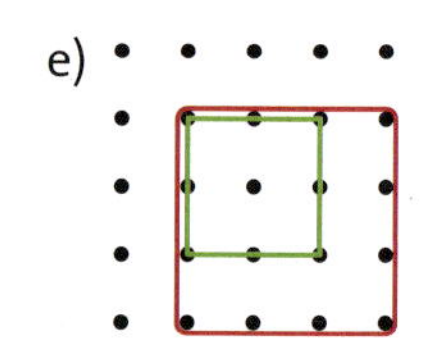

6 Stelle den Bruch dar. Du musst jetzt das rote Band für das Ganze verändern.

a) $\frac{1}{3}$ b) $\frac{1}{10}$ c) $\frac{5}{6}$ d) $\frac{7}{12}$ e) $\frac{1}{7}$

7 Arbeitet in Gruppen. Erstellt euer eigenes Domino-Spiel.
Überlegt euch verschiedene Brüche mit zwei unterschiedlichen Darstellungen auf dem Geobrett.
Schreibt sie anschließend auf eure Domino-Karten.
Testet vor dem Spiel, ob alle Karten hintereinandergelegt werden können.

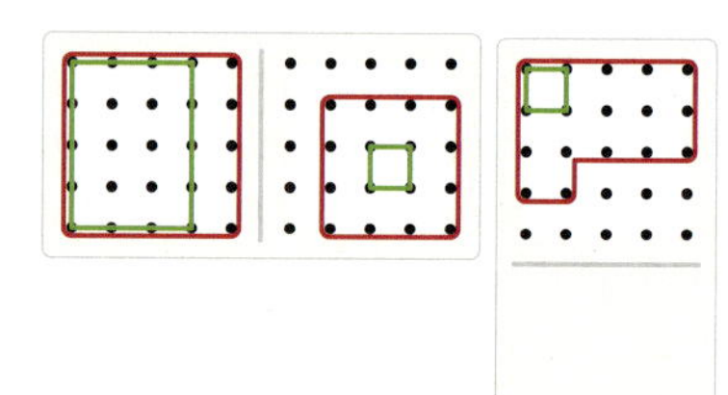

1 Welcher Bruchteil ist blau?
Welcher Bruchteil ist weiß?

a) 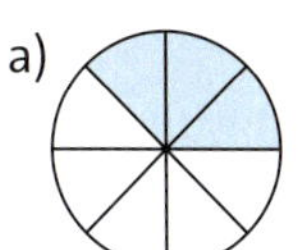 b) 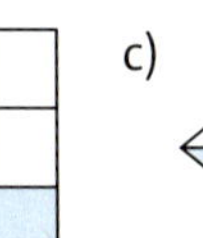 c)

2 Immer eine Karte und zwei Figuren passen zusammen. Ordne richtig zu.

zwei Fünftel | zwei Drittel | ein Viertel

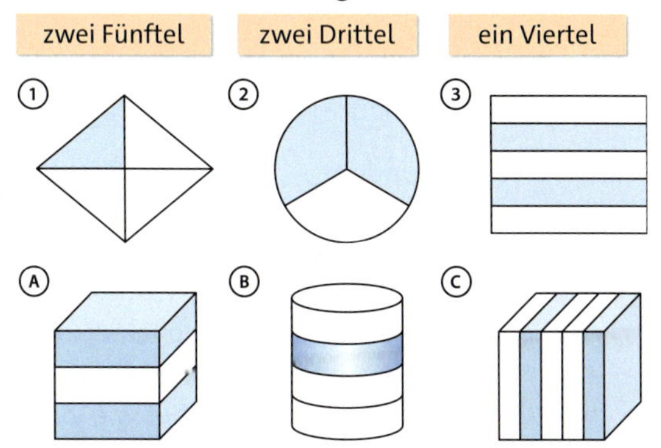

3 Die Aufgabe war:
„Zeichne ein Rechteck. Markiere $\frac{3}{8}$ blau."
Welche Lösungen sind richtig? Begründe.

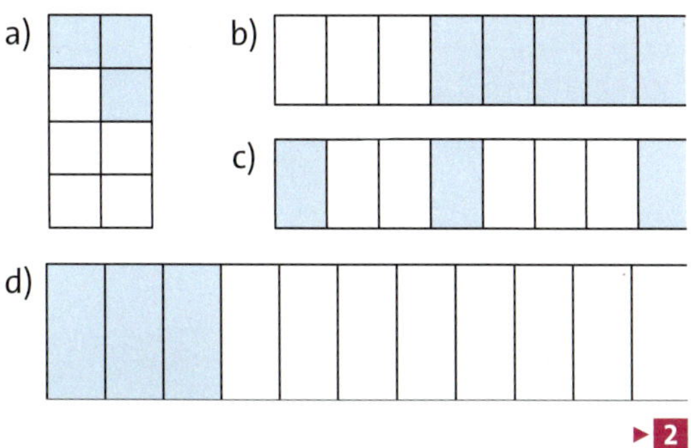

► 2

4 Stelle die gemischte Zahl als Bild dar.

Beispiel

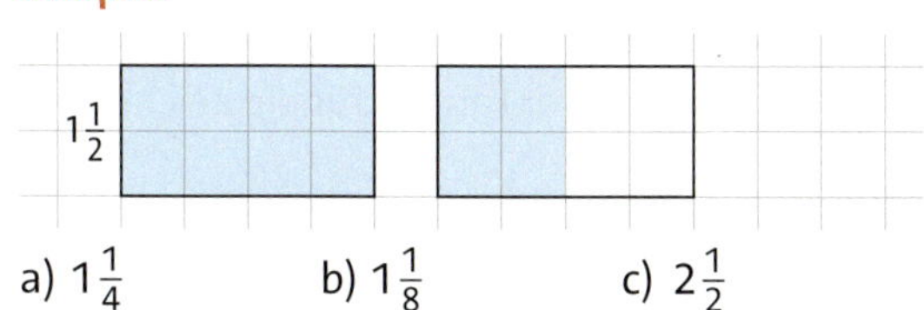

a) $1\frac{1}{4}$ b) $1\frac{1}{8}$ c) $2\frac{1}{2}$

5 Zeichne eine 8 cm lange Strecke.
Teile die Strecke in 8 gleich lange Teile.
Markiere $\frac{3}{8}$ der Strecke blau und $\frac{2}{8}$ rot.
Welcher Bruchteil ist nicht markiert?

6 Berechne die Bruchteile.

a) $\frac{4}{5}$ von 35 Tagen
b) $\frac{7}{15}$ von 30 cm
c) $\frac{3}{4}$ von 8 €
d) $\frac{2}{5}$ von 25 kg
e) $\frac{5}{6}$ von 12 t
f) $\frac{3}{8}$ von 24 m

7 Karlotta hat zum Geburtstag von ihrer Tante 20 € bekommen. Für Schokolade gibt sie $\frac{1}{4}$ aus und für ein Spiel $\frac{3}{5}$. Wie viel Euro sind das? ► 7

8 Wähle aus.

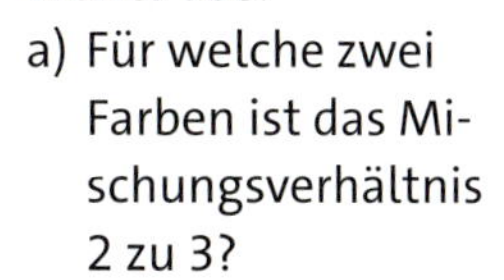

a) Für welche zwei Farben ist das Mischungsverhältnis 2 zu 3?
b) Zu welchen zwei Farben gehören die Bruchteile $\frac{4}{15}$ und $\frac{6}{15}$?

9 Herr Seifert hat im Lotto gewonnen. Er teilt das Geld auf: Seine Frau und er behalten zusammen 5 Teile, seine Tochter bekommt 4 Teile und das Tierheim 1 Teil.
a) Gib die Anteile jeweils als Bruch an.
b) Der Lottogewinn beträgt 25 000 €. Wie viel bekommt jeder?

10 Rechne erst in eine kleinere Einheit um. Bestimme dann den Bruchteil.

a) $\frac{1}{2}$ von 5 cm (mm)
b) $\frac{3}{4}$ von 1 € (ct)
c) $\frac{2}{3}$ von 1 h (min)
d) $\frac{1}{4}$ von 2 m (dm)

11 Lea ist 3 Stunden zu ihren Großeltern unterwegs. $\frac{4}{9}$ der Zeit fährt sie mit dem Zug. Wie lang ist das?

12 Zeichne im Maßstab 2 : 1 (Vergrößerung) in dein Heft. Das heißt: Jede Länge im Heft zeichnest du doppelt so groß wie die Länge an der Zeichnung. Aus 20 mm werden 40 mm im Heft.

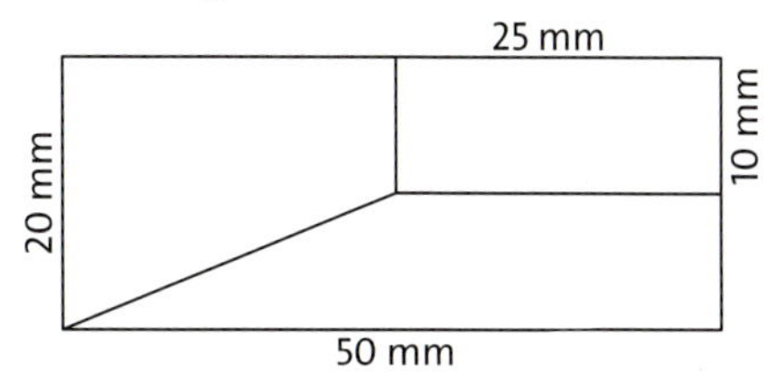

Sprachhilfe zu **3**: Diese Wörter können dir helfen: das Ganze – gleich große Teile – die Teile des Ganzen – markiert.

► Tipp zu 1, 6, 8, 9, 11

Vermischte Übungen ☒

1 Welcher Bruchteil ist blau?
Welcher Bruchteil ist weiß?

a) 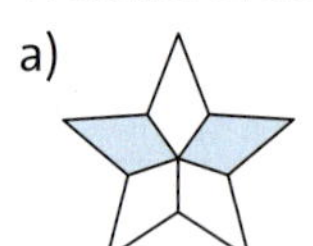 b) 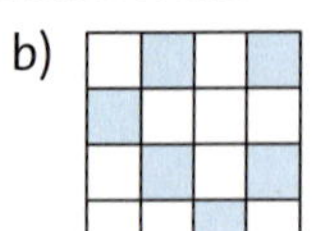 c) 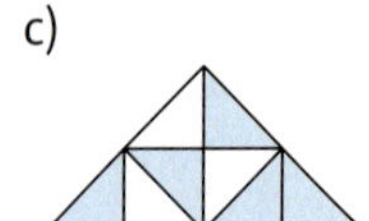

d) 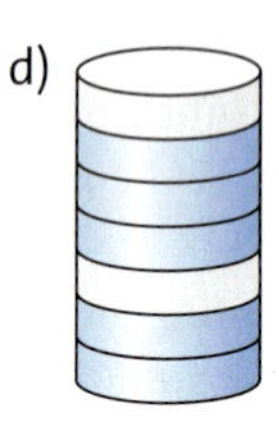 e) 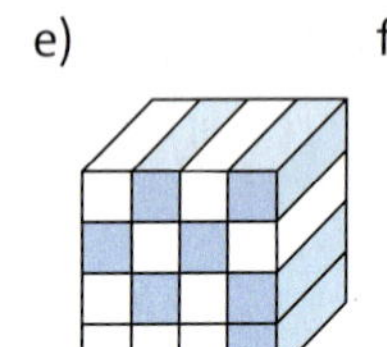 f) 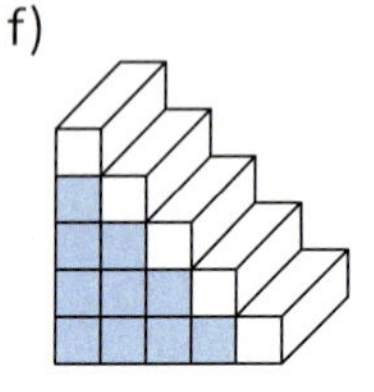

2 Prüfe: Sind die Brüche richtig dargestellt?
Verbessere in deinem Heft.

a) $\frac{1}{4}$ 

b) $\frac{2}{3}$ 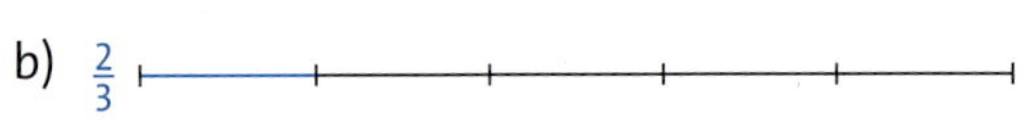

c) $\frac{5}{6}$ 

d) $\frac{1}{2}$

3 Stelle Brüche als Strecke dar:
a) Zeichne eine Strecke mit 7 cm Länge und markiere $\frac{2}{7}$ davon.
b) Zeichne eine Strecke mit 12 cm Länge. Markiere $\frac{1}{2}$ blau und $\frac{1}{6}$ rot.

4 Stelle die gemischte Zahl einmal mit Rechtecken und einmal mit Strecken dar.
Beispiel

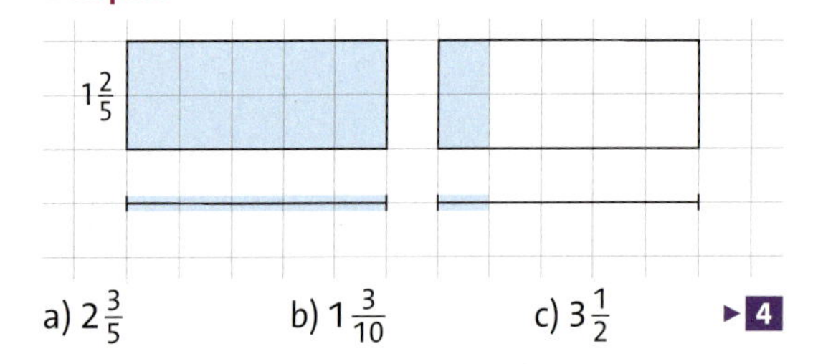

a) $2\frac{3}{5}$ b) $1\frac{3}{10}$ c) $3\frac{1}{2}$ ▸ 4

5 Rechne weiter, bis du 16 erhältst.
Start $\frac{2}{5}$ von 625 sind 250.
$\frac{2}{5}$ von 250 sind …
Wie blauen Schritte brauchst du insgesamt?

6 Lotte mischt eine Fruchtschorle für ihre Silvesterparty: 4 Teile Kirschsaft, 3 Teile Apfelsaft und 5 Teile Mineralwasser.
a) Wie viele Teile gibt es insgesamt? Gib die drei Brüche an.
b) Stelle die Mischung in einer Zeichnung dar.
c) Lotte möchte insgesamt 6 ℓ Fruchtschorle erhalten. Wie viel Liter braucht sie jeweils von den drei Säften? Tipp: 6 ℓ = 6000 ml

7 Bestimme den Bruchteil. Rechne zuerst um.
a) $\frac{4}{7}$ von 2 Wochen b) $\frac{7}{12}$ von 2 Tagen
c) $\frac{9}{20}$ von 4 Stunden d) $\frac{8}{15}$ von 3 Minuten
▸ 7

8 Miro ist im Kino. Der Film dauert 2 Stunden 30 Minuten. Miro hat 200 g Schokolade dabei. Nach $\frac{3}{5}$ des Films sind schon $\frac{7}{8}$ der Schokolade weg. Nach wie viel Minuten hat er wie viel Gramm Schokolade gegessen?

9 Oskar soll einen Vortrag über Orcas halten. Auf ein Plakat will er einen Orca maßstabsgetreu zeichnen.

Der Maßstab ist 1 : 30. Die Längen sind:
- Gesamtlänge 9 m
- Finne (Rückenflosse) 1,80 m hoch
- Flipper (Brustflosse) 2,10 m lang
- Fluke (Schwanzflosse) 2,70 m breit

Berechne die vier Längen für die Zeichnung.

10 Ein Rechteck hat die Längen a = 12 cm und b = 9 cm.
a) Zeichne das Rechteck im Maßstab 1 : 3.
b) Zeichne das Rechteck im Maßstab 1 : 2.
c) Zeichne das Rechteck im Maßstab 1 : 4.
d) Welches Rechteck ist am kleinsten? Woran erkennst du das bereits am Maßstab?

Die blauen Bruchteile von **1** findest du unter diesen Brüchen: $\frac{7}{16}$, $\frac{6}{16}$, $\frac{10}{15}$, $\frac{7}{12}$, $\frac{4}{9}$, $\frac{5}{8}$, $\frac{5}{7}$, $\frac{1}{6}$, $\frac{2}{5}$, $\frac{3}{4}$

Vermischte Übungen ☒

1 Welcher Bruchteil ist blau?
Welcher Bruchteil ist weiß?

a) 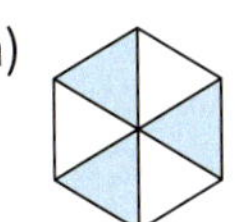 b) 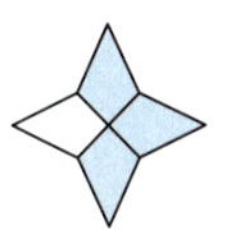 c) 

2 Jan, Ben und Max bauen einen Würfel.
Jede Kante soll aus drei Steinen bestehen.
Wie viele Steine sind schon da?
Wie viele Steine fehlen noch?
Gib jeweils den Anteil als Bruch an.

Jan   Ben  Max 

3 ▼ Zeichne die Strecke und markiere.
a) 6 cm Länge, $\frac{1}{6}$ rot und $\frac{5}{12}$ blau
b) 9 cm Länge, $\frac{1}{9}$ rot und $\frac{1}{2}$ blau

4 Stelle die Brüche auf zwei Arten als Bild dar, zum Beispiel mit Rechtecken oder mit Strecken.
a) $\frac{2}{9}$ b) $\frac{7}{16}$ c) $\frac{11}{24}$
d) $1\frac{2}{3}$ e) $2\frac{3}{4}$ f) $3\frac{5}{6}$

5 Setze im Heft >, < oder = ein.
a) $\frac{1}{3}$ h ◯ 18 min b) 370 kg ◯ $\frac{3}{8}$ t
c) $\frac{3}{4}$ dm ◯ $\frac{14}{50}$ m d) $1\frac{1}{2}$ dm ◯ $10\frac{3}{5}$ cm

6 Drei Familien fahren in den Skiurlaub nach Italien.

Familie Werner: Vater, Mutter, 3 Kinder
Familie Heinz: Mutter, 2 Kinder
Familie Johnson: zwei Erwachsene

Die Kosten von 3200 € werden auf die einzelnen Personen aufgeteilt.
a) Welchen Anteil zahlt jede Familie?
b) Wie viel Euro zahlt jede Familie?

7 Drei Freunde teilen sich nach dem Sport 1,5 Liter Saft. Das sind 1500 Milliliter (ml), denn 1 ℓ = 1000 ml.
a) Als Erster nimmt Hasan davon $\frac{1}{5}$.
Dann schenkt sich Svea $\frac{2}{3}$ von dem ein, was noch da ist.
b) Als Letzter trinkt Marco $\frac{4}{5}$ vom Rest.
Wie viel hat Marco getrunken?
c) Wie viel ist am Ende übrig?

8 Mia möchte ein Modell eines Oldtimers im Maßstab 1 : 32 bauen. Der echte Oldtimer ist 4,16 m lang, 1,28 m hoch und 1,92 m breit.
Berechne die Maße des Modells.
Rechne zuerst in die kleinere Einheit um.

9 Zeichne das Bild im Maßstab 1 : 4.
Alle Längen werden also durch 4 geteilt.

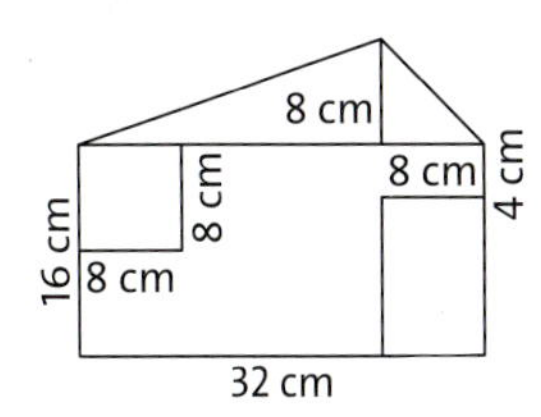

10 Linus (L), Bülent (B) und Clara (C) haben im Stadtplan ihre Wohnorte und die Schule (S) eingezeichnet.

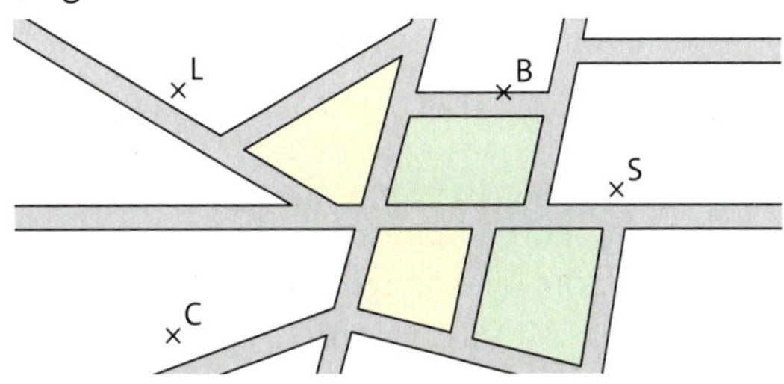

Der Maßstab beträgt 1: 50 000. Das heißt:
1 mm auf der Karte sind 50 000 mm in der Wirklichkeit.
a) Rechne 50 000 mm in Meter (m) um.
b) Miss auf der Karte die Längen der Strecken $\overline{LS}$, $\overline{BS}$ und $\overline{CS}$ in mm.
Berechne die wirklichen Längen.
c) „Was bringt das? Unsere Schulwege sind doch viel länger als die Strecken", sagt Linus.
Erkläre, was Linus meint.
d) Suche dir einen der drei Schulwege aus.
Bestimme seine Länge so genau wie möglich. Vergleicht untereinander.

Zusatz zu **3**: Wie verändern sich die Längen der roten und blauen Strecken, wenn du das Ganze verdoppelst (verdreifachst, halbierst)? Schreibe die Längen in dein Heft.

Tipp zu **5**, **6**

Klassenparty

Maja, Aischa, Tom und Dimitri planen eine Klassenparty mit dem Thema „Afrika". Als Dekoration zeichnen sie passende Flaggen und Tiere. Etwas zu essen und zu trinken gibt es natürlich auch.

A Bestimme jeweils den Bruchteil von Grün in den beiden Flaggen oben im Bild.

B Beim Afrika-Quiz machen 32 Schülerinnen und Schüler mit.
$\frac{13}{16}$ kannten die größte Wüste in Afrika.
$\frac{3}{8}$ kannten den höchsten Berg Afrikas.
Wie viele Schülerinnen und Schüler waren das jeweils?

C Dimitri mischt eine „Safari-Bowle".
- die Hälfte: Maracuja-Saft
- ein Drittel: Papaya-Saft
- Rest: Mineralwasser

Insgesamt sollen es 6 Liter werden.
Welche Mengen muss er abmessen?

D Aischa backt „Safari-Kekse" und verwendet das Rezept für „1-2-3 Teig".
Er besteht aus
- 1 Teil Zucker,
- 2 Teilen Butter und
- 3 Teilen Mehl.

Bestimme jeweils den Bruchteil der drei Zutaten.

Zucker
Butter
Butter
Mehl
Mehl
Mehl

E Ein Nil-Krokodil wird bis zu 4 m lang.
Tom verwendet den Maßstab 1:10.
Wie lang zeichnet er das Krokodil?

F Eine Giraffe ist von Kopf bis Fuß 6 m hoch und vom Vorderbein zum Hinterbein 2 m lang.
Maja möchte eine Giraffe auf ein Plakat (1 m hoch und 50 cm breit) zeichnen.
Welchen Maßstab kann sie verwenden?
Berechne die Höhe und die Breite, die sie dann zeichnen muss.

1 Welcher Bruchteil ist blau? Welcher Bruchteil ist weiß?

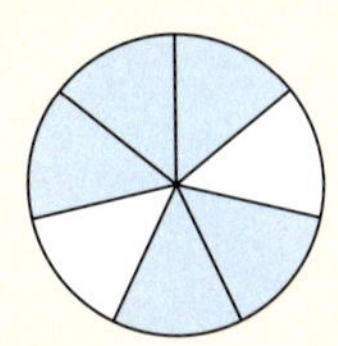

2 Zeichne zweimal dieses Rechteck ins Heft.

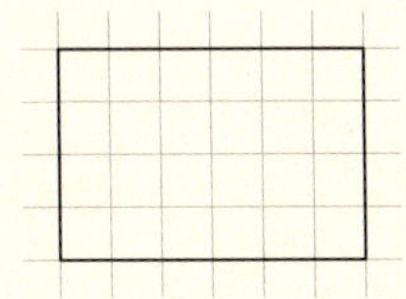

Markiere den Bruchteil.

a) $\frac{3}{4}$ b) $\frac{7}{24}$

3 Bestimme den Bruchteil.

a) $\frac{1}{4}$ von 120 g

b) $\frac{3}{8}$ von 40 km

c) zwei Drittel von 90 min

d) $\frac{3}{10}$ von 5 €

4 Ein Skateboard kostet 30 €. Michael hat schon $\frac{2}{5}$ davon gespart. Wie viel Euro sind das?

5 Tessa zeichnet einen Hund im Maßstab 1 : 12. Von Kopf bis Pfote ist der Hund 60 cm groß. Wie groß zeichnet Tessa den Hund?

6 Gib das Mischungsverhältnis und die Brüche an.

a) ●●●●●

b) 4 Gläser Orangensaft und 6 Gläser Kirschsaft

1 Gib für jede der vier Farben den Bruchteil an.

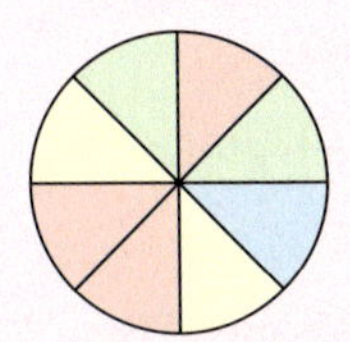

2 Zeichne zweimal dieses Rechteck ins Heft.

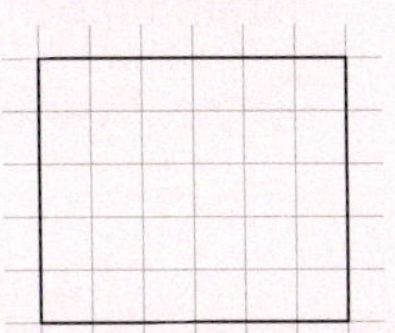

Markiere den Bruchteil.

a) $\frac{2}{5}$ b) $\frac{1}{3}$

3 Bestimme den Bruchteil.

a) $\frac{3}{7}$ von 140 m

b) zwei Fünftel von 7 €

c) $\frac{3}{4}$ von 5 t

d) $\frac{4}{9}$ von 3 h

4 Ein Fahrrad kostet 300 €, der Helm dazu kostet 24 €. Jana hat $\frac{5}{6}$ davon gespart. Wie viel Euro sind das?

5 Rico zeichnet einen Kürbis im Maßstab 1 : 5. Der Kürbis ist 35 cm breit und 25 cm hoch. Berechne die Längen für die Zeichnung.

6 Gib das Mischungsverhältnis und die Brüche an.

a) 4 Eimer weiße Farbe und 8 Eimer rote Farbe

b) 5 Flaschen Apfelsaft und 7 Flaschen Mineralwasser

1 Gib den Bruchteil für jede Farbe an.

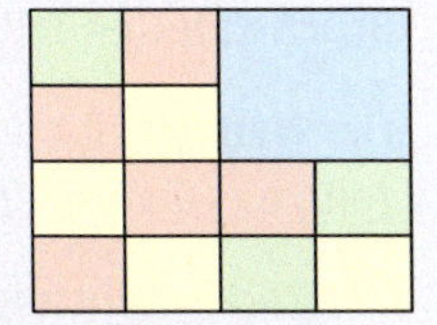

2 Entscheide: In welchem Rechteck kann man den Bruch gut darstellen? Zeichne und markiere im Heft.

a) $\frac{3}{5}$ b) $\frac{1}{2}$ c) $\frac{1}{6}$

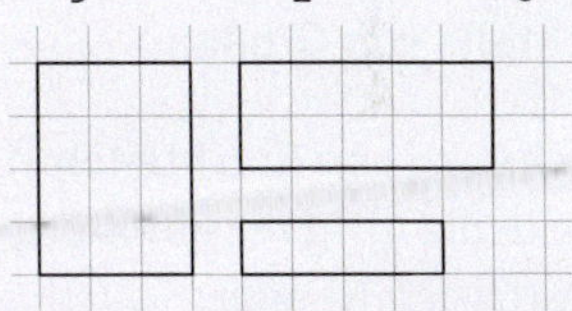

3 Bestimme den Bruchteil.

a) $\frac{3}{7}$ von 154 €

b) zwei Drittel von 11 h

c) $\frac{5}{12}$ von 6 km

d) $\frac{5}{8}$ von 7 m

4 Im Theater sind 165 Kinder und 60 Erwachsene. $\frac{19}{25}$ aller Zuschauer gefällt die Vorstellung. Wie viele sind das?

5 Der Maßstab einer Karte ist 1 : 10 000. Auf der Karte ist eine 3,5 cm lange Brücke zu sehen. Wie lang ist sie in Wirklichkeit?

6 Gib das Mischungsverhältnis und die Brüche an. Stelle die Mischung zeichnerisch dar.

a) 12 kg braune Schokolade und 18 kg weiße Schokolade

b) 3 Liter weiße Farbe, 2 Liter gelbe Farbe und 6 Liter blaue Farbe

→ Lösungen auf Seite 252

Zusammenfassung

Brüche als Teil eines Ganzen → Seite 160

Brüche stellen Teile eines Ganzen dar:

Der **Nenner** gibt an, in wie viele gleich große Teile das Ganze aufgeteilt wurde.

Der **Zähler** gibt an, wie viele Teile des Ganzen genommen werden.

$\frac{3}{5}$ ← der Zähler (3), ← der Bruchstrich, ← der Nenner (5)

Das Ganze wird in 5 gleich große Teile geteilt.

Es werden 3 Teile markiert.

Stammbruch: Zähler ist 1

Stammbrüche: $\frac{1}{2}, \frac{1}{3}, \frac{1}{4}, \frac{1}{5}, \ldots$

echter Bruch: Zähler kleiner als Nenner

echte Brüche: $\frac{1}{2}, \frac{5}{6}, \frac{7}{8}, \frac{11}{12}$

Bruchteile von Größen → Seite 164

Berechnung von Bruchteilen:
① Teile die Ausgangsgröße durch den Nenner.
② Multipliziere das Ergebnis mit dem Zähler.

gesucht: $\frac{2}{3}$ von 24 Autos
Ausgangsgröße: 24 Autos, Zähler: 2, Nenner: 3

$24 \xrightarrow{:3} 8 \xrightarrow{\cdot 2} 16$

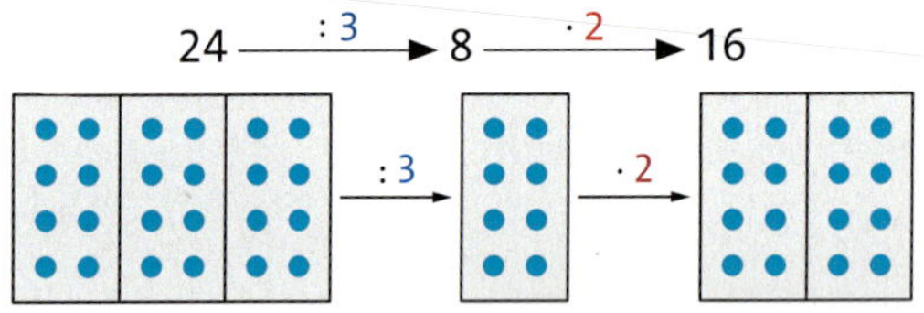

als Rechnung: $24 : 3 = 8$ und $8 \cdot 2 = 16$

Manchmal kannst du die Ausgangsgröße nicht durch den Nenner des Bruchs teilen.
Rechne dann die Ausgangsgröße in eine kleinere Einheit um.

gesucht: $\frac{3}{4}$ von 2 h
Ausgangsgröße, Umrechnung: 2 h = 120 min
Zähler: 3, Nenner: 4
120 min : 4 = 30 min und 30 min · 3 = 90 min

Gemischte Zahlen bestehen aus einer natürlichen Zahl und einem echten Bruch.
Gemischte Zahlen sind größer als ein Ganzes.

$1\frac{3}{4}$ Stunden sind 1 Stunde und $\frac{3}{4}$ Stunde.

Brüche als Verhältnisse → Seite 168

Mischungsverhältnisse kannst du als Bruch darstellen:
Nenner: Addiere alle Teile.
Zähler: Nimm die Anzahl der Teile.

2 Teile Kirschsaft, 3 Teile Bananensaft
2 Teile + 3 Teile = 5 Teile, also Nenner 5
$\frac{2}{5}$ sind Kirschsaft, $\frac{3}{5}$ sind Bananensaft.
Es wurde im Verhältnis 2 zu 3 gemischt.

Der **Maßstab** wird als Verhältnis angegeben, zum Beispiel 1 : 4 (sprich 1 zu 4).
Das heißt: 1 cm in einer Zeichnung sind 4 cm in Wirklichkeit.
Jede Länge in der Zeichnung ist $\frac{1}{4}$-mal so lang wie in Wirklichkeit.

Merit zeichnet ein 160 cm langes Fahrrad im Maßstab 1 : 4.
Rechnung: $\frac{1}{4}$ von 160 cm sind 40 cm,
denn 160 cm : 4 = 40 cm.
Das Fahrrad in der Zeichnung ist 40 cm lang.

Flächen und Flächeninhalte

7

▶ Eine Patchwork-Decke besteht aus kleinen oder größeren Stücken aus Stoff. Die Stücke werden mit der Nähmaschine zusammengenäht.

Welche Form haben die einzelnen Stücke?
Wie viele kleine Stücke braucht man wohl für eine ganze Decke?
Was für ein Muster würdest du wählen?

In diesem Kapitel lernst du …

- Vielecke und ihre Eigenschaften kennen,
- den Umfang von Rechtecken und Quadraten zu berechnen,
- den Flächeninhalt von Rechtecken und Quadraten zu vergleichen und zu berechnen,
- mit Flächeneinheiten für kleine und große Flächen zu arbeiten.

Wiederholung

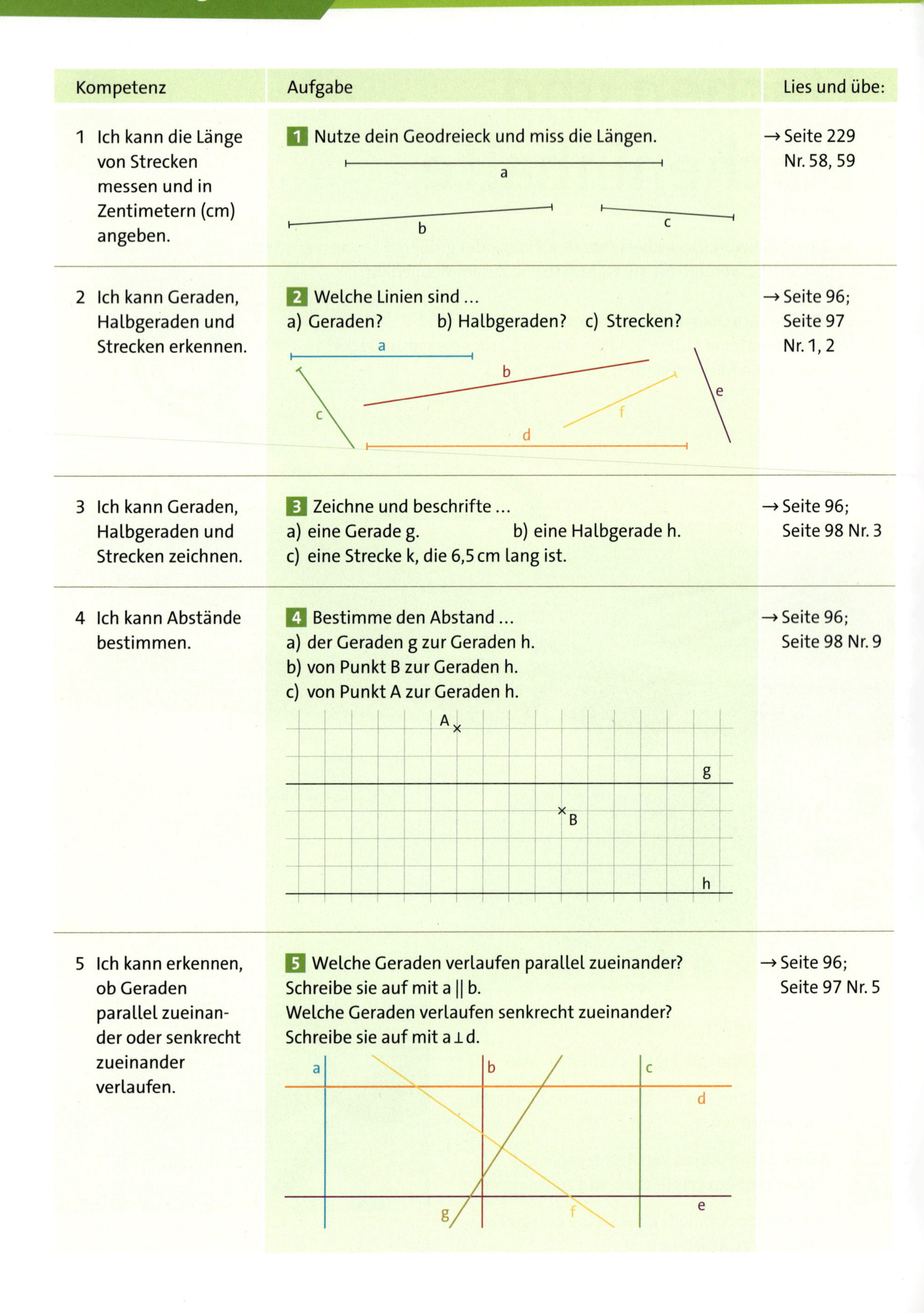

Kompetenz	Aufgabe	Lies und übe:
1 Ich kann die Länge von Strecken messen und in Zentimetern (cm) angeben.	**1** Nutze dein Geodreieck und miss die Längen.	→ Seite 229 Nr. 58, 59
2 Ich kann Geraden, Halbgeraden und Strecken erkennen.	**2** Welche Linien sind … a) Geraden? b) Halbgeraden? c) Strecken?	→ Seite 96; Seite 97 Nr. 1, 2
3 Ich kann Geraden, Halbgeraden und Strecken zeichnen.	**3** Zeichne und beschrifte … a) eine Gerade g. b) eine Halbgerade h. c) eine Strecke k, die 6,5 cm lang ist.	→ Seite 96; Seite 98 Nr. 3
4 Ich kann Abstände bestimmen.	**4** Bestimme den Abstand … a) der Geraden g zur Geraden h. b) von Punkt B zur Geraden h. c) von Punkt A zur Geraden h.	→ Seite 96; Seite 98 Nr. 9
5 Ich kann erkennen, ob Geraden parallel zueinander oder senkrecht zueinander verlaufen.	**5** Welche Geraden verlaufen parallel zueinander? Schreibe sie auf mit $a \parallel b$. Welche Geraden verlaufen senkrecht zueinander? Schreibe sie auf mit $a \perp d$.	→ Seite 96; Seite 97 Nr. 5

Kompetenz	Aufgabe	Lies und übe:
6 Ich kann zueinander senkrechte und zueinander parallele Geraden zeichnen.	**6** Zeichne auf Karopapier. Wenn du mit dem Geodreieck sicher umgehen kannst, dann nimm weißes Papier. a) eine Gerade g b) eine Gerade h, die parallel zu g ist c) eine Gerade i, die senkrecht zu h ist d) eine Gerade k, die parallel zu i ist	→ Seite 96; Seite 98 Nr. 7
7 Ich kann im Kopf rechnen und die Vorrangregel „Punkt vor Strich“ beachten.	**7** Berechne im Kopf. Beachte die Vorrangregel „Punkt vor Strich“. a) $5 \cdot 5$ $\quad 9 \cdot 3$ $\quad 8 \cdot 6$ b) $24 : 3$ $\quad 63 : 9$ $\quad 72 : 8$ c) $4 \cdot 4 + 7$ $\quad 8 \cdot 2 + 3 \cdot 2$ d) $7 \cdot 3 - 5$ $\quad 24 - 7 \cdot 2$	→ Seite 132; Seite 133 Nr. 2
8 Ich kann Längen in andere Einheiten umrechnen.	**8** Hier geht es um Längen. Rechne in die angegebene Einheit um. a) 7 cm = ● mm $\quad$ b) 10 dm = ● cm c) 80 dm = ● m $\quad$ d) 200 cm = ● m e) 2,5 m = ● cm $\quad$ f) 2 cm 4 mm = ● mm g) 3 km = ● m $\quad$ h) 1500 m = ● km	→ Seite 72; Seite 74 Nr. 3, 4, 6, 9
9 Ich kann Punkte im Koordinatensystem ablesen und eintragen.	**9** Übertrage das Koordinatensystem in dein Heft. a) Gib die Koordinaten der Punkte A, B, C und E an. b) Trage die Punkte ein: D(5|2); F(5|4); G(4|6); H(3|4) c) Verbinde A mit B, B mit C, C mit D usw. Welche Figur entsteht?	→ Seite 100; Seite 102 Nr. 2, 4

→ Lösungen auf Seite 253

Flächen erkennen und beschreiben

Jayden und Boris möchten ihrer Oma zum Geburtstag Pralinen schenken.
Sie können sich nicht einigen, welcher Deckel die schönste Form hat.

Welche Formen erkennst du?

Die Eckpunkte einer Figur heißen meistens A, B, C, … Du kannst aber auch andere aufeinander folgende Buchstaben verwenden: H, I, J, …

W Ein **Vieleck** hat mehrere Eckpunkte, die mit Strecken verbunden sind.
Diese Strecken heißen **Seiten**.
Ein Vieleck wird nach der Anzahl seiner **Eckpunkte** benannt.

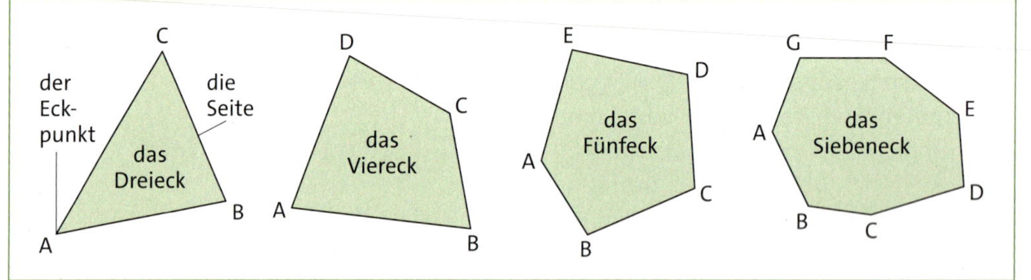

▶ **Aufgabe** Entscheide für jede Pralinenschachtel: Ist der Deckel ein Vieleck?
Wenn ja, dann zähle die Eckpunkte.
Was für ein Vieleck ist es?

▸ 1 ▸ 1 ▸ 1

benachbarte Seiten:

gegenüberliegende Seiten:

W Ein **Rechteck** hat vier rechte Winkel. Deshalb stehen benachbarte Seiten senkrecht aufeinander. Die gegenüberliegenden Seiten sind parallel zueinander und gleich lang.

Ein **Quadrat** ist ein Rechteck mit vier gleich langen Seiten.

Wie du ein Rechteck oder ein Quadrat mit dem Geodreieck zeichnest, kannst du auf Seite 233 nachschlagen.

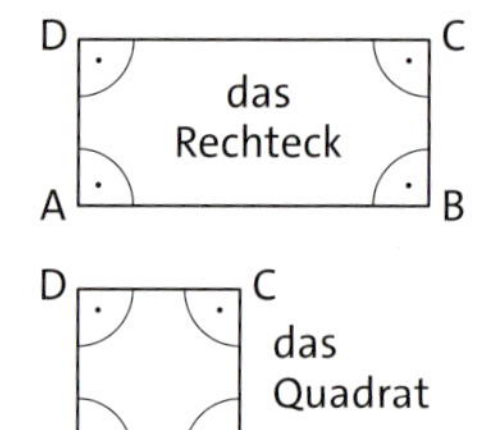

▶ **Aufgabe** Welche dieser Vierecke sind Rechtecke? Begründe.

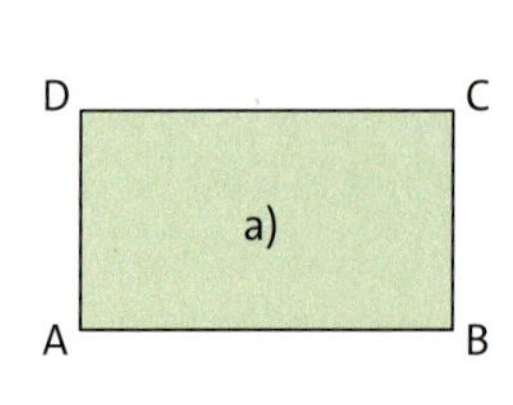

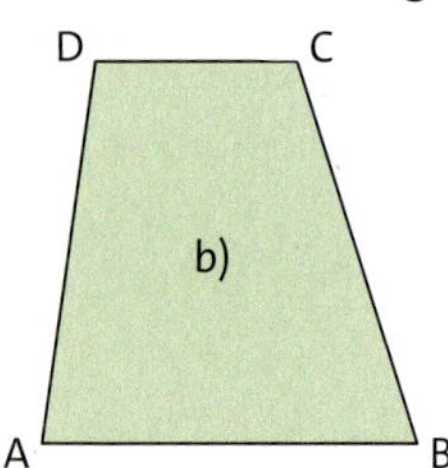

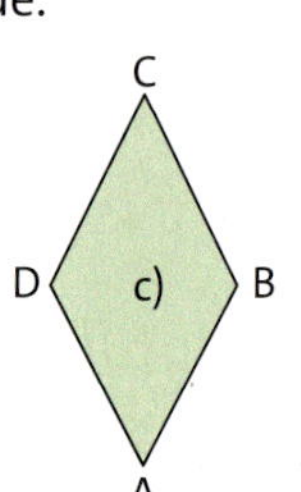

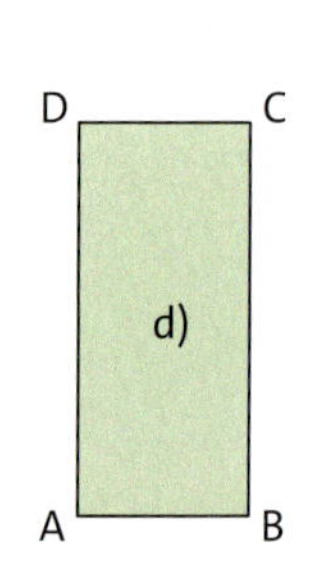

1 Finde die drei Vielecke. Wie heißen sie: Dreieck oder Viereck oder Fünfeck oder …?

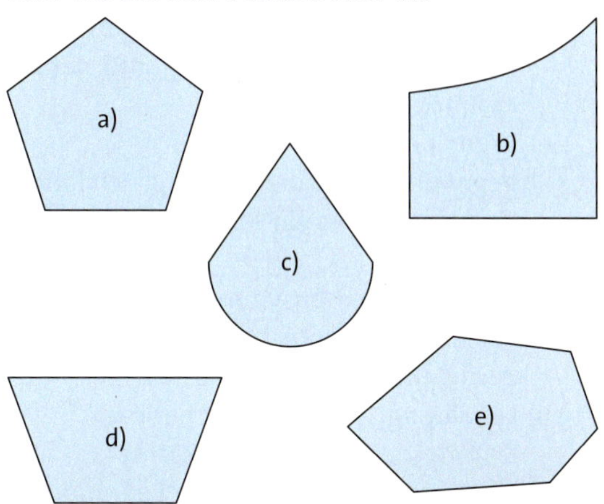

2 Notiere drei Dinge aus deiner Umgebung, die die Form eines Vielecks haben.
Beispiel Das Stoppschild ist ein Achteck.

3 Sara hat einen Smiley gezeichnet.
a) Welche Vielecke findest du im Smiley?
b) Zeichne selbst einen Smiley mit verschiedenen Vielecken. ▸ 4

4 Miss die Seitenlängen. Entscheide dann: Ist das Rechteck ein Quadrat?

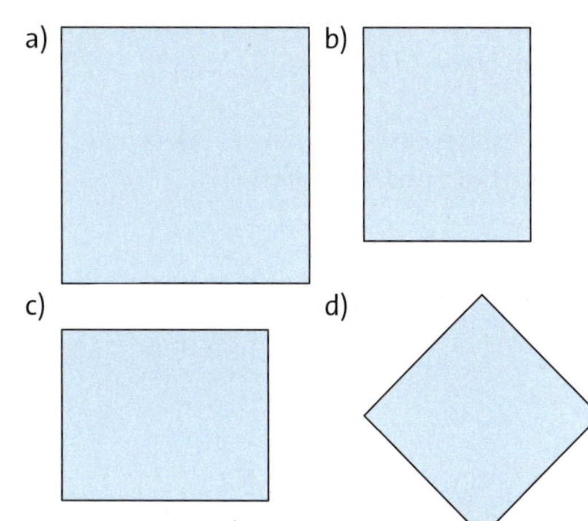

5 Schau dir die Vierecke an.

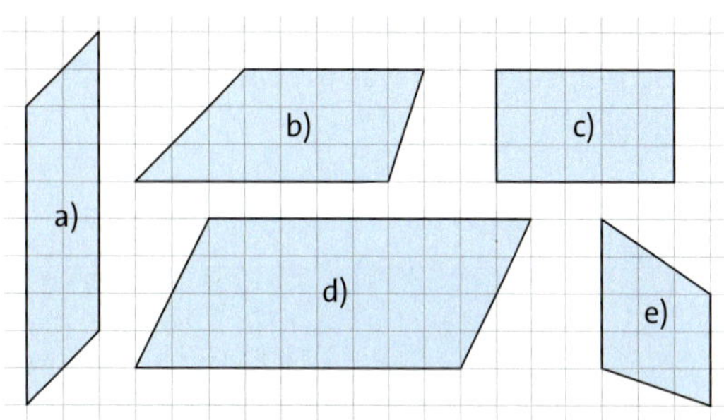

a) Finde das Rechteck.
b) Warum sind die anderen Figuren keine Rechtecke? Begründe. ▸ 6

6 Ergänze im Heft zu einem Rechteck.

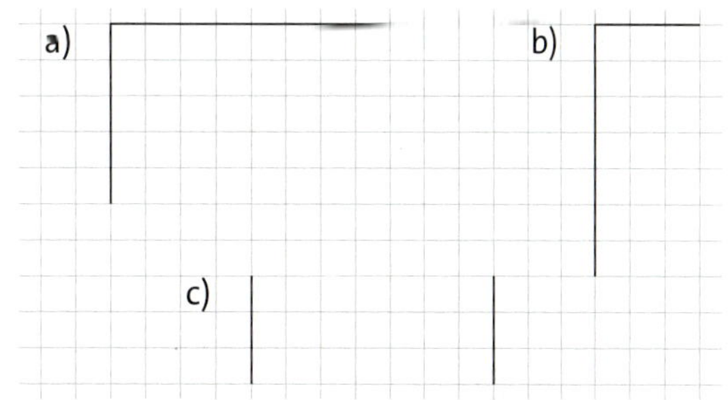

7 Zeichne ein Quadrat mit der Seitenlänge a.
a) a = 4 cm b) a = 7 cm c) a = 6,5 cm ▸ 8

8 Zeichne ein Koordinatensystem.
① Beide Achsen sollen von 0 bis 10 gehen.
② Trage die Punkte ein. Verbinde A mit B, B mit C, C mit D und D mit A.
③ Gib an: Welches Viereck entsteht?
a) in rot: A(1|2), B(3|2), C(3|6), D(1|6)
b) in grün: A(0|0), B(8|0), C(8|8), D(0|8)
c) in blau: A(4|1), B(10|1), C(10|7), D(4|7)

9 Übertrage das Muster in dein Heft. Setze es nach rechts fort.

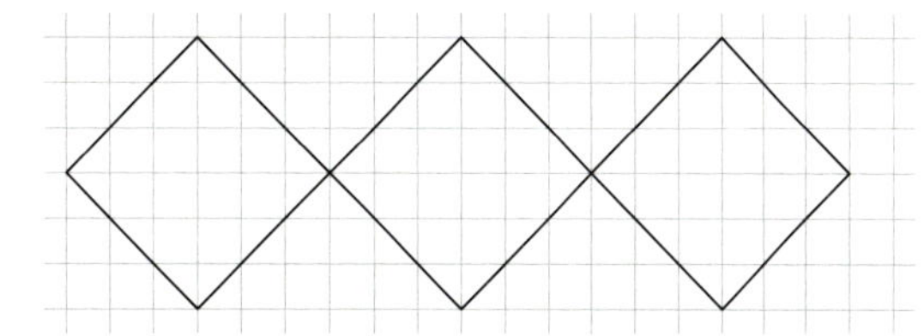

Sprachhilfe zu 3a: Das linke Auge ist … Das rechte Auge ist … Der Mund …
Sprachhilfe zu 5b: Diese Wörter können dir helfen: benachbarte Seiten – nicht senkrecht zueinander – gegenüberliegende Seiten – nicht gleich lang.

▸ Tipp zu 1, 4, 6, 7, 8, 9

1 Finde drei Dinge aus deiner Umgebung mit der Form eines Vielecks. Skizziere sie im Heft. Schreibe auf: Um was für ein Vieleck handelt es sich?

2 Wie viele einzelne Vielecke findest du?

a) Welche Form haben die Vielecke? Schreibe so auf: grau = Dreieck usw.
b) Patrick meint: „Die gelbe und die orange Fläche bilden zusammen ein Siebeneck." Stimmt das? Begründe.
c) Zwei Flächen bilden zusammen ein Achteck. Welche beiden Flächen sind das?
d) Zeichne ein Rechteck in dein Heft. Zerlege es wie oben in Vielecke. ▸ 2

3 Sind das Vierecke? Begründe.

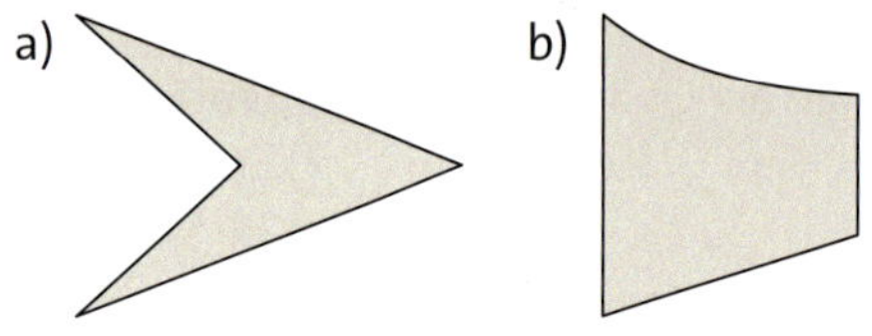

4 Finde …
① ein Quadrat. ② drei Rechtecke.
③ ein Viereck, das kein Rechteck ist.
Begründe deine Auswahl.

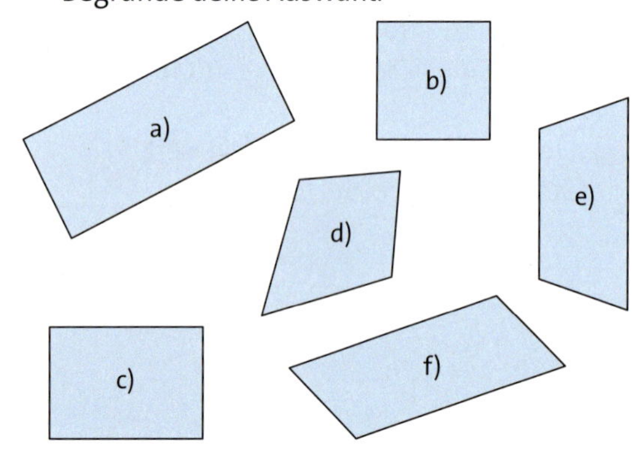

5 Stimmt die Aussage? Begründe.
a) Jedes Quadrat ist auch ein Rechteck.
b) Wenn bei einem Viereck die gegenüberliegenden Seiten gleich lang sind, dann ist es ein Rechteck.
c) Wenn bei einem Viereck die gegenüberliegenden Seiten gleich lang sind, dann ist es ein Quadrat.

6 Vielecke und Achsensymmetrie.
a) Zeichne ein Rechteck auf Karopapier. Zeichne alle Symmetrieachsen ein.
b) Leonie sagt: „Ein Quadrat hat mehr Symmetrieachsen als ein Rechteck." Überprüfe Leonies Aussage. Begründe, zum Beispiel durch eine Zeichnung.
c) Arbeitet zu zweit. Zeichne auf Karopapier drei unterschiedliche achsensymmetrische Vielecke, die keine Rechtecke oder Quadrate sind. Tauscht eure Vielecke aus. Der Andere zeichnet alle Symmetrieachsen ein. Kontrolliert gemeinsam.
d) Finde heraus, ob Rechtecke und Quadrate punktsymmetrisch sind. Begründe.

7 Trage die Punkte in ein Koordinatensystem ein. Wie lang müssen die Achsen sein? Verbinde zu einem Viereck. Gib an, ob es ein Rechteck oder ein Quadrat ist. Begründe.
a) in rot: A(1|1), B(6|1), C(6|6), D(1|6)
b) in grün: A(9|0), B(11|3), C(9|6), D(7|3)
c) in blau: A(2|1), B(5|3), C(5|7), D(2|5)

8 Übertrage das Muster in dein Heft und setze es nach links und rechts fort.

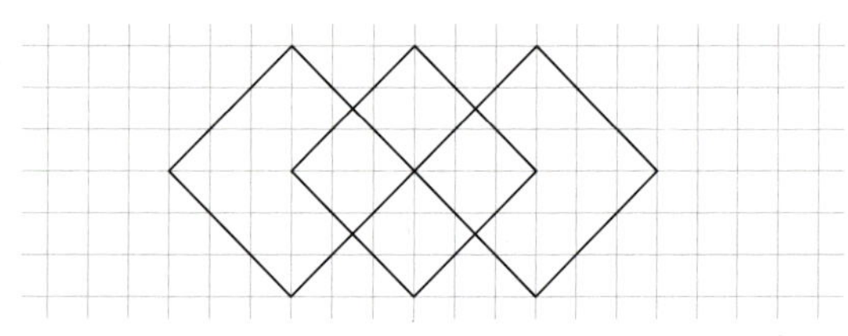

Sprachhilfe zu **4**: Diese Wörter können dir helfen: parallel zueinander – senkrecht aufeinander – gegenüberliegende Seiten – benachbarte Seiten – gleich lang.

1 Finde in deiner Umgebung Dreiecke, Vierecke, Fünfecke, Sechsecke und Achtecke.
Halte deine Ergebnisse in einer Tabelle fest.

Gegenstand	Form	Wo gefunden?
Buchseite	Viereck	...

2 Finde in der Figur ein Dreieck, ein Viereck, ein Fünfeck, ein Sechseck und ein Siebeneck.
Skizziere jedes Vieleck und schreibe auch die Eckpunkte dazu.

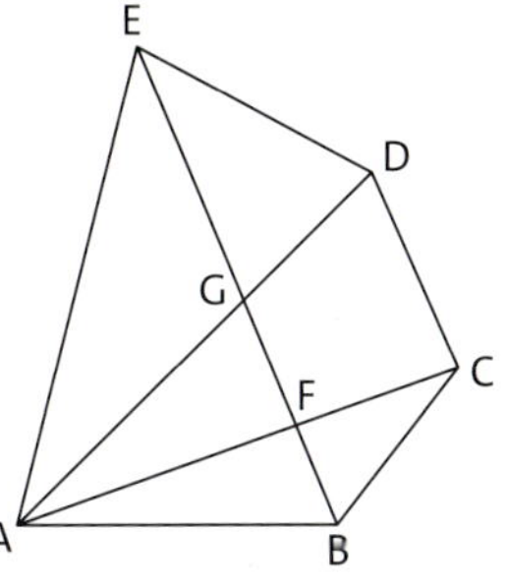

Beispiel Dreieck mit den Eckpunkten A, B und G

3 Zeichne verschiedene Vielecke.
Trage die **Diagonalen** ein.
a) Fülle die Tabelle in deinem Heft aus.

Anzahl der Eckpunkte	4	5	6	7	8
Anzahl der Diagonalen					

b) Was fällt dir auf? Beschreibe.

4 Bei einem **Parallelogramm** sind die gegenüberliegenden Seiten parallel zueinander und gleich lang.

a) Zeichne drei Parallelogramme in dein Heft.
b) Betrachte das Bild zu Aufgabe 5, Seite 185.
Welche der Vierecke sind Parallelogramme? Begründe.

5 Recherchiert die Merkmale der Vierecksart (im Internet oder in einem Buch).
Zeichnet jeweils drei Beispiele auf Karopapier.
a) Trapez
b) Raute
c) Drachenviereck

6 Zeichne das Viereck.
a) Rechteck mit den Seitenlängen 2,5 cm und 4,5 cm
b) Quadrat mit der Seitenlänge 3,2 cm
c) Parallelogramm (ohne rechte Winkel) mit den Seitenlängen 4 cm und 2 cm

7 Trage die Punkte in ein Koordinatensystem ein.
Wie lang müssen die Achsen sein?
Ergänze die Punkte zum Viereck.
Gib die Koordinaten des vierten Punkts an.
a) Quadrat: A(1|1), B(4|1), C(4|4)
b) Rechteck: A(2|5), B(5|2), D(4|7)
c) Parallelogramm: A(6|1), C(11|6), D(8|6)

8 Übertrage in dein Heft. Vervollständige die Punkte zum gesuchten Viereck.
Findest du mehrere Möglichkeiten?

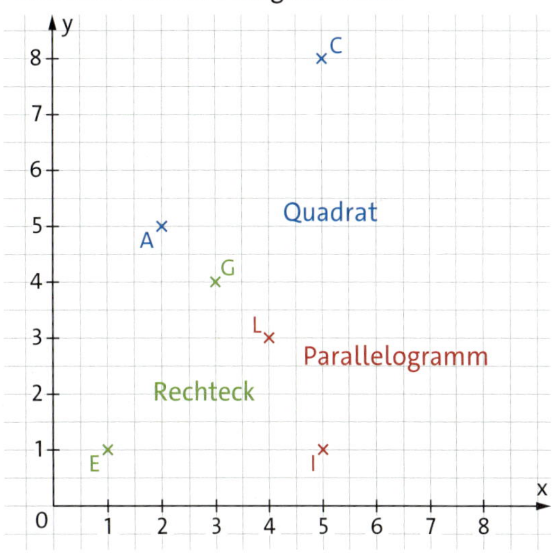

9 Übertrage das Muster in dein Heft und setze es nach links und rechts fort.

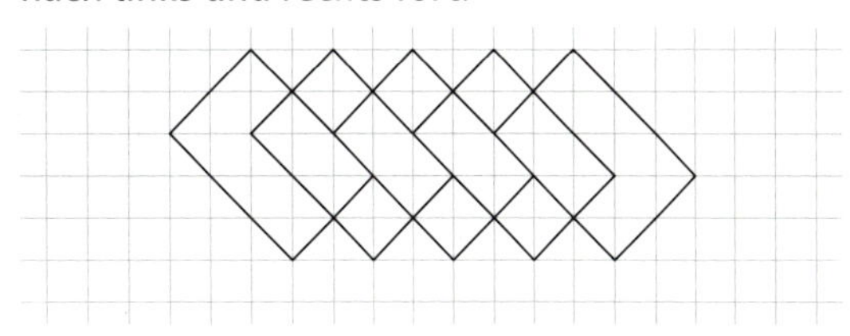

Info zu **3**: Die Strecke zwischen zwei Eckpunkten, die nicht direkt nebeneinander liegen, nennt man **Diagonale**.

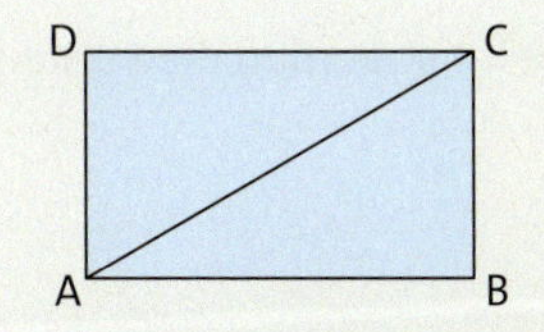

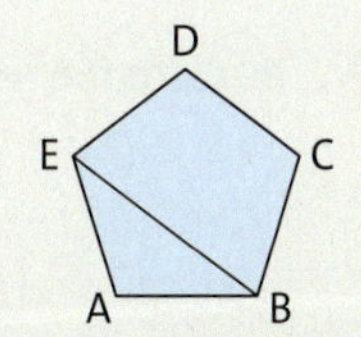

Tipp zu 7

Umfang von Rechtecken und Quadraten

Familie Duman hat ein altes Haus gekauft.
Das Haus muss renoviert werden, bevor sie einziehen.

Viele Zimmer brauchen neue Fußleisten. Deshalb hat Frau Duman die Länge der Wände gemessen.
Das Kinderzimmer ist 5 m lang.

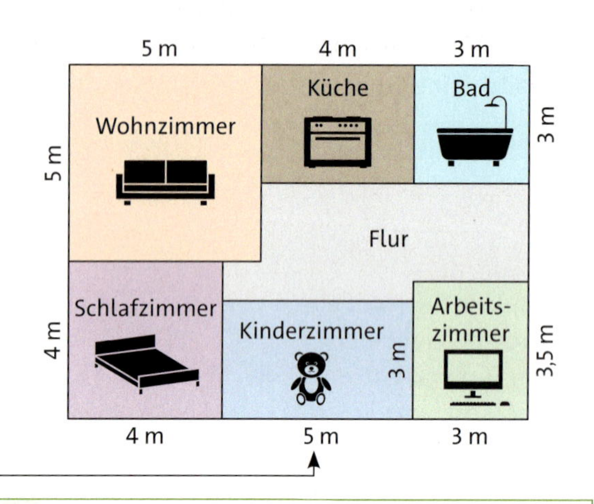

W

Der **Umfang u** ist die Länge aller Linien, die eine Fläche begrenzen.
Merke dir: **Um**fang hat etwas mit dr**um**her**um** zu tun. Stell dir vor, du läufst einmal um die Fläche herum.

Fußleisten für das Kinderzimmer:

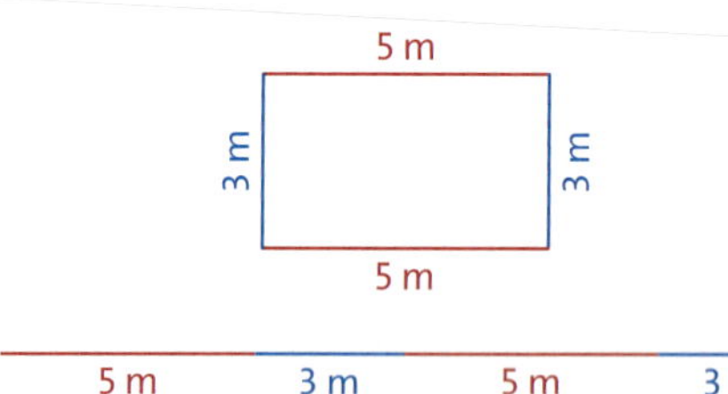

▸ Umfang von Rechteck und Quadrat berechnen

Den **Umfang u eines Rechtecks** mit den Seitenlängen a und b berechnest du so:
Du musst alle Seitenlängen addieren.

$u = a + b + a + b$
$\mathbf{u = 2 \cdot a + 2 \cdot b}$

Umfang = 2 · Länge + 2 · Breite

*Die Buchstaben u, a und b sind Platzhalter für Größen. Werden Buchstaben als Platzhalter verwendet, dann nennt man diese Buchstaben **Variable**.*

gegeben: Seitenlängen a = 5 m; b = 3 m
gesucht: Umfang u

u = 5 m + 3 m + 5 m + 3 m
u = 2 · 5 m + 2 · 3 m
u = 10 m + 6 m
u = 16 m

Es werden 16 m Fußleisten benötigt.

▶ Aufgabe Wie viel Meter Fußleisten brauchen sie für die Küche (a = 4 m und b = 3 m), wie viel Meter für das Arbeitszimmer (a = 3 m und b = 3,5 m)?

W

Den **Umfang u eines Quadrats** mit der Seitenlänge a berechnest du so:
$u = a + a + a + a$
$\mathbf{u = 4 \cdot a}$

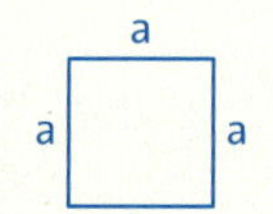

Umfang = 4 · Seitenlänge

Fußleisten für das Wohnzimmer:
gegeben: Seitenlänge a = 5 m
gesucht: Umfang u

u = 4 · 5 m
u = 20 m

Es werden 20 m Fußleisten benötigt.

▶ Aufgabe Wie lang werden die Fußleisten im quadratischen Bad (a = 3 m)?

1 Bestimme den Umfang u des Rechtecks. Zähle ab (2 Kästchen sind 1 cm) oder miss die Längen.

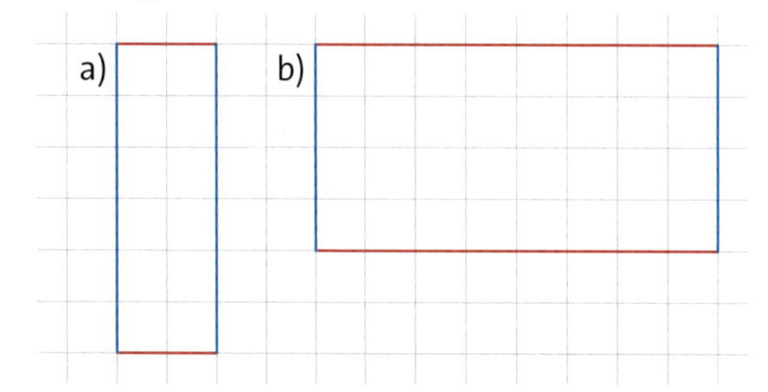

2 Berechne den Umfang u.

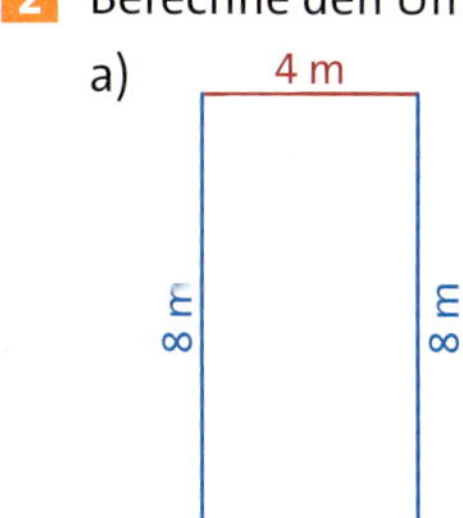

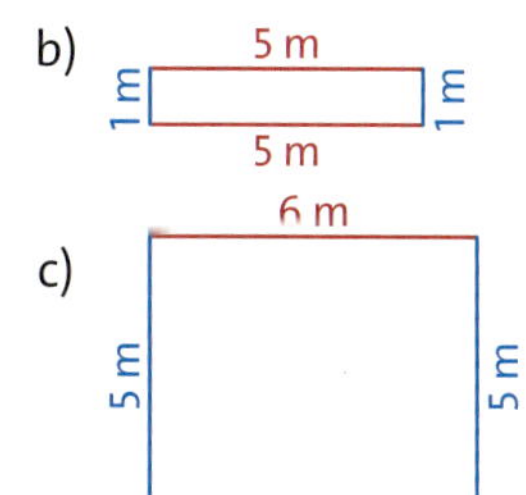

3 Zeichne das Rechteck. Färbe a rot und b blau. Bestimme dann den Umfang u.

a) a = 6 cm; b = 4 cm
b) a = 7 cm; b = 2 cm
c) a = 5 cm; b = 2 cm

4 Ein Rechteck hat die Seitenlängen a = 7 cm und b = 3 cm. Drei Schülerinnen und Schüler haben den Umfang u berechnet:

Natalia *u = 7 cm + 3 cm; u = 10 cm*
Serkan *u = 3 cm · 7 cm; u = 21 cm*
Michelle *u = 2 · 7 cm + 2 · 3 cm;*
u = 14 cm + 6 cm = 20 cm

Wer hat das richtige Ergebnis?
Welche Fehler haben die anderen gemacht?

5 Berechne den Umfang u des Rechtecks.

a) a = 10 cm; b = 4 cm
b) a = 9 cm; b = 7 cm
c) a = 11 cm; b = 6 cm

▸ 3

6 Ein rechteckiges Zimmer ist 6 m lang und 7 m breit. Wie viel Meter Fußleisten braucht man?

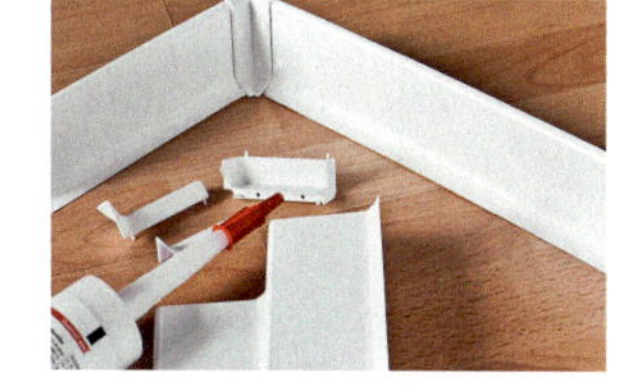

7 Zeichne das Quadrat in dein Heft. Berechne den Umfang u.

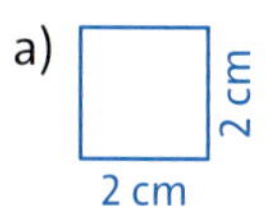

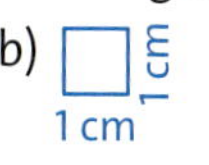

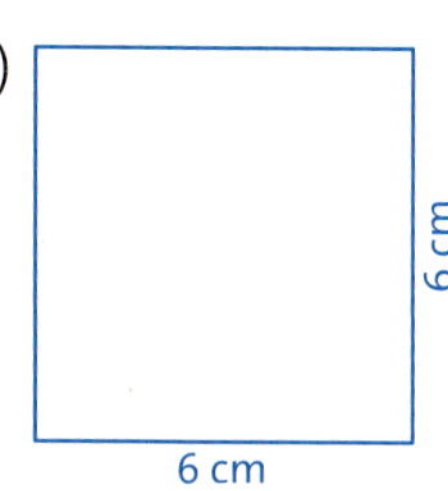

8 Berechne den Umfang u des Quadrats.

a) a = 8 cm
b) a = 11 cm
c) a = 20 cm
d) a = 4,5 cm

▸ 8

9 Wie viele kleine Quadrate sind das?
Miss und berechne.

a) Umfang u eines kleinen Quadrats
b) Umfang u des großen Quadrats

10 Es geht um Quadrate. Finde zu jeder Seitenlänge a den passenden Umfang u.

a = 10 cm
a = 14 cm
a = 9 cm
a = 12 cm

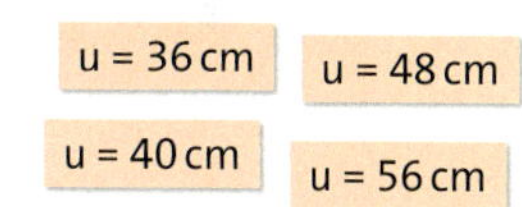

11 Tina bestimmt den Umfang u der Figur. Stimmt ihre Rechnung? Wie ist sie vorgegangen?

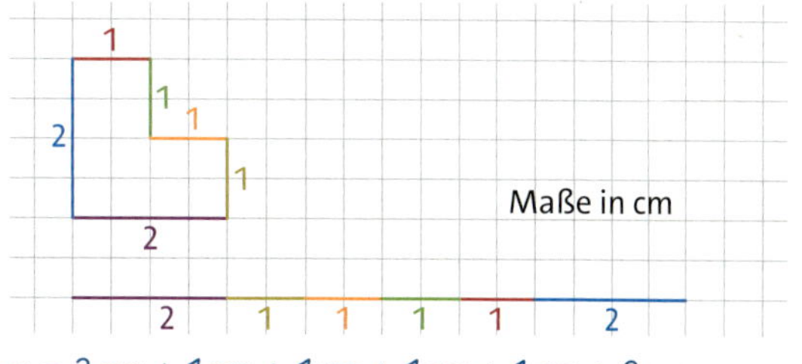

u = 2 cm + 1 cm + 1 cm + 1 cm + 1 cm + 2 cm
u = 8 cm

12 Berechne den Umfang u der Buchstaben. Gehe vor wie in Aufgabe 11.

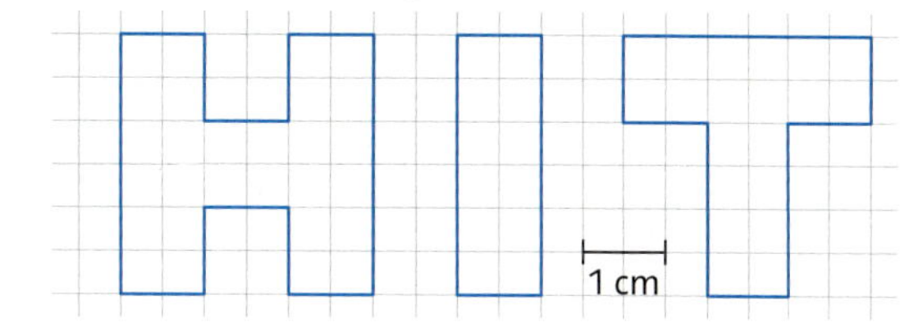

▸ Tipp zu 1, 4, 6, 7, 8, 11

1 Bestimme den Umfang u des Rechtecks.

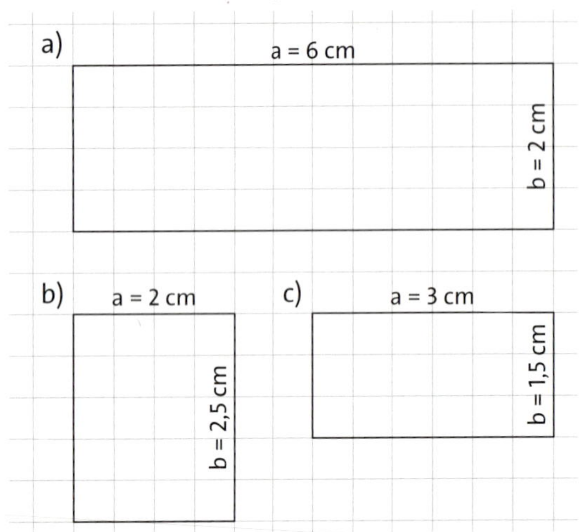

2 Zeichne das Rechteck mit den Seitenlängen a und b. Berechne den Umfang u.

a) a = 7 cm; b = 4 cm b) a = 8,5 cm; b = 2 cm
c) a = 6 cm; b = 4,5 cm

3 Berechne den Umfang u des Rechtecks. Achte auf die Einheiten.

Beispiel *gegeben*: a = 3 cm, b = 50 mm
gesucht: u
Umrechnung: 50 mm = 5 cm
u = 2 · 3 cm + 2 · 5 cm
u = 6 cm + 10 cm
u = 16 cm

a) a = 9 cm; b = 70 mm
b) a = 80 mm; b = 5,5 cm
c) a = 12 cm; b = 40 mm
d) a = 6 cm 5 mm; b = 3,5 cm

4 Ein Basketballfeld ist etwa 29 m lang und 15 m breit. Zum Aufwärmen laufen die Spielerinnen sechsmal auf der Linie um das Feld.

Wie weit sind sie gelaufen? ▸ 4

5 Zeichne mindestens zwei unterschiedliche Rechtecke mit folgendem Umfang u. Beschreibe dein Vorgehen.

a) u = 12 cm b) u = 18 cm c) u = 22 cm

6 Berechne den Umfang u des Quadrats.

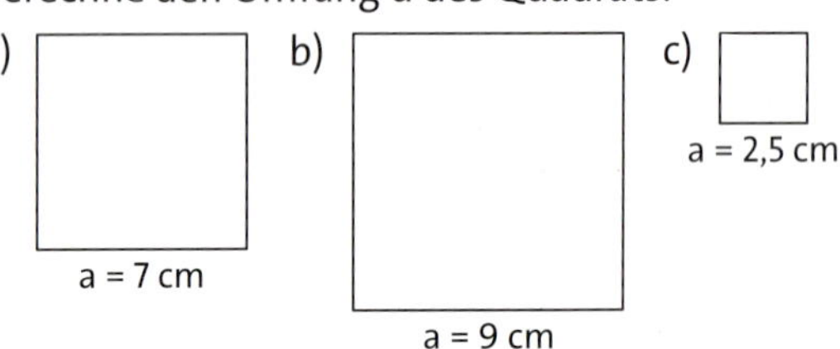

7 Berechne den Umfang u des Quadrats.

a) a = 9 cm b) a = 7,5 cm
c) a = 25 m d) a = 3 cm 5 mm

8 Hier kennst du nur den Umfang u eines Quadrats. Bestimme die Seitenlänge a.

Beispiel *gegeben*: u = 16 m
gesucht: a
16 m = 4 · a, also a = 4 m

a) u = 12 cm b) u = 36 m
c) u = 280 mm d) u = 92 cm ▸ 8

9 Beim Projekt „Gesunde Schule“ hat die Klasse 5 b im Schulgarten Beete angelegt.

a) Ein quadratisches Salat-Beet ist 5,5 m lang. Die Kinder wollen einen Zaun ziehen. Im Baumarkt kosten 2 m Zaun 9 €. Berechne die Kosten.
b) Das Kohl-Beet ist 4 m lang und 3 m breit. Für 1 m Umrandung braucht man sechs Steine. Wie viele Steine braucht man insgesamt?

10 Zeichne die Figur in dein Heft. Miss alle Seitenlängen und bestimme den Umfang u.

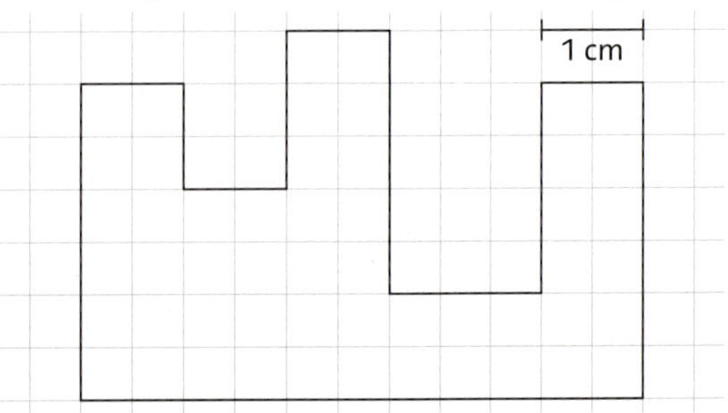

Zusatz zu **10**: Zeichne Buchstaben auf Karopapier, deren Umfang sich gut berechnen lässt. Suche zuerst in deinem Namen. Berechne dann den Umfang u.

1 Berechne den Umfang u des Rechtecks mit den Seitenlängen a und b. Achte auf gleiche Einheiten.
a) a = 7 cm; b = 2 cm
b) a = 14 cm; b = 7,5 cm
c) a = 10 cm; b = 40 mm
d) a = 220 dm; b = 28 m
e) a = 7 cm; b = 3 cm 5 mm

2 Zu Beginn des Sportunterrichts sollen alle Kinder vier Runden um das Spielfeld laufen. Jan meint: „Ich laufe nur um die eine Hälfte des Spielfelds, dafür aber acht Runden.“ Läuft er genauso viel wie die anderen?

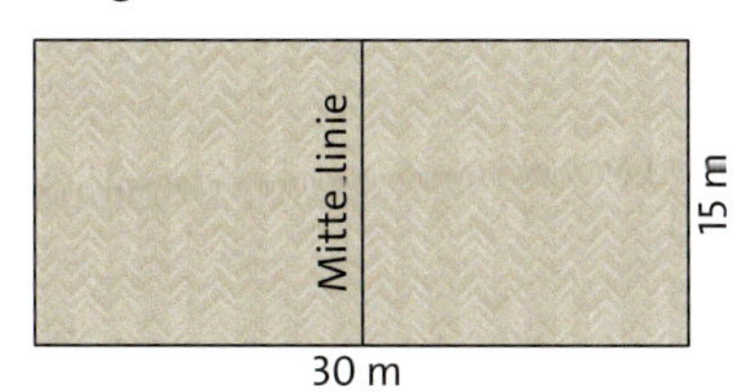

3 Ein rechteckiges Kinderzimmer ist 4 m lang und 3,40 m breit. Das Zimmer hat zwei Türen, die jeweils 0,90 m breit sind. Es sollen Fußleisten angebracht werden. 1 m Fußleiste kostet 2,50 €. Dazu kommen insgesamt 4,90 € Versandkosten. Berechne die gesamten Kosten.

4 Berechne den Umfang u eines Quadrats mit der Seitenlänge a.
a) a = 6 cm
b) a = 8,5 m
c) a = 250 mm
d) a = 1 cm 4 mm

5 Du kennst den Umfang u eines Quadrats. Bestimme die Seitenlänge a.
a) u = 28 m
b) u = 52 cm
c) u = 2,4 dm
d) u = 6 cm 4 mm

6 ▼ Bestimme die zweite Seitenlänge des Rechtecks. Beschreibe dein Vorgehen.

a) u = 6 cm; a = 2 cm

b) u = 14 cm; b = 4 cm

7 Gib die Seitenlängen von zwei Rechtecken an, die den folgenden Umfang besitzen.
a) u = 20 cm
b) u = 320 mm
c) u = 2,8 dm
d) u = 3 m 6 dm

8 Auf einem Beet sollen Erdbeerpflanzen in mehreren Reihen gepflanzt werden. Jede Pflanze soll 20 cm von der nächsten Pflanze oder vom Zaun entfernt stehen.

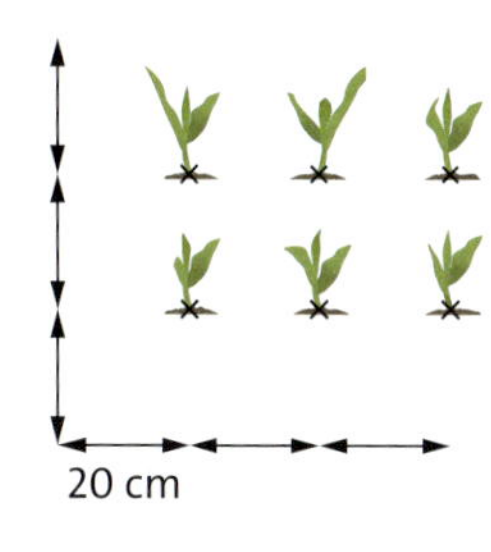

Stell dir vor, du hast 8 m Zaun zur Verfügung. Bilde aus dem Zaun ein rechteckiges Beet. Wie viele Pflanzen passen darauf? Probiere verschiedene Seitenlängen aus.

9 Untersuche den Zusammenhang zwischen Seitenlänge und Umfang. Finde immer zuerst Beispiele mit Zahlen.
a) Quadrat: Verlängere die Seitenlänge a um 1 cm. Was passiert mit dem Umfang?
b) Quadrat: Verdopple die Seitenlänge a. Was passiert mit dem Umfang?
c) Rechteck: Verlängere die Seite a um 2 cm und verkürze die Seite b um 1 cm. Was passiert mit dem Umfang?

10 Schreibe das Wort auf Karopapier.

a) Bestimme den Umfang für jeden Buchstaben und dann insgesamt.
b) Schreibe deinen Namen auf und berechne den Umfang u der Buchstaben. Bei welchen Buchstaben wird das schwierig und warum?

11 Berechne den Umfang u der Figur.

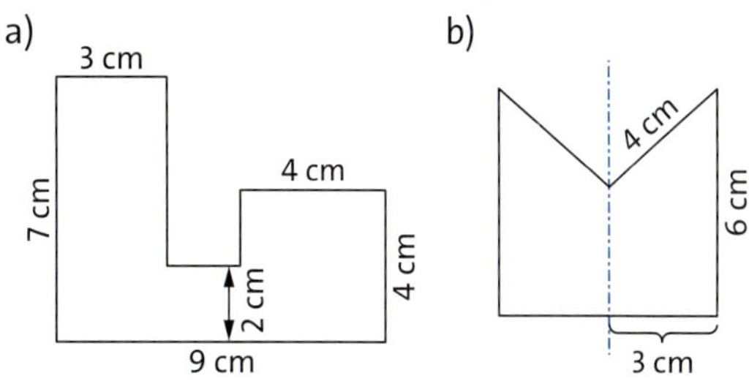

Sprachhilfe zu **6**: Beginne deine Beschreibung mit: Ich teile den Umfang u = 6 cm durch …
oder: Ich ziehe vom Umfang u = 6 cm … ab. Dann …

Tipp zu **2**, **5**, **11**

Umfänge weiterer Figuren

Den Umfang einer Figur berechnest du so: Addiere alle Seitenlängen.

Dreieck mit den Seitenlängen a, b und c

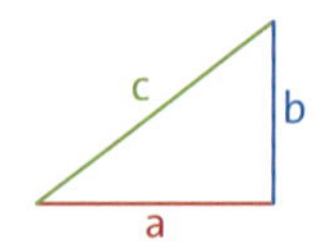

u = a + b + c

Viereck mit den Seitenlängen a, b, c und d

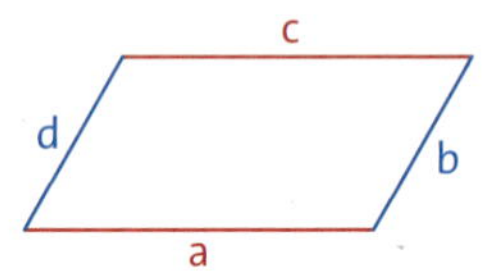

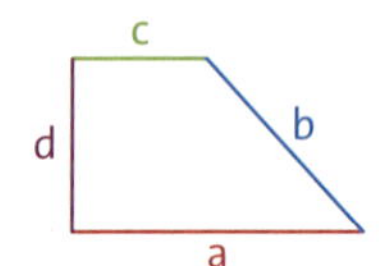

u = a + b + c + d

Beispiel

Wie lang sind die Leisten für das abgebildete Gestell aus Holz?

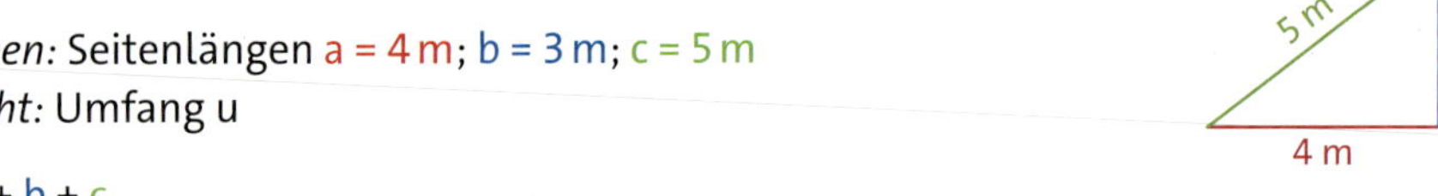

gegeben: Seitenlängen a = 4 m; b = 3 m; c = 5 m
gesucht: Umfang u

u = a + b + c
u = 4 m + 3 m + 5 m = 12 m

Es werden 12 m Leisten benötigt.

1 Zeichne das Dreieck in dein Heft. Miss die Seitenlängen in cm und schreibe sie an die Seiten. Berechne den Umfang des Dreiecks.

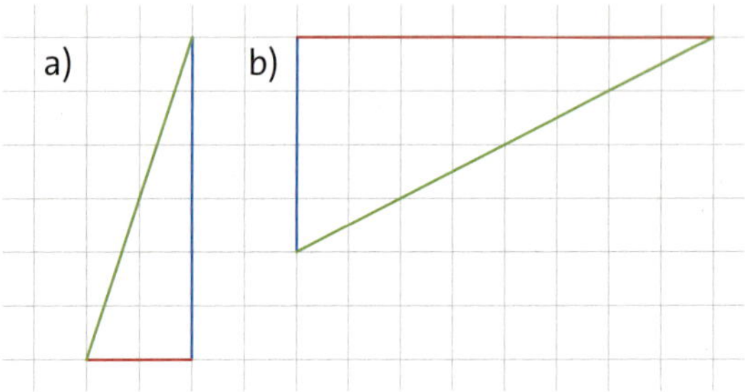

a) b)

2 Berechne den Umfang u des Dreiecks mit den Seitenlängen a, b und c.
a) a = 4 cm; b = 6 cm; c = 3 cm
b) a = 8 m; b = 400 cm; c = 5 m

3 Zeichne das Viereck in dein Heft. Miss die Seitenlängen in cm und schreibe sie an die Seiten.
Berechne den Umfang des Vierecks.

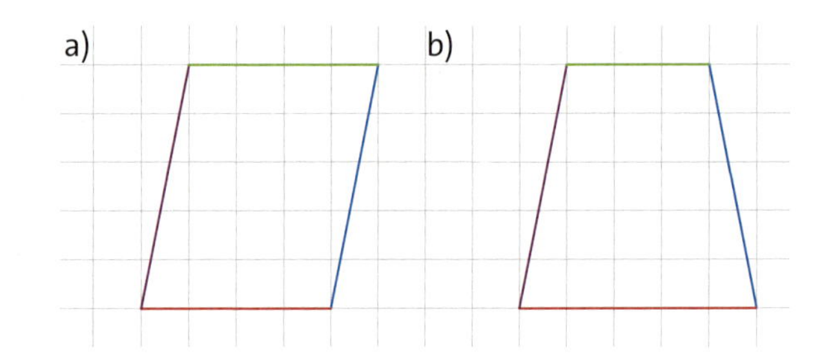

4 Seitenlängen können auch anders heißen. Mit welchem Term bestimmst du den Umfang? Nutze die neuen Variablen.

Dreieck
f e d

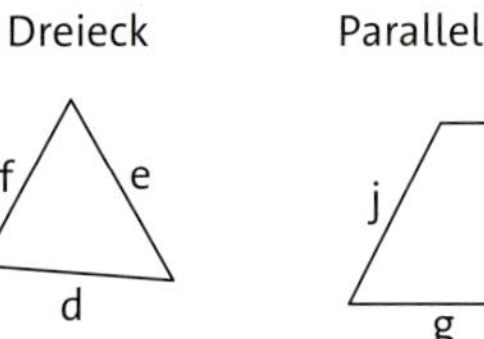

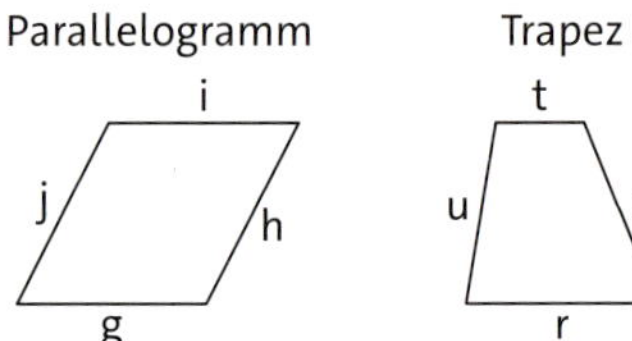

5 Zeichne ein Koordinatensystem. Trage die Punkte A (1 | 6), B (5 | 2), C (9 | 2) ein.
a) Ergänze sie zu einem Parallelogramm. Bestimme den Umfang des Parallelogramms.
b) Ergänze sie zu einem Trapez. Bestimme den Umfang des Trapezes.

Flächen vergleichen

Die Klassensprecherinnen und Klassensprecher der 5. Klassen planen für das Schulfest. Sie überlegen gemeinsam, in welchem Klassenraum sie das Schülercafé aufbauen. Hier sind die Klassenräume dargestellt:

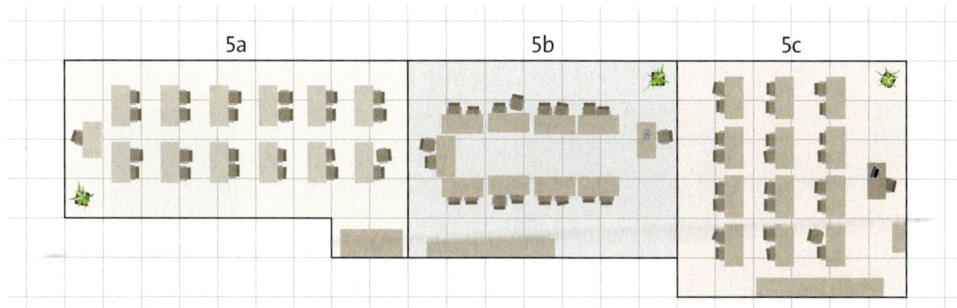

1 Arbeitet in Gruppen.
- Schätzt zuerst: Welcher Klassenraum ist am größten?
- Vergleicht die Größe der Klassenräume miteinander. Findet gemeinsam verschiedene Wege.
- Notiert eure Ideen und Ergebnisse auf einem Plakat.
- Entscheidet, in welchem Raum das Schülercafé aufgebaut werden soll. Begründet eure Entscheidung.
- Stellt eure Ergebnisse in der Klasse vor.

Zuhproviderauftrag: Während eine Gruppe präsentiert, überlegen die anderen, welche Gemeinsamkeiten und Unterschiede die verschiedenen Lösungsansätze haben.

2 Arbeitet in Gruppen. Überlegt gemeinsam: Wie könnt ihr die Größe eures Klassenraums mit der Größe anderer Klassenräume vergleichen? Präsentiert euren Vorschlag in der Klasse.

3 Jonas meint: „Die beiden Figuren sind gleich groß."
a) Beschreibe, wie Jonas darauf kommt.
b) Zeichne eine weitere Figur, die wieder genauso groß ist. Vergleicht untereinander.

4 Arbeitet zu zweit.
① Zeichnet die beiden Figuren auf ein Blatt Karopapier.
② Schneidet eine Figur in Teile.
③ Legt die Teile auf die andere Figur.
④ Entscheidet, welche Figur größer ist.

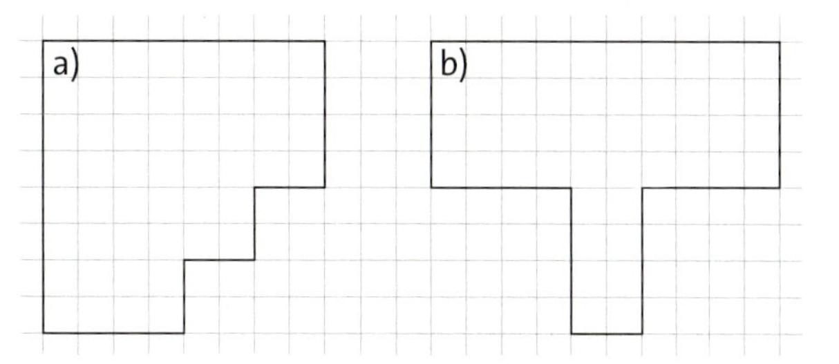

Flächeneinheiten

Lara hat auf Millimeterpapier ein Quadrat
mit der Seitenlänge 10 cm gezeichnet.
Sie will alle kleinen Kästchen bunt ausmalen.
Ihr großer Bruder sagt: „Du spinnst, das dauert ewig.
Nimm wenigstens nur die größeren Kästchen.“

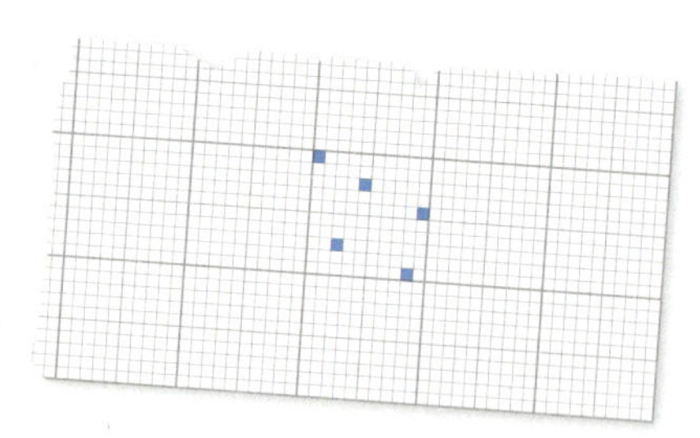

Der Flächeninhalt hat etwas mit innen zu tun.

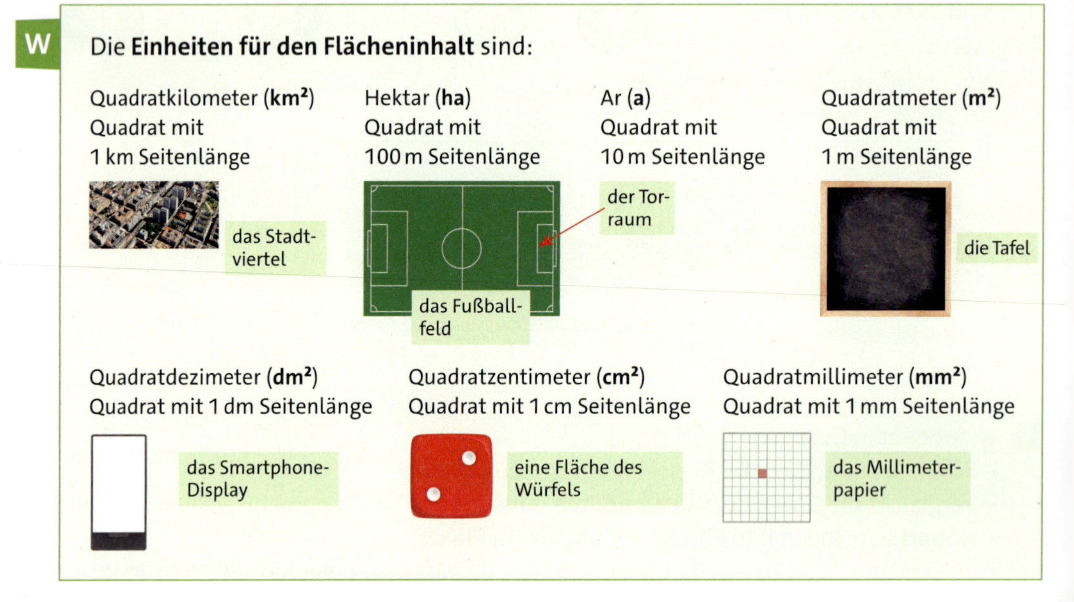

W Die **Einheiten für den Flächeninhalt** sind:

Quadratkilometer (**km²**)
Quadrat mit
1 km Seitenlänge

Hektar (**ha**)
Quadrat mit
100 m Seitenlänge

Ar (**a**)
Quadrat mit
10 m Seitenlänge

Quadratmeter (**m²**)
Quadrat mit
1 m Seitenlänge

Quadratdezimeter (**dm²**)
Quadrat mit 1 dm Seitenlänge

Quadratzentimeter (**cm²**)
Quadrat mit 1 cm Seitenlänge

Quadratmillimeter (**mm²**)
Quadrat mit 1 mm Seitenlänge

▶ **Aufgabe** Gib die Einheit an: für ein größeres Kästchen auf Millimeterpapier und für ein Quadrat mit der Seitenlänge 10 m. ▸1 ▸1 ▸1

W

1 km² = 100 ha
1 ha = 100 a
1 a = 100 m²
1 m² = 100 dm²
1 dm² = 100 cm²
1 cm² = 100 mm²

▸ Flächeneinheiten umrechnen – Umrechnungszahl

▸ Flächeneinheiten umrechnen – Einheitentabelle

So rechnest du in die **nächstkleinere** Einheit um: Multipliziere mit 100.

mm² ist die nächstkleinere Einheit von cm².
$3\,cm^2 = 3 \cdot 100\,mm^2 = 300\,mm^2$

So rechnest du in die **nächstgrößere** Einheit um: Dividiere durch 100.

a ist die nächstgrößere Einheit von m².
$2000\,m^2 = 20\,a$, denn $2000 : 100 = 20$

Für alle nicht belegten Felder kannst du dir eine Null denken.

km²		ha		a		m²		dm²		cm²		mm²		Beispiel
Z	E	Z	E	Z	E	Z	E	Z	E	Z	E	Z	E	
						1	5	0	0	0	0	0	0	$15\,m^2 = 1500\,dm^2 = 150\,000\,cm^2$
									0	2	7	0	0	$0{,}27\,dm^2 = 27\,cm^2 = 2700\,mm^2$
	6	0	5											$6\,km^2\ 5\,ha = 6{,}05\,km^2 = 605\,ha$

▶ **Aufgabe** Rechne um: $12\,m^2 = ⬤\,dm^2$ und $2600\,mm^2 = ⬤\,cm^2$ ▸5 ▸3 ▸3

1 Schreibe ins Heft und fülle die Lücken:
a) Ein Quadrat mit der Seitenlänge 1 m hat einen Flächeninhalt von 1 ◯.
b) Ein Quadrat mit der Seitenlänge 1 ◯ hat einen Flächeninhalt von 1 cm².
c) Ein Quadrat mit der Seitenlänge 100 m hat einen Flächeninhalt von 1 ◯.

2 Welche Flächeneinheit passt am besten? Nutze cm², dm², m² und km².
a) Klassenzimmer b) Tafel Schokolade
c) Großstadt d) Blatt Papier

3 Ergänze die Flächeneinheit im Heft.
a) Zimmer 12 ◯ b) Briefmarke 9 ◯

c) Buchdeckel 5 ◯ d) Fenster 2 ◯

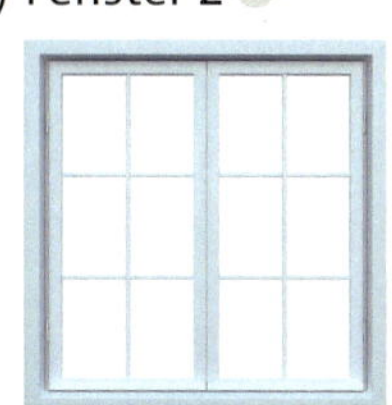

4 Gib den Flächeninhalt in Quadratzentimetern und in Quadratmillimetern an. Ordne dann die Flächen von klein nach groß.

a)
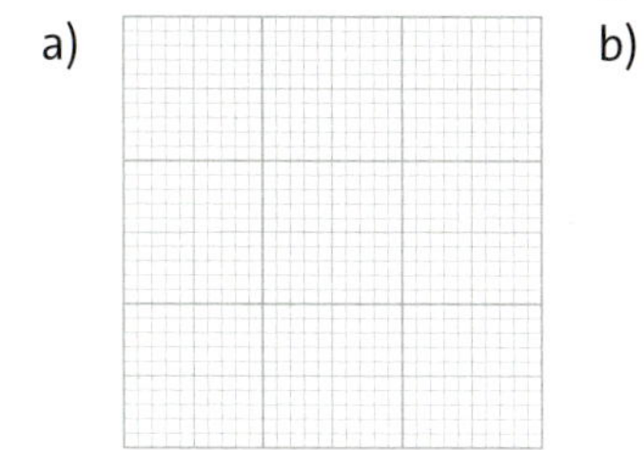

b)
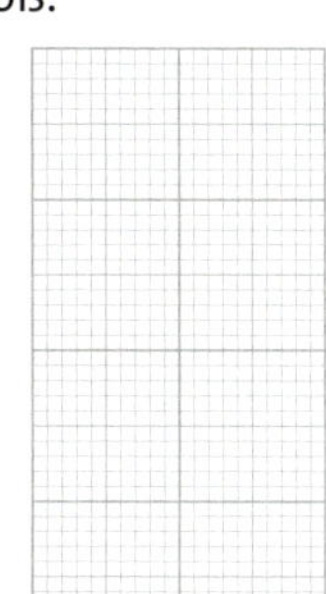

c)

▸ 3

5 Ergänze im Heft mm², cm², cm², dm², dm², a.
a) 7 dm² = 700 ◯ b) 75 m² = 7500 ◯
c) 300 cm² = 30 000 ◯ d) 600 cm² = 6 ◯
e) 12 000 mm² = 120 ◯ f) 9000 m² = 90 ◯

6 Rechne in die nächstkleinere Einheit um.
Beispiel 4 m² = 4 · 100 dm² = 400 dm²
a) in dm²: 7 m²; 13 m²; 20 m²
b) in cm²: 3 dm²; 18 dm²; 30 dm²
c) in mm²: 5 cm²; 25 cm²; 10 cm²

7 Rechne in die nächstgrößere Einheit um.
Beispiel 700 mm² = 7 cm², denn 700 : 100 = 7
a) in cm²: 200 mm²; 600 mm²; 2700 mm²; 4000 mm²
b) in dm²: 500 cm²; 1300 cm²; 2300 cm²; 3000 cm²
c) in m²: 100 dm²; 700 dm²; 1400 dm²; 2000 dm²

8 „Wow, ein Smartphone mit 50 000 mm² Display? Das ist ja riesig!"
Was meinst du?

▸ 6

9 Übertrage die Einheitentabelle ins Heft. Ergänze unten vier leere Zeilen.

m²		dm²		cm²		mm²	
Z	E	Z	E	Z	E	Z	E
2	8						
					3		
			5	4	8		
	7	1	9				

a) Lies die vier Einträge laut vor.
b) Rechne in alle kleineren Einheiten um.
Beispiel 28 m² = 2800 dm² = ◯ cm² = ◯ mm²
c) Trage ein und rechne in zwei andere Einheiten um: 77 cm²; 8 dm²; 10 m²; 639 mm²
Schreibe auch mit Komma.
Beispiel 77 cm² = 0,77 dm²

10 Zeichne eine Einheitentabelle wie in Aufgabe 9. Trage ein und rechne um.
a) 250 cm² = ◯ dm² ◯ cm²
b) 5445 dm² = ◯ m² ◯ dm²
c) 208 mm² = ◯ cm² ◯ mm²
d) 4 m² 16 dm² = ◯ dm²
e) 12 cm² 6 mm² = ◯ mm²
f) 9 cm² 7 mm² = ◯ mm²

11 Ergänze im Heft.
a) 5 km² = ◯ ha b) 400 m² = ◯ a
c) 30 ha = ◯ a d) 500 a = ◯ ha
e) 16 ha = ◯ km² f) 120 a = ◯ m²

1 Welche Einheit passt am besten für die Größe der Fläche:
mm^2, cm^2, dm^2, m^2, a, ha, km^2?
a) Deutschland b) Kopf eines Nagels
c) Tischplatte d) großer Wald

2 Ergänze im Heft die fehlende Flächeneinheit.
a) Turnhalle 1400 ● b) Postkarte 2 ●

c) Anschluss vom Smartphone: 12 ●

▸ 3

3 Rechne in die nächstkleinere Einheit um.
Beispiel $12\,a = 12 \cdot 100\,m^2 = 1200\,m^2$
a) $6\,cm^2$ = ● mm^2 b) $2\,dm^2$ = ● cm^2
c) $49\,m^2$ = ● dm^2 d) 70 a = ● m^2
e) 16 ha = ● a f) $113\,km^2$ = ● ha

4 Rechne in die nächstgrößere Einheit um.
Beispiel $300\,m^2 = 3\,a$, denn $300 : 100 = 3$
a) $9000\,mm^2$ = ● cm^2 b) $1200\,cm^2$ = ● dm^2
c) $500\,dm^2$ = ● m^2 d) $2400\,m^2$ = ● a
e) 1100 a = ● ha f) 3000 ha = ● km^2

5 Ergänze im Heft die Flächeneinheiten.
a) $5\,m^2$ = 500 ● = 50 000 ●
b) 80 ● = $8000\,cm^2$ = 800 000 ●
c) 70 000 ● = 700 ● = $7\,dm^2$

▸ 4

6 Übertrage die Einheitentabelle ins Heft. Ergänze unten vier weitere Zeilen.

km^2		ha		a		m^2		dm^2		cm^2		mm^2	
						4	5						
									8	4			
			9	3									
1	2	0	0	0	0	6	2						

a) Lies die vier Einträge laut vor.
b) Rechne die vier Einträge in alle kleineren Einheiten um.
c) Trage ein. Schreibe dann in zwei anderen Einheiten: $22\,dm^2$; $18\,m^2\,25\,dm^2$; $2\,ha\,15\,m^2$; $4{,}5\,km^2$

7 Finde erst die nächstkleinere Einheit. Schreibe dann die Größe ohne Komma.
Beispiel $7{,}8\,dm^2$, nächstkleinere Einheit: cm^2;
$7{,}8\,dm^2 = 780\,cm^2$
a) $8{,}42\,m^2$ b) $11{,}77\,cm^2$ c) $2{,}6\,km^2$
d) $18{,}9\,dm^2$ e) 5,05 ha f) 0,33 a

8 Finde erst die nächstgrößere Einheit. Schreibe dann die Größe mit Komma.
Beispiel $952\,m^2$, nächstgrößere Einheit: a;
$952\,m^2 = 9{,}52\,a$
a) $725\,mm^2$ b) 7568 ha c) $380\,dm^2$
d) 2170 a e) $16{,}04\,m^2$ f) $49\,cm^2$

9 Was sind denn das für Einheiten?

Super geschnittene Ein-Zimmer-Wohnung:
Schlafzimmer 0,215 a; Bad $550\,dm^2$;
Küche $62\,200\,cm^2$; Flur $4\,000\,000\,mm^2$

a) Schreibe die Größen in sinnvollen Einheiten.
b) Ist die gesamte Wohnung größer als $40\,m^2$? Begründe.

▸ 8

10 Prüfe, ob richtig umgewandelt wurde. Berichtige die Fehler.
a) $87\,m^2 = 8700\,cm^2$ b) $192\,a = 19\,200\,m^2$
c) $95\,mm^2 = 9500\,cm^2$ d) $1{,}5\,dm^2 = 15\,cm^2$

11 Rechne um in die Einheit in Klammern.
a) $10\,m^2$ (cm^2) b) $30\,000\,mm^2$ (dm^2)
c) $8\,m^2$ (mm^2) d) $5\,000\,000\,cm^2$ (a)
e) $210\,km^2$ (m^2) f) $1\,750\,000\,m^2$ (km^2)

12 Sortiere die Flächeninhalte ihrer Größe nach. Beginne mit der kleinsten Fläche.
a) 110 ha; 1 100 000 a; $11\,km^2$; $110\,000\,m^2$
b) $30{,}07\,dm^2$; $307\,000\,mm^2$; $0{,}37\,m^2$; $307\,cm^2$

13 Betrachte die Figur.

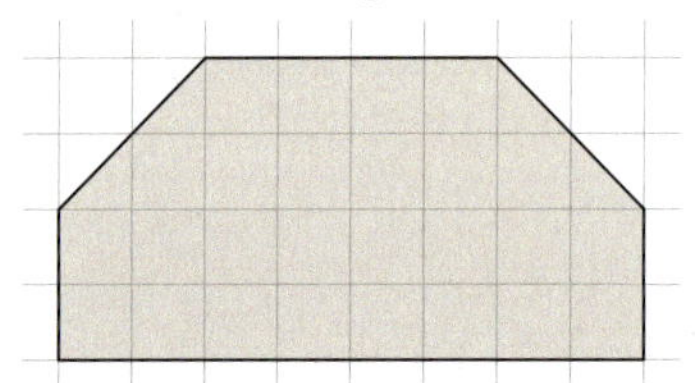

a) Bestimme den Flächeninhalt in cm^2, mm^2 und dm^2.
b) Zeichne eine Figur, die $800\,mm^2$ groß ist. Wie gehst du vor?

1 Für welche Flächen passt diese Einheit? Gib jeweils zwei Beispiele an.
a) km^2 b) m^2 c) cm^2 d) mm^2

2 Finde für jede Fläche die passende Größe. (Die Werte sind gerundet.)

$9\,m^2$ $2\,dm^2$ $5\,cm^2$ $6\,dm^2$
$15\,mm^2$ $2\,m^2$ $2\,mm^2$ $4\,m^2$

a) Tischtennisplatte

b) Tastatur

c) Kopf einer Schraube

d) Brett eines Basketballkorbs

3 Rechne um.
Beispiel $90\,000\,dm^2 = 900\,m^2 = 9\,a$
a) ◯ $dm^2 = 7100\,m^2 =$ ◯ a
b) ◯ $mm^2 = 3000\,cm^2 =$ ◯ dm^2
c) ◯ $m^2 = 400\,a =$ ◯ ha
d) ◯ $a = 90\,ha =$ ◯ km^2

4 Übertrage die Einheitentabelle ins Heft. Ergänze unten vier weitere Zeilen.

km²		ha		a		m²		dm²		cm²		mm²	
						1	7	3	2				
				2	5	5							
								8	4	5	1	2	
	8	0	9	2	0	4	4						

a) Lies die vier Einträge ab.
b) Rechne jede der vier Größen in zwei andere Einheiten um.
c) Trage ein und rechne in je zwei andere Einheiten um:
185 ha; $75\,dm^2\,3\,cm$; $5\,km\,15\,m^2$; $6{,}7\,m^2$

5 Ergänze die Lücken im Heft.
a) $2\,cm^2 = 0{,}02$ ◯ $= 0{,}0002$ ◯
b) ◯ $dm^2 =$ ◯ $cm^2 = 50\,mm^2$
c) 8300 ◯ = 83 ha = 0,83 ◯

6 Schreibe ohne bzw. mit Komma.
a) $6{,}36\,dm^2$ b) $211{,}08\,a$
c) $5{,}701\,m^2$ d) $12\,km^2\,60\,ha$
e) $42\,m^2\,68\,cm^2$ f) $32{,}4\,ha$
g) $0{,}093\,km^2$ h) $5\,cm^2\,9\,mm^2$

7 Beim Schachboxen werden abwechselnd drei Minuten Schach gespielt und drei Minuten geboxt, bis einer schachmatt ist oder k. o. geht.

Für ein Werbefoto wird ein Boxring mit 169 Schachbrettern ausgelegt. Ein Schachbrett hat einen Flächeninhalt von $2500\,cm^2$.
Gib den Flächeninhalt des Boxrings in m^2 an.

8 Rechne in die angegebene Einheit um.
a) 460 ha (m^2) b) $200\,000\,cm^2$ (m^2)
c) 340 000 a (km^2) d) $19{,}7\,m^2$ (cm^2)
e) 1644 a (ha) f) $51\,300\,cm^2$ (m^2)
g) 9 ha (km^2) h) $280\,dm^2$ (a)

9 Sortiere die Flächeninhalte der Größe nach.
a) $36\,202\,m^2$; $0{,}362\,km^2$; 36,02 ha; 362 a
b) $44\,040\,mm^2$; $0{,}4404\,m^2$; $404{,}4\,cm^2$; $4{,}044\,dm^2$

10 Pia meint:
„Meine Figur ist $0{,}000\,000\,001\,15\,km^2$ groß."

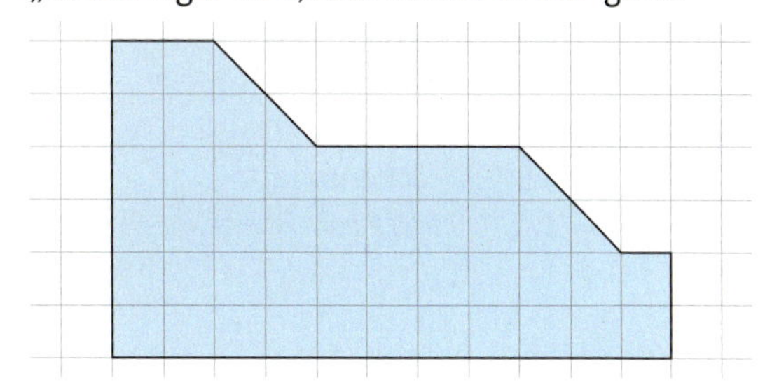

a) Hat Pia recht? Begründe.
b) Arbeitet zu zweit. Jeder zeichnet eine Figur und macht eine Aussage wie Pia. Der Andere prüft dann, ob die Aussage stimmt. Wie wird es für den Anderen möglichst leicht oder möglichst schwer?

► Tipp zu 5, 10

Flächeninhalt von Rechtecken und Quadraten

Einige Räume in der Steintal-Schule bekommen einen neuen Fußboden.
Es werden 1 m² große Platten ausgelegt.

Maras Klassenraum ist 8 m lang und 5 m breit.
Wie viele Platten braucht man?

Das A für den Flächeninhalt kommt vom englischen „area" (Gebiet).

Flächeninhalt Rechteck und Quadrat berechnen

W

Der **Flächeninhalt** wird mit **A** abgekürzt.
Merke dir: Der Fläche**n**in**halt** hat etwas mit „**in**nen" zu tun.

Den **Flächeninhalt A eines Rechtecks** mit den Seitenlängen a und b berechnest du so:
Multipliziere die beiden Seitenlängen.
A = a · b

Flächeninhalt =
Länge mal Breite

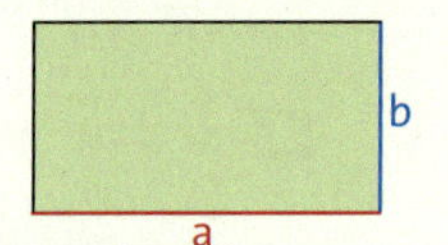

1 m²
5 m
8 m

gegeben: Seitenlängen a = 8 m; b = 5 m
gesucht: Flächeninhalt A

A = 8 m · 5 m
A = 40 m²

Der Raum ist 40 m² groß.
Man braucht 40 Platten.

▶ **Aufgabe** Der Musikraum der Schule ist ein rechteckiger Raum mit 10 m Länge und 8 m Breite. Welchen Flächeninhalt A hat er? ▶1 ▶1 ▶1

Der Druckerraum der Schule ist quadratisch. Der Raum ist 5 m lang und 5 m breit.

*Die Buchstaben A, a und b sind Platzhalter für Größen. Werden Buchstaben als Platzhalter verwendet, dann nennt man diese Buchstaben **Variablen**.*

Für den Flächeninhalt kannst du auch kurz $A = a^2$ schreiben, da $a \cdot a = a^2$ ist.

W

Den **Flächeninhalt A eines Quadrats** berechnest du so:
Multipliziere die Seitenlänge a mit sich selbst.
A = a · a

Flächeninhalt =
Länge mal Breite

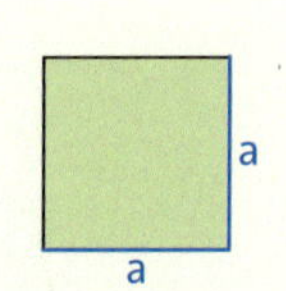

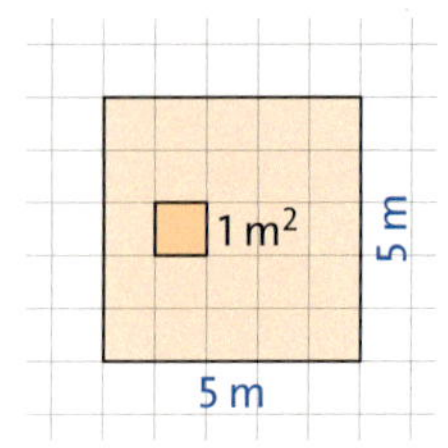

gegeben: Seitenlänge a = 5 m
gesucht: Flächeninhalt A

A = 5 m · 5 m
A = 25 m²

Der Raum ist 25 m² groß.
Man braucht 25 Platten.

▶ **Aufgabe** Der Computerraum der Schule ist quadratisch. Der Raum ist 6 m lang und 6 m breit. Berechne den Flächeninhalt A. ▶4 ▶3 ▶2

1 Bestimme den Flächeninhalt A des Rechtecks. Zähle die Kästchen. 4 Kästchen sind 1 cm².

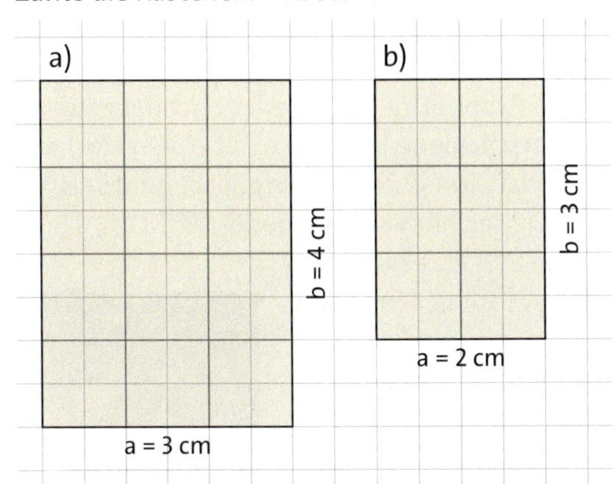

2 Miss die Seitenlängen. Berechne den Flächeninhalt A. Kontrolliere dein Ergebnis. Zähle dafür die Kästchen. 4 Kästchen sind 1 cm².

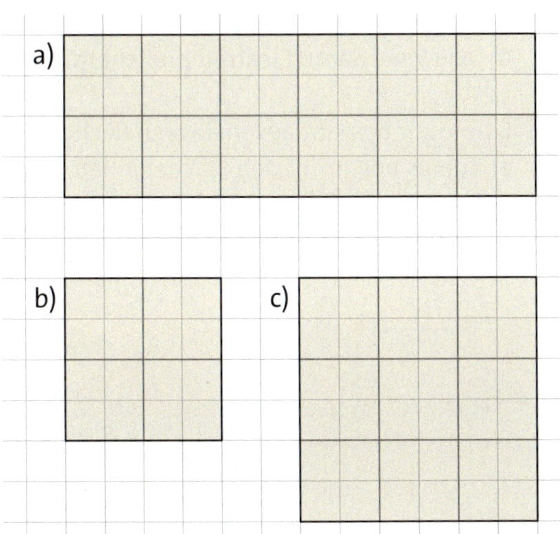

3 Berechne den Flächeninhalt A des Rechtecks.
a) a = 12 cm; b = 5 cm
b) a = 6 m; b = 9 m
c) a = 7 dm; b = 6 dm
d) a = 3 km; b = 5 km
e) a = 4 mm; b = 11 mm

▸ 3

4 Berechne den Flächeninhalt A des Quadrats.
a) a = 4 dm
b) a = 8 cm
c) a = 7 m
d) a = 11 dm

5 Finde den passenden Flächeninhalt. Drei Kärtchen bleiben übrig.
a) Rechteck mit a = 7 m; b = 4 m
b) Quadrat mit a = 5 dm
c) Rechteck mit den Seitenlängen 5 cm und 22 cm
d) Quadrat mit einer Seitenlänge von 10 m

A = 25 dm²
A = 35 cm²
A = 100 cm²
A = 22 cm²
A = 28 m²
A = 100 m²
A = 110 cm²

6 Alinas Zimmer bekommt einen neuen Teppichboden. Das Zimmer ist rechteckig. Es hat eine Länge von 5 m und eine Breite von 4 m. Wie viel Teppich braucht man?

7 Ein Rechteck hat einen Flächeninhalt von A = 35 m². Die eine Seite ist 7 m lang. Bestimme die Länge der anderen Seite. Du suchst also eine Länge, für die gilt:
7 m · ● m = 35 m²

▸ 6

8 Arbeitet zu zweit. Jeder zeichnet ein Rechteck mit einem Flächeninhalt von 12 cm². Vergleicht euer Vorgehen.

9 Eine Figur besteht aus zwei Rechtecken. Wie groß ist der Flächeninhalt A? Berechne erst die einzelnen Flächeninhalte. Rechne am Ende alles zusammen.

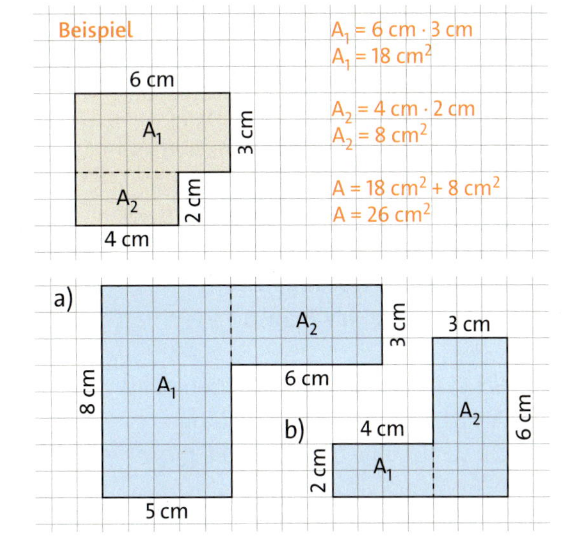

Die Ergebnisse von **3** und **4** (ohne Einheiten) findest du unter diesen Zahlen: 15; 16; 42; 44; 49; 54; 60; 64; 121
Sprachhilfe zu **6**: Antwort: Man braucht für Alinas Zimmer …

▸ Tipp zu 1, 2, 3, 4, 6

1 Berechne den Flächeninhalt A. Schreibe auf mit *„gegeben"* und *„gesucht"*.

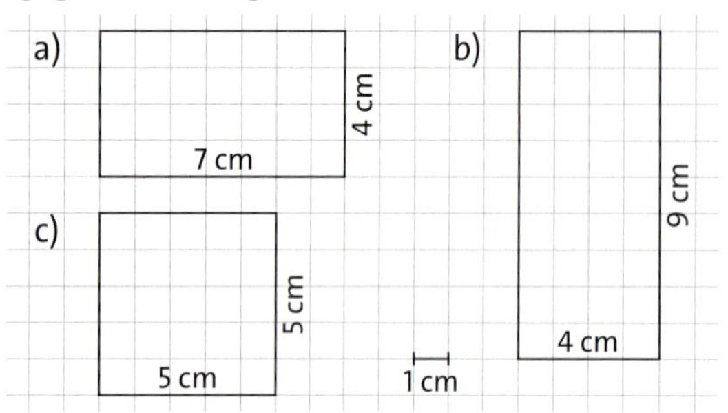

2 Berechne den Flächeninhalt A des Rechtecks. Achte beim Ergebnis auf die Einheit.
a) a = 8 cm; b = 9 cm
b) a = 14 m; b = 5 m
c) a = 7 mm; b = 15 mm
d) a = 60 dm; b = 5 dm

3 Berechne den Flächeninhalt A des Quadrats.
a) a = 3 cm b) a = 8 mm c) a = 12 m

4 Berechne den Flächeninhalt A des Quadrats. Hier kannst du einfacher rechnen, wenn du vorher in eine größere Einheit umrechnest.
Beispiel *gegeben:* a = 500 mm, also a = 5 dm
gesucht: A
A = 5 dm · 5 dm = 25 dm²
a) a = 60 mm b) a = 900 cm
c) a = 7000 m d) a = 11 000 mm

5 Berechne den Flächeninhalt A des Rechtecks. Achte auf gleiche Einheiten.
Beispiel *gegeben:* a = 12 cm;
b = 2 dm, also b = 20 cm
gesucht: A
A = 12 cm · 20 cm = 240 cm²
a) a = 15 cm; b = 3 dm
b) a = 8 m; b = 80 dm
c) a = 70 mm; b = 5 cm ▸ 5

6 Ein Quadrat hat einen Flächeninhalt von A = 81 m². Finde die Seitenlänge. Du suchst eine Länge, für die gilt:
● m · ● m = 81 m²

7 Ein Festzelt hat einen rechteckigen Boden mit A = 32 m². Eine Seite ist 8 m lang. Wie lang ist die andere Seite?

8 Arbeitet zu zweit. Jeder zeichnet zwei verschiedene Rechtecke mit einem Flächeninhalt von je 24 cm². Vergleicht eure Rechtecke. Wie seid ihr vorgegangen? ▸ 7

9 Ein Paddock (Auslauf) soll neu eingestreut werden. Für 1 m² braucht man 30 kg Einstreu. In einem Sack sind 15 kg.

a) Der rechteckige Paddock ist 20 m lang und 9 m breit. Berechne den Flächeninhalt A.
b) Wie viele Säcke Einstreu braucht man?

10 Eine Figur besteht aus mehreren Rechtecken.
a) Tobias bestimmt den Flächeninhalt A. Vervollständige seine Rechnung im Heft:

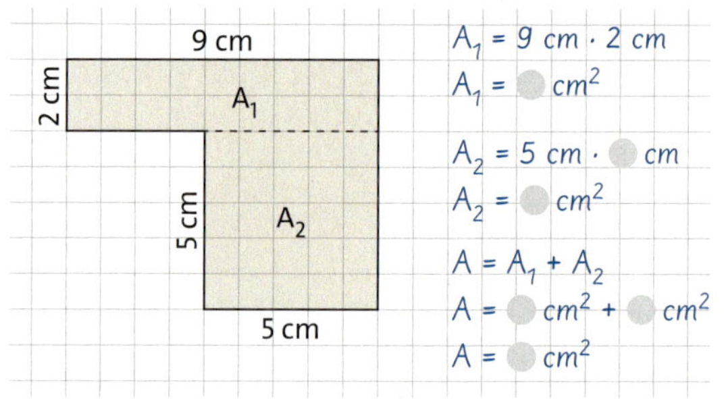

b) Rechne wie Tobias.

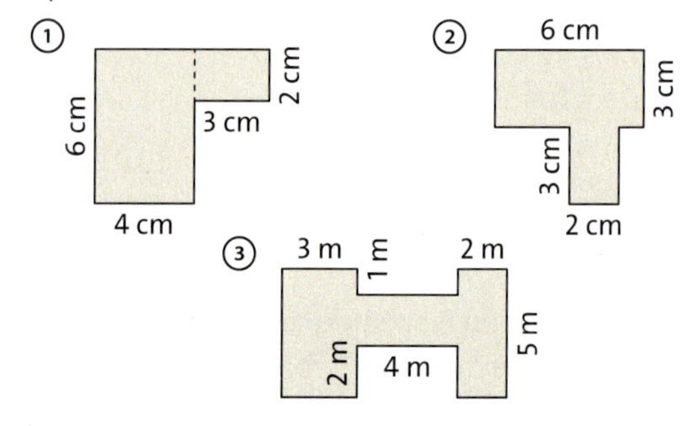

Die Ergebnisse von **2** und **3** (ohne Einheiten) findest du unter diesen Zahlen: 9; 64; 70; 72; 105; 144; 300
Sprachhilfe zu **9b**: Antwort: Für das Einstreuen braucht man …

1 Miss die Seitenlängen und berechne den Flächeninhalt A. Schreibe auf mit *„gegeben"* und *„gesucht"*.

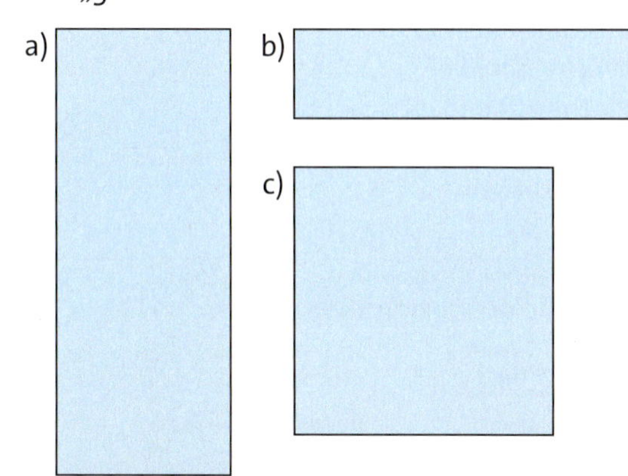

2 Ordne die Vierecke nach dem Flächeninhalt. Beginne mit dem kleinsten Viereck.

① Rechteck: a = 7 cm; b = 9 cm
② Rechteck: a = 13 cm; b = 5 cm
③ Quadrat: a = 8 cm
④ Quadrat: a = 7 cm

3 ▼ Berechne den Flächeninhalt A des Rechtecks. Achte auf gleiche Einheiten.

Beispiel *gegeben:* a = 5 cm;
b = 7 dm, also b = 70 cm
gesucht: A
$A = 5\,cm \cdot 70\,cm = 350\,cm^2$

a) a = 17 cm; b = 5 dm
b) a = 2500 cm; b = 4 m
c) a = 2 dm 5 cm; b = 60 mm

4 ▼ Entscheide, ob ein Rechteck oder ein Quadrat vorliegt. Berechne dann den Flächeninhalt A. Achte auf die Einheiten.

a) a = 30 m; b = 30 dm
b) a = 40 cm; b = 400 mm
c) a = 9 dm; b = 90 m
d) a = 15 dm; b = 1,5 m

5 Ein Viereck hat einen Flächeninhalt von $A = 64\,m^2$. Berechne die fehlende Seitenlänge.

a) für ein Rechteck mit a = 4 m
b) für ein Quadrat

6 Zeichne drei verschiedene Vierecke mit einem Flächeninhalt von $A = 36\,cm^2$. Beschreibe, wie du vorgegangen bist.

7 Eine Spielkarte hat einen Flächeninhalt von $A = 54\,cm^2$. Eine Seite ist 9 cm lang.

a) Berechne die Länge der zweiten Seite.
b) Annas Tisch ist 150 cm lang und 90 cm breit. Wie viele Karten kann sie auslegen? Wie sollte sie die Spielkarten legen?

8 Eine rechteckige Wiese ist 22 m lang und 60 m breit. Dort steht ein quadratischer Stall für Schafe. Er hat eine Seitenlänge von 7 m.

a) Berechne den Flächeninhalt der Weide.
b) Jedes Schaf soll $1{,}5\,m^2$ Platz im Stall und $40\,m^2$ auf der Weide haben. Wie viele Schafe kann man dort halten?

9 Wie berechnest du diesen Flächeninhalt?

a) Julia beginnt so:
$A_1 = 4\,cm \cdot 3\,cm$
$A_2 = 5\,cm \cdot 8\,cm$
$A_3 = 2\,cm \cdot 3\,cm$
Wie kann sie weiter vorgehen? Berechne.

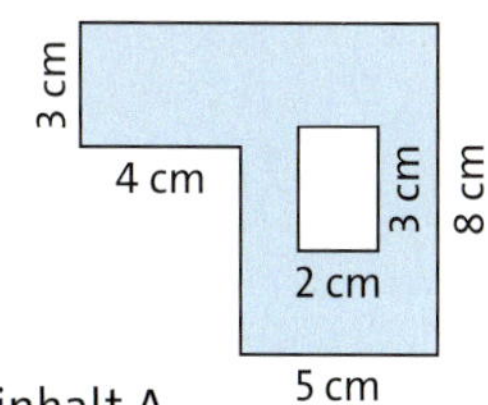

b) Berechne den Flächeninhalt A.

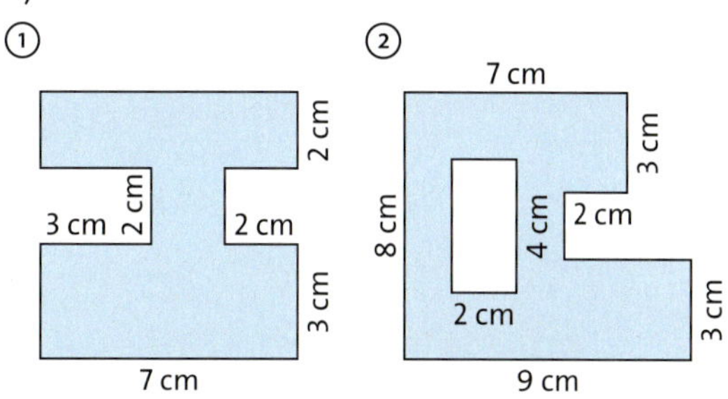

Die Ergebnisse von **3** und **4** findest du unter diesen Flächeninhalten:
$16\,dm^2$; $90\,m^2$; $100\,m^2$; $150\,cm^2$; $225\,dm^2$; $850\,cm^2$; $8100\,dm^2$

Tipp zu **5**, **9**

Kompetenz 

1 Ich kann Flächen erkennen und benennen.

→ Lies auf **Seite 184** nach.

1 Die Figur besteht aus drei Flächen. Wie heißen die Flächen a) und c)? Warum ist die Fläche b) kein Rechteck?

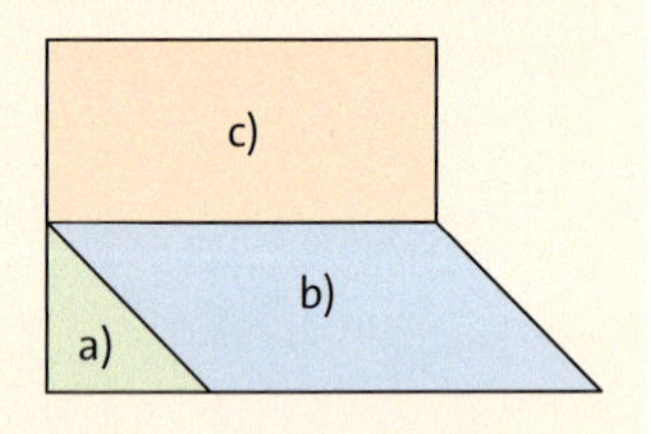

2 Ich kann Vierecke mithilfe ihrer Eigenschaften beschreiben.

→ Lies auf **Seite 184** nach.

2 Bilde drei richtige Sätze.

- Ein Rechteck hat ...
- Ein Quadrat hat ...

- vier gleich lange Seiten.
- vier rechte Winkel.
- gegenüberliegende Seiten, die parallel zueinander sind.

3 Ich kann den Umfang von Rechtecken und Quadraten berechnen.

→ Lies auf **Seite 188** nach.

3 Berechne den Umfang u.

a)

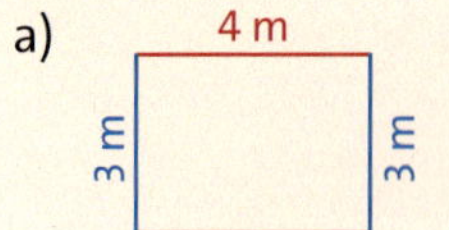

b)

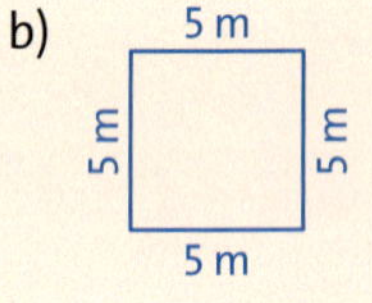

4 Ich kann Flächeninhalte miteinander vergleichen.

→ Lies auf **Seite 193** nach.

4 Welche Fläche ist größer?

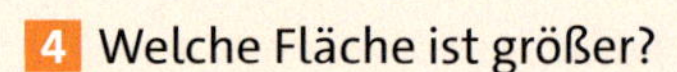

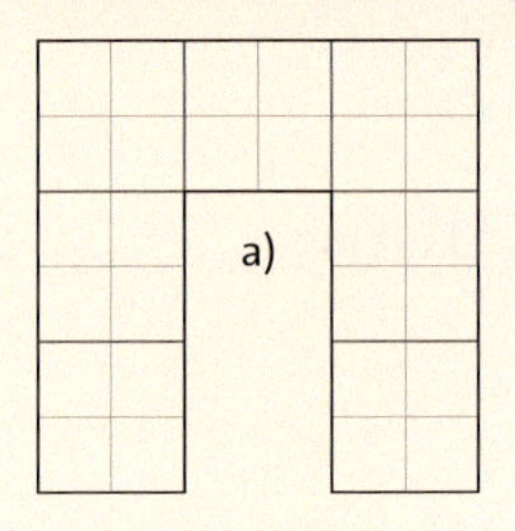

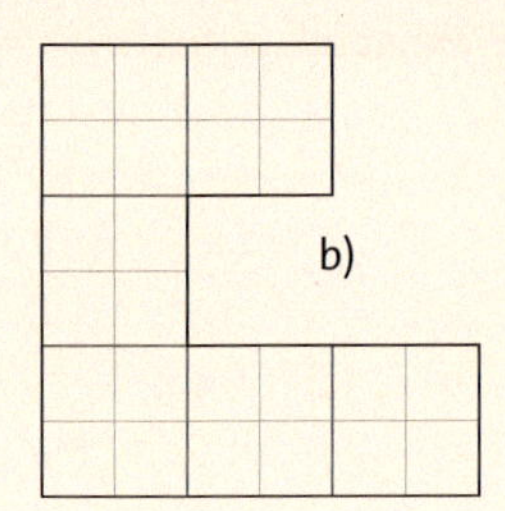

5 Ich kann Flächeninhalte umrechnen.

→ Lies auf **Seite 194** nach.

5 Fülle die Lücken im Heft.

a) $5000\,mm^2 = 50$ ◯ b) $8\,dm^2 =$ ◯ cm^2

c) $0{,}1\,m^2 = 10$ ◯ d) $0{,}5\,cm^2 =$ ◯ mm^2

6 Ich kann den Flächeninhalt von Rechtecken und Quadraten berechnen.

→ Lies auf **Seite 198** nach.

6 Berechne den Flächeninhalt A.

a)

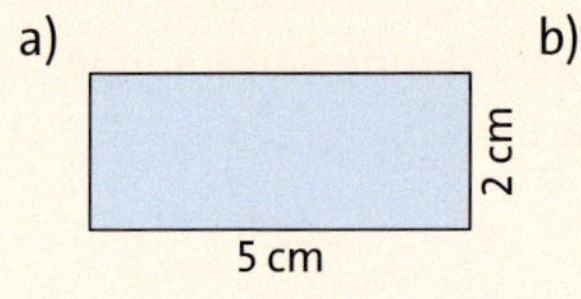

b)

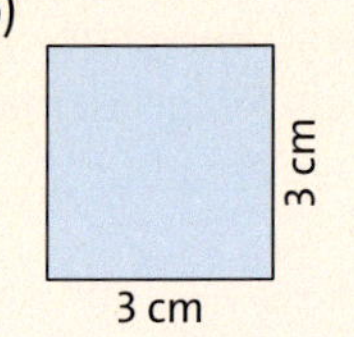

→ Lösungen auf Seite 253

☒

1 In der Zeichnung findest du drei verschiedene Arten von Vielecken. Welche? Wie viele gibt es von jeder Art?

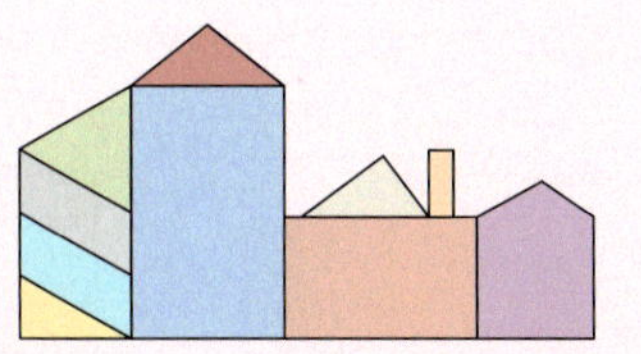

2 Was haben Quadrat und Rechteck gemeinsam? Was unterscheidet sie?
① vier rechte Winkel
② Alle Seiten sind gleich lang.
③ Gegenüberliegende Seiten sind parallel zueinander.

3 Bestimme den Umfang u.
a) Quadrat mit der Seitenlänge a = 12 cm
b) Rechteck mit a = 7 dm und b = 18 dm
c) Rechteck mit a = 3,5 m und b = 5 m

4 Begründe, welche Fläche den größeren Flächeninhalt hat.

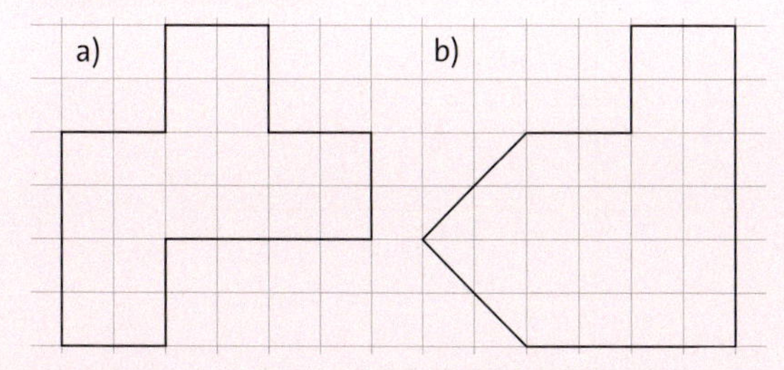

5 Rechne um.
a) 2600 dm² (in m²) b) 1,3 cm² (in mm²)
c) 180 000 000 m² (in km²)
d) 150 ha (in a)

6 Berechne den Flächeninhalt A.
a) Rechteck mit a = 11 mm und b = 8 mm
b) Rechteck mit a = 13 cm und b = 7 dm
c) Quadrat mit der Seitenlänge a = 16 m

☒

1 Gib die Eckpunkte an von …
a) zwei Dreiecken
b) einem Rechteck
c) einem Parallelogramm

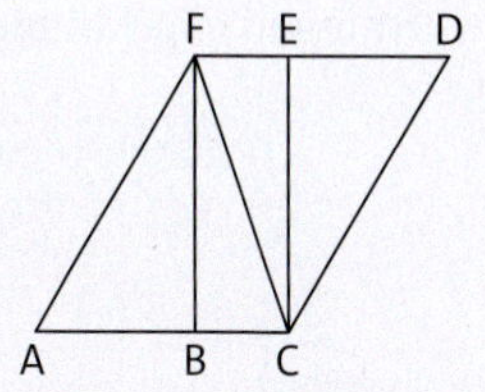

2 Für welche Vierecke stimmt die Aussage immer?
① Benachbarte Seiten sind gleich lang.
② Gegenüberliegende Seiten sind parallel zueinander.
③ Gegenüberliegende Seiten sind gleich lang.

3 Bestimme den gesuchten Wert.
a) Rechteck mit a = 13 m; b = 9 m; u = ?
b) Rechteck mit a = 4 cm; b = 26 mm; u = ?
c) Quadrat mit a = 13,5 dm; u = ?
d) Quadrat mit u = 28 cm; a = ?

4 Bestimme den Flächeninhalt A. Gib an, welche Fläche größer ist.

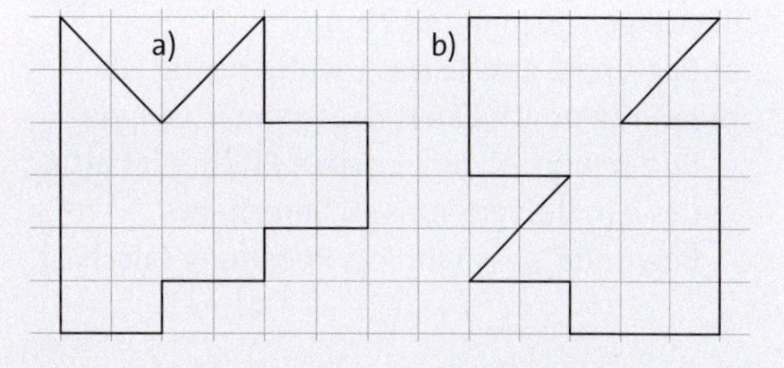

5 Rechne in die angegebene Einheit um.
a) 17 cm² (mm²) b) 3400 m² (a)
c) 2 cm² 8 mm² (cm²) d) 2,3 km² (a)
e) 18 500 cm² (m²)

6 Die Klassenräume der 5a und der 5b bekommen neuen Teppichboden. Der Raum der 5a ist 9 m breit und 7 m lang. Die 5b hat einen quadratischen Raum, der 8 m breit ist.
Wie viel Teppichboden brauchen die beiden Klassen zusammen?

→ Lösungen auf Seite 253 und 254

Flächeninhalte weiterer Figuren

1 Vergleiche die Flächeninhalte des Parallelogramms und des Rechtecks. Beachte dabei, dass durch Umlegen eines blauen Dreiecks aus dem Parallelogramm ein Rechteck wird.

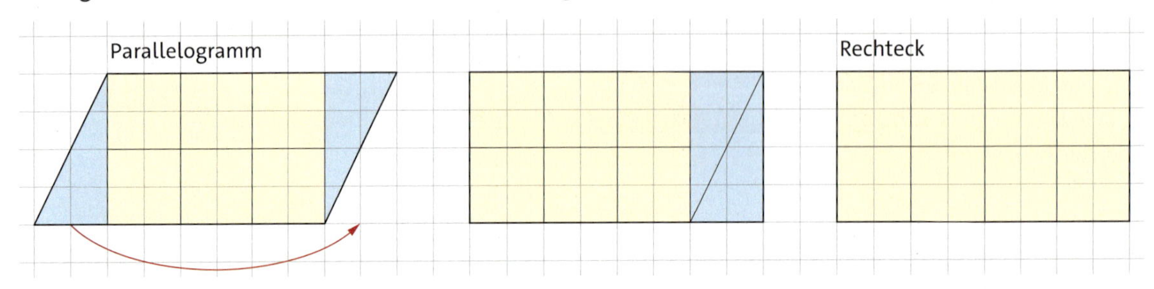

2 Zeichne das Parallelogramm in dein Heft. Zeichne daneben ein Rechteck mit dem gleichen Flächeninhalt. Bestimme dann die Flächeninhalte des Rechtecks und des Parallelogramms.

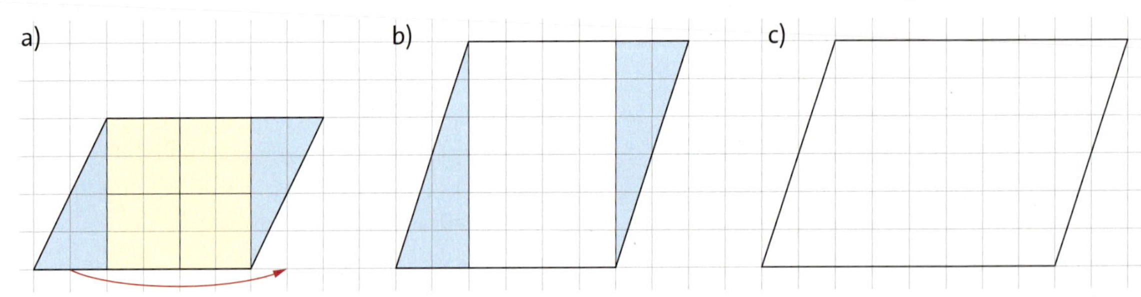

3 Luisa möchte den Flächeninhalt A des Parallelogramms berechnen. Sie multipliziert die Längen 50 mm und 20 mm.
a) Begründe, dass Luisas Lösung richtig ist.
b) Jannick multipliziert dagegen die Längen 50 mm und 22 mm, um den Flächeninhalt A des Parallelogramms zu berechnen. Begründe, dass Jannicks Rechnung falsch ist.

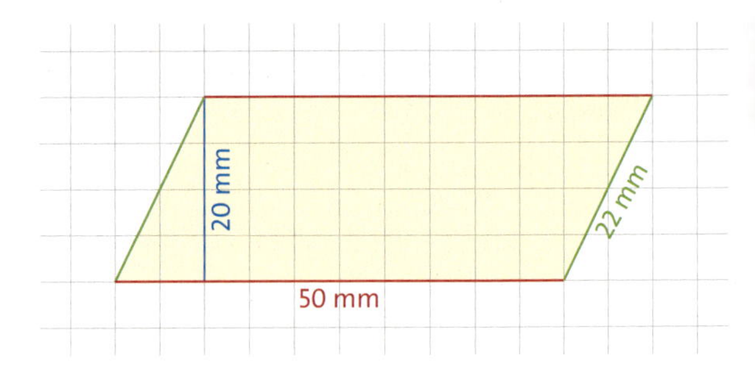

Im **Parallelogramm** heißt die blau markierte Strecke **Höhe h** zur Seite g.

Den **Flächeninhalt A des Parallelogramms** berechnest du so: Multipliziere die Länge der Seite g mit der Länge der Höhe h.

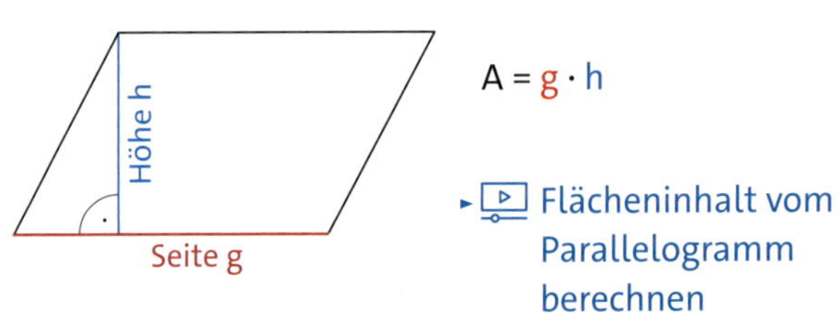

$A = g \cdot h$

▸ Flächeninhalt vom Parallelogramm berechnen

4 Berechne den Flächeninhalt A des Parallelogramms.
a) g = 8 cm; h = 3 cm
b) g = 25 mm; h = 10 mm
c) g = 9 m; h = 5 m

5 Wenn du in ein Rechteck die Diagonale einzeichnest, dann erhältst du zwei gleich große Dreiecke.
Erkläre, wie du aus dem Flächeninhalt des Rechtecks den Flächeninhalt A des gelben Dreiecks berechnen kannst.

6 Bestimme den Flächeninhalt A des Dreiecks.

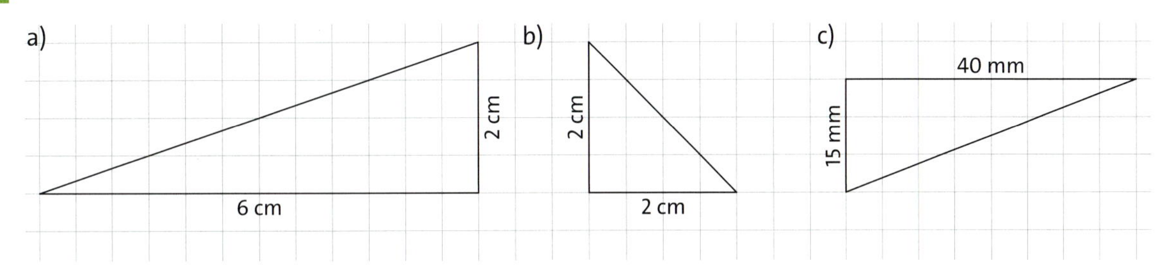

7 Begründe, warum das blaue Dreieck, das rote Dreieck und das grüne Dreieck den gleichen Flächeninhalt haben.

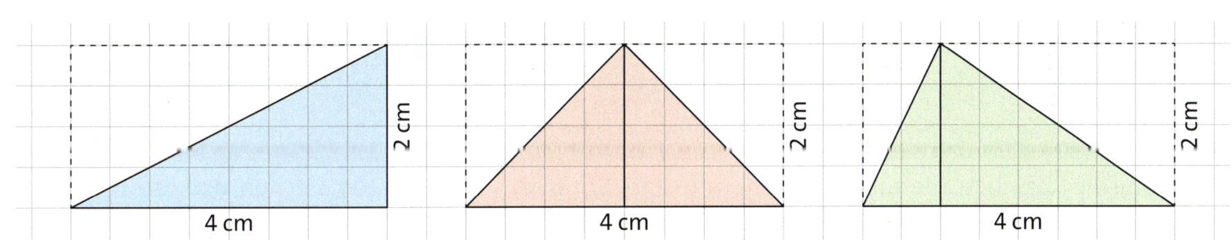

Im **Dreieck** heißt die blau markierte Strecke **Höhe h** zur Seite g.
Den **Flächeninhalt A des Dreiecks** berechnest du so: Multipliziere die Länge der Seite g mit der Länge der Höhe h. Teile dann durch 2.

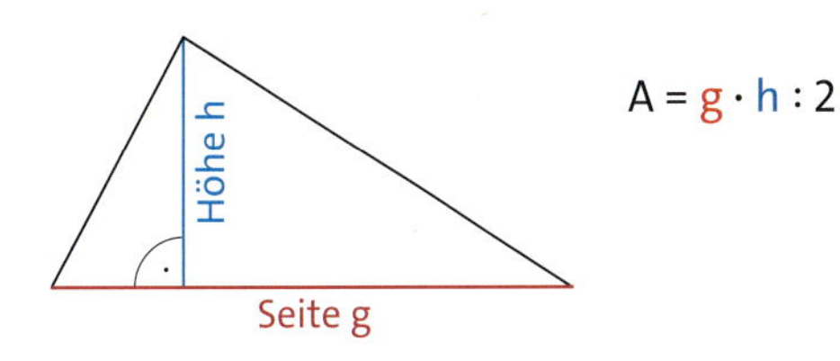

$A = g \cdot h : 2$

8 Berechne den Flächeninhalt A des Dreiecks.
a) g = 6 cm; h = 4 cm b) g = 10 cm; h = 5 cm c) g = 129 m; h = 7 m

9 Zeichne das Trapez in dein Heft. Zeichne daneben ein Rechteck mit dem gleichen Flächeninhalt. Bestimme dann die Flächeninhalte des Rechtecks und des Trapezes.

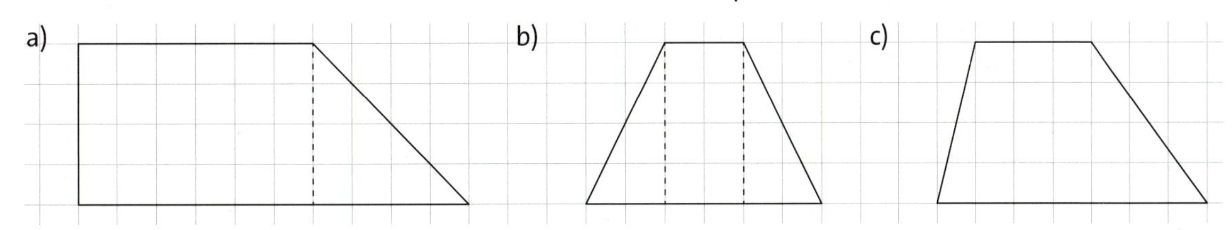

10 Der Fußboden im Klassenraum der 5 a hat die Form eines Trapezes. Er soll einen neuen Bodenbelag bekommen.
a) Wie viel Quadratmeter Bodenbelag werden benötigt?
b) Erläutere deinen Rechenweg.
c) Jacek hat eine Anleitung gefunden, wie er den Flächeninhalt eines Trapezes berechnen kann:
① Addiere die Längen der zueinander parallelen Seiten.
② Teile das Ergebnis durch 2.
③ Multipliziere mit der Länge der Höhe (hier: 7 m).
Rechne nach und zeige damit, dass die Anleitung stimmt.

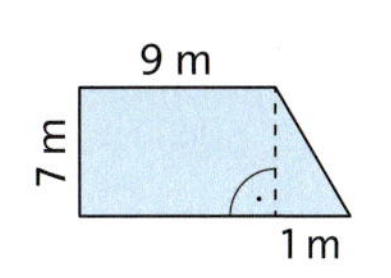

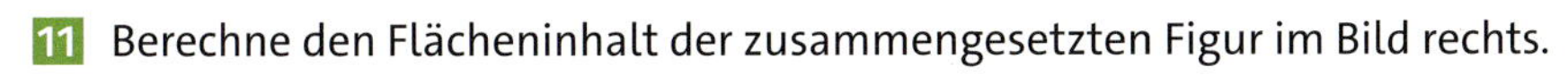

11 Berechne den Flächeninhalt der zusammengesetzten Figur im Bild rechts.

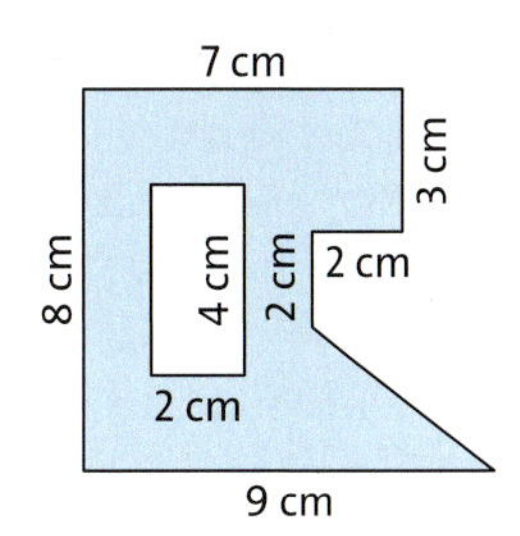

Problemlösen durch systematisches Abschätzen

Methode 1: Die Raster-Methode

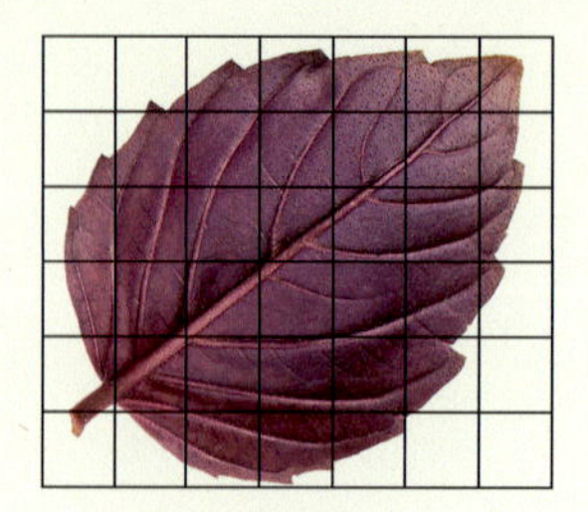

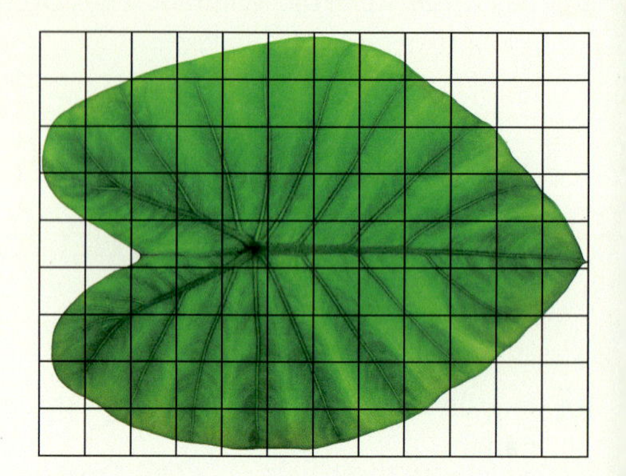

Im Biologieunterricht soll die 5 c den Flächeninhalt von Blättern bestimmen. Die Schülerinnen und Schüler legen eine Folie mit Rechenkästchen über die Blätter. Die Kästchen sind 5 mm lang und breit.

Schritt	Beispiel für das rötliche Blatt
① Zähle alle Kästchen, die vollständig vom Blatt ausgefüllt sind.	① 17 Kästchen sind ganz ausgefüllt.
② Zähle die Kästchen, die zum Teil ausgefüllt sind. Schätze, wie viele solche Kästchen zusammen ein ausgefülltes Kästchen ergeben.	② 20 Kästchen sind teilweise ausgefüllt, das sind zusammen etwa 10 ausgefüllte Kästchen.
③ Addiere die Ergebnisse aus ① und ②.	③ 17 + 10 = 27 Kästchen
④ 4 Rechenkästchen ergeben 1 cm^2. Teile die Anzahl Kästchen durch 4. Das ist der Flächeninhalt in cm^2.	④ 27 : 4 = 6 Rest 3 Das Blatt ist knapp 7 cm^2 groß.

1 Schätze den Flächeninhalt des grünen Blatts.

Methode 2: Die Rechteck-Methode

Hier arbeitest du mit zwei Rechtecken: Das blaue Rechteck ist gerade so groß, dass das rote Blatt hineinpasst. Das rote Rechteck ist so groß, dass es gerade noch in das rote Blatt hineinpasst. Der Flächeninhalt des roten Blatts liegt dann zwischen den Flächeninhalten der beiden Rechtecke.

2 Bestimme den Flächeninhalt des Blatts mit der Rechteck-Methode:
- Berechne die Flächeninhalte der beiden Rechtecke. Miss dazu die Seitenlängen (in mm).
- Schätze den Flächeninhalt des Blatts. Er muss zwischen den Flächeninhalten der beiden Rechtecke liegen.
- Mit Methode 1 (siehe oben) kam heraus, dass das Blatt knapp 7 cm^2 groß ist. Vergleiche mit deiner Schätzung hier: Welche Schätzung ist besser? Warum wohl?

3 Schätze den Flächeninhalt mit der Rechteck-Methode.
① Miss ein passendes blaues und rotes Rechteck aus und zeichne diese Rechtecke in dein Heft.
② Berechne die Flächeninhalte der Rechtecke. Schätze den Flächeninhalt der Figur.

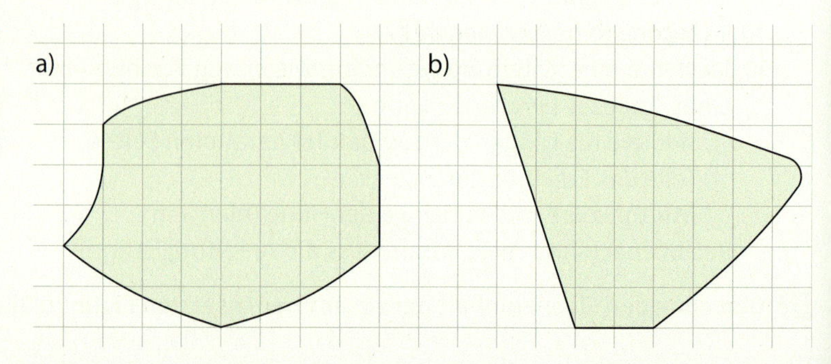

Vermischte Übungen

1 Finde die nächstkleinere Einheit.
Rechne in diese Einheit um.
Beispiel $4\,dm^2$, nächstkleinere Einheit cm^2
$4\,dm^2 = 4 \cdot 100\,cm^2 = 400\,cm^2$

a) $21\,dm^2$ b) $160\,cm^2$ c) $15\,m^2$
d) $28\,a$ e) $33\,km^2$ f) $0{,}5\,cm^2$

2 Finde die nächstgrößere Einheit.
Rechne in diese Einheit um.
Beispiel $500\,dm^2$, nächstgrößere Einheit m^2
$500\,dm^2 = 5\,m^2$, denn $500 : 100 = 5$

a) $6000\,cm^2$ b) $4900\,dm^2$
c) $80\,400\,mm^2$ d) $21\,000\,m^2$

3 Untersuche die Vierecke:

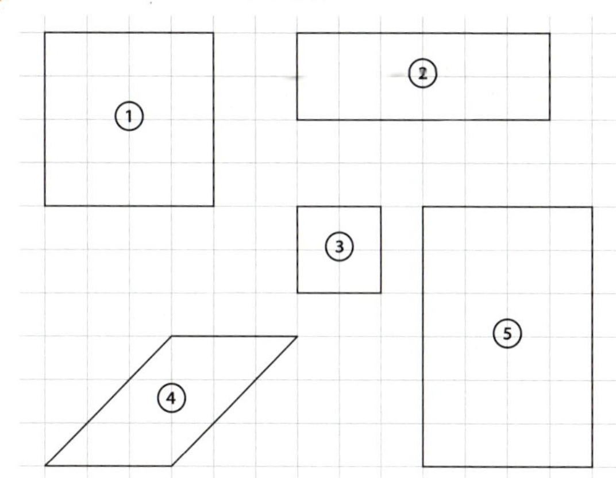

a) Finde ein Quadrat und ein Rechteck.
Zeichne diese beiden Vierecke in dein Heft.
b) Jetzt geht es um alle Rechtecke und Quadrate. Miss die Seitenlängen und berechne den Umfang u.
c) Berechne den Flächeninhalt A von allen Quadraten und Rechtecken.

4 Untersuche die Vorderseite eines Smartphones oder deines Mathebuchs.
a) Beschreibe die Form.
b) Miss die Seitenlängen und berechne den Umfang u.
c) Berechne den Flächeninhalt A.
d) Vergleicht in der Klasse eure Ergebnisse.

▸ 4

5 Sortiere die Einheiten und schreibe auf:
Einheiten für den Umfang: ...
Einheiten für den Flächeninhalt: ...

km^2	dm^2	m	mm^2
km	ha	mm	a
cm	m^2	cm^2	dm

6 Berechne den Umfang u und den Flächeninhalt A des Quadrats.
a) a = 3 cm
b) a = 7 cm
c) a = 6 cm
d) a = 10 cm

7 Berechne den Umfang u und den Flächeninhalt A des Rechtecks.
a) a = 10 cm; b = 4 cm
b) a = 7 cm; b = 5 cm
c) a = 3 cm; b = 6 cm
d) a = 9 cm; b = 8 cm

▸ 7

8 Zeichne ein Koordinatensystem.
Beide Achsen sollen von 0 bis 10 gehen.
Trage die Punkte ein und verbinde sie zu einem Viereck.
Miss die Seitenlängen des Vierecks.
Berechne den Umfang u und den Flächeninhalt A.
a) in rot: A(2|3); B(8|3); C(8|7); D(2|7)
b) in blau: A(1|2); B(9|2); C(9|10); D(1|10)
c) in grün: A(0|0); B(6|0); C(6|8); D(0|8)

9 Maxim läuft zweimal um die Wiese.
Hanna läuft dreimal um den Sportplatz.
Wer ist weiter gelaufen?

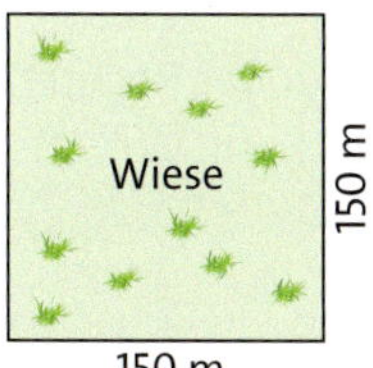

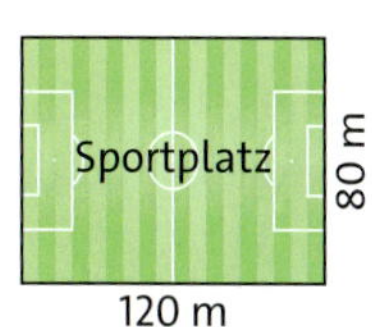

Die Lösungen von **6** ergeben in der richtigen Reihenfolge ein Lösungswort:
$9\,cm^2$ (I); 12 cm (V); 24 cm (E); 28 cm (E); $36\,cm^2$ (C); 40 cm (K); $49\,cm^2$ (L); $100\,cm^2$ (E)
Die Lösungen von **7** ergeben in der richtigen Reihenfolge ein Lösungswort:
18 cm (T); $18\,cm^2$ (E); 24 cm (C); 28 cm (R); 34 cm (C); $35\,cm^2$ (H); $40\,cm^2$ (E); $72\,cm^2$ (K)

▸ Tipp zu 1, 5, 6, 7, 8

Vermischte Übungen ☒

1 Rechne einmal in die nächstgrößere und einmal in die nächstkleinere Einheit um.

Beispiel $1500\,m^2 = 15\,a$ und
$1500\,m^2 = 150\,000\,dm^2$

a) $40\,000\,dm^2$
b) $30\,200\,m^2$
c) $7\,010\,000\,cm^2$
d) 2800 ha
e) $70\,cm^2$
f) 510 a

2 Untersuche die Vierecke.

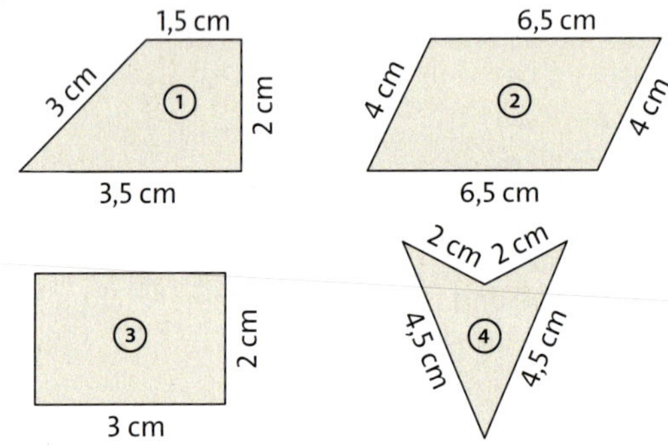

a) Welches Viereck ist ein Rechteck? Beschreibe, woran du das erkennst.
b) Berechne den Umfang des Rechtecks.

3 Zeichne das Viereck. Berechne die fehlenden Größen.
a) Rechteck: a = 6 cm; b = 3 cm; u = ?; A = ?
b) Quadrat: a = 5 cm; u = ?; A = ? ► 4

4 Finde die fehlenden Größen für das Quadrat. Vervollständige die Tabelle im Heft.

	Seitenlänge a	Umfang u	Flächeninhalt A
a)	8 cm		
b)		20 mm	
c)			$49\,cm^2$

5 ▼ Finde die fehlenden Größen für das Rechteck. Rechne die Einheiten geschickt um. Vervollständige die Tabelle im Heft.

	Seite a	Seite b	Umfang u	Flächeninhalt A
a)	9 cm	5 cm		
b)	7 cm			$42\,cm^2$
c)		8 cm		$96\,cm^2$
d)	6 cm		20 cm	

6 Was wird bei diesem Rechteck mit $2 \cdot c + 2 \cdot f$ berechnet? Begründe.
Gib an, wie man den Flächeninhalt des Rechtecks berechnet. Nutze die Variablen c und f. ► 6

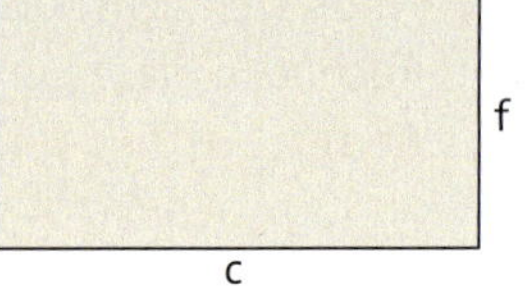

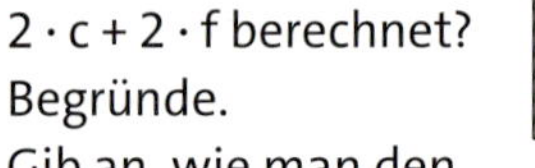

7 Ein Rechteck mit einer Seitenlänge b = 4 cm und ein Quadrat haben den gleichen Flächeninhalt $A = 36\,cm^2$. Welches Viereck hat den größeren Umfang? Begründe durch Rechnungen.

8 Zeichne ein Koordinatensystem. Beide Achsen sollen von 0 bis 10 gehen.
a) Trage in rot ein: A(3|2), B(7|2) und C(7|10). Ergänze einen Punkt D so, dass ein Rechteck entsteht. Berechne den Umfang und den Flächeninhalt des Rechtecks.
b) Trage in blau A(2|1) und B(8|1) ein und verbinde sie. Ergänze zwei Punkte C und D so, dass ein Quadrat entsteht. Berechne den Umfang und den Flächeninhalt des Quadrats.

9 Bauer Schulte hat 32 Hühner. Der Auslauf für die Hühner ist rechteckig. Der Auslauf ist 16 m lang und 9 m breit.
Damit Eier als „Eier aus Freilandhaltung" verkauft werden können, muss jedes Huhn $4\,m^2$ Platz haben.

a) Kann Bauer Schulte seine Eier als „Eier aus Freilandhaltung" verkaufen?
b) Wie lang ist der Zaun des Auslaufs?
c) Bauer Schulte denkt über einen quadratischen Auslauf nach. Er möchte den vorhandenen Zaun verwenden. Welchen Flächeninhalt hätte der quadratische Auslauf?

Die Lösungen von **5** ergeben in der richtigen Reihenfolge ein Lösungswort:
4 cm (T); 6 cm (A); 12 cm (R); $24\,cm^2$ (E); 26 cm (D); 28 cm (Q); 40 cm (A); $45\,cm^2$ (U)

 ► Tipp zu 5, 7, 8

1 Rechne in die beiden Einheiten um, die in Klammern stehen.
a) 600 cm² (in mm², in dm²)
b) 750 000 m² (in ha, in cm²)
c) 845 dm² (in mm², in m²)
d) 526 a (in ha, in cm²)
e) 12 396,78 cm² (in m², in mm²)

2 Welches Viereck ist gemeint? Zeichne es.
a) Die benachbarten Seiten sind nicht gleich lang. Es gibt mindestens drei rechte Winkel.
b) Die gegenüberliegenden Seiten sind parallel zueinander, aber das Viereck hat keine rechten Winkel.
c) Alle vier Seiten sind gleich lang. Es gibt mindestens einen rechten Winkel.

3 Zeichne die beiden Vierecke mit dem größten Flächeninhalt.
Begründe dein Vorgehen.

① Rechteck: a = 4 cm, b = 5,5 cm
② Rechteck: a = 5 cm, b = 4,4 cm
③ Quadrat: a = 5 cm
④ Quadrat: a = 4,8 cm

4 Berechne die fehlenden Größen für das Quadrat. Rechne die Einheiten geschickt um. Vervollständige die Tabelle im Heft.

	Seitenlänge a	Umfang u	Flächeninhalt A
a)	1,7 m		
b)	0,6 dm		
c)		3600 cm	
d)			0,81 m²

5 Berechne die fehlenden Größen für das Rechteck. Vervollständige die Tabelle im Heft.

	Seite a	Seite b	Umfang u	Flächeninhalt A
a)	80 mm	3 cm		
b)		12 m		252 m²
c)		11 cm		9900 mm²
d)		15 dm	15 m	

6 Seitenlängen können auch anders heißen:

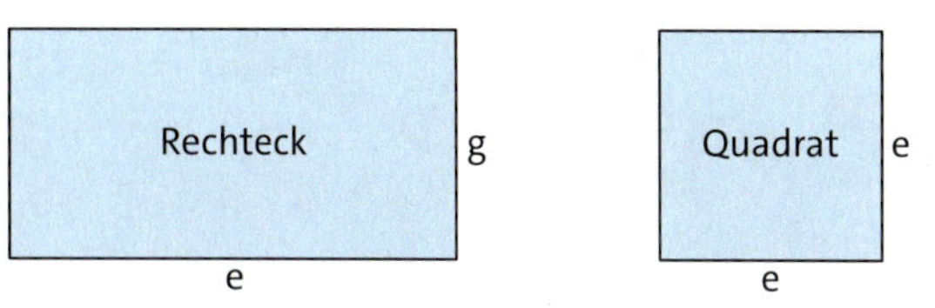

a) Mit welchem Rechenausdruck bestimmst du den Flächeninhalt? Nutze die neuen Variablen e und g.
b) Erkläre, mit welchem Rechenausdruck man den Umfang bestimmt.

7 Ein Rechteck mit einer Seitenlänge a = 16 cm und ein Quadrat haben den gleichen Umfang u = 48 cm. Welches Viereck hat den größeren Flächeninhalt? Bestimme, um wie viel dieser Flächeninhalt größer ist.

8 ▼ Zeichne jeweils ein Koordinatensystem.
a) Trage die Punkte (8|4) und (3|9) ein. Ergänze zwei Punkte so, dass ein Quadrat entsteht. Berechne den Umfang und den Flächeninhalt des Quadrats.
Finde noch eine zweite Möglichkeit.
b) Trage die Punkte A(0|4), B(5|1) und C(11|5) ein. Ergänze sie zu einem Parallelogramm. Bestimme den Umfang des Parallelogramms.
c) Trage die Punkte A(1|6), B(5|2), C(9|2) ein. Prüfe, ob man sie zu einem Rechteck ergänzen kann. Begründe.

9 Der FC Kick erhält einen neuen Rasenplatz. Der Platz ist 105 m lang und 70 m breit. 1 m² Rollrasen kostet 4 €.
a) Wie viel Quadratmeter Rollrasen braucht man für den neuen Rasenplatz?
b) Ermittle die Kosten für den Rollrasen.
c) Berechne, wie viel Meter Linien für den Strafraum gezeichnet werden müssen.

Info zu **8**: Finde die größte x-Koordinate und die größte y-Koordinate. Wähle als Achsenlänge jeweils eine Einheit mehr.

Tipp zu 5, 7

Im Zoo wird renoviert

Im Zoo werden drei Gehege neu gestaltet und ausgebessert.

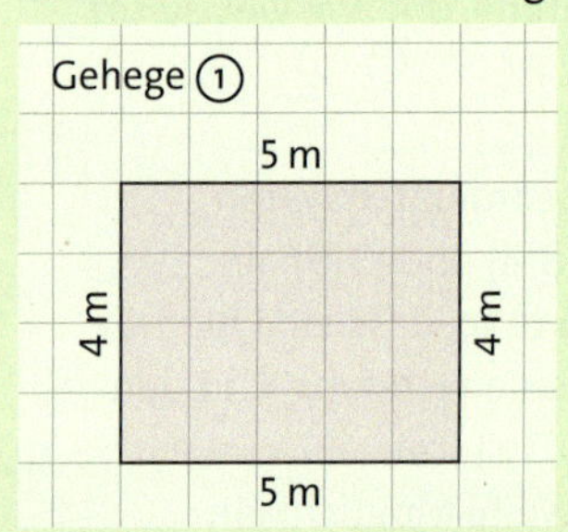

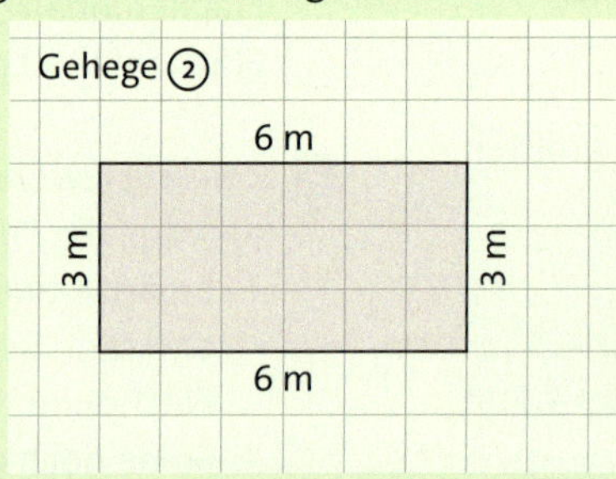

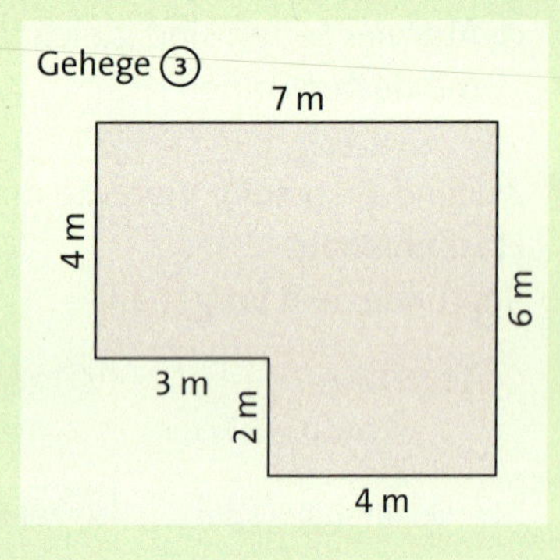

A Gehege ① erhält einen neuen Zaun. 1 m Zaun kostet 40 €.
Berechne die Länge des Zauns.
Wie viel kostet der Zaun?

B Jeden Tag wird im Gehege ① neues Stroh ausgelegt, damit der Boden trocken und sauber ist.
Berechne den Flächeninhalt.
Das Stroh kostet 2 € pro Quadratmeter.
Wie teuer ist das Stroh für eine Woche?

C Der Boden von Gehege ② wird mit Sand gefüllt.
Darauf laufen die Tiere am liebsten.
Ein Sack Sand reicht aus, um 3 m² zu füllen.
Wie viele Säcke Sand braucht man?

D Die Wände von Gehege ② bestehen aus Drahtgitter. Die Wände sind 3 m hoch.
Reichen 40 m² Drahtgitter, um alle vier Wände zu bauen? Begründe.

E Die Decke von Gehege ③ muss dringend neu gestrichen werden.
Ein Eimer Farbe reicht für 7 m².
Berechne den Flächeninhalt der Decke.
Wie viele Eimer Farbe benötigt man?

F Gehege ③ erhält Wände aus Glas, damit die Zoobesucher die Tiere gut beobachten können. Die Wände sind 3 m hoch.
Ein Quadratmeter Glas kostet 12 €.
Berechne die Kosten.

G Welche Tiere kommen wohl in welches Gehege?

1 Zeichne auf Karopapier.
a) ein Quadrat mit der Seitenlänge a = 2 cm
b) ein Rechteck mit a = 4 cm und b = 3 cm

2 Berechne den Umfang u.
a) Quadrat mit a = 3 cm
b) Rechteck mit a = 2 cm und b = 4 cm
c)

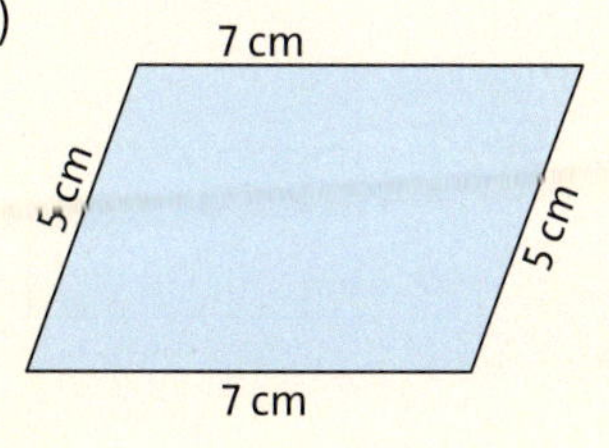

3 Rechne um.
a) $3\ \text{m}^2$ = ● dm^2
b) $7500\ \text{mm}^2$ = ● cm^2
c) $1{,}5\ \text{dm}^2$ = ● cm^2

4 Berechne den Flächeninhalt A.
a) Quadrat mit a = 7 cm
b) Rechteck mit a = 3 dm und b = 5 dm

5 Geht es um den Umfang oder den Flächeninhalt?
a) Fußleisten im Zimmer
b) Fußboden, der neu verlegt wird

6 Paula möchte einen Kaninchenstall bauen. Der Stall soll 3 m lang und 5 m breit sein. Wie viel Meter Zaun benötigt Paula?

1 Zeichne auf Karopapier.
a) ein Quadrat mit der Seitenlänge a = 2,5 cm
b) ein Rechteck mit a = 1,5 cm und b = 3 cm
c) ein Dreieck, eine der Seiten soll 4 cm lang sein

2 Berechne den Umfang u.
a) Quadrat mit a = 15 m
b) Rechteck mit a = 4 dm und b = 1,5 dm
c)

2,5 cm
2,5 cm
3 cm
3 cm
4 cm

3 Rechne um.
a) $17\,000\ \text{dm}^2$ (in m^2)
b) 0,5 a (in m^2)
c) $16\ \text{km}^2$ (in a)

4 Berechne den Flächeninhalt A.
a) Quadrat mit a = 11 m
b) Rechteck mit a = 7 dm und b = 16 cm

5 Geht es um den Umfang oder den Flächeninhalt?
a) Blatt Papier, das beklebt wird
b) Holzleisten für einen Bilderrahmen

6 Jannik läuft dreimal um den rechteckigen Sportplatz. Der Platz ist 45 m lang und 85 m breit. Wie weit ist Jannik gelaufen?

1 Zeichne auf Karopapier.
a) ein Parallelogramm ohne rechte Winkel, eine Seite soll 6 cm lang sein
b) ein Rechteck mit a = 4,5 cm und b = 3,7 cm
c) ein beliebiges Fünfeck

2 Berechne den Umfang u.
a) Quadrat mit a = 5 dm 4 cm
b) Rechteck mit a = 3 cm und b = 50 mm
c)

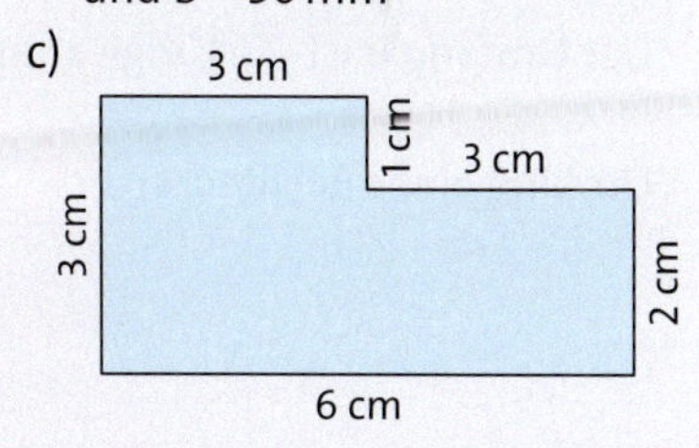

3 Rechne um.
a) $250\ \text{mm}^2$ (in cm^2)
b) 5 ha (in m^2)
c) $1\,890\,000\,000\ \text{cm}^2$ (in a)

4 Berechne den Flächeninhalt A.
a) Quadrat mit a = 1 m 7 dm
b) Rechteck mit a = 1,2 m und b = 50 dm

5 Geht es um den Umfang, um den Flächeninhalt oder um keins von beiden?
a) Klebefläche eines Plakats
b) Diagonale des Fernsehers
c) zweimal um den Schulhof

6 Sina möchte in ihrem Zimmer eine 5,5 m breite und 2 m hohe Wand grün streichen. 1 Liter Farbe reicht für $7{,}5\ \text{m}^2$. Schätze ab: Wie viel Liter Farbe braucht Sina?

→ Lösungen auf Seite 254 und 255

Flächen erkennen und beschreiben

→ Seite 184

Ein **Vieleck** wird nur von Strecken begrenzt. Es wird nach der Anzahl seiner Eckpunkte benannt.

Rechteck: Benachbarte Seiten stehen senkrecht aufeinander. Gegenüberliegende Seiten sind parallel zueinander und gleich lang.

Quadrat: Rechteck mit vier gleich langen Seiten.

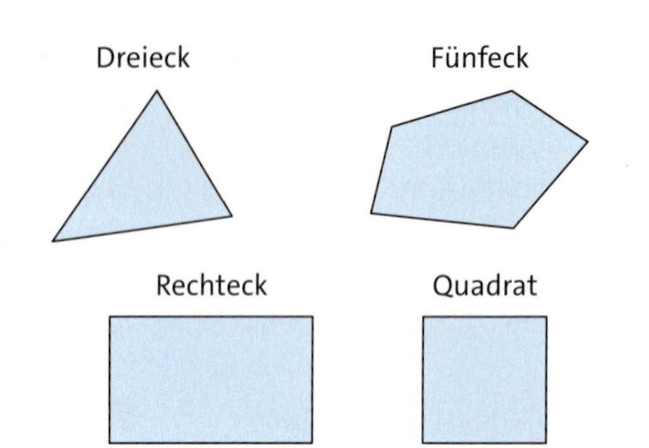

Umfang von Rechtecken und Quadraten

→ Seite 188

Der **Umfang u** ist die Länge aller Linien, die eine Fläche begrenzen.

Umfang eines Rechtecks:
$u = 2 \cdot a + 2 \cdot b$

gegeben: a = 4 m; b = 2 m
gesucht: Umfang u
$u = 2 \cdot 4\,m + 2 \cdot 2\,m$
$u = 12\,m$

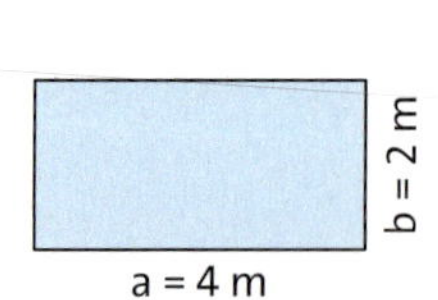

Umfang eines Quadrats:
$u = 4 \cdot a$

gegeben: a = 3 m; *gesucht:* u
$u = 4 \cdot 3\,m$
$u = 12\,m$

a = 3 m

a = 3 m

Flächeneinheiten

→ Seite 194

Seitenlänge	Flächeninhalt des Quadrats
1 mm	**1 mm²** Quadratmillimeter
1 cm	**1 cm²** Quadratzentimeter
1 dm	**1 dm²** Quadratdezimeter
1 m	**1 m²** Quadratmeter
10 m	**1 a** Ar
100 m	**1 ha** Hektar
1 km	**1 km²** Quadratkilometer

$1\,km^2 = 100\,ha$
$1\,ha = 100\,a$
$1\,a = 100\,m^2$
$1\,m^2 = 100\,dm^2$
$1\,dm^2 = 100\,cm^2$
$1\,cm^2 = 100\,mm^2$

Umrechnung in die nächstkleinere Einheit:
Multipliziere mit 100.

$96\,cm^2 = 96 \cdot 100\,mm^2 = 9600\,mm^2$

Umrechnung in die nächstgrößere Einheit:
Teile durch 100.

$7500\,dm^2 = 75\,m^2$, denn $7500 : 100 = 75$

$450\,m^2 = 4{,}5\,a$

Flächeninhalt von Rechtecken und Quadraten

→ Seite 198

Flächeninhalt eines Rechtecks:
$A = a \cdot b$

gegeben: a = 4 m; b = 2 m; *gesucht:* A
$A = 4\,m \cdot 2\,m = 8\,m^2$

Flächeninhalt eines Quadrats:
$A = a \cdot a$

gegeben: a = 3 m; *gesucht:* A
$A = 3\,m \cdot 3\,m = 9\,m^2$

Grundwissen

▶ Hier findest du einfache, anschauliche Erklärungen zur Mathematik aus den vergangenen Schuljahren. Es gibt viele Beispiele und Aufgaben, mit denen du weiter üben kannst. Die Lösungen findest du hinten im Buch ab Seite 255. So kannst du selbst kontrollieren, ob du richtig gerechnet hast.

Die Erklärungen und Aufgaben gehören zu vier Bereichen:

Zahlen
darstellen, lesen, vergleichen, ordnen

Größen
Geld, Gewicht, Zeit

Rechnen
Zahlen ergänzen, Zahlenfolgen, Zahlenmuster, plus, minus, mal, geteilt, Sachaufgaben

Geometrie
besondere Figuren, rechte Winkel, messen, zeichnen

Seite 6
Nr. 1

Gerade und ungerade Zahlen unterscheiden

Gerade Zahlen enden auf 2, 4, 6, 8 oder 0.
Sie sind ohne Rest durch 2 teilbar. Das heißt, du kannst eine gerade Anzahl von Dingen gleichmäßig auf zwei Personen aufteilen und es bleibt nichts übrig.

8 ist gerade.

Ungerade Zahlen enden auf 1, 3, 5, 7 oder 9.
Wenn du eine ungerade Anzahl von Dingen auf zwei Personen aufteilst, dann bleibt immer eins übrig.

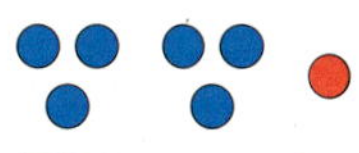
7 ist ungerade.

Die Ziffer an der Einerstelle entscheidet: Ist eine Zahl gerade oder ungerade?

451 → Die Zahl 451 ist ungerade.
914 → Die Zahl 914 ist gerade.

1 Übertrage die Tabelle in dein Heft und ordne die Zahlen zu.

gerade Zahlen	ungerade Zahlen

17 26 43 115 459
770 802 978 1004 2221

2 Finde die Zahlen.
a) Nenne alle geraden Zahlen zwischen 21 und 35.
b) Nenne alle ungeraden Zahlen zwischen 18 und 36.

→ Seite 6
Nr. 2

Vorgänger und Nachfolger bestimmen

Die Zahlen 0, 1, 2, 3, 4, 5, … nennt man natürliche Zahlen.
Das sind die Zahlen, die du zum Zählen benutzt.

Jede natürliche Zahl hat einen **Nachfolger**.

Jede natürliche Zahl hat einen **Vorgänger**, nur die Null nicht.

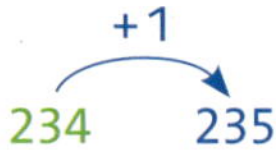

Der Nachfolger von 234 ist die Zahl 235, denn 234 + 1 = 235.

Der Vorgänger von 234 ist die Zahl 233, denn 234 − 1 = 233.

3 Ergänze die Tabelle in deinem Heft.

Vorgänger	Zahl	Nachfolger
	78	
	101	
	209	

4 Ergänze die Tabelle in deinem Heft.

Vorgänger	Zahl	Nachfolger
35		
249		
		45
		500

→ Seite 6
Nr. 3

Zahlen auf dem Zahlenstrahl ablesen und eintragen

Finde heraus, in welchen Schritten der Zahlenstrahl zählt (Einer-Schritte, Zweier-Schritte, Fünfer-Schritte, Zehner-Schritte, …).
Suche die beiden Zahlen, zwischen denen deine Zahl steht.
Starte bei der kleineren der beiden Zahlen.
Zähle ab, wo deine Zahl steht.

Welche Zahl ist hier markiert?

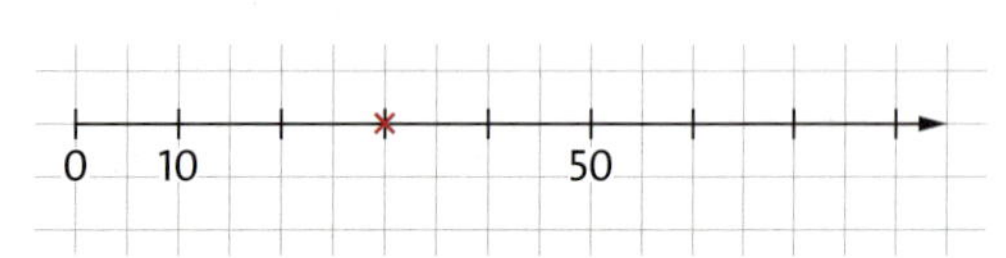

Es wird in Zehner-Schritten gezählt.

Das Kreuz steht zwischen 10 und 50.

2 Schritte hinter der 10 liegt die 30.

5 Welche Zahlen sind hier mit Kreuzen markiert?

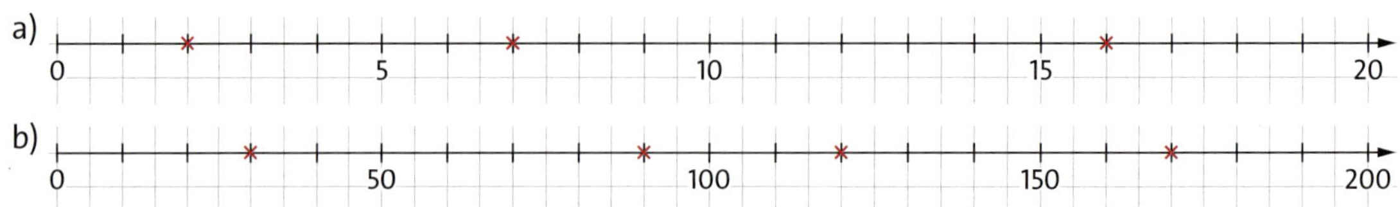

6 Übertrage den Zahlenstrahl in dein Heft.

a) Trage die Zahlen ein: 4, 9, 11 und 18.

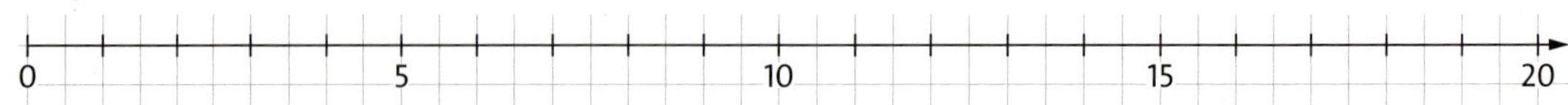

b) Trage die Zahlen ein: 200, 350, 550, 750 und 900.

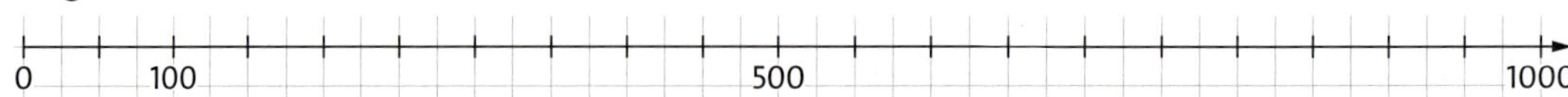

Seite 6
Nr. 4
eite 32
Nr. 2
eite 63
Nr. 6

Zahlen in eine Stellenwerttafel eintragen

Die **Stellenwerttafel** ist eine Tabelle, in die du Zahlen eintragen kannst.

Ganz rechts in der Stellenwerttafel stehen die Einer (E).
Für die zweistelligen Zahlen brauchst du auch die Zehner-Stelle (Z).
Davor kommen die Hunderter (H). Du brauchst die Hunderter-Stelle für dreistellige Zahlen, also für die Zahlen von 100 bis 999.
Dann folgen Tausender, Zehntausender, Hunderttausender und so weiter.
Beginne beim Eintragen der Zahlen immer ganz rechts mit den Einern.

Tausender					
H	Z	E	H	Z	E
		8	2	0	7

8207 = 8 T + 2 H + 0 Z + 7 E

7 Übertrage die Stellenwerttafel in dein Heft.
Trage die Zahlen ein.
a) 692 b) 1735 c) 75 006 d) 680 909

Tausender					
H	Z	E	H	Z	E

8 Zeichne eine Stellenwerttafel in dein Heft.
Trage die Zahlen ein.
Achtung: Es fehlen Stellenwerte!
Beispiel 4T 3H 2E = 4T 3H 0Z 2E
In der Zehnerspalte steht eine 0.
a) 8T 5Z 9E b) 1ZT 7T 2H 2E c) 3HT 4ZT 6Z

Seite 6
Nr. 5
eite 63
Nr. 6, 7

Zahlen aus einer Stellenwerttafel ablesen und in Worten schreiben

Schreibe die Ziffern aus der Stellenwerttafel der Reihe nach auf. Notiere sie in Dreierblöcken. Das ist übersichtlicher.

Bis zu den Hunderttausendern schreibst du Zahlen in einem einzigen Wort.

Tausender					
H	Z	E	H	Z	E
1	0	4	6	9	3

in Dreierblöcken:
104 693

1 HT 4 T 6 H 9 Z 3 E

einhundertviertausendsechshundertdreiundneunzig

9 Lies die vier Zahlen aus der Stellenwerttafel ab.
Notiere sie in Dreierblöcken.

10 Schreibe die vier Zahlen aus der Stellenwerttafel in Worten.

Tausender					
H	Z	E	H	Z	E
		5	8	8	2
	1	6	7	0	4
4	8	0	9	0	0
	9	9	0	9	9

11 Schreibe die Zahlen mit Ziffern (in Dreierblöcken).
a) zweitausendsiebenhundertachtunddreißig
b) vierzehntausendsechshundert
c) einhundertfünftausendzweihundertneunzehn

→ Seite 7 Nr. 8

Zahlen miteinander vergleichen

Zwei Zahlen können **gleich groß** sein oder die erste Zahl ist **kleiner** als die zweite oder die erste Zahl ist **größer** als die zweite. Dafür gibt es mathematische Zeichen:

=	<	>
gleich	kleiner	größer

Auf dem Zahlenstrahl werden die Zahlen nach rechts größer.

Merke dir:
In die große Öffnung passt mehr.
Dort steht die größere Zahl.

11 > 8
10 = 10
4 < 11

0 1 2 3 4 5 6 7 8 9 10 11

12 Setze im Heft < oder > ein.
a) 9 ○ 4 b) 7 ○ 12 c) 15 ○ 24 d) 300 ○ 200 e) 599 ○ 700

13 Finde immer drei Zahlen, die du einsetzen kannst. Schreibe sie ins Heft.
a) 12 > □ b) 19 < □ c) 4 > □ d) □ < 100 e) □ > 80

→ Seite 7 Nr. 9

Zahlen der Größe nach ordnen

Zahlen kannst du der **Größe nach ordnen.**

Wenn du Zahlen von klein nach groß ordnen: Beginne mit der kleinsten Zahl.

Suche dann unter den restlichen Zahlen wieder die kleinste Zahl. Ordne weiter so.

Ordne die Zahlen der Größe nach:
19; 79; 6; 45

Die kleinste Zahl ist 6. 6 < …

Von den restlichen Zahlen ist 19 die kleinste Zahl. 6 < 19 < …

Jetzt bleiben noch 79 und 45 übrig.
45 ist kleiner als 79. 6 < 19 < 45 < 79

14 Ordne die Zahlen von klein nach groß.
Schreibe so: 71 < 94 < 138 < 2139
a) 13; 2; 24; 7 b) 100; 88; 13; 222 c) 217; 19; 53; 33; 137

15 Betrachte die Ziffern 1, 2 und 3.
a) Bilde aus den Ziffern sechs dreistellige Zahlen. Jede Ziffer soll genau einmal vorkommen.
b) Ordne die sechs Zahlen von klein nach groß.

eite 62
Nr. 1, 2

Cent-Münzen, Euro-Münzen und Euro-Scheine kennen

In Deutschland gibt es folgende **Münzen**:
1 Cent; 2 Cent;
5 Cent; 10 Cent;
20 Cent; 50 Cent;
1 Euro und 2 Euro.

Außerdem gibt es folgende **Scheine**:

Der 500-Euro-Schein wird nicht mehr neu gedruckt.

16 Welche der Münzen und Scheine gibt es **nicht**?

Münzen:

Scheine:

17 Welche Münze fehlt bei den Münzen in Aufgabe 16? Welche zwei Scheine fehlen?

ite 62
Nr. 3

Preise schätzen und vergleichen

Entscheide zuerst, welches Produkt teurer ist und welches billiger ist. Dann kannst du die Preise leicht zuordnen.

Ordne den beiden Dingen ihren Preis zu.

399 €

79 €

Das Fahrrad ist teurer als das Trikot.
399 € ist mehr als 79 €.
Also kostet das Fahrrad 399 € und das Trikot 79 €.

18 Was ist teurer?

a) ein Auto oder ein Fernseher
b) eine Tafel Schokolade oder ein Buch
c) ein Smartphone oder eine Musik-CD
d) ein Brot oder ein Brötchen

19 Ordne den beiden Dingen ihren Preis zu.

a)

2,95 €

0,89 €

b)

9,90 €

59 €

→ Seite 62
Nr. 4

Gegenstände nach ihrem Gewicht sortieren

So kannst du Gegenstände von leicht nach schwer sortieren:
Finde zuerst den leichtesten Gegenstand. Schreibe den leichtesten Gegenstand ganz links auf.
Finde dann unter den restlichen Gegenständen wieder den leichtesten und schreibe ihn neben den ersten Gegenstand.
Ordne so weiter.

Sortiere die Tiere von leicht nach schwer.

Am leichtesten ist der gelbe Vogel.
Von den anderen Tieren ist der Pinguin am leichtesten. Dann kommt das Zebra.

20 Sortiere die Bälle von leicht nach schwer.

Tischtennisball

Fußball

Tennisball

Medizinball

Handball

→ Seite 63
Nr. 10, 11

Uhrzeiten ablesen und darstellen (Zeitpunkte)

Der **kurze Zeiger** an einer Uhr zeigt die Stunden an. Achte auf die langen Striche und die Zahlen. Auf welche Stunde zeigt der kurze Zeiger oder zwischen welchen Stunden steht er?

Der **lange Zeiger** zeigt die Minuten an.
Die 60 kleinen und langen Striche stehen für die Minuten. Wie viele Minuten sind seit der letzten vollen Stunde vergangen?

Eine Uhr mit Zeigern zeigt nur 12 Stunden an. Aber ein Tag hat 24 Stunden. Deshalb gilt:
1 Uhr entspricht 13 Uhr, 2 Uhr entspricht 14 Uhr und so weiter.

Der kurze Zeiger steht zwischen der 2 und der 3.
Es ist also 2 Uhr vorbei, aber es ist noch nicht 3 Uhr.
Seit der letzten vollen Stunde sind 15 Minuten vergangen.
Also ist es 2:15 Uhr oder 14:15 Uhr.

21 Lies die Uhrzeit ab.

a) 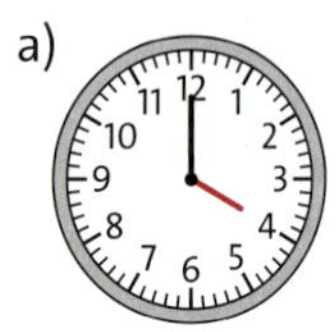
b)
c) 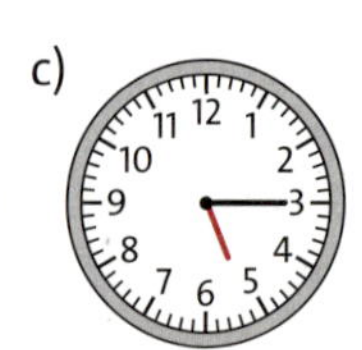
d) 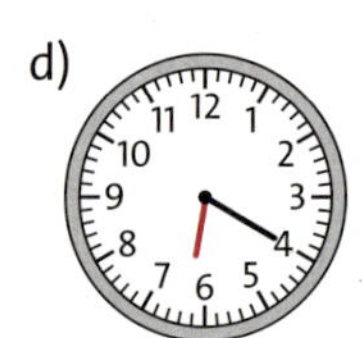
e) 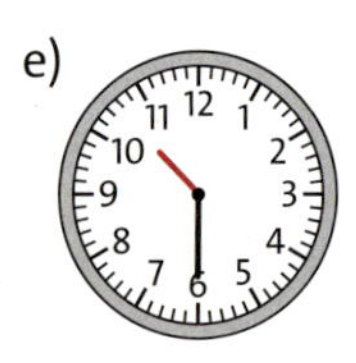
f) 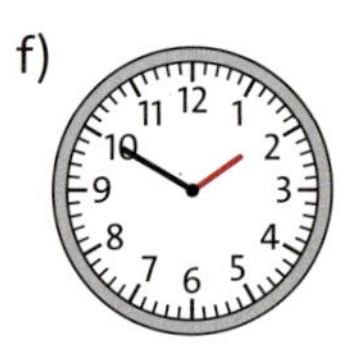

22 Skizziere im Heft eine runde Uhr mit Zeigern. Trage die Uhrzeit ein.
a) 1 Uhr b) 16 Uhr c) 2:30 Uhr d) 19:30 Uhr e) 22:15 Uhr f) 0:45 Uhr

ite 63
Nr. 12

Vergangene Zeit angeben (Zeitspannen)

So kannst du bestimmen, wie viel Zeit zwischen zwei Uhrzeiten vergangen ist:
Ergänze die Minuten bis zur nächsten vollen Stunde.
Ergänze dann die nächsten Stunden.

Falls nötig: Ergänze die restlichen Minuten.

Marie geht um 15:30 Uhr zu ihrer Freundin.
Um 19 Uhr ist sie wieder zu Hause.

Von 15:30 Uhr bis 16 Uhr sind es 30 Minuten.
Von 16 Uhr bis 19 Uhr sind es drei Stunden.
Marie war 3 Stunden und 30 Minuten unterwegs.

23 Wie viele Stunden sind vergangen?

a) von 13 Uhr bis 16 Uhr
b) von 5 Uhr bis 11 Uhr
c) von 8 Uhr bis 16 Uhr
d) von 7 Uhr bis 8:30 Uhr
e) von 7:30 Uhr bis 12:30 Uhr
f) von 1:30 Uhr bis 5:00 Uhr

eite 6
Nr. 6
ite 32
Nr. 4

Zahlen bis zum nächsten Zehner, Hunderter, … ergänzen

Bis **zum nächsten Zehner** ergänzen:
Schau die letzte Ziffer an.
Ergänze so, dass sich als letzte Ziffer 0 ergibt.
Es passen zusammen:

1 + 9 = 10 2 + 8 = 10 3 + 7 = 10
4 + 6 = 10 5 + 5 = 10

Zum nächsten Zehner:

43 + 7 = 50 | 358 + 2 = 360 | 1499 + 1 = 1500

+ 7: 43 (40 … 50)
+ 2: 358 (350 … 360)
+ 1: 1499 (1490 … 1500)

Bis **zum nächsten Hunderter** ergänzen:
Schau die letzten zwei Ziffern an.
Ergänze schrittweise so, dass sich als letzte zwei Ziffern zwei Nullen ergeben.

Zum nächsten Hunderter:

385 + 15 = 400,
denn 385 + 5 = 390
und 390 + 10 = 400

2738 + 62 = 2800,
denn 2738 + 2 = 2740
und 2740 + 60 = 2800

24 Ergänze im Heft bis zum nächsten Zehner.

a) 58 + ___ = 60
b) 167 + ___ = ___
c) 342 + ___ = ___
d) 1395 + ___ = ___

25 Ergänze im Heft bis zum nächsten Hunderter.

a) 585 + ___ = 600
b) 3838 + ___ = ___
c) 360 + ___ = ___
d) 2926 + ___ = ___

→ Seite 32
Nr. 5

Zahlen erkennen, die zusammen volle Hunderter ergeben

Du sollst zwei Zahlen zusammenrechnen.
Das Ergebnis soll ein **voller Hunderter** sein.
Am Ende müssen also zwei (oder mehr) Nullen stehen, wie bei 300 oder 8000.

Achte zuerst auf die letzte Ziffer:
Welche Ziffern ergeben zusammen 10?
Es passen zusammen:

1 + 9 = 10 2 + 8 = 10 3 + 7 = 10
4 + 6 = 10 5 + 5 = 10

Achte dann auf die vorletzte Ziffer.
Denke an den Übertrag.

Finde immer zwei Zahlen, die zusammen einen vollen Hunderter ergeben.
Schreibe fünf Aufgaben auf.

erste Zahl	zweite Zahl
27 139 372 545 262	455 38 373 128 61

27 + 373 = 400
372 + 128 = 500
262 + 38 = 300
139 + 61 = 200
545 + 455 = 1000

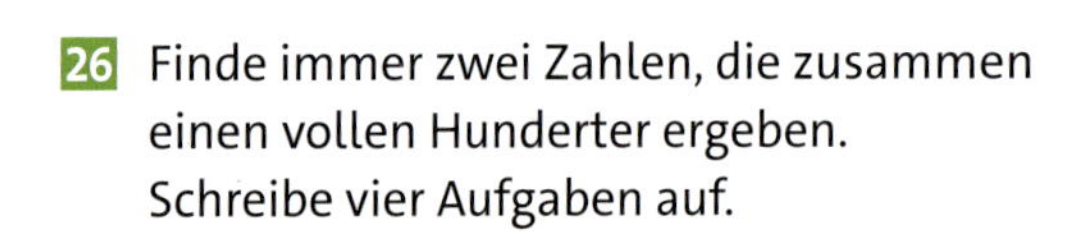

26 Finde immer zwei Zahlen, die zusammen einen vollen Hunderter ergeben.
Schreibe vier Aufgaben auf.

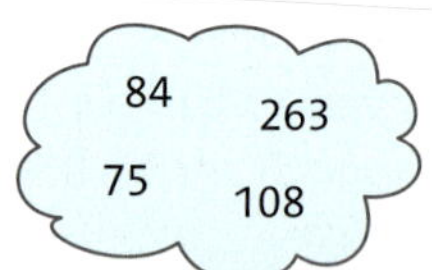

27 Finde immer zwei Zahlen, die zusammen einen vollen Hunderter ergeben.
In jeder Wolke bleibt eine Zahl übrig.

→ Seite 6
Nr. 7

In Zehner-Schritten, Zwanziger-Schritten, … zählen

In Zehner-Schritten zählen bedeutet:
Du rechnest immer wieder **10** zur **Startzahl** dazu.

Die Startzahl ist 17.
Zähle in Zehner-Schritten.

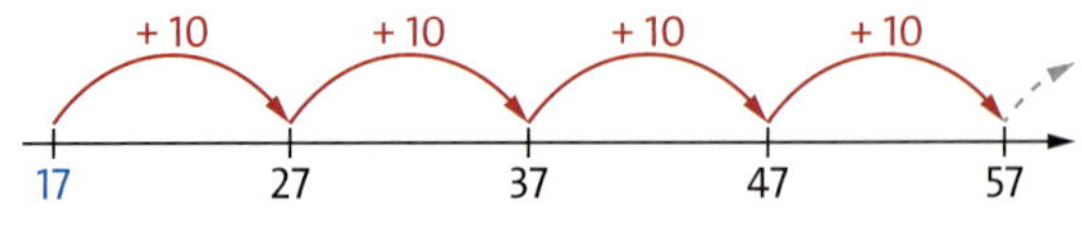

In Zwanziger-Schritten zählen bedeutet:
Du rechnest immer wieder **20** zur **Startzahl** dazu.

Die Startzahl ist 9.
Zähle in Zwanziger-Schritten.

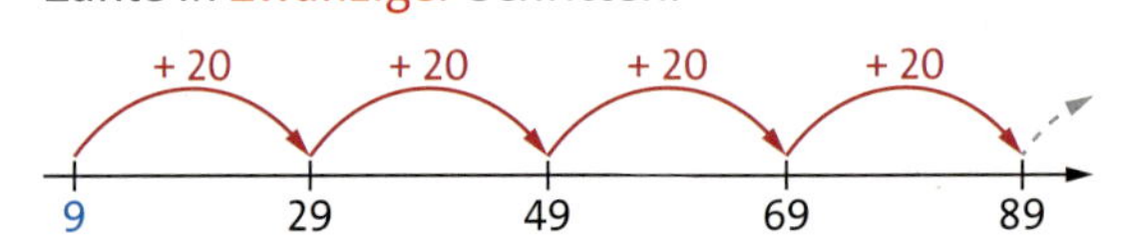

28 Zähle im Heft vier Zahlen weiter.

a) in Zehner-Schritten: 23; ▢; ▢; ▢; ▢
b) in Zwanziger-Schritten: 16; ▢; ▢; ▢; ▢
c) in Fünfziger-Schritten: 34; ▢; ▢; ▢; ▢
d) in Hunderter-Schritten: 62; ▢; ▢; ▢; ▢

Seite 7
Nr. 10

Zahlen verdoppeln und halbieren

Eine Zahl **verdoppeln** heißt:
Rechne mal 2.

Verdopple die Zahl 38.
Rechne:
$$2 \cdot 38 = 2 \cdot 30 + 2 \cdot 8 = 60 + 16 = 76$$

Eine Zahl **halbieren** bedeutet:
Teile die Zahl durch 2.

Halbiere die Zahl 58.
Rechne geschickt.
$$58 : 2 = 50 : 2 + 8 : 2 = 25 + 4 = 29$$

29 Verdopple die Zahlen:
14; 31; 102; 45; 39; 87; 138

30 Halbiere die Zahlen:
26; 36; 70; 92; 104; 720; 1144

Seite 32
Nr. 6

Mit Zahlenmauern rechnen (addieren)

So füllst du eine **Zahlenmauer** aus:
Addiere die beiden unteren Zahlen.
Schreibe das Ergebnis in den oberen Stein.

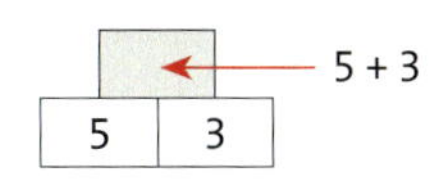

Du kennst den oberen Stein und einen unteren Stein?
Ziehe von der oberen Zahl die unteren Zahl ab.
Schreibe das Ergebnis in den leeren unteren Stein.

9
7
9 – 7

31 Übertrage die Zahlenmauer in dein Heft. Fülle sie aus.

a) 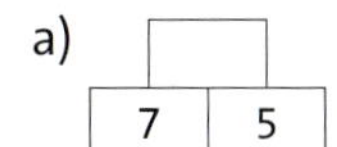

b) 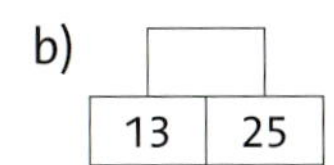

c) 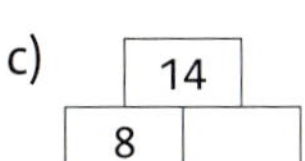

d)
42
26

32 Fülle die Zahlenmauer im Heft aus.

a) 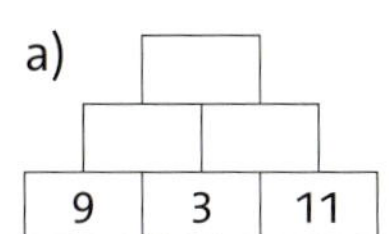

b) 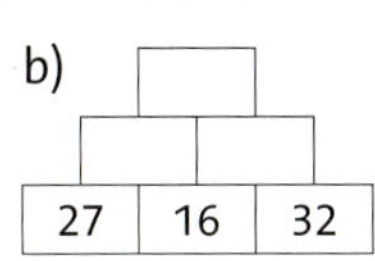

c) 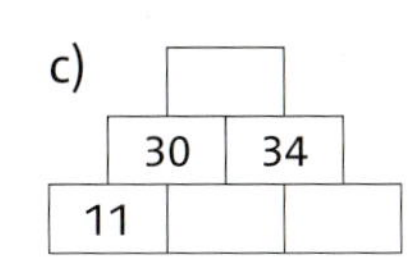

d) 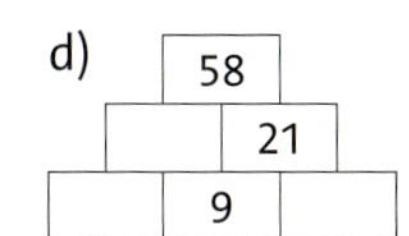

→ Seite 33
Nr. 7

Mit Rechendreiecken rechnen

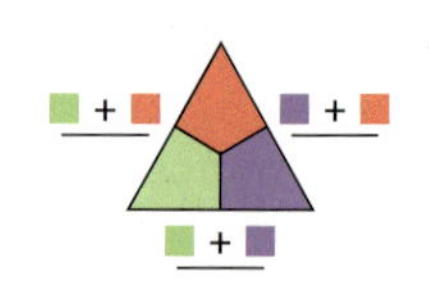

So berechnest du die Zahl auf dem Strich außen:
Rechne die benachbarten Zahlen im Dreieck zusammen (addiere sie).

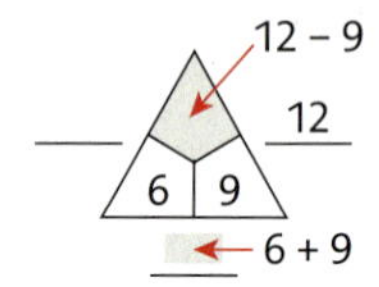

Du kennst eine Zahl im Dreieck und die Zahl auf dem Strich außen?
Ziehe von der Zahl auf dem Strich die Zahl im Dreieck ab.

33 Übertrage das Rechendreieck in dein Heft. Fülle es dort aus.

a)
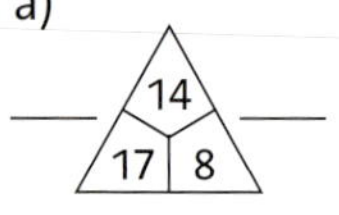

b)
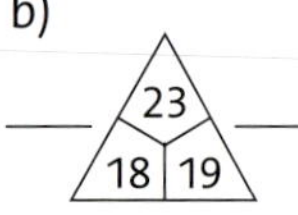

c)
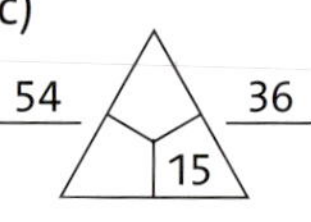

d)
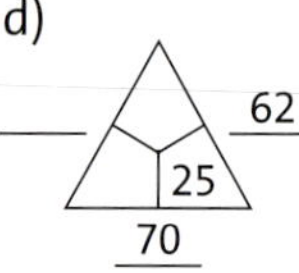

→ Seite 33
Nr. 9

Plus-Aufgaben und Minus-Aufgaben zerlegen und schrittweise lösen

So kannst du größere Zahlen schrittweise addieren:
Zerlege die zweite Zahl. Rechne zuerst die Einer dazu, dann die Zehner und so weiter.

834 + 263 = ?
834 + 3 = 837
837 + 60 = 897
897 + 200 = 1097

Genauso kannst du größere Zahlen schrittweise subtrahieren:
Zerlege die zweite Zahl. Ziehe zuerst die Einer ab, dann die Zehner und so weiter.

613 – 245 = ?
613 – 5 = 608
608 – 40 = 568
568 – 200 = 368

34 Addiere schrittweise im Heft.

a) 412 + 36 b) 735 + 47 c) 308 + 155 d) 1856 + 407

35 Subtrahiere schrittweise im Heft.

a) 847 – 33 b) 630 – 27 c) 546 – 138 d) 2145 – 333

te 127
r. 9, 10

Das kleine Einmaleins beherrschen

In der Tabelle stehen alle Malaufgaben mit den Zahlen 1 bis 10. So findest du ein Ergebnis: Suche die beiden Zahlen, die du miteinander malnehmen (multiplizieren) willst, eine in der Spalte ganz links, eine in der obersten Zeile. Finde die Stelle, an der sich die Pfeile treffen. Es ist egal, ob du 6 · 8 oder 8 · 6 rechnest, weil das Ergebnis gleich ist.
Das kleine Einmaleins solltest du auswendig können.

mal	**1**	**2**	**3**	**4**	**5**	**6**	**7**	**8**	**9**	**10**
1	1	2	3	4	5	6	7	8	9	10
2	2	4	6	8	10	12	14	16	18	20
3	3	6	9	12	15	18	21	24	27	30
4	4	8	12	16	20	24	28	32	36	40
5	5	10	15	20	25	30	35	40	45	50
6	6	12	18	24	30	36	42	48	54	60
7	7	14	21	28	35	42	49	56	63	70
8	8	16	24	32	40	48	56	64	72	80
9	9	18	27	36	45	54	63	72	81	90
10	10	20	30	40	50	60	70	80	90	100

36 Berechne.
a) 3 · 7 b) 9 · 2 c) 6 · 4 d) 5 · 1 e) 0 · 8 f) 8 · 7 g) 6 · 7

te 127
Nr. 11

Geteilt-Aufgaben lösen

Wenn du etwas aufteilen sollst, dann musst du Zahlen teilen (dividieren).

Enrico hat eine Packung mit 12 Schokoriegeln.

Wenn er die 12 Schokoriegel auf 4 Kinder aufteilt, wie viele bekommt dann jeder?
12 : 4 = 3
Jeder bekommt 3 Schokoriegel.

Enrico Ella Uli Max

Wie lange reichen die 12 Schokoriegel, wenn Enrico jeden Tag 2 Schokoriegel isst?
12 : 2 = 6
Die Schokoriegel reichen 6 Tage.

1. Tag 2. Tag

3. Tag

4. Tag

5. Tag

6. Tag

37 Finde eine passende Geteilt-Aufgabe (Divisionsaufgabe).
a) 
b) 
c) 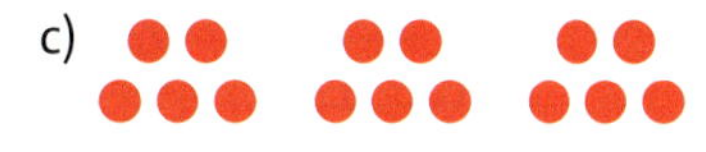

38 Berechne.
a) 18 : 2 b) 25 : 5 c) 36 : 4 d) 56 : 7 e) 54 : 9 f) 49 : 7

→ Seite 158
Nr. 3

Mit Rest teilen

Manchmal geht eine Geteilt-Aufgabe nicht auf. Dann bleibt ein **Rest** übrig.

Teile 7 Lollis auf 3 Freunde auf.

Jeder bekommt 2 Lollis. 1 Lolli bleibt übrig.

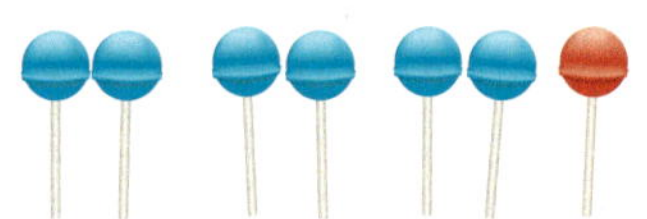

Man schreibt: 7 : 3 = 2 Rest 1

39 Berechne im Kopf. Es bleibt immer ein Rest.
Schreibe so: 8 : 3 = 2 Rest 2

a) 11 : 2 b) 14 : 3 c) 17 : 4 d) 21 : 8 e) 40 : 9 f) 53 : 10

40 Teile mit oder ohne Rest. Was fällt dir an den Resten auf?
42 : 6; 43 : 6; 44 : 6; 45 : 6; 46 : 6; 47 : 6; 48 : 6

→ Seite 127
Nr. 12

Mit Zahlenmauern rechnen (multiplizieren)

So füllst du eine **Zahlenmauer** aus:
Nimm die beiden Zahlen miteinander mal (multipliziere sie).
Schreibe das Ergebnis in den oberen Stein.

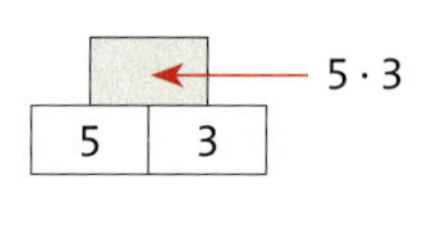

Du kennst den oberen Stein und einen unteren Stein?
Teile die obere Zahl durch die untere Zahl.
Schreibe das Ergebnis in den leeren unteren Stein.

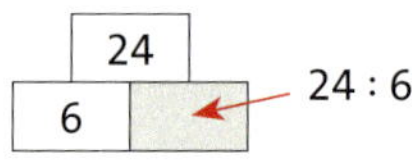

41 Übertrage die Zahlenmauer in dein Heft. Fülle sie aus.

a) 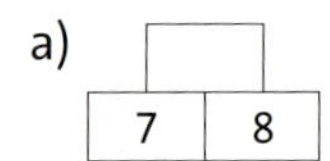

b) 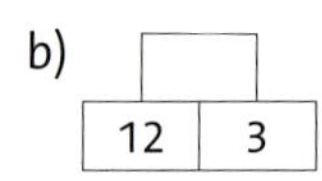

c) 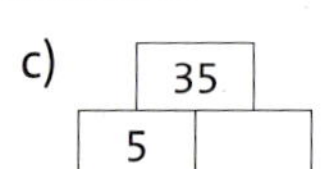

d) 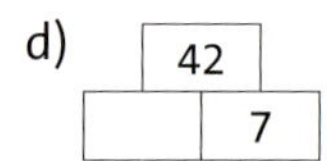

42 Fülle die Zahlenmauer im Heft aus.

a) 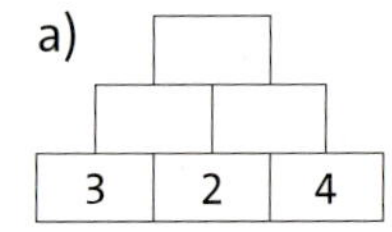

b) 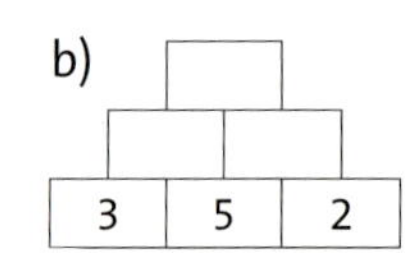

c) 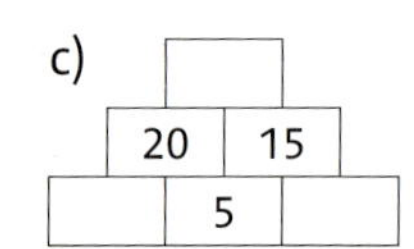

d) 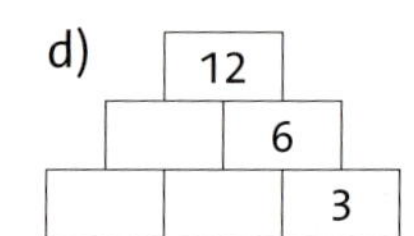

Seite 63
Nr. 8

Mit Stufenzahlen malnehmen (multiplizieren)

Die Zahlen 10; 100; 1000; 10 000; … heißen **Stufenzahlen**. Sie beginnen mit einer 1. Dann folgen nur Nullen.

100 000 und 10 000 000 sind Stufenzahlen.
20 000 und 100 100 sind keine Stufenzahlen.

So **multiplizierst** du natürliche Zahlen mit einer Stufenzahl: Zähle die Nullen an der Stufenzahl. Hänge genauso viele Nullen an die natürliche Zahl an.

13 · 100 = 1300, denn:
Die Stufenzahl 100 hat zwei Nullen.
Also hängst du an die 13 zwei Nullen an.
Das Ergebnis ist 1300.

43 Welche Zahlen sind Stufenzahlen?
100; 111; 101; 1000; 1100; 3000; 1 000 000; 10; 101 000

44 Berechne.
a) 5 · 100 b) 17 · 10 000 c) 1000 · 34 d) 100 · 216 e) 250 · 100 000

Seite 63
Nr. 9

Durch Stufenzahlen teilen (dividieren)

Die Zahlen 10; 100; 1000; 10 000; … heißen **Stufenzahlen**. Sie beginnen mit einer 1. Dann folgen nur Nullen.

10 000 000 ist eine Stufenzahl.
50 000 und 10 100 sind keine Stufenzahlen.

So **teilst** du eine natürliche Zahl mit Nullen am Ende durch eine Stufenzahl: Zähle die Nullen an der Stufenzahl. Streiche bei der natürlichen Zahl am Ende genauso viele Nullen. Das geht nur, wenn bei der natürlichen Zahl genügend Nullen am Ende stehen.

23 000 : 100 = 230, denn:
Die Stufenzahl 100 hat zwei Nullen.
Also streichst du bei 23 000 die letzten zwei Nullen.
Das Ergebnis ist 230.

45 Berechne.
a) 200 : 10 b) 2000 : 1000 c) 270 000 : 100 d) 3 000 000 : 10 000

46 Noah rechnet 20 500 : 100 = 2~~0~~ 5~~0~~0 = 250.
Erkläre Noahs Fehler. Rechne richtig.

47 Teile, solange es aufgeht.
a) 45 000 : 10; 45 000 : 100; 45 000 : 1000; 45 000 : 10 000
b) 700 : 10; 700 : 100; 700 : 1000; 700 : 10 000
c) 120 500 : 10; 120 500 : 100; 120 500 : 1000; 120 500 : 10 000

→ Seite 32 Nr. 1
→ Seite 127 Nr. 8

Muster in Zahlenfolgen erkennen und fortsetzen

Finde zuerst das **Muster** in der Zahlenfolge: Notiere, wie du von einer Zahl zur nächsten Zahl kommst. Es kann
- etwas hinzukommen (+) oder
- etwas abgezogen werden (–) oder
- verdoppelt oder halbiert werden.

Achtung: Manchmal ist es abwechselnd.

35 $\xrightarrow{-3}$ 32 $\xrightarrow{-3}$ 29 $\xrightarrow{-3}$ 26

Es wird immer die Zahl 3 abgezogen.

3 $\xrightarrow{\cdot 2}$ 6 $\xrightarrow{+1}$ 7 $\xrightarrow{\cdot 2}$ 14 $\xrightarrow{+1}$ 15

Erst verdoppeln, dann + 1.

So kannst du eine Zahlenfolge fortsetzen:
Finde das Muster.
Wende das Muster immer wieder auf die letzte Zahl an.

35; 32; 29; 26; ■; ■; ■; ■
Es wird immer 3 abgezogen.
35; 32; 29; 26; $\xrightarrow{-3}$ **23**; $\xrightarrow{-3}$ **20**; $\xrightarrow{-3}$ **17**; $\xrightarrow{-3}$ **14**

48 Finde die nächsten vier Zahlen und schreibe sie in dein Heft.
a) immer plus 6: 2; 8; 14; ■; ■; ■; ■
b) immer minus 2: 40; 38; 36; ■; ■; ■; ■
c) immer mal 2 und dann minus 5: 10; 20; 15; 30; 25; ■; ■; ■; ■

49 Finde erst das Muster. Schreibe dann die nächsten vier Zahlen in dein Heft.
a) 2; 6; 10; 14; ■; ■; ■; ■
b) 64; 56; 48; 40; ■; ■; ■; ■
c) 8; 20; 32; 44; ■; ■; ■; ■
d) 100; 95; 90; 85; ■; ■; ■; ■
e) 1; 4; 3; 6; 5; 8; 7; ■; ■; ■; ■
f) 2; 3; 6; 7; 14; ■; ■; ■; ■

→ Seite 33 Nr. 8

Mit Rechenbäumen rechnen

In einem Rechenbaum werden mehrere Grundrechenarten (plus, minus, mal und geteilt) miteinander verbunden. Der Rechenbaum zeigt, in welcher Reihenfolge du rechnen musst (von oben nach unten).

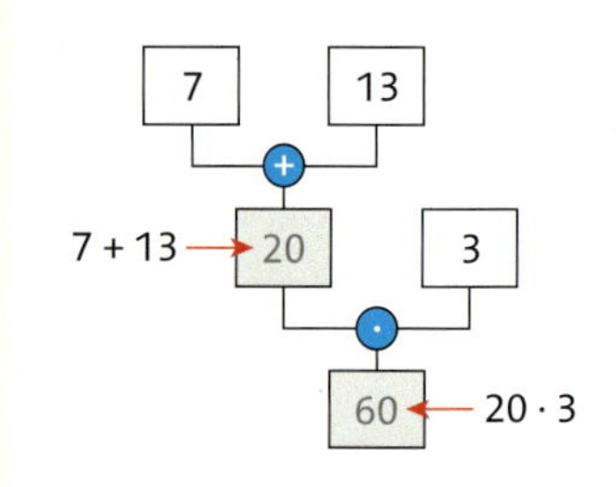

50 Übertrage den Rechenbaum in dein Heft. Fülle ihn aus.

a) 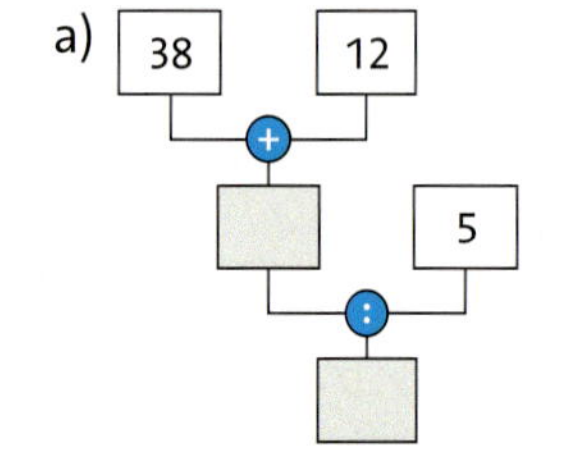

b) 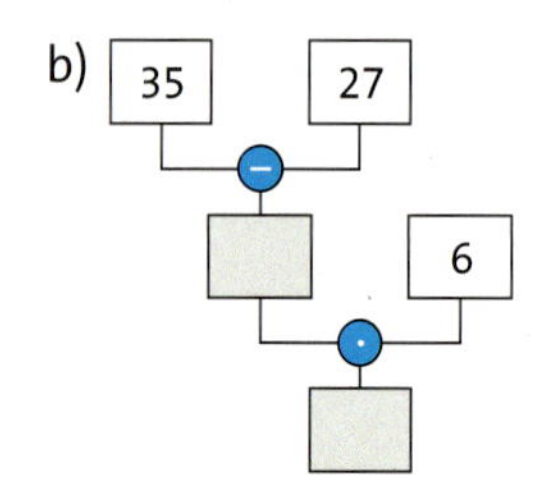

c) 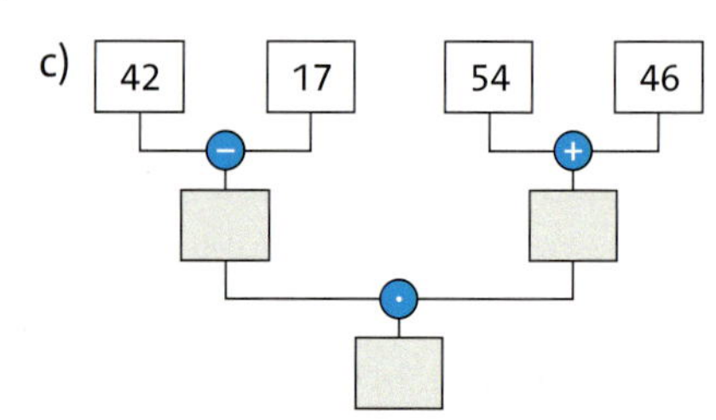

Seite 7
Nr. 12

Informationen aus einem Text entnehmen

Lies den Text aufmerksam.
Kläre, was du nicht verstanden hast.

Beachte die **Frage**.
Markiere, was für die Frage wichtig ist.

Was bedeuten die Aussagen mathematisch?
Notizen und eine Skizze können dir helfen.

Formuliere eine **Antwort**. Die Wörter aus der Frage können dir helfen.

In einer Klassenarbeit gilt:
Mit **mehr als 43 Punkten** erreicht man die **Note 2**.
Mit **mehr als 52 Punkten** erreicht man die **Note 1**.

Welche Schüler bekommen eine 2?
Antonia: 56 P. Eileen: 51 P. Florian: 52 P.

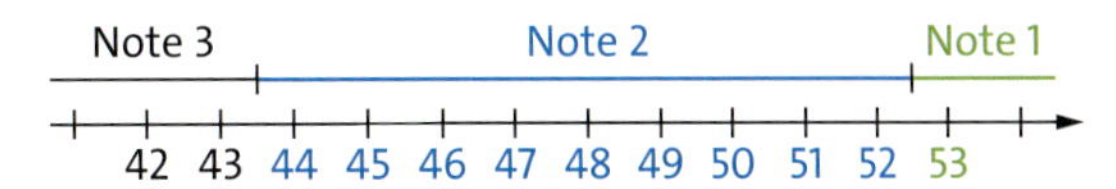

Die Note 2 gibt es bei mehr als 43 Punkten,
also bei 44, 45, 46, …, 52 Punkten.
(Mit 53 Punkten gibt es eine 1.)

Antwort: Eileen und Florian bekommen eine 2.

51 An einer Losbude: Ab 25 Punkten bekommt man einen Trostpreis, ab 50 Punkten bekommt man einen Kleingewinn, ab 75 Punkten einen Großgewinn und ab 100 Punkten einen Hauptgewinn. Wer bekommt einen Kleingewinn oder einen Großgewinn?
Alyssa: 77 Punkte Steffen: 20 Punkte Lina: 74 Punkte Walera: 51 Punkte Juan: 89 Punkte

eite 33
Nr. 10
te 127
Nr. 13

Sachaufgaben lösen

Sachaufgaben kannst du leichter lösen, wenn du schrittweise vorgehst.

① Lies die Aufgabenstellung sorgfältig durch.
② Markiere, was gesucht ist. Die Frage steht oft am Ende.
③ Welche Angaben aus dem Text sind für die Lösung wichtig?
④ Was musst du berechnen?
⑤ Prüfe: Ist das Ergebnis sinnvoll?
⑥ Formuliere eine Antwort.

Jan möchte einen Computer für 490 € kaufen.
Auf seinem Sparbuch sind 350 €.
Zum Geburtstag hat Jan 60 € geschenkt bekommen.
Wie viel muss Jan noch sparen?

Gesucht: wie viel Jan noch sparen muss
Wichtig: wie viel Geld Jan hat und wie viel der Computer kostet
Rechnungen:
- Wie viel Geld hat Jan insgesamt?
  Dazu musst du die Beträge zusammenrechnen.
  350 € + 60 € = 410 €
- Wie viel Geld fehlt noch?
  Jan braucht 490 € und hat nur 410 €.
  Du musst die Beträge voneinander abziehen.
  490 € – 410 € = 80 €

Probe: 350 € + 60 € + 80 € = 490 €
Antwort: Jan muss noch 80 € sparen.

52 Greta möchte zu einem Konzert ihrer Lieblingsband. Ihr Vater verspricht: „Wir gehen zu dem Konzert, wenn du deine Eintrittskarte selbst bezahlst.“ Die Eintrittskarte kostet 29 €. Greta hat 22 € gespart und ihre Oma schenkt ihr 5 €. Wie viel fehlt Greta noch?

53 Piets Bruder möchte sich ein Fahrrad für 390 € kaufen. Er hat schon 250 € zusammen. Außerdem gibt er Nachhilfe. Deshalb kann er jede Woche 20 € sparen. In wie vielen Wochen kann sich Piets Bruder das Fahrrad kaufen?

→ Seite 159
Nr. 7

Kästchen in einer Figur zählen

So kannst du Kästchen in einer Figur zählen:
Fange an einem Ende der Figur an zu zählen.
Halte dabei eine feste Reihenfolge ein.

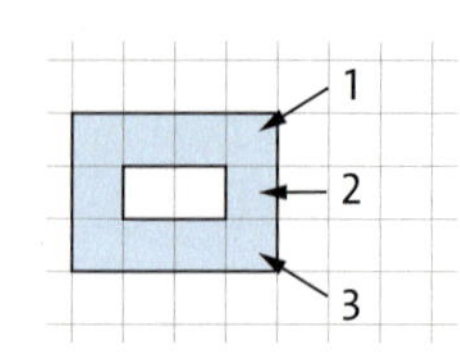

Die Figur besteht aus zehn Kästchen.

Bei größeren Figuren ist es sinnvoll, die Figur in Teilfiguren zu zerlegen.

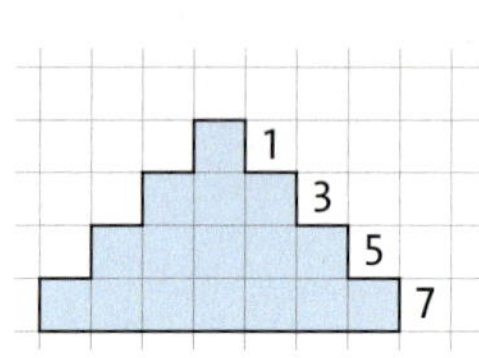

1 + 3 + 5 + 7 = 16
Die Figur besteht aus 16 Kästchen.

54 Zähle die Kästchen in der Figur.

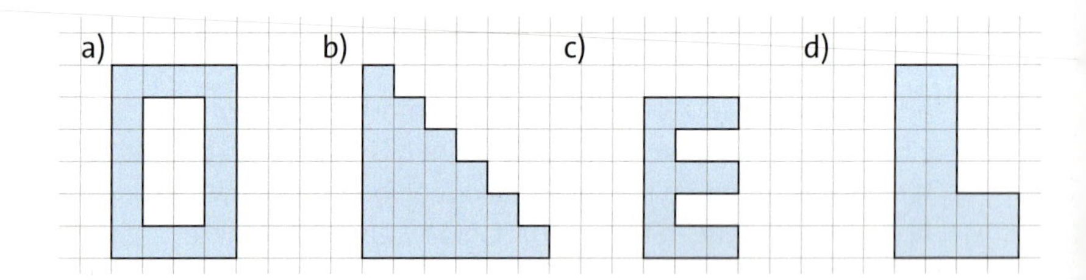

→ Seite 94
Nr. 4

Rechte Winkel erkennen

Wenn man einen Kreis in vier gleich große Teile teilt, dann entstehen vier rechte Winkel.
Rechte Winkel werden durch einen Winkelbogen mit einem Punkt darin markiert.

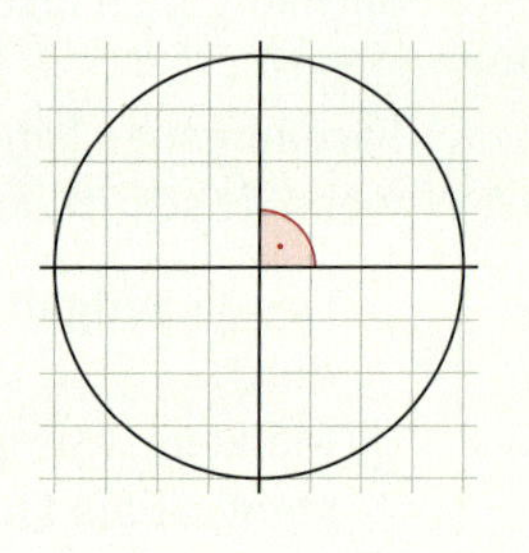

55 Übertrage die Zeichnung in dein Heft. Markiere alle rechten Winkel der Figur durch einen Winkelbogen mit Punkt.

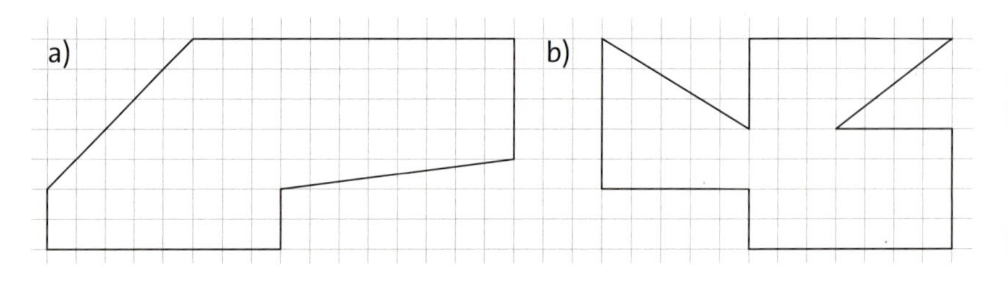

56 Dies ist die Wand eines Fachwerkhauses.
Übertrage das Muster in dein Heft.
Markiere alle rechten Winkel.

Seite 62
Nr. 5

Längen am Lineal ablesen

Die langen Striche auf dem Lineal oder auf dem Geodreieck stehen für die Zentimeter. Die kurzen Striche stehen für die Millimeter. 10 mm sind 1 cm.

Lies zuerst die Zentimeter ab. Ergänze dann die Millimeter: Zähle die kurzen Striche, die nach dem letzten langen Strich stehen.

Wie lang ist der Bleistift?

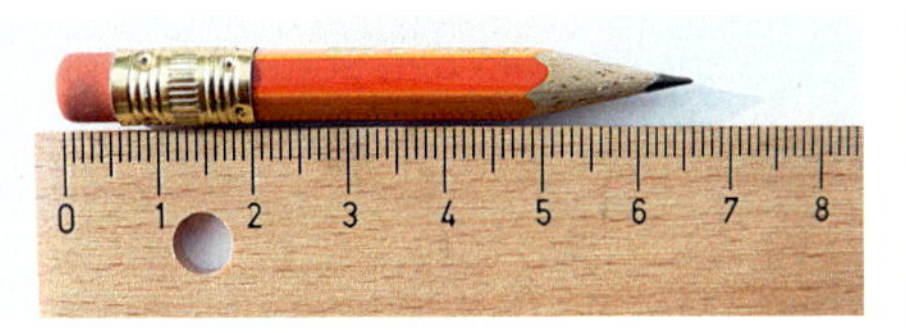

Der Bleistift ist 6,6 cm lang.
Das sind 6 cm und 6 mm.

57 Lies die markierte Länge auf dem Lineal ab.

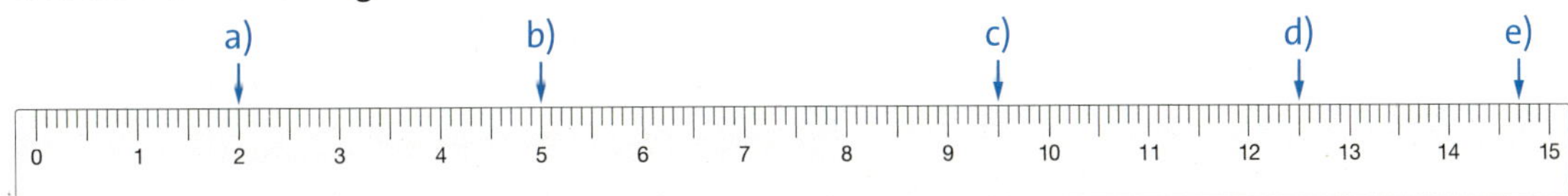

Seite 94
Nr. 2
Seite 182
Nr. 1

Längen mit dem Geodreieck messen

So kannst du Längen mit dem Geodreieck oder mit dem Lineal messen:
① Lege die Null der Längenskala auf den Anfangspunkt, hier auf Punkt A.
② Die Längenskala muss ganz genau auf der Linie liegen.
③ Lies die Länge am Endpunkt ab, hier bei Punkt B.

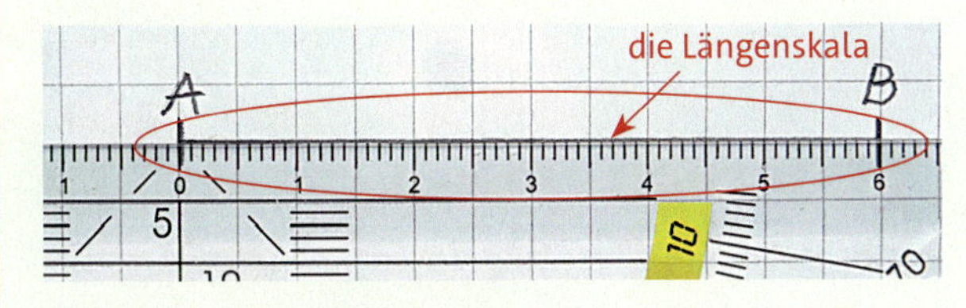

Die Strecke ist 6 cm lang.

58 Miss die Länge der Strecke.

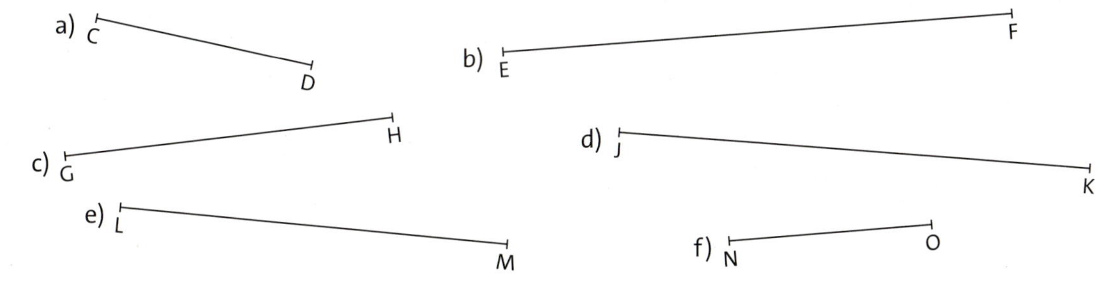

59 Bestimme die Längen der Strecken. Achtung: Sie sind länger als 7 cm!

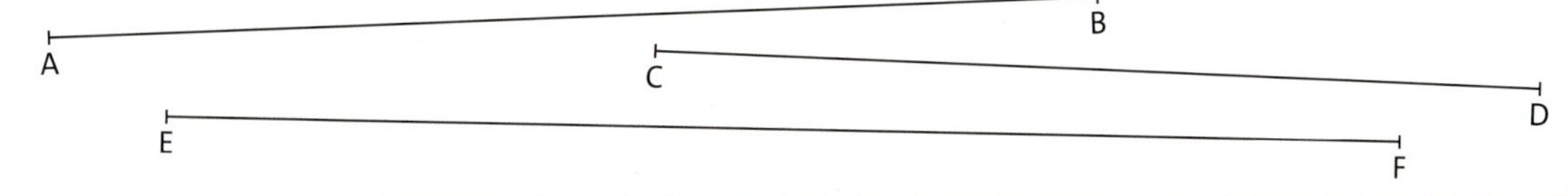

→ Seite 95
Nr. 8

Lage von Feldern in einem Raster angeben

Wenn du über den Stadtplan ein Raster legst, dann entstehen viele gleich große Felder.
Du kannst für jedes Feld
- einen Buchstaben (Felder von links nach rechts) und
- eine Zahl (Felder von oben nach unten) angeben.

Beispiel:
Stadtplan von Hannover:
Der Opernplatz befindet sich im Feld **C6**.

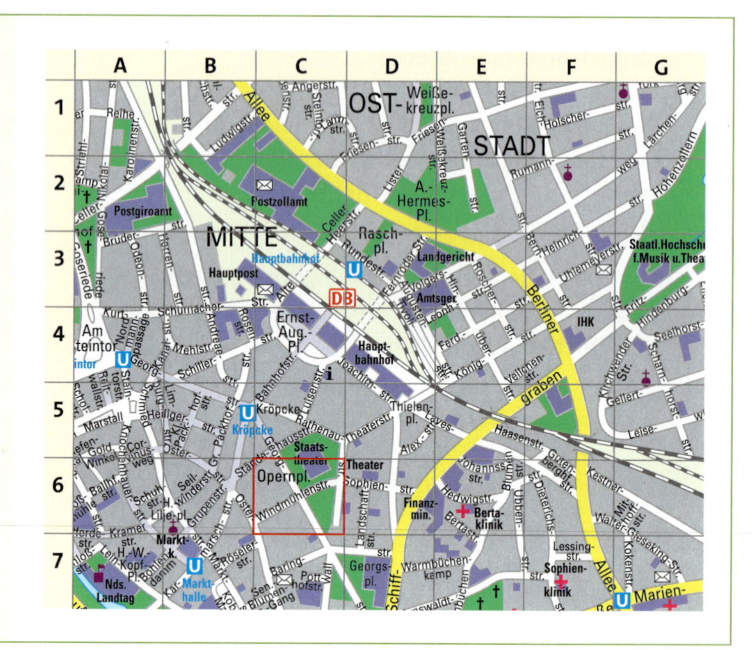

60 Was befindet sich im Feld **D4**? Was im Feld **F7**? Was im Feld **B7**?

61 Suche die Hauptpost. Gib das Feld an. Suche die Bertaklinik. Gib das Feld an. Durch welche Felder geht der Schiffgraben (gelb eingezeichnet)?

→ Seite 94
Nr. 1

Gerade Linien mit dem Geodreieck zeichnen

Du brauchst zum Zeichnen ein Geodreieck und einen gut angespitzten Bleistift.

Lege die Längenskala an die Stelle, wo die Linie gezeichnet werden soll.
Drücke das Geodreieck mit einigen Fingern auf das Blatt.
Führe den Bleistift direkt an der Längenskala des Geodreiecks entlang.

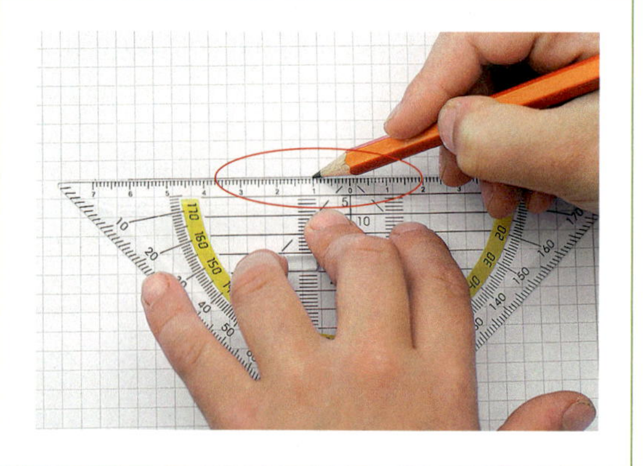

62 Zeichne fünf Punkte in dein Heft. Verbinde sie mit geraden Linien zu einem Fünfeck.

63 Zeichne das Muster in dein Heft.

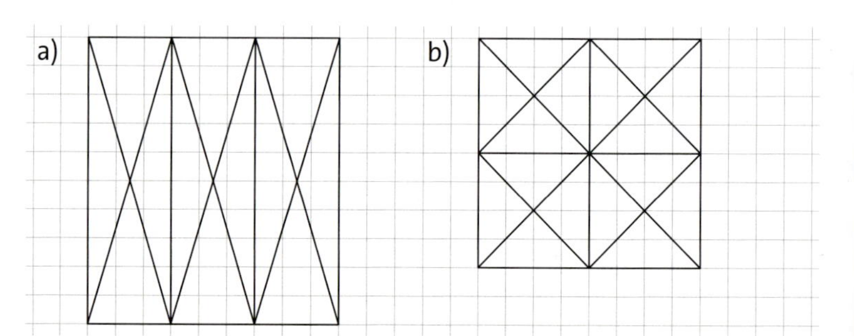

ite 159
Nr. 10

Flächen in zwei gleiche Hälften teilen

Wenn du eine Figur in zwei gleiche Hälften teilen möchtest, dann musst du eine passende **Trennlinie** finden.
Stell dir vor, du stellst einen Spiegel auf. Das Spiegelbild der einen Hälfte muss genauso aussehen wie die andere Hälfte.

Prüfe, ob sich auf beiden Seiten der Trennlinie gleich viele Kästchen befinden.

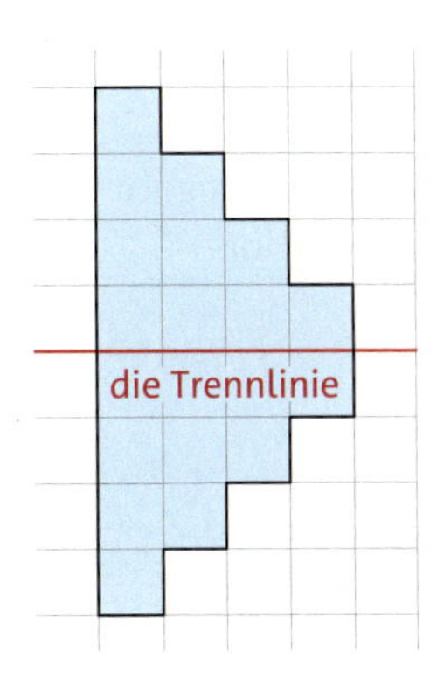

Oberhalb und unterhalb der Trennlinie befinden sich jeweils zehn Kästchen.

64 Übertrage die Fläche in dein Heft. Teile die Fläche in zwei gleiche Hälften.
Findest du mehrere Möglichkeiten?

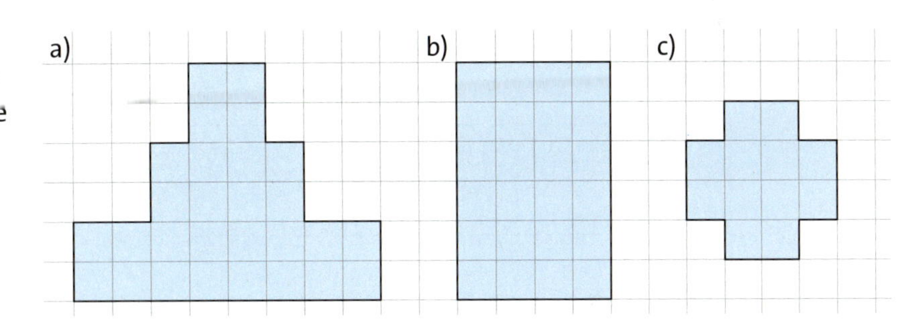

eite 95
Nr. 7

Figuren auf kariertem Papier abzeichnen

Benutze beim Zeichnen immer ein Lineal oder ein Geodreieck.
Achte darauf, dass dein Bleistift angespitzt ist.

So kannst du Figuren auf kariertem Papier abzeichnen:
Beginne bei einem Eckpunkt (hier der Punkt oben rechts) und zeichne von dort in eine Richtung weiter.
Zähle, wie viele Kästchen der nächste Punkt entfernt liegt und so weiter …

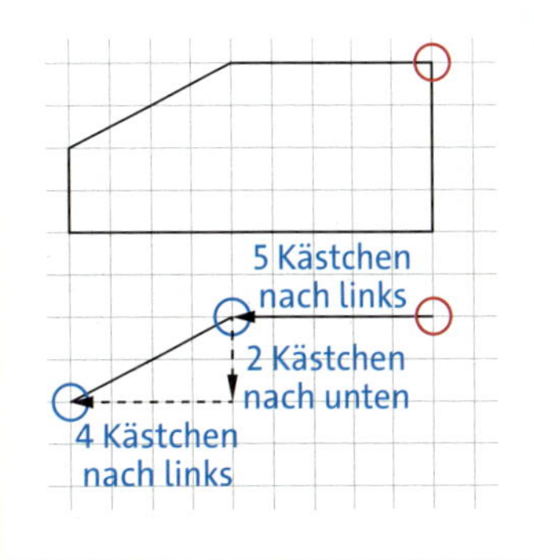

65 Übertrage die Figur in dein Heft.

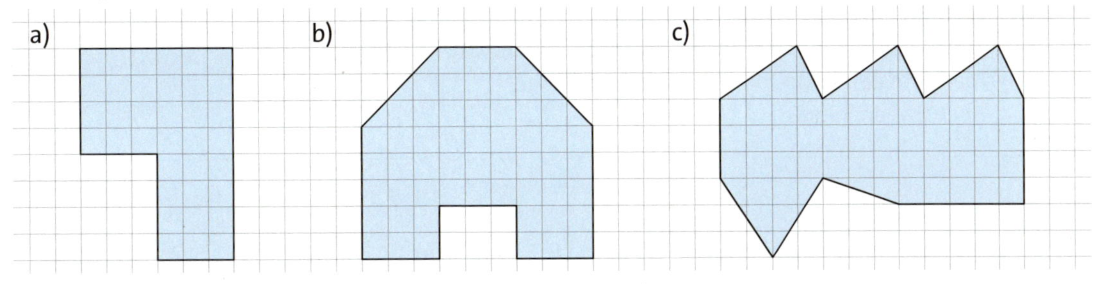

→ Seite 95
Nr. 5

Mit dem Geodreieck Muster zeichnen

In einem Muster wird eine Figur nach bestimmten Regeln immer wieder aneinandergesetzt.
Hier ist das ein blaues Quadrat und ein rotes Rechteck.
Das Muster lässt sich in alle Richtungen fortsetzen, also nach oben, nach unten, nach links und nach rechts.

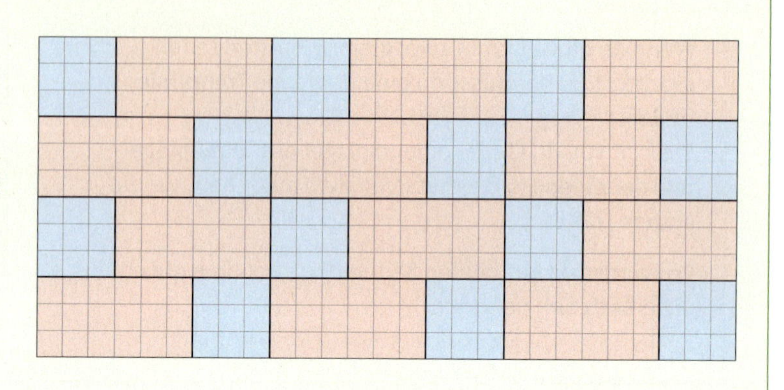

66 Übertrage das Muster in dein Heft. Ergänze es nach rechts und nach unten.

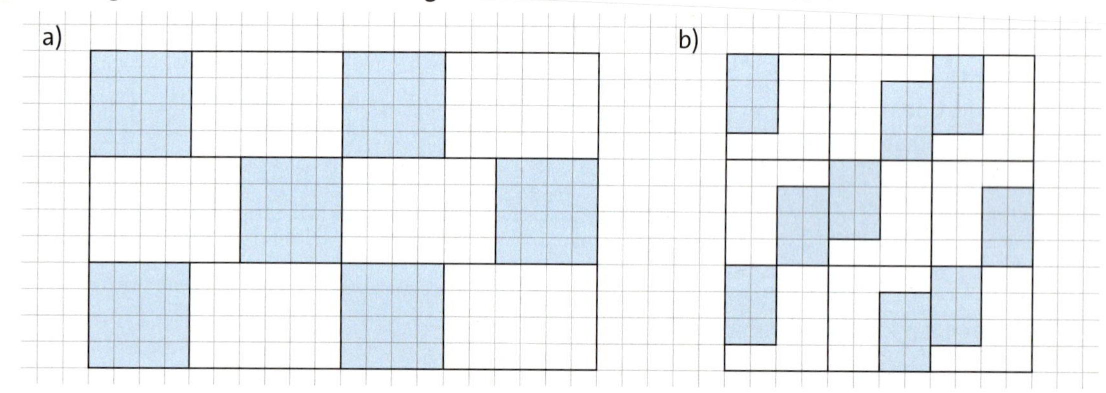

→ Seite 94
Nr. 3
→ Seite 159
Nr. 8

Strecken mit einer bestimmten Länge zeichnen

Benutze beim Zeichnen immer ein Lineal oder ein Geodreieck.
Achte darauf, dass dein Bleistift angespitzt ist.

So zeichnest du eine Strecke mit einer bestimmten Länge: Nutze ein Lineal oder ein Geodreieck.
① Markiere zuerst einen Anfangspunkt, hier A.
② Lege die Null auf den Anfangspunkt.
③ Zeichne eine Strecke bis zum Endpunkt bei 3,5 cm.
④ Markiere den Endpunkt mit einem weiteren Buchstaben, hier B.

Zeichne eine Strecke $\overline{AB}$, die 3,5 cm lang ist.

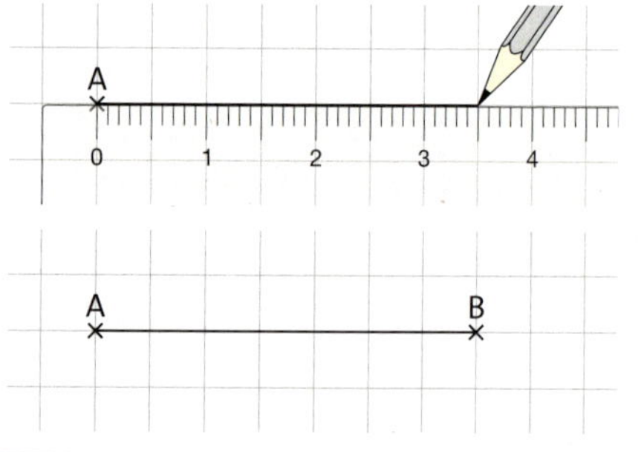

67 Zeichne die Strecke.
a) Strecke $\overline{AB}$ mit den Endpunkten A und B; Länge 5 cm
b) Strecke $\overline{CD}$ mit den Endpunkten C und D; Länge 6,5 cm
c) Strecke $\overline{EF}$ mit den Endpunkten E und F; Länge 3,8 cm

Seite 7
Nr. 11
ite 159
Nr. 9

Rechtecke mit gegebener Länge und Breite zeichnen

Benutze beim Zeichnen immer ein Lineal oder ein Geodreieck. Achte darauf, dass dein Bleistift angespitzt ist.

Du kannst dich an den Kästchen im Heft orientieren.
Es gilt: 2 Kästchen = 1 cm.

So zeichnest du ein Rechteck mit den Seitenlängen a und b:
① Zeichne eine Strecke mit der Länge a.
② Zeichne am Anfangspunkt und am Endpunkt der Strecke je eine dazu senkrechte Strecke mit der Länge b.
③ Verbinde die Endpunkte der beiden Senkrechten. So schließt du das Rechteck.

Zeichne ein Rechteck, das a = 4 cm lang und b = 2 cm breit ist.

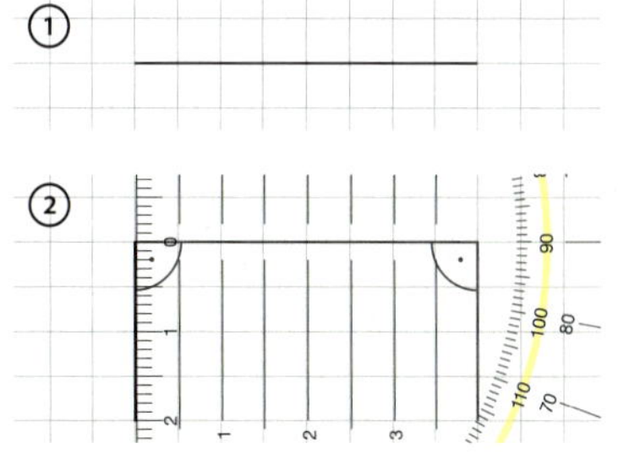

68 Zeichne ein Rechteck.
a) 7 Kästchen lang und 5 Kästchen breit
b) 6 cm lang und 2 cm breit

69 Zeichne ein Rechteck.
a) a = 5 cm und b = 3 cm
b) a = 2,5 cm und b = 2 cm

te 159
Nr. 9

Quadrate mit gegebener Seitenlänge zeichnen

Benutze beim Zeichnen immer einen angespitzten Bleistift und ein Lineal oder Geodreieck.

Du kannst dich an den Kästchen im Heft orientieren.
Es gilt: 2 Kästchen = 1 cm.

So zeichnest du ein Quadrat mit der Seitenlänge a:
① Zeichne eine Strecke mit der Seitenlänge a.
② Zeichne am Anfangspunkt und am Endpunkt der Strecke je eine dazu senkrechte Strecke mit der gleichen Länge a.
③ Verbinde die Endpunkte der beiden Senkrechten. So schließt du das Quadrat.

Zeichne ein Quadrat mit der Seitenlänge a = 3 cm.

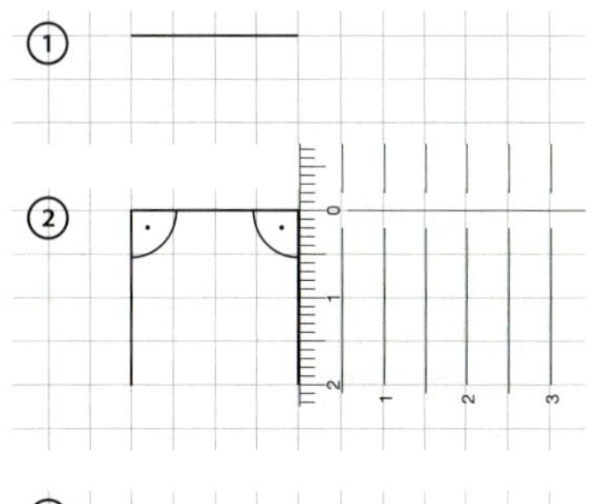

70 Zeichne ein Quadrat.
a) 5 Kästchen
b) a = 4 cm
c) a = 1,5 cm

1 Zahlen und Daten

▶ Seite 6/7 Wiederholung

1 Prüfe: Ist die letzte Ziffer 2, 4, 6, 8 oder 0? Dann ist die Zahl gerade. Sonst ist sie ungerade.

gerade	ungerade
2; **14; 56; 3400; 45 604**	3; **7; 165; 299**

2 a) **12**; 13; **14** b) **36**; 37; **38**
c) **145**; 146; **147** d) **98**; 99; **100**
e) **999**; 1000; **1001**

3 a) A = 3; B = 9; C = 16
b)

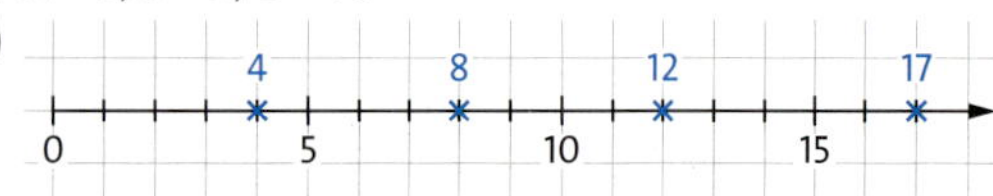

4

	Tausender					
	H	Z	E	H	Z	E
a)				6	3	9
b)			1	5	0	3
c)			9	0	9	1
d)		2	0	3	0	0

5 482: vierhundertzweiundachtzig
5 137: fünftausendeinhundertsiebenunddreißig
25 099: fünfundzwanzigtausendneunundneunzig

6 a) 37 + 3 = 40 b) 82 + 8 = 90
c) 209 + 1 = 210 d) 278 + 2 = 280
e) 1355 + 5 = 1360 f) 3591 + 9 = 3600

7 a) 7; **17; 27; 37; 47; 57**
b) 15; **35; 55; 75; 95; 115**
c) 30; **130; 230; 330; 430; 530**

8 a) 7 > 5 b) 9 < 19 b) 12 < 21
d) 200 < 400 e) 101 > 100

9 a) 76 cm; 89 cm; 98 cm; 108 cm; 123 cm
b) Maya wurde Dritte.

10 a) ① 100; 200; 400; 800; 1600
② 80; 160; 320; 640; 1280
③ 6; 32; 64; 128; 256; 512; 1024
b) ① 80; 40; 20
② 88; 44; 22
③ 200; 100; 50; 25

11 a) Zeichenübung, Rechteck abzeichnen

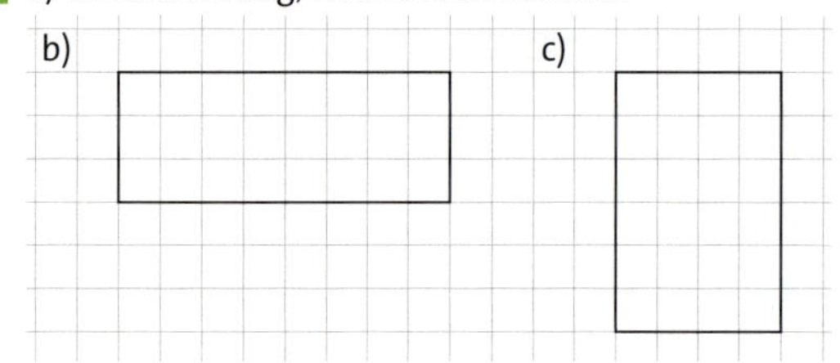

12 a) Die Klasse **5 d** bekommt das Frühstück. (83 Punkte ist die höchste Punktzahl.)
b) Die Klassen **5 c** und **5 d** bekommen einmal keine Hausaufgaben. (Die Klasse 5 b hat genau 70 Punkte, aber nicht mehr als 70 Punkte.)

▶ Seite 22 Zwischentest

1 a) A = 100; B = 300; C = 450; D = 650; E = 850 (2 Kästchen stehen für 100. Ein Kästchen steht für 50.)
b) A = 200; B = 400; C = 900; D = 1100; E = 1400; F = 1500
(2 Kästchen stehen für 200. Ein Kästchen steht für 100.)

2 23 069 dreiundzwanzigtausendneunundsechzig
89 000 540 neunundachtzig Millionen fünfhundertvierzig

3 a) 350 < 530 b) 444 < 454
c) 1101 > 1010 d) 2210 > 2201

4 a) Minimum 6 m (Oli), Maximum 15 m (Tim)
b) Spannweite = Maximum – Minimum
= 15 m – 6 m = **9 m**

5 blau 4; grün 2, rot 8, gelb 1, rosa 7

6

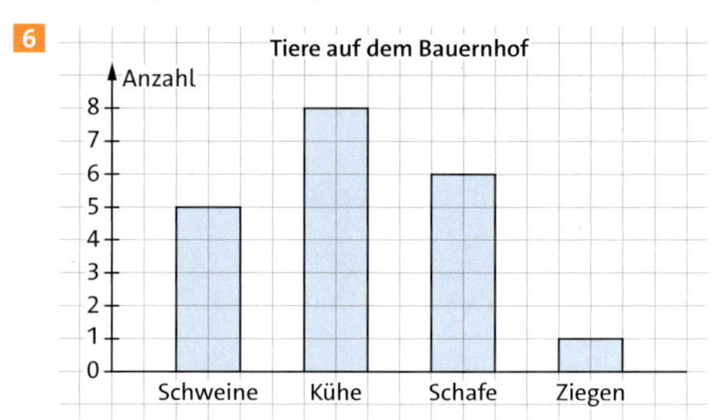

7 48 ≈ **50** (aufrunden); 85 ≈ **90** (aufrunden);
123 ≈ **120** (abrunden);
396 ≈ **400** (aufrunden, Achtung: Übergang zum nächsten Hunderter)

▶ Seite 23 Zwischentest

1

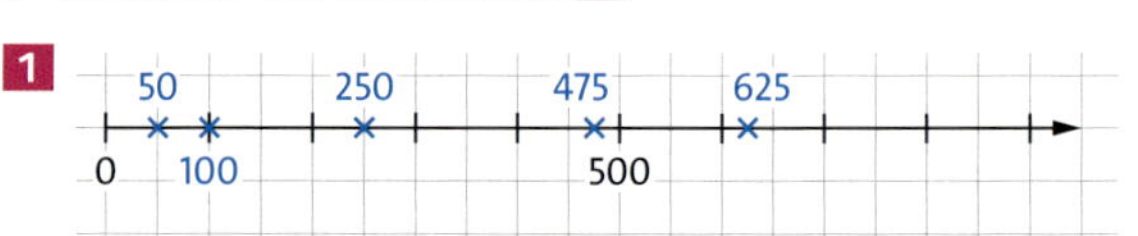

2 a)

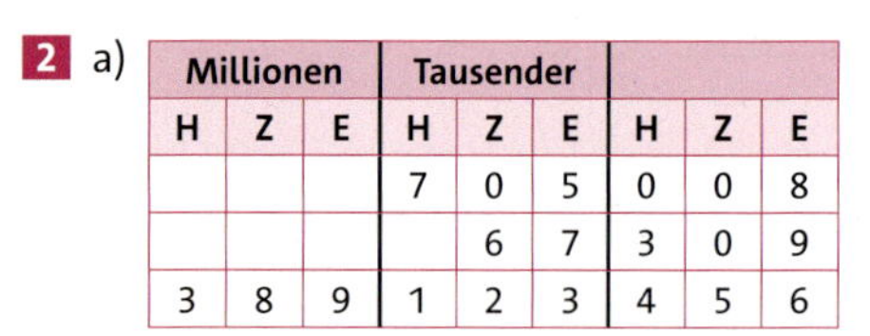

Millionen			Tausender					
H	Z	E	H	Z	E	H	Z	E
			7	0	5	0	0	8
				6	7	3	0	9
3	8	9	1	2	3	4	5	6

b) siebenhundertfünftausendacht

3 a) 558; 585; 588; 850; 858; 885
b) 120; 201; 1002; 1020; 2010; 10 020

4 a) Minimum 96 cm (Oli), Maximum 120 cm (Tim)
b) Spannweite = Maximum – Minimum
= 120 cm – 96 cm = **24 cm**

5 2020: 500 Elektroautos;
2021: 1000 Elektroautos;
2022: 1500 Elektroautos;
2023: 2500 Elektroautos;
2024: 4000 Elektroautos
Entwicklung: Die Anzahl der Elektroautos nahm immer zu, am stärksten im letzten Jahr. In fünf Jahren ist die Zahl um 3500 Elektroautos (von 500 auf 4000) gestiegen.

6

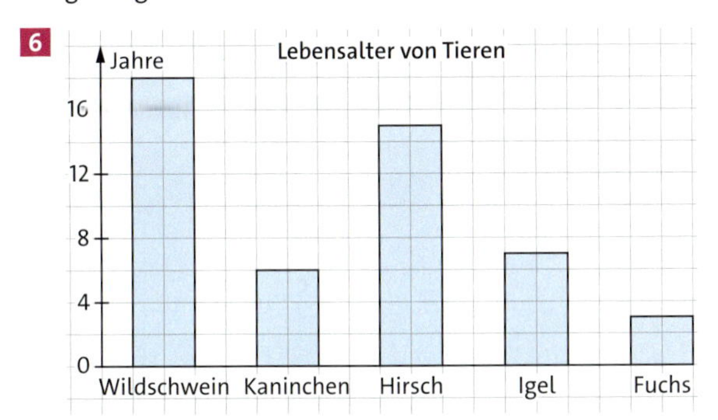

7 2345 ≈ **2000** (abgerundet);
2987 ≈ **3000** (aufgerundet);
21 560 ≈ **22 000** (aufgerundet);
39 811 ≈ **40 000** (aufgerundet; Achtung: Übergang zum Zehntausender)

▶ Seite 23 Zwischentest

1

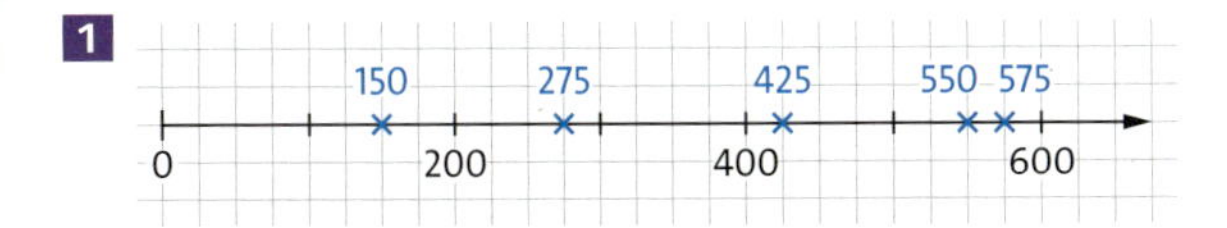

2

	Milliarden			Millionen			Tausender					
	H	Z	E	H	Z	E	H	Z	E	H	Z	E
a)	5	2	0	0	5	0	0	0	5	0	0	0
b)				5	0	0	5	1	0	1	0	0
c)	5	0	0	5	1	0	0	0	0	1	0	0

d) sechs Milliarden siebzig Millionen neunhunderttausendeinhundertdrei
e) 20 790 000 000 000

3 a) 3045; 3504; 4035; 4503; 5043; 5340
b) 30 000; 30 003; 30 030; 30 300; 33 000

4 a) Minimum 197 cm (Tim), Maximum 324 cm (Max)
b) Spannweite = Maximum – Minimum
= 324 cm – 197 cm = **127 cm**

5 2020: 2000 Mitglieder;
2021: 5000 Mitglieder;
2022: 4000 Mitglieder;
2023: 7000 Mitglieder;
2024: 6000 Mitglieder
Entwicklung: Die Mitgliederanzahl nahm im ersten Jahr stark zu, sank dann etwas ab, stieg dann wieder und fiel im letzten Jahr wieder ab.

6

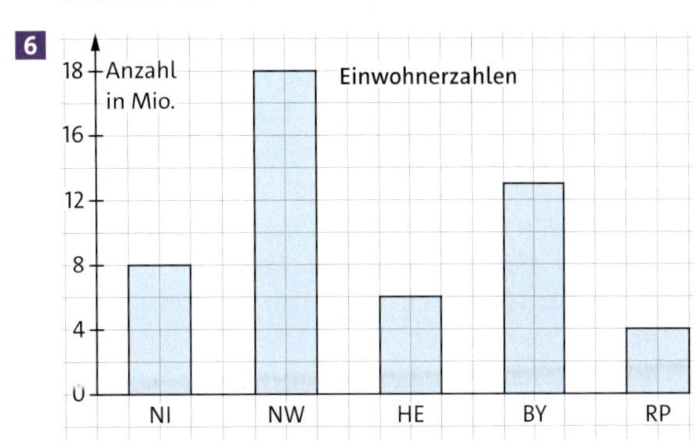

7 1 293 450 ≈ **1 000 000** (abgerundet);
3 678 201 ≈ **4 000 000** (aufgerundet);
13 416 723 ≈ **13 000 000** (abgerundet);
89 879 035 ≈ **90 000 000** (aufgerundet)

▶ Seite 29 Abschlusstest

1 a) 700; 200; 400; 900
b)

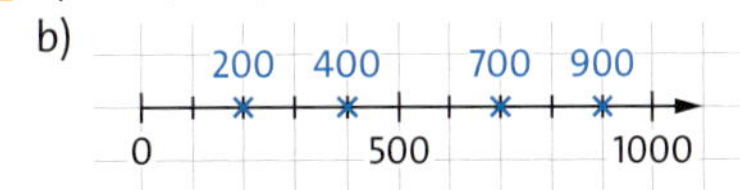

2 10 505 > 10 050, also ist Jan besser.

3 Minimum 19, Maximum 45,
Spannweite 45 – 19 = **26**

4 a) Schoko mochten **6** Kinder am liebsten.
b) Vanille war beliebter als **Zitrone** und **Erdbeere**.

5

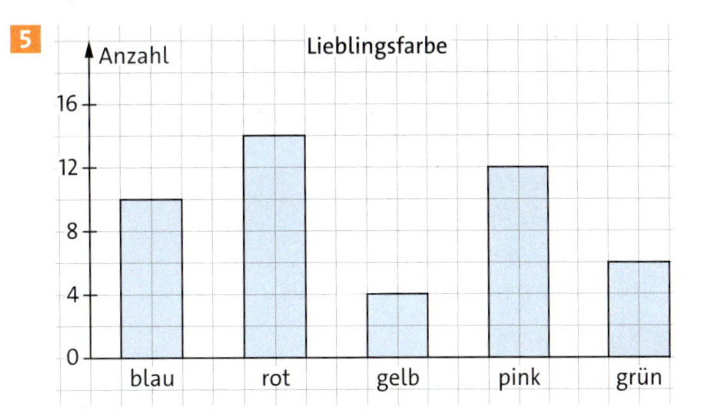

▶ Seite 29 Abschlusstest ☒

1 a) 2100, 1800; 2200; 1900
b)

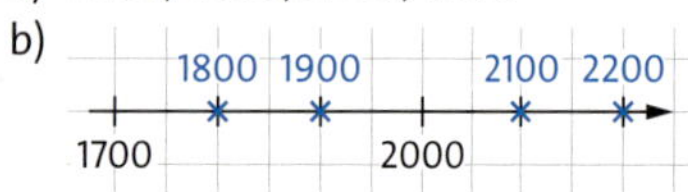

2 Platz 1: Stina 5343 Punkte
Platz 2: Ina 4553 Punkte
Platz 3: Tom 4535 Punkte
Platz 4: Marek 4355 Punkte

3 Minimum 9, Maximum 36,
Spannweite 36 – 9 = **27**

4 mögliche Frage: „Welche Jahreszeit magst du am liebsten?“ (Andere Fragen sind möglich.)
Die meisten Befragten mögen den Sommer am liebsten, nämlich 600.
400 Leute mögen den Herbst am liebsten.
300 Leute mögen den Winter am liebsten.
Nur 200 Leute mögen den Frühling am liebsten.
Insgesamt haben 1500 Leute geantwortet.
Die Spannweite beträgt 600 – 200 = 400.

5

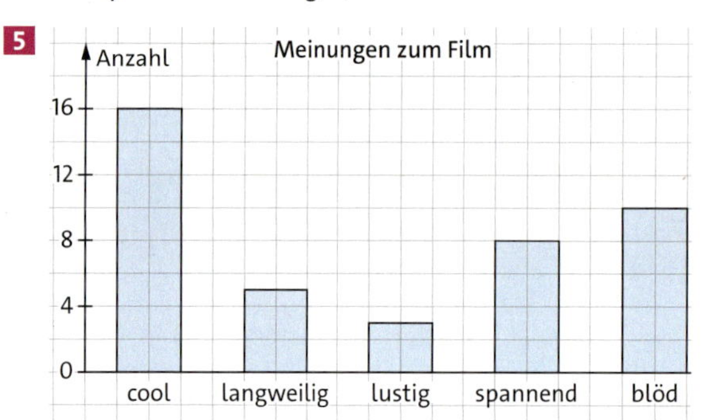

4 Das Säulendiagramm könnte die Anzahl von Besuchern (Badegästen) in einem Schwimmbad an vier verschiedenen Tagen zeigen. (Andere Antworten möglich)
Am Samstag kamen 200 Besucher, am Sonntag waren es 50 mehr, nämlich 250. Am Montag kamen nur 100 Gäste. Am Dienstag kamen 150 Gäste.
Die Besucherzahlen steigen erst an, fallen zum Montag hin stark ab und steigen dann wieder.
Das liegt vermutlich am Wetter und daran, dass am Wochenende mehr Leute Zeit haben, ins Schwimmbad zu gehen.

5 Vor dem Zeichnen ist es sinnvoll, die Längen auf Hunderter zu runden:
Wolga 3700 km; Rhein 1300 km; Nil 6700 km;
Mississippi 4100 km; Amazonas 6400 km

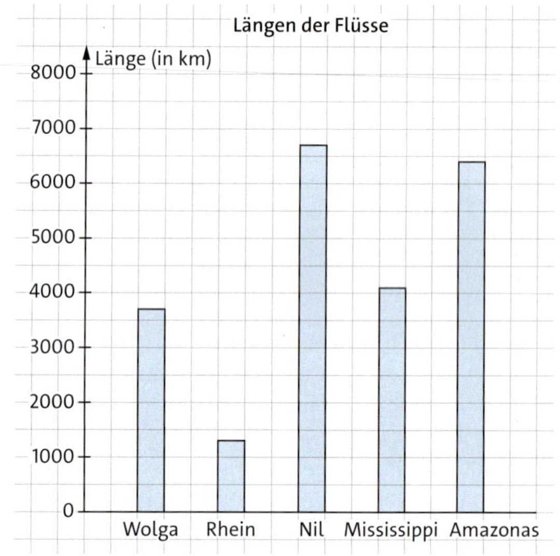

▶ Seite 29 Abschlusstest ☒

1 a) fünfundvierzigtausendsechshundertacht
b) 230 000; 100 000; 50 000; 370 000
c)

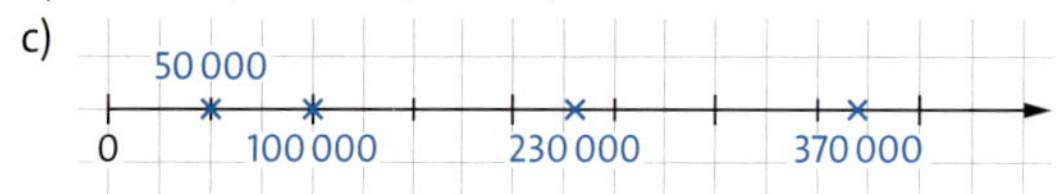

2 a) Platz 1: Amir 120 050
Platz 2: Mara 105 729
Platz 3: Tim 102 070
Platz 4: Jana 102 040
b) Spannweite 120 050 – 102 040 = **18 010**

3 Minimum 787,
Maximum 2436,
Spannweite 2436 – 787 = **1649**

2 Natürliche Zahlen addieren und subtrahieren

▶ Seite 32/33 Wiederholung

1 a) 4; 7; 10; 13; 16; **19**; **22**; **25**; **28**; **31**
(immer +3)
b) 6; 4; 7; 5; 8; **6**; **9**; **7**; **10**; **8**
(abwechselnd −2 und +3)
c) 1; 2; 5; 10; 17; **26**; **37**; **50**; **65**; **82**
(+1, +3, +5, +7, +9, +11, …)

2

	Tausender					
	H	Z	E	H	Z	E
a)		3	5	8	4	7
b)			4	0	2	0
c)				1	7	4
d)			3	0	0	1

3 a) 310, 640, 5700 b) 500, 200, 4000
c) 25 d) 249

4 a) 73 + **27** = 100 b) 436 + **64** = 500
c) 124 + **876** = 1000

5 137 + 63 = 200 1223 + 377 = 1600
12 + 288 = 300 443 + 557 = 1000

6 a)
21
12 | **9**
5 | 7 | 2

b)
19
7 | 12
3 | **4** | 8

7 a) 36, 20, 32; innen: 12, 24, 8 (**20**, **32** fett)
b) 18, 20, 16; innen: **11**, 7, **9** (**16** fett)

8 a) 10, 8, 11; 10 + 8 = **18**; 18 + 11 = **29**
b) 25, 15, 22; 25 − 15 = **10**; 10 + 22 = **32**

9 a) 254 + 386
254 + 6 = 260
260 + 80 = 340
340 + 300 = **640**

b) 648 + 86
648 + 6 = 654
654 + 80 = **734**

c) 638 − 257
638 − 7 = 631
631 − 50 = 581
581 − 200 = **381**

10 a) 27 + 4 = 31 Tobi braucht 31 Muffins.
b) 31 − 6 = 25 25 Muffins wurden gegessen.

▶ Seite 50 Zwischentest

1 a) 23 + **7** = 30; **zweiter Summand**
b) 26 − 7 = **19**; **Wert der Differenz**
c) 50 − **8** = 42; **Subtrahend**

2 a) 68 + 31 ≈ 70 + 30 = **100**
b) 89 − 57 ≈ 90 − 60 = **30**

3 a) 31 + 17 = 48, richtig
b) 37 + 18 = 55 ≠ 45, falsch

4 a) 18 + 27 + 12
18 + 12 + 27
= (18 + 12) + 27
= 30 + 27
= **57**

b) 17 + 25 + 5
= 17 + (25 + 5)
= 17 + 30
= **47**

5 a) 38 − 12 − 8 = 26 − 8 = **18**
und 38 − (12 − 8) = 38 − 4 = **34**
Die Ergebnisse sind verschieden.
b) 47 + 23 − 16 = 70 − 16 = **54**
und 47 + (23 − 16) = 47 + 7 = **54**
Die Ergebnisse sind gleich.

6 a) 263 + 313 = 576
b) 6308 + 731 = 7039 (Übertrag 1)
c) 5605 + 2585 = 8190 (Überträge 1, 1)

7 a) 675 − 414 = 261
b) 5418 − 2313 = 3105
c) 2814 − 533 = 2281 (Übertrag 1)

▶ Seite 51 Zwischentest

1 a) 38 + 59 = ▢; 38 + 59 = **97**
b) 58 − ▢ = 37; 58 − **21** = 37

2 a) 43 + 288 ≈ 40 + 290 = 330
b) 122 − 74 ≈ 120 − 70 = 50

3 a) 32 + 58 = 90 ≠ 86, falsch
b) 106 + 78 = 184, richtig

4 a) 18 + 16 + 24 + 12
= (18 + 12) + (16 + 24)
= 30 + 40
= **70**
b) 27 + 55 + 53 + 45
= (27 + 53) + (55 + 45)
= 80 + 100
= **180**

5 a) 54 − 18 + 26 − 10 = 36 + 26 − 10
= 62 − 10 = 52 und
54 − (18 + 26) − 10 = 54 − 44 − 10
= 10 − 10 = 0
Die Klammer ändert das Ergebnis.

5 b) 19 + 22 + 37 − 11 = 41 + 37 − 11
= 78 − 11 = 67 und
19 + 22 + (37 − 11) = 19 + 22 + 26
= 41 + 26 = 67
Die Klammer ändert das Ergebnis nicht.

6 a)

		4	6	5
+		7	7	3
		1		
	1	2	3	8

b)

	5	9	2	8
+	1	7	0	3
+		5	2	4
	2		1	
	8	1	5	5

c)

		8	6	0	5
+			9	8	4
+		1	7	2	7
		2	1	1	
	1	1	3	1	6

7 a)

	8	3	5
−	4	1	7
		1	
	4	1	8

b)

	5	7	0	3
−	2	2	2	2
		1		
	3	4	8	1

c)

	1	5	2	5
−		9	2	8
		1	1	
		5	9	7

▶ Seite 51 Zwischentest

1 a) Bilde die Differenz der Zahlen 72 und 38;
□ = 34
b) Der erste Summand ist 19, der Wert der Summe ist 201; □ = 182
c) Der Subtrahend ist 52 und der Wert der Differenz ist 26; □ = 78

2 Ilvy hat sich an die Rundungsregeln gehalten. Aber Cems Rechnung passt besser zum genauen Ergebnis 472, weil es bei Subtraktionsaufgaben meist sinnvoller ist, beide Zahlen abzurunden (oder beide Zahlen aufzurunden). Bei Ilvys Rechnung ist der Minuend um 5 größer und es wird 3 weniger subtrahiert, also ist das Ergebnis um 8 zu groß. Bei Cem ist der Minuend um 5 kleiner und es wird 3 weniger subtrahiert, also ist das Ergebnis nur um 2 zu klein.

3 a) 153 + 147 = 300 ≠ 400, falsch
b) 166 + 156 = 322, richtig

4 a) 130 + 910 + 270 + 90
= (130 + 270) + (910 + 90)
= 400 + 1000 = **1400**
b) 19 + 69 + 81 + 31
= (19 + 81) + (69 + 31)
= 100 + 100 = **200**
Es werden immer das Kommutativgesetz (vertauschen) und das Assoziativgesetz (Klammern setzen) verwendet.

5 100 − (36 + 17) + (45 − 12)
= 100 − 53 + 33 = 80
Das zweite Klammernpaar (45 − 12) ist nicht notwendig. (Denn es steht ein Plus vor der Klammer.)

6 a)

		5	4	0	2
+	1	6	2	0	4
+			8	7	7
	1	1		1	
	2	2	4	8	3

b)

	2	5	1	4
+			3	8
+		4	9	7
+			6	6
	1	2	2	
	3	1	1	5

c)

	1	5	8	9	5
+		6	7	0	1
+			5	5	0
+	2	5	0	9	4
	1	2	2	1	
	4	8	2	4	0

7 a)

	2	5	1	7
−		9	0	9
	1		1	
	1	6	0	8

b)

	2	0	0	4
−	1	9	5	7
	1	1	1	
			4	7

c)

	3	8	5	1	7
−			8	5	2
−		9	0	6	4
	2	1	1		
	2	8	6	0	1

▶ Seite 59 Abschlusstest

1 a) Der 1. Summand ist 26 und der **zweite Summand** ist 24. Dann ist der **Wert der Summe** 50.
b) Der **Minuend** ist 45, der **Subtrahend** ist 23 und 22 ist der **Wert der Differenz**.

2 a) 45 + 12 + 8
45 + (12 + 8)
= 45 + 20
= **65**
b) 4 + 25 + 26
= 4 + 26 + 25
= 30 + 25
= **55**
c) 8 + 14 + 92
= 8 + 92 + 14
= 100 + 14
= **114**

3 a) 86 − (36 + 14) = 86 − 50 = **36**
b) 67 + 13 − (28 − 18) = 67 + 13 − 10 = 80 − 10 = **70**
c) 100 − (100 − 82) + 18 = 100 − 18 + 18 = **100**

4 a) Überschlag: 1200 + 500 = 1700

	1	1	8	6
+		5	3	3
		1		
	1	7	1	9

b) Überschlag: 2500 + 200 + 300 = 3000

	2	5	4	3
+		2	3	8
+		2	5	7
	1	1	1	
	3	0	3	8

5 a)

	1	5	8	7
−		3	7	6
	1	2	1	1

Probe:

	1	2	1	1
+		3	7	6
	1	5	8	7

b)

	5	0	6
−	4	5	8
	1	1	
		4	8

Probe:

		4	8
+	4	5	8
	1	1	
	5	0	6

6

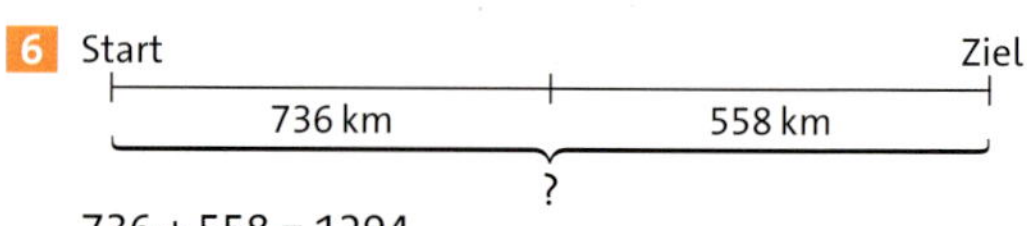

736 + 558 = 1294
Das Urlaubsziel ist 1294 km entfernt.

▶ Seite 59 Abschlusstest ☒

1 a) 134 − 48 = ▒; 134 − 48 = **86**
b) 64 + ▒ = 101; 64 + **37** = 101

2 a) 22 + 65 + 35 + 78
= (22 + 78) + (65 + 35)
= 100 + 100
= **200**

b) 114 + 33 + 86 + 17
= (114 + 86) + (33 + 17)
= 200 + 50
= **250**

c) 248 + 12 + 52 + 88
= (248 + 52) + (12 + 88)
= 300 + 100
= **400**

3 a) 86 − (28 − 12) = 86 − 16 = 70
b) 59 + (22 − 12) − 17 = 59 + 10 − 17 = 69 − 17 = 52
Klammern unnötig
c) (158 − 28) − (58 − 28) = 130 − 30 = 100
erstes Klammernpaar unnötig

4 a) Überschlag: 3500 + 100 + 500 = 4100

	3	5	4	3
+			8	6
+		5	0	2
	1	1	1	
	4	1	3	1

b) Überschlag: 600 + 5600 + 4400 = 10 600

		5	8	0
+	5	6	0	9
+	4	3	9	3
	1	1	1	
1	0	5	8	2

5

a)		1	7	3	8	Probe:				
	−		3	4	5		1	3	9	3
			1			+		3	4	5
		1	3	9	3			1		
							1	7	3	8

b)		3	2	5	2	Probe:				
	−			9	6		2	4	9	7
	−		6	5	9	+			9	6
		1	2	2		+		6	5	9
		2	4	9	7		1	2	2	
							3	2	5	2

6 Von der gesamten Strecke (2755 km) müssen die beiden schon gefahrenen Strecken (856 km und 798 km) abgezogen werden.
2755 − 856 − 798 = 1101

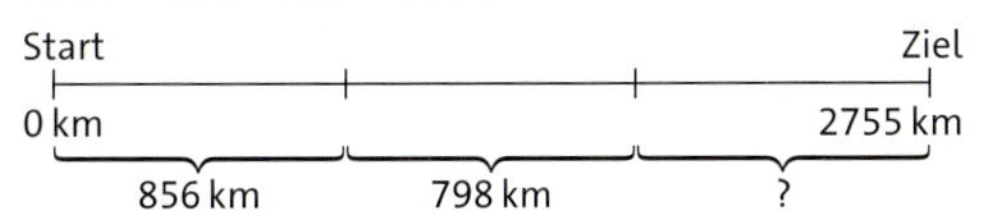

Es sind noch 1101 km. Das können sie mit einer langen Fahrt an einem Tag schaffen.

▶ Seite 59 Abschlusstest ☒

1 a) 15 + 30 = ▒; 15 + 30 = **45**
(Das Doppelte von 15 ist 30.)
b) ▒ − 64 = 32; **96** − 64 = 32
(Die Hälfte von 64 ist 32.)

2 a) 326 + 32 + 124 + 18
= (326 + 124) + (32 + 18)
= 450 + 50
= **500**

b) 49 + 33 + 107 + 111
= (49 + 111) + (33 + 107)
= 160 + 140
= **300**

c) 12 + 57 + 18 + 23 + 88
= (12 + 88) + (57 + 23) + 18
= 100 + 80 + 18
= **198**

3 a) 75 − (38 − 23) + 4 = 64
b) 12 + 14 − 12 + 11 = 25;
keine Klammern nötig
c) 88 − (42 + 13 − 7) = 40

4 a) Überschlag: 2600 + 200 + 1300 = 4100

	2	5	6	6
+		2	1	2
+	1	2	8	6
	1	1	1	
	4	0	6	4

b) Überschlag: 42 100 + 700 + 2100 = 44 900

	4	2	0	5	3
+			6	9	8
+		2	0	8	4
			2	1	
	4	4	8	3	5

5

a)		5	8	0	4	Probe:				
	−		9	4	2		2	6	8	8
	−	2	1	7	4	+		9	4	2
		1	2	1		+	2	1	7	4
		2	6	8	8		1	2	1	
							5	8	0	4

b)		4	2	1	0	3	Probe:					
	−			7	4	5		3	9	7	9	0
	−		1	5	6	8	+			7	4	5
		1	2	2	1		+		1	5	6	8
		3	9	7	9	0		1	2	2	1	
								4	2	1	0	3

6 Zu Beginn sind 238 Fahrgäste im Zug. Davon müssen diejenigen abgezogen werden, die aussteigen. Dazugerechnet werden die, die neu einsteigen.

238 − 125 + 173 + 78 − 120 = 244
Jetzt sind 244 Fahrgäste im Zug.

3 Mit Größen rechnen

▶ Seite 62/63 Wiederholung

1 Zeichenübung; es gibt 5-Euro-Scheine, 10-Euro-Scheine, 20-Euro-Scheine, 50-Euro-Scheine, 100-Euro-Scheine. (Außerdem: 200-Euro-Scheine und 500-Euro-Scheine, nicht im Bild.) 15-Euro-Scheine, 25-Euro-Scheine, 30-Euro-Scheine und 300-Euro-Scheine gibt es nicht.

2 Zeichenübung; es gibt 1-Cent-Münzen, 2-Cent-Münzen, 5-Cent-Münzen, 10-Cent-Münzen, 20-Cent-Münzen und 50-Cent-Münzen sowie 1-Euro-Münzen und 2-Euro-Münzen.

3 a) **Fußballschuhe** sind teurer als ein Fußball.
b) **Füller** sind teurer als Radiergummis.
c) **Schulranzen** sind teurer als Sportbeutel.

4 Feder, Maus, Buch, Katze, Auto, Elefant

5 Der Anspitzer ist **2,5 cm** lang.
Die Tintenpatrone ist **3,8 cm** lang.
Die Schraube ist **8,4 cm** lang.

6 a) einundreißigtausendsechshundertfünfzig
einhundertneunzigtausendachthundertvier

b)

Millionen			Tausender					
H	Z	E	H	Z	E	H	Z	E
		6	0	8	3	6	1	5
				9	9	0	9	9

7 a) vierundsechzigtausendneunundachtzig
sieben Millionen fünfhunderteintausend-dreihundertzweiundzwanzig

8 a) 60 b) 600 c) 6000
Beim Malnehmen mit Stufenzahlen kannst du die Aufgabe vereinfachen: Du lässt zunächst die Nullen weg und hängst die weggelassenen Nullen im Ergebnis wieder an.

9 a) 2500 b) 250 c) 25
Beim Teilen durch Stufenzahlen kannst du die Aufgabe vereinfachen: du lässt bei beiden Zahlen gleich viele Nullen am Ende weg.

10 a) 7:30 Uhr oder 19:30 Uhr (halb acht)
b) 4:00 Uhr oder 16:00 Uhr (vier Uhr)
c) 10:30 Uhr oder 22:30 Uhr (halb elf)
d) 1:30 Uhr oder 13:30 Uhr (halb zwei)

11 a) b) c)

12 a) 4 Stunden sind vergangen.
b) 5 Stunden und 30 Minuten sind vergangen.
c) 7 Stunden und 30 Minuten sind vergangen.

▶ Seite 82 Zwischentest

1 a) 3,00 € b) 9,50 € c) 800 ct d) 630 ct

2 Ja, man kann alles kaufen,
4 € + 10 € + 50 ct + 3 € 50 ct
= 400 ct + 1000 ct + 50 ct + 350 ct
= 1400 ct + 50 ct + 350 ct
= 1450 ct + 350 ct = 1800 ct = **18,00 €**
Das sind weniger als 20 €.

3 a) 4000 g b) 8000 kg c) 6 kg d) 13 t

4 a) **500 g**, denn 6500 g + 500 g = 7000 g
b) **960 g**, denn 6040 g + 960 g = 7000 g
c) **999 g**, denn 6001 g + 999 g = 7000 g

5 a) 3000 m b) 20 mm c) 4 dm d) 5,4 m

6 300 cm + 80 cm + 20 cm = **400 cm**

7 a) 5 min b) 3 h c) 240 s d) 240 min
e) 12 Monate f) 3 Wochen

8 a) **24 min** sind vergangen.
b) **3 h und 15 min** sind vergangen. Denn:
Von 12:15 Uhr bis 13:00 Uhr sind es 45 min.
Von 13:00 Uhr bis 15:00 Uhr sind es 2 h.
Von 15:00 Uhr bis 15:30 Uhr sind es 30 min.
45 min + 2 h + 30 min = 3 h und 15 min

▶ Seite 83 Zwischentest

1 a) 3,50 € b) 11,60 € c) 689 ct d) 103 ct
e) 10,23 € = 1023 ct

2 Der Einkauf kostet:
24,50 € + 7,50 € + 3,00 € + 1,85 € + 12,00 € = 48,85 €
50,00 € – 48,85 = 1,15 €
Tim hat dann noch **1,15 €**.

3 a) 5,6 kg b) 2,7 t c) 3000 kg
d) 5600 g e) 4 000 000 g

4 a) 2000 g + 5300 g + 4 g = **7304 g**
b) 1000 kg + 600 kg + 3 kg = **1603 kg**

5 Umrechnungen in cm:
90 mm = 9 cm; 3 dm = 30 cm; 0,25 m = 25 cm;
25 dm = 250 cm; 1,3 m = 130 cm
1,3 cm < 9 cm < 25 cm < 30 cm < 88 cm
< 130 cm < 250 cm
oder:
1,3 cm < 90 mm < 0,25 m < 3 dm < 88 cm
< 1,30 m < 25 dm

6 7000 m + 45 m + 9 m + 5400 m = **12 454 m**

7 a) 3 Tage b) 7 min c) 480 s
d) 96 h e) 150 min f) 255 s

8 a) **8:42 Uhr**, denn von 7:31 Uhr bis 8:31 Uhr ist es 1 h und von 8:31 Uhr bis 8:42 Uhr sind es 11 min.
b) **2 h 5 min**, denn von 15:28 Uhr bis 17:28 Uhr sind es 2 h und von 17:28 Uhr bis 17:33 Uhr sind es 5 min.

▶ Seite 83 Zwischentest ☒

1 a) 11,10 € (oder 1110 ct) oder 11 € 10 ct
b) 14,03 € oder 1403 ct (oder 14 € 3 ct)
c) 0,99 € (oder 99 ct) oder 0 € 99 ct
d) 14,44 € oder 1444 ct, denn 13 € 144 ct sind 14 € und 44 ct, weil 144 ct = 1 € 44 ct sind.

2 Die Dinge kosten zusammen:
19,95 € + 3 € + 2 € + 3 · 1,50 € = **29,45 €**
Mit einem 20-Euro-Schein und einem 10-Euro-Schein kann du möglichst passend zahlen.
Du bekommst 55 ct zurück.

3 a) 8300 g b) 2007 kg c) 5090 g
d) 0,4 kg e) 5 850 000 g f) 0,000 950 t

4 Rechne zuerst alles in kg bzw. g um.
a) 0,25 kg + 1,5 kg + 8 kg = **9,75 kg**
b) 4750 g + 350 g + 2800 g = 7900 g = **7,9 kg**

5 Umrechnungen zum Beispiel in m:
1,031 km = 1031 m; 31 dm 3 cm = 3,13 m;
31 mm = 0,031 m; 0,313 km = 313 m
0,031 m < 3,1 m < 3,13 m < 310 m < 313 m
< 1031 m < 3130 m
oder:
31 mm < 3,1 m < 31 dm 3 cm < 310 m
< 0,313 km < 1,031 km < 3130 m

6 Rechne zuerst alles in m um:
500 m + 0,3 m + 6 m + 12 m + 60 m = **578,3 m**

7 a) 144 h b) 9 h c) 720 s
d) 80 min e) 630 min d) 7200 s

8 a) **4:00 Uhr**, denn von 23:48 Uhr bis 0:00 Uhr sind es 12 min und von 0:00 Uhr bis 4:00 Uhr sind es 4 h.
b) **14:23 Uhr**; hier musst du rückwärts rechnen:
1 h vor 16:04 Uhr war es 15:04 Uhr und 4 min vor 15:04 Uhr war es 15:00 Uhr. Jetzt musst du noch 37 min zurückgehen:
37 min vor 15:00 Uhr war es 14:23 Uhr.

▶ Seite 91 Abschlusstest ☒

1 a) 2,50 € b) 6 g c) 8000 kg
d) 6000 m e) 400 mm f) 180 min

2 Wandle zuerst in die gleiche Einheit um.
a) **5,80 €**, denn 500 ct + 80 ct = 580 ct = 5,80 €
b) **46 800 kg**, denn 45 000 kg + 1800 kg = 46 800 kg
c) **56 cm**, denn 50 cm + 6 cm = 56 cm
d) **6 h**, denn 1 h + 5 h = 6 h

3 a) 3 kg > 2 kg 990 g, denn 3 kg = 3000 g und 2 kg 990 g = 2990 g
b) 3 kg 150 g < 3200 g, denn 3 kg 150 g = 3150 g
c) 3,05 kg > 3005 g, denn 3,05 kg = 3050 g

4 1 € + 2,50 € + 14,00 € = **17,50 €**
Lisa muss insgesamt 17,50 € bezahlen.

5 6 · 45 min = 270 min
270 min sind **4 h 30 min**, denn 240 min = 4 h und 30 min bleiben übrig.

6 Wandle alle Strecken in m um. Rechne dann zusammen.
4000 m + 3500 m + 4200 m = **11 700 m**
Nina und Pedro sind insgesamt 11 700 m gegangen.

▶ Seite 91 Abschlusstest ☒

1 a) 1606 ct b) 50 000 g c) 7500 kg
d) 9050 m e) 0,48 m f) 260 min

2 Wandle zuerst in die gleiche Einheit um.
a) 8600 g + 400 g = **9000 g** = **9 kg**
b) 8 h 48 min + 12 min + 30 min = **9 h 30 min**
c) 9000 m + 500 m + 5 m = **9505 m**
d) 8005 ct + 1590 ct = 9595 ct = **95,95 €**

3 Umrechnungen zum Beispiel in g:
0,5 t = 500 000 g; 50,5 kg = 50 500 g;
50 kg 50 g = 50 050 g; 5000 mg = 5 g
5 g < 50 050 g < 50 500 g < 55 000 g < 500 000 g
oder: **5000 mg < 50 kg 50 g < 50,5 kg < 55 000 g < 0,5 t**

4 89,50 € + 13,50 € = 103,00 € und
130 € – 103 € = 27 € oder:
130,00 € – 89,50 € – 13,50 € = **27,00 €**
Das Kaninchen kostet 27,00 €.

5 32 · 45 min = 1440 min
Eine Stunde hat 60 min, also ist
1440 min = **24 h**, denn 1440 : 60 = 24.
Die Unterrichtszeit in einer Woche beträgt **24 h**.
(oder: 4 Schulstunden ergeben zusammen 3 h.
Also sind 32 Schulstunden 8 · 3 h = 24 h.)

6 Wandle alle Strecken in m um:
3000 m + 4200 m + 1200 m + 6500 m = 14 900 m
Das sind **14 km 900 m**.
Emre und Lea sind 14 km 900 m gewandert.

▶ Seite 91 Abschlusstest ☒

1 a) 9500 kg b) 0,08 dm c) 0,03 €
d) 4 h e) 0,35 g f) 0,033 m

2 a) 500 kg + 500 kg = **1000 kg**
b) 35 dm – 5 dm = **30 dm**
c) 150 € – 60,50 € – 2,50 € = **87,00 €**
d) 50 mg – 50 mg = **0 mg**

3 Umrechnungen zum Beispiel in g:
0,4 t = 400 000 g; 450,5 kg = 450 500 g;
40 kg 4 g = 40 004 g; 45 000 000 mg = 45 000 g;
450 kg 55 g = 450 055 g
40 004 g < 45 000 g < 400 000 g < 440 000 g < 450 055 g
< 450 500 g
oder:
40 kg 4 g < 45 000 000 mg < 0,4 t < 440 000 g
< 450 kg 55 g < 450,5 kg

4 Teile die Kosten für einen Monat (in Cent) durch die Anzahl der Tage, also 2250 ct : 30.
Zum Beispiel so:
2250 : 30 = 75
2100 : 30 = 70
150 : 30 = 5
Das Futter kostet 75 ct (= 0,75 €) für einen Tag.

5 Wandle 22 h 30 min in min um:
22 h = 22 · 60 min = 1320 min und
22 h 30 min = 1320 min + 30 min = 1350 min.
Eine Schulstunde beträgt 45 min, also musst du 1350 durch 45 teilen; 1350 : 45 = 30.
22 h 30 min sind **30 Schulstunden**.
oder:
4 Schulstunden sind 3 h.
28 Schulstunden sind 21 h.
Bis zu den 22 h 30 min fehlt noch 1 h 30 min.
Das sind 2 Schulstunden.
28 + 2 = 30, also gilt:
22 h 30 min sind **30 Schulstunden**.

6 Du kannst alle Strecken in m umwandeln:
5500 m + 4500 m + 4500 m + 4300 m + 1300 m = 20 100 m = **20 km 100 m**
Oder du wandelst alle Strecken in km um:
5,5 km + 4,5 km + 4,5 km + 4,3 km + 1,3 km = 20,1 km = **20 km 100 m**
Lia und Jo sind 20 km 100 m gewandert.

4 Geometrische Figuren zeichnen

▶ Seite 94/95 Wiederholung

1 Zeichenübung, zwei mögliche Beispiele sind:

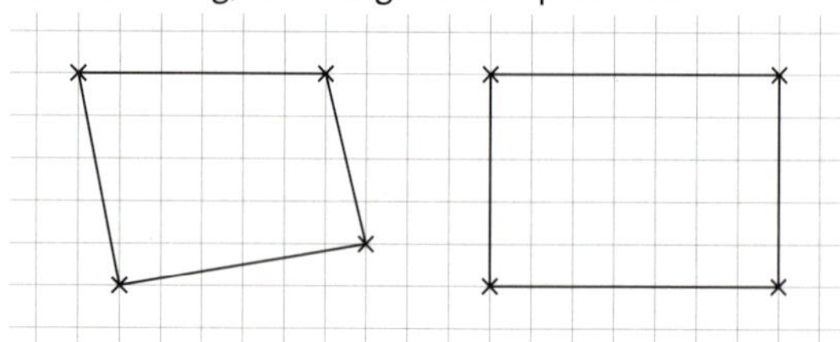

2 a) Büroklammer 3 cm b) Radiergummi 5 cm

3

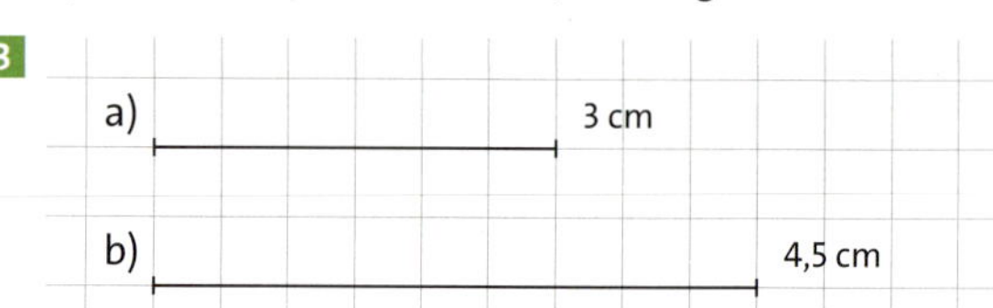

4 Das kleine Fenster in der Mitte hat 4 rechte Winkel.
Die vier Fenster daneben, darüber und darunter haben je 2 rechte Winkel.
Die vier Fenster in den „Ecken" haben nur 1 rechten Winkel.
Insgesamt sind es **16 rechte Winkel**.

5 Beginne mit einem Quadrat aus vier blauen Kästchen.

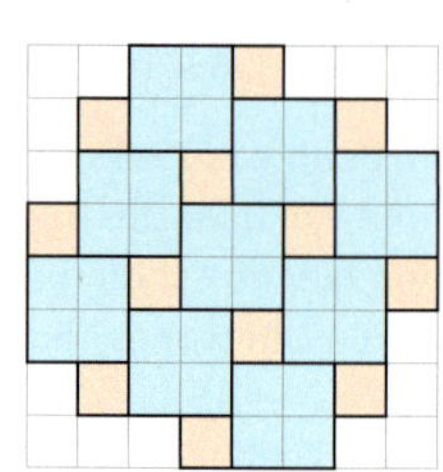

6 Die Linien schneiden sich **fünfmal**.

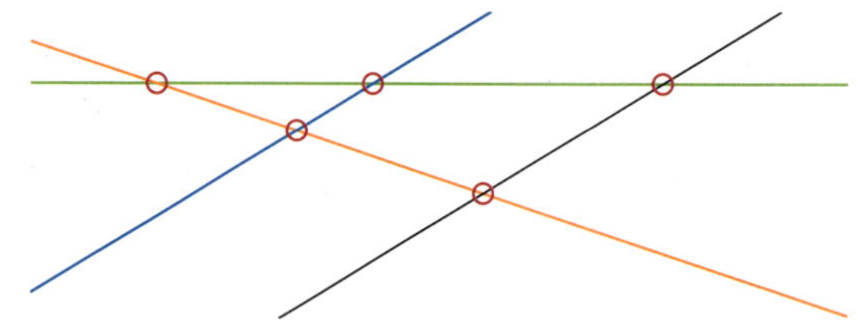

7 Zeichenübung: Doppelpfeil abzeichnen

8 **C3** **D2** **E3**
Gib zuerst die Spalten (Buchstaben), dann die Zeilen (Zahlen) an.

▶ Seite 114 und 116 Zwischentest

1 (Zwei Kästchen sind 1 cm lang.)

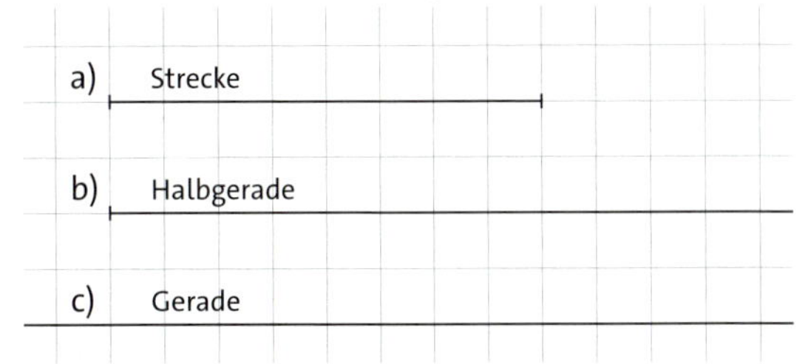

2 a) Zueinander parallel sind a und c (oder d und e).
b) Zueinander senkrecht sind a und d (oder a und e oder c und d oder c und e).
c) Zeichenübung: abzeichnen aus dem Buch

3 Der Abstand von Punkt P zur Geraden g beträgt **2 cm**.

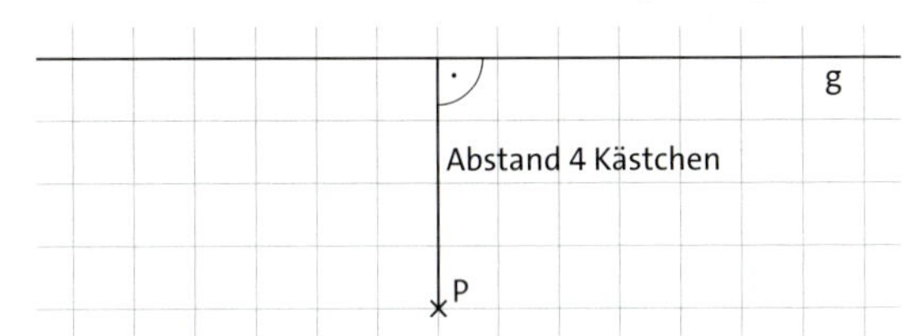

4 a) A(2|3); B(4|1)
b)

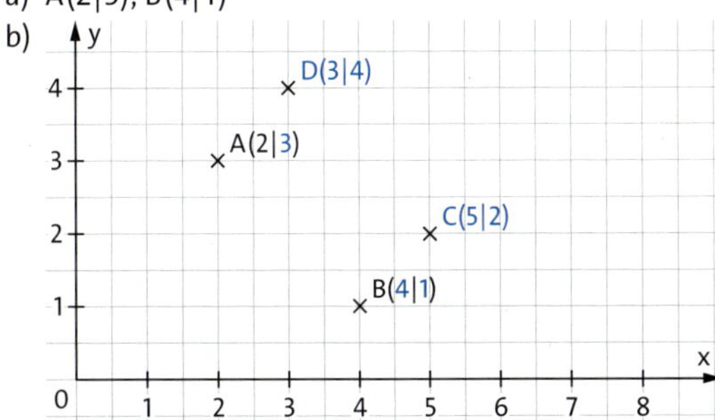

5 Figur ① ist achsensymmetrisch.
Figur ② ist nicht achsensymmetrisch, denn sie hat keine Symmetrieachse.

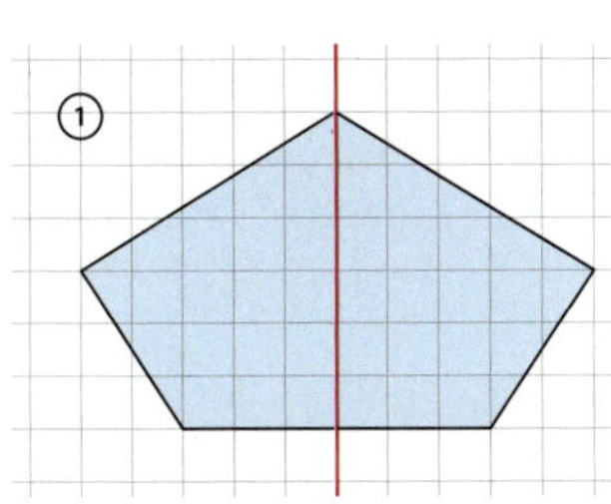

6

D, E, C, B, F, A, F', A', g, E', C', B', D'

7 Figur ① ist nicht punktsymmetrisch, sie hat keinen gemeinsamen Symmetriepunkt.
Figur ② ist punktsymmetrisch.

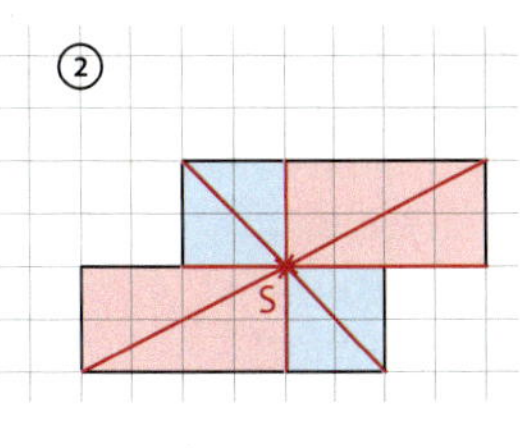

8

C, A', B, B', S, A, C'

▶ Seite 115 und 117 Zwischentest

1 Zum Beispiel:

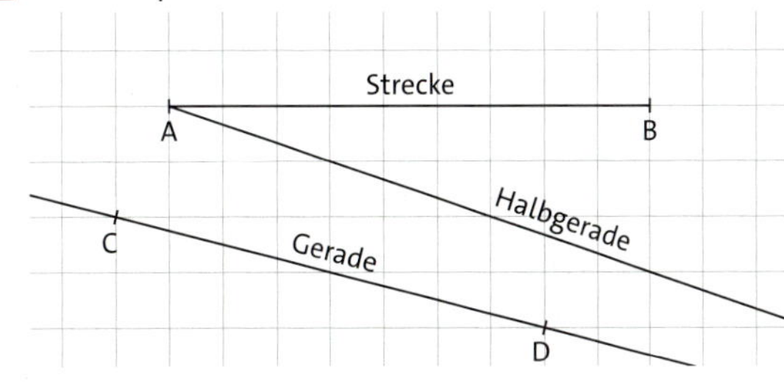

2 a) Zueinander parallel: a ∥ b
Zueinander senkrecht: a ⊥ c, b ⊥ c, d ⊥ e
b) Hier eine mögliche Zeichnung:
Es ist a ∥ b und a ⊥ c sowie b ⊥ c.

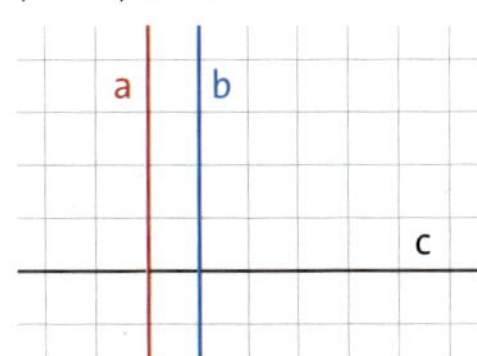

3 Der Abstand von Punkt P zur Geraden g beträgt **1,5 cm**.

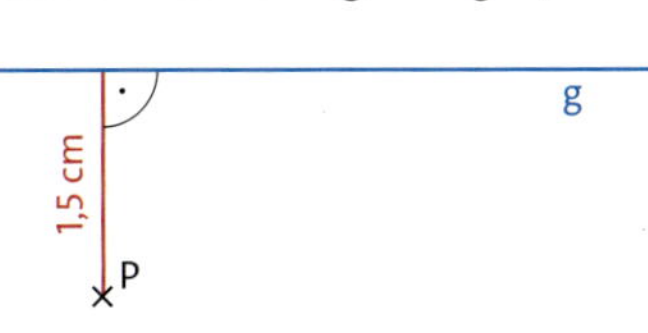

4 a) A(0|0); B(2|4)
b)

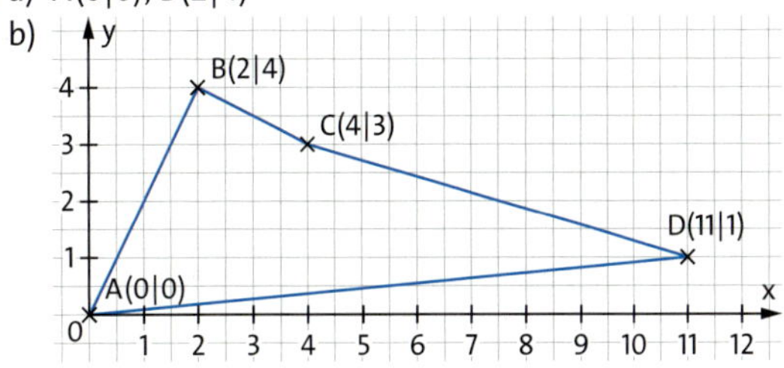

5 Figur ① ist nicht achsensymmetrisch, denn sie hat keine Symmetrieachse. Figur ② ist achsensymmetrisch, sie hat zwei Symmetrieachsen.

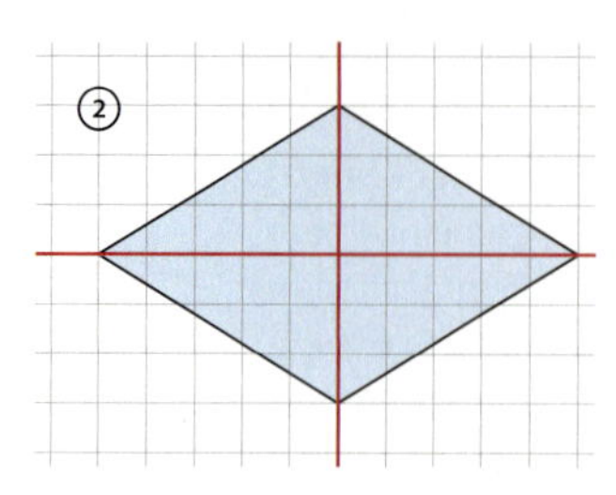

6

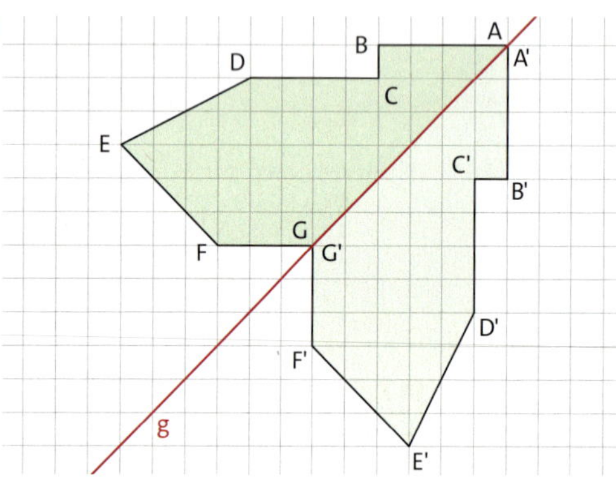

7 Figur ① ist punktsymmetrisch.
Figur ② ist nicht punktsymmetrisch, sie hat keinen Symmetriepunkt.

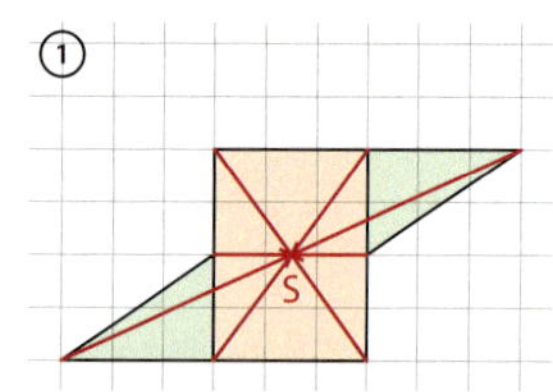

8

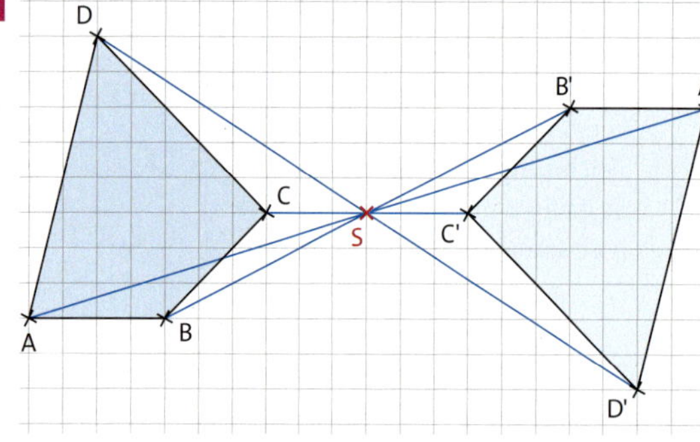

▶ Seite 115 und 117 Zwischentest ☒

1 Zum Beispiel:

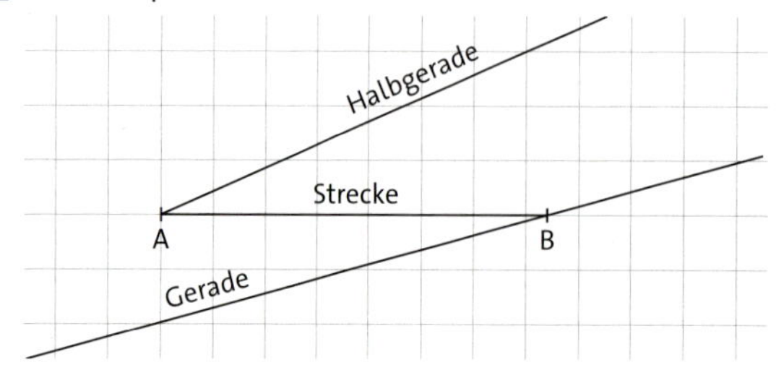

2 Zueinander parallel: a ∥ c, b ∥ g
Zueinander senkrecht: a ⊥ f, b ⊥ e, c ⊥ f, e ⊥ g
Beispielzeichnung:
es ist
g ∥ h und
g ⊥ f sowie h ⊥ f.

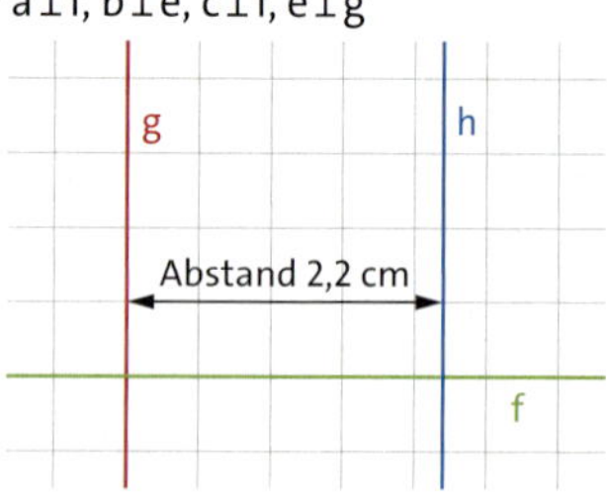

3 Lege dein Geodreieck so auf die Gerade g, dass man einen rechten Winkel (90°) einzeichnen kann. Der Abstand von Punkt P zur Gerade g beträgt **2,5 cm**.

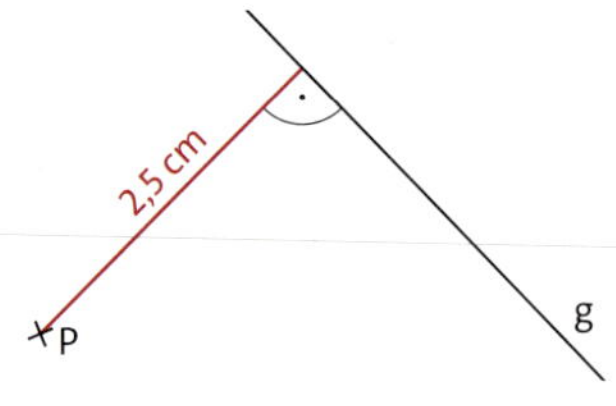

4 a) A(2|0); B(1|3)
b)

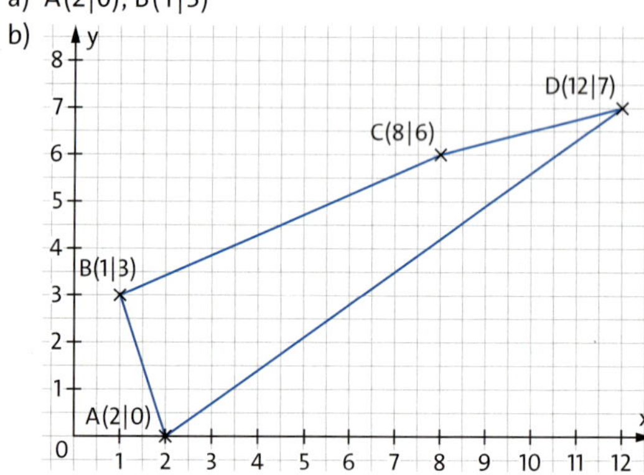

5 Figur ① ist nicht achsensymmetrisch, sie hat keine Symmetrieachse.
Figur ② ist achsensymmetrisch, sie hat vier Symmetrieachsen.

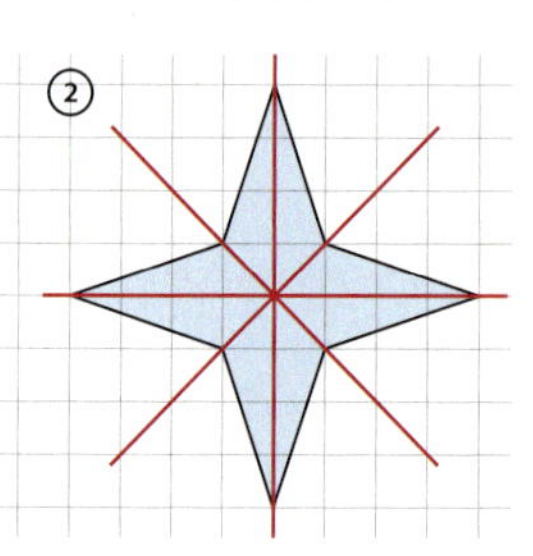

6

E D C A B = B' C' A' D' E' g

7 Figur ① ist punktsymmetrisch. Figur ② ist nicht punktsymmetrisch, sie hat keinen Symmetriepunkt.

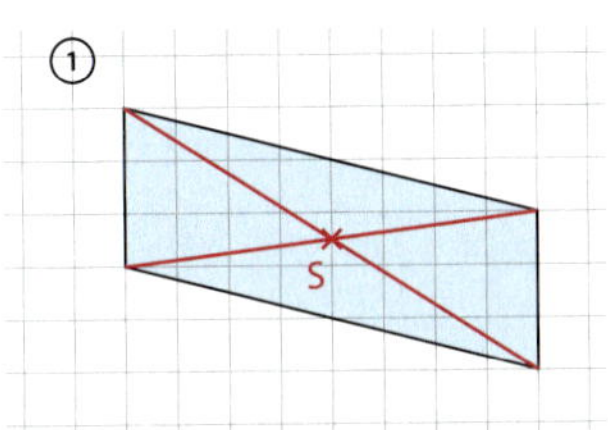

8

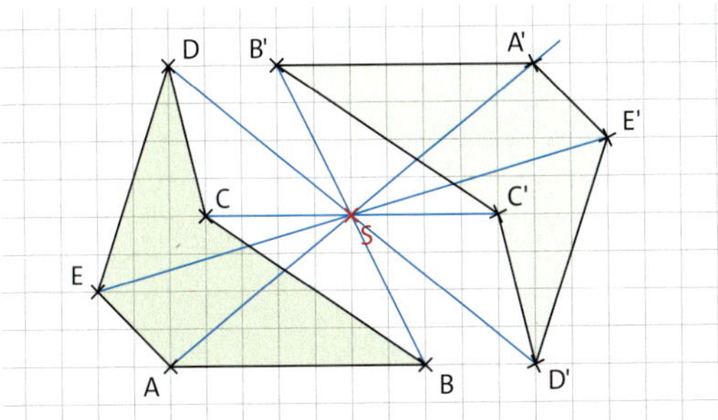

▶ Seite 123 Abschlusstest

1 Zeichenübung

a) Zueinander senkrecht: $a \perp c$, $c \perp d$
Zueinander parallel: $a \parallel d$

b) Von Punkt P bis zur Geraden a sind es 3 Kästchen (blaue Strecke). Der Abstand beträgt also **1,5 cm**.

c) Die rote Parallele zu d ist gleichzeitig eine Senkrechte zu c.

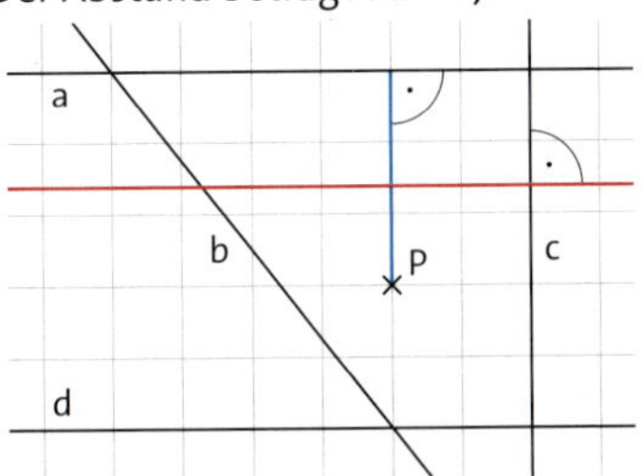

2

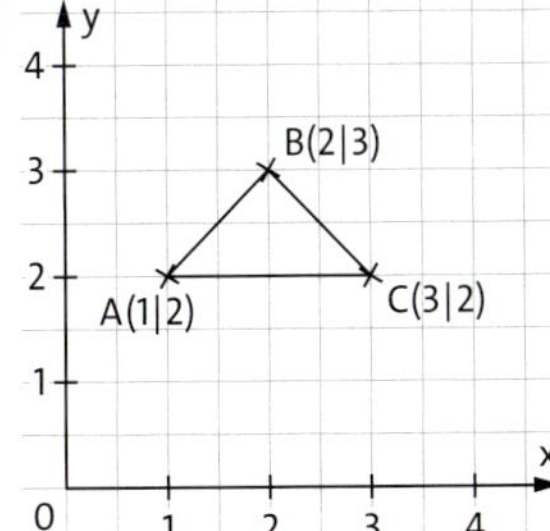

3

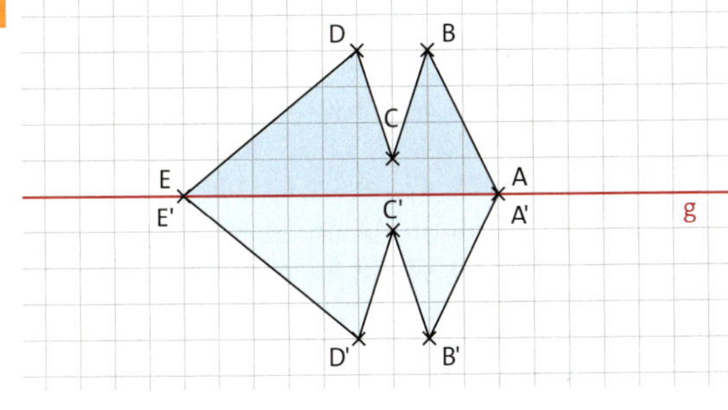

4

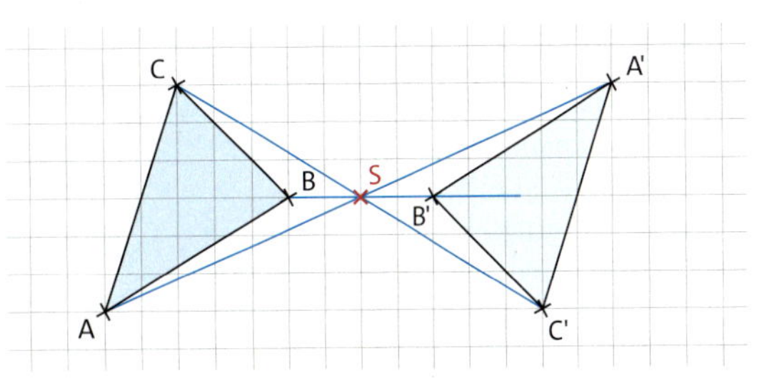

▶ Seite 123 Abschlusstest

1 a) Zueinander senkrecht: $a \perp b$, $a \perp d$
Zueinander parallel: $b \parallel d$

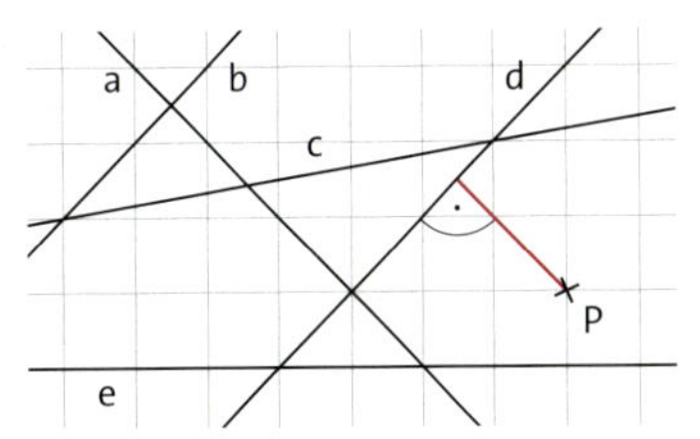

b) Der Abstand von Punkt P bis zur Geraden d beträgt **1,1 cm** (rote Strecke).

c) Zum Beispiel:
Es ist $g \parallel h$ und $g \perp a$.

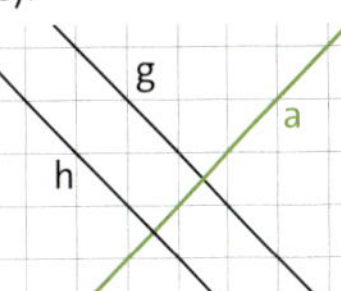

2

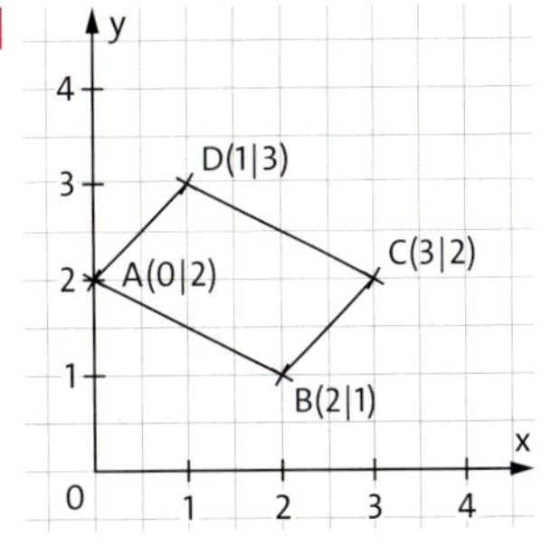

3

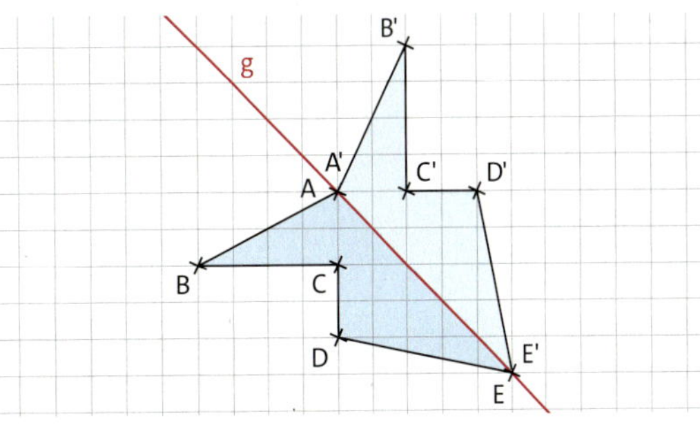

4

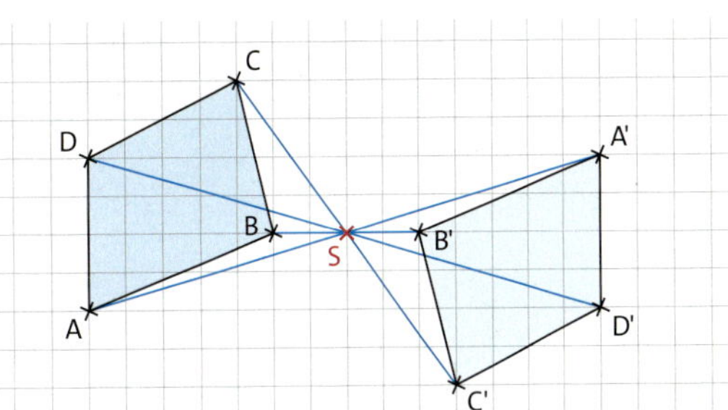

▶ Seite 123 Abschlusstest ☒

1 a) Zueinander senkrecht: $a \perp d$, $a \perp e$, $c \perp d$, $c \perp e$
Zueinander parallel: $a \parallel c$, $d \parallel e$

b) Lege zuerst mit dem Geodreieck eine Senkrechte zu b durch den Punkt P (rot). Der Abstand von Punkt P bis zur Geraden b beträgt **2,8 cm**.

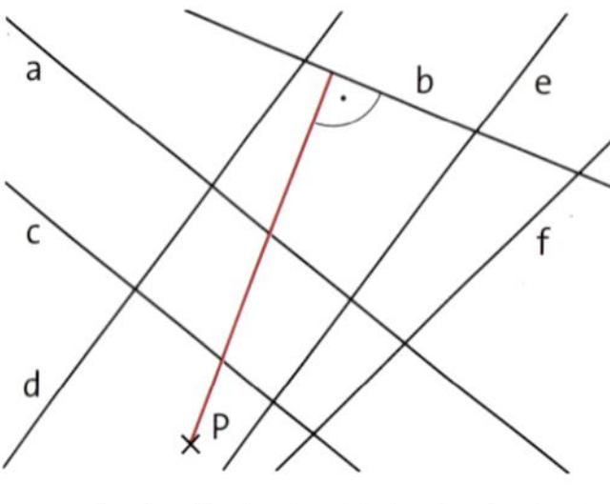

c) Zum Beispiel:
Es ist $g \parallel h$ und $g \perp a$.

2

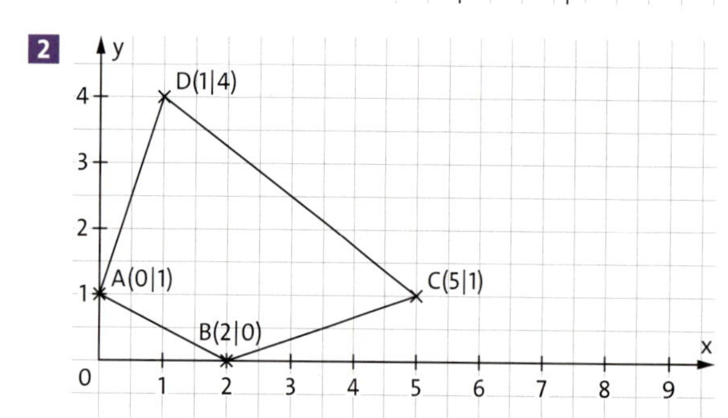

3

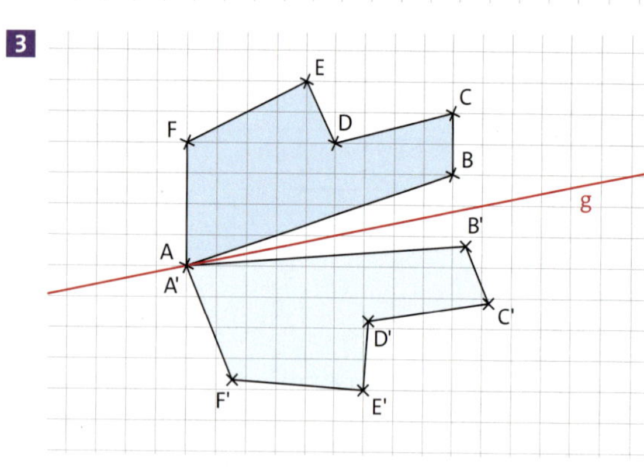

4

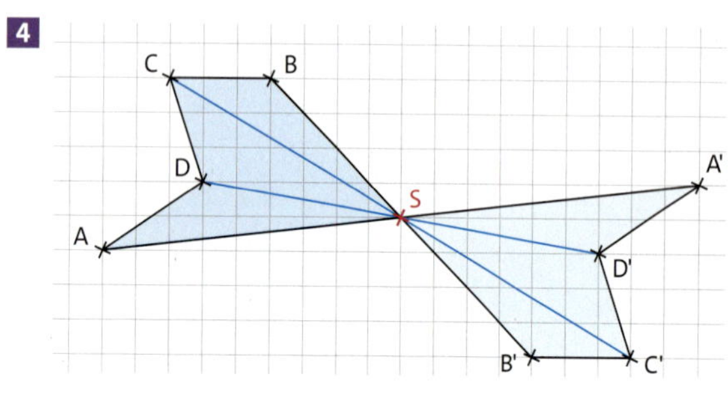

5 Natürliche Zahlen multiplizieren und dividieren

▶ Seite 126/127 Wiederholung

1 a) 23 b) 62 c) 29 d) 12 e) 14 f) 7

2 a)

		8	0	6
+	3	0	8	7
			1	
	3	8	9	3

b)

	1	7	1	9
+	4	5	0	0
+	1	8	4	6
	2		1	
	8	0	6	5

3

	4	5	0	2
−	1	8	7	9
	1	1	1	
	2	6	2	3

4
① 128 + 57 — Ⓖ die Summe
② 128 — Ⓗ der 1. Summand
③ 57 — Ⓓ der 2. Summand
④ 185 — Ⓑ der Wert der Summe
⑤ 565 − 244 — Ⓒ die Differenz
⑥ 565 — Ⓔ der Minuend
⑦ 244 — Ⓐ der Subtrahend
⑧ 321 — Ⓕ der Wert der Differenz

5 a) $80 - (25 + 33)$
$= 80 - 58$
$= 22$

b) $354 - (52 + 29)$
$= 354 - 81$
$= 273$

6 a) $16 + 48 + 34$
$= (16 + 34) + 48$
$= 50 + 48 = 98$

b) $55 + 17 + 45 + 24 + 11 + 36$
$= (55 + 45) + 17 + (24 + 36) + 11$
$= 100 + 17 + 60 + 11 =$ **188**

7 a) $87 + 517 \approx 90 + 520 = 610$
b) $347 + 286 \approx 300 + 300 = 600$
c) $409 - 66 \approx 410 - 70 = 340$
d) $791 - 654 \approx 800 - 700 = 100$

8 a) 11, 22, 33, 44, **55**, **66**, **77** (immer + 11)
b) 2, 4, 8, 16, **32**, **64**, **128** (immer · 2)

9 a) 3, 6, 9, **12**, **15**, **18**, **21**, **24**, **27**, **30**
b) 5, 10, 15, **20**, **25**, **30**, **35**, **40**, **45**, **50**
c) 4, 8, 12, **16**, **20**, **24**, **28**, **32**, **36**, **40**
d) 7, 14, 21, **28**, **35**, **42**, **49**, **56**, **63**, **70**
e) 6, 12, **18**, **24**, **30**, **36**, **42**, **48**, **54**, **60**
f) 8, 16, **24**, **32**, **40**, **48**, **56**, **64**, **72**, **80**

10 a) 14 b) 15 c) 40 d) 24

11 a) 8 b) 7 c) 3 d) 6

12 a)

	90	
6	15	
2	3	5

b)

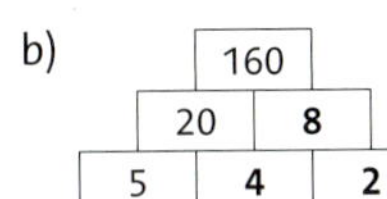

13 Für zwei Nächte zahlen die Freunde zweimal 120 €, also 240 €. Der Preis wird auf 5 Personen aufgeteilt, also durch 5 geteilt.
240 € : 5 = 48 €
Jeder muss 48 € bezahlen.

▶ Seite 146 Zwischentest

1 a) 9 · 9 = **81**　b) 27 : 9 = **3**
c) 6 · 7 = 42　d) **24** : 3 = 8

2 a) 2 · 9 · 5 = (2 · 5) · 9 = 10 · 9 = **90**
b) 20 · 7 · 5 = (20 · 5) · 7 = 100 · 7 = **700**
c) 8 · 4 · 25 = 8 · (4 · 25) = 8 · 100 = **800**

3 a) 3 + (8 – 6) = 3 + 2 = **5**
b) 4 · 2 + 3 = 8 + 3 = **11**
c) 2 + 81 : 9 = 2 + 9 = **11**
d) (4 + 32) : 6 = 36 : 6 = **6**

4 a) 83 · 5 + 17 · 5 = (83 + 17) · 5 = 100 · 5 = **500**
b) (8 + 10) · 9 = 8 · 9 + 10 · 9 = 72 + 90 = **162**

5 a)

2	7	·	6
1	**6**	**2**	

b)

2	8	6	·	1	3
		2	8	6	
			8	5	8
			1	1	
		3	**7**	**1**	**8**

6 a)

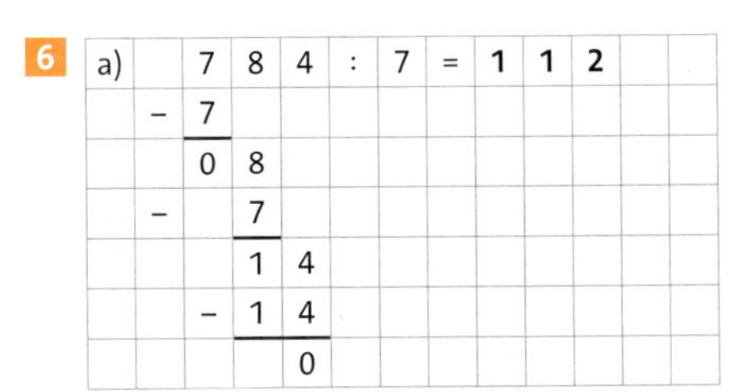

	7	8	4	:	7	=	**1**	**1**	**2**
–	7								
	0	8							
–		7							
		1	4						
	–	1	4						
			0						

b)

	5	0	8	2	:	1	1	=	**4**	**6**	**2**
–	4	4									
		6	8								
	–	6	6								
			2	2							
		–	2	2							
				0							

▶ Seite 147 Zwischentest

1 a) 11 · 7 = **77**　**Wert des Produkts**
b) 108 : 12 = **9**　**Wert des Quotienten**
c) **72** : 8 = 9　**Dividend**
d) **5** · 18 = 90　**Faktor**

2 a) 200 · 17 · 5 = (200 · 5) · 17 = 1000 · 17 = **17 000**
b) 18 · 4 · 5 = 18 · (4 · 5) = 18 · 20 = **360**
c) zum Beispiel:
25 · 12 · 4 = (25 · 4) · 12 = 100 · 12 = 1200

3 a) 3 · 5 + 6 · 2 = 15 + 12 = **27**
b) 2 · (9 – 2) + 6 = 2 · 7 + 6 = 14 + 6 = **20**
c) (40 + 8) : 6 – 2 = 48 : 6 – 2 = 8 – 2 = **6**

4 a) 225 · 8 + 775 · 8 = (225 + 775) · 8
= 1000 · 8 = 8000
b) (65 + 91) : 13 = 65 : 13 + 91 : 13
= 5 + 7 = 12
c) 165 : 40 – 45 : 40 = (165 – 45) : 40
= 120 : 40 = 3

5 a)

7	6	·	5	2
	3	8	0	
		1	5	2
	3	9	5	2

b)

1	0	8	·	8	0
		8	6	4	
			0	0	0
		8	6	4	0

6 a)

	5	6	3	2	:	8	=	**7**	**0**	**4**
–	5	6								
		0	3							
	–	0	0							
			3	2						
		–	3	2						
				0						

b)

	8	0	6	4	:	1	2	=	**6**	**7**	**2**
–	7	2									
		8	6								
	–	8	4								
			2	4							
		–	2	4							
				0							

▶ Seite 147 Zwischentest

1 a) ▢ · 34 = 238, also **7** · 34 = 238
b) 126 : 14 = ▢, also 126 : 14 = **9**

2 a) 250 · 11 · 4 · 3 = (250 · 4) · (11 · 3)
= 1000 · 33 = **33 000**
b) 20 · 16 · 6 · 5 = (20 · 5) · (16 · 6)
= 100 · 96 = **9600**
c) zum Beispiel 350 : 10 : 5 ≠ 350 : (10 : 5)

3 a) 4 + 50 : 2 – 11 = 4 + 25 – 11 = **18**
b) 98 + (60 – 48) : 3 = 98 + 12 : 3 = 98 + 4 = **102**
c) 8 · (26 – 15) – 19 = 8 · 11 – 19 = 88 – 19 = **69**

4 a) 106 : 25 – 31 : 25 = (106 – 31) : 25
= 75 : 25 = **3**
b) 115 · 17 + 44 · 17 – 59 · 17
= (115 + 44 – 59) · 17 = 100 · 17 = **1700**
c) 59 · 16 = (60 – 1) · 16 = 60 · 16 – 1 · 16
= 960 – 16 = **944**

5

a)	1	7	9	·	5	3
			8	9	5	
				5	3	7
			1			
			9	4	8	7

b)	5	6	4	·	5	4
		2	8	2	0	
			2	2	5	6
		1				
		3	0	4	5	6

c)	4	8	·	5	9	0
		2	4	0		
			4	3	2	0
		2	8	3	2	0

6

a)		2	6	6	9	:	1	7	=	**1**	**5**	**7**
	–	1	7									
			9	6								
		–	8	5								
			1	1	9							
		–	1	1	9							
					0							

b)		6	0	0	5	9	:	1	9	=	**3**	**1**	**6**	**1**
	–	5	7											
			3	0										
		–	1	9										
			1	1	5									
		–	1	1	4									
					1	9								
				–	1	9								
						0								

c)		1	2	4	1	2	4	:	1	2	4	=	**1**	**0**	**0**	**1**
	–	1	2	4												
				0	1											
			–	0	0											
					1	2										
				–	0	0										
					1	2	4									
				–	1	2	4									
							0									

▸ Seite 155 Abschlusstest ☐

1 a) 5 ist der (zweite) Faktor.
b) 24 ist der Dividend, 8 ist der Divisor.

2 a) 7 · 5 · 4 = 5 · 4 · 7 = 20 · 7 = **140**
b) 5 · 9 · 20 = 5 · 20 · 9 = 100 · 9 = **900**

3 a) 5 + 4 · 3 = 5 + 12 = **17**
b) 2 · (9 + 11) = 2 · 20 = **40**

4 a) 4 · (3 + 20) = 4 · **3** + 4 · **20** = 12 + 80 = **92**
b) (70 – 2) · 6 = 70 · **6** – 2 · **6** = 420 – 12 = **408**

5 18 · 4 + 12 · 4 = (18 + **12**) · **4** = 30 · 4 = **120**

6 a) 295 · 7 ≈ 300 · 7 = 2100

2	9	5	·	7
	2	0	6	5

b) 412 · 11 ≈ 400 · 10 = 4000

4	1	2	·	1	1
		4	1	2	
			4	1	2
		4	5	3	2

7

a)		3	4	8	:	4	=	8	7
	–	3	2						
			2	8					
		–	2	8					
				0					

Probe:

8	7	·	4
	3	4	8

b)		4	2	5	:	1	7	=	2	5
	–	3	4							
			8	5						
		–	8	5						
				0						

Probe:

2	5	·	1	7
		2	5	
		1	7	5
		1		
		4	2	5

8 4 · 27 = 4 · (20 + 7) = 4 · 20 + 4 · 7
= 80 + 28 = 108
Die Tickets kosten insgesamt 108 €.

▸ Seite 155 Abschlusstest ☒

1 a) 48 : 3 = ▢; 48 : 3 = **16**
b) 13 · ▢ = 52; 13 · **4** = 52

2 a) 7 · 15 · 4 = 7 · (15 · 4) = 7 · 60 = **420**
b) 125 · 6 · 4 = (125 · 4) · 6 = 500 · 6 = **3000**

3 a) 16 : 4 + 3 · 5 = 4 + 15 = **19**
b) (8 + 12) · 9 – 5 = 20 · 9 – 5 = 180 – 5 = **175**

4 a) 4 · (5 + 22) = 4 · 5 + 4 · 22 = 20 + 88 = **108**
b) (81 + 72) : 9 = 81 : 9 + 72 : 9 = 9 + 8 = **17**

5 a) 16 · 23 – 16 · 18 = 16 · (23 – 18)
= 16 · 5 = **80**
b) 25 : 4 + 15 : 4 = (25 + 15) : 4 = 40 : 4 = **10**

6 a) 613 · 27 ≈ 600 · 30 = 18 000

6	1	3	·	2	7
	1	2	2	6	
		4	2	9	1
			1		
	1	6	5	5	1

b) 509 · 78 ≈ 500 · 80 = 40 000

5	0	9	·	7	8
	3	5	6	3	
		4	0	7	2
			1		
	3	9	7	0	2

7

a)		4	5	8	1	:	9	=	5	0	9		Probe:						
	–	4	5										5	0	9	·	9		
			0	8	1									4	5	8	1		
		–		8	1														
					0														

b)		8	4	2	4	:	2	7	=	3	1	2		Probe:					
	–	8	1											3	1	2	·	2	7
			3	2												6	2	4	
		–	2	7												2	1	8	4
				5	4												1		
			–	5	4											8	4	2	4
					0														

8 $12 \cdot 65 = (10 + 2) \cdot 65 = 650 + 130 = 780$
Es passen 780 Container auf das Schiff.

▶ Seite 155 Abschlusstest ☒

1 a) $4 \cdot 12 = \mathbf{48}$ (Das Dreifache von 4 ist 12.)
b) $14 : \square = 7$, also $14 : \mathbf{2} = 7$ (Der Wert des Quotienten ist die Hälfte von 14, also 7.)

2 a) $11 \cdot 125 \cdot 8 = 11 \cdot (125 \cdot 8) = 11 \cdot 1000$
$= \mathbf{11\,000}$
b) $20 \cdot 25 \cdot 5 \cdot 4 = (20 \cdot 5) \cdot (25 \cdot 4)$
$= 100 \cdot 100 = \mathbf{10\,000}$

3 a) $6 + 4 \cdot (8 - 5) = 18$, denn
$6 + 4 \cdot (8 - 5) = 6 + 4 \cdot 3 = 6 + 12 = 18$
b) $22 : (2 + 3 \cdot 3) = 2$, denn
$22 : (2 + 3 \cdot 3) = 22 : (2 + 9) = 22 : 11 = 2$

4 a) $6 \cdot (5 + 11) = 6 \cdot 5 + 6 \cdot 11 = 30 + 66 = \mathbf{96}$
b) $(56 + 77) : 7 + 9 = 56 : 7 + 77 : 7 + 9$
$= 8 + 11 + 9 = \mathbf{28}$

5 a) $11 \cdot 17 - 11 \cdot 8 = 11 \cdot (17 - 8) = 11 \cdot 9 = \mathbf{99}$
b) $13 : 6 + 23 : 6 = (13 + 23) : 6 = 36 : 6 = \mathbf{6}$

6 a) $2537 \cdot 89 \approx 2500 \cdot 90 = 225\,000$

2	5	3	7	·	8	9	
	2	0	2	9	6		
		2	2	8	3	3	
			1				
	2	2	5	7	9	3	

b) $4068 \cdot 124 \approx 4000 \cdot 120 = 480\,000$

4	0	6	8	·	1	2	4
		4	0	6	8		
			8	1	3	6	
			1	6	2	7	2
		1	1	1	1		
		5	0	4	4	3	2

7

a)		9	9	6	0	:	2	4	=	4	1	5		Probe:					
	–	9	6											4	1	5	·	2	4
			3	6												8	3	0	
		–	2	4												1	6	6	0
			1	2	0											9	9	6	0
		–	1	2	0														
					0														

b)		3	1	3	1	2	:	1	0	3	=	3	0	4					
	–	3	0	9															
				4	1	2							Probe:						
			–	4	1	2							3	0	4	·	1	0	3
						0									3	0	4	0	
																	9	1	2
																1			
															3	1	3	1	2

8 Pro Tag werden $7\,t + 9\,t = 16\,t$ verbraucht.
$200 : 16 = 12$ Rest 8
Man kann für 12 Tage Verpflegung mitnehmen (genauer: für 12 Tage und einen halben Tag).

6 Brüche und Verhältnisse

▶ Seite 158/159 Wiederholung

1 a) 35 b) 72 c) 48
d) 180 e) 2000 f) 300

2 a) 6 und 60 b) 7 und 7
c) 9 und 9 d) 11 und 110

3 a) 9 : 2 = 4 Rest 1; Bild ②
b) 30 : 7 = 4 Rest 2; Bild ③
c) 52 : 8 = 6 Rest 4; Bild ①

4

a)	2	3	4	·	5			b)	5	3	8	·	6
		1	1	7	0					3	2	2	8
c)	7	4	3	·	1	2							
			7	4	3								
			1	4	8	6							
				1									
			8	9	1	6							

5

a)		3	9	2	:	7	=	5	6		
	–	3	5								
			4	2							
		–	4	2							
				0							

b)		8	3	5	4	:	9	=	9	2	8	Rest 2
	–	8	1									
			2	5								
		–	1	8								
				7	4							
			–	7	2							
					2							

c)		4	5	7	6	:	1	1	=	4	1	6
	–	4	4									
			1	7								
		–	1	1								
				6	6							
			–	6	6							
					0							

6 a) 19 cm = 190 mm b) 200 m = 0,2 km
c) 3 t = 3000 kg d) 7400 g = 7,4 kg
e) 3800 ct = 38 € f) 54,21 € = 5421 ct
g) 2 h = 120 min
h) 1 h 10 min = 70 min = 4200 s

7 a) ① 10 Kästchen; ② 13 Kästchen; ③ 12 Kästchen
b) Beispiele:

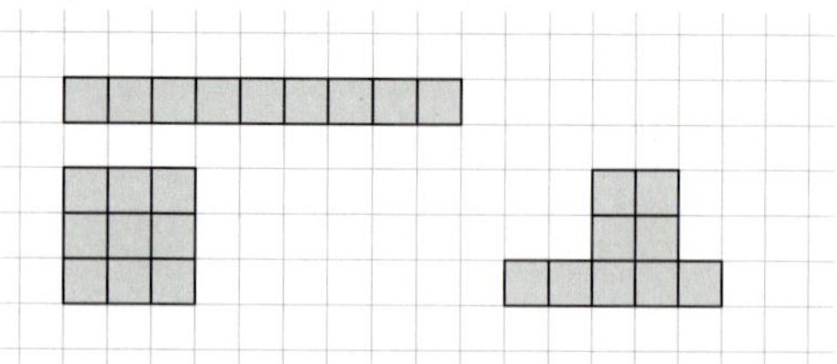

8 Strecken auf die Hälfte verkleinert

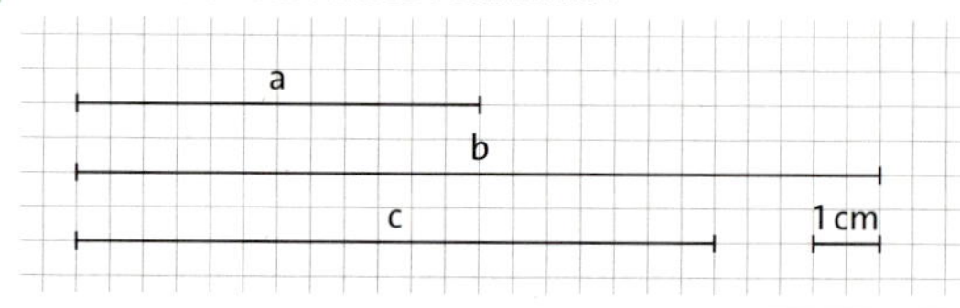

9 Zeichnungen verkleinert dargestellt
a) Rechteck mit a = 6 cm und b = 4 cm

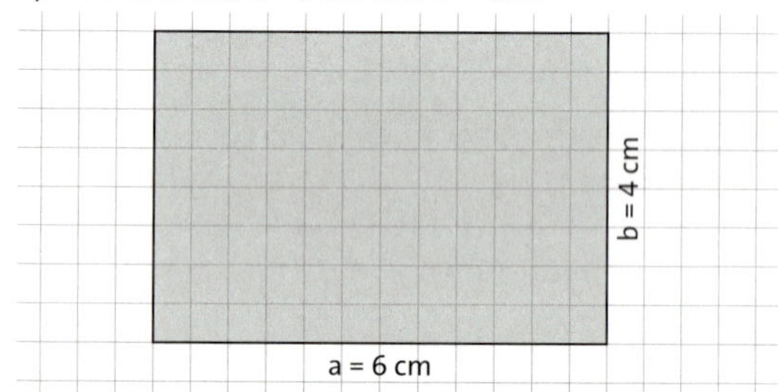

b) Quadrat mit a = 4,5 cm

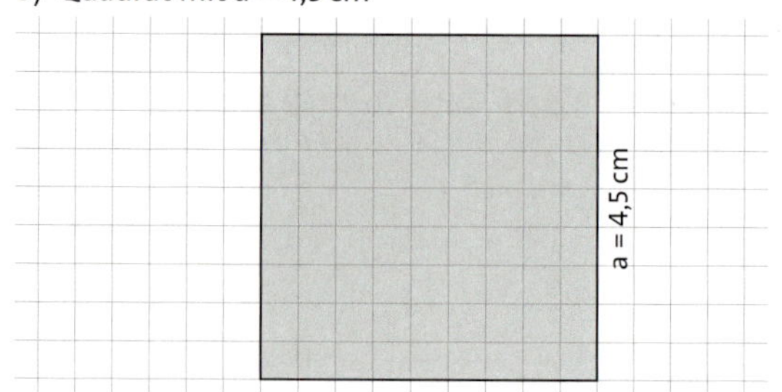

10 Beispielzeichnungen:

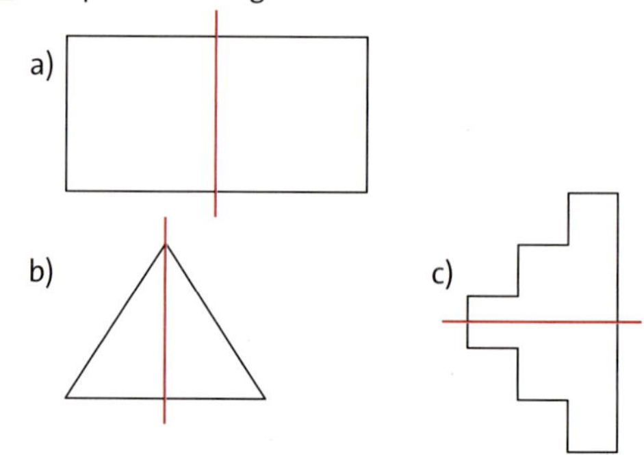

▶ Seite 172 Zwischentest

1 a) $\frac{1}{6}$ b) $\frac{2}{7}$

2

	$\frac{1}{5}$	$1\frac{4}{5}$	$\frac{3}{5}$	$2\frac{2}{5}$
Stammbruch	×			
echter Bruch	×		×	
gemischte Zahl		×		×

3 a) $\frac{1}{3}$ b) $\frac{3}{5}$

4 a) 25 m : 5 = 5 m und 5 m · 2 = **10 m**
b) 70 kg : 7 = 10 kg und 10 kg · 3 = **30 kg**

5 a) 1 h = 60 min
60 min : 6 = 10 min und 10 min · 5 = **50 min**
b) 2 € = 200 ct
200 ct : 10 = 20 ct und 20 ct · 3 = **60 ct**

6 a) Verhältnis 2 zu 3; rot $\frac{2}{5}$ und gelb $\frac{3}{5}$
b) Verhältnis 3 zu 5; rot $\frac{3}{8}$ und gelb $\frac{5}{8}$

7 300 cm : 30 = **10 cm**
Paul zeichnet das Auto 10 cm lang.

▶ Seite 173 Zwischentest

1 a) $\frac{8}{15}$ b) $\frac{5}{9}$

2

Stammbruch	echter Bruch	gemischte Zahl
$\frac{1}{17}$	$\frac{2}{9}$; $\frac{1}{17}$	$1\frac{1}{6}$; $2\frac{3}{5}$

Übrig bleiben $\frac{9}{8}$ und $\frac{6}{5}$.

3

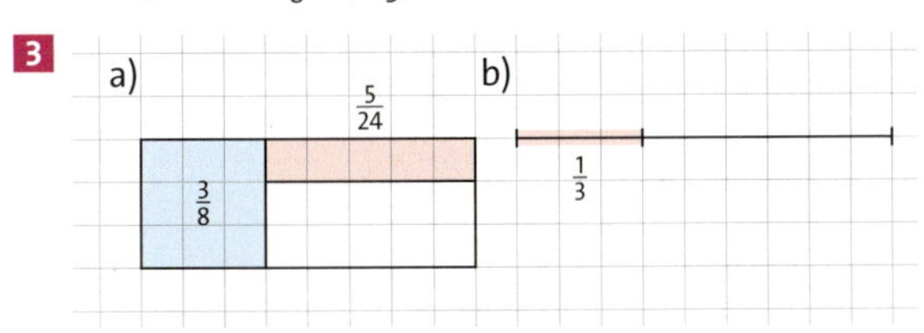

4 a) $\frac{4}{9}$ von 900 m sind **400 m**, denn
900 m : 9 = 100 m und 100 m · 4 = 400 m
$\frac{2}{3}$ von 660 m sind **440 m**, denn
660 m : 3 = 220 m und 220 m · 2 = 440 m
$\frac{2}{3}$ von 660 m ist größer.
b) $\frac{5}{12}$ von 240 kg sind **100 kg**, denn
240 kg : 12 = 20 kg und 20 kg · 5 = 100 kg
$\frac{3}{8}$ von 320 kg sind **120 kg**, denn
320 kg : 8 = 40 kg und 40 g · 3 = 120 kg
$\frac{3}{8}$ von 320 kg ist größer.

5 a) 2 h sind 120 min.
120 min : 12 = 10 min und 10 min · 7 = **70 min**
b) 3 € sind 300 ct.
300 ct : 15 = 20 ct und 20 ct · 11 = **220 ct**

6 a) Verhältnis 4 zu 5; rot $\frac{4}{9}$ und gelb $\frac{5}{9}$
b) Verhältnis 4 zu 7; rot $\frac{4}{11}$ und gelb $\frac{7}{11}$

7 240 m : 40 = **6 m** und 200 m : 40 = **5 m**
Das Modell ist 6 m lang und 5 m breit.

▶ Seite 173 Zwischentest

1 a) $\frac{7}{12}$ b) $\frac{6}{9}$

2 a) $\frac{1}{11}$
b) zum Beispiel $\frac{3}{8}$ und $\frac{6}{8}$; möglich sind auch $\frac{1}{8}$, $\frac{2}{8}$, $\frac{4}{8}$, $\frac{5}{8}$ und $\frac{7}{8}$
c) $\frac{1}{3}$ und $\frac{2}{3}$
d) zum Beipiel $1\frac{1}{2}$ oder $1\frac{2}{3}$
(Wichtig ist, dass die gemischte Zahl mit 1 beginnt und einen echten Bruch enthält.)

3 zum Beispiel

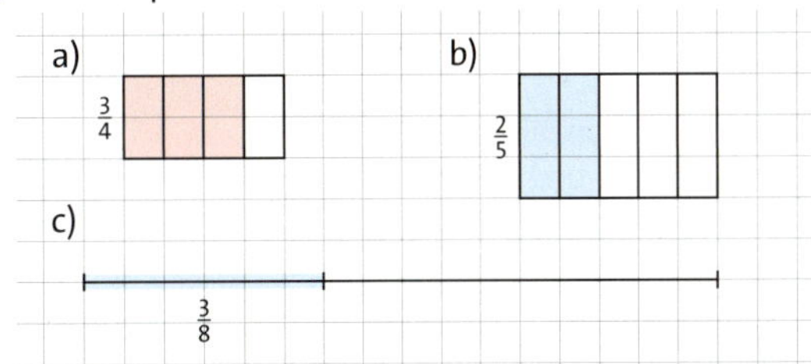

4 a) $\frac{5}{12}$ von 144 m sind **60 m**, denn
144 m : 12 = 12 m und 12 m · 5 = 60 m
$\frac{5}{13}$ von 143 m sind **55 m**, denn
143 m : 13 = 11 m und 11 m · 5 = 55 m
$\frac{5}{12}$ von 144 m ist größer.
b) $\frac{8}{15}$ von 270 kg sind **144 kg**, denn
270 kg : 15 = 18 kg und 18 kg · 8 = 144 kg
$\frac{11}{14}$ von 182 kg sind **143 kg**, denn
182 kg : 14 = 13 kg und 13 kg · 11 = 143 kg
$\frac{8}{15}$ von 270 kg ist größer.

5 a) 4 m sind 400 cm.
$\frac{2}{5}$ von 400 cm sind **160 cm** oder **1,6 m**, denn
400 cm : 5 = 80 cm und 80 cm · 2 = 160 cm
b) 2 kg sind 2000 g.
$\frac{3}{4}$ von 2000 g sind **1500 g = 1,5 kg**, denn
2000 g : 4 = 500 g und 500 g · 3 = 1500 g
c) 20 kg sind 20 000 g.
$\frac{6}{8}$ von 20 000 g sind **15 000 g = 15 kg**, denn
20 000 g : 8 = 2500 g und 2500 g · 6 = 15 000 g
d) $2\frac{1}{2}$ h sind 150 min.
$\frac{7}{15}$ von 150 min sind **70 min oder 1 h 10 min**, denn
150 min : 15 = 10 min und 10 min · 7 = 70 min

6 a) Verhältnis 3 zu 3, rot $\frac{3}{6}$ und gelb $\frac{3}{6}$
b) Verhältnis 5 zu 2, Saft $\frac{5}{7}$, Wasser $\frac{2}{7}$

7 a) 3 cm · 1000 = 3000 cm = **30 m**
3 cm auf der Karte sind 30 m in der Wirklichkeit.
b) 50 m = 5000 cm, 5000 cm : 1000 = **5 cm**
50 m in Wirklichkeit sind 5 cm auf der Karte.

▶ Seite 179 Abschlusstest

1 blau $\frac{5}{7}$; weiß $\frac{2}{7}$

2

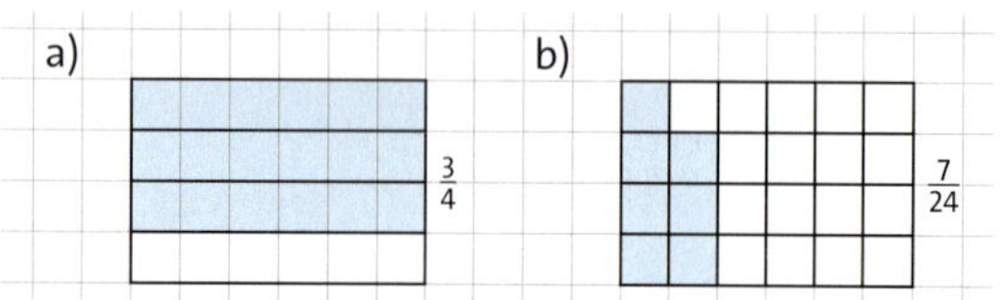

3 a) 120 g : 4 = **30 g**
b) 40 km : 8 = 5 km und 5 km · 3 = **15 km**
c) 90 min : 3 = 30 min und 30 min · 2 = **60 min**
d) 5 € = 500 ct ; 500 ct : 10 = 50 ct und
50 ct · 3 = 150 ct = **1,50 €**

4 gesucht: $\frac{2}{5}$ von 30 €
30 € : 5 = 6 € und 6 € · 2 = **12 €**
Michael hat schon 12 € gespart.

5 60 cm : 12 = **5 cm**
Tessa zeichnet den Hund 5 cm groß.

6 a) Verhältnis 2 zu 3; blau $\frac{2}{5}$ und rot $\frac{3}{5}$
b) Verhältnis 4 zu 6; Orangensaft $\frac{4}{10}$ und Kirschsaft $\frac{6}{10}$

▶ Seite 179 Abschlusstest

1 rot $\frac{3}{8}$; gelb $\frac{2}{8}$; grün $\frac{2}{8}$; blau $\frac{1}{8}$

2

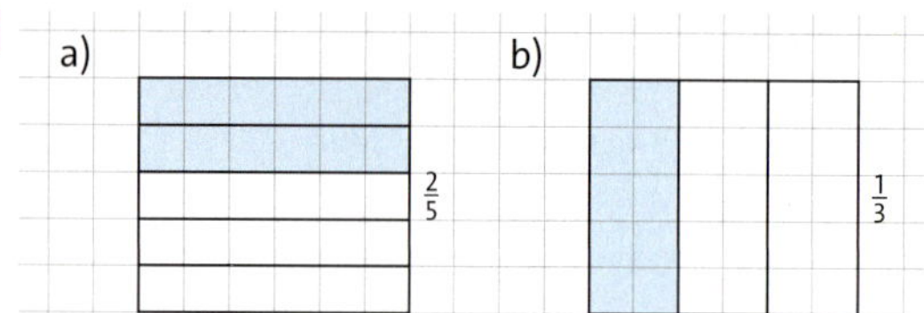

3 a) 140 m : 7 = 20 m und 20 m · 3 = **60 m**
b) 7 € = 700 ct; 700 ct : 5 = 140 ct und
140 ct · 2 = 280 ct = **2,80 €**
c) 5 t = 5000 kg; 5000 kg : 4 = 1250 kg und
1250 kg · 3 = **3750 kg = 3,75 t**
d) 3 h = 180 min ; 180 min : 9 = 20 min und
20 min · 4 = **80 min = 1 h 20 min**

4 300 € + 24 € = 324 €
gesucht: $\frac{5}{6}$ von 324 €
324 € : 6 = 54 € und 54 € · 5 = **270 €**
Jana hat schon 270 € gespart.

5 35 cm : 5 = **7 cm** und 25 cm : 5 = **5 cm**
Die Zeichnung wird 7 cm breit und 5 cm hoch.

6 a) Verhältnis 4 zu 8; weiße Farbe $\frac{4}{12}$ und rote Farbe $\frac{8}{12}$
b) Verhältnis 5 zu 7; Apfelsaft $\frac{5}{12}$ und Mineralwasser $\frac{7}{12}$

▶ Seite 179 Abschlusstest

1 rot $\frac{5}{16}$; gelb $\frac{4}{16}$; grün $\frac{3}{16}$; blau $\frac{4}{16}\left(=\frac{1}{4}\right)$

2 a) $\frac{3}{5}$ b) $\frac{1}{2}$ c) $\frac{1}{6}$

3 a) 154 € : 7 = 22 € und 22 € · 3 = **66 €**
b) 11 h = 660 min; 660 min : 3 = 220 min und
220 min · 2 = 440 min = **7 h 20 min**
c) 6 km = 6000 m ; 6000 m : 12 = 500 m und
500 m · 5 = 2500 m = **2,5 km**
d) 7 m = 7000 mm; 7000 mm : 8 = 875 mm und
875 mm · 5 = 4375 mm = **4,375 m**

4 165 + 60 = 225
gesucht: $\frac{19}{25}$ von 225
225 : 25 = 9 und 9 · 19 = 171
171 Zuschauern gefällt die Vorstellung.

5 3,5 cm · 10 000 = 35 000 cm = **350 m**
Die Brücke ist in Wirklichkeit 350 m lang.

6 a) Verhältnis 12 zu 18;
braune Schokolade $\frac{12}{30}$ und weiße Schokolade $\frac{18}{30}$
b) Verhältnis 3 zu 2 zu 6; weiße Farbe $\frac{3}{11}$,
gelbe Farbe $\frac{2}{11}$ und blaue Farbe $\frac{6}{11}$

7 Flächen und Flächeninhalte

▶ Seite 182/183 Wiederholung

1 Strecke a ist 6 cm lang. Strecke b ist 5 cm lang. Strecke c ist 2,5 cm lang.

2 a) Die Linien b und e sind Geraden.
b) Die Linien c und f sind Halbgeraden.
c) Die Linien a und d sind Strecken.

3

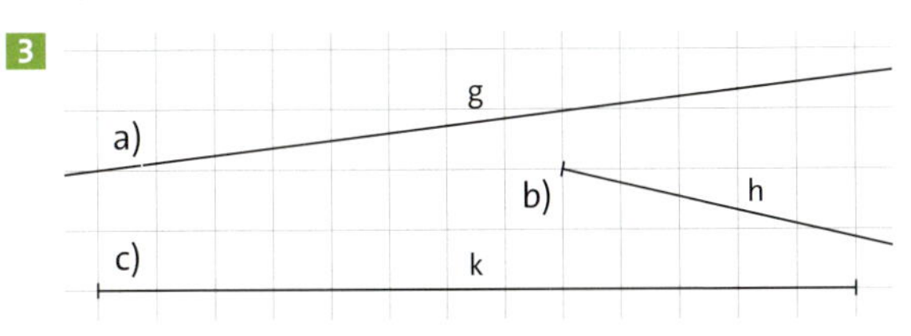

4 a) 2 cm b) 1,5 cm c) 3 cm

5 parallel zueinander: $a \parallel b$; $a \parallel c$; $b \parallel c$; $d \parallel e$
senkrecht zueinander:
$a \perp d$; $a \perp e$; $b \perp d$; $b \perp e$; $c \perp d$; $c \perp e$; $f \perp g$

6

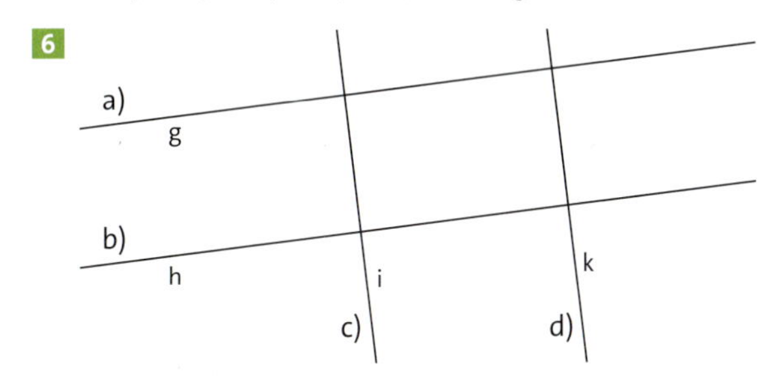

7 a) 25; 27; 48
b) 8; 7; 9
c) 16 + 7 = **23**; 16 + 6 = **22**
d) 21 – 5 = **16**; 24 – 14 = **10**

8 a) 7 cm = **70** mm b) 10 dm = **100** cm
c) 80 dm = **8** m d) 200 cm = **2** m
e) 2,5 m = **250** cm f) 2 cm 4 mm = **24** mm
g) 3 km = **3000** m h) 1500 m = **1,5** km

9 a) A(1|3); B(3|2); C(4|0); E(7|3)
b)

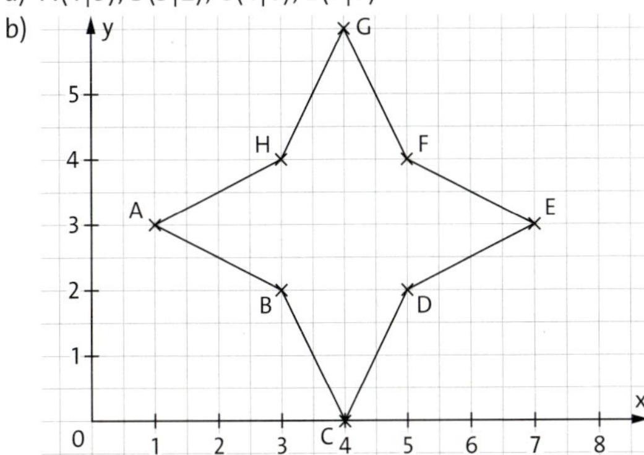

c) Es entsteht ein Stern.

▶ Seite 202 Zwischentest

1 a) Dreieck
b) Das Viereck ist kein Rechteck, weil benachbarte Seiten nicht senkrecht aufeinander stehen. Es gibt daher keine rechten Winkel.
c) Rechteck

2 Man kann fünf richtige Sätze bilden:
Ein Rechteck hat vier rechte Winkel.
Ein Rechteck hat gegenüberliegende Seiten, die parallel zueinander sind.
Ein Quadrat hat vier gleich lange Seiten.
Ein Quadrat hat vier rechte Winkel.
Ein Quadrat hat gegenüberliegende Seiten, die parallel zueinander sind.

3 a) $u = 2 \cdot a + 2 \cdot b$
$u = 2 \cdot 4\,m + 2 \cdot 3\,m$
$u = 8\,m + 6\,m$
$\mathbf{u = 14\,m}$

b) $u = 4 \cdot a$
$u = 4 \cdot 5\,m$
$\mathbf{u = 20\,m}$

4 Fläche a) besteht aus 28 kleinen Kästchen, das sind 7 cm^2.
Fläche b) besteht aus 24 kleinen Kästchen, das sind 6 cm^2. Also ist Fläche a) größer.

5 a) 5000 mm^2 = 50 $\mathbf{cm^2}$ b) 8 dm^2 = **800** cm^2
c) 0,1 m^2 = 10 $\mathbf{dm^2}$ d) 0,5 cm^2 = **50** mm^2

6 a) $A = a \cdot b$
$A = 5\,cm \cdot 2\,cm$
$A = \mathbf{10\,cm^2}$

b) $A = a \cdot a$
$A = 3\,cm \cdot 3\,cm$
$A = \mathbf{9\,cm^2}$

▶ Seite 203 Zwischentest

1 4 Dreiecke (gelb, grün, rotbraun, beige)
5 Vierecke (grau, 2 blau, hellrot, orange), davon
3 Rechtecke (blau, hellrot, orange)
1 Fünfeck (lila)

2 Gemeinsamkeiten:
① vier rechte Winkel
③ Gegenüberliegende Seiten sind parallel zueinander.
Unterschied:
② Alle Seiten sind gleich lang.

3 a) $u = 4 \cdot a$
$u = 4 \cdot 12\,cm$
$\mathbf{u = 48\,cm}$

b) $u = 2 \cdot a + 2 \cdot b$
$u = 2 \cdot 7\,dm + 2 \cdot 18\,dm$
$u = 14\,dm + 36\,dm$
$\mathbf{u = 50\,dm}$

c) $u = 2 \cdot a + 2 \cdot b$
$u = 2 \cdot 3{,}5\,m + 2 \cdot 5\,m$
$u = 7\,m + 10\,m$
$\mathbf{u = 17\,m}$

4 Fläche a) besteht aus 20 kleinen Kästchen (= $5\,cm^2$).
Fläche b) besteht aus 24 kleinen Kästchen (= $6\,cm^2$).
Also ist Fläche b) größer.
Oder: Wenn man Fläche a) in fünf Quadrate aus je 4 kleinen Kästchen zerlegt, dann passen diese fünf Quadrate in Fläche b) hinein. Aber die «Spitze» links an Fläche b) bleibt frei. Also ist Fläche b) größer.

5 a) $2600\,dm^2 = \mathbf{26\,m^2}$
b) $1{,}3\,cm^2 = \mathbf{130\,mm^2}$
c) $180\,000\,000\,m^2 = \mathbf{180\,km^2}$
d) $150\,ha = \mathbf{15\,000\,a}$

6 a) $A = a \cdot b$
$A = 11\,mm \cdot 8\,mm$
$\mathbf{A = 88\,mm^2}$

b) $A = a \cdot b$
$A = 13\,cm \cdot 70\,cm$
$\mathbf{A = 910\,cm^2}$

c) $A = a \cdot a$
$A = 16\,m \cdot 16\,m$
$A = \mathbf{256\,m^2}$

▶ Seite 203 Zwischentest

1 a) Mögliche Dreiecke sind ACF oder BCF oder ABF oder CDF oder CDE oder CEF.
b) Rechteck mit den Eckpunkten BCEF
c) Parallelogramm mit den Eckpunkten ACDF (oder das Rechteck aus Teilaufgabe b))

2 Aussage ① stimmt immer für Quadrate.
Die Aussagen ② und ③ stimmen immer für Quadrate, Rechtecke und Parallelogramme.
(Falls bekannt: alle drei Aussagen stimmen auch für Rauten.)

3 a) $u = 2 \cdot a + 2 \cdot b$
$u = 2 \cdot 13\,m + 2 \cdot 9\,m$
$\mathbf{u = 44\,m}$

b) $u = 2 \cdot a + 2 \cdot b$ ($4\,cm = 40\,mm$)
$u = 2 \cdot 40\,mm + 2 \cdot 26\,mm$
$u = 80\,mm + 52\,mm$; $\mathbf{u = 132\,mm}$ (= $\mathbf{13{,}2\,cm}$)

c) $u = 4 \cdot a$ ($13{,}5\,dm = 135\,cm$)
$u = 4 \cdot 135\,cm$; $\mathbf{u = 540\,cm}$ (= $\mathbf{54\,dm}$)

d) $u = 4 \cdot a$, also eingesetzt $28\,cm = 4 \cdot a$
$\mathbf{a = 7\,cm}$
(Probe: $u = 4 \cdot 7\,cm$; $u = 28\,cm$)

4 Immer 4 Kästchen ergeben $1\,cm^2$.
Fläche a): A = 22 Kästchen; $\mathbf{A = 5{,}5\,cm^2}$
Fläche b): A = 24 Kästchen; $\mathbf{A = 6\,cm^2}$
Fläche b) ist größer.

5 a) $17\,cm^2 = \mathbf{1700\,mm^2}$
b) $3400\,m^2 = \mathbf{34\,a}$
c) $2\,cm^2\,8\,mm^2 = \mathbf{2{,}08\,cm^2}$
d) $2{,}3\,km^2 = \mathbf{23\,000\,a}$
e) $18\,500\,cm^2 = \mathbf{1{,}85\,m^2}$

6 Klasse 5a: Rechteck mit $A = 9\,m \cdot 7\,m$; $A = 63\,m^2$
Klasse 5b: Quadrat mit $A = 8\,m \cdot 8\,m$; $A = 64\,m^2$
Zusammen brauchen die beiden Klassen $127\,m^2$ Teppichboden.

▶ Seite 211 Abschlusstest

1 a) b)
1 cm

2 a) $u = 4 \cdot a$
$u = 4 \cdot 3\,cm$
$\mathbf{u = 12\,cm}$

b) $u = 2 \cdot a + 2 \cdot b$
$u = 2 \cdot 2\,cm + 2 \cdot 4\,cm$
$u = 4\,cm + 8\,cm$
$\mathbf{u = 12\,cm}$

c) $u = 7\,cm + 5\,cm + 7\,cm + 5\,cm$
$\mathbf{u = 24\,cm}$

3 a) $3\,m^2 = \mathbf{300}\,dm^2$
b) $7500\,mm^2 = \mathbf{75}\,cm^2$
c) $1{,}5\,dm^2 = \mathbf{150}\,cm^2$

4 a) $A = a \cdot a$
$A = 7\,cm \cdot 7\,cm$
$\mathbf{A = 49\,cm^2}$

b) $A = a \cdot b$
$A = 3\,dm \cdot 5\,dm$
$\mathbf{A = 15\,dm^2}$

5 a) Es geht um den Umfang u.
b) Es geht um den Flächeninhalt A.

6 $u = 2 \cdot a + 2 \cdot b$
$u = 2 \cdot 3\,m + 2 \cdot 5\,m$
$u = 6\,m + 10\,m$
$\mathbf{u = 16\,m}$
Paula benötigt 16 m Zaun.

▶ Seite 211 Abschlusstest

1

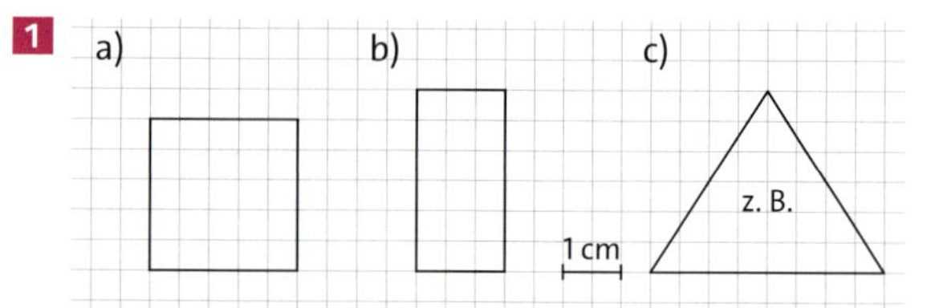

2 a) $u = 4 \cdot a$
$u = 4 \cdot 15\,m$; $\mathbf{u = 60\,m}$

b) $u = 2 \cdot a + 2 \cdot b$
$u = 2 \cdot 4\,dm + 2 \cdot 1{,}5\,dm$
$u = 8\,dm + 3\,dm$; $\mathbf{u = 11\,dm}$

c) $u = 4\,cm + 2 \cdot 3\,cm + 2 \cdot 2{,}5\,cm$
$u = 4\,cm + 6\,cm + 5\,cm$; $\mathbf{u = 15\,cm}$

3 a) $17\,000\,dm^2 = \mathbf{170\,m^2}$
b) $0{,}5\,a = \mathbf{50\,m^2}$
c) $16\,km^2 = \mathbf{160\,000}\,a$

4 a) $A = a \cdot a$
$A = 11\,m \cdot 11\,m$; $\mathbf{A = 121\,m^2}$

b) $A = a \cdot b$ ($7\,dm = 70\,cm$)
$A = 70\,cm \cdot 16\,cm$; $\mathbf{A = 1120\,cm^2}$ (= $\mathbf{11{,}2\,dm^2}$)

5 a) Es geht um den Flächeninhalt A.
b) Es geht um den Umfang u.

6 $u = 2 \cdot a + 2 \cdot b$
$u = 2 \cdot 45\,m + 2 \cdot 85\,m$
$u = 90\,m + 170\,m$; $u = 260\,m$
$3 \cdot 260\,m = \mathbf{780\,m}$
Jannik ist 780 m gelaufen.

▶ Seite 211 Abschlusstest ☒

1

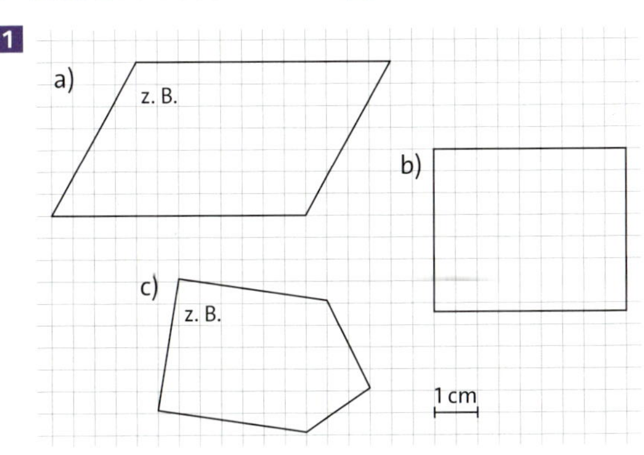

2 a) $u = 4 \cdot a$ (5 dm 4 cm = 54 cm)
$u = 4 \cdot 54\,cm$;
$\mathbf{u = 216\,cm}$ (= **21,6 dm**)
b) $u = 2 \cdot a + 2 \cdot b$ (50 mm = 5 cm)
$u = 2 \cdot 3\,cm + 2 \cdot 5\,cm$;
$u = 6\,cm + 10\,cm$; $\mathbf{u = 16\,cm}$ (= **160 mm**)
c) $u = 6\,cm + 2\,cm + 3 \cdot 3\,cm + 1\,cm$;
$\mathbf{u = 18\,cm}$

3 a) $250\,mm^2 = \mathbf{2{,}5\,cm^2}$ b) $5\,ha = \mathbf{50\,000\,m^2}$
c) $1\,890\,000\,000\,cm^2 = \mathbf{1890\,a}$

4 a) $A = a \cdot a$ (1 m 7 dm = 17 dm)
$A = 17\,dm \cdot 17\,dm$; $\mathbf{A = 289\,dm^2}$ (= $\mathbf{2{,}89\,m^2}$)
b) $A = a \cdot b$ (1,2 m = 12 dm)
$A = 12\,dm \cdot 50\,dm$; $\mathbf{A = 600\,dm^2}$ (= $\mathbf{6\,m^2}$)

5 a) Es geht um den Flächeninhalt.
b) Es geht um keins von beiden.
c) Es geht um den Umfang.

6 $A = a \cdot b$; $A = 5{,}5\,m \cdot 2\,m$; $A = 11\,m^2$
$11\,m^2 > 7{,}5\,m^2$ und $11\,m^2 < 15\,m^2$
Sina braucht mehr als 1 Liter und weniger als 2 Liter Farbe. Genauer: Sie braucht etwa 1,5 Liter Farbe.

Grundwissen

▶ Seite 213

1

gerade Zahlen	ungerade Zahlen
26; 770; 802; 978; 1004	17; 43; 115; 459; 2221

2 a) 22 ; 24 ; 26 ; 28 ; 30 ; 32 ; 34
b) 19 ; 21 ; 23 ; 25 ; 27 ; 29 ; 31 ; 33 ; 35

▶ Seite 214

3

Vorgänger	Zahl	Nachfolger
77	78	79
100	101	102
208	209	210

4

Vorgänger	Zahl	Nachfolger
35	36	37
249	250	251
43	44	45
498	499	500

5 a) 2 ; 7 ; 16
b) 30 ; 90 ; 120 ; 170

6

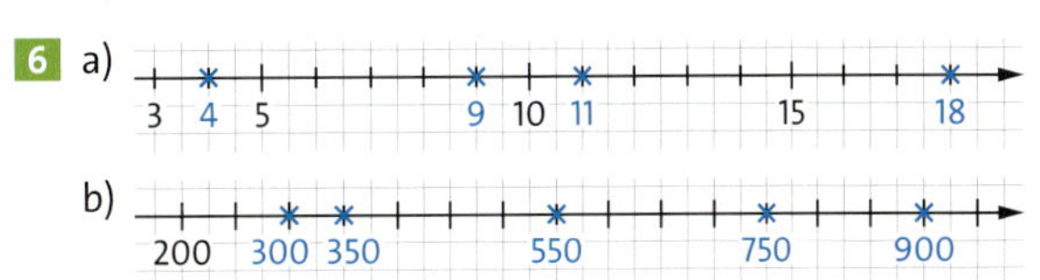

▶ Seite 215

7

	Tausender					
	H	Z	E	H	Z	E
a)				6	9	2
b)			1	7	3	5
c)		7	5	0	0	6
d)	6	8	0	9	0	9

8

	Tausender					
	H	Z	E	H	Z	E
a)			8	0	5	9
b)		1	7	2	0	2
c)	3	4	0	0	6	0

9 5 882; 16 704; 480 900; 99 099

10 fünftausendachthundertzweiundachtzig
sechzehntausendsiebenhundertvier
vierhundertachtzigtausendneunhundert
neunundneunzigtausendneunundneunzig

11 a) 2 738 b) 14 600 c) 105 219

▶ Seite 216

12 a) $9 > 4$ b) $7 < 12$ c) $15 < 24$
d) $300 > 200$ e) $599 < 700$

13 a) z. B. 9, 10; 11 b) z. B. 20; 21; 22; …
c) 1; 2; 3 d) z. B. 10; 20; 30
e) z. B. 90; 100; 110

14 a) 2 < 7 < 13 < 24
b) 13 < 88 < 100 < 222
c) 19 < 33 < 53 < 137 < 217

15 a) 123; 132; 213; 231; 312; 321
b) 123 < 132 < 213 < 231 < 312 < 321

▶ Seite 217

16 5 € und 25 ct gibt es nicht als Münzen.
25 € und 1000 € gibt es nicht als Scheine.

17 Es fehlen die 20-ct-Münze, der 5-€-Schein und der 200-€-Schein.

18 Teurer ist …
a) ein Auto. b) ein Buch.
c) ein Smartphone. d) ein Brot.

19 a) Tüte Gummibärchen 0,89 €; Brot 2,95 €
b) Paar Turnschuhe 59 €; Füller 9,90 €

▶ Seite 218

20 Tischtennisball, Tennisball, Handball, Fußball, Medizinball

21 a) 4:00 Uhr oder 16:00 Uhr
b) 9 Uhr oder 21:00 Uhr
c) 5:15 Uhr oder 17:15 Uhr
d) 6:20 Uhr oder 18:20 Uhr
e) 10:30 Uhr oder 22:30 Uhr
f) 1:50 Uhr oder 13:50 Uhr

22 a)

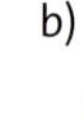

b)

c)

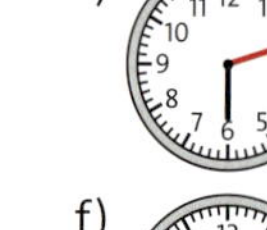

d)

e)
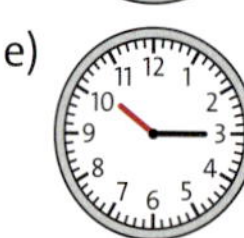

f)
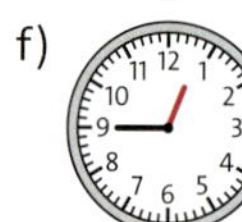

▶ Seite 219

23 a) 3 Stunden b) 6 Stunden
c) 8 Stunden d) 1 Stunde 30 Minuten
e) 5 Stunden f) 3 Stunden 30 Minuten

24 a) 58 + **2** = 60 b) 167 + **3** = **170**
c) 342 + **8** = **350** d) 1395 + **5** = **1400**

25 a) 585 + **15** = 600 b) 3838 + **62** = **3900**
c) 360 + **40** = **400** d) 2926 + **74** = **3000**

▶ Seite 220

26 37 + 263 = 300 ; 125 + 75 = 200 ;
92 + 108 = 200 ; 416 + 84 = 500

27 165 + 735 = 900; 245 + 555 = 800;
315 + 385 = 700; 435 + 165 = 600
375 und 505 bleiben übrig.

28 a) 23; **33**; **43**; **53**; **63**
b) 16; **36**; **56**; **76**; **96**
c) 34; **84**; **134**; **184**; **234**
d) 62; **162**; **262**; **362**; **462**

▶ Seite 221

29 28; 62; 204; 90; 78; 174; 276

30 13; 18; 35; 46; 52; 360; 572

31 a)
12
7 | 5

b)
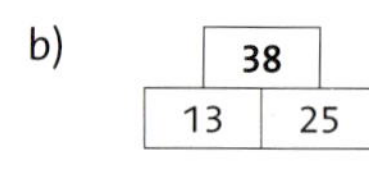

c)
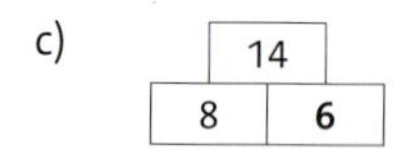

d)
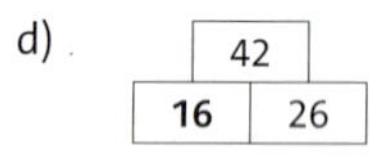

32 a)
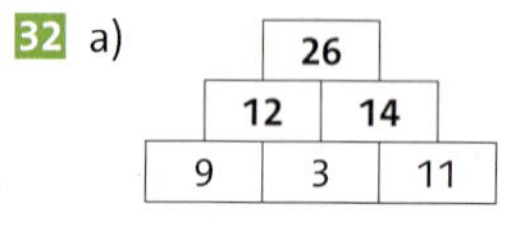

b)
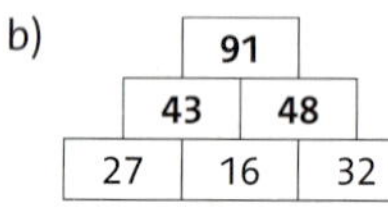

c)
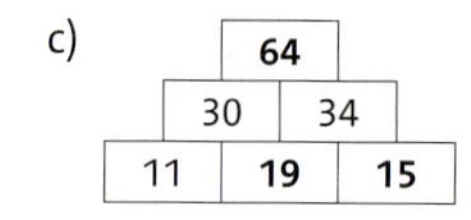

d)
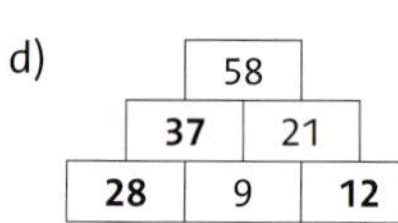

▶ Seite 222

33 a)
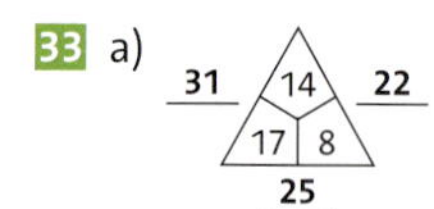

b)
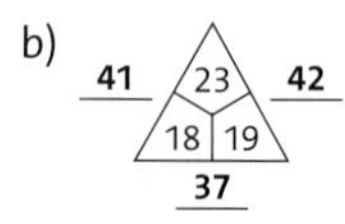

c)
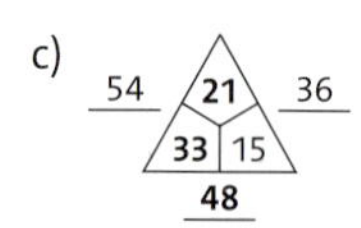

d)
82 **37** 62
45 | 25
70

34 a) 412 + 36 = ?
412 + 6 = 418
418 + 30 = **448**

b) 735 + 47 = ?
735 + 7 = 742
742 + 40 = **782**

c) 308 + 155 = ?
308 + 5 = 313
313 + 50 = 363
363 + 100 = **463**

d) 1856 + 407 = ?
1856 + 7 = 1863
1863 + 400 = **2263**

35 a) 847 − 33 = ?
847 − 3 = 844
844 − 30 = **814**

b) 630 − 27 = ?
630 − 7 = 623
623 − 20 = **603**

c) 546 − 138 = ?
546 − 8 = 538
538 − 30 = 508
508 − 100 = **408**

d) 2145 − 333 = ?
2145 − 3 = 2142
2142 − 30 = 2112
2112 − 300 = **1812**

▶ Seite 223

36 a) 21 b) 18 c) 24 d) 5
e) 0 f) 56 g) 42

37 a) 8 : 2 = 4 oder 8 : 4 = 2
b) 10 : 5 = 2 oder 10 : 2 = 5
c) 15 : 3 = 5 oder 15 : 5 = 3

38 a) 9 b) 5 c) 9
d) 8 e) 6 f) 7

▶ Seite 224

39 a) 11 : 2 = 5 Rest 1 b) 14 : 3 = 4 Rest 2
c) 17 : 4 = 4 Rest 1 d) 21 : 8 = 2 Rest 5
e) 40 : 9 = 4 Rest 4 f) 53 : 10 = 5 Rest 3

40 Ergebnisse: 7; 7 Rest 1; 7 Rest 2; 7 Rest 3; 7 Rest 4; 7 Rest 5; 7 Rest 6; 8
Die Reste werden immer um 1 größer, bis der Rest so groß ist wie die Zahl, durch die geteilt wird.

41 a)
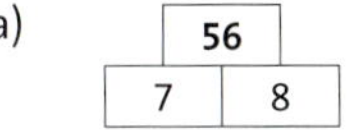

b)
36
12 | 3

c)
35
5 | **7**

d)
42
6 | 7

42 a)
48
6 | **8**
3 | 2 | 4

b)
150
15 | **10**
3 | 5 | 2

c)
300
20 | 15
4 | 5 | **3**

d)
12
2 | 6
1 | **2** | 3

▶ Seite 225

43 Stufenzahlen sind 100; 1000; 1 000 000 und 10.

44 a) 500 b) 170 000 c) 34 000
d) 21 600 e) 25 000 000

45 a) 20 b) 2 c) 2700 d) 300

46 Noah hat zwar zwei Nullen gestrichen, aber nicht am Ende der Zahl 20 500, sondern auch in der Mitte. Es dürfen nur Nullen am Ende der Zahl gestrichen werden. Richtig ist: 20 500 : 100 = 205

47 a) 4500; 450; 45 b) 70; 7 c) 12 050; 1205

▶ Seite 226

48 a) 2; 8; 14; **20**; **26**; **32**; **38**
b) 40; 38; 36; **34**; **32**; **30**; **28**
c) 10; 20; 15; 30; 25; **50**; **45**; **90**; **85**

49 a) immer plus 4
2; 6; 10; 14; **18**; **22**; **26**; **30**
b) immer minus 8
64; 56; 48; 40; **32**; **24**; **16**; **8**
c) immer plus 12
8; 20; 32; 44; **56**; **68**; **80**; **92**
d) immer minus 5
100; 95; 90; 85; **80**; **75**; **70**; **65**
e) immer plus 3 und dann minus 1
1; 4; 3; 6; 5; 8; 7; **10**; **9**; **12**; **11**
f) immer plus 1 und dann verdoppeln (mal 2)
2; 3; 6; 7; 14; **15**; **30**; **31**; **62**

50 a) b)
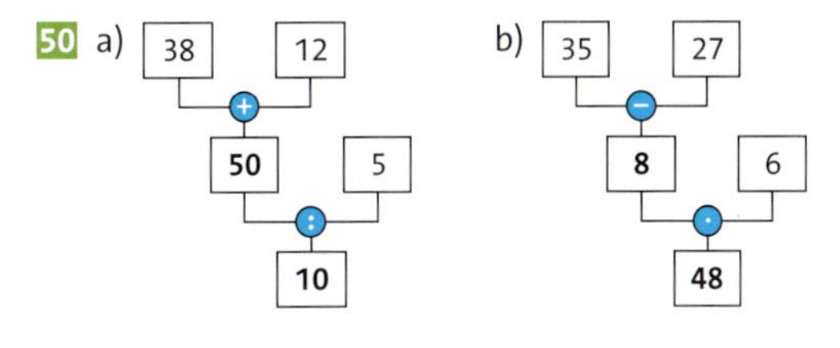

c)
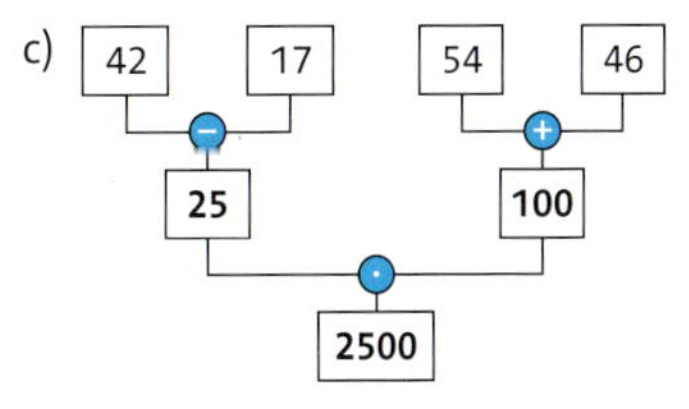

▶ Seite 227

51 Einen Kleingewinn bekommt man mit 50, 51, 52, ..., 72, 73, 74 Punkten.
Einen Großgewinn bekommt man mit 75, 76, 77, 78, ... 97, 98, 99 Punkten.
Lina und Walera bekommen einen Kleingewinn.
Alyssa und Juan bekommen einen Großgewinn.

52 Gesucht: wie viel Geld Greta noch fehlt
Wichtig: wie viel Geld Greta hat (22 € und 5 €) und wie viel die Eintrittskarte kostet (29 €)
Rechnungen: Greta hat insgesamt
22 € + 5 € = 27 €
Ihr fehlen noch
29 € − 27 € = 2 €
Antwort: Greta fehlen noch 2 €.

53 Gesucht: in wie viel Wochen Piets Bruder das Fahrrad kaufen kann, also in wie viel Wochen er 390 € zusammen hat
Wichtig: wie teuer das Fahrrad ist (390 €), wie viel Geld er hat (250 €) und wie viel er jede Woche spart (20 €)
Rechnungen: Wie viel fehlt Piets Bruder noch?
390 € − 250 € = 140 €
In einer Woche spart er 20 €.
140 € : 20 € = 7
Antwort: Piets Bruder kann sich das Fahrrad in 7 Wochen kaufen.

▶ Seite 228

54 a) 16 Kästchen b) 21 Kästchen
c) 11 Kästchen d) 16 Kästchen

55

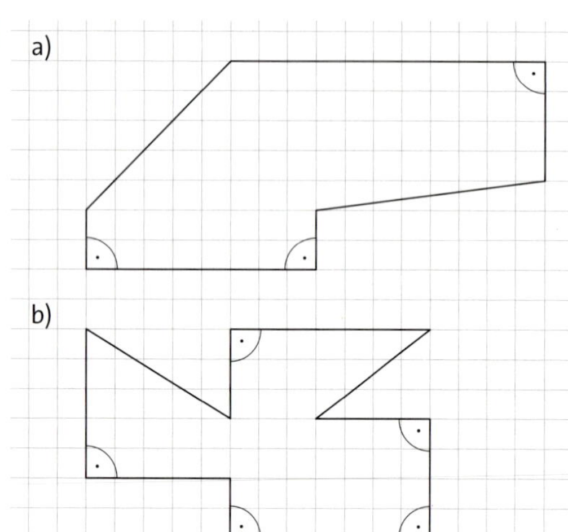

56

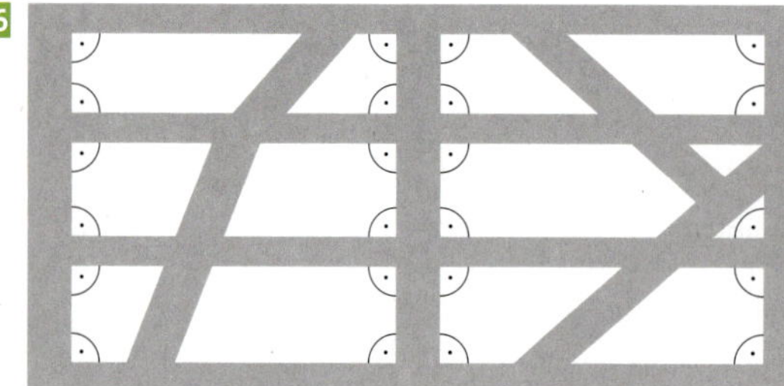

▶ Seite 229

57 a) 2 cm b) 5 cm c) 9,5 cm
d) 12,5 cm e) 14,7 cm

58 a) 3 cm b) 7 cm c) 4,5 cm
d) 6,5 cm e) 5,3 cm f) 2,8 cm

59 a) 10 cm b) 8,5 cm c) 11,8 cm

▶ Seite 230

60 D4: Hauptbahnhof, F7: Sophienklinik und Lessingstraße, B7: U-Bahnhof Markthalle

61 B3, C3 (Hauptpost), E6 (Bertaklinik), D6, D7, E5, E6, F4, F5 (Schiffgraben)

62 individuelle Zeichenübung

63 Zeichenübung

▶ Seite 231

64

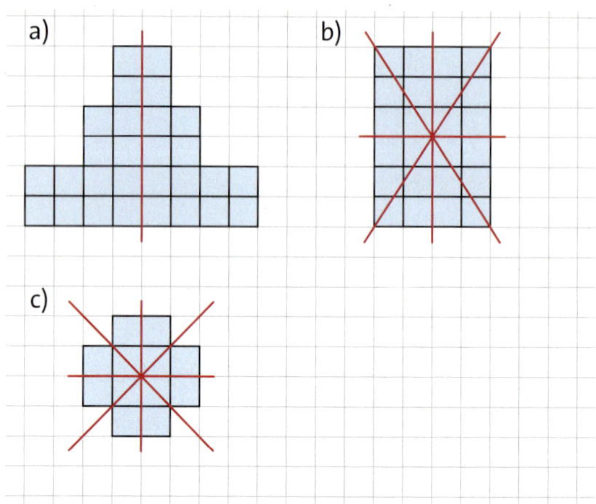

65 Zeichenübung

▶ Seite 232

66 Zeichenübung

67

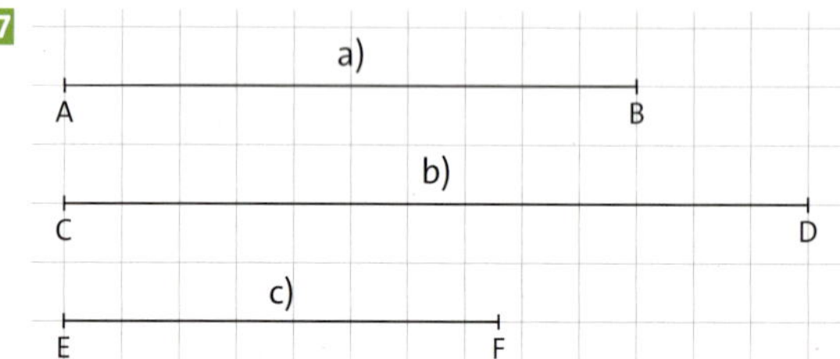

▶ Seite 233

68

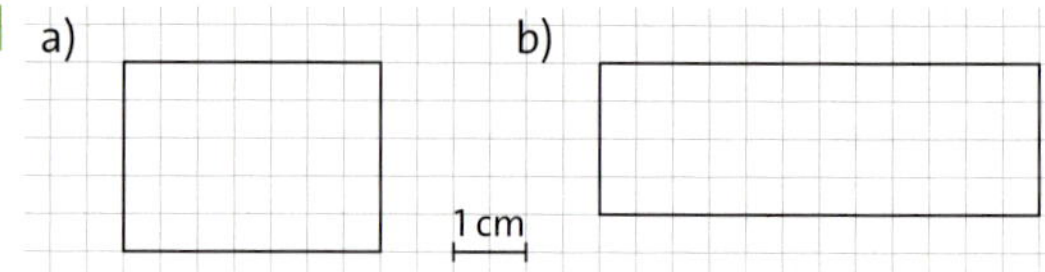

69

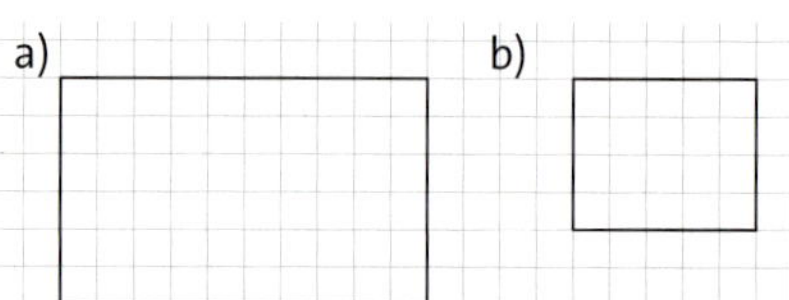

70 a) b) c)

1 cm

Sachregister

Bildquellenverzeichnis

Technische Zeichnungen
Cornelsen/Christian Böhning

Illustrationen
Cornelsen/Tobias Dahmen, Utrecht/
www.tobidahmen.de

Abbildungen
3/o. l./stock.adobe.com/Africa Studio
3/o. r./stock.adobe.com/Eselena
3/M. l./stock.adobe.com/lassedesignen
3/M. r./stock.adobe.com/Jenny Sturm
3/u. l./Shutterstock.com/mirtmirt
4/o./Cornelsen/Thomas Schulz
4/M./Shutterstock.com/nathings
5/l./stock.adobe.com/Oksana Kuzmina
5/r./stock.adobe.com/Africa Studio
9/u. l. a + b/Shutterstock.com/M.fowers
9/u. l. c/Shutterstock.com/omyim1637
11/stock.adobe.com/Racle Fotodesign
12/stock.adobe.com/Alena Ozerova
14/stock.adobe.com/© Rido
15/Shutterstock.com/trabantos
17/Smileys/stock.adobe.com/nadineroza
18/Smileys/stock.adobe.com/nadineroza
19/stock.adobe.com/SG- design
21/Cornelsen/Martina Verhoeven
24/Cornelsen/Martin Karliczek/Microsoft® Office. Nutzung mit Genehmigung von Microsoft
25/stock.adobe.com/Reinhard Schäfer
28/stock.adobe.com/Africa Studio
31/stock.adobe.com/lassedesignen
33/Shutterstock.com/mayer kleinostheim
34/o. l./Shutterstock.com/Konrad Mostert
34/o. r./Shutterstock.com/pogonici
35/stock.adobe.com/emeraldphoto
36/Shutterstock.com/FreeProd33
37/Shutterstock.com/Dmitry Naumov
38/Shutterstock.com/SHarms
39/stock.adobe.com/ARochau
40/stock.adobe.com/VRD
41/o. l./Shutterstock.com/Chamille White
41/o. r./Shutterstock.com/Africa Studio
42/stock.adobe.com/shootingankauf
43/stock.adobe.com/Zerbor
44/stock.adobe.com/Christian Müller
45/shutterstock.com/Maren Winter
46/stock.adobe.com/contrastwerkstatt
47/Shutterstock.com/Offscreen
49/stock.adobe.com/tournee
54/akg-images
55/stock.adobe.com/kinwun
56/o. r./Cornelsen/Udo Wennekers
56/u. r./stock.adobe.com/Andrea Izzotti
57/o. r./Cornelsen/Udo Wennekers
57/u. r./Shutterstock.com/lunamarina
58/stock.adobe.com/lassedesignen
61/Shutterstock.com/mirtmirt
62/Cornelsen/Thomas Schulz
67/stock.adobe.com/BillionPhotos.com
68/o. A/Shutterstock.com/Vector Tradition
68/o. B/Shutterstock.com/posteriori
68/o. C/stock.adobe.com/Inge Knol
68/o. D/Shutterstock.com/grafvision
68/M. E/Shutterstock.com/Nerthuz
68/M. F/Shutterstock.com/neiromobile
68/M. G/Quelle: Deutsche Bundesbank
68/M. H/Shutterstock.com/Akil Rolle-Rowan
69/Shutterstock.com/Grigorita Ko
71/o. r./Shutterstock.com/Mikael Damkier
71/M. r./Shutterstock.com/Zoeytoja
72/A/stock.adobe.com/Botie
72/B/Shutterstock.com/ASDF_MEDIA
72/C/Shutterstock.com/UbjsP
72/D/Shutterstock.com/Jelena Aloskina
72/E/Shutterstock.com/Designs Stock
73/Shutterstock.com/cozyta
74/Shutterstock.com/Liz Stepanoff
77/o.r. Shutterstock.com/Michael Overkamp
79/o. l. 1/stock.adobe.com/Vladyslav Siaber
79/o. l. 2/Shutterstock.com/Africa Studio
79/o. l. 3/Shutterstock.com/Alexander Chaikin
80/A/stock.adobe.com/Stepan
80/B/stock.adobe.com/300dpi
80/C/Shutterstock.com/Jojje
81/o. r./Shutterstock.com/Goran Bogicevic
81/M. l./Shutterstock.com/vipman
81/u. l./Shutterstock.com/dencg
84/M./Cornelsen/Christina Schwalm
84/u. m. (Schere)/Shutterstock.com/MNI
84/u. m. (Klebstift)/Shutterstock.com/Shyamalamuralinath
84/u. l./Cornelsen/ROSENDAHL BERLIN – Agentur für Markendesign
84/u. r./Shutterstock/Seregam
85/o. r./Shutterstock.com/Marlinde
85/M. r./Shutterstock.com/Andrea Mangoni
85/u. r./stock.adobe.com/picsfive
88/M. r./Shutterstock.com/jankamenar.com
88/u. r./Shutterstock.com/paulista
89/o. r. (Maus)/Shutterstock.com/Szasz-Fabian Jozsef
89/o. r.(Elefant)/Shutterstock.com/Talvi
89/M. r./Shutterstock.com/Rich Carey
90/o. m./Shutterstock.com/phive
90/o. r./Shutterstock.com/mirtmirt
93/stock.adobe.com/Eselena
94/o./stock.adobe.com/Sergey
94/M./stock.adobe.com/boygostockphoto
94/u./Shutterstock.com/manzrussali
106/Shutterstock.com/Marco Uliana
107/Smileys/stock.adobe.com/nadineroza
108/M. l./Shutterstock.com/art designer
108/u. l./stock.adobe.com/gearstd
109/Spielkarten/Shutterstock.com/PandaWild
111/o. l. 2.1–2.3/Shutterstock.com/art designer
111/o. l. 3a/Shutterstock.com/art designer
111/o. l. 3b/Shutterstock.com/Peteri
111/o. l. 3c/Shutterstock.com/eshun irina
121/Shutterstock.com/Ja is so fly
125/stock.adobe.com/Jenny Sturm
128/M. l./stock.adobe.com/wetzkaz
136/stock.adobe.com/Gitte
137/Shutterstock.com/Lillian Tveit
138/Shutterstock.com/Richard Peterson
139/Shutterstock.com/leungchopan
140/o. r./Shutterstock.com/wolfness72
140/M./Shutterstock.com/givaga
140/M. r./Shutterstock.com/Link Art
140/u. l./Shutterstock.com/stockphoto-graf
140/u. r./stock.adobe.com/(C)2014 Igor Stevanovic, all rights reserved/Bits and Splits

142/Shutterstock.com/seewhatmitchsee
143/Shutterstock.com/Elena.Katkova
144/Shutterstock.com/murat5234
145/NASA/JPL/USGS
151/u. r./Shutterstock.com/PhilipYb Studio
152/Shutterstock.com/Kuzina Natali
153/M. r./stock.adobe.com/funny face
153/u. r./Shutterstock.com/infografick
157/Cornelsen/Thomas Schulz
166/Shutterstock/Francesco Abrignani
167/Shutterstock.com/Alice Day
168/o. r./Shutterstock.com/Shablon
168/u. r./Shutterstock.com/stockphoto-graf
169/u. l./Shutterstock.com/W.Milz
169/u. r. a/Shutterstock/Peter Hermes Furian
169/u. r. b/Shutterstock.com/johnfoto18
169/u. r. c/Shutterstock.com/Rawpixel.com
170/u. r./Shutterstock.com/Katya Nikitina
171/Shutterstock.com/Mauro Carli
174/Cornelsen/Heike Schulz
176/Shutterstock.com/Tory Kallman
178/stock.adobe.com/anekoho
181/Shutterstock.com/nathings
186/Stoppschild/stock.adobe.com/fotohansel
189/M. r./Shutterstock.com/PlatypusMi86
189/u. l./stock.adobe.com/Pixelot
190/Shutterstock.com/rathshiki
194/A/Shutterstock.com/mato
194/B/Shutterstock.com/Jenniki
194/C/Shutterstock.com/Maridav
194/D/Shutterstock.com/annet999
194/E/stock.adobe.com/gearstd
195/Zimmer/Shutterstock.com/Anna Marynenko
195/Cover/ROSENDAHL BERLIN – Agentur für Markendesign
195/Fenster/Shutterstock.com/UltimaS
196/o. r. a/Shutterstock.com/Billion Photos
196/o. r. b/Shutterstock.com/Wiktoria Matynia
196/o. r. c/Shutterstock.com/Bespaliy
197/o. r./Shutterstock.com/nav
197/M. l. 1/Shutterstock.com/3DMAVR
197/M. l. 2/Shutterstock.com/Peter Kotoff
197/M. l. 3/Shutterstock.com/Looka
197/M. l. 4/Shutterstock.com/Sandra Matic
200/Shutterstock.com/Jazziel
201/o. r./Shutterstock.com/xu lin feng
201/M. r./stock.adobe.com/Budimir Jevtic
206/o. l./Shutterstock.com/Tetiana Rostopira
206/o. r./Shutterstock.com/Jes2u.photo
208/Shutterstock.com/wavebreakmedia
229/Shutterstock.com/Sergey Kelin
229/Cornelsen/Thomas Schulz
230/o. re/stock.adobe.com/obelicks
230/u. r./Cornelsen/Thomas Schulz
hinteres Vorsatz/o. r./stock.adobe.com/300dpi
hinteres Vorsatz/M. r./stock.adobe.com/yankushev/by-studio busse/by-studio
hinteres Vorsatz/Lineal/Shutterstock.com/Dragance137
hinteres Vorsatz/u. r./Shutterstock.com/mato

Größen und ihre Einheiten

Die Zeit		
Die Einheit	**Das Zeichen**	**Die Umrechnung**
Der Tag	d	1 d = 24 h Ein Tag hat 24 Stunden.
Die Stunde	h	1 h = 60 min Eine Stunde hat 60 Minuten
Die Minute	min	1 min = 60 s Eine Minute hat 60 Sekunden.
Die Sekunde	s	

Das Geld		
Die Einheit	**Das Zeichen**	**Die Umrechnung (mit 100)**
Der Euro	€	1 € = 100 ct
Der Cent	ct	

Das Gewicht		
Die Einheit	**Das Zeichen**	**Die Umrechnung (mit 1000)**
Die Tonne	t	1 t = 1000 kg Eine Tonne sind 1000 Kilogramm.
Das Kilogramm	kg	1 kg = 1000 g Ein Kilogramm sind 1000 Gramm.
Das Gramm	g	1 g = 1000 mg Ein Gramm sind 1000 Milligramm.
Das Milligramm	mg	

Die Länge		
Die Einheit	**Das Zeichen**	**Die Umrechnung (mit 10)**
Der Kilometer	km	1 km = 1000 m Achtung: 1000!
Der Meter	m	1 m = 10 dm = 100 cm = 1000 mm
Der Dezimeter	dm	1 dm = 10 cm = 100 mm
Der Zentimeter	cm	1 cm = 10 mm
Der Millimeter	mm	

Der Flächeninhalt		
Die Einheit	**Das Zeichen**	**Die Umrechnung (mit 100)**
Der Quadratkilometer	km^2	1 km = 100 ha
Der Hektar	ha	1 ha = 100 a
Das Ar	a	1 a = 100 m^2
Der Quadratmeter	m^2	1 m^2 = 100 dm^2
Der Quadratdezimeter	dm^2	1 dm^2 = 100 cm^2
Der Quadratzentimeter	cm^2	1 cm^2 = 100 mm^2
Der Quadratmillimeter	mm^2	